崇信年鉴

CHONGXIN YEAR BOOK

2018

崇 信 县 人 民 政 府 主管

中共崇信县委党史资料征集办公室

崇信县地方志编纂委员会办公室 编

方志出版社

Publishing House of Local Records

图书在版编目（CIP）数据

崇信年鉴.2018/中共崇信县委党史资料征集办公室.崇信县地方志编纂委员会办公室编.—北京：方志出版社.2018.8

ISBN 978-7-5144-3231-2

Ⅰ.①崇… Ⅱ.①中…②崇… Ⅲ.①崇信县—2018—年鉴Ⅳ.①Z524.24

中国版本图书馆CIP数据核字(2018)第204886号

崇信年鉴（2018）

编　　者：中共崇信县委党史资料征集办公室
　　　　　崇信县地方志编纂委员会办公室
责任编辑：刘方圆

出 版 人：冀祥德
出 版 者：方志出版社
　　　　　地址　北京市朝阳区潘家园东里9号（国家方志馆4层）
　　　　　邮编　100021
　　　　　网址　http://www.fzph.org
发　　行：方志出版社图书经销中心
　　　　　电话（010）67110500
经　　销：各地新华书店
印　　刷：平凉红旗印刷有限责任公司

开　　本：889×1194　1/16
印　　张：27.5
字　　数：503千字
版　　次：2018年8月第1版　2018年8月第1次印刷
印　　数：001～600册

ISBN 978-7-5144-3231-2　定价：230.00元

《崇信年鉴》编审人员

总编审：王　锦

　　　　张拴会

编　审：陈　磊

　　　　王　蕾

　　　　张振华

主　编：梁步广

副主编：张　涛

编　辑：陈汝泽　郑　攀　张凯丽

■数字崇信2017

全县总面积	850平方公里
全县年末常住总人口	10.40万人
全县地区生产总值	27.9亿元
第一产业增加值	7.94亿元
第二产业增加值	10.82亿元
第三产业增加值	9.15亿元
规模以上工业增加值	9.01亿元
全县原煤生产量	571.46万吨
火力发电	37.89亿千瓦时
全年大口径财政收入完成	6.65亿元
公共财政收入完成	2.93亿元
财政支出完成	11.96亿元
全社会固定资产投资完成	45.15亿元
社会消费品零售总额完成	8.83亿元
城镇居民人均可支配收入	30324元
农村居民人均可支配收入	7288元

领导调研

7 月 19 日 省政府副省长、省政协副主席郝远调研崇信县华夏古槐王景区建设情况

11 月 29 日 副省长杨子兴调研崇信县脱贫攻坚及农业产业开发工作

7 月 15 日 市委书记郭承录带领全市项目督查第一督查组，观摩督查崇信县社会经济发展情况

7月9日 市委副书记、市政府市长王奋彦调研汭龙堡农耕文化生态苑项目建设现场

4月25日 县委书记王锦调研新窑镇西刘村精准扶贫工作

6月27日 县人大常委会主任章进录慰问困难党员

8 月 18 日　县委副书记、县政府县长张拴会督查全县安全生产大检查工作开展情况

6 月 27 日 县政协主席刘志仓走访慰问老党员和生活困难党员

11 月 22 日 市委宣讲团党的十九大精神宣讲（崇信）报告会

产业开发

6月23日 崇信县重大项目集中开工仪式在县城集中供热项目工地举行

赤城煤矿办公区

柏树镇矮化密植苹果示范园

“崇信苹果”通过农产品地理标志登记评审

崇信甜瓜

东庄院地合作智能化现代农业示范园

大棚种植火龙果

大棚种植黄瓜

锦屏镇蔬菜大棚

露地种植芹菜

大棚种植崇信芹菜

伊顺祥牛业公司育肥红牛

基础设施

崇信县体育馆夜景

崇信县第一中学体育场

崇信新世纪A区住宅续建项目

国道 G312 上海至霍尔果斯公路（崇信境内段）

锦屏镇梁坡村“千村美丽”示范村村组道路

赤城移民社区日间照料中心

在县影剧院举行“坚定理想信念，展示青年风采，争做合格党员”主题演讲比赛

在县影剧院隆重举行“喜迎党的十九大·不忘初心跟党走”歌咏比赛

龙泉寺景区游客中心

崇信县第二届“山水龙泉·养生崇信”文化旅游节开幕式

崇信县第二届“山水龙泉·养生崇信”文化旅游节歌舞表演

崇信县第二届“山水龙泉·养生崇信”文化旅游节健身操会演

崇信县第二届“山水龙泉·养生崇信”文化旅游节健身操表演

9月28日 崇信县汭龙风情文化旅游高峰论坛在“汭龙堡”农耕文化生态苑举行

汭龙堡农耕文化生态苑

甘肃崇信汭龙风情首届民俗美食文化节暨“汭龙堡”招商签约启动仪式

汭龙堡农耕文化生态苑西门

汭龙堡农耕文化生态苑民俗街一角

纳龙堡农耕文化生态苑民俗小吃街

纳龙堡农耕文化生态苑民俗小吃

纳龙堡亲童乐世界

油画《丝路崇信》作者　李仲林

摄影 汭河白鹭戏水　作者　闫和平

工笔画　富贵吉祥　作者　梁普渊

编辑说明

一、《崇信年鉴（2018）》是由崇信县人民政府主管，崇信县地方志编纂委员会办公室（县委党史办）主编。全面记述崇信全县政治、经济、文化、社会等各方面情况的年度资料性文献。

二、《崇信年鉴（2018）》以马克思列宁主义、毛泽东思想、邓小平理论、“三个代表”重要思想、科学发展观、习近平新时代中国特色社会主义思想为指导，紧紧围绕县委、县政府中心工作，力求体现时代特征、年度特点、崇信特色，记录历史、服务当代、垂鉴后世，为编史修志积累资料，是各界人士了解崇信的权威性工具书。

三、依据《甘肃省地方综合年鉴管理办法（试行）》，本年鉴定名为《崇信年鉴（2018）》，与《崇信年鉴（2016）》接续，内容没有断档。《崇信年鉴（2018）》记述时限为 2017 年 1 月 1 日到 12 月 31 日，（部门部分获奖名录下限延至 2018 年 5 月）。

四、本年鉴采用分类编辑法，正文分为类目、分目、条目三级结构层次，部分条目下依需要设子目，全书以条目为基本表现形式，条目的标题统一用黑体加【 】表示。

五、本年鉴稿件资料由各乡镇（工业集中区）、城市社区、县直及省市驻崇各单位和部分企业提供，均经各供稿单位主要领导审阅，县年鉴编辑部编辑，县地方志编委会审阅定稿。书中凡涉及国民经济、社会发展的有关主要数据，均以崇信县统计公报数据为准。照片来源于县网信办及有关热心人士，计量单位涉及土地面积均为亩。

六、本年鉴的编辑工作，得到全县各供稿单位的支持和协助，在此深表谢意。由于编者水平有限，如有粗疏、错漏之处，敬请各界人士批评指正。

目录
CONTENTS

特　载

大事记

县情概况

政　治

经　济

社会事业

乡(镇)、工业集中区和城市社区

荣　誉

附　录

在中共崇信县十五届四次全委会暨县委经济工作会议上的讲话

中共崇信县委书记 王 锦

（2017 年 2 月 6 日）

同志们：

这次县委十五届四次全委会暨县委经济工作会议的主要任务是：全面贯彻党的十八大和十八届三中、四中、五中、六中全会精神，认真落实中央经济工作会议、省委十二届十九次全会暨省委经济工作会议和市委四届二次全委会暨市委经济工作会议精神，回顾总结 2016 年工作，安排部署今年工作，动员全县上下进一步凝聚发展共识，明确思路目标，狠抓工作落实，加快建设活力创新法治美丽幸福新崇信。刚才，我们审议通过了《中共崇信县委关于进一步加强和改进领导班子思想政治建设的实施意见》，兑现了 2016 年度经济目标管理责任书，通报表彰了一批在全县经济社会发展中做出优异成绩的先进单位。张拴会县长安排部署了今年全县经济社会发展的各项任务，讲得很具体、很到位，这些意见是经过县委常委会研究讨论的，我完全同意。下面，根据县委常委会讨论的情况，我讲三个方面的意见。

一、客观总结成绩，进一步坚定决胜全面小康的信心和决心

2016 年，面对复杂多变的经济形势和艰巨繁重的工作任务，全县各级各部门认真贯彻落实党的十八大和十八届三中、四中、五中、六中全会精神，深入学习贯彻习近平总书记系列重要讲话精神，主动适应经济发展新常态，坚持稳中求进工作总基调，统筹推进“五位一体”总体布局和协调推进“四个全面”战略布局，实现了“十三五”良好开局。

1.牢固树立“四个意识”，坚决维护习近平总书记核心地位。始终把维护习近平总书记核心地位作为首位的党性、基本的纪律和最大的规矩，从县委常委会做起，认真学习贯彻习近平总书记系列重要讲话精神和治国理政的新理念新思想新战略。习近平总书记每次发表的重要讲话，中央和省、市委每次出台的重大决策部

署，县委常委会都第一时间组织学习讨论，掌握精神实质和核心要义。特别是十八届六中全会召开后，我们及时召开县委中心组学习会、县委常委会进行专题学习讨论，深入贯彻落实《关于新形势下党内政治生活的若干准则》《党内监督条例》等党内法规，始终坚持"四个自信"，切实增强"四个意识"，更加自觉地在思想上、政治上、行动上同以习近平同志为核心的党中央保持高度一致。

2.集中各方智慧科学谋划，发展思路更加优化。去年10月份，召开了县十五次党代会，提出了"大力实施五大战略，壮大提升五大产业，建设活力创新法治美丽幸福新崇信、在全市率先实现全面小康"的思路目标和"八个加快"的重点任务，全面贯彻了习近平总书记系列重要讲话精神和中央、省市委各项决策部署，充分体现了市委建设幸福活力美好平凉的目标要求，符合崇信的县情实际，顺应广大干部群众的热切期待，凝聚起了建设活力创新法治美丽幸福新崇信的思想共识和强大合力。

3.深入贯彻落实新发展理念，经济运行稳中向好。积极践行创新、协调、绿色、开放、共享发展理念，全面落实省委省政府"1+19"配套政策，组织开展"年终目标冲刺行动"，经济平稳健康发展。全县地区生产总值同比增长6.2%，公共财政收入增长1.3%，城乡居民人均可支配收入分别增长9.1%和7.8%。项目投资持续增长，实施500万元以上重点建设项目195项，项目数量同比增加45项，投资规模增长6.4%。工业经济企稳回升，新安煤矿洗煤厂、顶优聚氨酯泡沫厂建成投产，全县生产原煤600万吨，发电38亿千瓦时，完成工业销售收入22.4亿元。现代农业提质增效，牛饲养量达到12万头，果园和蔬菜面积分别达到9.5万亩和7.4万亩，栽植油用牡丹9032亩，累计达到2.1万亩，建办了柏树党洼、黄寨张明洼苹果矮化密植示范园、新集蔬菜标准园等产业典型和甘肃绿源牧草有限公司等龙头企业。统筹推进城乡发展，投资11.4亿元，集中实施县城基础设施改造提升、世纪花园B区开发等城镇化项目38项，4个重点小城镇和3个省列"美丽乡村"完成年度建设任务，全县城镇化率达到45.5%。深入推进"放管服"改革，行政审批事项减少到155项。全面落实"营改增"政策措施，新增个体工商户754个。农村综合改革稳步推进，新增土地流转面积8200亩。供给侧结构性改革去产能、去库存等政策措施全面落实，公务用车制度改革完成参改车辆拍卖和平台建设。

4.扎实推进"一号工程"，民计民生保障有力。坚持把脱贫攻坚作为最大的政治、最大的民生、最大的任务，聚焦"六个精准"，整合各类资金10.4亿元，发放精准扶贫专项贷款1.2亿元，实施产业开发、公共服务等精准扶贫项目70项，建成了赤城移民社区和4个易地扶贫搬迁安置点，贫困村硬化路、动力电、幼儿园(班)和标准化村卫生室实现了全覆盖。严格贫困人口精准识别精准退出核查，加强贫困人口收支监测，全县预脱贫5个村、减贫8460人，已通过市级初验和省级第三方评估，即将迎接省上验收。持续加大民生投入，省、市、县列惠民实事全面完成。大力实施"全面改薄"工程,深入推进县级公立医院综合改革,全面完成了县一中、二中和职教中心搬迁,启动实施了城区一小迁建工程,县医院住院综合楼建成投入使用。城乡低保、五保供养等社保政策全面落实,新增城镇就业2012人。扎实推进平安建设,高度重视信访工作,加强食品药品安全、生产安全等领域专项整治,人民群众的安全感和幸福感不断提升。

5. 大力开展造林绿化和环境保护,生态环境持续改善。深入贯彻绿色发展理念,大力实施"大地增绿"工程,完成造林4.9万亩,造林面积和资金投入分别实现"翻番",森林覆盖率达到34.8%。严格落实污染防治和节能减排监管责任制,狠抓环保措施落实,扎实开展了环保问题"回头看、大排查"活动,环保部西北督查中心和省市督查反馈的28条问题,目前整改到位13条,其他15条正在抓紧整改,中央第七环保督察组反馈的7件信访案件全部办结。实施重点流域河道水污染整治、农村规模化畜禽养殖场污染治理等环保项目7项,全面完成黄标车和老旧车淘汰及餐厨油烟污染治理任务,主要污染物排放量控制在市上下达的目标值以内。深入开展城乡环境卫生集中整治活动,探索建立了定期巡查保洁、生活垃圾日产日清等长效机制,县城主街区清洁化、舒适化、美观化程度明显提高。

6.突出文化旅游产业引领,带动三产快速发展。全面践行社会主义核心价值观,广泛开展各类文明创建和"崇信好人"等评选活动,社会文明程度和全民文化素质明显提高。高度重视文学艺术工作,组织召开了全县文艺工作座谈会,鼓励文艺界人士坚定文化自信,努力创作无愧于时代和人民的精品力作。14个乡村舞台建成使用。抢抓全市大景区建设的有利时机,加快实施农耕文化生态苑和华夏古槐王景区保护工程等文化旅游产业项目,全县旅游综合收入和文化产业增加值分别增长23%和36.2%。大力发展快递物流、电子商务等现代服务业,华通汽配物流中心建成了主体工程,新世纪商厦、崇信宾馆、金融大厦开业运营,第三产业增加值增长14.6%。

7.坚持统揽全局协调各方,政治建设深入推进。认真贯彻《党的地方委员会工作条例》和《党组工作条例》,加强对县级领导班子的统筹协调,支持各班子依法依章积极主动、独立负责地开展工作。全面落实市委《关于进一步加强新时期人大工作的意见》,设立了县人民代表大会法制委员会和财政经济委员会,人大及其常委会依法监督、重大事项决定等职责发挥充分。积极支持政府抓好经济社会发展。制定出台了《崇信县政党协商实施办法》《关于加强社会主义协商民主建设的实施意见》,协商民主的制度化、规范化、程序化水平不断提高。全面贯彻落实统一战线重大决策部署,鼓励支持民主党派、工商联、无党派人士建言献策,组织召开了非公经济人士座谈会,引导非公经济人士坚定发展信心,构建亲清政商关系,促进非公经济健康发展和非公经济人士健康成长。支持群团组织依法依章履行职责、省市驻崇各单位为服务地方经济发展贡献力量,全县上下形成了团结协作、和衷共济的良好局面。

8.从严落实管党治党要求,党的建设全面加强。始终把抓好党建作为第一责任,扎实开展“两学一做”学习教育,坚持县委常委班子带头,其他县级班子跟进,全县各级党组织看齐,分期举办专题学习研讨,认真查摆整改突出问题,党员先锋模范作用得到充分发挥。坚持好干部标准和“四个注重”的用人导向,严格落实“两核查”和选派新提拔干部到村挂职等制度,圆满完成了县乡村换届工作,领导班子和干部队伍建设进一步加强。牢固树立大抓基层的鲜明导向,深入实施“五强五优”党建引领产业富民工程,下功夫破解党组织软弱涣散难题,基层党建七项重点任务全面完成,基层党组织的凝聚力和战斗力进一步增强。严格落实党风廉政建设主体责任体系,研究制定了《崇信县落实“866”衡量检验标尺和“111”督查细则实施意见》《崇信县实践监督执纪“四种形态”指导意见》,从严执行“三述”、约谈制度,先后约谈乡镇(园区)、部门主要负责人114人,听取了11名县直部门主要负责人的“三述”报告。认真执行中央和省市委关于改进作风的各项规定,部署开展了发生在群众身边的“四风”和腐败问题专项巡查,查处通报了一批典型问题。召开了全县领导干部警示教育大会,约谈“两个责任”落实不到位主要负责人85人,严肃查处违纪案件15起,处分17人,党员干部的纪律意识和规矩意识明显增强。

在经济下行压力加大的背景下,能够取得这些成绩,实属不易,这是全县上下认真贯彻落实中央和省市委决策部署的结果,是全县各级各部门和广大干部群众共同努力的结果。

在肯定成绩的同时,我们也要清醒地认识到,全县经济社会发展存在的困难和问题。主要是煤炭市场预期还不稳定,发电指标受限、成本增大,经济下行压力依然很大;整县脱贫后下剩的贫困村都是最难啃的硬骨头,已脱贫人口的巩固提升任务还很重,率先小康的任务十分艰巨;主导产业链条短、结构单一,新兴产业发展不足,非公经济发展缓慢的问题依然存在;城乡居民收入水平偏低、公共服务供给不足,治污减排、开发保护的压力依然很大;个别部门、少数党员领导干部在主体责任、重点工作、重大项目落实方面还有差距,敢抓敢管、真抓真管的意识还不够强,一些党员干部不作为、慢作为、慵懒散拖等问题还不同程度存在,等等,对于这些问题,各级各部门都要高度重视,认真加以解决。

二、聚焦着力重点,加快建设活力创新法治美丽幸福新崇信

今年是实施“十三五”规划的重要一年,是供给侧结构性改革的深化之年,也是贯彻落实县第十五次党代会精神的开局之年。当前和今后一个时期,宏观环境依然复杂多变,我国经济发展新常态特征更加明显,经济发展长期向好的基本面没有变,稳中求进是今年工作的总基调,中央将继续实施积极的财政政策和稳健的货币政策,扩大调结构、补短板、惠民生等领域的有效投资,保障民生、农业、扶贫、生态、环保等合理支出,加大对深度贫困

地区、重点贫困群体的帮扶，这些都为我们稳定经济增长、补齐发展短板、实现全面小康带来了重大机遇。同时，省、市委经济工作会议对发展面临的形势作出了“三个相交织”的判断，就是即期发展问题与长期积累矛盾相交织、产能相对过剩与有效需求不足相交织、传统动能减缓与新生动能偏弱相交织。这些问题在崇信也表现得非常明显。我们要把思想统一到省委和市委对经济发展形势的判断上来，把困难挑战估计得更充分一些，坚定不移地把中央方针政策和省、市委决策部署贯彻落实好。特别要注重把握好以下四个原则。一要始终把发展作为第一要务。坚定不移贯彻党的基本路线，坚持以经济建设为中心不动摇，以新发展理念引领发展新常态，坚决不要“带血”“肮脏”“注水”“危债”的GDP，实现更有效率、更有质量、更加公平、更可持续地发展。二要始终把改善民生作为第一追求。把人民放在心中最高位置，顺应人民群众对美好生活的向往，既补路水电气房等硬件，也补科教文卫保等软件，切实解决群众最关心、最直接、最现实的问题，让每一个群众都得到社会的关爱和温暖。三要始终把改革创新作为第一动力。坚持正确方向、问题导向、为民取向、破题指向不动摇，加大供给侧结构性改革力度，加快行政审批、财税金融、社会保障等领域改革，以改革创新的精神破解发展难题。四要始终把维护稳定作为第一责任。紧盯民生方面群众的关注点、安全方面存在的隐患点、稳定方面暴露的风险点，扎实细致地做好工作，为党的十九大和省第十三次党代会胜利召开营造良好环境。

通过对宏观经济形势的综合研判，县委确定今年经济工作的总体要求是：全面贯彻落实党的十八大和十八届三中、四中、五中、六中全会以及中央、省、市委经济工作会议精神，以邓小平理论、“三个代表”重要思想、科学发展观为指导，深入学习贯彻习近平总书记系列重要讲话精神，统筹推进“五位一体”总体布局和协调推进“四个全面”战略布局，牢固树立和贯彻落实新发展理念，坚持稳中求进工作总基调，以提高发展质量和效益为中心，以供给侧结构性改革为主线，大力实施“五大战略”，壮大提升“五大产业”，更加注重经济结构调整和动力转换，更加注重改革和创新驱动，更加注重脱贫攻坚和城乡协调发展，更加注重投资拉动和项目建设，更加注重生态保护和绿色发展，全力以赴攻难点、抓项目、兴产业、聚人气、活机制、强保障，全面做好稳增长、促改革、调结构、惠民生、防风险各项工作，加快活力创新法治美丽幸福新崇信、率先全面小康建设步伐，以优异的成绩迎接党的十九大和省第十三次党代会胜利召开。

预期目标是：地区生产总值增长8%，规模以上工业增加值增长6%，固定资产投资增长15%，社会消费品零售总额增长14%，一般公共预算收入增长8%，城乡居民人均可支配收入分别增长10%和14%，单位生产总值能耗和主要污染物排放控制在目标值以内。

这些主要预期目标，是县委深入研判经济发展新常态的特征和趋势、认真衔接全面建成小康社会要求和“十三五”规划目标、综合平衡各种有利条件和不利因素研究确定的，符合中央和省、市委的科学判断，符合县情实际。各级各部门都要积极主动作为，“跳起来摘桃子”，努力为今后发展打好基础。

按照上述目标要求，今年重点要抓好以下六个方面：

1.攻难点。整县脱贫后，扶贫攻坚依然是最大政治，是“一号工程”，是我们的主攻点。各级各部门要认真贯彻习近平总书记精准扶贫精准脱贫战略思想和中央、省市委决策部署，全面落实“六个精准”要求，以锲而不舍、攻坚拔寨的毅力，坚决打赢这场硬仗，确保年内减贫4个村2000人以上。要着力补齐发展短板。深入推进“贫困村提升工程”，铺油硬化村社道路30公里，解决324户1154人饮水不稳定问题，易地搬迁安置群众184户，所有退出村全部消除D级危房。落实好国家贫困家庭学生资助政策，让贫困孩子都能上得起学。整合城乡居民基本医疗保险，逐步提高筹资标准和报销比例，扩大大病保险和重特大疾病医疗救助范围，有效缓解贫困群众看病难、看病贵的问题。全面落实兜底对象应保尽保措施，加大农村低保、五保供养等人员帮扶力度，兜牢社会保障底线。要大力发展富民产业。按照“一村一品、一户一业”的模式，切实落实各项惠农政策，发挥好金融助推扶贫的关键作用，鼓励支持贫困群众发展牛果菜和木本油料等富民产业，持续增加群众收入。鼓励有剩余劳力的贫困户就近务工、发展三产服务业和电子商务业，千方百计拓宽增收渠道，形成一元主导、多元增收的产业格局。加大贫困人口技能培训力度，增强贫困群众自我发展的信心和能力，夯实稳定脱贫的基础。要巩固提升脱贫实效。深入推进精准扶贫与双联行动融合联动，对已脱贫户要保持扶持政策不变、帮扶队伍不撤、工作力度不减，该安排的项目资金继续安排，该享受的优惠政策继续享受，确保稳定脱贫。严格落实“4342”脱贫验收责任体系，围绕省上评估验收标准，认真做好查缺补漏、巩固完善工作，坚决防止“被脱贫”“假脱贫”“数字脱贫”。要提升新农村建设水平。近年来，全县大多数村都实施了新农村建设、扶贫开发整村推进和美丽乡村建设，但用全面小康的标准来衡量还存在一定差距，尤其是增收产业和基础设施方面的短板还比较突出。今年要对全县79个村逐个梳理排队，按照美丽乡村和全面小康标准以及“缺什么、补什么”的原则，统筹规划、分年推进，集中实施一批基础设施提升项目，确保全县小康实现程度提升4个百分点，为在全市率先实现全面小康奠定坚实基础。

2.抓项目。作为一个欠发达地区，投资拉动依然是经济增长的重要引擎，抓项目、争投资依然是经济工作的基本方法。要科学谋划抓争取。认真分析和深入研究国家产业政策和投资导向，立足全县资源禀赋和发展实际，精心策划包装，扩大项目储备，真正把资源优势转化为经济优势。特别对省上千亿产业基金、整合项目资金等重大融资项目，要积极争取，确保把能争的项目争到位、把该争的资金争到手。对汭河流域水环境治理、县医院门诊急救医技综合楼等已申报争取的项目，要确定专人跟踪衔接，力争取得实质性进展。要加大力度抓招商。中央、省市对一个县的资金扶持基本是一个常数。招商引资的力度决定我们抓经济工作的力度，招商引资的水平就是我们抓经济工作的水平，招商引资的增量决定我们经济增长的速度。所以，招商引资是稳增长的关键。各级各部门要切实把招商引资放在心上、抓在手上、落实到行动上。积极适应新常态下招商引资出现的新变化、新趋势，研究掌握省内外大企业集团的拓展意向和投资动向，采取组团招商、节会招商、以商招商、上门招商等措施，扩大招商引资范围和规模，大招商、招大商，确保全年实施招商引资项目50项以上，落实到位资金80亿元以上。创新投融资方式，激活民间投资，确保社会投资增长15%以上。要靠实责任抓建设。对今年计划实施的225项重点建设项目，发改部门要列出清单，明确目标和具体措施，强化督查调度和激励问责，特别对50个重大项目实行一个项目一名县级领导、一套班子、一套方案的“三个一”包抓责任制，促进项目建设有力有效推进。各级领导干部要切实把责任扛在肩上，加强衔接调度，全程跟进解决具体问题，一季度续建项目必须全部复工，新建项目开工率要达到50%，上半年所有项目全部开工。

3.兴产业。发展产业是提高城乡居民收入、优化经济结构、壮大县域经济的根本路径。县政府和有关部门要按照做强首位产业、做大支柱产业的要求，研究制定全县五大主导产业发展规划和扶持政策，提升产业富县富民的能力和水平。煤电产业要在延伸链条上下功夫。坚持煤电产业改造升级与非煤产业培育同步推进，加快赤城煤矿建设、新安煤矿5煤开采、嘉利煤矿技术改造和电厂超低排放节能工程建设进度，积极争取五举煤矿核准复工，全面建成百贯沟煤矿洗煤厂和新窑、新柏等煤矿专项工程。大力发展新型建材、装备制造等非煤工业，积极支持新能源、新材料、信息技术等新兴产业发展，力争鑫盛建材固体废弃物综合利用、顶优聚氨酯泡沫厂二期等项目建成投产，培育一批新的经济增长点。农业产业要在提质增效上下功夫。草畜产业要按照“稳粮优经扩饲”的思路，引导龙头企业和农户扩大苜蓿、全膜玉米等优质饲料种植面积，建成优质饲草基地2万亩。牛产业要突出抓好基础母牛保护和农户分散养殖，新建改扩建肉牛养殖小区4个，牛饲养量保持在12万头以上；果产业要全力抓好柏树镇闫湾村、黄寨镇黄寨村等矮化密植示范园建设，进一步加大新技术、新品种、新模式推广力度，建办一批科技含量高、发展前景好的产业基地，着力打造果产业转型升级版，适应果品市场的新趋势；菜产业要持之以恒扩规模、打品牌、提品质，重点抓好锦屏镇东庄、庆丰农业科技示范园建设，积极倡导发展有机蔬菜，进一步拓宽销售渠道，提升产业效益；木本油料产业要与造林绿化、退耕还林、旅游产业开发结合起来统筹推进，持续扩大育苗基地和栽植规模，年内栽植油用牡丹1万亩以上。积极发展种养大户、专业合作社、家庭农场、龙头企业等新型农业经营主体，完善农产品加工产业链条和物流营销网络，提高农业产业化、规模化、现代化水平。第三产业要在做大做强上下功夫。以文化旅游产业为带动，积极开发现代金融、健康养老、电子商务等新业态，大力提升住宿餐饮、批发零售、家政服务等生活性服务业水平，加快发展商贸物流、研发设计、商务咨询等生产性服务业，力争华通汽配物流中心、柏树闫湾便民市场投入运营，驾驶员培训基地建成主体工程，促进第三产业发展提速、比重提高。

4.聚人气。一个城市要让年轻人能创业就业，让老年人能安居养生，让投资者有决心机会，让旅游者宾至如归，才有活力、有魅力、有吸引力，才有人气、有希望、有创造力。要坚持把聚人气作为发展县域经济的重要举措，更广泛地聚集人流、物流、信息流、资金流，让崇信真正热起来、火起来、红起来。要加快城镇扩容提质吸纳聚人气。按照新型城镇化和西进东展北拓南控的要求，不断修编完善城市总体规划和详细规划，增强规划科学性、指导性、严肃性。扩容方面要重点抓好东塬子和青年大桥片区棚户区改造、煜原职业学校、人防指挥中心等项目建设，不断扩张县城规模；提质方面要突出抓好县城基础设施建设、天然气储配站、集中供热工程、地下管网改造和城市绿化、亮化、美化等重点项目，不断提升城镇聚集服务功能；管理方面要以智慧城市建设为统揽，持续加强城市精细化管理，下功夫解决管理缺项盲区、城乡接合部和县城北出口脏乱差问题，进一步把城市做精做美做亮。大力弘扬"尊崇信义"的真正内涵，加强对市民的教育引导，增强市民意识，提高人文素养，让人人都成为导游员、宣传员、保洁员，努力把我县打造成宜居宜业宜游的现代化城市。要通过文化旅游带动吸引聚人气。以创建国家级全域旅游示范县和国家级花卉旅游示范基地为目标，每个乡镇(园区)、单位，每个行业都要围绕旅游抓项目、创环境。高标准抓好汭龙堡农耕文化生态苑、龙泉寺智慧旅游景区、黄花油用牡丹观光园等项目，积极创建龙泉寺国家AAAAA级、古槐王AAA级景区，促进全域旅游发展。加强与崆峒山、大云寺、关山大景区联动建设，打通景区景点连接通道，完善吃住行、游购娱旅游要素，使游客进得来、留得住。利用"五一"、"十一"黄金周，举办重大体育赛事和对外宣传活动，全力打造"崇信"旅游品牌，吸引更多的客商游览崇信、宣传崇信、开发崇信。要大力发展非公经济吸收聚人气。认真落实支持非公经济发展的各项政策措施，着力解决非公企业融资难、用工难等问题，推动中小企业和个体工商户转型升级，培育壮大一批民营骨干企业，努力把各种生产要素吸收到崇信。要全力争取大企业落户吸附聚人气。坚持工业强县战略不动摇，积极探索招商引资新机制、新办法，不断优化投资环境，认真搞好协调服务，吸引大企业特别是工业企业落户崇信，反哺农业，带动三产，支撑整体经济快速发展。

5.活机制。各级各部门要把搞活机制作为县域经济发展的重要抓手，深化改革创新，扩大对外开放，破解瓶颈制约，全面增强发展动力和活力。要深入推进供给侧结构性改革。全面落实"三去一降一补"政策措施，大力发展实体经济，不断培育新的经济增长点。继续落实中央和省市帮助企业降成本的政策措施，下功夫转变政府职能，减少审批事项和中介收费，进一步正税清费，帮助企业降低运营成本；持续开展“进企业、抓环保、保安全、促发展”活动，全力帮助企业争取国家和省级专项资金，引导企业发扬“工匠精神”，延伸产业链条，打造知名品牌，增强核心竞争力。突出抓好农业供给侧结构性改革，不断调整优化粮食种植、经济作物、饲料种植和养殖结构，大力发展牛果菜和木本油料等特色产业，抓好绿色优质农产品供给，狠抓标准化生产和投入品管理，让农产品供给数量、品种和质量更契合消费需要。要加快关键重点领域改革。深化农村产权制度改革，加快推进农村土地“三权”分置，继续深化水权、林权制度改革，赋予农民更加充分的财产权利。有序推进社保制度改革，加快整合城乡居民医疗保险制度，推进养老保险制度改革，构建更加便民快捷的社保服务体系。探索制定吸引人才的优惠政策和具体措施，特别在引进教育、卫生等方面急需紧缺人才上要取得重大突破。支持高校毕业生、致富带头人等各类群体因地制宜创业。积极推进旅游景区管理体制改革，引导社会力量开发文化旅游养生产品及服务项目。着力深化投融资体制改革，大力推行PPP、BOT等融资模式，注重用参股等方式带动社会投资，激发民间资本，培育壮大市场主体。要不断提升开放开发水平。抢抓“一带一路”建设这个最大机遇，牢固树立开放发展理念，积极走出去学习外地先进经验，全方位扩大开放开发。组团参加敦煌文博会、兰洽会及各类经贸文化交流活动，加大宣传推介力度，吸引更多大企业、大集团落户崇信。健全完善项目建设、产业开发、城镇管理等方面的机制制度，努力用新理念、新模式、新技术谋划推动工作。

6.强保障。坚持民生保障、环境保障、安全保障、生态保障、法治保障齐抓，努力提升人民群众的幸福感、安全感和获得感。要强化民生保障。持续办好省市县列惠民实事，进一步改善人民群众住房、医疗、教育、社保等方面的条件。加强教育教学管理和教师队伍建设，深化公立医院综合改革，健全分级诊疗制度，全面提升教育质量和医疗服务水平。加快推进城乡社会救助体系建设，全面落实最低生活保障、特困人员供养、残疾人扶助等兜底性制度，全力做好高校毕业生、就业困难人员的就业工作，进一步织密织牢社会保障网。要强化生态环境保障。牢固树立绿色发展理念，以创建国家级生态文明建设示范县和森林城市为目标，开展大规模、大力度的植树造林活动，持续推进新一轮退耕还林工程，重点抓好县城北出口改造和304沿线、崇白路、崇大路等交通干道绿化景观带建设，完成造林绿化5.8万亩。突出大气、水、土壤三个着力重点，抓好污染物排放、水源地保护和农村面源污染防治，切实巩固中央环保督察组交办问题整改成果，推动形成常态化、长效化环境保护工作机制。要强化安全保障。认真贯彻习近平总书记关于抓好安全生产的重要指示批示精神，深入开展道路交通、非煤矿山、建筑施工等行业安全隐患排查，严格落实安全生产责任，提高安全生产监管专业化能力和水平，坚决打击违法违规经营建设行为。要强化法治保障。认真贯彻落实《县委关于全面推进依法治县建设法治崇信的实施意见》，坚持法治政府、法治社会一体建设，依法执政、依法行政共同推进，不断开创依法治县新局面。强化法治宣传教育，扎实开展"七五"普法、"法律八进"等活动，突出"关键少数"，坚持学用结合，努力形成全民学法守法用法的良好风尚。不断加强和创新社会治理，持续开展打击"盗骗抢""黄赌毒"等专项斗争，扎实开展矛盾纠纷大排查、大化解，把问题解决在萌芽状态，特别要严防群体上访、越级上访、进京上访，努力维护社会和谐稳定。

三、牢固树立党的意识，推动全面从严治党向纵深发展

全面完成今年各项目标任务，关键在党，关键在人。全县各级党组织要深入学习贯彻党的十八届六中全会精神，进一步提升党领导经济工作的科学化、制度化和专业化水平，为建设活力创新法治美丽幸福新崇信提供坚强的政治保证。

1.着力加强思想政治建设，始终保持坚强的政治定力。这次会议审议通过的《关于进一步加强和改进领导班子思想政治建设的实施意见》，是县委深入贯彻党的十八届六中全会精神的重要举措，是当前和今后一个时期推进全面从严治党的重要文件，全县各级党组织要认真抓好贯彻落实，努力在常和长、严和实、深和细上下功夫，切实把全面从严治党的要求贯穿到经济社会发展的各方面。要持续深入学习贯彻党的十八届六中全会精神，采取现场问答、知识测试、阅读背诵、撰写心得体会等措施，真正做到入脑入心、知行合一，进一步坚定"四个自信"，增强"四个意识"，在思想上、政治上、行动上始终与以习近平同志为核心的党中央保持高度一致，坚决维护习近平总书记核心地位和党中央权威，以高度的政治自觉和行动抓大事、促发展，确保中央和省、市、县委各项决策部署不折不扣落到实处。

2. 着力加强党对经济工作的领导，全面提升推动发展的能力。全县各级党组织要坚定不移贯彻党的基本路线，着眼发展抓党建，抓好党建促发展，切实做到"两手抓两手硬，双促进双落实"。今年工作中，要重点从三个方面加强和改进党对经济工作的领导。一要抓创新。要在结合融合上下功夫。经济发展进入新常态，党领导经济工作的观念、体制、方式方法要与时俱进，各级党员干部特别是领导干部要吃透弄懂中央和省、市、县委经济工作的重大决策部署，结合工作实际，创造性开展工作，融合现代元素，创新发展模式，高起点、高标准、高质量地谋划推动发展。要在借鉴先进经验上下功夫。积极学习外地先进经验，加强与周边县区的交流合作，实现优势互补、共同发展。要在总结推广典型上下功夫。注重研究工作实践中业已形成的先进典型和好经验、好做法，不断完善，推陈出新，切实发挥好示范带动效应。二要抓攻坚。今年，我们有许多硬仗要打，特别是精准扶贫、国家级生态文明示范县创建、重大项目建设必须集中攻坚，还有招商引资、城镇建设管理等一些重点工作、难点问题都要攻坚。各级各部门要对重点任务制定工作方案，一个硬仗一个硬仗打，一个问题一个问题攻坚。要心往一处想、劲往一处使，全力以赴爬坡过坎、滚石上山，切实形成万众一心、众志成城合力攻坚的浓厚氛围。三要抓落实。坚持眼睛向下看、身子往下沉，多到矛盾突出的地方去，多到困难较多的一线去，多到难点焦点问题聚集的现场去，在克服困难、化解矛盾、解决问题中抓落实、促发展、出实绩。要具体抓、抓具体，见人见物见细节，对每一项工作、每一个项目，由谁来干、干到什么程度，都要有行事历、作战图，有督查考核，有责任追究，决不能大而化之、不了了之。

3. 着力加强领导班子和基层组织建设，锻造素质过硬的骨干队伍。党的基层组织是党全部工作和战斗力的基础，党员干部是党的决策部署的贯彻者、执行者和落实者，是推动经济社会发展的骨干力量。一要选好用好干部。认真贯彻《党政领导干部选拔任用工作条例》和《党委党组讨论决定干部任免事项守则》，始终坚持好干部五条标准，牢固树立重品行、重实绩、重基层、重公论的用人导向，注重在脱贫攻坚、产业发展、改革创新、为民办事的实践中考察和识别干部，培育和使用干部。要探索建立容错纠错机制，旗帜鲜明地为敢于担当的干部担当、为敢于负责的干部负责，让能干事者有机会、干成事者有舞台，不让老实人吃亏，不让投机钻营者得利，真正把信念坚定、为民服务、敢于担当、清正廉洁的干部精心培养起来、合理使用起来。二要建强基层组织。以建设服务型党组织、为民型干部、富民型党员为统揽，进一步优化组织设置，探索创新“党建+”工作模式，加大在产业基地、农民专业合作社、电子商务等新型经营主体建立党组织力度，不断扩大基层党组织覆盖面。持续用力抓好换届后村党组织建设，扎实开展软弱涣散党组织整顿，对已经整顿完成的，要跟踪问效、防止反弹。要充分挖掘资源、拓展途径，想方设法发展壮大村级集体经济，不断增强村级组织的“造血”功能和自我发展能力。突出抓好基层党组织带头人队伍建设，扎实开展大规模干部教育培训，丰富知识储备，完善知识结构，不断提高谋划发展、科学决策、执行落实的能力。三要严肃党内政治生活。认真贯彻《关于新形势下党内政治生活的若干准则》和《党内监督条例》，重点在推进党内政治生活规范化、经常化上下功夫，全面落实“三会一课”、民主生活会、民主评议党员、谈心谈话等制度，扎实开展批评和自我批评，加强对党员经常性教育、监督、管理，发扬党内民主和保障党员权力，着力增强党内政治生活的政治性、时代性、原则性和战斗性。

4.着力加强制度建设，提升党的建设科学化水平。加强党内法规制度建设是全面从严治党的长远之策、根本之策。要抓好党内法规学习贯彻。各级党组织要认真贯彻落实全省党内法规工作会议精神，充分认识加强党内法规制度建设的重大意义，把党内法规制度建设纳入党的建设总体安排，与党建工作一同部署、抓好落实。把学习贯彻党章等党内法规作为基本功和必修课，纳入各级党委中心组、党课和党校教学计划，教育引导党员干部真学真懂真用，切实内化于心、外化于行。认真做好党内规范性文件“废改立”和备案、清理等工作，为从严治党提供有力的制度保障。要健全完善相关制度。按照中央和省市委关于深化党的建设制度改革的统一部署，统筹推进党的思想、组织、作风和反腐倡廉等方面的制度建设，进一步健全完善基层党建工作述职评议考核、人才评价激励引进、领导班子和领导干部综合业绩考核评价、选人用人专项检查和责任追究等机制制度，使各项制度的“笼子”扎得更紧、更严密。要强化制度落实评估。各级领导干部要以上率下、以身作则，带头遵规学规守规用规，带动各级党员干部学习好、领会好、执行好各项制度规定，切实维护制度的权威性和严肃性。组织、纪检部门要通过开展联合督查、专项督查等方式，推动法规制度落地生根，对有令不行、有禁不止、随意变通等行为，要发现一起、查处一起，坚决防止“破窗效应”。

*5.着力加强党风廉政建设和反腐败工作，营造风清气正的政治生态。*要全面落实主体责任。各级党组织要牢固树立“抓好党风廉政建设是本职，不抓党风廉政建设是失职，抓不好党风廉政建设是渎职”的观念，全面贯彻中纪委七次全会部署要求，认真落实“3783”主体责任体系，严格执行“三述”、约谈和签字背书等制度，以“八个多少”为标尺，以“六个亲自”为标准，以“六个是否”为准绳，逐一对照，逐项落实，切实把党委(党组)集体责任、主要负责人第一责任和班子成员领导责任落到实处。要强化正风肃纪。坚持把纪律和规矩挺在前面，认真落实《廉洁自律准则》《纪律处分条例》《问责条例》和《监督条例》，综合运用监督执纪“四种形态”，对干部身上出现的小问题，该提醒的提醒，该批评的批评，对顶风违纪的严肃查处、公开曝光，决不能把问题捂着、护着。牢固树立严管就是厚爱的思想，坚决纠正不抓不管、放任自流等不良现象。要坚决惩治腐败。严格执行监督执纪《工作规则》，始终保持惩治腐败的高压态势，紧盯扶贫资金使用管理、惠农政策落实、土地征用补偿等关键领域，加大纪律审查力度，对侵害群众利益的不正之风和腐败问题，坚持“零容忍”，发现一起、严查一起，绝不姑息迁就。

*6.着力加强作风建设，全力推进各项工作任务落实。*各级党组织要始终牢记作风建设永远在路上的要求，不断巩固党的群众路线教育实践活动、“三严三实”专题教育、“两学一做”学习教育成果，驰而不息纠“四风”、正党风、树新风。要树立务实苦干之风。各级党员干部要按照这次会议的安排部署，撸起袖子加油干，甩开膀子抓落实，特别是对一些重点工作、重大项目，领导干部要一竿子插到底，亲力亲为、担当实干，切实把各项工作抓出实效。要树立雷厉风行之风。对县委、县政府决定了的事，要闻风而动，盯紧抓牢，不打折扣，说了就办、定了就干，高效率、快节奏地推动工作，决不能等待观望、推三阻四甚至敷衍塞责、弄虚作假。要树立艰苦奋斗之风。严格落实中央和省、市、县委改进作风的各项规定，坚持勤俭办事，坚决反对铺张浪费和大手大脚，切实把有限的资金用在改善民生、推动发展上。要树立久

久为功之风。坚持重点工作重点抓，重点工作持久抓，始终保持一股子干劲、闯劲、韧劲，以不达目的不罢休的劲头，对部署了的工作一抓到底、抓出成效，坚决克服时紧时松、忽冷忽热和“一阵风”等现象。

同志们，站在新的起点，面临新的征程，我们任务艰巨，使命光荣。让我们高举中国特色社会主义伟大旗帜，紧密团结在以习近平总书记为核心的党中央周围，在市委、市政府的坚强领导下，团结协作、实干攻坚、开拓进取，奋力开创建设活力创新法治美丽幸福新崇信、率先实现全面小康的新局面！

在崇信县第十七届人民代表大会第二次会议上《政府工作报告》

崇信县人民政府县长　张拴会

（2017 年 12 月 20 日）

各位代表：

我代表县人民政府向大会作工作报告，请予审议，并请政协委员和列席人员提出意见。

2017 年工作回顾

2017 年，我们在县委的坚强领导下，在县人大、县政协的监督支持下，认真贯彻落实中央和省市县委各项决策部署，不断强化政治意识、大局意识、核心意识、看齐意识，迎难而上，务实奋进，加快建设活力创新法治美丽幸福新崇信，推动经济社会持续健康发展。前三季度，地区生产总值完成 18.6 亿元，同比增长 7.8%；工业增加值完成 6.1 亿元，增长 11%；社会消费品零售总额完成 6.6 亿元，增长 10.5%。止 11 月底，公共财政收入完成 2.7 亿元，增长 29.9%；城乡居民人均可支配收入分别完成 30900 元和 7861 元，增长 8.5% 和 8.9%。预计全年可完成县十七届人大一次会议确定的主要目标任务。

一年来，我们主要做了以下工作：

1.扎实开展“绣花式”扶贫，脱贫攻坚基础不断夯实。认真贯彻习近平总书记在深度贫困地区脱贫攻坚座谈会上的讲话精神，健全责任体系，扛牢主体责任，推动各项措施精准到村到户到人，全年减贫 2822 人，贫困发生率下降到 4.13%。加大政策支持力度。制定出台了打赢脱贫攻坚战若干政策措施、富民产业扶持办法和“七个一批”行业扶贫清单，聚焦关山林缘区深度贫困村，整合资源，靶向攻坚。加大资金投入力度。县财政列支 1.1 亿元用于精准扶贫，利用国家开发性金融资金 1.5 亿元，发放精准扶贫、妇女创业、互助资金等贷款 0.35 亿元，为脱贫攻坚提供了资金保障。加大项目布局力度。将更多项目向贫困村倾斜，实施路、水、电、房等项目 7 类 57 项，硬化村组道路 87.3 公里，安装太阳能路灯 2650 盏，完成自来水入户 508 户，实施危房改造 518 户，易地搬迁 119 户 435 人，新建乡镇电商服务站 3 个、村级电商服务点 4 个，贫困村基础设施和公共服务水平大幅提升。加大产业扶持力度。将牛、果、菜、劳务作为脱贫支柱产业，县财政列支 2000 万元鼓励扶持，有 496 户贫困群众依靠产业脱贫，贫困群众人均可支配收入达到 5487 元，增幅高于全县平均水平 2 个百分点。加大攻坚克难力度。把因病、因残、因灾致贫群众作为脱贫攻坚的困中之困、难中之难，全面落实特惠政策，推进农村低保与脱贫标准“两线合一”，为1084名贫困群众发放低保资金398万元，为1381名贫困群众报销医疗费用329万元、提供医疗救助28万元，为1384名贫困残疾人发放救助金119万元。加大扶志扶智力度。推动教育脱贫，免除748名贫困家庭幼儿保教费、735名贫困家庭高职高中学生学杂费和书本费，为202名贫困大学生发放助学贷款114万元，义务教育巩固率达到96.3%。精准培训贫困群众4967名，输转劳务2.2万人(次)，创收5.1亿元。加大精准帮扶力度。调整优化帮扶力量，县级领导带头联最贫困的村、帮最贫困的户，组建帮扶工作队16个，投入各类帮扶物资570多万元，解决生产生活难题390多件。加大动态调整力度。按照“十不算、十不脱”要求，加强精准监测和动态管理，压减回退脱贫人口146户447人，新识别纳入79户233人，剔除不符合建档立卡条件16户50人，做到了真脱贫、脱真贫。

2.*突出供给侧结构性改革，县域经济发展提质增效。*全面落实稳增长、调结构政策措施，加大项目和资金争取力度，财政支出在去年突破10亿元基础上，今年突破11亿元。强化项目对稳增长的支撑作用。县财政预算1000万元用于项目前期工作，建立7亿元的PPP项目库，项目储备总额达到900亿元，争取国省投资1.4亿元。建立项目建设“六个清单”和“三个一”包抓责任制，采取现场督办、联审联批、集中开工等措施促进项目建设，实施亿元以上项目25项、500万元以上项目194项，完成固定资产投资45亿元。坚持精准招商、上门招商，组团参加“兰洽会”、“津洽会”、“平凉金果红牛旅游”走进京津等活动，实施招商项目86项，到位资金40亿元。强化企业对稳增长的骨干作用。坚持大中小齐抓，支持重点企业扩张产能、提升效益，全年预计生产原煤575万吨、发电38亿度，新发展中小微企业50户，新增规上企业2户，规上工业增加值增长9%。强化产业对稳增长的基础作用。加快发展煤电、旅游首位产业，赤城煤矿主副风井全部贯通，建成一批煤矿工作面布置和专项工程，鑫盛建材固体废弃物综合利用项目开工建设，锦屏果醋冷链物流项目建成主体，工业主导格局不断强化。推进旅游基础设施建设和经营机制创新，汭龙堡农耕文化生态苑一期、龙泉寺游客服务中心、汭河廊桥和游客栈道基本建成，樊洼、庙台、西刘等文化旅游民俗村加快建设，成立公刘文化旅游投资开发公司，出台引进境外旅游团体来崇旅游奖励办法，举办第二届“山水龙泉·养生崇信”旅游节和汭龙风情文化旅游高峰论坛系列宣传推介活动，全县游客接待量和旅游综合收入分别增长23%和26%，文化产业增加值增长20%。持续扩张草畜、果菜、木本油料产业规模，新改建肉牛养殖小区6个，建成优质饲草基地2.1万亩，成功举办了赛牛大会；新植果园6470亩，建办矮化密植苹果园1350亩、核桃园4980亩；培育了锦屏东庄、庆丰农业2个现代农业科技示范园，新建日光温室700亩、蔬菜大棚2600亩，种植蔬菜7.4万亩；栽植油用牡丹3610亩。崇信红牛、崇信苹果、崇信芹菜地理标志证明商标通过国家初审，认证蔬菜绿色食品3个，全县“三品一标”农产品占比达到58.8%。强化民营经济对稳增长的重要作用。深入实施百户民营小微企业创业帮扶工程,新增私营企业90户、个体工商户610户,个转企30户,非公经济增加值占地区生产总值比重达到53%。强化消费对稳增长的拉动作用。大力发展商贸物流、金融保险、电子商务等现代服务业,第三产业增加值增长7.4%。

3.着力落实城乡统筹发展战略,基础设施条件持续改善。着眼城乡一体化发展,加快基础设施建设和公共服务延伸,全县城镇化建设投资14亿元,城镇化率提高到47.5%。县域规划体系逐步完善。完成县城绿地系统、风貌特色、综合防灾、城区亮化、燃气5个专项规划编制,县城控制性详细规划调整和公共服务设施、乡村建设等专项规划编制加快推进。城镇配套功能不断完善。全县首个PPP项目县城集中供热工程建成试运行,新建排污、供热、供水管网13公里,县城建成区基本实现污水全收集、全处理。实施团结西路改造和龙泉寺景区供电线路入地改造,铺油城区道路4.8公里,铺装人行道2万平方米,新建公交车候车亭43个。世纪花园等商品房开发有序推进。城乡建设水平持续提高。加强风貌特色管控,提升绿化、亮化、美化水平,集中开展棚户区改造"百日攻坚",改造棚户区157户,完成历年遗留尾欠征收121户,新增城区绿化1.2万平方米。小城镇建设加快推进,抓建梁坡等省列美丽乡村3个、新村建设及旧村改造示范点5个,复垦旧庄基1034户2070亩。道路交通条件大幅改善。完成崇大路改造,S203马峪口至千阳、S320彬县至华亭公路(崇信段)开工建设,实施窄路加宽39公里,养护维修400公里,新建安全防护工程48公里,贯通县域、畅通快捷的交通网络加快形成。水利、电力、通讯保障能力显著提升。关河水库完成坝体填筑,新建高标准梯田1万亩,实施土地整治1.8万亩,新增节水灌溉面积4400亩。加快小康电示范县建设,改造农村电网32公里。实施电信普遍服务试点项目,光纤网络通村率达到100%,宽带入户率达到67%,新建改造通讯基站75座,4G网络覆盖率达到90%。城乡管理进一步加强。制定出台了烟花爆竹禁燃、犬类管理、门前五包、封山禁牧等制度办法,加大拆违控违、市容市貌、住宅小区、交通秩序等整治力度,城乡精细化管理水平明显提升。

4.强力推进环保突出问题整改,生态文明建设取得突破性进展。牢固树立和践行绿水青山就是金山银山的理念,县财政安排8900万元用于生态建设和污染防治。"两个创建"成效明显。大力实施退耕还林、面山绿化等生态工程,植树造林5.1万亩,建成绿色通道34条234公里,完成了古树名木调查建档和县树县花评选,全县森林覆盖率达到35.83%,国家生态文明建设示范县37项创建指标达标32项,国家森林城市40项指标达标16项。环保突出问题得到整改落实。各级环保督察反馈的18条问题整改到位15条,煤炭专营市场和二级配送网点建成投用,淘汰改造10蒸吨以下燃煤锅炉36台,取缔整治新窑矿区煤炭经营企业13户,依法查处环境违法案件21起。大气、水、土壤污染防治扎实有效。大力推进煤质管控、扬尘整治和餐饮油烟、机动车尾气、工业废气治理，县城空气优良天数达到88.6%，PM10、PM2.5控制在目标值以内。加强重点流域水环境整治和矿井废水深度处理，整治取缔入河排污口24处，依法关停采砂采石企业34户，汭河、黑河水质稳定达到国家Ⅲ类标准。强化农业面源污染防治，划定了永久基本农田和畜禽养殖禁养区，设立土壤环境质量固定监测点26个。“河长制”全面建立和推行。汭河、黑河、达溪河及流域内80条沟道全部设立“河长”，成立“河长制”办公室，编制“一河一策”管护方案，河长巡河、治河、护河工作全面展开。全域无垃圾治理深入开展。集中推进“十大领域”环境卫生治理行动，设立全域无垃圾“红黑榜”和“随手拍”举报平台，建立街长制、路长制和“网格化”管理体系，配备村级保洁员155名、垃圾清运设施768台(件)，全面清理存量垃圾，全市全域无垃圾治理工作现场会在我县召开。

5.全力保障和改善民生，人民获得感显著提升。始终把改善民生作为工作出发点和落脚点，着力解决群众最直接、最关心的利益问题。全力措办民生实事。省、市、县确定的22项43件惠民实事全部落实，民生支出占到全县财政总支出的86%。持续改善办学条件。县一中教学楼及餐饮楼、职教中心实训楼和运动场全面建成，新建和改扩建校舍3.7万平方米、运动场1.6万平方米。推进健康崇信建设。公立医院改革、医联体和医师多点执业稳步推进，每千人拥有床位数达到5.2张，城乡居民家庭医生签约率达到30%，65岁以上老年人健康管理率达到75%。提升公共文化服务水平。建成了一批文化体育设施，全民文体健身活动蓬勃发展。县电视台节目实现高清直播。民国版崇信县志出版印行，数字档案建设加快推进。加大“双创”扶持力度。发放创业担保贷款3000万元，城镇新增就业2035人，引进急需紧缺人才21人，柔性引进17人。支持鼓励科技创新，申报专利85件、科技成果17件。健全社会保障体系。全民参保登记全面推开，完成城乡居民基本医疗保险制度整合。城市低保、农村低保、五保供养标准分别提高8%、22.6%和8.4%，新农合缴费政府补助提高30元，临时救助最高标准由1500元提高到10000元。农村交通安全劝导员、保洁员报酬纳入财政预算，村干部报酬和环卫工人工资标准分别提高38%和30%。强力推进安全生产。严格落实“党政同责、一岗双责、齐抓共管、失职追责”责任体系，制定了安全生产责任规定，加强源头管控和隐患排查整治，安全生产形势平稳向好。创新加强社会治理。认真贯彻党的民族政策和宗教方针，加大食品药品安全监管力度，依法化解信访积案，完善立体化社会治安防控体系，深入开展严打整治和禁毒斗争，全面落实十九大维稳安保任务，强化灾害性天气监测预警，持续加强抗震设防、救灾物资储备等防灾减灾能力建设，社会大局和谐稳定。

6.推动各项改革措施落地见效，发展活力进一步增强。坚决破除制约经济社会发展的体制机制障碍，落实82项改革举措。深入推进“放管服”改革。取消调整行政审批事项9项，“双随机一公开”监管覆盖范围不断扩大。加强县级政务中心和乡村便民服务平台规范化建设，网上办理各类行政审批事项3894项，建设项目审批时限普遍压减到161个工作日。稳步推进农村综合改革。加快农村土地“三权分置”，土地承包经营权确权登记颁证通过省级验收，不动产统一确权登记加快推进，规范流转土地5000亩，全县58%的村有了集体经济收入，集体林权制度配套改革和供销社、国有林场、农业水价综合改革有序推进，我县被确定为全市农村资源变资产、资金变股金、农民变股东“三变”改革试点县。落实生态文明体制改革。建成县城空气质量监测点并与省环保厅联网运行，开展领导干部自然资源资产离任审计试点，启动编制自然资源资产负债表，研究出台生态环境保护工作责任规定、控制污染物排放许可等制度规定49项。着力推动金融改革。县信用联社成功改制为农商行，积极开展银税互动、银企帮联，注资壮大信源担保公司，争取各类风险补偿担保贷款和投资基金2500多万元，全县新增贷款3.3亿元，贷款余额增长14%，中小微企业贷款增长59%。深化商事登记制度改革。“多证合一、一照一码”全面推行，工商注册便利化服务水平大幅提升。完成城市执法体制改革。理顺了城市执法管理体制，组建成立了5个执法中队，将市政公用、市容环卫、园林绿化等管理职能和违章建筑、扬尘噪声污染等95项行政处罚权整合行使，执法监管效能有效提升。加快统计制度改革。严格依法治统，落实“四上”企业网上直报和项目投资入库制度，完成了第三次全国农业普查和人口抽样调查。投融资体制、公务用车、律师制度、价格机制、盐业体制等改革取得积极进展。

一年来，我们全面加强政府自身建设，坚持依法行政，推进普法教育，落实重大行政决策公众参与、专家论证、风险评估、合法性审查和集体讨论决定制度，健全政府常务会议学法制度，召开政府常务会议18次，审议决定重大事项130项，制发规范性文件9件，行政决策科学化、民主化、法治化水平不断提升。全面贯彻执行中央和省市县委决策部署，严格执行人大决议，自觉接受人大依法监督、政协民主监督，办理人大代表意见建议70件，政协委员提案30件，办复率100%。严格履行全面从严治党主体责任，强化行政监察和审计监督，严肃查处发生在群众身边的“四风”和腐败问题，加大督查问责力度，工作约谈135人，给予政纪处分2人，政府系统作风建设进一步加强。

这些成绩的取得，是县委正确领导的结果，是县人大、县政协监督支持的结果，更是全县干部群众团结奋斗的结果。在此，我代表县人民政府，向奋斗在各条战线的广大干部群众，向离退休老同志、民主党派、工商联、人民团体和无党派人士，向省、市在崇单位和驻地企业，向部队官兵和公安干警，向关心、支持崇信改革发展的社会各界人士，表示衷心的感谢！

在一年的工作实践中，我们深深体会到，办好人民群众的事情，推动各项事业健康发展，必须坚持党对一切工作的领导，持续强化“四个意识”和政治担当；必须坚持新发展理念，着力推动更高质量、更有效率、更加公平、更可持续的发展；必须坚持以人民为中心，不断满足人民日益增长的美好生活需要；必须坚持改革创新，坚决破除不合时宜的思想观念和体制机制弊端；必须坚持全面依法行政，切实提高行政能力和效率；必须坚持真抓实干，以优良作风促进各项任务落实。

我们清醒认识到，全县经济社会发展还存在一些问题：经济增长内生动力不足，固定资产投资出现下滑；整县脱贫摘帽时序推迟，越往后难度越大；产业结构不尽合理，新兴产业发展滞后，新动能培育不足；融资难、融资贵问题突出，高层次人才短缺；安全隐患排查治理和环保问题整改仍有欠账，污染防治和安全压力持续加大；政府职能转变和“放管服”改革不到位，一些干部存在能力不足、作风不实、落实不力、效率低下、庸懒散慢现象。我们将采取切实有效措施，努力加以解决。

2018年政府工作任务

2018年是决战脱贫攻坚、决胜全面小康的关键之年。党的十九大提出实施乡村振兴、区域协调发展等重大战略举措，加大力度支持革命老区、贫困地区和资源型地区发展，为我们推进“四化”同步、加快县域经济发展提供了政策利好；中国特色社会主义步入新时代，发展重心从需求侧转向供给侧、从要素驱动转向创新驱动、从总量增速转向民生福利，为我们补短板、强弱项提供了难得机遇；国家以“一带一路”建设为重点，推动形成全面开放新格局，为我们扩大市场准入、集聚生产要素提供了有利条件。同时，我们面临的宏观经济环境更加复杂，资源环境约束和要素制约更加突出，市场和区域间竞争愈加激烈。我们将认真分析研究，保持发展定力，未雨绸缪，趋利避害，促进全县经济社会转型升级发展。

政府工作的总体要求是：全面贯彻党的十九大精神和中央经济工作会议精神，以习近平新时代中国特色社会主义思想为指导，坚持和加强党的全面领导，坚持稳中求进工作总基调，坚持新发展理念，按照高质量发展的要求，统筹推进“五位一体”总体布局和协调推进“四个全面”战略布局，以供给侧结构性改革为主线，以发展壮大县域经济为中心，推进质量变革、效率变革、动力变革，坚决打好精准脱贫、污染防治、风险防控三大攻坚战，更加重质量、求效益，重改革、活机制，重产业、抓项目，重开放、聚人气，重民生、强保障，大力实施“五大战略”，壮大提升“五大产业”，加快建设活力创新法治美丽幸福新崇信。

经济社会发展的主要预期目标是：地区生产总值增长7%左右，规模以上工业增加值增长6.5%，固定资产投资增长7%，社会消费品零售总额增长8%，公共财政收入增长10%，城乡居民人均可支配收入分别增长8%和9%左右，城镇登记失业率控制在4%以内，单位生产总值能耗和主要污染物排放控制在目标值以内，努力实现整县脱贫摘帽。

上述预期目标是按照经济发展新常态规律和推动高质量发展要求，综合考虑了宏观经济形势影响、整县脱贫摘帽需要和县域经济增长潜力。由于中央和省市2018

年经济增长目标尚不明确，在落实中我们将及时跟进对接，坚决打好三大攻坚战，突出抓好五项重点工作，努力争取更好结果。

打好三大攻坚战：

1.打好精准脱贫攻坚战。全面贯彻落实习近平总书记扶贫开发重要战略思想，下足精细精确精微的“绣花”功夫，年内减贫2100人以上，贫困发生率下降到3%以下。着力健全平台体系。以县农业投资公司和三个子公司为依托，积极培育新型农业经营主体，建立贫困群众与龙头企业、经营主体利益联接机制，形成政府投入与市场机制互补共推的扶贫体系。着力发展脱贫产业。对接用好全省特色产业发展工程贷款、产业发展投资基金和全市农业信贷风险担保基金，扶持325个贫困户养牛1214头、568个贫困户种果2680亩、86个贫困户种菜138亩，夯实增收基础。着力提高脱贫技能。整合各类培训资源，开展订单订岗定向精准培训，输转劳务2万人(次)，创收4亿元以上。着力消除农村危房。实施新建住宅搬迁入住、农村危房清零、废旧宅基地复垦行动，搬迁群众173人，实现有意愿的贫困群众应搬尽搬。着力推进生态补偿。落实退耕还林还草、重点公益林补偿政策，从贫困群众中选聘公益林护林员100名。着力加强教育脱贫。坚持扶贫与扶志扶智相结合，精准落实教育扶贫政策，强化控辍保学，阻隔贫困代际传递。着力深化健康扶贫。加大医疗救助力度，落实贫困群众就医先诊疗后付费、免费健康体检政策，提高大病报销比例。着力做好兜底保障。加大农村低保、五保供养力度，实现应保尽保、精准兜底。着力补齐脱贫短板。对照贫困县退出标准，抢抓全省人居环境综合治理工程专项贷款机遇，实施自然村通硬化路三年计划，持续推进安全饮水、乡村舞台、环境治理、电网改造等项目建设，实现村组硬化路全覆盖，自来水入户率达到95%，新建改造10千伏及以下供电线路43公里，补齐基础设施和公共服务短板。着力提高帮扶满意度。因户因人制定帮扶计划，完善扶贫成效考核评估机制，切实提高帮扶方式、驻村工作队、帮扶责任人、帮扶成效满意度。着力加强精准管理。严格执行脱贫攻坚工作问责规定，扎实推进扶贫领域作风问题专项治理，加强扶贫资金和扶贫项目阳光化管理，规范贫困人口动态监管，坚决防止数字脱贫、虚假脱贫。

2.打好污染防治攻坚战。把生态文明建设放在突出位置，加快创建国家生态文明建设示范县和国家森林城市。持续推进大气污染防治。全面落实大气“十条”，深入开展煤质管控、餐饮油烟整治、燃煤锅炉关停和扬尘污染、机动车尾气、工业废气治理“六大行动”，完成崇信电厂超低排放改造、集中供热燃煤锅炉脱硫脱硝项目，打好蓝天保卫战。加大水污染防治力度。深入推进“河长制”，加强地表水、地下水污染防治和城市黑臭水体治理，完成汭河水环境治理年度任务，积极推进黑河水环境治理前期工作，依法有序开展河道采砂疏浚，确保全流域水质达标。强化土壤污染管控。加强土壤环境监测和农业面源污染防治，提高废旧农膜回收和尾菜处理利用率，实施化肥、农药使用量零增长行动，严格落实畜禽禁养区规划，规范煤矸石和建筑垃圾管理。提高全域无垃圾治理水平。深入推进城乡环境卫生治理行动，提高全民参与度。配套完善环卫设施，积极推进垃圾分类收集、分类处置，清理非正规垃圾存放点，持续改善城乡环境质量。加大生态建设和保护力度。认真对接做好主体功能区基础工作，推动林业生态建设，完成造林绿化3.5万亩，建设高标准梯田1万亩，实施土地整治8700亩，坡耕地整治5000亩，治理水土流失20平方公里。严格环境执法监管。全面排查环境风险隐患，从严从重查处环境违法案件，坚决落实按日计罚、限制生产、停产整治等处罚措施，推动形成环保守法新常态。

3.打好风险防控攻坚战。注重源头把控，更加自觉地防范各类风险。切实规范政府债务管理。建立政府债务管理和风险管控预警机制，加强政府融资平台、PPP项目、政府购买服务规范化管理，杜绝行政机关和事业单位违规举债。积极争取国、省置换债券，缓解债务偿还压力。严格预算约束，严控预算外支出。加强政府投资项目预决算管理，坚决制止超预算投资。不断优化金融生态环境。完善金融监管协调机制，严格落实金融市场监管措施，加快社会诚信体系建设。规范互联网金融，加强小贷公司、民间借贷监管，健全老赖榜和黑名单制度，严厉打击非法集资、金融诈骗、违规套利等金融违法行为。引导企业规范财务管理，加快兼并重组，优化资本结构，扩大股权投资，降低负债率和杠杆率。全面落实社会稳定风险评估制度。对事关改革发展的重大决策、改革措施、项目建设严格进行社会稳定风险评估，强化监测预警和应急管理，坚决战胜一切在经济、社会、文化和自然界出现的困难挑战。加强网络空间监管治理。深入开展“净网”行动，引导互联网、微信、微博健康发展。对利用新媒体造谣生事、扰乱社会秩序的网络违法犯罪，坚决落地查人，依法严厉打击。

抓好五项重点工作：

1.全力促进投资稳定增长。始终把扩大投资作为拉动经济增长的动力引擎，千方百计抓项目、增投资、促增长，实施重点建设项目146项，突出抓好20个过亿元和8个过5000万元项目。重视项目库建设。按照“八个一批”的思路，精心调研论证，谋划生成项目，项目储备动态保持在1000亿元。加强项目前期工作。县财政安排专项资金，支持开展项目可研、初设、环评等前期工作，强化项目衔接协调，力争S28华崇灵高速、G312散花沟隧道开工建设，力促崇信电厂二期、华煤集团运煤专线和孙家峡、枣林沟水库等前期工作取得实质性进展，积极推进S304绕城公路、G312县城连接线和铜新公路前期工作。加快项目建设进度。继续推行项目清单化管理和“三个一”包抓机制，确保各类项目按时间节点加快推进，建成S320彬县至华亭、S203马峪口至千阳(崇信段)工程和驾驶员培训基地、华通汽配物流中心二期等项目。加大招商引资力度。继续推行组团招商、全员招商，推介各类项目100项，落地实施50项，到位资金增长10%以上。创新投融资方式，推行PPP模式，激发民间投资活力。优化项目协调服务。在项目选址规划、用地、审批、招标、投资入库等环节落实跟踪服务、联席会议、限时办结措施，畅通绿色通道，提高服务质量和效率，力促项目快落地、早开工。

2.持续壮大特色优势产业。坚持把煤电、旅游作为支撑县域经济发展的首位产业，强化政策引导和市场机制作用，推进"五大产业"提质增效。煤电抓扩能。力促赤城煤矿建成投入试生产，五举煤矿复工建设，实施大柳、新窑、新柏煤矿专项工程和百贯沟、新周、周寨煤矿维简工程，完成新安煤矿工作面布置。认真落实互保共建措施，强化上网电量争取和煤电企业供需对接，全年生产原煤630万吨，发电38亿度以上。旅游抓创建。加快国家级全域旅游示范区和国家级花卉旅游示范基地建设步伐，编制全域旅游发展、智慧旅游、大槐树景区规划，实施龙泉寺景区提质扩容、武康王庙保护开发等项目，确保汭龙堡农耕文化生态苑、龙泉寺游客接待中心全面建成运营，积极推进古槐王、五龙山AAA级景区创建。大力实施乡村旅游富民工程，鼓励发展生态观光、民俗体验等新业态，年内建成旅游专业示范村3个，培育星级农家乐5户。加快景区改制，强化旅游宣传推介，开发文化旅游养生产品，旅游综合收入增长25%以上。草畜抓规模。扶持建办200头以上养殖场(区)9个，发展10头以上养牛大户100户，建成万头崇信红牛繁育基地和2万亩优质饲草基地，牛饲养量增加1万头以上。果品抓转型。深化拓展与海升集团的合作，积极推广新模式、新品种、新技术，新植果园1.5万亩，重视抓好老旧果园规范化管理和提升改造，提高果产业综合效益。蔬菜抓园区。持续推进泾汭河川区国家级蔬菜产业园建设，新建日光温室700亩、蔬菜拱棚2600亩，建成锦屏5000亩优质芹菜园，蔬菜面积稳定在7万亩以上。木本油料抓效益。完成抚育管护2.5万亩，推动油用牡丹加工厂落地建设。

3.加快推进"四化"统筹发展。坚持城乡一体、产业融合，促进协调发展，提高经济质量。大力实施工业强县战略。建立县级工业发展专项资金，培育新型工业化市场主体，壮大实体经济，积极支持16户规上企业研发产品、开拓市场，推动停产半停产企业复产，促进鑫盛建材固体废弃物综合利用和锦屏果醋冷链物流项目建成投产，新增规上企业2户以上。积极推进工业集中区"五通一平"和管理服务创新，引导各类项目企业向园区集聚，年内新入园投资过5000万元项目3项以上。大力推进农业农村现代化。实施乡村振兴战略，积极创新农业经营机制，扶持绿源牧草、名翔牧业、鑫塬果品等龙头企业发展壮大，新培育家庭农场、农民专业合作组织20个。实施"千合农庄计划"，抓建新村建设和旧村改造示范点5个，建成省列美丽乡村2个，打造一批集循环农业、创意农业、农事体验于一体的田园综合体，推动农村一、二、三产融合发展。大力推进以人为核心的城镇化。加快县城控制性详规修编和生态基础设施与风貌规划、东塬子片区修建性详规编制。实施县城垃圾中转站、电动车充电桩、二级客运站、电子物流园、人防宣教馆和亮化提升等项目，加快县城污水处理厂提标改造、污泥无害化处理、中水回用工程及城区入户供热管网改造，新建西南路、龙泉寺景区2个停车场。抓好住房制度改革和长效机制建设，放大“棚户区+”效应，完成马湾、东塬子等片区土地收购储备。有序推进户籍制度改革，城镇化率提高到49.5%。支持重点小城镇加快建设，建成新窑污水处理厂和柏树垃圾填埋场。推进“厕所革命”，加大城区、景区、工业集中区、镇区公厕建设力度，加快农村卫生改厕步伐。严格城乡执法监管，强力拆违治乱，组建新窑矿区执法监管和环卫保洁机构。大力提升信息化应用水平。加快“宽带乡村”建设，4G网络覆盖率达到95%，电信4K高清普及率达到90%。积极推进“互联网+”行动，建成智慧城管指挥中心，新建31个村级电商服务点，争创全国电子商务进农村综合示范县，电子商务交易额增长20%以上。

4.竭力满足人民美好生活需要。坚持量力而行、尽力而为，努力提高人民群众获得感。优先发展教育事业。加快“全面改薄”，优化教育布局，启动东街、西街幼儿园和崇信一中图书科技综合楼前期工作，持续改善办学条件。全面落实立德树人根本任务，推进教育教学改革，健全教师绩效考核和交流培训机制，着力提高教育质量。加快建设健康崇信。深化公立医院综合改革和城乡居民医保制度改革，开展就医直接结算，建成残疾人康复中心，加强重大疾病防控，积极创建中医药先进县。完善公共文化服务体系。发挥好现有文化阵地功能，实施全民健身计划，广泛开展群众性文化体育活动，注重非物质文化遗产传承保护，鼓励文艺创作。加强社会主义核心价值观教育和乡风文明建设，弘扬“尊崇信任”的崇信精神，整治“天价彩礼”、有老不养等问题。认真落实“双创”政策。引导支持高校毕业生到小微企业、非公企业就业和自主创业，培育一批“双创”典型，应届高校毕业生就业率达到85%以上。织密织牢社会保障网。持续推进全民参保登记计划，实现法定人员全覆盖。完善城镇职工养老保险和城乡居民基本养老保险制度，探索医养结合发展模式。做好农村五保户、城市“三无”人员、高龄老人、失能老人、残疾人生活保障和困境儿童关爱工作。加强安全监督管理。推进安全生产领域改革发展，排查整治煤矿、非煤矿山、道路交通、消防、地质灾害等安全隐患，坚决遏制重特大事故发生。加强防灾减灾能力建设，新建救灾物资储备库和4处人工增雨防雹炮点。加快省级食品药品安全示范县和安全管理示范街建设，保障群众饮食用药安全。积极创新社会治理。加强社会治安防控体系和乡村综治中心建设，加大重点领域、薄弱环节隐患排查和专项整治力度，持续强化打击各类违法犯罪的高压态势，深入开展严打整治、禁毒、防邪斗争。畅通信访渠道，化解矛盾纠纷，实施“雪亮工程”，创新特殊人群管控方式，打造共建共享共治的社会治理格局。规范商贸市场监管和价格调控，保障市场供应。

5.着力破解体制机制瓶颈。蹄疾步稳深化各项改革，推进质量变革、效率变革、动力变革。深入推进农村改革。加快实施农村“三权分置”改革，扩大不动产统一登记确权颁证成果，落实土地二轮承包延期三十年政策，完成“三变”改革试点并在全县推行，提高村级集体经济收入和农户收入。推进供销社、农业水价综合改革。扩大政策性农业保险覆盖范围。启动第四次全国经济普查。深化“放管服”改革。不断完善“三张清单一张网”，大力推行“网上行权”，推动各类数据互联互通。积极推进事业单位分类改革，配合支持纪检监察体制改革，抓好生态文明领域体制改革和审计管理、律师制度、盐业体制、出租车行业等各类改革。加快投融资体制改革。支持平台公司拓展投融资业务，成立资产评估事务有限公司，争取金融机构授信额度10亿元，实现融资担保5亿元以上。大力发展普惠金融，扩大农村“两权”抵押贷款规模，健全上市挂牌企业培育机制，年内新增省股权交易中心挂牌企业5户以上。创新加强人才培养。健全人才培养、使用机制，加大柔性引进力度，建立院士、博士工作站，缓解领军人才和急需人才难题。大力发展非公经济。深化“多证合一”等商事制度改革，推行工商登记全程电子化，建立市场准入负面清单制度，构建亲、清政商关系，弘扬企业家精神，新增非公经济市场主体670户以上。

办好十件惠民实事：1.建成城区一小、青少年综合教育基地和7个义务教育改薄项目，新建改扩建校舍1.5万平方米。2.建成县医院门诊急救医技综合楼、妇计中心综合业务楼，开建疾控中心业务楼，新增医疗床位100张，全县家庭医生签约率达到40%，慢病患者家庭医生签约服务率达到65%。3.建成木林乡体育中心、滨河路社区综合文化服务中心、县标准化足球场和8个村级体育场及乡村舞台，惠及群众3万人。4.实施棚户区改造279户，老旧小区改（扩、翻）建823户，改造农村C级危房256户，解决城乡居民住房不安全问题。5.建成县老年养护院、生态养老服务中心、老干部活动中心、铜城敬老院和鱼堡子社区老年人日间照料中心，启动老年人意外伤害保险。6.铺油硬化村组道路200公里，窄路加宽20公里，养护维修400公里，安装太阳能路灯300盏，改善2300户9200人的出行条件。7.完成城乡水源地整合调整和规范化建设，建成城乡饮用水水质监测检验中心，实施北部塬区高效节水灌溉和农村饮水安全巩固提升工程，新建城镇供水厂1处、深层水源井10眼，提升改善农村6.9万人饮用水水质，解决城镇2.3万人供水不稳定问题，新增高效节水灌溉面积5000亩。8.实施县城集中供热二期和天然气入户工程，新增供热面积20万平方米，实现向县城部分居民供气。9.发放创业担保贷款1000万元，城镇新增就业1800人。10.新建城乡污水管网49公里，建成县城及景区水冲式公厕6座，购置垃圾清扫、洒水抑尘等环卫设备，新增城镇垃圾箱100个。

全面加强政府自身建设

适应新时代，推动新发展，对政府自身建设提出了更高更严要求。我们将勤勉履职，务实创新，不断提升政府工作水平。

1.全面增强行政本领。坚持用习近平新时代中国特色社会主义思想武装头脑，认真学习贯彻党的十九大精神，不折不扣落实中央和省市县委各项决策部署,主动适应社会主要矛盾变化对政府工作提出的新要求,着力解决发展不平衡不充分问题。始终保持能力危机感和本领恐慌感,加强经济社会发展重大问题研究,积极学习农村“三变”改革、PPP项目等知识,不断提高运用金融、科技、法律、互联网和大数据手段推动发展能力。扎实推进“两学一做”学习教育常态化制度化,深入开展“不忘初心、牢记使命”主题教育,巩固拓展党建统领“一强三创”行动实效。

2.加快转变政府职能。抓住“放管服”改革这一“牛鼻子”,在承接下放事项上下更大功夫,以综合监管提高行政效能。把企业和群众的痛点、堵点、难点作为服务重点,扎实开展减证便民行动,清理各种证明和手续,明确标准,简化程序,缩短流程。大力推进电子政务建设,构建“互联网+政务服务”体系,提高公共资源交易平台运行水平,扩大政府信息公开和办事公开,促进基层政务公开标准化、规范化,为促进就业创业降门槛,为各类市场主体减负担,为激发有效投资拓空间,为公平营商创条件,为群众办事生活增便利。

3.提高政府工作法治化水平。深入推进“七五”普法,将县政府常务会议学法制度向行业部门深化拓展,把法治思维和法治要求贯穿于政府工作全过程。不断完善行政决策程序规则,落实法律顾问制度和公职律师制度,推动依法、科学、民主决策,努力提高政府公信力。主动接受人大依法监督、政协民主监督和各方面监督,认真办理人大代表意见建议和政协委员提案。全面推行“双随机一公开”执法监管,有效解决执法不严、执法不公等问题。

4.持之以恒推进作风建设。健全完善工作责任体系,继续推行县级领导和乡镇部门包抓项目典型责任制,对主要目标任务、重点项目和民生实事,逐项细化分解,明确责任人员、完成时限和质量标准,对重点难点问题挂牌督办、对账销号,层层强化责任压力。坚持纠正“四风”不止步,严格执行中央“八项规定”实施细则,大力倡俭治奢,整治调研走过场、搞形式和文山会海等问题。严格执行首问负责、限时办结、公开承诺、考核奖罚、责任追究等制度,坚决纠正不作为、慢作为、乱作为等懒政怠政行为,以钉钉子精神推动任务落实。

5.锲而不舍深化廉政建设和反腐败斗争。坚持把纪律和规矩挺在前面,认真落实党风廉政建设主体责任,严守党的“六大纪律”。加强干部队伍管理,严格稽查核查和审计监督,规范工程招投标、土地出让、产权交易、政府采购、公务消费等行为,严肃查处吃拿卡要、暗箱操作、权力寻租问题,强化政府投资项目、各类财政资金和基层“小微权力”监督,整治群众身边腐败问题,坚决纠正损害群众利益不正之风,营造清正廉洁的发展环境。

各位代表,实现脱贫摘帽,加快小康步伐,是我们肩负的历史使命。让我们紧密团结在以习近平同志为核心的党中央周围,在市委、市政府和县委的坚强领导下,不忘初心,牢记使命,开拓创新,锐意进取,为加快建设活力创新法治美丽幸福新崇信而努力奋斗!

注释：

1.“六个精准”：扶贫对象精准、项目安排精准、资金使用精准、措施到户精准、因村派人精准、脱贫成效精准。

2.“七个一批”：在精准扶贫过程中，通过发展产业脱贫一批、引导劳务输出脱贫一批、实施易地搬迁脱贫一批、结合生态补偿脱贫一批、加强发展教育脱贫一批、开展医疗保险和医疗救助脱贫一批、实施农村最低生活保障兜底脱贫一批贫困户。

3.深度贫困村：自然条件、经济发展、社会文明、公共服务、民生水平等较差的贫困村，既是贫困的贫中之贫、困中之困，也是减贫的难中之难、坚中之坚。

4.“十不算、十不脱”：“十不算”是指按统计口径当年未实现现金收入的农副产品、养老金、残疾人补助金、临时性救济金和一次性生活补贴、精准扶贫专项贷款分红、三四类低保金、到户项目建设补助资金、学前高中和中职学生补贴、一次性赠予和人情往来收入等十项收入不计入贫困人口脱贫收入。“十不脱”是指对住危房或新改建房屋未达到入住条件、饮水不安全、义务教育阶段有辍学学生、家庭成员患大病未治愈、易地扶贫搬迁未入住或刚刚入住、整户无劳动能力和其他收入来源、主要依靠政策性收入维持生活、当年新纳入、当年收入情况和家庭生产生活条件与往年相比变化不大、因灾因学因房因病等借贷5万元以上、拟脱贫户民主评议大多数群众不认可脱贫但被强行脱贫等十个方面“三保障”不达标的脱贫人口，重新退回到贫困状态。

5.PPP项目：公私合作模式，是公共基础设施中的一种项目融资模式。鼓励私营企业、民营资本与政府合作，参与公共基础设施建设，建立起利益共享、风险共担、全程合作的合作关系。

6.项目建设“六个清单”：总投资500万元及以上投资项目清单、计划新开工项目清单、完成审批工作总投资500万元及以上项目清单、重点招商引资落地项目清单、重大建设项目清单、重大前期项目清单。

7.“三个一”包抓责任制：对投资额度大、带动作用强的重大建设项目实行确定一名县级责任领导，组建一套工作班子，制定一套推进方案的“三个一”包抓责任制。

8.地理标志证明商标：是标示某商品来源于某地区，并且该商品的特定质量、信誉或其他特征主要由该地区的自然因素或人文因素所决定的标志。

9.“三品一标”：是政府主导的安全优质农产品公共品牌，将无公害农产品、绿色食品、有机农产品和农产品地理标志统称为“三品一标”。

10.“两个创建”：创建国家生态文明建设示范县和国家森林城市。

11.PM10、PM2.5：PM10是指10微米以下的空气悬浮颗粒，又称可吸入颗粒物；PM2.5是指大气中直径小于或等于2.5微米的颗粒物，也称为可入肺颗粒物。

12.“河长制”：是落实地方党政领导河湖管理保护主体责任的一项制度创新，由各级党政主要负责人担任“河长”，负责组织领导相应河湖的管理和保护工作。

13.“十大领域”环境卫生治理：开展城

区、乡村、农村面源、各类市场、交通沿线、河道沟道、学校医院、景区景点、建筑工地、厂矿企业十大环境卫生治理行动。

14.“双创”:大众创业、万众创新。

15.柔性引进人才:在国家法律允许范围内,以智力服务为目的,在不改变原有人事、档案、户籍、社保等关系前提下,按照“不求所有、但求所用”的原则,采取“政府引导、市场调节、契约管理”的方式,吸引各类人才以灵活多样方式提供智力支持服务的办法。

16.“放管服”:简政放权、放管结合、优化服务的简称。“放”指下放、减少没有法律依据和法律授权的行政权,厘清多部门重复管理的行政权;“管”指创新加强监管职能,利用新技术新体制加强监管体制创新;“服”指转变政府职能,减少政府对市场的干预和行政审批行为,释放市场潜能。

17.“双随机一公开”:在行政执法行为过程中,执法单位随机抽取检查对象,随机选派执法检查人员,及时公开查处结果。

18.“网上行权”:依托政务服务网实现权力运行全程电子化,并对权力运行过程进行实时监督,让权力在内控中规范、在阳光下运行、在网络上监察。

19.“三权分置”:国家将土地承包经营权分为承包权和经营权,实行所有权、承包权、经营权分置并行。

20.农村“三变”改革:通过市场化运作方式,深入开展农村资源变资产、资金变股金、农民变股东改革,将农村集体、农民的“死资源”变为“活资产”,让村集体和农民群众享受到入股分红收益,简称“三变”改革。

21.“多证合一、一照一码”改革:在全面实施企业、农民专业合作社工商营业执照、组织机构代码证、税务登记证、社会保险登记证、统计登记证“五证合一、一照一码”登记制度改革和个体工商户工商营业执照、税务登记证“两证整合”的基础上,将涉企证照事项进一步整合到营业执照上,使企业、农民专业合作社、个体工商户在办理营业执照后即能达到预定可生产经营状态。

22.“四上”企业:规模以上工业企业、资质等级建筑业企业、限额以上批零住餐企业、规模以上服务业企业的统称。

23.“四个意识”:指政治意识、大局意识、核心意识、看齐意识。

24.“一带一路”:国家提出的“丝绸之路经济带”和“21世纪海上丝绸之路”。

25.“五大战略”:崇信县确定的脱贫攻坚、项目带动、融合创新、产业升级和城乡统筹战略。

26.“五大产业”:崇信县确定的煤电、旅游、草畜、果菜和木本油料产业。

27.大气污染防治“十条”措施:加大综合治理力度,减少污染物排放;调整优化产业结构,推动经济转型升级;加快企业技术改造,提高科技创新能力;加快调整能源结构,增加清洁能源供应;严格节能环保准入,优化产业空间布局;发挥市场机制作用,完善环境经济政策;健全法律法规体系,严格依法监督管理;建立区域协作机制,统筹区域环境治理;建立监测预警应急体系,妥善应对重污染天气;明确政府企业和社会的责任，动员全民参与环境保护。

28.“五通一平”：项目前期准备工作，一般包括通水、通电、通路、通讯、通气、平整土地。

29.“八个一批”：平凉市提出的项目谋划争取的路径，指抓思路创新谋划一批项目，抓规划引领催生一批项目，抓政策对接申报一批项目，抓招商推介引进一批项目，抓资产资源开发运作一批项目，抓基础设施改善实施一批项目，抓投资环境优化吸引一批项目，抓园区建设聚集一批项目，为长远发展打好基础。

30.“千合农庄计划”项目：以城市带动农村，大力发展县域经济和绿色旅游产业的有效举措。该项目计划在全省86个县区各选择100户具有发展生态旅游和特色农业产业基础的农户，自愿组成10个合作社，农户以农业耕地和宅基地入股，依托电商联盟平台组成由1万户农户和千家合作社参加的股份制“千合农庄计划”平台，延伸服务链条，促进县域经济发展转型升级，帮助农户实现稳定脱贫致富。

31.城市“三无”人员：城市居民中无劳动能力、无收入来源、无法定赡养(抚养、扶养)人中的人员。

32.“雪亮工程”：以县、乡、村三级综治中心为指挥平台、以综治信息化为支撑、以网格化管理为基础、以公共安全视频监控联网应用为重点的“群众性治安防控工程”。

33.“三张清单一张网”：部门行政权力清单、部门责任清单、财政专项资金和扶贫资金管理清单及政务服务网。

34.农村“两权”抵押贷款：利用农村承包土地经营权及农民住房财产权进行抵押贷款。

35.“三公”经费：财政拨款支出安排的出国(境)费、车辆购置及运行费、公务接待费。

36.“两学一做”：学党章党规、学系列讲话，做合格党员。

37.“一强三创”：在全市实施的强化“四个意识”和政治担当，推进组织创先、机制创新、作风创优行动。

38.党的“六大纪律”：政治纪律、组织纪律、廉洁纪律、群众纪律、工作纪律、生活纪律。

39.“小微权力”：村级组织及村干部依法依规享有的村级重大决策、重大活动、重大项目以及资金、资产、资源管理等村务管理服务权力。

1月

3日 全县“进企业、抓环保、保安全、促发展”大走访活动安排部署会议召开。会议指出，主要目的是要各级各部门更好发挥职能作用，深入企业一线，帮助协调解决生产经营中的困难，督促查找整改环境保护和安全生产方面的隐患问题。

是日 省委讲师团团长梁文峰一行，在市委讲师团团长杨芳的陪同下，赴崇信县调研理论教育及主题宣讲开展情况。

是日 县委副书记、县政府县长张拴会，县委副书记陈磊，县政府副县长信锦玲带领县委农办、县农牧局等相关单位负责人,先后对锦屏镇东庄村、冉李村等蔬菜产业园建设情况进行调研，并提出了明确要求：一要坚持统一规划；二要规范流转土地；三要严格项目程序；四要加强协调配合。

4日 全县无纸化移动化办公工作推进会议召开。县委副书记陈磊出席会议并讲话，副县长李宏峰主持会议。会上，宣读了《崇信县无纸化移动化办公系统推广应用实施方案》，陈磊要求，各级组织要切实转变思想观念，精心安排部署，明确责任领导和责任人员，全面掌握无纸化移动化办公操作技能，按规定时限抓好推广应用，为加快改革发展提供强有力的支撑。

5日 全国第二届马云乡村教师奖在海南三亚诞生。崇信县新窑镇柏家沟小学教师贺玲玲，与全国其他省份的100位老师获奖，并且参加了在三亚香格里拉饭店举行的盛大颁奖晚会。这次获奖是从全国1510位申报者、300名入围教师、150名提名教师中，最终评选出100位获奖教师。

6日 省文化厅党组成员、副厅长周奉真带领督查组，在市政府副市长、市发改委主任杨维周，市委宣传部副部长、市文广局党组书记、局长刘万民，县委书记王锦，县委副书记、县政府县长张拴会，县委常委、宣传部部长张荣，副县长何鹏举陪同下，对崇信县2016年度精准扶贫乡村文化场所建设暨“乡村舞台”建设、城市街道社区综合性文化服务中心建设情况进行督查。

9日 平凉市文化科技卫生“三下乡”集中示范活动启动仪式在崇信县新窑镇赤城移民社区文化广场隆重举行。市委常委、宣传部部长张正，市政府副市长、市发改委主任杨维周出席启动仪式，县委书记王锦致辞，县委副书记、县政府县长张拴会主持启动仪式，县委常委、宣传部部长张荣，县政府副县长何鹏举出席启动仪式。在启动仪式上，市政府副市长、市发改委主任杨维周代表参加本次活动的市直部门向新窑镇捐赠村级文化室建设帮扶资金10万元，与会领导向10名道德模范、20名留守儿童发放慰问金。市委宣传部副部长、市社科联党组书记黄雪山宣读了全市文化科技卫生“三下乡”工作20周年先进集体和先进个人表彰决定，表彰了先进集体和先进个人。

是日 全县2016年责任目标冲刺行动总结会议召开。县委书记王锦出席会议并讲话，县委副书记、县政府县长张拴会主持会议。

9—23日 县委书记王锦，县政协主席刘志仓，县委副书记陈磊，县委常委、纪委书记冯建君，县委常委、县政府副县长赵锋，县委常委、政法委书记梁济洲，县委常委、宣传部部长张荣，县委常委、组织部部长王吉庆，县委常委完新义，县委常委、统战部部长张喜武等在家的县级领导干部分别带领相关部门负责人，先后深入中电建崇信发电公司、崇信县新世纪供热公司、平凉方盛绿色食品有限公司等企业和6乡(镇)、工业园区所帮扶贫困村，开展“进企业、抓环保、保安全、促发展”走访调研和“访民情、送温暖、促帮扶”活动。深入企业和帮扶贫困户家中，实地查看、详细了解住房和家庭人口、收入、孩子受教育、种养殖、精准扶贫贷款资金的运用等情况，并送去慰问金和慰问品，勉励他们要坚定信心，积极通过外出务工、扩大养殖规模等方式增加家庭经济收入。要求镇村干部和驻村工作队队员多关心贫困群众的疾苦，及时帮助解决生产生活中遇到的困难和问题。并与帮扶单位负责人、镇村干部围绕贫困村的经济社会发展和工作计划进行了深入讨论。

10日 县上召开缅怀革命先烈坚定理想信念促进非公有制经济健康发展座谈会。县委书记王锦出席会议并讲话，县委副书记、县政府县长张拴会主持会议，县委常委、统战部部长张喜武，县人大常委会副主任王德明，县政府副县长李宏峰，县政协副主席于炳林出席会议。座谈会上，县委书记王锦要求，要围绕实现“两个一百年”奋斗目标，积极主动地参与到中国特色社会主义伟大实践中来。每个公民都肩负着实现“两个一百年”奋斗目标的历史使命，要进一步坚定共产主义远大理想和中国特色社会主义共同理想，切实增强道路自信、理论自信、制度自信、文化自信。非公经济人士要珍惜来之不易的发展环境，在崇信这方热土上，发挥聪明才智，做出应有的贡献。座谈会前，非公经济人士集体参观了保至善烈士纪念馆，重温保至善烈士的英勇事迹和奋斗历程，回顾了革命先烈的丰功伟绩，现场接受革命理想信念教育。

是日 全县文艺工作座谈会召开。县委书记王锦出席会议并讲话。县委常委、宣传部部长张荣主持会议，县人大常委会副主任王德明、县政协副主席张志仓出席会议。会上传达学习了习近平总书记在中国文联第十次代表大会和中国作协第九次代表大会开幕式上的重要讲话精神。县委书记王锦指出，文艺事业是党和人民的重要事业，文艺战线是党和人民的重要战线。近年来，全县广大文艺工作者积极探索文学艺术事业的规律，用丰富多彩的文艺形式，讴歌时代、讴歌生活、讴歌人民，在文学、书法、摄影、美术、民间文艺等领域创作出了一批形式新颖、思想艺术性比较强的文艺作品，为满足群众精神文化需求做出了重要贡献。

11 日 省国土资源厅厅长助理杨殿忠带领考核组，在市政府副市长向君，县委副书记、县政府县长张拴会，县委常委、副县长赵锋，县委常委完新义陪同下，先后深入县城西城湾团结路南片区、西城湾团结路北片区、窑庄片区棚户区改造等地对崇信县2016年住房保障工作进行年终考核。考核组认为，崇信县在保障住房建设工作上领导高度重视，责任落实到位，全县保障性住房建设工作进展顺利，取得明显成效。

12 日 由县委宣传部主办、县文广局承办的崇信县2017年春节联欢晚会分会场暨“情暖新春”文化惠民专场文艺演出在县文化广场举行。

17 日 市政协主席丁巨胜，市委常委、统战部长吴镇图，市政府副市长王利锋，市公安局局长吴建忠，市政协秘书长车兴安一行，深入柏树镇陶坡村杨家沟社1户困难党员、锦屏镇关村村东庄社1户贫困户、锦屏镇东街村背街社1户残疾人家中，为他们送上节日的问候和新春祝福，并送去慰问品。丁巨胜鼓励他们积极发展增收产业，力争早日脱贫。要树立战胜困难的信心，渡过当前的难关，日子会越过越好。

18 日 县委书记王锦，县委副书记、县政府县长张拴会带领“四大家”分管领导和相关乡镇、部门负责同志对崇白路沿线环境卫生整治和绿化工作进行调研。实地查看了解崇白路沿线绿化树木栽植、绿化带布置及环境卫生状况，听取了分管领导和相关部门负责人的意见建议，对下一步工作提出了明确要求。王锦强调，一要统一思想认识；二要坚持高标准规划；三要抓好组织实施；四要加大工作力度。

18—23 日 县委书记王锦，县人大常委会主任章进录，县委副书记、县政府县长张拴会，县委副书记陈磊，县委常委、组织部部长王吉庆，县政府副县长信锦玲，县政协副主席吴黎昕等县级领导带队，先后深入锦屏镇、铜城工业园区，黄寨镇、黄花乡，柏树镇，木林乡等乡镇，对部分困难党员、农村特困户、高龄老人、残疾人和重点优抚对象，进行走访慰问，为他们送去慰问金和慰问品，并送上节日的祝福。勉励他们要坚定信心，乐观向上，争取早日摆脱困境，走上致富道路。

19 日 县委常委、宣传部长张荣带领县委宣传部、县文广局负责人看望慰问县新闻工作者，向全体新闻工作者送去节日的祝福和亲切问候，并详细了解新闻采编、直播、运行与发展情况。

20 日 县委副书记、县政府县长张拴会主持召开集体谈心谈话会议，征求各乡镇（园区）乡镇长（主任）及政府组成部门主要负责人的意见建议。开展集体谈心谈话主要目的是通过面对面谈心，点对点传导，征求意见建议，传导责任压力，提升乡镇和县直部门领导班子思想政治素质，增强“四个意识”，保持政治定力，强化使命担当，更好地履职尽责、廉洁自律、干净干事，统筹经济发展和民生改善，不辜负组织的信任和人民的重托。

21日 根据中央和省市委统一部署，县委常委班子召开2016年度民主生活会，以学习贯彻中共十八届六中全会精神为主题，围绕“两学一做”学习教育要求，重点对照《关于新形势下党内政治生活的若干准则》和《中国共产党党内监督条例》，紧密联系思想和工作实际，深刻进行党性分析，严肃开展批评和自我批评，不断增强班子发现和解决自身问题的能力。省委第十三督导组成员、省纪委驻省工商局纪检组副组长余新立，市委常委、组织部部长狄生奎及市委第七督导组、市委组织部有关负责同志出席指导会议。县委书记王锦主持会议并作总结讲话。县委副书记、县长张拴会，县委副书记陈磊和县委常委冯建君、赵锋、梁济洲、张荣、王吉庆、完新义、张喜武出席会议并发言，县人大常委会主任章进录列席会议。

是日 市委常委、组织部部长狄生奎一行，先后深入帮扶点木林乡桃花岭村、新窑镇宰相村和杨安村，看望慰问困难群众、老党员、残疾人和贫困户，向大家致以亲切的问候和新春祝福，送去党和政府的温暖。

22日 县人大常委会班子召开专题民主生活会。会议主要围绕“两学一做”学习教育要求，重点对照《关于新形势下党内政治生活的若干准则》和《中国共产党党内监督条例》，结合思想和工作实际，进行党性分析，开展批评和自我批评，不断增强班子和班子成员发现和解决自身问题的能力。县人大常委会党组书记、主任章进录主持会议并讲话，党组副书记、副主任刘志刚，党组成员、副主任王德明出席会议并发言，副主任马改秀列席会议，县委第二督导组成员出席指导会议。

是日 根据县委关于“两学一做”学习教育活动安排部署，县政府领导班子召开专题民主生活会，以学习贯彻中共十八届六中全会精神为主题，围绕“两学一做”学习教育要求，对照《关于新形势下党内政治生活的若干准则》和《中国共产党党内监督条例》，结合思想和工作实际，进行党性分析，开展批评和自我批评，不断增强班子解决自身问题的能力，进一步牢固树立“四个意识”，坚决维护以习近平同志为核心的党中央权威，不折不扣地推动中央和省、市、县委各项决策部署有力有效落实。县委第七督导组有关负责人出席指导会议。县委副书记、县政府党组书记、县长张拴会主持会议并讲话。县委常委、县政府党组成员、副县长赵锋，县政府党组成员、副县长何鹏举、信锦玲、张振华出席会议并发言，县政府副县长李宏峰，县政府党组成员、办公室主任关伟及县政府办公室各副主任列席会议。

是日 锦屏镇领导班子民主生活会召开，县委书记王锦、县委第三督导组及县委办、县委组织部相关负责人出席指导会议。会议通报了2015年度锦屏镇领导班子民主生活会整改落实情况和2016年度民主生活会准备情况；镇党委书记代表领导班子作了对照检查，从理想信念、政治纪律和政治规矩、作风、担当作为、组织生活、落实全面从严治党责任等方面深入查摆问题，深刻剖析问题产生的根源，并提出今后努力方向和整改措施。镇领导班子成员逐一作了发言，并互相开展批评。

是日 柏树镇2016年度领导班子民主生活会召开，县委副书记、县政府县长张拴会，县委第四督导组成员出席指导会议。会上，镇党委负责人通报了2015年度镇党委领导班子和班子成员民主生活会问题整改落实情况和本次民主生活会筹备情况，并代表班子作了对照检查，班子成员分别作了个人对照检查，并开展了批评与自我批评。

23日 市委副书记、市长王奋彦，副市长宋全科一行，深入中电建甘肃能源崇信发电有限责任公司开展新春慰问，代表市委、市政府向企业干部职工致以节日的问候和新春祝福。并与企业负责人亲切座谈，认真听取了工作汇报，详细了解了中电建甘肃能源崇信发电有限责任公司2016年生产经营情况。县委书记王锦、县人大常委会主任章进录，县委副书记、县政府县长张拴会陪同慰问。

27日 县委书记王锦对全县护林防火工作和春节值班情况进行检查指导。先后深入木林、黄花、新窑等乡镇，现场察看护林防火措施落实情况，详细了解重点防护区域、重要时段和防护情况，并对值守人员进行了慰问。

2月

4日 中共崇信县第十五届委员会第七次常委会议召开。县委书记王锦主持。会议集中学习了中组部新修订的《党委(党组)讨论决定干部任免事项守则》；讨论审定了《中共崇信县委关于进一步加强和改进领导班子思想政治建设的实施意见》《崇信县2017年重大项目“三个一”包抓责任制实施方案》；听取2016年度获得市级以上表彰奖励情况的汇报；县人大、县政府、县政协、县法院、县检察院党组关于2017年工作计划的汇报，县委各常委进行了深入讨论发言。

6日 中共崇信县十五届四次全委会暨县委经济工作会议召开。会议全面贯彻中共十八大和十八届三中、四中、五中、六中全会精神，认真落实中央经济工作会议、省委十二届十九次全会暨省委经济工作会议和市委四届二次全委会暨市委经济工作会议精神，回顾总结2016年工作，安排部署今年工作，动员全县上下进一步凝聚发展共识，明确思路目标，狠抓工作落实，加快建设活力创新法治美丽幸福新崇信。县委书记王锦，县委副书记、县政府县长张拴会出席会议并讲话。县上领导章进录、刘志仓、陈磊、冯建君、赵锋、梁济洲、张荣、王吉庆、完新义、张喜武等出席会议。会议审议通过《中共崇信县委关于进一步加强和改进领导班子思想政治建设的实施意见》。兑现2016年度经济目标管理责任书，通报表彰一批在全县经济社会发展中做出优异成绩的先进单位。县委委员、候补委员，县纪委委员，不是县委委员的县级干部；各乡镇(园区)党(工)委书记、乡镇长(管委会主任)；县直及省、市驻崇各单位主要负责人，县直有关单位副科级以上干部；部分县十五次党代会代表，县内重点企业负责人参加会议。

6日下午 县委召开全县党(工)委书记抓基层党建工作述职评议会议,听取各乡镇(园区)和部分县直单位党(工)委书记抓基层党建工作述职,对加强基层党建工作进行安排部署。县委副书记陈磊主持会议。县上领导王锦、章进录、张拴会、刘志仓、冯建君、赵锋、梁济洲、张荣、王吉庆、完新义、张喜武出席会议。市委组织部人才科张锐龙科长莅临指导会议。县委书记王锦代表县委对15名党(工)委书记的述职逐一进行点评,肯定了基层党建取得的成绩,指出了存在的突出问题,提出了下一步工作的具体要求。县委各常委分别作了点评。县委委员、候补委员,县基层组织建设领导小组成员单位主要负责人,各党(工)委书记,县直及省市驻崇有关单位党组织(党组)书记,熟悉了解基层党建工作的"两代表一委员"、基层党员干部及群众代表共计160多人参加会议。

6—7日 省委副书记、省政协副主席欧阳坚在平凉调研现代农业和脱贫攻坚工作。市委书记郑亚军,市委副书记、市长王奋彦,市委副书记王大睿,副市长、市发改委主任杨维周,市政协副主席、市农牧局局长闫虎明,市政协副主席、市扶贫办主任禹文长陪同调研。先后到锦屏镇冉李现代农业示范园、名翔牧业种猪繁育基地调研,与干部群众、企业负责人深入交谈,详细了解生产经营情况,询问产业发展有什么困难。听取平凉市和灵台县、崇信县工作汇报,对市及两县持之以恒推进现代农业和产业扶贫给予肯定。欧阳坚强调,要深入推进农业供给侧结构性改革,围绕农业增效、农民增收、农村增绿,优化产业布局和产品结构,着力扩大农产品有效供给。要盯紧苹果、肉牛、蔬菜三大看准的产业,一盘棋布局,链条化生产,规模化经营,品牌化营销,一届接着一届干,打造具有全国影响力的生产基地。县上领导王锦、张拴会、陈磊、信锦玲参加了座谈会。

8日 全县乡镇(园区)党政正职和县直部门主要负责人述纪述廉述作风会议召开。县委书记王锦出席会议并讲话,县上领导章进录、张拴会、刘志仓、陈磊、冯建君、梁济洲、张荣、王吉庆、张喜武出席会议。县委常委、纪委书记冯建君主持会议。会上,黄寨镇、黄花乡、教育局等9个乡镇(园区)、县直部门主要负责人作了"三述"报告;全体县委委员、候补委员、县纪委委员及其他参会人员对9名"三述"人员进行民主测评。县委委员、候补委员;县纪委委员;不是县委委员的县级干部;各乡镇(园区)党(工)委书记、乡镇长(管委会主任);县直部门及省、市驻崇各单位主要负责人参加会议。

是日 全县棚户区改造工作动员会议召开。县委常委、县政府副县长赵锋主持会议,县委常委完新义,县人大常委会副主任王德明,县政协副主席、财政局局长梁正军出席会议。会上,县住建局负责人宣读了《2017年西城湾棚户区改造工作实施方案》。赵锋强调,各级各部门要高度重视,按照县委、县政府的安排部署和总体要求,强化工作落实,保质保量按期完成棚改工作,打好今年城建工作的第一场硬仗,为城镇建设和民生改善打下坚实的基础。

9日 县委副书记、县政府县长张拴会带领县委常委完新义,县政府副县长信锦玲,县政协副主席、财政局局长梁正军及林业局、锦屏镇等11个单位负责同志赴宁夏泾源县考察学习森林城市创建和城市规划建设管理工作。考察结束后,召开了总结座谈会,张拴会要求,考察组各成员要认真总结学习泾源县在生态绿化和城市建设管理方面的经验做法,结合县上实际,扎实做好森林城市创建工作。一要高起点规划;二要大规模推进;三要精细化管理;四要全民化参与。

13日 县委书记王锦,县人大常委会主任章进录,县委副书记、县政府县长张拴会,县政协主席刘志仓带队调研项目选址、规划设计工作。先后对集中供热专项工程、崇信县殡仪馆、天成预拌商品混凝土公司搬迁项目、湫浥沟造林绿化、汭河流域水环境治理等工作进行了实地调研,听取5个项目选址、规划设计及项目进展情况汇报,现场协调解决项目推进中存在的困难问题。县上领导陈磊、赵锋、完新义、王德明、信锦玲、梁正军及锦屏镇、县发改、交通、水务、国土、民政、林业、规划、芮鞠惠民投资公司等单位负责人参加调研。

16日 汭龙堡农耕文化生态苑建设项目协调调度会议召开。县政协主席刘志仓主持会议并讲话,县政府副县长李宏峰出席会议。会上,汭龙堡农耕文化生态苑建设项目负责人汇报了项目建设情况、当前需要解决的困难和问题以及建成后的运营思路和方向。各相关部门负责人围绕各自职责作了表态发言。刘志仓强调,各部门要切实增强工作的责任感和紧迫感,全力以赴配合,明确工作职责,强化沟通协调。建设单位要遵守安全、环保要求,加大投资力度,确保项目高质量、按计划建成。县招商服务中心、住建、水务、文广、城市执法、食药监等18个部门及汭龙堡农耕文化生态苑建设项目负责人参加了会议。

17日 中国共产党崇信县第十五届纪律检查委员会第二次全体会议召开。县委书记王锦出席会议并讲话。县人大常委会主任章进录出席会议。市纪委常委、正县级纪检监察员王双贵到会指导。县委常委、纪委书记冯建君主持会议,并代表十五届县纪委常委会作了题为《提高政治站位,坚守责任担当,推动全面从严治党向纵深发展》的工作报告。王锦强调,要聚焦着力重点,全力推进全面从严治党向纵深发展。切实提高政治站位,全面贯彻落实六中全会精神。坚定政治立场,加强思想政治建设,严肃党内政治生活,不断强化党内监督,把学习贯彻六中全会精神特别是习近平总书记重要讲话精神,作为当前和今后一个时期的重大政治任务,学思践悟、融会贯通。始终坚持问题导向,持之以恒推进作风建设。县委委员、候补委员、不是县委委员的县级干部、县纪委委员、各乡镇(园区)党(工)委书记、乡镇长(管委会主任)、纪(工)委书记(监察室主任)、县直部门及省、市驻崇各单位主要负责人、纪检组长(纪委书记),共190多人参加会议。

19日 市委常委、市政府常务副市长黄继宗带领督查组,深入新周煤矿,对全县化解过剩产能和淘汰落后产能排查工作进行现场督查。县委书记王锦，县委副书记、县政府县长张拴会，县委常委、副县长赵锋陪同督查。座谈会上，督查组认为，崇信县贯彻落实省、市化解过剩产能工作会议精神及时深入，排查工作领导重视、部署到位、措施具体、责任落实和监管有力。特别是县上提出的“六个切实到位”的要求，创造性地贯彻落实了省、市化解过剩产能工作会议精神，有效防止漏查漏报问题的发生。县委办、政府办、发改、工信、工商、煤炭、质监等部门负责人参加督查。

20日 县委书记王锦出席指导联系点西刘村党支部组织生活会暨民主评议党员大会。会议集中学习了《关于新形势下党内政治生活的若干准则》和《中国共产党党内监督条例》，通报了支委会2015年度专题组织生活会征求意见建议问题整改情况和2016年度专题组织生活会筹备情况，村党支部书记代表班子作了对照检查，支委委员相互开展批评与自我批评，对党员进行民主评议。王锦指出，西刘村党支部组织生活会认真贯彻习近平总书记系列讲话精神和中央、省市县委的决策部署，严格按照规定要求开展工作，会前准备充分，问题查找的准，开展批评严肃认真，会议主题明确，气氛热烈，达到了预期的效果。

22日 市政协副主席邢建军带领调研组，对县上煤电化冶产业发展情况进行调研。县政协主席刘志仓，县政府副县长李宏峰、信锦玲及县直相关部门负责人陪同。先后深入大柳煤矿、百贯沟煤矿、中电建崇信发电公司，详细了解了县上煤电化冶产业发展情况，并召开座谈会。

23日 省人大常委会办公厅巡视员雪毓萍带领调研组，对县上贯彻落实定西试点经验情况进行调研。市人大常委会副主任樊文浩，县人大常委会主任章进录，县委副书记陈磊，县人大常委会副主任刘志刚陪同。先后查看了绿源牧草公司、正兴种养殖农民专业合作社、锦屏镇人大、西街人大代表之家、冉李人大代表之家、优品农民专业合作社、名翔牧业有限责任公司，详细了解了县上贯彻落实定西试点经验情况和“人大代表之家”建设及发挥作用情况。

是日 县委常委、组织部部长王吉庆带领县委组织部相关负责人，先后深入新窑镇青泥沟村、西刘村、柏家沟村、大兴村，对基层党建工作情况进行督查。督查中，通过询问了解情况、现场提问测试、查阅台账资料等方式，重点就“两学一做”学习教育、专题组织生活会召开、村“两委”换届、党员冬训、党费收缴、新年度工作打算和产业发展情况进行详细了解。王吉庆要求，镇村要高度重视基层党建工作，全面落实从严治党的各项决策部署，以党建引领助推精准扶贫。要深入持续抓好“两学一做”学习教育，推行党员教育管理“四卡”模式，从严教育管理党员。

27日 县“四大班子”联席会议召开，讨论审定《崇信县创建国家森林城市实施方案(讨论稿)》和《崇信县国家生态文明建设示范县建设实施方案(讨论稿)》。县委书记王锦主持会议并讲话，县委副书记、县政府县长张拴会，县政协主席刘志仓等“四大班子”领导出席会议。

是日 全县创建国家生态文明建设示

范县国家森林城市暨春季造林绿化动员大会召开。县委书记王锦出席会议并讲话，县上领导刘志仓、陈磊、赵锋、王吉庆、完新义、何鹏举、信锦玲出席会议。县委副书记、县政府县长张拴会主持会议。

是日 县委书记王锦对全县春季造林绿化工作进行现场调研，先后深入锦屏镇薛家湾东、西面山，对全县2017年机关义务植树点地块落实和工程规划进行全面了解，现场查看汭河河堤治理等情况。王锦指出，一要提高思想认识；二要精心组织实施；三要全面加强管护。

28日 市委常委、政法委书记杨军一行，先后深入铜城派出所、县人社局、锦屏镇、县司法局、县信访接待大厅，通过现场查看、查阅资料、听取汇报等形式，对全县政法基层基础建设、治安防控体系建设、矛盾纠纷排查化解和信息化建设等工作进行调研。县委书记王锦，县委常委、政法委书记梁济洲，县政府副县长何鹏举陪同。

是日 崇信县第十七届人大常委会第三次会议召开。会议由县人大常委会主任章进录主持。县委常委、组织部部长王吉庆，县人大常委会副主任刘志刚、王德明出席会议。县委副书记陈磊，县政府副县长信锦玲，县政府办、法院、检察院、财政局、民政局等相关部门负责人，部分市、县人大代表，各乡镇人大主席，铜城工业园区人大工委主任，不是常委会组成人员的县人大常委会各委办负责人参加了会议。会议审查通过了县人大常委会2017年工作要点(草案)；审查通过了县十七届人大常委会组成人员分组名单(草案)；听取审议了县政府关于2015年度县人大常委会审议意见办理落实情况的报告；审查批准县政府关于将县城西城湾团结路南、北片区棚户区改造项目政府购买服务费用纳入财政预算的报告；听取审议县政府关于“六五”普法规划实施和“七五”普法规划情况的报告。

3月

2日 县政府副县长何鹏举带领县教育局负责人对全县教育工作启动情况进行实地督查，先后到县职中、城区一小、县幼儿园等7个学校，实地察看学校的校园环境，详细了解了师生到校、后勤保障及扩容建设项目等情况。

3日 县政协九届二次常委会议召开。县政协主席刘志仓，副主席张志仓、吴黎昕、梁正军出席会议。县委常委、副县长赵锋，县委常委、组织部部长王吉庆应邀出席会议。县政协副主席于炳林主持会议。会上书面学习传达了省政协十一届五次会议精神、县委十五届四次全委会暨县委经济工作会议精神、县纪委十五届二次会议精神和县委农村工作会暨全县扶贫开发工作会议精神；审议通过《政协崇信县委员会界别协商办法（试行)(草案)》和《政协崇信县委员会委员履职工作规则(试行)(草案)》；审议通过《政协崇信县委员会常务委员会2017年工作要点（草案)》和《政协崇信县委员会2017年协商工作计划(草案)》。

6日 省扶贫办督查考核处处长迭目江腾带领省委第十考核组，对崇信县党政领导班子和党政正职2016年度经济社会发展实绩进行考核。市政府副市长李富君，市政协副主席、市扶贫办主任禹文长陪同。县委书记王锦代表党政班子汇报了全县经济社会发展和精准扶贫精准脱贫工作情况并作了个人述职，县委副书记、县政府县长张拴会提交了个人书面述职材料。迭目江腾作了讲话。

7日 崇信县2017年度庆“三八”暨“最美家庭”颁奖典礼在县城影剧院隆重举行。活动现场公布了崇信县“最美家庭”获奖名单及“最美家庭”提名奖名单。县上领导王锦、刘志仓、张荣、王吉庆、完新义、王德明、信锦玲、张振华、于炳林出席颁奖典礼。各乡镇(园区)、县直单位分管领导、妇联主席(妇委会主任)、女科级干部以及荣获崇信县“最美家庭”的家庭代表等共计300多人参加活动。

8日 县委书记王锦带队赴陕西省西安市考察蔬菜产业发展情况。先后对西安市西优、万邦、科农、丰宣、稞青现代农业园区进行考察，参观学习了园区建设和运营等相关情况，并与园区负责人就科技投入力度、市场化运作、促农增收等方面的典型经验和蔬菜产业发展前景进行深入交流。县委副书记陈磊、县政府副县长信锦玲陪同考察。

14日 县委书记王锦对柏树镇、黄花乡年初各项重点工作进展情况进行调研，先后到乡镇派出所、司法所、卫生院等基层站所和学校基础建设、人员配置等工作了解情况，并主持召开座谈会。王锦指出，柏树镇和黄花乡认真贯彻落实县十五届四次全委会暨县委经济工作会议精神，各项工作谋划早，启动快，抓得实，进展好。

15日 县委书记王锦调研关河沟、省道304线道路绿化工作，对关河沟、省道304线道路绿化工程整修情况，听取了相关部门关于绿化工程规划设计情况汇报。王锦强调，实施道路绿化工作是全县创建国家生态文明建设示范县和国家森林城市的具体要求，是打造全域旅游产业，聚人气的有力举措。锦屏镇、铜城工业园区和林业局等部门要因地制宜，科学规划，高标准，严要求，强化技术指导服务，抢抓最佳栽植时机，形成工作合力，全力加快工作进度。县委副书记陈磊，县政府副县长信锦玲陪同调研。

16日 县委书记王锦调研督查县城区绿化工作，先后到县城西区广场、团结西路、双拥路、公刘园、汭河沿岸、新世纪步行街、梁坡西路等地，通过实地查看、听取汇报、交流询问的方式，详细了解城区绿化工作进展情况，并就城区绿化工作中的具体问题提出指导性意见。县委常委完新义及县住建局负责人陪同调研督查。

22日 根据甘肃省发展和改革委员会《关于崇信工业集中区发展规划(2015—2020)的批复》(甘发改地区〔2015〕1144号)和平凉市机构编制委员会《关于崇信县新窑工业园区管理委员会更名的批复》(平机编发〔2016〕42号)精神，中共崇信县工业集中区工作委员会为县委的派出机构。将崇信县新窑工业园区管理委员会更名为崇信县工业集中区管理委员会，副县级全额拨款事业单位，隶属县政府管理。设综合办公室、招商服务科、农业农村科和社会事务科等4个副科级内设机构。事业编制30名，设党工委书记1名，副书记2名(其中专职副书记1名，正科级)，纪工委书记1名(正科级，兼任监察室主任)；管委会主任1名(兼任党工委副书记)，副主任3名(正科级，其中2名分别兼任铜城能源循环经济产业园服务中心和新窑煤炭深加工产业园服务中心主任，设专职副主任1名)。分别成立崇信县铜城能源循环经济产业园服务中心和新窑煤炭深加工产业园服务中心，科级全额拨款事业单位，隶属县工业集中区管理委员会管理，事业编制各12名，各设主任1名(由集中区管委会1名副主任兼任)，副主任各2名，承担铜城能源循环经济产业园规划面积4.75平方公里和新窑煤炭深加工产业园规划面积7.95平方公里内的管理服务工作。撤销铜城工业园区管理委员会，其管理职能并入县工业集中区管委会。

24日 崇信县公务用车改革取消车辆公开拍卖会在县公共资源交易中心二楼举行。本次拍卖由县国有资产管理局委托未来四方集团拍卖有限公司进行公开拍卖，按照“公开、公平、公正”的原则，所拍卖的公车都提前进行展示，每辆车的车型、购置时间及行驶里程等均已告知竞拍者。竞拍者所拍得的车辆实行“车牌分离”，不带牌拍卖，拍卖成功后办理过户手续。此次拍卖的车辆共有38辆，均为县直机关公务用车改革中取消的车辆，包括轿车、越野车、中、小型客车。拍卖会上35辆公车改革取消车辆成功拍卖，成交额达102.4万元。

是日 县委书记王锦主持召开县委中心组学习会议。会议集中学习了全国“两会”精神。王锦指出，这次全国“两会”，是在深入实施“十三五”规划、加快全面建成小康社会进程的大背景下召开的重要会议。会议深入贯彻习近平总书记系列重要讲话精神和治国理政新理念新思想新战略，统筹推进“五位一体”总体布局和协调推进“四个全面”战略布局，坚持稳中求进工作总基调，牢固树立和贯彻落实新发展理念，全面部署了今年全国经济社会发展各项工作，是一次民主、团结、求实、奋进的大会。王锦要求，各级各部门要认真学习领会，按照中央和省、市委的部署要求，进一步统一思想，坚定信心，攻坚克难，全力推动全县经济社会持续健康发展。县人大常委会主任章进录，县委副书记、县政府县长张拴会，县政协主席刘志仓及全体在家的县级干部，县委中心组成员单位负责人参加会议。

24—25日 县委副书记陈磊，县人大常委会副主任王德明，县政府副县长信锦玲，县政协副主席吴黎昕带领各乡镇(园区)及县委农办、环保局、住建局、卫计局等单位负责人，赴陕西省大荔县考察学习美丽乡村建设、改善农村人居环境和现代农业发展。并召开座谈会。会上，各乡镇(园区)、县委农办、环保局等单位负责人分别谈了体会认识，并就下一步工作思路和计划提出了意见建议。

27日 县委书记王锦，县人大常委会主任章进录，县委副书记、县政府县长张拴会，县政协主席刘志仓及全体在家县级领导，与全县2600多名县直机关干部职工，共同开展春季义务植树活动，用实际行动为美丽崇信再添新绿。春季计划在城区面山、乡村面山、水源地、新农村、堤岸等区域完成造林绿化4.2万亩，义务植树50万株，建设绿色通道30条250公里。

29日 县委副书记陈磊，县政府副县长信锦玲深入锦屏镇东庄村，调研全县现代农业示范园区基础设施建设情况，听取了相关负责人的情况汇报，详细了解了园区道路建设、基础配套，产业规划等情况。东庄现代农业示范园为崇信县园区重要节点，该园区规划占地面积1771亩，计划投资5500万元，利用3年时间建成集科技推广、示范种植、旅游观光为一体的现代农业示范园区。园区规划核心示范区、设施蔬菜生产区、高原夏菜种植区、食用菌种植区、苗木及花卉繁育区。已新建智能日光温室1座1920亩，连体日光温室2座4608平方米，日光温室11座，钢架大棚300座，小拱棚800座，铺设供水管网3公里，日光温室栽植了无花果、桑葚。

29—30日 县政协主席刘志仓、副主席张志仓带领县政协办、环保局、爱卫办及部分政协委员深入锦屏镇关村、黄花乡黄花塬村、新窑镇赤城村、柏树镇党洼村、黄寨镇甘庄村、铜城工业园区庙台村，详细了解全县村镇环境卫生治理情况及保洁员的工资待遇、工作强度等相关情况。各参会单位和政协委员针对全县在村镇环境卫生治理工作中存在的问题提出了意见建议。

4月

1日 县委书记王锦，县人大常委会主任章进录，县委副书记、县政府县长张拴会，县政协主席刘志仓带队对柏树镇垃圾填埋场、殡仪馆等项目选址情况进行调研。并对汭河栈道、新窑镇塌陷区治理、新窑镇污水处理厂、团结西路改造、甲醇加注站、县殡仪馆、柏树镇生活垃圾填埋场等项目建设及选址工作进行实地勘察，现场办公。详细了解项目拟选址是否符合土地利用总体规划、环境保护规划和交通建设规划等，并与相关部门就各项目拟选址合理性、条件利弊等进行深入分析讨论，对项目选址和建设工作提出明确要求。

5日 县委副书记、县长张拴会带领县政府办、发改局、农牧局、林业局负责人，对锦屏镇、黄寨镇重点工作进展情况进行督查。先后实地查看了崇白路景观绿化带、黄寨镇三荒造林暨经济林示范点、樊洼民俗村、黄寨村矮化密植示范园、张明洼矮化密植园春季管护、黄土村春季顶凌覆膜及锦屏镇东庄现代农业产业园和枣林杨安山产业园建设，详细了解了各项工作谋划启动及进展情况。

5—6日 县委书记王锦，县委副书记、县政府县长张拴会带队，先后深入各乡(镇)、304沿线、关河沟等地，通过实地查看、听取汇报、现场查找问题、协调解决问题的方式，对全县各乡(镇)三荒造林、行道树栽植、景观带建设、绿色通道建设等工作进行全面督查。

10日 县上举办2017年度第一期科级干部轮训班。县委常委、组织部部长王吉庆出席开班仪式并讲话。此次科级干部轮训班为期5天，培训内容包括党的十八届六中全会精神辅导，市、县党代会及县委经济工作会议精神解读,《关于新形势下党内政治生活的若干准则》解读,《中国共产党问责条例》专题辅导,党政领导干部消防法律法规知识专题辅导等。

是日 县委常委会审议通过,“县花”为牡丹,“县树”为国槐。

是日 省人社厅农保处处长张养栋带领检查组,检查县城乡居民基本养老保险工作开展情况。县委常委、副县长赵锋陪同检查。

10—12日 县委副书记、县政府县长张拴会,县委常委、副县长赵锋,县人大常委会副主任刘志刚、王德明,县政协副主席张志仓带领县政府办、发改局、统计局、环保局、安监局、国土局等部门负责人,先后深入各乡镇,实地查看新窑镇西刘村精准扶贫及生态旅游示范村建设、黄花乡高年贫困村产业提升工程、木林乡沟老村立洼社标准化果园、锦屏镇名翔牧业公司三期工程、柏树镇闫湾矮化密植示范园、华通汽配物流中心、农耕文化生态苑、G312线改建崇信段建设等28个全县重点项目建设情况进行督查。详细听取各项目责任单位的工作汇报,现场协调解决项目资金筹措、用地保障、环评自评等方面的困难和问题,并就加快建设进度、规范项目管理,强化安全生产等提出明确要求。

11日 省林业厅党组成员、副厅长张肃斌一行,在市政府副秘书长刘双明,县委副书记、县政府县长张拴会,县委副书记陈磊及相关部门负责人陪同下,先后实地查看了锦屏镇薛家湾退耕还林工程、黄花乡万亩油用牡丹示范基地、锦屏镇张家山油用牡丹退耕还林工程、柏树镇海越公司矮化密植苹果示范基地,听取相关工作情况汇报,详细了解了全县退耕还林工程建设情况。

是日 县委书记王锦督查调研锦屏镇造林绿化及蔬菜产业开发工作,在县委副书记陈磊、县农牧局及锦屏镇负责人陪同下,先后深入304沿线、新集蔬菜大棚、东庄现代农业示范园区、崇大路等地,通过实地查看、听取汇报、现场指导等方式,对造林绿化、蔬菜产业开发及城乡环境治理工作进行督查调研。

是日 全县在省道304沿线集中开展环境综合整治行动,县上成立整治工作领导小组,领导小组下设3个工作组,由县住建局牵头,国土局、交通局、公安局、公路段、锦屏镇、执法局等部门配合,对县城规划区内东城区304沿线两侧开展环境卫生、乱搭乱建、占道经营、损坏市容市貌等集中整治行动。累计共拆除乱搭乱建、占道经营29户,其中,拆除违章建筑彩钢房屋、彩钢棚、危旧房屋16座,拆除举升机5台、电葫芦7台,拆除围墙4处31米,拆除广告牌16面,清理堆积垃圾4.5吨,通过综合整治,改变了公路“脏、乱、差”现象,提升省道304沿线环境卫生质量。

12—13日 市政府副市长李富君,市政协副主席、市扶贫办党组书记禹文长带领市直相关部门负责人,在县委书记王锦,县委副书记、县政府县长张拴会,县委副书记陈磊陪同下,通过现场看点、听取汇报、召开座谈会等形式,对全县贯彻落实中央、省、市委农村工作会议和中央、省、市委1号文件精神、2017年重点工作进展和春耕备耕生产进行督查。

14日 弘跃集团董事长宋中华、四川汉宫坊生物科技有限公司总经理刘福东一行，在县委书记王锦，县委副书记、县政府县长张拴会，县委副书记陈磊，县政府副县长信锦玲陪同下，先后深入黄花乡、锦屏镇、柏树镇、县工业集中区等地，现场查看油用牡丹苗木成活和长势，听取相关负责人汇报，调研县油用牡丹产业发展情况。

是日 由县委组织部、县直机关工委、县城市社区委员会联合组织开展“在职党员进社区服务”活动。以“严肃党内组织生活，践行党的宗旨，服务社区居民”为主题，集中开展法律政策、文化活动展演、环境卫生整治、情系群众义诊等系列活动。

17日 县委书记王锦，县人大常委会主任章进录，县委副书记、县政府县长张拴会，县政协主席刘志仓对崇大路路网改造项目进行现场办公。崇大路路网改造工程全长30公里，计划分两段实施，第一段为改线新建路段，即县城至平头沟过境段，路段长2.8公里；第二段为重铺改造路段，即黄花塬至大湾岭段，路段长27.2公里。听取县交通局主要负责人关于崇大路路网改造工程的情况说明，征求住建、环保、电力、电信等部门意见建议，现场研究解决工程建设过程中遇到的困难和问题。

18日 县上举办政协崇信县第九届委员会委员培训班。县委常委，组织部部长王吉庆出席开班仪式并作讲话，县政协主席刘志仓主持会议。王吉庆要求，要统一思想，充分认识举办培训班的重要意义。各级政协要高度重视，加强学习，主动顺应时代发展的新变化新要求。要抓住重点，切实做到学有所获。更加准确把握好人民政协的提案、社情民意等具体工作的特点和规律，更加务实有效地履行好政协职能，为“五个崇信”建设不断增砖添瓦。要严格要求，确保培训取得实效。

20日 县上举行民国《崇信县志》影印本、点校本首发式。首发式上，县政协文史资料委员会负责人就民国《崇信县志》点校本编辑出版情况作了介绍。县委书记王锦，县人大常委会主任章进录，县委副书记、县政府县长张拴会，县政协主席刘志仓及全体在家的县级领导出席首发式。

是日 全县党政主要领导干部学习贯彻中共十八届六中全会精神专题研讨班开班。县委书记王锦，县委副书记、县政府县长张拴会作辅导报告。王锦强调，要深入学习领会中共十八届六中全会和习近平总书记系列重要讲话精神，特别是视察甘肃时提出的“八个着力”重要指示，全面落实中央和省市委专题研讨班精神，进一步牢固树立“四个意识”，把牢政治方向，站稳政治立场，严守政治纪律，提高政治能力，推动全面从严治党向纵深发展，为建设活力创新法治美丽幸福新崇信、率先实现全面小康凝聚强大合力。县上领导章进录、陈磊、张荣、王吉庆、完新义、张喜武等出席研讨班。县委委员、候补委员，不是县委委员的县级干部，各乡镇、县工业集中区党(工)委书记、乡镇长(主任)，县直及省、市驻崇各单位主要负责同志参加研讨班。

是日 全县党建工作会议召开。会上，宣读了《中共崇信县委关于兑现2016

年度党建工作目标管理责任书的决定》和《中共崇信县委关于兑现2016年度乡镇人大、党风廉政建设、组织工作、精神文明建设、社会治安综合治理、信访及档案工作的目标管理责任书的决定》，县上领导为在党的建设工作中作出优异成绩的先进单位颁发奖牌。县委书记王锦出席会议并讲话，县人大常委会主任章进录，县委副书记、县政府县长张拴会，县政协主席刘志仓及县委委员、候补委员，不是县委委员的县级干部；各乡镇、县工业集中区党(工)委书记、乡镇长(管委会主任)；县直及省、市驻崇各单位党组织主要负责人参加会议。县上领导陈磊、梁济洲、张荣、王吉庆、完新义、张喜武，分别就2017年机要保密、党校、党史和档案、政法综治、宣传思想、精神文明建设、基层组织建设、群团组织、统战、民族宗教工作进行安排部署。

21日　省供销社党组成员、副主任张彬一行，在市供销社主任王康宁，县委常委、组织部长王吉庆，县政府副县长信锦玲及相关部门负责人陪同下，先后实地查看崇信县金马供销农资有限责任公司、黄花乡供销合作社联合社，督查调研县供销合作社综合改革工作推进情况。

25日　甘肃东部百万亩土地整理重大工程领导小组办公室副主任何瑞东带领验收组，在县委常委完新义及相关部门负责人陪同下，验收县土地整治重大工程项目情况。县辖区内5个子项目涉及柏树、锦屏、黄寨3个乡镇25个行政村，总建设规模61997.4亩，总投资11876.25万元，地貌类型主要为丘陵、山旱地为主，项目共分4个年度实施。

是日　县委书记王锦深入新窑镇贫困村对精准扶贫工作进行调研走访，先后深入西刘村嵎岘社、西刘社、东刘社、茶沟社，全面调查扶贫政策落实情况、乡镇部门帮扶工作情况和村级产业发展情况。王锦详细了解了7户贫困户家庭生产生活情况，鼓励他们要树立生活信心，正确面对困难，勇于克服困难，充分利用好各项帮扶政策和资金，大力发展增收产业，拓宽致富门路，力争在各级政府、镇村干部和驻村工作队的帮助下早日脱贫。

是日　县委副书记陈磊赴帮扶村木林乡木林村调研指导工作，与乡村干部座谈交流，对接谋划帮扶工作。陈磊认真听取了乡村干部的情况介绍并提出了指导意见。

26日　县政协九届三次常委会议召开。会上，学习了省委《关于进一步加强政协工作推进人民政协协商民主建设的意见》；审议通过《全县农业供给侧结构性改革和发展情况调研报告》和《全县村镇环境卫生治理情况视察报告》；审议表决通过有关人事任免事项；各常委就两个报告草案进行认真讨论，提出指导性意见建议。县政协主席刘志仓主持会议，县政协副主席张志仓、吴黎昕、于炳林参加会议。县委副书记陈磊，县政府副县长信锦玲应邀出席会议，县委组织部、县委农办、县环保局负责人及县政协各委、办负责人列席会议。

是日　县上举办全县党政文秘人员行政能力行政素养信息知识培训班。会议邀请市委办公室副主任李永红，围绕文秘人员必备的行政能力、行政素养及信息写作知识等内容作了系统全面的讲解。县委副书记陈磊、县委常委完新义出席培训班。

是日 县委书记王锦深入柏树镇对综治维稳工作进行调研。先后深入柏树镇惠农服务大厅、社会治安综合治理办公室和综治视频会议室,通过查看、听取汇报、查阅资料、交流询问的方式,详细了解柏树镇残疾人基本情况、矛盾纠纷排查化解、信访案件办理及重点人群管控等情况,并就综治维稳工作中的具体问题提出指导性意见。

是日 甘肃崇信·汭龙风情·首届民俗美食文化节筹备工作调度会议召开。县委书记王锦,县委副书记、县政府县长张拴会出席会议并讲话,县委常委、政法委书记梁济洲,县人大常委会副主任马改秀、县政府副县长何鹏举、县政协副主席张志仓出席会议,县委常委、宣传部部长张荣主持会议。王锦强调,一要抓好节会筹备;二要加强组织领导;三要强化安全措施;四要严格督查检查。美食文化节承办单位、协办单位负责人,6个工作小组组长、副组长,各乡镇、县工业集中区负责人,有关宾馆负责人参加会议。

27日 县委副书记、县政府县长张拴会,县委常委、宣传部长张荣,副县长何鹏举带领县政府办、公安局、食药监局、公用事业管理局、文广局等部门负责人,对甘肃崇信·汭龙风情·首届民俗美食文化节筹备工作进行现场督查调度。

28日 崇信县十七届人大常委会举行第四次会议。会上,传达全国"两会"精神,审查通过县人大常委会讨论决定重大事项暂行办法(草案)、2017年县人大常委会讨论决定重大事项清单(草案)、崇信县乡镇(城市社区、工业集中区)人大工作考评办法(草案),听取审议县政府关于《中华人民共和国城乡规划法》和《甘肃省城乡规划条例》贯彻执行情况的报告、县政府关于《中华人民共和国食品安全法》贯彻执行情况的报告、县政府关于2016年度县人大常委会审议意见办理落实情况的报告,审查批准县政府关于2017年县级财政收支预算调整情况的报告,依法进行人事任免事项。崇信县人大常委会全体组成人员出席会议。县委副书记陈磊,副县长信锦玲参加会议。

29日 由县委、县政府主办的甘肃崇信·汭龙风情·首届民俗美食文化节在汭龙堡农耕文化生态苑隆重开幕。原甘肃省建筑材料工业协会会长刘旭宾,市脱贫攻坚协调推进领导小组常务副组长毛文平,市委常委、宣传部部长张正,市人大常委会副主任张乔英,市政府副市长宋全科,市政协副主席郭宏出席开幕式。县委书记王锦在开幕式上致辞。县委副书记、县政府县长张拴会主持开幕式。甘肃嘉天厦集团董事长、总经理夏峰介绍民俗美食文化节暨"汭龙堡"招商推介情况。张正宣布甘肃崇信·汭龙风情·首届民俗美食文化节开幕。

5月

1日 为期三天的甘肃崇信·汭龙风情·首届民俗美食文化节在完成节会预定的各项工作任务后圆满落幕。闭幕式上,嘉天厦实业发展集团董事长夏峰宣读美食文化节活动成果；市餐饮协会负责人宣读美食获奖名单；县文联负责人宣读“乐游汭龙堡·感受民俗情”征文活动获奖名单，与会领导为14家美食商家及征文活动获奖个人分别颁发奖牌和荣誉证书。甘肃崇信·汭龙风情·首届民俗美食文化节，是全县近年来举办的规模较大的重要宣传推介盛会，不仅是落实县委、县政府“聚人气”要求，打造活力创新法治美丽幸福新崇信的重要举措，更是推动文化旅游融合、加快第三产业发展，优化经济结构，扩大崇信知名度和影响力的有效举措。据统计，美食文化节期间，“汭龙堡”招商引进商户58户，参加美食文化节的游客超过3万人(次)，全县主要旅游经济指标实现大幅度增长，各景区景点、主要宾馆酒店接待游客同比增长150%以上，旅游收入同比增长180%以上，收到很好的经济和社会效益。

2日 县委书记王锦对木林乡农业农村、综治维稳及卫生扶贫工作进行实地调研，先后深入木林乡沟老村中药材基地、沟老村肉牛养殖小区、桃花缘育苗基质生产线、木林乡卫生院、木林便民服务室和社会治安综合治理办公室，通过听取汇报、查阅资料、现场交流等方式，详细了解了木林乡各项工作进展情况，并主持召开座谈会。座谈会上，王锦指出，木林乡认真贯彻落实县十五届四次全委会暨县委经济工作会议精神，坚持一手抓经济建设，一手抓党建，一些工作走在了全县前列，农业供给侧结构性改革亮点突出，矛盾纠纷排查领导重视，积案化解及时，医疗卫生助力脱贫成效明显。

3日 县委副书记陈磊赴县供销社、工业集中区、金马公司调研供销社改革情况，查看了甘肃新供销崇信县智能物流园建设项目选址情况。

是日 县委书记王锦对新窑镇农业农村、综治维稳及卫生扶贫工作进行实地调研，先后深入赤城移民社区养殖小区及蔬菜基地、戚家川村庄绿化点、新窑派出所、新窑中心卫生院和新窑镇便民服务大厅进行调研和座谈。

是日 县委常委、宣传部部长张荣，先后深入县二中、五龙山景区、龙泉寺玉皇阁，就县二中基础设施建设、教育教学管理、五龙山景前区停车场绿化硬化和龙泉寺玉皇阁围墙修建等工作进行实地查看，现场指出当前工作中存在的突出问题，针对下一步工作提出具体的指导意见。

3—4日 县政府副县长张振华带领县人行、县工信局、县农牧局、县工行、县农行等相关部门和企业负责人，先后深入锦屏镇、木林乡、黄花乡、新窑镇、县工业集中区，及崇信县正丰饲料有限责任公司、东信牧业发展有限责任公司、桃花缘农牧发展有限责任公司、甘肃绿源牧草公司、新安煤矿、华煤集团新窑煤矿等15个企业发展情况进行调研。

4日 全县落实中央环境保护督察反馈意见整改工作暨大气、水污染防治工作推进会议召开。会上，传达全省落实中央环境保护督察反馈意见整改工作电视电话会议和全市落实中央环境保护督察反馈意见整改工作会暨大气、水污染防治工作会议精神;通报全县突出环境问题整改落实进展情况和一季度全县空气、水环境质量及污染防治工作进展情况;签订“十三五”时期全县水污染防治目标管理责任书;有关乡镇、部门和县工业集中区管委会负责人作了表态发言。县委副书记、县政府县长张拴会出席会议并讲话。

5日 全县卫生与健康大会召开。会上,传达全国省市卫生与健康大会精神,签订《2017年度卫生(计划生育)与健康工作目标管理责任书》。县委书记王锦,县委副书记、县政府县长张拴会出席会议并讲话。

8日 全县民政工作会议召开。会议传达学习了全市民政工作会议精神,县民政局主要负责人作了2016年度全县民政工作报告,县政府副县长信锦玲与各乡镇、县工业集中区管委会、城市社区管委会签订目标管理责任书。

9日 县委副书记、县政府县长张拴会主持召开全县经济运行暨固定资产投资调度约谈会议。会上,县统计局通报1—4月全县经济运行及项目投资入库情况;发改局通报全县重点项目建设及在线审批监管平台运行情况。

是日 市委常委、常务副市长黄继宗一行,在县委书记王锦,县委副书记、县政府县长张拴会,县委常委、副县长赵锋陪同下,督查全县重点项目建设和固定资产投资情况。

是日 县委书记王锦采取“一对一、面对面”的形式,对县法院、公安局、人社局、财政局、农牧局、住建局、交通局、卫计局、黄寨镇等12个乡镇、部门党组织主要负责同志落实党风廉政建设主体责任进行约谈,客观指出了当前工作中存在的突出问题,并就今后工作提出明确要求。被约谈同志作了表态发言。

10日 县委常委会召开会议,县委书记王锦主持会议。会议围绕落实全面从严治党主体责任集体约谈县委常委会班子成员,王锦强调县委常委会班子成员要认真学习贯彻十八届六中全会精神,进一步树牢“四个意识”,带头讲政治、讲担当、讲自律、讲实干,以严的要求、实的作风带动全县各级干部严守政治纪律、崇尚实干精神,推动全面从严治党主体责任落细落小、抓紧抓实,进一步巩固良好政治生态。会议还传达学习全市领导干部大会精神,县委常委会一致表示,坚决拥护省委关于平凉市委主要领导调整的决定,认真学习贯彻省委组织部副部长陈建华、市委书记郭承录、市长王奋彦的讲话精神,全力抓好党的建设、脱贫攻坚和经济运行调度等工作,以优异的成绩迎接中共十九大和省十三次党代会胜利召开。

11日 省农牧厅副厅长妥建福带领督查组,在县委书记王锦、县委副书记陈磊陪同下,深入龙祥生态科技有限公司冉李蔬菜基地、县农产品质量安全检验检测中心、锦屏镇东庄现代农业示范园,督查县农业标准化生产、农产品追溯、监测及质检体系建设等工作。

是日 县委副书记、县政府县长张拴会对县政府领导班子成员进行集体约谈。张拴会强调,县政府领导班子成员要深入贯彻落实习近平总书记系列重要讲话精神,按照省市县委统一部署要求,认真履行从严治党职责，切实加强班子自身建设，传导责任压力，筑牢“四个意识”，带头讲政治、讲担当、讲自律、讲实干，以严的要求、实的作风，推动全面从严治党主体责任落实落小、抓紧抓实。

是日 县委常委、纪委书记冯建君主持召开县直部门纪委书记、纪检组长集体约谈会议，对26个县直部门纪委书记、纪检组长进行集体约谈。会上，集中学习省、市纪检监察干部监督工作会议精神、《中国共产党问责条例》；落实“监督责任”不力被问责典型案例及1名纪检监察干部违纪问题的通报；县卫计局、公安局、财政局、文广局、农牧局纪委书记（纪检组长）作了表态发言。

12日 县委常委、组织部部长王吉庆对分管联系部门领导班子成员及全县组织系统干部职工进行集体约谈。王吉庆要求，一要增强政治定力；二要牢记职责使命；三要健全责任体系；四要做到精诚团结；五要严格纪律作风。各单位主要负责人要时刻绷紧纪律作风这根弦，既要管好自己，还要带好队伍，坚持“严是爱、宽是害”，从严管理机关党员干部。

是日 县委常委会召开会议，传达学习中央第七环境保护督察组反馈意见和省委书记林铎表态讲话、省委书记林铎同志在省委常委会研究一季度全省经济形势和经济工作时的讲话、《市委办关于对崇信县2016年党风廉政建设考核情况反馈意见的通知》精神，听取一季度经济发展情况汇报。会议还审定了《崇信县开展贯彻落实中央八项规定精神专项巡察工作方案》《中共崇信县委常委会2017年工作要点》《崇信县文化产业改革发展专项资金管理办法》《健康崇信“2030”规划》等相关方案办法。县委书记王锦主持会议。

是日 县政协主席刘志仓，副主席于炳林、吴黎昕参加县政协机关党支部“每月三日”党员主题学习日活动。

15日 县上举办2017年度第二期科级干部轮训班。培训班为期5天，共计110多名科级干部参加培训学习。

是日 县委组织部、县直机关工委、县城市社区委员会联合组织开展以“践行党的宗旨，发挥党员作用，共建和谐社会”为主题的“在职党员进社区服务”活动。活动中，各机关单位在职党员充分发挥自身特长与优势，开展环保法规集中宣传、结对帮扶弱势群体、环境卫生集中整治、安全教育进校园等活动。

是日 县委书记王锦对五举煤矿建设情况进行实地调研，查看了五举煤矿主、副立井井口、110千伏变电所和煤矿办公区，对五举煤矿建设情况进行全面了解。并召开座谈会，会上五举煤矿筹建处负责同志汇报了项目建设进展情况，分管领导、煤炭局负责同志讲了指导性意见。王锦指出，五举煤矿是市县的一项重大项目，项目开工建设以来，受到省市县的高度重视，在项目停建阶段，省市县领导多次衔接协调，给予大力支持，五举煤矿筹建处也做了大量工作，为项目尽快审批、建成投产创造积极地条件。县委常委、组织部长王吉庆陪同调研。

16日 县委常委、政法委书记梁济洲对县老年养护院和残疾人康复中心建设情况进行调研。在调研中指出，老年养护院和残疾人康复中心建设是一项重要民生工程，事关社会安定和谐、人民幸福安康。县民政、残联等部门要以高度的责任感和使命感，抢抓当前项目建设有利时机，加大工作力度，加快工程建设进度。

是日 县委副书记、县政府县长张拴会带领县政府办、工信局、国土局、环保局、安监局、煤炭局负责人，先后实地查看新窑镇赤城移民社区续建项目、新窑镇产业开发暨杨安中山梁核桃园基地、新窑镇青泥沟旧村改造及百贯沟煤矿、新周煤矿、大柳煤矿等8个煤矿企业进行督查调研。张拴会指出，各相关部门要发挥职能作用，加强协调配合，及时帮助解决项目建设中存在的用地、用电、环评等问题，为项目建设提供有力保障。县工业集中区管委会主任樊彦君陪同调研。

17日 甘肃省第六批中共党史教育基地崇信县保至善烈士纪念馆举行揭牌仪式。省委党史研究室副巡视员王一林宣读《中共甘肃省委党史研究室关于命名甘肃省第六批中共党史教育基地的决定》，县委副书记陈磊致辞，县政府副县长信锦玲主持揭牌仪式，市委党史研究室主任雷秋明，县政协副主席于炳林，县保至善烈士纪念馆馆长黄新人出席。县直各单位党员代表、武警战士代表、中小学学生代表、县委党校学员、保至善烈士纪念馆、县委党史办工作人员共计350多人参加揭牌仪式。

是日 全国政协常委、省政协副主席德哇仓带领的调研组，在市委常委、常务副市长黄继宗，市政协副主席郭宏，县委副书记、县政府县长张拴会，县政协主席刘志仓陪同下，先后深入国家AAAA级旅游景区龙泉寺、汭龙堡农耕文化生态苑，通过听取介绍、实地查看等方式，对崇信县旅游基础设施建设情况及“打造丝绸之路甘肃旅游精品线”进行专题调研。

17—18日 市委书记郭承录在市委秘书长李诚和市委政研室负责同志陪同下，先后深入锦屏镇于家湾党建示范点暨蔬菜种植基地，柏树镇海越公司矮化密植苹果示范基地，汭龙堡农耕文化生态苑，县城新区开发项目，崇信电厂，鑫盛新型建材公司，锦屏镇东庄现代农业园区，绿源牧草有限公司，赤城移民社区，黄花乡万亩油用牡丹种植基地，县第一中学体育中心建设等项目现场进行调研。县委书记王锦，县委副书记、县政府县长张拴会参加调研。

18日 市政府副市长宋全科带领调研组，在县委书记王锦，县委副书记、县政府县长张拴会，县委常委、组织部部长王吉庆陪同下，先后查看了平头沟朱新成砂石厂关停治理、县城区饮用水源地环境综合整治及8号水源井建设、新世纪供热中心燃煤锅炉脱硫除尘改造及县城集中供热项目建设、县城区生活污水管网建设及汭河排污口排查整治、全县环境执法监管、重点流域河道水污染整治暨县城污水处理厂提标改造项目建设、伊顺祥牛业公司养殖屠宰废水处理项目建设、黑河人工湿地暨清洁煤炭专营市场及供应网络建设、新窑镇生活污水处理厂建设等情况，督查调研崇信县环境保护有关问题整改落实情况。

19日 县委副书记陈磊为全县第二

期科级干部轮训班学员讲党课。陈磊围绕《强化责任担当，助推精准扶贫》这一主题，从学好用活中央精准扶贫政策、夯实决战脱贫攻坚的思想根基，深入贯彻习总书记“八个着力”重要指示、全力推进脱贫攻坚各项任务落实，强化责任担当、切实提高推进精准扶贫的能力三个方面，深刻阐述了扎实推进精准扶贫精准脱贫的重要意义。全县共计110多名科级干部在县委党校聆听党课。

是日 县委常委(扩大)会召开，传达学习市委书记郭承录调研崇信时的讲话、市委意识形态工作暨全市“两学一做”学习教育常态化制度化工作会议和全市干部监督工作座谈会议、市政府第9次常务会议精神，讨论审定《县委深入推进意识形态工作责任制全面落实的实施意见》《崇信县推进“两学一做”学习教育常态化制度化的实施意见》及关于调整“两学一做”学习教育协调推进领导小组组成人员的意见和县级党员领导干部党建工作联系点的意见。县委书记王锦主持会议。

22日 全县公租房第二批配租联席会议召开，会上，县住建局负责人汇报了全县公租房第二批配租情况，宣读了第二批公租房申报人员名单；与会人员就公共租赁住房配租发表了意见建议。县委常委、县政府副县长赵锋主持会议，县委常委完新义，县人大常委会副主任王德明，县政协副主席吴黎昕出席会议。

23日 县委常委、统战部部长张喜武带领县招商服务中心、食药监局和县民宗局负责人，先后实地查看了新窑镇赤城移民社区、西刘美丽乡村建设情况，并对龙柏山肖林寺有关情况进行全面了解，督查调研新窑镇招商引资、食品药品及民族宗教工作。

24日 市政府副市长王利锋带领督查组，在县委副书记、县政府县长张拴会，县委副书记陈磊，县委常委、副县长赵锋陪同下，先后实地查看了县城教育布局调整暨崇信一中、体育中心建设，农耕文化生态苑，312国道改线工程(崇信段)，泾汭河川区国家级蔬菜产业园崇信园区建设暨锦屏镇东庄村现代农业示范园，鑫盛新型建材大宗固体废物综合利用项目，详细了解了项目建设进展情况和存在的困难问题，督查全县经济运行和固定资产投资情况。

是日 县委副书记、县政府县长张拴会带领县政府办、民政局负责人，先后深入城市社区、滨河路社区、东街社区、西街社区，对城市社区改制后服务管理、网格化管理、智慧社区建设等工作进行实地调研。张拴会指出，随着当前新型工业化、信息化、城镇化、农业现代化的深度融合，城市社区工作面临新的机遇和挑战。社区工作者要共同努力，主动适应新挑战，建立健全机制体制，强化居民服务管理，超前研究谋划工作，提升社区服务水平。

是日 静宁县委副书记史虎平带领静宁县考察团，在县委副书记陈磊陪同下，对全县牛产业及特色产业开发工作进行考察，先后实地考察锦屏镇于家湾设施蔬菜基地、木林乡桃花岭肉牛养殖小区、黄花乡万亩油用牡丹种植基地、甘肃绿源牧草有限公司、锦屏镇东庄现代农业园区、“汭龙堡”农耕文化生态苑，听取有关乡镇、企业负责人的情况介绍。

是日 市委组织部副部长、市编办主任姚步新一行，在县委常委、县政府副县长、县编委副主任赵锋陪同下，督查调研全县机构编制各项重点工作开展情况。并代表市编委与县上签订《2017年度控编减编目标责任书》。

是日 崇信县举办党务干部培训班。县委常委、组织部部长王吉庆出席开班仪式并讲话。

是日 县委副书记、县政府县长张拴会带领相关部门负责人，对全县重点企业生产经营情况进行实地调研。先后深入顶优聚氨酯泡沫厂、鑫塬果品公司、名翔牧业公司、伊顺祥牛业公司、东信牧业公司、新鹏机械制造公司、天宇建筑公司等16家企业，详细了解企业生产经营情况，并对企业融资、生产经营等方面存在的困难和问题提出了指导意见。

6月

1日 县委书记王锦，县委副书记、县政府县长张拴会带领县委办、政府办、教育局负责人，深入锦屏幼儿园、县一中，对全县学前教育发展及2017年高考备考情况进行督查调研。县委常委、宣传部部长张荣，县政府副县长何鹏举，县公安局局长马光明陪同督查。

是日 中共崇信县第十五届委员会第13次常委扩大会议召开，专题传达贯彻省十三次党代会精神和市委常委扩大会议精神，动员全县上下统一思想、深化认识，明确任务、狠抓落实，迅速掀起学习宣传贯彻省十三次党代会精神的热潮，全面做好经济社会发展各项工作，加快建设活力创新法治美丽幸福新崇信。县委书记王锦主持会议，传达省第十三次党代会精神并就贯彻落实工作作了讲话，县委副书记、县政府县长张拴会传达市委常委扩大会议精神，并就做好当前经济工作进行安排部署。县上领导章进录、刘志仓、陈磊、冯建君、赵锋、张荣、王吉庆、完新义、张喜武等出席会议。

2日 市委副书记王大睿，市政府副市长李富君，市政协副主席、市扶贫办党组书记禹文长一行，在县委书记王锦，县委副书记陈磊陪同下，先后深入柏树镇海越公司矮化密植苹果示范基地、锦屏镇谷家山、县工业集中区铜城塬子油用牡丹种植基地、锦屏镇东庄现代农业园区，调研全县农业农村工作。

3日 县委书记王锦对全县防汛减灾工作进行现场督查，先后深入龙泽湖山洪灾害非工程措施监测站点、黄寨镇海子沟骨干坝、铜城水库、崇信电厂尾矿库、抗旱防汛指挥系统及物资储备库等区域，听取相关乡镇和部门情况汇报，详细了解防汛工程建设、度汛管理等情况，对做好当前和今后防汛减灾工作提出明确要求。县委副书记陈磊，县政府副县长信锦玲陪同督查。

5日 县委书记王锦，县人大常委会主任章进录，县委副书记、县政府县长张拴会，县政协主席刘志仓对汭龙堡景观亮化、龙泉寺游客服务中心、景前区绿化园人行步道工程规划和县妇幼保健计划生育服务中心综合业务楼建设项目选址情况进行现场调研，研究议定有关事宜。王锦指出，汭龙堡景观亮化和龙泉寺基础设施建设等项目要坚持科学规划设计，统筹考虑县城发展空间，充分挖掘文化旅游资源，积极借鉴外地的成功经验和先进做法，在做精做细上下功夫，提升规划设计水平和景点内涵。

6日 县委全面深化改革领导小组2017年第一次会议召开，县委书记王锦出席会议并讲话，县委副书记、县政府县长张拴会主持会议。会议传达学习中央全面深化改革领导小组第33次会议、省委全面深化改革领导小组第21次会议和市委改革领导小组会议精神；听取7个专项小组工作汇报；讨论审定《关于调整县委全面深化改革领导小组及专项小组组成人员的意见》《中共崇信县委全面深化改革领导小组督察实施办法（试行）》《中共崇信县委全面深化改革领导小组关于规范重大改革事项决策程序的暂行规定》，对全县2017年全面深化改革工作进行安排部署。

是日 撤销锦屏镇、新窑镇、柏树镇、黄寨镇4个电子政务办公室，在锦屏镇、新窑镇、柏树镇、黄寨镇党政综合办公室加挂政务公开办公室牌子，将其承担的职能划入所在乡镇党政综合办公室，业务上受崇信县公共资源交易管理委员会办公室（崇信县政府政务公开办公室）指导。

是日 成立崇信县纪检监察干部监督室，为中共崇信县纪律检查委员会机关（崇信县监察局）科级建制内设机构，核定机关事业编制2名，设主任1名。

7日 市委常委、市政府常务副市长黄继宗带领督查组，在县委书记王锦，县委副书记、县政府县长张拴会陪同下，先后深入"汭龙堡"农耕文化生态苑、城区集中供热、黄花乡万亩油用牡丹种植基地、赤城矿井及选煤厂等项目现场，督查全县重大项目建设情况。

是日 县政协主席刘志仓到新窑镇开展调研，就联系的基层党组织新窑镇党委、赤城移民社区"智慧党建"示范点和柏家沟村党建工作进行了督查调研，并实地查看了赤城特色种植示范园、西刘美丽乡村及杨安特色种植养殖家庭农场建设情况。

13日 县委副书记、县政府县长张拴会主持召开县政府第14次常务会议，安排部署环保督察反馈问题整改、国务院安委会安全生产巡查准备等相关工作，研究审定《崇信县非法集资举报奖励办法》等。会议指出，环保督查反馈问题整改，既是当前重要的政治任务，也是重大的民生工程，关系人民群众的身体健康，关系经济社会健康发展。

14日 农业部春季动物防疫检查组福建省动物卫生监督所所长游伟铭一行，在省兽医局防疫处处长倪鸿韬、市兽医局局长胡晓社等省、市领导和县委副书记陈磊、县农牧局、畜牧兽医局负责人陪同下，检查全县春季动物防疫工作开展情况。

15日 崇信县第二届微影视优秀作品展评颁奖暨组织参加"农行杯"首届美丽平凉微电影节、平凉市第三届微影视作品展评工作会议召开。会上对2016年全县微影视作品创作展评一、二、三等奖作品的获得者及优秀评审员进行颁奖；新窑镇、黄寨镇、人社局、教育局主创单位负责人做了交流发言。县委常委、宣传部部长张荣出席会议并讲话。

是日 县委副书记、县政府县长张拴会,县委常委、副县长赵锋,县委常委完新义,县人大常委会副主任王德明,县政协副主席梁正军,带领县政府办、住建局、国土局、棚改办、锦屏镇、城市社区管委会负责人,对团结西路改造、曹庄西片区企业搬迁及违建拆除、马湾片区棚户区改造、县医院医技综合楼建设项目、城区一小教学楼综合楼建设项目、西城湾片区棚户区改造、东塬子片区棚户区改造、304沿线环境整治等工作进展情况进行督查调研,随后,召开全县棚户区改造集中攻坚行动动员大会。会上宣读了《崇信县棚户区改造暨土地房屋征收攻坚行动方案》《关于成立崇信县棚户区改造工作组织机构的通知》《崇信县棚户区改造管理中心抽调工作人员管理考核办法(试行)》《崇信县棚户区改造管理中心日常管理制度》。

16日 全国老龄办副主任肖才伟带领民政部调研组,在省民政厅福慈处处长刘来群,省民政厅规财处处长李斌,市民政局局长张晓宇,市民政局副局长王国恩,县委书记王锦,县委副书记、县政府县长张拴会陪同下,先后深入县民政局、福利中心,调研崇信县民政工作。

是日 崇信县公安消防现役部队爱国主义教育基地挂牌仪式在保至善纪念馆举行。县公安局党委副书记、政治委员田福,保至善烈士纪念馆馆长黄新人出席挂牌仪式。挂牌仪式上,消防官兵向革命先烈保至善敬献花篮,在场所有人重温入党誓词,田福、黄新人共同为"公安消防现役部队爱国主义教育基地"揭牌。

17日 县委书记王锦主持召开县委中心组学习会议。全体在家的县级干部、县委中心组成员单位主要负责人、各乡镇和相关单位主要负责人参加会议。会上,集中传达学习了习近平总书记在中央政治局第四十次、第四十一次集体学习时的重要讲话精神和中央、省、市有关通报精神;县政府副县长张振华作了题为《加快金融创新完善经融体系以多层次金融服务支持县域经济发展》的辅导报告;县金融办、人行和信用社主要负责人结合各自职能作了交流发言。

19日 "乡情村韵·美丽崇信"全国征文大赛颁奖典礼在县文化馆举行。市文联主席李世恩,市文联副主席、作协主席马宇龙应邀出席,县委常委、宣传部部长张荣,县人大常委会副主任马改秀,县政协副主席于炳林出席活动。自2017年2月10日起开始征稿,受到了社会各界人士广泛关注、积极参与,止截稿日期,共收到全国10多个省,20多个市县256名文学爱好者的近300件作品,经过严格细致的评审,分别评选出散文、诗歌一等奖1名,二等奖2名,三等奖3名,优秀奖散文诗歌共59名。

是日 崇信至大湾岭公路路网改善工程开工建设,2018年全面建成。

20日 县委副书记、县政府县长张拴会带队先后深入县质监局、客运公司、交通局、住建局、农牧局、安监局、县医院、消防大队、百贯沟煤矿、新窑镇,通过现场检查、听取汇报、查阅资料等方式,对全县特种设备监管、企业安全生产责任和安全防范措施落实及道路交通、建筑施工、消防等领域安全生产工作开展和国家安全生产巡查准备情况进行督查检查。县委常委、政法委书记梁济洲，县政府副县长李宏峰陪同督查。

21日 省检察院党组成员、副检察长华风对我县派驻乡镇检察室建设情况进行督导检查。市检察院党组成员、政治部主任黄正华，县委书记王锦，县委常委、政法委书记梁济洲，县检察院检察长刘海宇陪同检查。华风一行先后深入锦屏镇东庄现代农业园区、县检察院派驻锦屏镇、木林乡检察室，仔细查看了派驻检察室的办公场所、人员配置、工作开展情况和存在的问题。

是日 县委常委、纪委书记冯建君，县政府副县长李宏峰带领县交通局主要负责人对崇信至大湾岭公路工程实施情况及安全生产进行了督查。崇信至大湾岭公路起点位于崇信县城，途经锦屏镇、黄花乡、新窑镇，终点位于华亭县大湾岭，全长50.553公里。2017年，崇信县对该路除与省道S203线、省道S320线共线部分之外的40公里进行建设，总投资约1亿元。具体实施部位为：县城街道罩面8.4公里、新建滨河西路2.8公里、重铺崇大路24.9公里、朝水路3.9公里。该项目采用三级公路技术标准，路基宽度8米，路面宽度7.5米(其中：街道路段维持现有宽度，滨河西路全宽45米、路面宽度15米；支线朝水路路基宽度7米，路面宽度6.5米)。该项目实施后，可有效改善崇信县特别是南部山区交通不畅、出行条件差的现状，对于破解瓶颈制约，优化路网结构和投资环境，促进煤炭资源开发利用和经济社会健康发展具有重要意义。

23日 崇信县重大项目集中开工活动启动仪式在县城集中供热项目工地举行。市政府副市长向君，市政协副主席邢建军出席启动仪式。县委书记王锦主持。启动仪式上，县委副书记、县政府县长张拴会介绍了县城集中供热、2017年棚户区改造、鑫盛新型建材大宗固体废弃物综合利用、锦屏镇枣林杨安山产业园、省道S320线陕西彬县至华亭公路崇信段、赤城煤矿选煤厂建设等8个亿元以上开工项目情况，向君宣布项目开工。

27日 四川汉宫坊生物科技有限公司总经理刘福东一行，在县委副书记陈磊，县政府副县长信锦玲陪同下，先后深入黄花乡、锦屏镇、县工业集中区，调研全县油用牡丹产业发展情况。刘福东与相关乡镇、部门负责人就油用牡丹长期发展规划和当前存在问题进行深入座谈交流。

是日 市委常委、组织部部长狄生奎，市委组织部常务副部长、人才办主任张建华一行，在县委书记王锦，县委常委、组织部部长王吉庆陪同下，到县开展“七一”慰问生活困难老党员活动，并对基层党建和联系村帮扶工作进行调研。狄生奎与老党员们亲切交谈，详细询问他们的身体状况、生产生活及家庭情况，并为他们送上慰问金和节日的祝福。

27—29日 县委书记王锦，县人大常委会主任章进录，县委副书记、县政府县长张拴会，县政协主席刘志仓，县委副书记陈磊，县委常委、组织部部长王吉庆，县政府副县长张振华，分别带领慰问组，走访慰问锦屏、黄寨、柏树、木林等乡镇部分老党员和生活困难党员，向他们送去党和政府的关怀，并送去慰问金和节日祝福，并叮嘱他们要保重身体、安享晚年，并嘱托镇、村干部要多关心、关爱老党员，帮助他们解决实际困难。

28 日 第二批平凉市中共党史教育基地命名授牌仪式在崇信县保至善烈士纪念馆举行。市委副书记王大睿出席授牌仪式并讲话，副市长黄东红主持授牌仪式。县委书记王锦，县委副书记陈磊，县政府副县长何鹏举，保至善烈士纪念馆馆长黄新人及灵台、华亭、庄浪及市直有关部门负责人参加授牌仪式。授牌仪式上，市委副秘书长、办公室主任田书林宣读了市委《关于命名第二批平凉市中共党史教育基地的决定》，王大睿为第二批平凉市中共党史教育基地崇信县保至善烈士纪念馆、庄浪梯田化模范县纪念馆、中共华亭工委纪念馆、华亭“三线”建设文化园、灵台高永祥烈士主题广场进行授牌。仪式结束后，王大睿、黄东红等参加授牌的领导参观保至善烈士纪念馆。

是日 市政府副市长杨维周带领市安监局、陇东分局等部门负责人，对崇信县迎接国务院安委会安全生产巡查准备工作进行督查。县政府副县长李宏峰及相关部门随同检查。

是日 县政协召开“加大开发保护力度，提升旅游产业发展水平”双月协商座谈会。会上，县旅游局负责人作了关于全县旅游产业发展情况的汇报；各参会单位负责人及参会的政协委员作了交流发言。

29 日 崇信县举行公刘文化旅游投资开发有限责任公司揭牌仪式。市委常委、市政府常务副市长黄继宗，市人大常委会副主任张乔英，市政协副主席郭宏应邀出席揭牌仪式。县委书记王锦，县人大常委会主任章进录，县委副书记、县长张拴会，县政协主席刘志仓等领导参加揭牌仪式，县委常委、副县长赵锋主持揭牌仪式。揭牌仪式上，县委副书记、县长张拴会为县公刘文化旅游投资开发有限责任公司揭牌致辞，公司筹建办负责人介绍了公司基本情况，黄继宗、王锦为公司揭牌。县直有关单位干部职工代表共计 200 多人参加揭牌仪式。

是日 崇信县第十七届人大常委会第五次会议召开。县人大常委会副主任刘志刚主持会议。会议书面传达省十三次党代会精神；听取审议县政府关于《中华人民共和国土地管理法》和《甘肃省实施土地管理法办法》贯彻执行情况的报告、县政府关于全县医疗卫生事业发展情况的报告；审查批准县政府关于统筹整合财政涉农资金支持贫困村基础设施建设项目的报告、县政府关于原县政府机关办公楼等国有资产处置意见的报告、县政府关于崇信县城区集中供热 PPP 项目实施方案的报告；审查通过县人大常委会审计查出问题整改落实办法(草案)；审查备案县人民代表大会法制委员会、财政经济委员会工作规则。县人大常委会主任章进录，县人大常委会副主任马改秀、王德明，县人民法院院长张永，县人民检察院检察长刘海宇出席会议，县委副书记陈磊，县委常委、副县长赵锋，县政府副县长信锦玲列席会议，政府办、财政局、国土局、卫计局、集中供热办负责人，各乡镇人大主席，部分县十七届人大代表，不是常委会组成人员的各委办负责人参加会议。

是日 省文化馆馆长、省非遗中心主任陈化平以及参加第二届“山水龙泉·养生崇信”文化旅游节的与会嘉宾，在县委常委、宣传部部长张荣，县政协副主席张志仓陪同下，参观崇信县群众文化活动和非物质文化遗产保护工作情况。

是日 第二届“山水龙泉·养生崇信”文化旅游节暨甘肃百姓文化广场惠民演出活动在国家AAAA级风景名胜区龙泉寺山前广场隆重开幕。市委常委、市政府常务副市长黄继宗，市人大常委会副主任张乔英，市政协副主席郭宏，省文化馆馆长、省非遗中心主任陈化平及周边旅行社负责人应邀出席开幕式。县委书记王锦致开幕辞，县委副书记、县长张拴会主持开幕式，副县长何鹏举致旅游推介词。市委常委、常务副市长黄继宗宣布节会开幕。在家全体县级领导，各乡镇、县直及省、市驻崇各单位主要负责人，县内重点企业负责人，干部群众代表2000多人参加开幕式。

30日 省委宣讲团成员、省委党校政治学教研部主任、教授陈永胜来县作了省第十三次党代会精神宣讲报告。县委书记王锦主持报告会。县政协主席刘志仓等在家的县级干部参加报告会。陈永胜从深刻理解省十三次党代会主题，牢牢把握甘肃未来发展方向；正确认识过去五年的新进步，坚定建设幸福美好新甘肃的信心和决心；准确把握未来五年的指导思想和奋斗目标，增强发展甘肃的紧迫感和使命感；以习近平总书记考察甘肃时的重要讲话和“八个着力”的重要指示精神为指导，全面落实省十三次党代会的总体部署，开创甘肃发展新局面四个方面，以通俗易懂的语言和丰富生动的案例，为广大干部群众作了深入浅出的专题辅导。

7月

1日 县委书记王锦在锦屏镇宣讲省第十三次党代会精神。王锦从省第十三次党代会报告的特点、如何落实好“八个着力”及抓好省第十三次党代会精神的落实三个方面为锦屏镇党员干部进行宣讲。王锦指出，省第十三次党代会报告对过去五年全省改革发展成就进行客观系统的回顾总结，科学确立今后五年工作的指导思想、奋斗目标和基本要求，围绕贯彻习近平总书记“八个着力”重要指示精神，提出今后五年的战略任务，体现政治性、人民性、务实性、创新性和全面性。各级各部门要认真学习，深刻领会精神实质，始终把报告作为指引县上当前和今后一个时期各项工作的行动纲领，不折不扣地把报告各项决策部署落到实处。

2日 县委书记王锦带领县安监、工信部门负责人对新安煤业公司和百贯沟煤矿安全生产工作进行督查。县委常委、政法委书记梁济洲，县工业集中区党工委书记陈社教陪同督查。

3—4日 国务院安委会安全生产第五巡查组在国家煤矿安监局副巡视员杨以民带领下，来县上开展安全生产延伸巡查工作。在新安煤业有限责任公司,听取县委、县政府关于全县安全生产工作及新安煤业公司安全生产工作情况汇报。巡查组认为,崇信县委、县政府高度重视安全生产工作,各职能监管部门齐抓共管,全县安全生产形势总体稳定。省安监局党组成员、副局长王贵玉,市委常委、政法委书记杨军,市委副秘书长王德全,市安委会副主任、市安监局局长柳志峰,县委书记王锦,县委副书记、县政府县长张拴会,县委常委、政法委书记梁济洲,县政府副县长李宏峰,县工业集中区党工委书记陈社教及相关部门负责人陪同巡查。

4 日 撤销崇信县锦屏镇关河小学。

6 日 市政府副市长宋全科带领检查组,在县委常委、组织部部长王吉庆,县政府副县长何鹏举陪同下,先后深入县工业集中区杜家塬村、锦屏镇平头沟村、黄花乡黄花塬村及省道 S203 线马峪口至陕西千阳公路(崇信至方堤口段)项目经理部,对铜城至杜家塬公路养护维修工程、县道 X079 线崇信至大湾岭公路路网改善工程、省道 S203 线马峪口至陕西千阳公路(崇信至方堤口段)等项目工程进行检查,查看县上农村公路建设工程进展情况。

是日 第二十三届“兰洽会”在兰州开幕。为借助“兰洽会”这一重要平台更好地宣传崇信、推介崇信、展示崇信,县委书记王锦,县委副书记、县政府县长张拴会,县委常委、统战部部长张喜武,县政府副县长李宏峰带领县代表团 30 余人参加“兰洽会”。本届兰洽会上,县上参展铁皮石斛、灵芝等“龙湶源”系列产品,并发放宣传资料。在招商引资项目签约仪式上,县上共有 18 个项目集中签约,签约资金总额 27.9 亿元。

9 日 市委副书记、市政府市长王奋彦,市委常委、常务副市长黄继宗一行,在县委书记王锦,县委副书记、县政府县长张拴会,县委副书记陈磊,县委常委、副县长赵锋陪同下,深入汭龙堡农耕文化生态苑项目建设现场,督查崇信县重大项目建设情况。王奋彦实地查看项目建设进展,听取企业负责人关于项目规划设计情况介绍,对进一步做好项目建设各项工作提出要求。汭龙堡农耕文化生态苑项目是集民俗体验、特色餐饮、休闲娱乐、田园养生于一体的乡村生态文化旅游综合体,总占地面积 677 平方米,总投资 10.2 亿元,分三期建成,一期,商业服务区;二期,休闲娱乐区;三期,田园养身区;正在建设的一期占地 200 亩,共分为服务中心、民俗体验、休闲养老、亲子乐园、商务度假、工坊购物 6 个功能区,已累计完成投资 2.49 亿元,建成工程量的 80%左右,10 月正式开苑运营。

11 日 县委常委会召开,传达学习省委书记林铎同志在全省祁连山自然保护区生态问题整改工作领导干部会议上的重要讲话和全省全域无垃圾现场推进会议精神;听取环保督察反馈意见整改落实、国家级生态文明建设示范县创建暨大气、水污染防治工作情况汇报;讨论审定《关于表彰先进基层党组织、优秀党组织书记、共产党员、优秀党务工作者、党员致富产业发展示范户的意见》《关于推进供给侧结构性改革任务分解的意见》《崇信县加快补齐发展短板促进经济社会协同健康发展的实施意见》和县委常委工作分工等。县委书记王锦主持会议。

12日 省人大常委会副主任马青林、省政协副主席栗震亚率领的全省重大项目观摩督查组,在市委书记郭承录,市人大常委会主任李雪峰,市委常委、市政府常务副市长黄继宗,县委书记王锦,县委副书记、县政府县长张拴会,县委副书记陈磊陪同下,观摩督查崇信县重大项目建设情况。观摩督查组深入“汭龙堡”农耕文化生态苑项目建设现场,听取王锦和企业负责人关于“汭龙堡”农耕文化生态苑项目情况汇报,并对项目规划设计理念、管理运营机制等方面工作给予充分肯定。

是日 市政府副市长宋全科带领督导组,在县委副书记、县政府县长张拴会,县委常委、组织部部长王吉庆,县政府副县长何鹏举及部分县人大代表、政协委员陪同下,先后深入县城集中供热项目建设工地、城区10号水源井、鑫盛新型建材公司、城区生活污水管网建设工地,县职教中心、县城污水处理厂、民兴砂厂及荣强新型建材公司,督导崇信县整改落实中央环境保护督察反馈意见执行情况。

17日 市政府副秘书长、研究室主任龚卫兵带领全市经济社会发展情况调研组第一小组,先后深入“汭龙堡”农耕文化生态苑建设项目、鑫盛建材公司固体废物利用项目、东庄村现代农业示范园建设项目、赤城煤矿建设项目、赤城移民社区建设项目、崇信县世纪花园A区二期商品房建设项目、城区集中供热PPP项目、崇信一中迁建暨县体育中心建设项目、崇信县老年养护院、残疾人康复中心建设项目,调研崇信县经济社会发展情况。县政府副县长李宏峰陪同。

18日 县政府副县长李宏峰带领县交通局等部门负责人,先后深入黄寨镇、县工业集中区、锦屏镇、黄花乡、新窑镇,对窄路加宽、“千村美丽”村组道路硬化、生命安全防护工程及铜城至杜家塬公路养护维修工程、县道X079线崇信至大湾岭公路路网改善工程,督查全县农村公路建设情况。

是日 兰州大学历史文化学院与崇信县博物馆共建文科实践教育基地揭牌仪式举行。县委常委、宣传部部长张荣与兰州大学历史文化学院副院长乔健共同为兰州大学历史文化学院与崇信县博物馆共建文科实践教育基地揭牌。兰州大学历史文化学院与县博物馆共建文物与博物馆学专业文科实践教育基地,是馆校合作的有益尝试,对于实现文博资源共享、合作互利,促进双方共同发展具有重要意义。

是日 县政府副县长何鹏举带领卫计部门负责人,先后深入县工业集中区、黄寨镇、柏树镇,听取汇报,查阅资料,实地查看乡镇卫生院、计生站、村卫生室,对家庭医生签约服务、国家基本公共卫生服务项目实施、卫生计生相关项目,督查全县卫生计生工作开展情况。

18—20日 中央电视台大型纪录片《中国影像方志》栏目组导演申青林、导演助理史志红来崇信县调研,县委常委、宣传部部长张荣陪同。

18—20日 省政府副省长、省政协副主席郝远带领省建设厅、林业厅、教育厅、旅发委等部门负责人，在市委书记郭承录，市委常委、市政府常务副市长黄继宗，县委书记王锦，县委副书记、县政府县长张拴会陪同下，调研崇信县华夏古槐王景区建设情况。郝远一行深入华夏古槐王景区，听取张拴会关于华夏古槐王景区建设情况的汇报。郝远要求，要充分利用崇信县气候适宜、环境优美这一良好的生态条件，依靠优势明显的地理区位，围绕浓厚的人文情怀，切实采取科学合理的措施，加大古槐王建设和管护力度，深度挖掘景区历史文化内涵，邀请社会各界人士以写生创作等方式，对大槐树进行系统化、多角度的宣传推介，并争取与山西洪洞县结成兄弟县，取长补短，共同加快发展大槐树文化旅游，扩大景区的知名度和影响力。

20日 县委副书记、县政府县长张拴会主持召开县政府第十五次常务会议，研究审议《崇信县贯彻落实中央环保督察反馈意见整改方案》《崇信县城区大气污染防治网格化监督管理工作实施方案》《崇信县12345综合便民服务热线运行管理办法》和人事任免等有关事宜。

21日 市政府副市长杨维周带领市政府办、市民政局负责人，在县委副书记、县政府县长张拴会，县政府副县长信锦玲陪同下，先后深入黄寨镇水泉洼村、黄土村，通过入户调查、召开座谈会等方式，督查调研崇信县农村低保认定工作开展情况。

是日 县委常委、纪委书记冯建君赴县工业集中区宣讲省第十三次党代会精神。

是日 市委宣讲团成员、市委党校教授、副调研员程黎君来县作省第十三次党代会精神宣讲报告。县委常委、宣传部部长张荣主持报告会。程黎君从大会概况、过去五年的工作、未来五年面临的形势和任务、习近平总书记"八个着力"重要指示是今后必须长期坚持的思想和行动指南、深刻领会和全面把握党代会精神五个方面对省第十三次党代会精神进行全面深入地阐释。

是日 县政协九届四次常委会议召开，县政协主席刘志仓，县委副书记陈磊，县委常委、县政府副县长赵锋，县政协副主席于炳林出席会议。会上，传达学习全国政协"构建'亲''清'新型政商关系，促进民营经济健康发展"专题协商会议精神；学习省第十三次党代会精神以及省政协主席冯健身在传达省第十三次党代会精神大会上的讲话；赵锋通报全县上半年经济社会发展情况；审议通过《"建立长效监管机制，保障道路交通安全"双月协商座谈情况报告(草案)》和《"加大开发保护力度，提升旅游产业发展水平"双月协商座谈情况报告(草案)》；通报有关人事任免事项。

25日 县政府副县长何鹏举带领县卫计部门负责人，对新窑镇、黄花乡、木林乡卫生计生工作进行督查。

26日 全县科级干部学习贯彻省第十三次党代会精神第一期轮训班开班，各乡镇、县工业集中区、县直各单位170多名科级干部参加培训。县委常委、宣传部长张荣在轮训班上作了专题辅导，重点从什么是意识形态工作；加强意识形态工作的重要性；基层领导干部做好意识形态工作的对策建议等三个方面作了深刻阐述。

是日 县政协主席刘志仓赴新窑镇宣讲省第十三次党代会精神。刘志仓指出，全县党员干部要认真学习报告原文，深刻领会精神实质，始终把报告作为指导我们当前和今后一个时期各项工作的行动纲领和指南，扎扎实实地把报告各项决策部署学深悟透，落到实处。

27日 全县征兵工作会议召开。县委副书记、县政府县长、县征兵工作领导小组组长张拴会出席并讲话，县人武部政委、县征兵工作领导小组副组长车银总结去年征兵工作情况，安排部署今年征兵任务；县政府、县人武部表彰奖励2016年度征兵工作先进单位和先进个人；签订2017年度征兵工作责任书。

是日 县委书记王锦，县人大常委会主任章进录，县委副书记、县政府县长张拴会，县政协主席刘志仓带着对驻崇官兵的深情厚爱，先后到县人武部、公安消防大队、武警中队、铁路护路巡查大队慰问官兵，为他们送去节日的问候和诚挚祝福。

27—28日 县委书记王锦对县农牧局各项工作进行实地调研，先后深入县农牧局及林业局、农机局等下属单位，通过查阅资料、实地调研、召开座谈会等方式，详细了解县农牧局各项工作进展情况。王锦强调，一要在发展现代农业上取得新突破；二要在脱贫攻坚上取得新突破；三要在项目建设上取得新突破；四要在大部门制运行管理上取得新突破；五要在加强党的建设上取得新突破。

27—28日 县委副书记、县政府县长张拴会，县委常委、副县长赵锋带领县政府办、发改局、督查考核局主要负责人，先后实地查看县公共体育场田径跑道和足球场、县医院门诊急救医技综合楼、城区一小迁建、棚户区改造、柏树镇土地复垦、赤城煤矿及洗煤厂、南部山区特困片区综合治理、崇大路改造等13个重点建设项目，对全县重点项目建设情况进行督查调研。现场办公协调解决项目建设中存在的困难和问题，要求各有关乡镇、部门、单位要进一步强化责任，协调配合，扎实工作，全力抓好重点项目建设。

28日 省旅发委智慧旅游促进处处长秦斌峰一行，在县委常委、宣传部部长张荣陪同下，督查县龙泉寺景区智慧旅游建设、景区监测数据与省旅游产业运行监测及应急指挥平台对接工作。

是日 县委常委、统战部部长张喜武赴新窑镇周寨村宣讲省第十三次党代会精神。

31日 县委常委、组织部部长王吉庆赴新窑镇青泥沟村宣讲省第十三次党代会精神。

是日 县委副书记、县政府县长张拴会主持召开县政府第十六次常务会议，听取全县重点工作落实、维稳禁毒、防汛减灾、道路交通安全工作情况汇报，研究审议《关于调整加强全县脱贫攻坚帮扶工作力量的实施意见》《关于聚焦深度贫困村户打赢脱贫攻坚战的若干政策措施》及《“七个一批”清单式管理实施方案》等有关事宜。

8 月

1 日 县委常委会召开会议，传达学习习近平总书记在省部级主要领导干部“学习习近平总书记重要讲话精神，迎接党的十九大”专题研讨班开班式上的重要讲话精神和习近平总书记在深度贫困地区脱贫攻坚座谈会上的重要讲话精神；讨论审定《崇信县精准扶贫精准脱贫突出问题整改方案》《关于调整加强全县脱贫攻坚帮扶工作力量的实施意见》《关于聚焦深度贫困村户打赢脱贫攻坚战的若干政策措施》《崇信县脱贫攻坚“七个一批”行业扶贫清单式管理落实方案》和《崇信县乡镇(工业集中区、城市社区)人大工作目标考评办法》《关于抓好当前“三重”任务落实促进经济趋稳向好工作方案》《崇信县生态环境保护工作责任规定》《崇信县贯彻落实中央环保督察反馈意见整改方案》《深化供销合作社综合改革的实施方案》。县委书记王锦主持会议。

是日 将崇信县保至善烈士纪念馆由崇信县人民政府直属事业单位变更为崇信县文体广电局(崇信县旅游局)所属事业单位，变更后，机构规格、领导职数和人员编制不变。

是日 成立崇信县政府研究室，科级建制，设主任 1 名，副主任 1 名。

是日 成立崇信县能源局，科级全额拨款事业单位，隶属县发展和改革局管理，核定全额拨款事业编制 7 名，设局长 1 名，副局长 1 名。

是日 将崇信县禁毒委员会办公室单设，为县公安局科级内设机构，核定政法专项编制 6 名，设主任 1 名。县公安局禁毒大队不再加挂崇信县禁毒委员会办公室牌子。

2 日 县委常委、政法委书记梁济洲出席全县科级干部学习贯彻省第十三次党代会精神第二期轮训班，为学员作了题为《坚持法治引领维护社会稳定，努力为建设“五个崇信”提供坚强政法保障》的专题辅导。

是日 省政府法制办行政复议处处长杨国民带领省依法行政中期督查组，在市政府法制办副主任兰天，县委常委、副县长赵锋陪同下，先后深入县食药监局和工商局，通过查阅依法行政资料、抽查行政执法案卷、询问座谈、听取工作汇报等方式，督查全县依法行政工作开展情况。

3 日 全县脱贫攻坚推进大会召开，深入学习贯彻习近平总书记扶贫开发战略思想，特别是在省部级主要领导干部专题研讨班上的重要讲话精神和“八个着力”重要指示精神，全面落实深度贫困地区脱贫攻坚座谈会、省十三次党代会和省市脱贫攻坚推进大会精神，分析全县脱贫攻坚形势，全面部署 2017 年及今后一个时期全县脱贫攻坚工作。县委书记王锦出席会议并讲话，县委副书记、县长张拴会主持会议。章进录、刘志仓等在家县级领导出席会议。

4 日 武汉大学国家文化发展研究院教授、武汉大学景园规划设计研究院院长张薇一行，在县委常委、宣传部长张荣陪同下，实地查看龙泉寺景区基础建设情况，通过座谈交流的方式，考察调研县龙泉寺景区文化旅游产业发展情况。

是日 市政府副市长李富君带领督查组,在县委常委、政法委书记梁济洲,县政府副县长何鹏举,县公安局政委田福等陪同下,先后深入庙台交通执勤点、崇信电厂、葛木路口交通劝导站、县交警大队、客运公司,通过实地查看、听取汇报等方式,督查县道路交通和消防安全工作。

8日 全县科级干部学习贯彻省第十三次党代会精神第三期轮训班开班。县委常委、统战部部长张喜武作专题辅导。

9日 县上组织对全县全域无垃圾治理工作进行观摩调研,并召开推进会议,全面贯彻落实全省全域无垃圾现场推进会议、全市全域无垃圾治理动员会议精神,对全县全域无垃圾治理工作进行全面调度安排,动员全县上下统一思想,靠实责任,细化措施,全民参与,迅速掀起城乡环境卫生整治热潮。会议由县委书记王锦主持,县委副书记、县政府县长张拴会出席会议并讲话,县人大常委会主任章进录,县政协主席刘志仓,县委副书记陈磊,县委常委、副县长赵锋,县委常委完新义,县人大常委会副主任刘志刚,县政府副县长信锦玲,县政协副主席梁正军出席会议。会上,赵锋宣读《崇信县全域无垃圾三年专项整治实施方案》。县政府与各乡镇、工业集中区、城市社区管委会及住建局、农办等牵头单位签订《全域无垃圾治理工作目标责任书》,明确目标任务和工作要求。

是日 县委书记王锦对县汭河水环境治理项目、龙泉寺景前区道路人行道改造工程等项目进行实地调研,讨论审定汭河水环境治理项目、龙泉寺景前区道路人行道改造工程、医院门诊急救医技综合楼项目和妇幼保健院计划生育服务综合业务楼项目规划设计方案。县人大常委会主任章进录,县委副书记、县政府县长张拴会,县政协主席刘志仓等"四大班子"领导出席会议。

11日 县委十五届六次全体会议召开。全会传达学习贯彻习近平总书记在省部级主要领导干部"学习习近平总书记重要讲话精神,迎接党的十九大"专题研讨班上的重要讲话精神和中共甘肃省第十三届委员会第二次全体会议精神及中共平凉市第四届委员会第四次全体会议精神,总结上半年工作,分析当前形势,部署下半年工作,动员全县上下进一步统一思想,明确任务,提振精神,合力攻坚,确保全面完成年初确定的各项目标任务。县委书记王锦主持会议并讲话,县委副书记、县政府县长张拴会报告全县上半年经济社会发展情况,安排部署下半年工作。县上领导章进录、刘志仓、陈磊、冯建君、赵锋、梁济洲、张荣、王吉庆、完新义、张喜武等出席会议。

是日 四届平凉市委第一轮巡察(崇信)动员会议召开,对巡察工作进行全面安排部署。市委第六巡察组从8月11日起对我县开展为期3个月巡察工作。市委第一巡察督导组组长、市纪委常委、正县级纪检监察员王双贵作了巡察工作动员讲话。市委第一巡察督导组成员、市纪委派驻市中级人民法院纪检组副组长梁汉荣宣读《四届平凉市委第一轮(2017)巡察工作方案》。县委书记王锦主持会议并作表态发言。本次巡察的重点是全面检查和了解掌握被巡察单位班子及成员在党的领导、党的建设、全面从严治党,以及贯彻落实中央八项规定精神,开展“三纠三促”专项行动和强化扶贫领域监督执纪问责等方面存在的突出问题。

14日 县委常委、宣传部部长张荣,县政府副县长何鹏举先后深入县一中、县职教中心、县城区一小,对全县教育系统项目建设情况进行实地督查。

是日 市委书记郭承录一行,在县委副书记、县政府县长张拴会,县委副书记陈磊陪同下,先后深入鑫塬果品保鲜有限责任公司、伊顺祥清真牛业有限责任公司,调研崇信县牛果产业全产业链建设情况。郭承录在详细听取企业经营和果品营销情况后指出,鑫塬果品保鲜有限责任公司是集生产服务、农资调供、基地建设、贮藏保鲜、订购营销为一体的苹果产业开发龙头企业,县镇两级要发挥好苹果种植最佳适宜区这一区域优势,扩大果树种植规模,推广矮化密植新技术的运用,带动更多贫困户发展果产业,提高群众收入。鼓励企业要坚定发展信心,创新经营模式,继续发挥示范带动作用,全力推动果产业提质增效。

15日 省文化厅副巡视员王春生带领督查组,在市委宣传部副部长雷勇,市华夏办副主任郭三省,县委常委、宣传部部长张荣陪同下,先后深入县体育馆、文化三馆、“汭龙堡”农耕文化生态苑,督查崇信县文化产业发展和文化体制改革工作情况。

17日 甘肃银行崇信支行、甘肃名翔牧业有限责任公司银企合作农户贷款项目在甘肃银行崇信支行启动。启动仪式上,甘肃银行平凉分行党委委员、副行长郭谨更致辞,甘肃名翔牧业有限责任公司董事长刘继琳作项目介绍,县委副书记陈磊讲话。各乡镇、县直相关部门、各金融机构负责人,企业与农户代表参加启动仪式。仪式结束后,甘肃银行崇信支行与农户代表进行现场信贷签约。

是日 市政府副市长宋全科带领的第三督查组,在县委副书记、县政府县长张拴会,县政府副县长何鹏举陪同下,先后实地查看县清洁煤炭专营市场及供应网络建设工作、省道304沿线庙台道路扬尘及煤质管控情况、县城集中供热项目进展情况和新世纪二期建筑工地扬尘治理情况,督查崇信县环保问题整改落实开展情况。

18日 县委副书记、县政府县长张拴会带队,先后深入县汽车站、老年人养护院项目建设工地、高年村地质灾害隐患点、水磨交警执勤点和百贯沟煤矿,督查全县安全生产大检查工作开展情况。县委常委、政法委书记梁济洲,县政府办、安监局、煤炭局、督查考核局主要负责人陪同督查。

21日 县委书记王锦对新窑镇贯彻落实市委四届四次全体会议和县委十五届六次全体会议精神及防汛减灾工作进行全面督查。先后深入新窑镇新窑村雨塬社、西刘村西刘社,通过实地查看、召开座谈会等方式,听取新窑镇、县委农办、县水务局、县国土局、县防汛办主要负责人工作开展情况汇报,详细了解了脱贫攻坚和防汛减灾工作进展情况。

23日 省安监局监管二处处长韩树君带领的省安委会、省道路交通委员会道路交通安全管理工作督导检查组，在市安监局副局长罗小明，县政府副县长李宏峰陪同下，先后深入县交警大队农村道路交通安全指挥中心、省道304县庙台执勤点、黄花乡葛木路劝导站、锦屏镇交管站，督导检查崇信县道路交通安全管理工作开展情况。

是日 市政府副市长王利锋带领督查组，在县委常委、组织部部长王吉庆，县工业集中区党工委书记陈社教陪同下，督查调研崇信县鑫盛新型建材项目建设情况。鑫盛新型建材项目是崇信县通过招商引资实施的重点循环经济项目之一，占地175.5亩，分两期建设。其中一期项目于2015年7月建成投产。二期大宗固体废弃物综合利用项目，概算投资1.7亿元，占地84.5亩。已完成投资3000万元，完成厂房地基换土，换填土方20万立方米，平整场地5万平方米，架设10千伏供电线路0.65公里，修建围墙1100米，预计年底建成投产。

是日 县委书记王锦对乡镇贯彻落实市委四届四次全体会议、县委十五届六次全体会议及脱贫攻坚推进大会精神情况进行督查。先后深入柏树镇闫湾矮化密植园，黄寨镇恒盛养殖小区，县工业集中区永胜养殖小区，绿源牧草有限公司，木林乡沟老养殖小区等产业示范点，详细了解乡镇特色产业发展情况，现场协调解决工作中存在的困难和问题。

是日 市政府副市长向君带领督查组，在县委常委、副县长赵锋，县委常委完新义陪同下，先后深入锦屏镇平头沟农村危房改造点、县城集中供热中心、崇信世纪花园A区二期商品房建设工地、马湾片区棚户区改造点、县棚改办，督查崇信县住房城乡建设重点工作进展情况。

24日 庄浪县委副书记高登榜、县人大常委会副主任蔡明章、县政府副县长翟明睿带领庄浪县党政考察团，在县政府副县长信锦玲陪同下，先后深入木林乡桃花岭肉牛养殖小区、甘肃绿源牧草公司，考察崇信县畜牧养殖龙头企业建设情况。

25日 市委组织部副部长范景刚带领督查调研组，在县委书记王锦，县委常委、组织部部长王吉庆陪同下，先后深入柏树镇党洼村、东街社区、新窑镇西刘村，通过听取汇报、查看资料、交谈交流等形式，督查调研崇信县基层党建暨党建统领“一强三创”行动开展情况。

28日 县政协主席刘志仓对“汭龙堡”农耕文化生态苑建设项目进展情况进行督查调研。听取相关负责人的汇报介绍，对当前项目建设及运营中需要解决的有关问题进行讨论协调，确定初步方案。

29日 县政协主席刘志仓赴联系帮扶村锦屏镇文家咀村调研指导精准扶贫工作。调研中，刘志仓与村两委班子成员、驻村帮扶工作队员座谈交流，认真听取村干部的情况介绍，详细了解基础设施建设、产业发展等工作进展情况，并提出指导性意见。县政协办、总工会、督查考核局、交通局负责人参加调研。

30日 国家开发银行甘肃分行副行长艾雷带领调研组，在县委书记王锦，县委副书记、县政府县长张拴会，县委常委、县政府副县长赵锋陪同下，先后对龙泉寺景区基础设施建设、“汭龙堡”农耕文化生态苑、东塬子棚户区改造、县体育中心等项目，调研县国开行贷款项目建设情况。

31 日 市委常委、组织部部长狄生奎带领市委组织部有关人员，在县委书记王锦，县委副书记、县政府县长张拴会，县委常委、组织部部长王吉庆陪同下，先后深入新窑镇宰相、杨安、西刘 3 个村和部分贫困户家中，对接帮扶工作，详细了解 3 村基本情况和贫困群众生产生活情况。

9 月

1 日 崇信县第十七届人大常委会第六次会议召开，县人大常委会主任章进录，县委常委、组织部部长王吉庆，县人大常委会副主任马改秀、王德明出席会议。会议听取和审议县政府关于《中华人民共和国社会保险法》贯彻执行情况的报告，县政府关于全县蔬菜产业开发情况的报告，县政府关于全县上半年国民经济和社会发展计划执行情况的报告，2016 年县级财政决算审计报告、2017 年上半年县级财政预算执行情况的报告，县法院、检察院 2017 年上半年工作报告；审查批准 2016 年县级财政决算；审查通过县人大常委会听取和审议县政府环境保护工作情况暂行办法，县人大常委会人事任免暂行办法(修订)；审查备案县政府关于崇信县城区燃放烟花爆竹管理办法(试行)；表决通过县人大常委会关于调整内设机构的决定；依法进行人事任免，举行新任命人员宪法宣誓仪式。

是日 县委副书记、县政府县长张拴会主持召开县政府常务会议，传达学习狄生奎同志在督查调研新窑镇杨安村、宰相村精准扶贫工作座谈会上的讲话精神，审定《崇信县土壤污染防治工作方案》《崇信县控制污染物排放许可制实施方案》等，审议《崇信县生态文明建设目标评价考核办法》《崇信县“一业一策、一企一策、一事一议”工作方案》等，研究加强信访有关工作。

4 日 县委书记王锦对锦屏镇新集村党建统领“一强三创”行动落实情况进行调研，详细了解村级重点工作进展情况。县委常委、组织部部长王吉庆一同调研。王锦要求，镇村两级在工作落实中要力戒形式主义，切实加强党风廉政建设，严格遵守中央“八项规定”精神，驰而不息纠正“四风”，牢固树立法律意识和底线意识，认真落实“三会一课”和党员每月三日活动，按照“党建统领，扶贫统揽，工作统筹”的要求，扎扎实实抓好各项工作。

5 日 县委副书记、县政府县长张拴会带领县政府办、县委农办、县农牧局等单位负责人，先后深入柏树镇马新庄村前庄社、里庄社、牛角湾社，走访 5 户贫困户家中，督查调研柏树镇马新庄村精准扶贫精准脱贫工作，详细了解他们生产生活情况及存在的困难和问题。

是日 县委书记王锦深入木林乡崖窑小学，木林中心幼儿园，木林小学和木林中学进行调研，详细了解了学校基础设施建设、教学环境、校园文化和师资队伍建设等方面情况，随后召开座谈会。

6 日 全县基层党建工作推进会议召

开。传达贯彻全市基层党建工作推进会议精神，表彰奖励全县基层党建工作中涌现出的先进典型，研究部署当前和今后一个时期全县基层党建工作。共计180多人参加会议。

是日 召开县委常委会议，县委书记王锦主持。会议集中学习习近平总书记对信访工作的重要指示、《中共中央关于印发中国共产党党内功勋荣誉表彰条例的通知》、唐仁健在全省项目观摩督查活动总结大会上的讲话、全省基层党建工作督查调研汇报座谈会议精神和狄生奎同志在督查调研县上精准扶贫工作座谈会上的讲话等文件会议精神；讨论审定《"一业一策、一企一策、一事一议"工作方案》《中共崇信县委关于依法治县重要举措实施规划(2017—2020)》等。

6—7日 省妇联党组成员、副主席张新兰带领省妇联权益部、宣传部、省妇女儿童发展基金会、省妇女儿童心理咨询协会的相关同志，到崇信县开展"巾帼心向党，喜迎十九大—陇原妇女面对面·母亲讲堂乡镇行"活动，为基层妇联干部和妇女群众传经送宝。在锦屏镇、柏树镇举行的报告会上，省妇联党组成员、副主席张新兰就本次活动的目的、意义及开展方式作重要讲话。宣传部调研员何适彣、儿童部主任科员刘霏分别从妇联基层组织建设改革要点、妇联组织维护农村妇女权益、"网上妇女之家"建设及新媒体工作、妇女扶贫与发展、家庭和儿童工作、"两癌"普查救助和预防出生缺陷等方面详细讲解妇联重点工作及品牌工作。省妇女儿童心理咨询协会会长、国家二级心理咨询师周志玲作了题为《"家里、邻里、心理、生理"四里和谐健康女性》的讲座。共计350余人参加活动。

7日 崇信县庆祝第33个教师节暨表彰奖励大会召开。县委书记王锦出席会议并讲话，县人大常委会主任章进录出席会议，县委副书记、县政府县长张拴会主持会议，县政协主席刘志仓，县人大常委副主任马改秀，县政府副县长何鹏举，县政协副主席于炳林出席会议。会上，何鹏举宣读《中共崇信县委崇信县人民政府关于表彰奖励2016—2017学年教育工作先进集体和先进个人的决定》，县上领导为受表彰的10个先进集体、9名先进教育工作者、30名优秀教师、10名模范班(级)主任、10名高考优秀学生家长颁发奖牌和荣誉证书。王锦代表县委、县人大、县政府、县政协，向受到表彰的先进集体和先进个人表示热烈的祝贺，向辛勤耕耘在教育战线上的广大教师和教育工作者致以节日的问候。王锦指出，教育是发展之基，承载着民族振兴和社会进步的希望，教育是民生之本，寄托着无数家庭对美好生活的向往，教育是脱贫之要，关系着全面小康目标能否如期实现。要提高站位，凝聚共识，切实增强做好教育工作的责任感和使命感，从政治担当上、从履职尽责上、从良心考量上，充分认识做好教育工作的重大战略意义和现实意义，努力形成全党、全民、全社会抓教育工作的强大合力。

是日 省农发办计划财务处处长安爱平带领的综合检查组，在市农发办副调研员刘宝生，县委常委、县政府副县长赵锋，副县长何鹏举陪同下，先后深入2015年农发水保枣林项目区、2015年存量资金崇信县黄寨镇高标准农田建设项目区、2016年第一批中央财政资金崇信县木林乡高标准农田建设项目区等点，督导检查崇信县农业综合开发项目工作。

7日21时至8日9时 崇信县公安局开展了社会治安清查第一次集中统一行动，取得显著成效。此次清查，共出动警力163名，清查宾馆、旅店44家，清查KTV等娱乐场所10家，清查烤吧12家，清查出租屋42家，暂住人口83人，清查重点部位18处，排查整改治安隐患4处；共治安巡查街道、小区5次，服务群众12次，排查管控重点人员53人，排查化解矛盾纠纷23起。查处治安案件12起，处理违法人员21人，其中赌博案件6起，处理违法人员15人，收缴赌资4500余元；查处各类交通违法行为51起，其中醉酒驾驶2起，饮酒驾驶1起，农村道路交通违法行为1起，十一类严重交通违法行为21起，其他违法行为25起。

8日 省委宣传部副巡视员黄荟铭带领督查调研组，在县委书记王锦，县委常委、宣传部部长张荣陪同下，对龙泉文艺演出有限责任公司贯彻全国、全省国有企业党建工作会议精神，党支部履行基层党建工作责任，推进"两学一做"学习教育常态化制度化及党组织建设等情况，督查调研崇信县国有文化企业党建工作。

是日 2017甘肃农业博览会在兰州开幕。县委副书记、县政府县长张拴会，县委副书记陈磊，县政府副县长信锦玲带领县代表团30余人参加博览会。县上借助"农博会"这一重要平台，展出牛肉、苹果、芹菜、香菇等特色农产品及铁皮石斛、灵芝等"龙涼源"系列产品。国家部委和省、市领导对崇信县展馆进行巡视，并对县上展出的农产品给予好评。在甘肃农业博览会平凉特色农产品专场推介签约仪式上，崇信县龙祥生态科技有限公司负责人现场进行品牌推介。县农牧局与甘肃名翔牧业有限责任公司、甘肃银行崇信县支行签约崇信县银企产业扶贫担保贷款项目；县林业局与四川汉宫坊生物科技有限公司签约崇信县牡丹食用油加工厂项目，签约总金额1.3亿元。

11日 县委副书记、县政府县长张拴会主持召开县政府第十九次常务会议，听取治理货车非法改装和超限超载工作情况汇报，研究审议《崇信县实施河长制工作方案》《崇信县河道采砂规划》《崇信县河道采砂清淤疏浚工作方案》《崇信县煤矸石管理办法(试行)》和信源担保公司注资等有关事宜。

12日 崇信县召开城市管理行政执法体制改革推进会议，贯彻落实省、市关于执法体制改革工作要求，安排部署全县城市执法体制改革工作。县委常委、县政府副县长赵锋出席会议并讲话，县委常委完新义主持会议。会议还宣读了《崇信县人民政府关于印发崇信县深入推进城市执法体制改革改进城市管理工作实施方案的通知》《崇信县机构编制委员会关于印发崇信县城市管理行政执法局主要职责内设机构和人员编制规定的通知》。

是日 县委书记王锦深入西刘村嵝岘社调研脱贫攻坚工作进展情况。王锦先后深入3户贫困户家中，同他们拉家常，宣传讲解各类扶持政策，耐心听取贫困户所需所盼，实地查看困难群众住房状况，详细了解贫困户产业发展情况。王锦叮嘱镇村两级干部要高度重视住房安全和产业培育，认真梳理群众生产生活中的困难问题，想尽一切办法帮助贫困群众改善住房条件，扶持发展增收产业。县委办、县委农办、住建局负责同志参加调研。

是日 县委副书记、县政府县长张拴会带领县政府办、扶贫办、财政局、工商局、人行、供销社及新窑煤矿负责人，对新窑镇杨安村精准扶贫工作进行调研。先后走访建档立卡贫困户家中，详细了解他们生产生活情况及存在的困难和问题。

是日 县委常委、组织部部长王吉庆带领县委组织部、县人社局、县农机局、县煤炭局负责人，深入新窑镇青泥沟村调研精准扶贫精准脱贫工作，全面对接帮扶工作。并召开汇报座谈会。会上各帮扶单位围绕落实帮扶措施进行发言。

是日 县委常委、统战部部长张喜武带领县委统战部、民政局、林业局、工行等单位负责人，深入扶贫联系点新窑镇周寨村调研指导精准扶贫工作。结合周寨村群众实际需求，举办了精准扶贫核桃园管理技术培训，参训群众130多人，为贫困群众发放《技术资料汇编》，现场开展果树修剪交流活动，提升果农的核桃栽植建园技术，解决果农在种植生产中遇到的各类技术难题。

是日 《中国影像方志·崇信篇》拍摄组经过半个月的实地采访拍摄，圆满杀青。《中国影像方志·崇信篇》以“公刘”教稿，“元谅”屯军，“民本”为信等地方文化为主线，立体呈现崇信县独有的、最具特色的人文历史、地域特点、风俗习惯等，全方位展现传统文化在崇信的传承与发展。

13日 县委常委、组织部部长王吉庆带领县委组织部负责人，先后深入芮鞠惠民投资有限责任公司、公刘文化旅游投资开发有限公司，柏树镇柏树村、党洼村和县工业集中区马沟村，督查全县基层党建工作。

14日 市政府副市长李富君带领市水务局、市环保局负责人，在县委副书记、县政府县长张拴会，县政府副县长信锦玲陪同下，先后深入汭河长新村长涧社河段、枣林村曹庄社河段及崇信县污水处理厂湿地排污口等地，巡查汭河崇信段河道管护及河长制落实情况。

是日 市政协副主席闫虎明带领调研组，在县委书记王锦，县委副书记陈磊，县政协副主席吴黎昕陪同下，先后深入崇信县农业科技开发示范中心崇信芹菜种植基地、龙祥生态科技有限公司蔬菜生产基地、庆丰农业公司崇信观光设施农业生产基地、方盛公司香菇标准化示范基地、崇信院地合作智能化现代农业示范园，调研崇信县汭河川区国家级蔬菜产业园建设情况。

15日 市委书记郭承录带领全市项目观摩督查第一督查组到崇信县观摩督查。市上领导李雪峰、毛文平、黄继宗、狄生奎、陈铎、宋全科、黄东红、闫虎明、禹文长一同观摩督查，部分县(区)及市直相关部门负责同志参加观摩督查。县委书记王锦，县委副书记陈磊，县委常委、县政府副县长赵锋陪同观摩督查。督查组观摩了柏树镇党洼“支部+合作社+公司+贫困户”党建助推脱贫攻坚示范村建设、“汭龙堡”农耕文化生态苑建设、泾汭河川区国家级蔬菜产业园崇信院地合作智能化现代农业示范园暨锦屏镇东庄党建助推现代农业发展示范村建设、城区教育布局调整暨体育中心建设、城区基础设施改造提升暨集中供热等5个项目,听取王锦关于全县经济社会发展、党的建设、脱贫攻坚、重大项目、产业培育等方面情况汇报。随后在崇大路路网改善工程开工现场举行全市重大项目集中开工活动(崇信县)启动仪式,市委书记郭承录宣布项目开工,王锦主持开工仪式,县委常委、县政府副县长赵锋介绍8个集中开工项目基本情况。

18日 崇信县举办第十七届人大代表暨人大干部培训班,对县十七届人大代表,乡(镇)人大主席、工业集中区人大工委主任和城市社区分管人大工作的领导及人大干事,县人大机关有关人员等进行业务知识培训。县人大常委会主任章进录出席开班仪式并讲话,县人大常委会副主任马改秀、刘志刚、王德明出席开班仪式。培训期间,还组织参训代表视察全县重大项目建设及县政府措办的惠民实事,组织全体人大干部参观学习崆峒区乡镇人大工作先进典型。

19日 “喜迎十九大·党在我心中”庆国庆书画展在县文化馆举办。平凉市书协主席王怀罡应邀出席活动,县委常委完新义,县人大常委会副主任马改秀,县政协副主席梁正军,县委宣传部、老干局、县总工会、团县委、县文化馆等部门负责人及部分离退休老干部、在职干部职工及青少年等书画爱好者共计80余人参加活动。开展仪式上,王怀罡为本次书画展致辞;团县委负责人宣读表彰奖励决定;出席活动的领导为获奖作者进行颁奖。这次书画展是近年来崇信县举办的规模较大、档次较高的一次展览,是对全县书法绘画事业发展成果的一次集中展示和检阅。是为中共十九大胜利召开、庆祝中华人民共和国成立68周年的献礼。

是日 市政府副市长黄东红带领市编办、市非税局负责人一行,在县委副书记、县政府县长张拴会,县委副书记陈磊陪同下,到崇信县柏树镇陶坡村、马新庄村入户调研精准扶贫工作。黄东红在走访贫困户家中,叮嘱他要树立脱贫致富信心,保持乐观的态度,战胜困难,早日脱贫。

20—21日 省安监局煤管处处长赵永超带领省、市煤管处相关负责人,在县委常委、政法委书记梁济洲陪同下,先后深入百贯沟煤业公司、聚源矿业公司和新安煤业公司,检查崇信县煤矿安全生产工作。

21日 省编办审改处处长张新社一行,在市委组织部副部长、市编办主任姚步新,县政府副县长张振华陪同下,先后深入县政务服务大厅和县编办,督查崇信县控编减编和行政审批制度改革工作。

22日 市检察院党组书记、检察长蒋昱程带领督察组,在县委常委、政法委书记梁济洲,县检察院党组书记、检察长刘海宇陪同下,先后深入全县4个派驻乡镇检察室,检查崇信县院派驻乡镇检察室工作。

23日 静宁县委常委、县政府副县长陈景春带领党政考察团，在县委常委、县政府副县长赵锋，县人大常委会副主任马改秀，县政协副主席梁正军，县工业集中区党工委书记陈社教陪同下，先后深入“汭龙堡”农耕文化生态苑建设、城区教育布局调整暨体育中心建设、城区基础设施改造提升暨集中供热、泾汭河川区国家级蔬菜产业园崇信院地合作智能化现代农业示范园暨锦屏镇东庄党建助推现代农业发展示范村建设等4个项目建设点，考察崇信县基层党建、现代农业、城镇化建设等方面工作。

24日 省教育厅人事处副处长侯洪雷带领全省双拥模范(城)县检查评估组，在县委副书记陈磊，县政府副县长信锦玲陪同下，先后深入甘肃名翔牧业公司、优品农民专业合作社、党洼矮化密植示范园、武警中队、保至善烈士纪念馆、东庄现代农业示范园、人武部、公安消防大队、民政局，检查评估崇信县双拥模范县创建工作。

是日 中共崇信县第十五届委员会第七次全委(扩大)会议召开。县委书记王锦主持会议并讲话；县委副书记、县政府县长张拴会总结前八个月项目建设和脱贫攻坚工作，全面部署了下一阶段工作；县上领导陈磊、冯建君、赵锋、梁济洲、完新义、张喜武等出席会议。会上，传达了全市项目建设暨扶贫攻坚推进会议、“两学一做”学习教育推进会暨基层党建重点任务调度会、牛菜产业发展助推脱贫攻坚(灵台)工作会、果产业助推脱贫攻坚(庄浪)现场会、劳务产业助推脱贫攻坚工作会议精神，县级领导汇报了“三个一”包抓项目进展情况，“七个一批”牵头单位和住建局、水务局负责同志汇报了脱贫攻坚及住房、饮水安全等工作情况。王锦指出，各级各部门要提高政治站位，切实增强抓建项目的紧迫感和责任感，把抓建项目作为一项重大的政治任务，全力以赴谋项目、争项目、建项目，推动全县经济社会快速发展。县委委员、候补委员、不是县委委员的县级干部，各乡镇、县工业集中区党工委书记、乡镇长、管委会主任、县直及省市驻崇各单位主要负责人参加会议。

25日 市政府副市长、黑河达溪河河长宋全科带领市水务局、市环保局负责人，巡查崇信县黑河、达溪河河长制工作落实情况。县委副书记、县政府县长张拴会，县政府副县长何鹏举及相关部门负责人陪同。

26日 由新华社甘肃频道、中国新闻社甘肃分社、中国江西网等编辑记者组成的“砥砺奋进的五年”2017全国重点网络媒体甘肃行大型采访团，到崇信县进行采访。县委副书记陈磊，县委宣传部、网信办、电视台等部门负责人陪同。采访团先后深入东庄现代农业示范园、体育中心、文化三馆、“汭龙堡”农耕文化生态苑，通过听取相关负责人介绍、实地查看、询问了解等方式，观看民歌演唱，采访崇信县特色产业、民俗、非遗和群众文化生活，用文字和镜头记录下近年来崇信县经济社会发展取得的可喜成绩。

是日 市政府副市长宋全科带领督查组，在县政府副县长李宏峰陪同下，先后对国道G312改建、省道S203线马峪口至千阳公路崇信至方堤口段改建、省道S320

线陕西彬县至华亭公路、县道X079线崇信至大湾岭公路路网改善、2017年路网结构改造安全生命防护等工程,督查崇信县交通运输项目建设情况。

27日 县委副书记、县政府县长张拴会主持召开县政府第二十次常务会议,学习中共中央办公厅国务院办公厅关于印发《统计违纪违法责任人处分处理建议办法》的通知及省市领导批示精神,研究审议《关于加快特色优势产业发展和重大基础设施建设的实施方案》《崇信县统筹整合财政涉农资金支持贫困村基础设施建设项目资金管理实施细则》及崇信县机关事业单位养老保险参保范围等有关事宜。会议还研究了其他事项。

28日 由崇信县委、县政府主办的汭龙风情文化旅游高峰论坛暨汭龙堡崇信老街·亲童乐世界开园仪式在汭龙堡农耕文化生态苑举行。市委常委、市政府常务副市长黄继宗宣布汭龙风情文化旅游高峰论坛暨汭龙堡崇信老街·亲童乐世界开园。市政协副主席郭宏、国际旅游投资协会学术顾问委员会执行委员梁建军、国际旅游投资协会总干事王琪、北京大学教授窦文章等市上领导和高峰论坛特邀嘉宾出席开园仪式。县委书记王锦在开园仪式上致辞,县委副书记、县长张拴会主持开园仪式。甘肃嘉天厦实业发展集团总经理夏峰介绍汭龙堡经营理念及崇信老街和亲童乐世界情况。"汭龙堡"农耕文化生态苑是由嘉天厦集团旗下子公司甘肃国峰文化旅游发展有限公司投资10亿元打造,以体验品味黄土风情线、乡村游为主导的乡村生态文化旅游度假苑。该项目是集民俗体验、特色餐饮、休闲娱乐、田园养生、养老服务、非物质文化传承等于一体的乡村生态文化旅游综合体,为崇信县打造了一个绿色天然的田园养生休闲度假胜地,也为各界人士观光旅游、投资创业搭建一个良好平台。

29日 全省"百名法学家百场报告会"平凉市崇信县报告会在县政务中心举行。邀请省委政法委执法督导处处长冯之东作了题为《党员干部要做尊法学法守法用法的楷模》的专题讲座。从"为什么党员干部要做尊法学法守法用法的模范、党员干部如何成为遵法学法守法用法的模范"两个方面进行深刻讲解和精辟阐述。县委常委、政法委书记梁济洲主持报告会。

是日 县委书记王锦,县委副书记、县政府县长张拴会调研维稳和安全生产工作。县委常委、政法委书记梁济洲,县政府副县长何鹏举参加调研。先后深入县司法局、黄花乡水磨执勤点、周寨煤矿,通过现场查看、听取汇报等方式,对全县矛盾纠纷排查调处、道路交通整治和安全生产工作进行全面了解。王锦强调,各级各部门要切实提高思想认识,绷紧安全生产、维护稳定这根弦,切实做到守土有责、守土尽责、守土负责,为中共十九大胜利召开营造安全稳定的社会环境。司法部门要经常深入乡镇和村社开展矛盾纠纷排查调处,着力解决各类突出问题。县公安交警大队要深入开展道路交通安全隐患排查,严格执法执勤,严厉打击超限超载、非法改装、机动三轮车载人等违法行为,确保道路交通安全。

30日 县委常委、统战部部长张喜武带领县公安局、工商局、执法局、环保局等相关单位负责人，深入县城市场、超市和经营门店等地，对全县全域无垃圾专项治理工作开展情况进行详细检查。

10月

10日 省综治办副主任李宏武带领督查组，在县委副书记、县政府县长张拴会，县委常委、政法委书记梁济洲陪同下，督查崇信县综治维稳工作。

是日 在崇信县项目开发建设办公室加挂崇信县政府与社会资本合作(PPP)项目管理中心牌子，增加全额拨款事业编制2名。

是日 将县司法局锦屏司法所、新窑司法所、黄寨司法所、黄花司法所、柏树司法所、木林司法所、工业集中区司法所、崇城市社区司法所等8个基层司法所升格为科级建制，各设所长1名。基层司法所升格后，隶属关系、经费形式不变。

是日 增加县行政审批制度改革工作领导小组办公室行政编制1名，核定县行政审批制度改革工作领导小组办公室主任领导职数1名(正科级)。

11日 县委书记王锦对县委政法委工作进行调研。通过听取汇报、查阅资料等方式，详细了解县委政法委基础建设、人员配置及工作进展情况，并通过综治视频会议系统对部分乡镇十九大维稳安保工作进行抽查，并就做好十九大维稳安保工作提出明确要求，随后主持召开座谈会。

是日 县委副书记、县政府县长张拴会，县政府副县长何鹏举带领县政府办、环保局、住建局、水务局、国土局、督查考核局等部门负责人及市水利水电勘测设计院专家，先后深入锦屏镇散花沟、关村、马湾、杜家沟、石咀子和工业集中区赵湾村、左营沟水厂及新窑镇等地，督办中央环保督察反馈意见整改和大气、水污染防治重点任务落实情况。张拴会强调，水是生命之源，也是最重要的自然资源、生活资料和生产资料。各级各部门要高度重视水资源保护和开发利用。要求各煤矿企业主要负责人要真正落实好环境保护第一责任人职责，亲自上手、亲自抓，加强调度，倒排工期，确保年底完成脱硫除尘设施和在线监控系统建设，真正让崇信的天更蓝、水更清、空气更清新。

12日 全县村级集体经济发展扶持试点项目签约启动仪式举行。县委常委、组织部部长王吉庆出席仪式并讲话。启动仪式上，县委组织部负责人介绍全县村级集体经济发展扶持试点项目基本概况；县委组织部、县工业集中区管委会、各乡镇人民政府、项目村、入股企业(合作社)分别签订协议书；项目实施责任单位代表作表态发言。

是日 “崇信红牛、苹果、芹菜”地理标志证明商标申报注册工作推进会召开。县委副书记陈磊主持会议并讲话。会议邀请山东恩讯科技有限公司总经理孙兴华、业务主管刘雪洁对商标注册流程及基础资料收集做具体指导。

是日 县委书记王锦，县委副书记、县政府县长张拴会开展巡河检查。先后深入锦屏镇长新河段、新窑镇赤城村赵堡子双联桥河段等流域，对汭河、黑河河道管护和河长制落实情况进行巡查，并提出明确要求。随后召开汇报会，县乡两级河长及水务局负责人汇报“河长制”落实情况及下一步工作打算，王锦作了讲话，张拴会主持会议。

14 日 县委常委会召开会议，传达学习习近平总书记关于群团改革工作的重要指示，习近平总书记、李克强总理对脱贫攻坚工作作出的重要指示精神、林铎在深度贫困地区脱贫攻坚专题工作会议上的讲话精神，郭承录在全市非公经济发展座谈会上的讲话精神等；讨论审定《崇信县关于加快特色优势产业发展和重大基础设施建设的实施方案》《崇信县关于推进安全生产领域改革发展的实施意见》《关于赴贵州六盘水市考察学习“三变”改革情况的报告》《崇信县县乡残疾人联合会换届工作意见》《崇信县残疾人联合会换届工作方案》及组建崇信县农业产业投资开发有限责任公司有关事宜。县委书记王锦主持会议。

是日 县委召开中心组学习会议，专题学习中共中央党校出版社编辑出版的系列采访实录《习近平的七年知青岁月》。县委书记王锦主持并讲话。县上领导张拴会、刘志仓、赵锋、梁济洲、王吉庆、完新义参加学习。陈磊、冯建君、张喜武围绕学习《习近平的七年知青岁月》作交流发言。王锦指出，《习近平的七年知青岁月》是一本党员干部锤炼党性、提升素质的生动范本，是一本贴近群众、依靠群众、深入细致做好群众工作的鲜活教材，是一本启示党员干部如何勇于担当、执政为民的工作指南。全县各级党组织要站在讲政治的高度，认真研习、领会精髓、把握要义，通过学习锤炼党性、坚定信念、提升素质。

14—15 日 县委常委、组织部部长王吉庆带领督查组，先后深入保至善烈士纪念馆、锦屏镇于家湾村、甘肃名翔牧业有限责任公司、柏树镇党洼村、陶坡村、黄寨镇马寨村、水泉洼村、白新庄村、县工业集中区庙台村、马沟村、锦屏镇东庄村、县二中、城区二小、水保局、国税局、公安局、交警大队、县医院、滨河路社区、东街社区、木林乡崖窑村、野羊村、黄花乡黄花塬村、水磨村、新窑镇西刘村，督查观摩全县基层党建典型工作。县工业集中区党工委书记陈社教，各乡镇党委、县直各党（工）委书记，县委基层组织建设领导小组部分成员单位负责人，县委组织部班子成员等参加督查观摩。

15 日 县委书记王锦，县委副书记、县政府县长张拴会带队，先后深入柏树镇矮化密植园建设、黄花乡“种养加”循环经济产业园、锦屏镇姚洼村旧庄基养牛等 10 个项目现场，督查调研 2018 年全县农业重点项目前期谋划准备情况。

16 日 县委常委、县政府副县长赵锋，县委常委完新义，县人大常委会副主任王德明，县政协副主席梁正军带领县住建局、县委农办等相关部门及各乡镇、工业集中区负责人，先后深入县城西区广场、龙泉寺景区、新世纪步行街、城区一小 2 号教学楼建筑工地、刘家河段河道、锦屏镇关村小学、木林乡崖窑村、黄花乡卫生院、工业集中区马沟村等 14 个点，督查全县全域无垃圾专项治理工作。

17日 崇信县农业产业投资开发有限责任公司举行揭牌仪式。县委书记王锦，县人大常委会主任章进录，县委副书记、县政府县长张拴会，县政协主席刘志仓，县人大常委会副主任王德明，政协副主席吴黎昕出席揭牌仪式。县政府副县长信锦玲主持揭牌仪式。揭牌仪式上，县委副书记陈磊致辞，县农业产业投资开发有限责任公司筹建办负责人介绍公司基本情况，王锦、章进录、张拴会、刘志仓分别为崇信县农业产业投资开发有限责任公司、崇信红牛产业开发服务有限责任公司、崇信县林果产业开发有限责任公司、崇信县蔬菜产业开发有限责任公司揭牌。各乡镇、县工业集中区，县直及省、市驻崇有关单位主要负责人，县内农业产业相关企业负责人参加揭牌仪式。

是日 县委常委、宣传部部长张荣带领县委宣传部主要负责人，检查指导县网信办、电视台工作。通过询问情况、查阅资料等方式，详细了解了县网信办、电视台近期工作开展情况，并就今后工作提出明确要求。

是日 崇信县“喜迎党的十九大·不忘初心跟党走”歌咏比赛在县影剧院举行。比赛中，各支队伍着装整齐，精神饱满，激情满怀，一首首耳熟能详的歌曲，赢得台下观众阵阵热烈掌声，让大家重温中国共产党带领全国各族人民奋力夺取革命胜利的光辉历史，充分展现全县广大干部职工喜迎中共十九大、共筑中华民族伟大复兴中国梦的坚定信心和良好的精神风貌。县二中获得一等奖，县职教中心、县幼儿园获得二等奖，县文广局、县人社局、县国税局、县地税局获得三等奖，县食药监局、县住建系统、县卫计系统、县人行获得优秀组织奖。

是日 县委组织部、团县委联合举办“学青年习近平做青春逐梦人”主题读书分享会。县委常委、组织部部长王吉庆出席活动并讲话。活动中，来自全县各行业、各部门的20名青年党员代表结合本职工作，从不同角度谈了自己学习《习近平的七年知青岁月》的感悟，交流了心得体会。

是日 平凉市“砥砺奋进的五年我的小康梦”百姓宣讲报告会在平凉市委礼堂举行，崇信县信国辉、袁占梅、贺玲玲3人被平凉市委宣传部、平凉市委讲师团聘任为平凉市百姓宣讲团成员，代表崇信县参加报告会。

18日 省水利厅副厅长张天革带领厅维稳安保第二督查组，先后深入杜家沟水厂、铜城水库、关河水库、孙家峡水库等地，督查崇信县水利系统维稳安保工作。市水务局局长李旺军，县政府副县长信锦玲陪同督查。

是日 全省宣传文化系统高层次人才“走基层心连心”社会实践活动走进崇信。专家团一行在甘肃省委宣传部干部处处长李辉良的带领下，先后开展赠送图书、书画交流点评、调研采风等活动，活动中共为赵湾群众赠送各类科教文卫方面图书260套(册)。市委宣传部常务副部长、社科联党组书记黄雪山，县委常委、宣传部部长张荣陪同。

19日 省社会科学文化研究所所长、省作家协会主席马步升一行，先后深入关河村华夏古槐王、庙台民俗文化村、黄花塬美丽乡村、汭龙堡农耕文化生态苑等项目建设现场，调研崇信县文化旅游产业。县委常委、宣传部部长张荣陪同调研。

21 日　全县召开春季植树造林总结暨今秋明春造林绿化工作动员会议。县委副书记陈磊主持会议。

是日　全县召开社会主义核心价值观十大创建行动座谈会议。县委常委、宣传部长张荣出席会议并作讲话，各乡镇、工业集中区及县直相关部门负责人参加会议。会议传达全省社会主义核心价值观十大创建行动现场推进会议精神，宣读《崇信县社会主义核心价值观主题宣传教育十大创建行动方案》，各相关单位负责人结合工作实际进行发言。

22 日　第 26 届中国西部商品交易会在陇南市武都区开幕。借助“西交会”这一重要平台展出刺绣、手工艺品、杂粮、果蔬、牛肉、食用油、白酒等特色产品及铁皮石斛、灵芝等“龙泶源”系列产品，吸引了众多游人驻足观看、品尝了解，并得到游客们一致好评。县委副书记陈磊、县政府副县长李宏峰带领我县代表团 20 余人参加交易会。

23 日　县委书记王锦深入宣传部门督查调研中共十九大精神学习宣传工作。先后深入县广播电视台、县网信办和县委宣传部，通过查阅资料、听取汇报等方式，详细了解宣传部门人员队伍、阵地建设和中共十九大精神学习宣传等工作情况，随后主持召开座谈会。

24 日　县委副书记、县政府县长张拴会，县政府副县长信锦玲带领县政府办、林业局、水保局负责人，先后深入县直机关、锦屏镇、木林乡秋季植树造林点，调研全县秋季植树造林点工作开展情况。

25 日　省委宣传部宣传处处长王爱科带领检查组，对崇信县省级爱国主义教育基地陈展内容及第七批命名推荐单位进行检查。市委宣传部副部长雷勇，县委书记王锦，县委常委、宣传部部长张荣，县保至善烈士纪念馆馆长黄新人陪同检查。检查组对崇信县在爱国主义教育基地建设、党性党史教育和红色旅游资源开发等方面作出的工作成绩给予充分肯定，并就革命文物陈展、社会主义核心价值观宣传教育、红色文化旅游开发等方面工作提出指导性意见。

是日　市政府副市长宋全科带领第三督导组，先后对县上清洁煤炭专营市场及供应网络建设、新窑镇生活污水处理厂建设、县城区水源地 4 号、7 号一级保护区内住户搬迁、县城集中供热 PPP 项目建设及燃煤锅炉综合整治情况，督查崇信县中央环保督察反馈意见整改落实情况。县委副书记、县政府县长张拴会，县政府副县长何鹏举陪同。

是日　陕西海升集团副总经理王辉带领考察组，先后深入柏树镇海越公司矮化密植苹果示范基地及二期地块预留、黄寨镇甘庄村、锦屏镇东庄村发展矮化密植苹果园及樱桃园预留地块现场，考察崇信县果产业发展情况。市政府副市长李富君、县委书记王锦、县政府副县长信锦玲陪同考察。

26 日　崇信县第十七届人大常委会第七次会议召开。县人大常委会主任章进录，县委常委、组织部部长王吉庆，县人大常委会副主任刘志刚出席会议。县人大常委会副主任王德明主持会议。县委常委、县政府副县长赵锋，县委常委、统战部部长张喜武列席会议。会议传达学习了党的十九大精神、全省县乡人大工作和建设经验交流会议精神，听取和审议县政府关于全县惠农资金落实情况的报告。

是日 县委召开理论中心组学习会议，集中学习中国共产党第十九次全国代表大会关于十八届中央委员会报告的决议、关于十八届中央纪律检查委员会工作报告的决议、关于《中国共产党章程(修正案)》的决议，以及中国共产党第十九届中央委员会第一次全体会议公报、中国共产党第十九届中央纪律检查委员会第一次全体会议公报，安排部署全县学习宣传贯彻中共十九大精神工作。县委书记王锦主持会议。县上领导章进录、张拴会、刘志仓、冯建君、赵锋、梁济洲、张荣、完新义、张喜武参加学习。

27日 县政协九届六次常委（扩大）会议召开。县政协主席刘志仓主持会议并讲话，县政协副主席于炳林、吴黎昕、梁正军出席会议。县政协各委办负责人、机关干部职工列席会议。会上，集中学习了中国共产党第十九次全国代表大会关于十八届中央委员会报告的决议、关于十八届中央纪律检查委员会工作报告的决议、关于《中国共产党章程(修正案)》的决议，以及中国共产党第十九届中央委员会第一次全体会议公报、中国共产党第十九届中央纪律检查委员会第一次全体会议公报。

是日 县委书记王锦对部分民营企业发展情况进行实地调研。先后深入甘肃名翔牧业有限责任公司、崇信县鑫塬果品保鲜有限责任公司、崇信县顶优聚氨酯实业有限公司、崇信县源泰果树种植农民专业合作社、甘肃省崇信县农村信用合作联社，通过现场看点、座谈交流等方式，详细了解非公企业发展状况，听取企业发展中存在的困难问题。

30日 县政府副县长李宏峰带领县公安局、工信局、煤炭局负责人，先后深入县清洁煤炭专营市场、新窑煤炭深加工产业园服务中心和新窑镇煤炭二级配送网点，检查全县煤炭市场整治情况。

31日 县委常委、宣传部部长张荣对教育系统学习贯彻中共十九大精神进行实地调研。先后深入县一小、县二中，详细了解中共十九大精神学习贯彻情况。

是日 水利部黄委水保局处长刘正杰带领督查组，先后深入2017年水利部农业综合开发黄土高原塬面保护项目和全国坡耕地水土流失综合治理工程崇信县赤城项目工程现场，督查崇信县国家水土保持重点工作。县委副书记陈磊，副县长信锦玲陪同督查。

11月

1日 县委常委会召开(扩大)会议，传达学习中共十九大和十九届一中全会、十八届七中全会及市委常委会（扩大)会议精神，安排部署全县学习宣传贯彻中共十九大精神和当前经济工作。会上，书面传达市委常委会(扩大)会议精神；县委书记王锦传达中共十九大报告和十九届一中全会精神，并就学习宣传贯彻中共十九大精神提出要求；县委副书记、县政府县长张拴会传达纪委工作报告、党章(修正案)和十八届七中全会精神，并对当前全县经济工作进行安排。刘志仓、陈磊、冯建君、张荣、王吉庆、完新义等全体在家的县级领导出席会议。

是日 市委副书记、市长王奋彦带领市环保、工信、水务等部门负责人，在市政府秘书长薛晓宏，县委书记王锦，县委副书记、县长张拴会陪同下，督查崇信县集中供热PPP项目建设情况。王奋彦强调，群众利益无小事，崇信县委、县政府和施工企业要认真贯彻落实中共十九大精神，坚持和践行以人民为中心的发展思想，强化宗旨意识，千方百计抓好这一民生项目建设，要积极探索总结集中供热管理经验，按市场经济规律合理确定供热价格，真正把好事办好、实事办实，让广大人民群众满意认可。

2日 县委副书记、县政府县长张拴会主持召开全县棚户区改造工作领导小组会议。县委常委、县政府副县长赵锋，县委常委完新义，县人大常委会副主任马改秀，县政协副主席梁正军出席会议。会议听取棚改工作领导小组各成员单位工作进展情况汇报，进一步明确下一步棚户区改造工作重点任务。

是日 将“县城市管理行政执法局”更名为“县城市管理综合执法局”；将所属的“县城市管理综合行政执法大队”更名为“县城市管理综合执法大队”；将县城市管理综合执法大队内设的“县城市管理综合行政执法一中队、二中队、三中队、四中队、五中队”更名为“县城市管理综合执法一中队、二中队、三中队、四中队、五中队”，更名后机构规格、性质、编制、领导职数、经费形式不变。

是日 全市乡镇党建办主任培训班在崇信县开班。市委常委、组织部部长狄生奎出席开班仪式并讲话，县委书记王锦致辞，县委常委、组织部部长王吉庆主持开班仪式。

3日 市委组织部副部长李春茂一行，先后深入黄寨镇白新庄村、柏树镇陶坡村、马新庄村、锦屏镇文家咀村、姚洼村、黄花乡高年村、新窑镇宰相村、杨安村、西刘村，采取进村入户、实地查看、汇报座谈等方式，督查崇信县脱贫攻坚帮扶工作开展情况。县委副书记陈磊，县委常委、组织部部长王吉庆，县人大常委会副主任王德明陪同督查。

4日 县委副书记、县政府县长张拴会主持召开全县脱贫攻坚重点专项工作会议。会上，信锦玲传达了全省脱贫攻坚重点专项工作电视电话会议精神，各参会单位围绕各自职能作了发言。张拴会指出，各级各部门要认真贯彻落实党的十九大精神，切实增强脱贫攻坚的使命感、责任感和紧迫感，全力以赴对接落实，为经济社会发展和脱贫攻坚提供有力支撑。县委副书记陈磊、县政府副县长信锦玲出席会议。

7日 县委副书记、县政府县长张拴会，县委常委、县政府副县长赵锋带领县政府办、发改局等单位负责人，先后深入锦屏镇梁坡美丽乡村建设、龙泉寺景前区道路建设、县城区一小综合教学楼建设、县医院门诊急救医技综合楼建设、县民政救灾物资储备库建设、县妇幼保健计划生育服务中心综合业务楼建设、县煜原职业培训学校建设、2017年锦屏镇枣林村易地扶贫搬迁、县汭河流域水环境治理工程、鑫盛建材有限责任公司废物固体利用项目、崇信电厂超低排放节能技术改造点等项目施工现场，督查全县重大项目建设和惠民实事建议提案办理情况。

8日 县委副书记、县政府县长张拴会带领政府办、县委农办、住建局、督查考核局负责人，先后深入公刘园、崇信一中及体育中心、黄花乡黄花塬村、县工业集中区庙台民俗文化村、天蓝再生资源利用实业公司等地，督查崇信县全域无垃圾治理工作。

是日 全县抓党建促脱贫攻坚暨城市基层党建工作会议召开。县委常委、组织部部长王吉庆出席会议并讲话。县委基层组织建设领导小组成员单位负责人，组织部班子成员及业务人员，各乡镇（工业集中区）及城市社区党（工）委书记、副书记，县直各党（工）委书记及驻村工作队第一书记，社区党支部书记参加会议。会上，县委组织部有关负责人传达学习了全市抓党建促脱贫攻坚工作及城市基层党建工作会议精神；通报全县党建典型观摩督查点评分结果。

9日 县委常委、宣传部部长张荣带领新窑镇、教育局、新窑学区负责人，先后深入新窑镇杨安小学、五举小学、五举幼儿园、西刘小学、新窑矿区幼儿园、新窑矿区小学及新窑学区等地，调研新窑镇和新窑学区中共十九大精神学习贯彻落实情况。

是日 县委副书记、县政府县长张拴会带领县政府办、农牧局、畜牧局负责同志，先后深入黄寨镇白新庄村永盛、强盛肉牛养殖小区、黄土村养殖小区、黄寨村兴盛养殖小区、甘庄村养殖小区，调研黄寨镇牛产业发展情况。

10日 县委书记王锦，县委副书记、县政府县长张拴会带队，先后深入县城集中供热、第二供暖公司、团结西路改造、青年路南段道路回填修复、万通供热公司等工程现场，督查调研县城民生工程设施建设运行情况。王锦强调，民生工程事关人民群众的切身利益，事关全县经济社会发展大局。各有关部门要认清形势，进一步增强责任感、紧迫感和使命感，切实把民生工程做成民心工程。

是日 崇信县永汇能源发展有限责任公司清洁煤专营市场正式投入运行。

11日 县委书记王锦先后深入木林乡金龙村、马家沟村、东阳寨村，通过听取汇报、查阅资料、走访入户等方式，详细了解中共十九大精神学习贯彻、基层党建及脱贫攻坚工作推进情况。

13日 全县统一战线学习中共十九大精神座谈会议召开。县委常委、统战部部长张喜武主持会议并讲话。

是日 县委书记王锦先后深入柏树镇木家坡村、柏树村、申家庄村、信家庄村，通过实地查看、听取汇报等方式，详细了解柏树镇中共十九大精神学习宣传贯彻、基层党建及脱贫攻坚工作进展情况。

14日 省商务厅副巡视员、省打击侵权假冒工作领导小组办公室主任慕社军一行，先后深入城西、铜城、黄花等3家加油站,督查调研崇信县成品油市场管理工作。市商务局副局长、市成品油市场整治领导小组办公室主任刘晓进、县政府副县长李宏峰及商务局相关负责人陪同督查调研。

15 日 成立崇信县委法规室,科级建制,设主任 1 名、副主任1 名。

16 日 县委副书记、县政府县长张拴会主持召开县政府第二十二次常务会议,学习《甘肃省生产经营单位安全生产主体责任规定》《甘肃省政府安全生产监督管理责任规定》《甘肃省尾矿库监督管理试行办法》,听取全县易地扶贫搬迁和农村危旧房改造工作情况汇报,研究审定崇信县盐业监管体制改革实施方案、崇信县城乡居民基本医疗保险制度整合实施方案等有关事宜。会议还研究了其他事项。

20 日 "崇信红牛"(南部赛区)赛牛大会在木林乡举行。参与比赛的新窑镇、木林乡、黄花乡 139 头"牛选手"戴着自己的号牌和档案资料参加比赛。县委书记王锦,省畜牧研究所动物科学研究室主任、研究员桑国俊,市农牧局党组成员、总经济师陈富国,县人大常委会主任章进录,县委副书记、县政府县长张拴会,县政协主席刘志仓,县人大常委会副主任王德明,县政协副主席吴黎昕,市畜牧渔业管理站站长李文斌出席会议。县委书记王锦宣布 2017 年"崇信红牛"(南部赛区)赛牛大会开始。经过严格的初赛筛选,有 12 头"牛选手"进入决赛。经过专家评审组现场评分,来自木林乡、新窑镇 6 头基础母牛获得一、二、三等奖。同时,经过现场观众评选,王明军的 185 号基础母牛获得的南部赛区"最美崇信红牛"称号。

21 日 省国土资源厅副巡视员成文辉带领省政府第九督查组工业止滑专题组,在市政府副市长宋全科陪同下,先后深入大柳煤矿、赤城煤矿、鑫盛新型建材公司、崇信电厂等地,督查崇信县工业止滑回稳落实情况。县委副书记、县政府县长张拴会陪同督查。督查组指出,崇信县对国务院第四次大督查反馈问题整改和省政府各项目标任务落实高度重视,主动认领问题,自觉担责整改,以振奋的精神、良好的作风、创新的思路,把各项举措落实到了具体行动中,推动工业经济持续健康发展。

是日 省农牧厅产业处调研员陈淑雅带领省政府第九督查组环保专题组,先后深入崇信电厂、县城区水源地、县城生活污水处理厂,督查崇信县环保工作落实情况。县委副书记、县政府县长张拴会,县政府副县长何鹏举陪同督查。

是日 省工商局个体处调研员张晓峰带领省政府第九督查组"放管服"改革专题组成员,先后深入锦屏镇于家湾村便民服务中心、县政府政务服务大厅,督查崇信县"放管服"改革工作落实情况。县委书记王锦,县政府副县长何鹏举陪同督查。

22 日上午 "崇信红牛"(北部赛区)赛牛大会在黄寨镇举行。此次比赛有来自县工业集中区、锦屏镇、黄寨镇、柏树镇的 186 头牛参与评选。最终,有 6 头基础母牛获得一、二、三等奖。张亚东的 403 号牛获得观众现场评选的北部赛区"最美崇信红牛"称号。县委书记王锦,县人大常委会主任章进录,县委副书记、县政府县长张拴会,县政协主席刘志仓,县政协副主席吴黎昕为获奖养牛户进行颁奖。

是日 市委宣讲团到崇信宣讲中共十九大精神。市委中共十九大精神宣讲团第四宣讲组组长、市委党校常务副校长李昌武作县上主场宣讲报告。县委书记王锦主持主场报告会并讲话,章进录、张拴会、刘志仓等在家的县级领导,各乡(镇)党委书记、乡(镇)长,县工业集中区管委会副主任、分管党建工作的人员,县直及省、市驻崇各单位副科级以上干部参加报告会。李昌武紧紧围绕习近平新时代中国特色社会主义思想这个主线,从中共十九大的主题和主要成果、习近平新时代中国特色社会主义思想、过去五年的历史性成就和历史性变革、中国特色社会主义进入新时代、中国社会主要矛盾的变化、"两个一百年"奋斗目标的战略部署、中国经济社会发展重大战略部署、坚定不移推进全面从严治党八个方面,结合实际,深入浅出,系统阐述了中共十九大提出的一系列新论断、新思想、新部署、新要求。

是日 县委书记王锦深入联系点锦屏镇宣讲中共十九大精神。宣讲会上,王锦从准确把握中共十九大的重大意义和重要成果,深刻领会和把握中共十九大主题、习近平新时代中国特色社会主义新思想的历史地位和丰富内涵、党和国家事业取得的历史性成就、历史性变革、中国特色社会主义进入新时代的新论断、我国社会主要矛盾发生变化的新特点、新时代中国共产党的历史使命、分两步走全面建设社会主义现代化国家的新目标、我国经济社会发展重大战略部署、全面从严管党治党新要求十个方面,紧密结合锦屏镇镇情实际,对中共十九大精神进行系统全面的讲解和阐述,并就下一步抓好学习宣传贯彻提出明确要求。

是日 省人社厅党组成员、劳务办主任刘效明带领的督查组,在市委组织部副部长、市人社局局长张弘的陪同下,先后深入汭龙堡农耕文化生态苑农民工返乡就业创业孵化示范基地、兴陇职业培训学校和县人社局,督查崇信县精准扶贫劳动力培训及劳务输转工作。县委副书记、县政府县长张拴会陪同。

22日—12月4日 县人大常委会主任章进录,县政协主席刘志仓,县委副书记陈磊,县委常委、纪委书记冯建君,县委常委、常务副县长赵锋,县委常委、政法委书记梁济洲,县委常委、组织部部长王吉庆,县委常委完新义,县委常委、统战部部长张喜武等分别深入联系点黄寨镇,新窑镇,木林乡,县工业集中区,县人社局,县公安局,县直机关、非公经济和社会组织,县城市社区,县工商局等党(工)委宣讲中共十九大精神。

23日 县政协九届七次常委(扩大)会议召开。县政协主席刘志仓主持会议并讲话。县委常委、宣传部部长张荣,县政府副县长何鹏举应邀出席会议并讲话。县政协副主席于炳林、吴黎昕、梁正军出席会议。会议书面传达学习中共十九大报告、林铎在省委常委会扩大会议上的讲话精神;审议《"营造尊师重教氛围,优化教育发展环境"专题调研报告(草案)》《关于全县普通高中教育教学质量的调研报告(草案)》《全县农村小学"小班化教育"情况视察报告(草案)》和《"加快产业配套发展,提升农业综合项目实施区土地利用效益"专题调研报告(草案)》;审议人事变动有关事项。

24 日 县委副书记、县政府县长张拴会深入联系点柏树镇宣讲中共十九大精神。宣讲会上,张拴会围绕中共十九大报告的新思想、新论断、新要求,结合中共中央《关于认真学习宣传贯彻中共十九大精神的决定》,从提高站位,深刻认识中共十九大重要意义,深学践悟,准确领会中共十九大精神实质,对中共十九大精神进行系统讲解。宣讲结束后,深入三星村旧庄基复垦项目现场、柏树镇垃圾填埋场、张湾村鸿飞肉羊养殖厂、王永刚养猪场、振财养鸡场,实地调研柏树镇农业农村工作。

是日 甘肃银行平凉分行党委书记、行长李新民一行,到崇信县对接洽谈特色产业发展工程贷款事宜。县委书记王锦出席座谈会,县委副书记、县政府县长张拴会主持会议。座谈会上,县上相关部门和企业负责人分别汇报了工作推进情况,政银企三方就特色产业发展工程贷款事宜进行深入交流。

是日 成立锦屏、柏树、黄花、木林、工业集中区等5个乡镇 (工业集中区)环境保护所,分别在所在乡镇的社会事务服务中心和工业集中区社会事务科挂牌,实行乡镇(工业集中区) 和县环保局双重管理,以乡镇(工业集中区)管理为主。

26 日 凤凰古城文化旅游投资股份有限公司董事长叶文智,中国国家地理杂志社社长兼总编李拴科一行,在市委书记郭承录,市委副书记、市长王奋彦及市委秘书长李诚陪同下,对崇信县文化旅游产业进行实地调研。县委书记王锦,县委副书记、县长张拴会,县委常委、宣传部部长张荣参加调研。

29 日 副省长杨子兴对崇信县脱贫攻坚及农业产业开发工作进行调研。市委书记郭承录,市委副书记、市长王奋彦一同调研。杨子兴深入柏树镇海越公司矮化密植苹果示范基地,听取全县脱贫攻坚工作及示范园建设情况汇报,全面了解县上脱贫攻坚及农业产业开发工作进展情况。柏树镇党洼矮化密植苹果示范基地建设项目是崇信县为引进苹果产业发展新技术、新模式,推动苹果产业生产经营专业化、标准化、规模化、集约化和现代化建设, 招商引进的现代苹果种植示范项目。已建成集中连片示范园1668平方米,其中挂果面积400平方米,示范带动33名贫困人口和26户贫困户实现年人均劳务增收、土地流转户均增收分别达到8200元和4400元。县委书记王锦,县委副书记、县长张拴会参加调研。

30 日 县委常委、宣传部部长张荣对全县文化旅游项目建设工作进行调研。现场察看梁坡民俗文化村建设情况,对龙泉寺景区停车场建设、龙泉寺景前区道路建设和武康王庙文化产业园等项目谋划情况进行了解。

是日 县委副书记、县政府县长张拴会主持召开县政府第二十三次常务会议,学习《关于支持深度贫困地区脱贫攻坚的实施意见》《基础设施和公用事业特许经营管理办法》《中华人民共和国城乡规划法》《中华人民共和国土地管理法》《国有土地上房屋征收与补偿条例》，研究审定《崇信县生态环境监测网络建设实施方案》《关于加强困境儿童保障工作的实施意见》《崇信县景区划转改制工作实施方案》及人事任免等有关事宜。

12 月

1 日 县城区集中供热工程 40 吨锅炉烘炉点火成功，县委常委、副县长赵锋，县委常委完新义，县人大常委会副主任王德明参加烘炉点火仪式。崇信县城区集中供热项目概算总投资 2.5 亿元，其中一期概算投资 1.4 亿元，计划安装 70 兆瓦和 29 兆瓦燃煤热水锅炉各 1 台，新建换热站 4 座，铺设一级管网 4.8 公里，改造二级管网 1.3 公里，安装脱硫、脱硝、除尘等环保设备，同步配套办公用房等基础设施，近期规划供热面积 120 万平方米，远期达到 300 万平方米。已安装完成热源厂 100 吨锅炉本体机组、烟囱等工程，铺设一级管网 4.8 公里、二级管网 3.3 公里，3 座改造换热站完成机组安装，正在实施筑炉、钢屋架安装、除渣、脱硫除尘等其他辅机设备和 4 座新建换热站机组安装等工程。

是日 崇信县举行不忘初心共筑中国梦“美丽崇信”摄影大赛颁奖仪式。县政府副县长何鹏举出席仪式并讲话。县旅游局、县文联、县摄影家协会负责人及获奖作者和各界摄影爱好者参加颁奖仪式。颁奖仪式上，县旅游局负责人宣读表彰决定；参加活动的领导对获奖作品进行表彰奖励。先后共征集 55 位摄影家 511 幅作品参加，经过组委会遴选，最终 80 幅优秀作品脱颖而出，30 幅作品获奖。

5 日 文化部第十二评估组组长、评估宣讲工作专家委员会副主任、上海市图书馆副馆长周德明带领评估组，在省图书馆党委书记魏孔俊，市文广局党组成员、副局长陶治林，市图书馆馆长寇芳军陪同下，深入崇信县开展第六次公共图书馆评估定级工作。评估组一行参观县博物馆馆藏文物和县文化馆根雕、剪纸、非物质文化遗产等展览馆，查看县图书馆各功能区建设、技术设施配备等情况，详细了解了图书购置、借阅、保管及电子阅览等工作开展情况。县委常委、宣传部部长张荣，县政府副县长何鹏举陪同。

是日 省综治办四处处长蒋海带领省委政法综治维稳考核组，在市委常委、政法委书记杨军，市委政法委常务副书记张君才，县委副书记、县长张拴会，县委常委、政法委书记梁济洲陪同下，先后深入黄花乡葛木路口交通劝导站、黄花派出所基础建设、黄花乡综治办平安建设、县二中安全教育暨反邪教警示教育基地建设、锦屏镇于家湾村平安建设暨无邪教村创建、“汭龙堡”农耕文化生态苑重大项目社会稳定风险评估等检查点，督查考核崇信县政法综治维稳工作。

7 日 崇信县深化监察体制改革试点工作小组第二次会议召开。县委书记王锦主持会议并讲话，县人大常委会主任章进录，县委常委、组织部部长王吉庆，县检察院检察长刘海宇出席会议。会议传达学习省、市深化监察体制改革试点工作文件精神，听取崇信县监察体制改革试点工作进展情况及存在问题的汇报。改革试点工作小组各成员单位负责人围绕改革过程中需要解决的问题作了发言。

是日 崇信县脱贫攻坚领导小组会议召开。县委副书记、县长、县脱贫攻坚领导小组组长张拴会传达省委书记林铎在省脱贫攻坚领导小组2017年第四次会议上的讲话精神；陈磊通报全县精准扶贫工作中存在的问题；县委书记、县脱贫攻坚领导小组组长王锦对做好当前和今后一个时期脱贫攻坚工作进行全面安排部署。县上领导章进录、刘志仓、陈磊、王德明、吴黎昕出席会议。

是日 崇信县第十七届人大常委会第八次会议召开。县人大常委会主任章进录，县委常委、组织部部长王吉庆，县人大常委会副主任刘志刚、王德明出席会议。县人大常委会副主任马改秀主持会议。县委副书记陈磊，县政府副县长何鹏举，县法院院长张永，县检察院检察长刘海宇列席会议。会议审查备案崇信县煤矸石管理办法(试行)，崇信县城区“门前五包”责任制管理办法；听取审议县人大常委会、县人大财政经济委员会评议组对在崇金融监管单位及金融企业工作情况的评议报告，县政府关于代表意见建议办理情况的报告，县政府关于2017年全县环境状况和环境保护目标完成情况的报告，县政府关于2017年度国有资产管理情况的报告；表决通过关于召开县十七届人民代表大会第二次会议的决定(草案)；依法进行人事任免，举行新任命人员宪法宣誓仪式。

是日 县政协主席刘志仓带领县政协办、县总工会、县交通局、县督察考核局和百贯沟煤矿干部职工，深入锦屏镇文家咀村开展“四个一”帮扶活动。刘志仓组织召开脱贫攻坚帮扶工作座谈会，与35户贫困户面对面交流，听取他们的生产生活困难和发展意愿，帮助谋划2018年脱贫致富计划。县政协办负责人总结了过去一年来的工作开展情况和帮扶工作成效，各帮扶责任人分别与贫困户进行深入座谈交流。

8日 全县领导干部警示教育大会召开。县委书记王锦出席会议并讲话。章进录、张拴会、刘志仓、王吉庆、完新义、张喜武等全体在家的县级领导出席会议。县委副书记陈磊主持会议。会上，县委常委、纪委书记冯建君通报2016年以来纪律审查工作情况，县人民检察院检察长刘海宇通报2016年以来公职人员职务犯罪案件查处情况。王锦强调，要认清面临形势，始终紧绷防腐之弦。全县各级党组织和党员领导干部要站在讲政治的高度，充分认识党风廉政建设和反腐败工作面临的严峻复杂形势，认真落实全面从严管党治党主体责任，坚持严字当头，实字托底，真正把中共十九大关于党风廉政建设和反腐败工作的各项决策部署贯彻好、落实好。

是日 全县领导干部集体约谈会议召开。县委书记王锦出席会议并讲话。章进录、张拴会、刘志仓、陈磊、张荣、王吉庆、完新义、张喜武等全体在家的县级领导出席会议。县委常委、纪委书记冯建君主持会议。各乡镇、城市社区党政主要负责人，县直及省市驻崇各单位主要负责人，部分企事业单位负责人参加会议。

是日 县委常委会召开会议，集中学习中共中央、国务院《关于完善主体功能区战略和制度的若干意见》和全市加快推进新型工业化工作会议、全市新型城镇化建设工作推进会议、全市金融工作(视频)会议等文件会议精神,讨论审定《中共崇信县委关于深入学习宣传贯彻党的十九大精神的实施意见》《崇信县农村“三变”改革工作实施方案》《关于进一步加强和改进全县离退休干部工作的实施意见》等,听取《关于赴山西省洪洞县考察学习文化旅游产业情况的报告》,县委书记王锦主持会议并讲话。

10日 省水利厅水保局副局长何海涛带领验收组,先后深入锦屏镇西街村骆驼脖项基本口粮田工程点、薪炭林工程点、梁湾口粮田工程点、木林乡野羊村生态移民安置点、锦屏镇长新苗圃种苗基地、柏树镇张湾村补植补造点,复验崇信县2015年巩固退耕还林成果专项规划建设项目。

11日 全市全域无垃圾治理工作现场推进会在崇信召开。市委常委、统战部部长吴镇图出席会议并讲话。县委书记王锦,县委副书记、县长张拴会,县委常委、副县长赵锋,县委常委完新义陪同观摩并参加会议。与会人员观摩了城区环境卫生治理暨公刘园环境卫生管理、学校医院环境卫生治理暨崇信一中环境卫生管理、农村面源污染治理暨锦屏镇东庄现代农业产业园环境卫生管理等7个示范点。会议通报全市全域无垃圾治理工作情况,崇信县、庄浪县南湖镇、灵台县西屯镇负责同志分别作典型发言,崆峒区、泾川县、灵台县、华亭县、庄浪县、静宁县分别汇报工作开展情况。

12日 甘肃开昂集团执行总裁白甬明一行,先后深入柏树镇海越公司矮化密植苹果示范基地、甘肃名翔牧业有限责任公司、锦屏镇东庄院地合作现代农业示范园,考察崇信县经济社会发展情况。市农牧局局长练生辉,副县长信锦玲陪同考察。

是日 市政府副市长宋全科带领督查调研组,督查调研崇信县工业经济能源发展重点工作进展情况和环保问题整改情况。县委副书记、县政府县长张拴会,县政府副县长何鹏举陪同。

13日 市政府副市长黄东红深入崇信县柏树镇,为基层党员干部集中宣讲中共十九大精神。县政府副县长何鹏举主持宣讲会。宣讲会上,黄东红围绕中共十九大报告和十九大关于“三农”工作的新思想,从中共十九大的主题、习近平新时代中国特色社会主义思想、过去五年的历史性成就和历史性变革、中国特色社会主义进入新时代、中国社会主要矛盾的变化、两个一百年奋斗目标的战略部署、中国经济社会发展的重大战略部署、坚定不移推进全面从严治党等方面,对中共十九大精神进行系统全面的讲解和阐述,并就下一步抓好学习宣传贯彻提出明确要求。

14日 省建设厅总工程师火宏带领省政府考核组,先后深入县城市社区管委会安监站、滨河路社区、东街社区、县安监局、崇信新世纪商厦、新窑煤矿、锦屏镇安监站、魏家沟交通劝导站、魏家沟村、平头沟村,考核崇信县安全生产工作。市安监局局长柳志峰,县人大常委会副主任王德明,县政府副县长李宏峰陪同考核。

15 日 崇信县妇联联合县文明办在黄花乡黄花塬村举办全县妇联系统十九大精神宣讲暨“美丽庭院”创建示范户表彰大会活动。县委常委完新义、县人大常委会副主任刘志刚出席活动并作讲话。活动现场，对全县妇女学习十九大精神作了具体安排，表彰命名了“美丽庭院”创建活动评选出的 11 个示范村和黄花乡评选出的 20 户示范户。

是日 县政协九届八次常委会议召开。县政协主席刘志仓主持会议，县政协副主席吴黎昕、于炳林参加会议。县委副书记陈磊，县委常委、县政府副县长赵锋应邀出席会议。会议审议通过《关于召开政协崇信县第九届委员会第二次会议的决定（草案）》《政协崇信县第九届委员会第二次会议议程、日程（草案）》《政协崇信县第九届委员会常务委员会工作报告（草案）》《政协崇信县第九届委员会常务委员会关于九届一次会议以来提案工作情况的报告（草案）》，协商提出政协崇信县第九届委员会第二次会议秘书长和副秘书长建议名单（草案）、政协崇信县第九届委员会第二次会议大会执行主席建议名单（草案）、政协崇信县第九届委员会第二次会议提案审查委员会建议名单（草案），协商通过政协崇信县第九届委员会第二次会议提案审查工作暂行办法（草案），协商提出《常委会工作报告》《提案工作报告》和《提案审查情况报告》报告人建议名单（草案），审议通过会议主持人建议名单（草案）和大会参会人员范围（草案）。各常委就会议有关事项进行认真讨论，提出指导性意见建议。

16 日 全省 2017 年贫困县党委和政府扶贫开发工作成效考评（崇信县）对接会召开。省委农工办副巡视员黄明，省扶贫办考核评估处调研员化得巧，市政协副主席、市扶贫办党组书记禹文长出席会议。县委书记王锦，县委副书记、县政府县长张拴会，县委副书记陈磊，县人大常委会副主任王德明，县政府副县长信锦玲，县政协副主席吴黎昕参加会议。会上，化得巧宣读了甘肃省脱贫攻坚领导小组《关于做好全省 2017 年市县扶贫开发工作成效考核评估工作的通知》，传达省扶贫办主任任燕顺同志在全省考核评估部署培训会上的讲话精神；王锦作了表态发言。

17 日 县委副书记、县政府县长张拴会主持召开县政府第二十四次常务会议，学习《关于完善主体功能区战略和制度的若干意见》《关于印发习近平总书记关于进一步纠正“四风”、加强作风建设重要批示的通知》《关于建立资源环境承载能力监测预警长效机制的工作方案》，研究审议《政府工作报告（讨论稿）》《崇信县 2017 年国民经济和社会发展计划执行情况与 2018 年国民经济和社会发展计划（草案）的报告》《崇信县 2017 年财政预算执行情况及 2018 年财政预算（草案）的报告》《崇信县政府安全生产监督管理责任规定》及人事任免等有关事宜。会议还研究了其他事项。

是日 县委常委会召开会议，集中学习《中共中央办公厅印发习近平总书记关于进一步纠正“四风”、加强作风建设的重要批示的通知》《甘肃省安全生产“党政同责、一岗双责”制度实施细则》，传达学习全省2017年度市州党委书记抓基层党建工作述职评议大会、全市产业扶贫暨农村“三变”改革研讨交流会议精神，听取关于召开崇信县第十七届人民代表大会第二次会议和政协崇信县第九届委员会第二次会议筹备情况汇报，讨论审定提请崇信县第十七届人民代表大会第二次会议审议的“一府两院”《工作报告》及《崇信县2017年国民经济和社会发展计划执行情况与2018年国民经济和社会发展计划（草案）的报告》《崇信县2017年财政预算执行情况及2018年财政预算（草案）的报告》，听取了机关党建工作汇报，县委书记王锦主持会议并讲话。会议还研究了其他事项。

是日 县委常委会召开肃清王三运流毒和影响专题民主生活会。县委书记王锦主持会议并讲话。会议集中学习《中共甘肃省委关于坚决全面彻底肃清王三运流毒和影响进一步净化政治生态的意见》。与会人员一致表示，坚决拥护党中央给予王三运“双开”处分的决定。大家认为，中央对王三运的查处，深得党心民心，完全正确、非常及时，充分彰显了以习近平同志为核心的党中央深入推进全面从严治党的鲜明态度和坚决惩治腐败的坚强意志，充分体现了党中央对腐败零容忍、反腐败无禁区的坚定决心。会上，各常委坚持把自己摆进去，结合思想实际和分管领域的工作，深刻剖析了王三运严重违纪案件的性质和危害，认真查找了王三运流毒和影响的具体表现及根源，提出自身和分管领域整改的措施。县上领导张拴会、陈磊、冯建君、赵锋、梁济洲、王吉庆、完新义先后发言，张荣、张喜武作书面发言。县人大常委会主任章进录、县政协主席刘志仓列席会议。

18日 县政协九届九次常委会议召开。县政协主席刘志仓主持会议，县委副书记陈磊、县政府副县长何鹏举应邀出席会议，县政协副主席于炳林、吴黎昕、梁正军出席会议。会议审议通过《政协崇信县第九届委员会第二次会议日程（草案）》，大会讨论分组名单（草案），大会工作机构及工作人员名单（草案），张志仓辞去政协崇信县第九届委员会副主席、常务委员职务的有关事项，政协崇信县第九届委员会增补委员名单（草案），政协崇信县第九届委员会补选常务委员、副主席候选人建议名单（草案）；协商通过政协崇信县第九届委员会第二次会议选举办法（草案）。

是日 县十七届人大常委会第九次会议召开。县人大常委会主任章进录，县人大常委会副主任马改秀、王德明出席会议。县人大常委会副主任刘志刚主持会议。县委副书记陈磊，县委常委、县政府副县长赵锋，县法院院长张永，县检察院检察长刘海宇应邀列席会议。会议听取县十七届人民代表大会代表变动情况的报告；审查通过县十七届人民代表大会第二次会议议程（草案）；审查通过县十七届人民代表大会第二次会议列席范围（草案），县十七届人民代表大会第二次会议各代表团预备会议日程、大会预备会议日程、大会日程（草案）、主席团会议日程（草案），县十七届人民代表大会第二次会议议案截止日期和时间的决定（草案）、代表联名提出候选人截止日期和时间的决定（草案)，县十七届人民代表大会第二次会议主席团和秘书长名单(草案)、主席团常务主席名单(草案)、大会执行主席分组名单(草案)、副秘书长名单(草案)、总监票人、监票人名单(草案)、总计票人、计票人名单(草案)、议案审查委员会名单(草案)、计划预算审查委员会名单(草案)，县十七届人民代表大会第二次会议选举办法(草案)；审议通过了县人大常委会工作报告(草案)；依法进行人事任免，举行新任命人员宪法宣誓仪式。

是日 崇信县能源局正式挂牌成立。

19 日 全县农村“三变”改革推进工作会议召开。县委书记王锦主持会议并讲话，县委副书记、县长张拴会出席会议并讲话，县委副书记陈磊、县人大常委会副主任王德明、县政府副县长信锦玲、县政协副主席吴黎昕出席会议。会上，陈磊宣读《崇信县农村资源变资产资金变股金农民变股东改革工作实施方案》；锦屏镇、新窑镇、柏树镇、木林乡主要负责同志就如何推进“三变”改革工作作了汇报发言。

19—21 日 政协崇信县第九届委员会第二次会议在县政务中心召开。大会应到政协委员 104 名，实到政协委员 91 名，符合政协章程规定。县政协主席刘志仓代表政协崇信县第九届委员会常务委员会向大会报告县政协一年来的工作情况，提出 2018 年县政协工作指导思想和重点任务。县委书记王锦出席会议并讲话，县人大常委会主任章进录，县委副书记、县政府县长张拴会及全体县级领导，在崇市政协委员及历届县政协退休老领导应邀出席大会。各乡镇、县工业集中区、城市社区、县直及省市驻崇各单位、有关企业主要负责同志列席会议。大会还审议通过了政协崇信县第九届委员会第二次会议关于确认政协崇信县第九届委员会常务委员会同意张志仓辞职的决定；通过了政协崇信县第九届委员会第二次会议选举办法。大会选举黄新人为政协崇信县第九届委员会常务委员、副主席。会议听取了政协崇信县第九届委员会第二次会议提案情况和审查意见的报告；通过了《关于政协崇信县第九届委员会第二次会议政治决议》《关于政协崇信县第九届委员会常务委员会工作报告的决议》《关于政协崇信县第九届委员会常务委员会九届一次会议以来提案工作情况报告的决议》《关于政协崇信县第九届委员会第二次会议提案情况和审查意见报告的决议》；县政协主席刘志仓在闭幕式上作了讲话，圆满完成各项会议议程。

20 日 撤销崇信县新型农村合作医疗管理局，成立崇信县医疗和医保监管服务指导中心，科级全额拨款事业单位，隶属崇信县卫生和计划生育局管理，核定全额拨款事业编制 3 名，设主任 1 名。

是日 将崇信县医疗保险管理中心调整为科级全额拨款事业单位，隶属崇信县人力资源和社会保障局管理，核定全额拨款事业编制 7 名，设主任 1 名，副主任 1 名。

是日 撤销崇信县监察局，组建崇信县监察委员会。

20—22 日 崇信县第十七届人民代表大会第二次会议在县政务中心召开。会议应到代表 138 名，实到代表 124 名，符合法定人数。张拴会代表县人民政府向大会作《政府工作报告》;章进录代表县人大常委会作工作报告;张永作了县人民法院工作报告;刘海宇作了县人民检察院工作报告。会议还审议崇信县2017年国民经济和社会发展计划执行情况与2018年国民经济和社会发展计划(草案)的报告(书面),崇信县2017年财政预算执行情况与2018年财政预算(草案)的报告(书面)。表决通过本次大会选举办法(草案),依法选举冯建君为崇信县监察委员会主任;新当选的县监察委员会主任冯建君面向国旗进行了宪法宣誓;表决通过了议案审查委员会关于代表议案和意见、建议处理意见的报告(草案);表决通过了县政府、计划、财政、县人大常委会、法院、检察院6个工作报告的决议(草案)。县委书记王锦作了讲话,他指出,崇信县第十七届人民代表大会第二次会议高举中国特色社会主义伟大旗帜,认真贯彻落实中共十九大精神和习近平新时代中国特色社会主义思想,充分发扬民主,严格依法办事,开得非常成功,是一次民主团结、求真务实的大会,是一次提振信心、催人奋进的大会,是一次凝聚力量、共谋发展的大会。

21日 在北京举行的"2017年第五次农产品地理标志登记专家评审会"上,崇信县申报的"崇信芹菜""崇信苹果"顺利通过蔬菜组和果品组专家评审。"崇信芹菜"的种植历史可以追溯到明朝。民国《崇信县志》载,崇信芹菜"杆嫩茎空,高三尺余,为特殊蔬品,他县不如"。民间流传着"鸡的骨头羊的髓,芹菜荞面吃上美"的俗语。全县现种植"崇信芹菜"1.5万亩,年产量6万吨。"崇信苹果"从20世纪70年代开始种植,2002年崇信县被国家农业部列入西北黄土高原苹果优势产区核心区域,2007年崇信县生产的秋富1号苹果被中国果品流通协会认定为"中华名果";在2012年甘肃省名优苹果鉴评会上,选送的长富2号、秋富1号苹果获得了金奖,其中,长富2号位居全省金奖之首;在2016年上海亚洲果蔬产业博览会上,选送的苹果荣获第二届国际苹果PK大赛苹果皇后称号。全县苹果种植面积达14.1万亩,挂果园面积3.6万亩,果品产量达到3.3万吨,果品优果率达到70%以上。"崇信芹菜""崇信苹果"通过农产品地理标志登记评审,不但让崇信芹菜、苹果有了身份标志,更填补了全省芹菜地理标志登记空白,使全市地理标志登记工作实现了"零"的突破,为大力发展地方品牌奠定了良好基础。

22日 崇信县第七次残疾人代表大会召开,县委常委完新义,县政府副县长、残工委主任信锦玲出席会议,各乡镇、城市社区、工业集中区、各行各业、社会各界的90名正式代表和列席人员参加会议。会上,信永春代表残疾人联合会第六届主席团向大会作了工作报告,全面总结过去五年的残疾人工作。会议选举产生25名县残疾人联合会第七届主席团委员,并召开了第七届主席团第一次会议,一致表决通过,信锦玲为县残联第七届主席团主席;聘请县委常委完新义为县残联第七届主席团名誉主席;信永春为副主席、新一届执行理事会理事长;提名通过了执行理事会组成人员,会议还推选出8名出席平凉市第六次残疾人代表大会代表。

是日 县十七届人大常委会第十次会议召开。县人大常委会主任章进录，县委常委、组织部部长王吉庆，县人大常委会副主任马改秀、刘志刚出席会议。会议审查批准了县政府关于将崇信县2014—2017年棚户区改造五期项目政府购买服务费用纳入预算管理的报告，县政府关于实施2018—2020年棚户区改造一期项目的报告，县政府关于2017年县级财政收支预算调整及省级转贷政府性债券安排情况的报告；依法进行人事任免，新任命人员进行宪法宣誓。

是日 县人大常委会党组暨机关支部召开肃清王三运流毒和影响专题民主生活会。县人大常委会党组书记、主任章进录主持会议并讲话。会上，集中学习了《中共甘肃省委关于坚决全面彻底肃清王三运流毒和影响进一步净化政治生态的意见》；刘志刚、王德明、李文清作了发言，机关支部科级党员干部作了书面发言。章进录指出，常委会党组和机关党员干部要深刻认识王三运违纪问题的严重危害，坚决拥护党中央决定，主动对照剖析，深刻反思和汲取王三运案件的教训，紧密结合学习贯彻中共十九大精神，采取切实有效措施，认真全面进行整改。

是日 县政府党组召开肃清王三运流毒和影响专题民主生活会。县委副书记、县政府党组书记、县长张拴会主持会议并讲话。会上传达学习了《中央八项规定实施细则》和《中共甘肃省委关于坚决全面彻底肃清王三运流毒和影响进一步净化政治生态的意见》，赵锋、何鹏举、信锦玲、张振华紧扣会议主题，结合各自工作和思想、作风建设实际作了发言。大家一致认为，王三运的所做所为，完全背离了党的性质和宗旨，严重污染了我省政治生态，损害了党的事业，贻误了甘肃发展。大家一致表示，坚决拥护党中央给予王三运"双开"处分的决定。

23日 崇信县监察委员会挂牌成立，标志着全县深化国家监察体制改革试点工作迈出新步伐。县委书记王锦，县委常委、纪委书记、县监察委员会主任冯建君为县监察委员会揭牌。县人大常委会主任章进录，县委副书记、县政府县长张拴会，县政协主席刘志仓，县委副书记陈磊及县纪委监委全体干部职工参加揭牌。

25日 县政协党组暨机关支部召开肃清王三运流毒和影响专题民主生活会。县政协党组书记、主席刘志仓主持会议并讲话。会上传达学习了《中共甘肃省委关于坚决全面彻底肃清王三运流毒和影响进一步净化政治生态的意见》和习近平总书记关于进一步纠正"四风"、加强作风建设的重要批示精神，刘志仓、梁正军围绕会议主题，结合各自工作实际作了发言。大家一致认为，党中央对王三运的处分决定是完全正确的，充分彰显了以习近平同志为核心的党中央坚定不移惩治腐败的鲜明态度，体现了党推进党风廉政建设和反腐败斗争的强烈担当，表明了党依纪依规严肃惩治各种违纪行为零容忍全覆盖无禁区的坚强意志。大家一致表示，坚决拥护党中央的决定，坚决落实省市县委的决策部署。

是日 全县脱贫攻坚领导小组会议召

开。县委书记、县脱贫攻坚领导小组组长王锦主持会议并讲话。县委副书记、县政府县长、县脱贫攻坚领导小组组长张拴会出席会议并讲话。会上，县委农办、农牧局、财政局、金融办、卫计局、住建局、发改局、民政局主要负责人作了发言；陈磊通报了全县脱贫攻坚工作中存在的问题，安排部署问题整改工作；讨论审定《崇信县脱贫攻坚实施方案》。

26—27 日 省发改委以工代赈办主任科员柴鹏林一行，在市以工代赈办副主任杨帆、市以工代赈办科长周云陪同下，深入新窑镇赤城移民社区、黄花乡高年安置区、锦屏镇姚洼安置区，督查崇信县2016—2017年易地扶贫搬迁工程实施情况。县政府副县长何鹏举及相关部门负责人陪同督查。

27 日 将“县财经监督检查领导小组办公室”更名为“崇信县财政监督检查局”，科级全额拨款事业单位，核定全额拨款事业编制5名，设局长1名，副局长1名。更名后机构性质、经费形式、隶属关系不变。

是日 撤销中共崇信县委理论学习教育宣讲组，核销宣讲组组长领导职数1名（正科级），在中共崇信县委党校加挂中共崇信县委讲师组牌子，增加全额拨款事业编制2名，设组长1名（由县委党校常务副校长兼任），设专职副组长领导职数1名（副科级）。

是日 在崇信县劳动技能鉴定培训中心加挂崇信县公共实训管理服务中心牌子，增加全额拨款事业编制2名。

28 日 全县《习近平谈治国理政》第二卷学习宣传暨党委（党组）理论学习中心组学习经验交流会议召开，县委常委、宣传部部长张荣出席会议并讲话。会上，县委宣传部负责人对全县学习宣传《习近平谈治国理政》第二卷有关工作进行了安排部署。

29 日 县城集中供热工程100蒸吨锅炉烘炉点火成功，县委常委完新义，县人大常委会副主任王德明，县政府副县长何鹏举参加烘炉点火仪式。

是日 崇信县2018年庆元旦、迎新春“奥宸健身”杯环城赛成功举行。上午9点，在县体育场举办开赛仪式。共有参赛选手1000余人参加活动。

崇信县位于平凉市东部，东靠泾川、灵台两县，西与华亭县接壤，北连崆峒区，南与陕西省陇县毗邻，地处北纬35°1′—35°25′，东经106°50′—107°10′之间。总土地面积850平方公里，东西宽35公里，南北长41.5公里。全县辖4个镇2个乡1个县工业集中区管委会，1个城市社区管委会，79个行政村，410个合作社，总人口10.40万人。崇信县城驻锦屏镇，县城距平凉市58公里，距省会兰州420公里，距古城西安287公里，距咸阳机场280公里。宝(鸡)中(卫)铁路和省道泾(川)甘(谷)公路横贯全境，崇白路、崇大路等公路干线四通八达。

【历史沿革】 崇信县是先周、先秦发祥地之一，古丝绸之路要塞，是远古以来关陇文化交汇处。早在新石器时代，崇信就已有人类繁衍生息。周人先祖公刘定居芮鞫，发展农耕文化。夏为西戎故地，商为昆戎旧壤，周为芮鞫鲜原，春秋为义渠戎活动区域，秦始皇曾驻跸赤城，唐代名将陇右节度使、武康郡王李元谅在这里筑城屯军，取“尊崇信义”之意命名崇信城，“崇信”始见史册。崇信正式建县于北宋建隆四年（963年），距今有1000多年历史。1949年7月，崇信和平解放，成立崇信县人民政府，属甘肃行政公署平凉分区专员公署。1958年4月，崇信县并入华亭县，12月20日从华亭分出并入泾川县，1961年12月恢复崇信县人民政府，崇信县名相沿至今。

【地形地貌】 崇信县地貌复杂多样，山地、台地、高原、河川交错分布，属黄土高原丘陵沟壑区。地形呈西北高，东南低，海拔1085.4∽1728米之间，关山支脉—唐帽山、老爷山屹立于西北部。泾河支流—汭河、黑河、达溪河由西向东贯穿县境，形成狭窄的两塬三川各具特色的五大区域。其中北塬面包括黄寨、柏树两镇，塬面呈狭长形条带状由西北向东南延伸，地势较为平坦开阔。南塬包括木林、黄花两乡，塬面支离破碎，嵝岘甚多，起伏狭窄。汭河川区西起县工业集中区庙台村河谷到锦屏镇新集村河谷，全长约34公里，川区地势宽阔平坦，土质肥沃，水资源丰富。黑河川区西起新窑镇戚家川村孙家山社河谷到黄花乡高年村马家坪社河谷，全长19.5公里，坡度稍大，相对高差446米，土地宽广，土质肥沃，地下煤炭储量大，林草资源丰富。达溪河流域西起五举农场孟家庄河谷东到槐树底下河谷，全长9.5公里，河谷狭窄，地势起伏，水源充沛，植被丰茂。

【气候】 崇信县属暖温带半干旱大陆性气候区，四季分明。气候干燥，气温日较差大，光照充足，太阳辐射强。年平均气温11.1℃，比历年气温距平偏高0.8℃。年降水总量为519.8毫米，与历年值相比正常偏多2%。年日照总时数为2042.6小时，与历年相比偏少222.6小时。总的气候特点是：年平均气温偏高，降水、日照正常，但降水时段分布不均。出现大风、局地冰雹、雷暴、连阴雨等灾害天气。

【旅游】 崇信县旅游资源丰富、独具魅力，是陇东旅游线路上的重要支点。境内有国家AAAA级旅游区、省级风景名胜区、省级地质公园龙泉寺，有国家级文物保护单位武康王庙，有省级风景名胜区五龙山、省级森林公园唐帽山，有西周时期的古墓群和仰韶文化、齐家文化遗址及大量的唐文化遗迹，有革命烈士保至善纪念馆、王震、彭德怀等革命将领的驻足宿营地等革命遗址，还有被誉为华夏第一槐的关河古槐，渭河以北最大的佛教圣树娑罗树，奇特罕见的三义柏等古树名木。形成了以龙泉寺为中心，五龙山风景名胜区和唐帽山森林公园旅游区两大片区，以龙泉寺—于家湾古墓群为东线，以龙泉寺—五龙山为西线，以娑罗树—唐帽山为南线三大骨干线路，以观光休闲旅游、文化寻根旅游、古树名木旅游、科普探险旅游、风景名胜旅游、民俗风情旅游、红色革命旅游等七大特色旅游产品的旅游格局。

【资源】 崇信县人少地多，全县有耕地面积36.05万亩，人均3.6亩，具有发展现代农业的独特优势。水资源相对富集，泾河的主要支流汭河、黑河自西向东贯穿全境，年径流量近2亿立方米。县内矿产资源较为丰富，尤以煤炭资源占有重要地位，已探明储煤面积102平方公里，储量约18.8亿吨，属全省大型煤工业基地和全国100个重点产煤县之一，境内共有各类矿井11对，设计年生产能力1116万吨，核定年生产能力1206万吨，去产能后重新核定年生产能力1070万吨，其中生产矿井7户，在建矿井2户，停产整合2户，煤电化产业开发前景广阔，资源开发潜力巨大。县内西南山区天然次生林区植被良好，森林植被覆盖度达到了90%以上，有植被29科42属69种，境内野生动物共16目44科118种，全县森林覆盖率为34%。

【国民经济】 2017年，全县地区生产总值达到27.9亿元，同比增长5.2%；固定资产投资完成45.15亿元，同比下降28.1%；社会消费品零售总额达到8.83亿元，同比增长8.87%；全县大口径财政收入完成6.65亿元，同比增长22.6%，公共财政预算收入完成2.93亿元，同比增长14.5%。全县财政总支出11.96亿元，同比增长17.7%；城镇居民人均可支配收入和农村居民人均可支配收入30324元和7288元，比上年增长8.5%和8.5%。全年工业增加值完成9.42亿元，同比增长7.1%；规模以上工业增加值完成9.01亿元，同比增长7.5%。全年生产原煤571.46

万吨，同比下降3.3%，发电37.89亿度，同比下降1.4%。全县规模以上工业企业实现销售收入25.8亿元，比上年增长17.8%，实现利税总额5.9亿元，比上年下降439.9%。粮食产量达到4.80万吨，同比下降13.7%，蔬菜产量15.07万吨，同比增长11.3%，水果产量3.01万吨，同比下降11.2%。全县肉牛出栏5.30万头，生猪出栏3.52万头。全年累计接待各类游客129.6万人/次，同比增长22.4%，实现旅游综合收入6.4亿元，同比增长26.3%。

【社会发展】全县学龄儿童入学率达到100%，共有在校学生15588人，其中：幼儿园3584人（含小学附设幼儿班），小学6667人，初中2850人，高中1560人，职业学校927人。高考上线率达到98.2%（高职以上），本科以上37.2%。全年本科院校录取201人，独立院校录取68人。年末全县卫生机构数20个，床位数612张，卫生机构人员589人，医师189人，护士192人。乡村诊所88个，村医生74人，个体诊所、医务室49所。参加新型农村合作医疗人口7.8万人，参合率达到98.4%。全县有线电视频道达到183套，电视发射转播台1座，电视覆盖率为99.01%，广播覆盖率为99.11%。年末全县有文化产业法人单位43户，从业人员680人。全县有演艺公司5个，文化馆、博物馆和图书馆各1个，乡级文化站7个。全县金融机构各项存款37.99亿元，同比增长11.58%；全县贷款26.79亿元，同比增长12.3%。全县期末职工人数12793人，职工工资总额88001万元，比上年减少6.36%，平均工资68574元，比上年增长7.23%。全县失业保险参保2949人，城镇职工养老保险参保2348人，城镇居民基本养老保险参保57979人，工伤保险参保3569人，生育保险参保3590人；参加医疗保险共89283人，其中：职工5768人，城镇居民6559人，农村居民76956人。全县8809名困难群众享受农村低保，1859名城镇困难居民享受城市低保，五保供养人数318人。

中国共产党崇信县委员会

县委纪事

【重要决定】 2月6日，县委印发《关于进一步加强和改进领导班子思想政治建设的实施意见》，根据十八届六中全会和省、市有关要求，对加强全县各级领导班子思想政治建设从强化理论武装、严肃党内政治生活、严明党的政治纪律、从严管理监督干部、持续深入改进作风等方面提出明确具体要求。

4月7日，县委印发《关于进一步完善县委工作运行机制的办法》，从工作原则、领导分工、议事决策、工作协调以及配套制度等方面作出明确、系统、条理的规定，实现县委工作运行的科学化、制度化、规范化。

4月18日，县委、县政府印发《关于深入推进农业供给侧结构性改革加快培育农业农村发展新动能的实施意见》，实施意见坚持问题导向，聚焦瓶颈制约，对全县深入推进农业供给侧结构性改革、加快培育农业农村发展新动能进行战略性安排。

4月26日，县委印发《政协崇信县委员会界别协商办法》，从界别设置、协商内容、协商形式、协商构成、协商议题以及工作开展等方面作出详细、明确的规定，促进政协协商规范化和成果转化。

4月26日，县委印发《政协崇信县委员会委员履职工作规划》，对新形势下政协委员履行职责、开展工作、严肃纪律进行系统地阐述和规定，对健全政协制度、强化委员管理、提升履职实效具有重要意义。

6月1日，县委印发《关于深入推进意识形态工作责任制全面落实的实施意见》，对全县意识形态工作的重点任务和加强党的领导进行详细的部署，推进全县各级党委(党组)把意识形态工作责任落细落小、抓实见效。

6月14日，县委、县政府印发《关于构建和谐劳动关系的实施意见》，对全县构建和谐劳动关系明确指导思想、目标任务和保障措施，具体在保障职工权益、加强制度建设、推进民主管理、健全调处机制等方面进行详细规划、提出明确要求。

6月14日，县委、县政府印发《崇信县进一步贯彻落实习近平总书记“八个着力”重要指示精神实施方案》，明确全县贯彻落实习近平总书记“八个着力”重要指示精神的总体要求和基本原则，对全县经济社会发展各项工作进行详细规划和安排部署，并就组织保障工作提出明确要求。

6月20日，县委、县政府印发《“健康崇信2030”规划》，对推进全县人民健康与经济社会协调发展进行战略部署，根据《“健康中国2030”规划纲要》和省、市规划内容，结合全县实际制定本规划，作为未来15年健康崇信建设的行动纲领。

6月20日，县委、县政府印发《关于全面推进卫生与健康事业发展的实施意见》，对全县卫生与健康事业发展进行详细规划和明确要求，具体阐述推进卫生与健康工作的指导思想、基本原则、总体要求、重点任务和保障机制。

6月21日，县委印发《关于开展县委巡察工作的实施意见(试行)》，对开展县委巡察工作的总体要求、组织机构、工作职责、巡察对象、巡察内容、巡察方式、巡察程序、纪律保障等进行详细安排，明确任务、细化职责。

6月26日，县委、县政府印发《崇信县深入贯彻落实新发展理念的实施方案》，对全县深入推进创新发展、协调发展、绿色发展、开放发展、共享发展进行战略性安排，明确职责任务，根据省、市相关意见，结合全县实际，制定本实施方案。

7月17日，县委、县政府印发《关于进一步加强新形势下宗教工作的实施意见》，从统一思想认识、依法规范管理、实施综合治理、加强自身建设、完善工作机制等方面，对新形势下全县宗教工作进行详细规划和安排部署。

8月2日，县委、县政府印发《关于聚焦深度贫困村户打赢脱贫攻坚战的若干政策措施》，围绕全县聚焦深度贫困村户打赢脱贫攻坚战，提出牛果菜、劳务以及其他多元富民产业的惠民政策措施，推进补齐短板弱项，集中项目资金，整合帮扶力量，建立考核机制，凝聚全县脱贫攻坚合力。

8月2日，县委、县政府印发《关于抓好当前“三重”任务落实促进经济趋稳向好工作方案》，对加快推进重点项目落地、重大产业培育、重要政策落实进行全面部署安排，重点在产业培育、基础设施建设、供给侧结构性改革等方面明确重点任务和责任分工，根据《甘肃省关于抓好当前“三重”任务落实促进经济趋稳向好工作方案》，结合全县实际，特制定本方案。

8月9日，县委、县政府印发《崇信县生态环境保护工作责任规定》，从编制依据，执行范围、坚持原则进行明确规定，对县、乡党委和政府、法院和检察院以及部门主要领导、分管领导和其他领导承担的生态环境保护职责进行明确规定。

11月24日，县委印发《关于进一步加强政协工作推进人民政协协商民主建设的实施意见》，从贯彻落实新部署新要求、坚持政协协商原则、明确政协协商内容、规范政协协商形式、健全政协协商程序、加强政治协商制度建设等方面进行明确规定，推进政治协商民主规范化制度化发展。

11月28日，县委印发《中共崇信县委全委会工作规则》和《中共崇信县委常委会工作规则》，对县委全委会、县委常委会工作职责、组织原则、议事决策、纪律要求、监督工作等方面进行详细、明确规定，根据《中国共产党章程》《中国共产党地方委员会工作条例》等党内法规和市委《工作规则》，结合实际制定本规则。

12月19日，县委、县政府印发《崇信县农村资源变资产资金变股金农民变股东改革工作实施方案》，对全县农村“三变”改革工作进行详细安排和明确要求，具体实施分为三个阶段，按照“十步走”工作流程有序推进，推动产业转型升级步伐加快、农村集体经济持续增长。

【重要会议】 1月6日，在统办楼402会议室召开中共崇信县第十五届委员会第六次常委会议。会上传达学习中共甘肃省第十二届委员会第十九次全体会议暨省委经济工作会议、2016年度市州委书记抓基层党建工作述职评议大会、省委农村工作会和全省扶贫开发工作会议精神。会议审定《中国共产党甘肃省第十三次代表大会代表预备人选推荐名单》《崇信县法治政府建设实施方案（2016—2020）》《崇信县国家生态文明建设示范县规划（2016—2017）》。

1月21日，在统办楼402会议室召开以“学习贯彻党的十八届六中全会精神”为主题的2016年度县委常委班子民主生活会。省委第十三督导组成员、省纪委驻省工商局纪检组副组长余新立，市委常委、组织部部长狄生奎及市委第七督导组、市委组织部有关负责人出席指导会议。会上通报2015年度县委常委班子民主生活会整改情况和本次民主生活会准备情况，县委书记王锦代表县委常委班子作了对照检查，各常委都依次作了对照检查，并相互开展批评。狄生奎对崇信县委常委班子民主生活会给予充分肯定，并对加强领导班子思想政治建设和作风建设提出具体要求。

2月4日，在县统办楼402会议室召开中共崇信县第十五届委员会第七次常委会议。会上集中学习《党委（党组）讨论决定干部任免事项守则》，听取2016年度获得市级以上表彰奖励情况的汇报和县人大、县政府、县政协、县法院、县检察院党组关于2017年工作计划的汇报。会议审定召开县委十五届四次全委会暨县委经济工作会议有关事宜及《2016年度经济社会发展责任目标考核奖励意见》《中共崇信县委关于进一步加强和改进领导班子思想政治建设的实施意见》《崇信县2017年重大项目“三个一”包抓责任制实施方案》。

2月16日，在县统办楼402会议室召开中共崇信县第十五届委员会第八次常委会议。会上传达学习十八届中纪委七次全会、市纪委四届二次全会、《甘肃省脱贫攻坚领导小组办公室关于认真贯彻落实省委省政府领导重要批示精神的通知》、市委农村工作会暨全市扶贫开发工作会议、全市文学艺术界联合会第二次代表大会、全市文学艺术暨哲学社会科学工作者座谈会议精神。会议审定召开县纪委十五届二次全会有关事宜、召开县委农村工作会暨全县扶贫开发工作会议有关事宜及《2016年度乡镇（园区）人大工作目标考评结果的意见》《崇信县网民留言办理工作暂行办法(试行)》,研究干部有关事宜。

3 月 31 日—4 月 1 日，在县统办楼402 会议室召开中共崇信县第十五届委员会第九次常委会议。会上集中学习习近平总书记在中央政治局第三十九次集体学习时的讲话和在听取 2016 年省级党委和政府脱贫攻坚工作成效考核情况汇报会议上的讲话精神,传达学习市县党政主要领导干部学习贯彻中共十八届六中全会精神专题研讨班、省市组织部长会议、省市宣传思想工作会议等会议精神,听取全县第一季度安全生产工作情况汇报。会议审定《关于进一步完善县委工作运行机制的办法》《中共崇信县委中心组学习管理办法》《关于深入推进农业供给侧结构性改革加快培育农业农村发展新动能的实施意见》《政协崇信县委员会委员履职工作规则》《崇信县引进急需紧缺人才暂行办法》等事项。

4 月 27 日,在县统办楼 402 会议室召开中共崇信县第十五届委员会第十次常委会议。会上集中学习《中共中央关于部分纪检监察干部违纪案件及其教训警示的通报》《甘肃省推动全面从严治党主体责任落实督查办法（试行)》《甘肃省脱贫攻坚责任制实施办法》精神,传达学习全市落实中央环保督察反馈意见整改工作暨大气、水污染防治工作推进会议精神,听取全县环保突出问题整改情况汇报。会议审定《县人大常委会讨论决定重大事项暂行办法》及成立非公经济和社会组织党工委、撤销铜城工业园区党委等事项。

5 月 10 日,在县统办楼 402 会议室召开县委常委班子成员集体约谈会议。会上传达学习全市领导干部大会精神,并就围绕落实全面从严治党主体责任,集体约谈县委常委会班子成员。

5 月 12 日,在县统办楼 402 会议室召开中共崇信县第十五届委员会第十一次常委会议。会上传达学习中央第七环境保护督察组反馈意见和省委林铎书记表态讲话、省委林铎书记在省委常委会研究一季度全省经济形势和经济工作时的讲话、《市委办关于对崇信县 2016 年党风廉政建设考核情况反馈意见的通知》精神,听取一季度经济发展情况汇报、全县贯彻执行中央八项规定、省委“双十条”规定、市委“十二条”规定和县委“十条”规定情况的报告、关于运用国家开发性金融资金支持贫困村基础设施建设项目相关情况的汇报。会议审定《崇信县开展贯彻落实中央八项规定精神专项巡察工作方案》《中共崇信县委常委会 2017 年工作要点》《崇信县文化产业改革发展专项资金管理办法》《健康崇信“2030”规划》《崇信县乡镇(社区)、村(社区)妇联组织区域化建设改革工作实施方案》《崇信县领导干部自然资源资产离任审计工作实施意见》及崇信县2014—2017 年棚户区改造五期项目事宜等事项。

5 月 19 日,在县统办楼 402 会议室召开中共崇信县第十五届委员会第十二次常委会(扩大)会议。会议传达学习市委书记郭承录调研崇信时的讲话、市委意识形态工作暨全市推进“两学一做”学习教育常态化制度化工作会议和全市干部监督工作座谈会议、市政府第九次常务会议。

会议审定《县委深入推进意识形态工作责任制全面落实的实施意见》《崇信县推进“两学一做”学习教育常态化制度化的实施意见》《关于调整“两学一做”学习教育协调推进领导小组组成人员的意见》和《县级党员领导干部党建工作联系点的意见》。

6月1日，在县统办楼六楼会议室召开中共崇信县第十五届委员会第十三次常委会(扩大)会议，专题传达贯彻省十三次党代会精神和市委常委扩大会议精神。会议就围绕贯彻落实省第十三次党代会精神和做好当前经济工作进行安排部署。

6月17日，在县统办楼402会议室召开中共崇信县第十五届委员会第十四次常委会议。会上集中学习中共中央国务院《关于推进安全生产领域改革发展的意见》、林铎在中共甘肃省第十三届委员会第一次全体会议上的讲话、郭承录在中共平凉市四届第14次常委会会议上的讲话精神，听取参加中宣部第15期新任宣传部部长培训班学习体会汇报和前5个月全县安全生产工作情况汇报及安全生产巡查准备情况汇报。会议审定《崇信县中国特色社会主义理论体系研究中心建设实施方案》《关于加强中国特色新型智库建设的实施意见》《崇信县开展农村环境治理建设美丽乡村实施方案》《崇信县村级保洁员管理办法》《崇信县富民产业培育扶持办法》《崇信县深入贯彻落实新发展理念的实施方案》《崇信县深入推进城市执法体制改革改进城市管理工作实施方案》《2016年度县管领导班子和科级干部政绩考核结果的意见》，研究了干部退休有关事宜。

7月11日，在县统办楼402会议室召开中共崇信县第十五届委员会第十五次常委会议。会上集中学习林铎在全省祁连山自然保护区生态环境问题整改工作领导干部会议上的讲话精神，听取环保督察反馈意见整改落实、国家级生态文明建设示范县创建暨大气、水污染防治工作情况汇报；传达学习全省全域无垃圾现场推进会议精神，并研究贯彻意见。会议审定《关于表彰先进基层党组织优秀党组织书记优秀共产党员优秀党务工作者党员致富产业发展示范户的意见》《关于进一步加强新形势下宗教工作的实施意见》《关于推进供给侧结构性改革任务分解的意见》《崇信县加快补齐发展短板促进经济社会协调健康发展的实施意见》和县委常委工作分工，研究干部事宜。

8月1日，在县统办楼402会议室召开中共崇信县十五届委员会第十六次常委会议。会上传达学习习近平总书记在省部级主要领导干部“学习习近平总书记重要讲话精神，迎接党的十九大”专题研讨班开班式上的重要讲话精神和习近平总书记在深度贫困地区脱贫攻坚座谈会上的重要讲话精神。会议审定《崇信县精准扶贫精准脱贫突出问题整改方案》《关于调整加强全县脱贫攻坚帮扶工作力量的实施意见》《关于聚焦深度贫困村户打赢脱贫攻坚战的若干政策措施》《崇信县脱贫攻坚“七个一批”行业扶贫清单式管理落实方案》《崇信县乡镇（工业集中区、城市社区）人大工作目标考评办法》《关于抓好当前“三重”任务落实促进经济趋稳向好工作方案》《崇信县生态环境保护工作责任规定》《崇信县贯彻落实中央环保督察反馈意见整改方案》《深化供销合作社综合改革的实施方案》，研究干部退休等事宜。

8月10日，在县统办楼402会议室召开中共崇信县十五届委员会第十七次常委会议。会上集中学习《中共甘肃省委甘肃省人民政府关于推进安全生产领域改革发展的意见》，传达学习中共平凉市第四届委员会第四次全体会议精神。会议审定召开县委十五届六次全体会议有关事宜、全县基层党建工作推进会筹备方案、《县委关于实施党建统领“一强三创”行动的实施方案》《中共崇信县委2017年度政党协商计划》。

9月6日，在县统办楼402会议室召开中共崇信县十五届委员会第十八次常委会议。会上集中学习习近平总书记对信访工作的重要指示及《中共中央关于印发中国共产党党内功勋荣誉表彰条例的通知》《中共中央国务院关于印发国家功勋荣誉表彰条例的通知》《中共中央办公厅国务院办公厅印发关于深化教育体制机制改革的意见的通知》《中共中央办公厅印发被巡视党组织配合中央巡视规定的通知》《中共甘肃省委办公厅甘肃省人民政府办公厅关于认真学习贯彻习近平总书记重要指示精神全力以赴做好当前信访工作的通知》《市委防邪办关于深入学习贯彻习近平总书记重要批示精神全力做好崇信县反邪教工作的通知》和唐仁健在全省项目观摩督查活动总结大会上的讲话精神，传达学习了全省基层党建工作督查调研汇报座谈会、狄生奎在调研崇信县精准扶贫工作座谈会上的讲话精神。会议审定《“一业一策、一企一策、一事一议”工作方案》《中共崇信县委全面推进依法治县工作领导小组组成人员及专项工作组》《中共崇信县委全面推进依法治县工作领导小组工作规则》《中共崇信县委全面推进依法治县工作领导小组办公室工作细则》《中共崇信县委关于依法治县重要举措实施规划（2017—2020年）》《崇信县妥善处理处置非正常上访行为办法》和崇信县庆祝第三十三个教师节暨表彰奖励大会筹备方案。

10月9日，在统办楼402会议室召开中共崇信县第十五届委员会第十九次常委会(扩大)会议。会上集中学习《中共中央办公厅国务院办公厅关于印发打黑除恶工作机制规定的通知》《中共中央办公厅国务院办公厅印发关于进一步加强信访法治化建设的意见的通知》《市维稳工作领导小组关于印发省第九督查组督查平凉市各县区党政主要领导维稳工作责任情况的通知》，郭承录、杨军在调研全市政法系统工作座谈会上的讲话精神，听取鑫盛建材有限责任公司“7·20”机械伤害伤亡事故调查结果及处理意见的汇报。会议审定《关于调整崇信县党的十九大维稳安保工作总指挥部领导成员的通知》《关于调整充实崇信县党的十九大维稳安保工作定点督导组、面上巡查组等机构组成人员及工作职责的通知》。

10月14日，在县统办楼402会议室召开中共崇信县十五届委员会第二十次常委会议。会议集中学习习近平总书记关于群团改革工作的重要指示和刘云山在群团改革工作座谈会上的讲话,《中共中央办公厅关于印发党委(党组)网络安全工作责任制实施办法的通知》《中共中央办公厅国务院办公厅关于印发统计违纪违法责任人处分处理建议办法的通知》,习近平总书记、李克强总理对脱贫攻坚工作作出重要指示,林铎在深度贫困地区脱贫攻坚专题工作会议上的讲话,孙伟、宋亮在全省棚户区和农村危房改造现场推进会上的讲话,郭承录在全市非公经济发展座谈会上的讲话,市委群团改革工作推进会议精神;听取群团改革工作进展情况,棚户区和农村危房改造工作落实情况汇报,全市非公经济发展座谈会上非公经济人士代表意见建议办理情况的汇报。会议审定组建崇信县产业投资开发集团有限责任公司有关事宜和《崇信县关于加快特色优势产业发展和重大基础设施建设的实施方案》《崇信县关于推进安全生产领域改革发展的实施意见》《关于赴贵州六盘水市考察学习"三变"改革情况的报告》《崇信县县、乡残疾人联合会换届工作意见》《崇信县残疾人联合会换届工作方案》。

11月1日,在县统办楼六楼会议室召开中共崇信县第十五届委员会第二十一次常委会(扩大)会议。会上传达学习中共十九大和十九届一中全会、十八届七中全会及市委常委会(扩大)会议精神,安排部署全县学习宣传贯彻中共十九大精神和当前经济工作。

11月20日,在县统办楼402会议室召开中共崇信县第十五届委员会第二十二次常委会议。会上集中学习中共中央办公厅《关于五年来中央政治局贯彻执行中央八项规定并以此带动全党加强作风建设情况的报告》,传达学习全国、全省推开监察体制改革试点工作动员部署电视电话会议及省委副书记、省长唐仁健调研平凉市及崇信县工作时的主要讲话精神,听取五年来县委常委会贯彻执行中央"八项规定"并以此带动全县加强作风建设情况的报告。会议审定《中共崇信县委常委会工作规则》《中共崇信县委全委会工作规则》《关于市委常委、组织部部长狄生奎调研崇信基层党建工作现场指示要求的贯彻落实意见》《关于建立"四大班子"县级党员领导干部推进"两学一做"学习教育常态化制度化和实施党建统领"一强三创"行动联系点的意见》《关于崇信县城市管理行政执法局党组更名的意见》《崇信县深化监察体制改革试点工作小组名单》《崇信县深化监察体制改革试点工作方案》《崇信县学习贯彻党的十九大精神宣讲工作方案》《崇信县推动移风易俗树立文明乡风实施方案》《关于进一步加强政协工作推进人民政协协商民主建设的实施意见》《崇信县深化律师制度改革的实施意见》《关于推行法律顾问制度和公职律师公司律师制度的实施意见》等事项,研究干部有关事宜。

12月8日,在县统办楼402会议室召开中共崇信县第十五届委员会第二十三次常委会议。会上集中学习中共中央、国务院《关于完善主体功能区战略和制度的若干意见》、全市加快推进新型工业化工作会议、全市新型城镇化建设工作推进会议、全市金融工作(视频)会议等文件会议精神，听取《关于赴山西省洪洞县考察学习文化旅游产业情况的报告》等汇报。会议审定《中共崇信县委关于深入学习宣传贯彻党的十九大精神的实施意见》《崇信县农村“三变”改革工作实施方案》《关于进一步加强和改进全县离退休干部工作的实施意见》等事项，研究干部有关事宜。

12 月 17 日，在县统办楼 402 会议室召开中共崇信县第十五届委员会第二十四次常委会议。会议集中学习《中共中央办公厅印发习近平总书记关于进一步纠正“四风”、加强作风建设的重要批示的通知》《甘肃省安全生产“党政同责、一岗双责”制度实施细则》，传达学习全省 2017 年度市州党委书记抓基层党建工作述职评议大会、全市产业扶贫暨农村“三变”改革研讨交流会议精神，听取机关党建工作汇报、召开崇信县第十七届人民代表大会第二次会议和政协崇信县第九届委员会第二次会议筹备情况汇报。会议审定提请崇信县第十七届人民代表大会第二次会议审议的“一府两院”《工作报告》及《崇信县 2017 年国民经济和社会发展计划执行情况与 2018 年国民经济和社会发展计划(草案)的报告》《崇信县 2017 年财政预算执行情况及 2018 年财政预算(草案)的报告》等事项。

县委办公室

【概况】中共崇信县委办公室是县委综合协调办事机构，主要承担县委的公文处理、会议筹办、事务处理等工作。中共崇信县委全面深化改革领导小组办公室，设在县委办公室，两块牌子，一套班子。内设机构 3 个，分别为县委保密委员会办公室(县国家保密局)、县委机要局(县国家密码管理局)、秘书科。下属单位 2 个，分别为崇信县接待办公室、崇信县网络安全和信息化工作办公室。归口管理单位 1 个，为中共崇信县委政策研究室。共有干部职工 37 人。

【以文辅政】坚持高效、优质、创新原则，紧扣领导思路、政策法规、上级决策部署和县情实际，深入挖掘提炼推进县委中心工作的措施和办法。对各类讲话、汇报等文稿，先由归口秘书起草，依次由相关科长、分管副主任、主任审核把关，切实提高材料的思想性、针对性和实效性。探索建立重要文稿提前介入、综合材料集体讨论、精品文稿学习交流机制，确保文稿内容充分贯彻上级党委精神、体现县委意图。年内，共起草各类领导讲话、汇报材料 300 多篇。全面落实全员报送制度，采取规定篇目约信息、深入基层挖信息、紧扣新闻抓信息等报送方式，鼓励文秘人员及时撰写上报一批内容新颖、工作创新、能够反映基层工作动态和典型经验的好信息。安排专人负责重大紧急信息整理上报工作，确保重大突发事件上报及时高效准确。健全完善信息奖惩激励机制，实行周统计、月评比、年终考核兑现奖罚，激发秘书报送信息的积极性和主动性。年内，共向省、市报送各类信息 770 多条，信息工作获得“全市党委系统信息工作先进单位”荣誉称号。贯彻落实《关于进一步规范公文处理工作的实施细则》，狠抓文件拟办、传递、签发、归档等环节，严把政策关、文字关、格式关、校对关，全力做好来文收、批、转、发、传、办等工作，起草办理各级各类文件500多份，提高办文质量。抓好规范性文件备案工作，及时向市委办报备规范性文件44份。

【综合协调】 充分发挥办公室联系左右、沟通上下的桥梁和纽带作用，严格落实秘书跟随领导下乡、联系分口部门制度，及时向领导汇报情况、请示工作，协调领导安排的重大活动。加强与人大、政府、政协办公室的协作配合，对县上"四大班子"的重大决策部署和需要协调的问题及时沟通，保证信息畅通、工作有序。加强与乡镇、工业集中区、部门之间的衔接，主动掌握工作动态，做到事前勤沟通、事后多反馈，确保工作衔接紧密、高效运转。高度重视重要活动、重要会议组织安排和服务工作，认真做好会场布置、座签摆放和音响调试等会务保障工作，先后筹办各类会议100多次，承办省、市督查、检查80多次。

【深化改革】 围绕中央和省、市全面深化改革部署要求，经常性组织召开县委全面深化改革领导小组会、县委常委会等会议，传达学习贯彻上级会议精神，研究制定各项改革政策措施，破解深层次矛盾和体制机制障碍，推动经济、政治、文化、社会、生态和党的建设各项改革有序推进。定期开展专题调研，深入乡村、企业等基层工作一线，掌握基层意见和建议，找准改革实施的关键难点，结合实际制定《改革工作要点》，指导各牵头部门有序推进改革任务落实。定期听取专题汇报，研究解决面临的困难和问题，审议重要改革方案，安排部署阶段性改革任务，形成重点工作专题安排、常规工作随时调度的工作机制。定期开展集中督察，积极发现和解决改革落实中的重难点问题，督促改革任务落实，确保改革有序推进，巩固提升改革成效。年内调整充实领导小组构成，将原社会体制改革专项小组分设为社会事业领域改革专项小组和司法体制改革专项小组2个小组，并对部分组成人员进行调整。及时总结宣传推广改革亮点典型，上报改革案例和信息38条，调研文章2篇，媒体宣传63次，为改革顺利推进营造了浓厚氛围。

【调查研究】 围绕脱贫攻坚、产业开发、民生改善和群众反映强烈的热点难点问题，深入思考、主动作为，创新思路、加强研究，不断探索新情况，发现新问题，谋划新举措，切实增强调查研究的前瞻性、针对性、实效性，有效发挥为县委决策和领导服务的参谋助手作用。精心组织开展调研3次，形成高质量调研报告20多篇，其中撰写的《深入学习贯彻党的十九大精神加快建设活力创新法治美丽幸福新崇信》《聚焦全面小康发展县域经济加快建设活力创新法治美丽幸福新崇信》《关于深化农村改革推进土地确权工作的思考》等5篇调研文章分别在省市刊物刊登。积极参与环境保护、固定资产投资、项目建设等重点工作的政策配套工作，印发《激发非公经济活力助推县域经济发展》《深入贯彻党的十九大精神坚决打赢脱贫攻坚战》等县委《调查研究》8 期，为县委决策提供准确可靠的依据。

【督查工作】围绕县委重大决策、领导批示、网络舆情等工作，加大督查力度，改进督查方式，完善督查机制，推动县委各项决策落地生根。对县十五届四次全委会暨县委经济工作会议、县委农村工作会暨全县扶贫开发工作会议精神等重点任务进行细化分解，通过现场督办、电话催办、文件转办等多种方式，跟踪督促落实。对群众来信来访反映的问题及网站留言开展专项督办，全年共协调处理各类信访问题100 多起，回复网站留言 260 多条。坚持对列入年度典型培育计划的市县列典型实行动态监管，建立督查任务登记册，落实承办主体，归口负责办理，按月统计上报进度，按季度定期进行现场督查。实行领导交办事项首问责任制、限期办理制，对领导批示和安排的事项逐件造册登记，及时全程跟踪督办，按季度统计反馈，确保领导的每一个指示落到实处。深入一线了解情况，把有特色、有创新、有经验的先进典型，实事求是地向县委进行汇报，并及时上报市督查考核局。对工作中存在的问题，查明原因，有针对性地提出解决对策和建议。对工作进展缓慢的有关单位，及时下发工作通报，督促任务落实。

【后勤保障】坚持把后勤服务作为县委工作高效运转的重要保障，修订完善会务组织、车辆管理、卫生清扫等制度，做到责任明确、管理规范、服务到位。牢固树立“接待工作无小事”的理念，所有接待均按规定标准制定方案，没有发生超标准接待和铺张浪费现象。实行文件印刷签批制、日常采购签单审批制，周发生周报销，定期公布财务收支情况，主动接受社会监督。实行财务会签和副职分管财务制度，重大开支坚持会议集体讨论决定，由经手人签字、副职审核、主任审签。严格落实车辆要求，公务用车统一在平台签单领取，坚决杜绝公车私用、公车私驾等现象，确保用车安全。

【机要保密】以开展密码工作精细化管理为抓手，全力以赴抓教育、强管理，夯基础、强保障，提升密码通信和服务保障能力，机要密码工作获得“全市党委系统机要密码工作先进单位”荣誉称号。认真贯彻落实中央关于加强和改进保密工作的意见和省市委实施意见，严格落实保密工作责任，扎实开展保密宣传教育和保密安全检查，全县无失泄密事件发生。

【精准帮扶】修订完善《西刘村脱贫攻坚帮扶规划（2017—2020）》《西刘村 2017 年度脱贫攻坚帮扶计划》，制定个人帮扶工作计划，明确西刘村经济社会发展的远景规划和近期目标。累计筹措资金 1 万元，为贫困群众购买化肥 26 袋，大米 13 袋，电视机 4 台，为村上购置桌椅 39 套。扶持建办西刘养殖小区 1 处，发展 3 头以上养殖大户 15 户，其中贫困户 3 户，带动全村饲养肉牛 214 头。积极衔接林业部门提供苗木和技术指导，新植核桃园 200 亩，栽植核桃苗木 8400 株，核桃种植总面积达到1100亩。积极提供劳务信息，输转劳动力122人，其中贫困户87人，实现劳务收入200多万元。开展矛盾纠纷集中排查化解活动，先后排查调处土地流转、老人赡养等方面的矛盾纠纷8起，解决群众反映的突出问题5件。积极衔接相关部门，整合各类项目资金，实施易地扶贫搬迁27户，改造危房144户，硬化道路2.7公里，砂化道路5公里，铺油改造道路6.5公里，建成便民桥2座、垃圾台5个，建成村文化广场和乡村舞台各1处。结合全域无垃圾治理行动，清理柴草堆、粪土堆、垃圾堆10多处，拆除危房5户，改善群众生产生活条件。

领导名录

书　记　王　锦

副书记　张拴会　陈　磊

常　委　冯建君　赵　锋　梁济洲　张　荣　王吉庆　完新义　张喜武

办公室主任　王正权

副主任　王　斌　刘小鹏（7月止）　朱鸿鹏（7月任）　张小龙

保密委员会办公室（县国家保密局）

主任（局长）　王正权（兼）

副主任（副局长）　陈浩文

机要局（县国家密码管理局）局长

刘小鹏（兼）（7月止）

王　斌（兼）（7月任）

副局长　黄　欣（11月止）

秘书科科长　黄保军

全面深化改革领导小组办公室专职

副主任　岳　炜

接待办公室主任　张小龙（兼）

副主任　杨胜昔　李　斌

政策研究室主任

朱鸿鹏（兼）（7月任）

副主任　朱小刚（11月任）

网络安全和信息化

【概况】崇信县网络安全和信息化工作办公室，属科级全额拨款事业单位，隶属县委办公室管理。有干部职工8人。

【启动实施智慧城市建设】　制定《崇信县智慧城市建设工作方案》，对全县基础地理空间数据库、公共地理信息服务平台、“数字崇信”三维地理信息系统，以及教育云平台、路灯智能化建设等现有的信息系统进行摸底。召开智慧城管系统演示工作会，对智慧城管系统进行初选。已完成三维建模基础数据的采集、指挥中心的选址等工作。

【无纸化办公】积极在全县各单位推进移动办公，实现网上公文批办、会议通知、请销假等应用，逐步拓展信息报送、值班管理、政务督查、电子档案等模块，通过培训推广，全县87个单位实现政务及日常事务管理的电子化、无纸化和移动化。年内全县外部分发公文45285份，收文50949份；内部收文50391份；审批302条，公告190条。

【电信普遍服务】电信普遍服务试点工作开展以来，不断加快村级光纤宽带网络升级改造，并配套农村宽带专属套餐和机顶盒、光猫终端补贴等优惠政策，彻底解决农村信息传输的“最后一公里”的问题，实现全县79个行政村通光纤全覆盖。县电信普遍服务通过省、市验收。

【网上舆情监测】采取系统监测和人工搜索相结合的方式，24小时对全县网络媒体及涉崇信息进行全面监控。年内共发现涉崇重大网上负面舆情3期，通过及时管控处理，没有造成重大影响。定期制作《网络舆情参阅》46期，并及时报送县委、政府领导。

【网络媒体管理】坚持依法管网用网，认真贯彻落实互联网信息服务管理办法、微信十条、九不准、七条底线等互联网法律法规、政策文件等。在全县范围内开展网络媒体摸底排查，对全县公职人员QQ、微信、微博账号进行登记，联合县公安局网安大队对属地网站进行专项检查，并签订《互联网信息服务安全责任承诺书》，为网络媒体监管奠定基础。多次召开全县新媒体管理工作座谈会议，组织涉崇网站负责人和自媒体管理员系统学习互联网相关法律法规；依法依规对县域内自媒体进行约谈，年内通过电话对涉崇微信公众号管理员约谈6次。

【网评工作】实施“十百千万”网军队伍建设工程，制定《崇信县关于进一步加强网军队伍建设的实施意见》，按照分类建设、分级管理的总体思路，构建由各级党组织负责抓总，县网信办牵头统筹，其他部门齐抓共管的网军队伍管理体系，其中一般网评员189名，核心网评员96名，提升网络舆论引导能力。召开全县网络舆论引导工作人员培训会，对全县网评员进行专题培训。年内共组织完成省、市下达网评任务200余次，自设命题评论6次。

【网民留言办理】印发《崇信县网民留言办理工作办法(试行)》，按照“统一收集、统一整理、属地管理、统一答复”的原则，及时对涉崇网上留言进行搜集、整理、汇总，并积极督促各单位开展各类留言办理回复工作。年内共收到网民留言611条，办理回复590条，办结率96.6%。

【门户网站改版迁建】按照省、市关于网站集约化建设要求，对照全国政府网站测评县级指标体系，采用全市统一网站建设平台，对崇信门户网站进行改版迁建，新版门户网站9月正式上线运行。

【网络宣传】在县门户网站开设“十九大时光”及市、县党代会精神、县委经济工作会议精神、创建国家生态文明建设示范县等重大活动网站专栏，为宣传推介崇信发挥很好的宣传作用。在第十五届(2017)中国优秀政务平台推荐及综合影响力评估总结暨首届中国智慧政府“互联网+政务服务”创新发展大会上，“甘肃·崇信”门户网站荣获2016年度“中国政务网站优秀奖”荣誉称号。充分利用网络新媒体平台的互动传播优势，积极策划组织网上主题宣传，应用H5、现场云直播等多种形式，创新宣传手段。举办“爱崇信·聚人气”手机随手拍、“激情夏日·舞动崇信”最具人气舞队网络投票活动，广大网民积极参与；在甘肃崇信·汭龙风情·首届民俗美食文化节、第二届“山水龙泉·养生崇信”文化旅游节、崇信县汭龙风情文化旅游高峰论坛期间，衔接邀请市内各网络媒体，对节会进行集中宣传报道，通过“崇信发布”微博、微信对节会的盛况进行网络图文直播；“崇信红牛”赛牛大会期间，利用新华网现场云，对大会进行现场直播，点击量达5.27万人次。“崇信发布”微信公众平台共发布信息328期1625条，浏览和转发数达到20多万人（次），新华社党政客户端“掌上崇信”共发布信息400余条。

领导名录

主　任　李红梅（1月止）
　　　　秦　岭（1月任）
副主任　田　力
　　　　朱小刚（11月止）
　　　　王安定（11月任）

组　织

【概况】 中共崇信县委组织部内设党代表联络办公室；下设人才工作办公室和县农村党员干部现代远程教育工作办公室（党员电化教育工作站）。有干部职工16人。

【“两学一做”学习教育】 及时调整县委协调推进领导小组，印发《中共崇信县委关于推进“两学一做”学习教育常态化制度化实施意见》和机关、企业、社区、教育、卫生5个行业指导意见。安排7个督导小组开展集中督导3轮，通报存在问题单位28个，推动学、做、改、抓一起落实。各基层党组织普遍采取制定计划定期学、推荐学习书目指导学、专题党课辅导学、组织培训集中阿学、利用网络交流学、干学结合实践学、配发“掌中宝”随身学“七学”模式，组织党员系统学习准则条例、深入学习十九大报告、习近平新时代中国特色社会主义思想，依托保至善烈士纪念馆开展理想信念教育54批8100多人（次），利用QQ、微信等为流动党员推送学习资料2800余条，组织“学青年习近平、做青春筑梦人”主题读书分享会16场，配发“掌中宝”2000台，党员参学覆盖率达到100%，树牢广大党员干部“四个意识”。各基层党组织充分发挥主体作用，组织开展“主题党日”“七百一千”“五岗同创”等活动，严格落实“三会一课”、民主评议党员等制度，党员县级领导干部、支部书记集中讲党课490多场（次），表彰党员先进个人73名，组织在职党员进社区集中开展志愿服务7场2400多人（次），在农村确定“致富带富岗”1100个、社区确定“和谐共建岗”150个，在机关事业单位确定“敬业奉献岗”“优质服务岗”1860个，在企业、社会组织确定“生产先锋岗”116个，形成立足岗位抓落实、争先进、树形象的浓厚氛围。聚焦严肃党内政治生活、补齐基层党建短板制约抓、民计民生、巡视反馈问题抓整改。2016年度领导班子民主生活会和专题组织生活上查摆的突出问题已全部整改；推广应用《党员日常教育管理监督手册》，深化党费收缴专项检查、党组织换届等基层党建七项重点工作，108个任期届满党组织按期完成换届，整顿软弱涣散党组织14个。

【领导班子思想政治建设】严格落实党委(党组)中心组学习、党员干部在线学习等制度,采取单位集体学、专题研讨学等“六学”模式,深入系统学习中共十九大、新修订《中国共产党章程》和习近平总书记系列重要讲话精神,以及省、市、县党代会精神,教育引导各级领导班子和领导干部坚定“四个自信”,树牢“四个意识”。认真贯彻《2014年—2018年全县党员干部教育培训规划》,紧扣实施“五大战略”、提升“五大产业”等中心任务,全力抓好领导干部能力培训、党务干部业务培训、专业干部技能提升培训和精准扶贫专项培训等重点培训任务的落实。年内,共举办科级干部轮训班、党组织书记培训班等主体班次36期4100人(次);举办县委讲堂3期1200人(次),收看富民兴陇讲座12期1880人次;选派82人参加省市组织的培训班;支持乡镇(园区)和部门单位自主办班90多期,各级各类培训达到1.2万人(次)。依托保至善烈士纪念馆党性教育实训基地,先后组织县委委员和各级党员干部3000多人(次)开展以瞻仰革命先烈为主题的党性教育活动;积极探索创新学习方式方法,对60岁以上的农民党员、流动党员和老党员,采取远程教育视频学、“智慧党建”云平台自主学、“掌中宝”送学和微信、QQ交流学等多种方式开展学习培训,扩大覆盖面,提升学习效果。

【领导班子和干部队伍建设】建立县管领导班子和科级干部队伍综合分析研判机制,经常性对领导班子运行情况和科级干部履职情况进行分析研判;研究制定《崇信县党政领导班子交流工作办法(审议稿)》和《崇信县党政领导干部生态环境损害责任追究实施办法(审议稿)》;制定县管干部提拔使用前听取纪检、法院、检察院、公安、卫计、信访6个部门意见的办法,建立机关事业单位工作人员被采取强制措施后报备机制,不断细化完善干部选任全程纪实机制,明确干部选任各环节的主体责任。出台完善《加强领导班子思想政治建设的意见》《〈崇信县县管领导班子和领导干部平时考核办法〉等5个办法》《崇信县领导班子和领导干部精准扶贫精准脱贫工作实绩考核办法》,为县委考准用准干部、精准选人用人提供科学依据。对全县83个领导班子、704名科级干部2016年政绩工作进行考核,评定优秀班子29个,良好班子52个,一般班子2个;评定优秀等次干部109名,称职等次干部593名,不定等次干部2名。年内,结合体制改革和工作需要,县委研究干部4次244名,其中提拔71名,平职转任重要职务16名,因机构改革和工作需要平职交流154名,非领导职务转任同级领导职务3名。对6名因健康原因不适宜担任现职和21名掌握重要人财物的“一把手”岗位干部进行调整交流,对在同一职位任职满5年的15名科级干部进行轮岗交流。通过“三结合”方式共新补充后备干部85人(正科34人,副科51人),其中女干部20人,非中共党员干部23人,少数民族干部2人,储备一支素质优良、结构合理的后备干部队伍,对15名民意不集中、任职资格审查不过关的干部取消后备资格。严格落实“两核查”制度和《党委(党组)讨论决定干部任免事项守则》等规定，对90名新提拔、平转重、虚转实干部开展“三龄两历一身份”核查。年内，共对6名被给予纪律处分、11名被诫勉谈话的干部按规定评定年度考核结果。充分发挥干部监督联席会作用，强化监督信息资源共享共用，对新提拔、平转重、虚转实干部和新推荐后备干部、县委招考人选均征求纪检监察、公安、计生等部门意见。先后对21名科级干部进行离任经济责任审计，对18名“一把手”离任时的重要工作、重点项目、财务、人事、重大信访和社会稳定等事项进行清理交接。严格落实干部请销假、考勤考核、岗位责任制、谈心谈话等制度，督促各单位积极履行干部管理职责和主要领导“第一责任人”职责，加强干部“八小时外”监管。认真落实公务员培训、职务与职级并行、休假等制度规定，努力提高公务员队伍能力素质，激发公务员队伍活力；稳步推进法官、检察官公务员分类管理改革；协同人社部门新招录公务员3名，从优秀村干部中招录乡镇机关公务员1名，为县委党群机关补充机关工作人员23名，改善干部队伍结构。严格按照从严管理干部人事档案相关工作要求，及时抽组人员对干部人事档案专项审核工作进行回头看，共对76宗“三龄两历一身份”认定不准的干部人事档案进行重新签字确认，对32宗最早材料出生年月涂改的干部人事档案进行调查核实。

【基层党建工作】 对照“三个责任”要求，汇报县委制定县级党员干部履行“一岗双责”工作措施和计划，建立党员领导干部“一强三创”行动联系点和“三联三包”工作责任机制，逐级签订目标管理责任书，明确职责任务和目标要求。对照年度基层党建重点任务，分领域制定抓党建任务、问题、责任清单，建立并落实平时考核、督查观摩考核、述职评议考核排位制度，建立党(工)委书记和支部书记抓党建“五个一”“三个一”责任清单，构建层级明晰、职责明确的党建责任机制。紧盯《实施党建统领“一强三创”行动具体落实方案》及配套制定的7个指导性文件精神落实情况，组织开展集中督查调研和典型工作观摩督查活动各2次，通报问题40多个，约谈党组织书记8人，推动抓党建主体责任落实。坚持把选优配强村“两委”班子作为实现全面小康的战略性、基础性工程来抓，圆满完成村“两委”换届选举任务，824名村“两委”成员中，致富能手332名，占40.3%，专业合作社负责人41名，增强村级组织致富带富能力。同时，创新基层民主治理机制，健全完善村务监督委员会运行制度，推行村级班子任期目标管理责任制和党务村务公开制度，建立“小微权力清单”，促进村“两委”规范化运转。制定出台《关于加强“三个带头人”队伍建设的具体意见》，从教育培训、产业扶持、项目支持、政策激励等方面，明确培养措施和帮带计划。全县摸底登记农村党组织书记致富带头人66名、党员致富带头人273名、群众致富带头人673名。通过建立“1+N”结对培养帮带机制，乡镇领导干部每人联系1名村党组织书记致富带头人、2名党员致富带头人、3名群众致富带头人，结对进行培养，涌现出黄花乡凉水泉村党组织带头人袁占梅、木林乡崖窑村党组织带头人王志锋等先进典型。全面推广“党组织+”党建扶贫模式和“四链富民”成功做法，加快党的组织向专业合作社、产业基地等新型经营主体覆盖，打破村域界线，成立黄花油用牡丹联村党总支、赤城联村党总支等15个产业扶贫型党组织，组建党员便民服务队12个，建成贫困村电子商务服务点14个。探索“党建+企业+农户”扶贫机制，注册成立崇信县农业产业投资开发有限责任公司和红牛产业开发服务有限责任公司、林果产业开发有限责任公司、蔬菜产业开发有限责任公司3个子公司，同步成立党组织，引领群众发展牛、果、菜富民增收产业，助力脱贫攻坚。以“汭水先锋”党建总品牌为统领，聚焦脱贫攻坚、全域旅游、智慧城市等经济社会发展重点任务，各党(工)委结合行业性质和工作特点，制定党建品牌创建工作方案，分行业、分领域明确品牌创建理念、方向和标准，抓建锦屏镇东庄村抓党建助推现代农业发展，新窑镇西刘村、黄寨镇白新庄村抓党建促脱贫攻坚，县二中抓党建促教学，东街社区“七上门”服务活动等67个党建综合示范典型。全面接入全省智慧党建“云平台”，建成30个村的智慧党建信息管理平台，“一委一号”“一支一群”实现全覆盖，提升党建信息化水平。对各党(工)委通过倒序排位确定的14个软弱涣散党组织，分类建立台账管理，针对不同情况，分别制定整顿转化方案，明确整改目标、责任和措施，并建立党员县级领导干部包抓、党(工)委书记主抓、联系责任领导直抓、党建领导小组成员单位协抓、帮扶单位联抓“五方联动”机制，提升整顿效果，已全部转化提升。同时，对2016年整顿转化的14个软弱涣散党组织开展民意调查，及时检验评估整顿成效，巩固提升整顿成果。在机关，采取随机抽查、现场指导、交叉检查、限期整改、责令召开民主生活会等措施，督促各党支部规范落实“三会一课”、“主题党日”、组织生活会等基本制度，加强党员干部政治纪律和政治规矩教育，强化组织观念；在城市社区，以党建带动基层治理创新为抓手，以“民情流水线”工程为载体，全面推行网格化管理，开展社区党员“七上门”服务活动，培育3个“三有一化”示范社区；在学校，全面贯彻执行《关于加强全县中小学校党建工作的实施意见》精神，深入开展“双培双促”活动，抓党建促教学取得新成效；在医院，广泛开展“三好一满意”医疗单位创建活动，设置党员责任岗、党员服务区，形成业务工作与党建工作互促共进的良好机制；在非公企业和社会组织，成立非公经济和社会组织党工委，实施“两个覆盖”百日集中攻坚行动，非公企业和社会组织党组织覆盖率分别达到72%、76%；在国有企业，制定印发《关于加强和改进国有企业党建工作的实施方案》《崇信县国有企业党组织工作活动基本规范》，指导企业把党建工作总体要求写入公司章程，并推行党组织书记、董事长“一肩挑”，党组织覆盖率达到90%，国有企业党的建设持续加强。持续加大财政投入，将党员教育培训、离任村干部生活补助、村务监督委员会主任报酬、村支书体检等经费全额纳入财政预算,村、社干部年报酬标准分别提高到1.8万元、0.54万元,村级运转经费9万元以上。调整充实工业集中区、城市社区党工委领导班子,配备城市社区党建办主任和副科级社区党支部书记各1名。实施村级组织活动场所和标准化示范社区建设项目11个,5个村部已建成投入使用并同步建立党员群众服务站,5个村部和1个社区完成主体工程,维修村部8个。积极推行项目扶持增益、流转土地增收、租赁闲置资产增效、建办合作组织服务增收等模式,大力发展村级集体经济,12个村实施村级集体经济发展扶持试点项目,42个村有了集体收入,占行政村总数的53.1%。认真落实"四个一线"和"五个一批"的要求,把精准扶贫精准脱贫第一线作为培养锻炼干部的"大课堂",选派缺乏基层工作经历的13名科级干部和20名一般干部到贫困村任职(挂职)锻炼,选派70多名有发展潜力的优秀年轻干部到重点建设项目、艰苦工作岗位和基层生产一线担当重任,经受锻炼,激发干部队伍的活力。坚持干部交流轮岗制度,加大县乡之间、乡镇之间、部门之间干部交流力度,调整交流干部84名,丰富工作经验,提高综合服务能力。建立党员领导干部联系指导党支部组织生活会制度和"三会一课"全程纪实痕迹化管理制度,全面推行党员主题学习日、主题活动日、集中议事日"每月三日"活动,解决一些单位党的组织生活不经常、不规范的问题。全面推行党(工)委书记抓党员"四卡"管理模式,区分农村、社区、机关事业单位、企业、社会组织等类型,制定合格党员指数考评标准,通过《党员日常教育管理监督手册》进行纪实管理,促进党员按月缴纳党费、定期参加组织生活。加大从专业技术人员、优秀青年、产业致富带头人、未就业高校毕业生等群体中发展党员,新发展党员125人。全面完成党组织和党员基本信息采集录入工作。深入开展"明察暗访督查年""三纠三促""六查"等活动,约谈存在不积极作为、重点工作进展缓慢等问题的单位负责人45人;健全完善党员直接联系服务群众制度,党员干部联系贫困村、贫困户基本实现全覆盖;加强县、乡、村三级服务体系建设,在79个村和5个社区建成党员群众服务站,促进党员干部作风进一步好转。加大专项整改力度述职评议会查摆点评的问题以及省、市委组织部督查反馈的问题全部整改落实,环境保护、脱贫攻坚、安全生产等方面巡查反馈的61条问题,已整改到位39条,有力助推经济社会平稳健康发展,形成党建统领的强大效应。

【人才队伍建设】　认真落实党委和部门"一把手"抓人才工作制度,把人才工作纳入乡镇(园区)、部门年度工作考核内容,层层落实人才工作专项经费。建立人才工作联络员制度,各乡镇(园区)党委、县人才工作领导小组成员单位、县直各有关单位均确定1名人才工作联络员,具体负责日常工作。对全县急需紧缺人才进行调查摸底,制定出台《引进急需紧缺人才暂行办法》,从住房、配偶安置、子女入学、医疗保障等12个方面加大政策扶持,先后引进急需紧缺专业技术人才21名,柔性引进人才17名。围绕精准扶贫精准脱贫，开展农村实用技术培训，集中开展苹果栽培、蔬菜种植、肉牛养殖等技术培训36期，受训0.62万人(次)，示范指导和带动地方特色优势产业深入发展；积极整合培训资源，紧贴培训需求，开展果蔬工、家畜饲养工、砌筑工等劳动技能培训，培训农村劳动力达到780人（次），622人经鉴定合格取得职业技能等级证书。组织23个村党组织书记赴山东寿光蔬菜基地、陕西杨凌农业示范园观摩学习、拓宽发展思路，对脱贫攻坚起到强有力的带动作用。注重发挥舆论导向作用，弘扬“双创”精神，大力宣传推介8名“乡土创业人才”、4名“外来创业人才”、3名“未就业大学生创业人才”，努力在全县营造崇尚创新、勇于创业、尊重人才、褒扬先进的浓厚氛围。

领导名录

部　长　王吉庆
常务副部长　张红旗
副部长　刘志宏　张海龙(4月止)
吴　奎(4月任)
樊军义(7月止)
郭景海(7月任)　李红军
黄福晟(7月任)
人才办主任　关小刚(7月任)
副主任　郭英红
党代表联络办主任　王军龙
正科级组织员　黄福晟(7月止)
副科级组织员　关小刚(7月止)
薛博雄　梁怀林
杜文辉
杨龙龙(7月任)

宣　传

【概况】 中共崇信县委宣传部内设县精神文明建设指导委员会办公室、县委报道组2个机构；有3个挂靠机构是县委对外宣传办公室、县国防教育委员会办公室和县委理论学习教育宣讲组。有干部职工13人。

【理论宣传】 制定印发中共十九大精神宣讲、宣传报道、社会宣传实施方案，成立中共十九大精神县委宣讲团，全体县级干部深入党建联系点、乡镇、贫困村和部门带头宣讲中共十九大精神。市委宣讲团分别在县乡村三级开展宣讲活动，县委宣讲团巡回乡镇、单位宣讲中共十九大精神31场(次)。邀请中共十九大代表赵灵英到县作十九大精神专题辅导报告，累计举办各类宣讲429场（次），其中县委讲堂6期，听众达2万多人(次)，向市委宣传部、市社科联及省市主流媒体推荐上报理论调研文章17篇，在全县形成良好的舆论氛围。充分发挥县委党校在党员干部教育培训中的主阵地作用，举办学习型党组织建设、党风廉政建设、十八届六中全会精神和省市党代会精神等主题培训班19期，培训党员干部4000多人(次)。不断拓宽教育培训渠道，印发党员干部教育读本5600余册，发放“掌中宝”2000台。加强意识形态工作专题培训，举办意识形态专题培训班一期，邀请市委宣传部、每日甘肃网主要负责人针对意识形态工作为参训党员干部作了专题辅导。加大外出培训力度，先后参加全国、全市意识形态工作专题培训班4期13人(次)。围绕落实市委宣传部对县上意识形态工作督查中反馈的问题和意见,组织召开全县意识形态工作推进会,采取以会代训方式,对全县各级党委(党组)书记、分管领导及宣传干事进行集中培训。邀请浙江大学管理学院旅游管理所所长黄浏英、省委党校教授陈永胜等高校教授走进崇信开展理论教育培训。

【新闻和外宣工作】 按照中央和省、市、县委安排部署,积极策划学习宣传贯彻中共十九大精神会前、会中、会后三个阶段的系列报道,在县电视台、门户网站开设“喜迎十九大撸起袖子加油干”、“十九大时光”专栏,第一时间规范转载大会盛况和人民日报社、新华社关于十九大重要活动的报道,全方位报道以中共十九大为主题的成就展览、专题讲座、参观走访、党团队日等活动,举办歌咏比赛、读书演讲、文艺演出、书画展览等文化活动,在全县掀起学习宣传贯彻落实十九大精神的热潮。积极做好阶段性重点工作的新闻宣传,组织开展党建统领“一强三创”行动、“每月三日”活动、中央环境保护督察反馈意见整改、“新春走基层”、春耕生产、绿化造林、重大项目实施宣传报道,展示全县经济社会发展取得的成效。在棚户区改造、全域无垃圾等热点难点工作上,县电视台、县网信办开设专栏进行政策宣传和法规普及,及时回应群众诉求,解答群众疑惑,教育引导群众支持棚改工作,自觉遏制各类违法建设行为,推出“棚改访谈”12期,发布全域无垃圾红黑榜3期。突出扶贫攻坚“一号工程”开展宣传,全面报道基础设施建设、惠农政策落实、主导产业发展等方面的进展情况和先进典型,在中央、省、市主流媒体刊发稿件293篇(条)。全力办好《甘肃日报》《平凉日报》专版,年内刊发党的建设、重大项目实施、脱贫攻坚、产业发展专版4期,在市级以上主流媒体刊发(播)新闻稿件1360篇(条)。邀请“全国网络媒体甘肃行”“市县媒体县区行”“全省宣传文广系统高层次人才‘走基层心连心’社会实践活动”等大型全媒体主题采访团走进崇信县采访报道,对外展示全县党的建设、产业发展、项目建设、民生改善等方面典型做法。围绕中共十九大精神、十八届六中全会精神、省第十三次党代会、精准扶贫精准脱贫、安全生产等工作,统一更换县内大型宣传牌6批132面(次),单立柱大型三角牌6面(次),大型电子显示屏宣传内容150面(次),更换平定高速过境天桥宣传标语6面。举办“爱崇信·聚人气”手机随手拍、“激情夏日·舞动崇信”最具人气舞队网络投票活动,广大网民积极参与;在甘肃崇信·汭龙风情·首届民俗美食文化节、第二届“山水龙泉·养生崇信”文化旅游节、崇信县汭龙风情文化旅游高峰论坛期间,衔接邀请市内各网络媒体,对节会进行集中宣传报道,通过“崇信发布”微博、微信对节会的盛况进行网络图文直播;“崇信红牛”赛牛大会期间,利用新华网现场云,对大会进行现场直播,点击量达5.27万人次。“崇信发布”微信公众平台共发布信息328期1625条,浏览和转发数达到20多万人(次),新华社党政客户端“掌上崇信”共发布信息400余条。构建由各级党组织负责抓总,县网信办牵头统筹,其他部门齐抓共管的网军队伍管理体系,其中一般网评员189名,核心网评员96名,提升网络舆论引导能力。定期制作《网络舆情参阅》46期,年内共收到网民留言611条,办理回复590条,办结率96.6%。积极筹措资金,印制宣传资料8万份,制作活动宣传版面60面。利用清明、“五一”、“五四”、“七一”、“八一”、烈士纪念日和“十一”举办“铭记—纪念英烈报效祖国圆梦中华”——青少年主题教育活动、“弘扬五四精神激发青春梦想”——主题图片展、“铭记党的历史坚定理想信念”——纪念中国共产党成立96周年主题图片展、“在鲜红的旗帜下”——庆祝建军90周年主题图文展、“铭记历史开创未来——喜迎党的十九大图文展”、“缅怀革命先烈弘扬民族精神——第四个烈士纪念日主题展览”暨“永远的铭记”网上祭奠活动等主题展览5期,受教育群众达到6.3万人(次)。充分利用档案馆、文化馆、博物馆、武康王庙等县级爱国主义教育基地及8处红色革命遗址,开展爱国主义教育主题实践活动40场(次)。

【社会主义核心价值观“24字人知人晓”工程】 持续推进“人知人晓工程”和“人信人守工程”,实施“人行人遵工程”,深入开展社会主义核心价值观“十大创建”行动,大力弘扬“尊崇信任”的崇信精神,教育引导广大党员干部弘扬传统美德和时代精神,不断提高市民综合素养和文明意识。制定印发《崇信县社会主义核心价值观十大创建行动方案》及其实施细则,重点围绕中共十九大精神、“两个百年”、“四个全面”、五大发展理念和社会主义核心价值观等重大内容,在公路沿线、街区、广场、公园等场所,运用广告牌、宣传栏、电子显示屏等载体,有针对性的分期开展宣传引导。创作以弘扬社会主义核心价值观为主题的歌曲《尊崇信任聚力量》,组织开展“千人传唱”活动,增强全县干部群众对社会主义核心价值观的认知认同。及时更新县城文化广场、西区广场设置的20面灯箱式阅报栏、150个灯杆式宣传箱的宣传内容,在县城安装新型道路指示牌150块,在项目建设工地入口设置宣传栏11处,建成青年路、滨河路、祥和街3条社会主义核心价值观宣传教育主题街,公益广告占到全县各类广告阵地的50%以上。

【精神文明创建】 全县110所“道德讲堂”开展活动674场(次)。组队参加平凉市“畅谈十八大成绩·喜迎十九大召开”电视知识竞赛。结合“6·26”国际禁毒日,大力开展法律法规、方针政策、禁毒知识宣传,告诫群众真爱生命,远离毒品。经积极衔接汇报争取,市级爱国主义教育基地保至善烈士纪念馆经省委宣传部省级爱国主义教育基地验收评估通过初评。全省社会主义核心价值观“十大创建行动”张掖现场会上,县上作了题为“践行核心价值观,绽放文明诚信花”典型发言。组织学生参加形式多样的志愿服务活动,组织县二中学生开展由信使联盟、诚信公益平台发起的“校园诚信宣誓”活动,组织开展

“做一个有道德的人”“中华经典诵读”“千人千信大型书法交流”等系列主题教育实践活动27场(次),深入实施未成年人思想道德教育“金种子”工程,建立美德少年榜,组织开展活动21场(次)。倡导在校学生继承优良传统,弘扬爱国精神,开展“网上祭英烈”活动,提高未成年人的道德素养。木林中学、新窑矿区中学学校少年宫开展各类文娱活动160场(次),参与活动的师生达6100人(次),引导广大青少年树立正确的世界观、人生观和价值观。深入挖掘典型事迹内涵,发挥榜样力量,持续开展季评“崇信好人”活动,评选第7期“崇信好人”11人,2人被评选为“平凉好人”,推荐上报“十佳先进”人物26名,岩海燕、袁占梅等10名同志被评为全市十佳先进人物。在县门户网站、县广播电视台开设善行义举榜专栏,设立善行义举榜18期,上榜人物22人(次),在全社会营造人人争做道德模范、人人学习道德模范的良好氛围。开展文明村镇、文明单位、文明景区、文明家庭、文明校园、文明小区创建活动,“三八”妇女节期间,联合县妇联表彰命名杜梁奎、彭交莉等“最美家庭”10户,在黄花乡开展“党的十九大精神宣讲暨美丽庭院”表彰大会活动,收到良好的社会效果。推荐彭交丽、杜梁奎等8个家庭和世纪花园、芮河嘉园2个小区创建市级文明家庭和文明小区。加强对县国税局、移动公司、消防队等省级文明单位创建工作的协调指导,成功创建县法院、县委党校等市级文明单位,年内崇信县顺利通过省级文明程度指数测评,省级文明单位县检察院、财政局和省级文明乡镇黄花乡通过复查验收。持续开展文明旅游、文明餐桌、文明交通行动,培育县人社局、食药监局等文明示范单位。持续开展“凡人善举·情暖崇信”主题志愿服务活动,以“3·5”学雷锋日为契机,组织21个志愿者分会开展健康义诊、科普宣传等多项志愿服务活动,推动学雷锋活动常态化,深入开展“弘扬雷锋精神,传承中华美德”。印发践行社会主义核心价值观从不扔垃圾小事做起倡议书,号召干部群众争做保护环境的宣传员、保洁员、导游员。

【文化产业】成立公刘文化旅游投资开发公司。引导文化旅游产业融合发展,向省委宣传部申报甘肃国峰文化旅游发展有限公司专项贴息贷款项目资金90万元,向市委宣传部申报野朽根艺等4项文化产业扶持项目,争取资金15万元,龙泉寺旅游景区基础设施建设项目参加深圳文博会,签约资金1.38亿元。引导甘肃国峰文化旅游发展有限公司投资参与全县文化旅游、景区建设、产品开发、营销推介,编排弦子腔、秦腔、舞蹈等民俗节目10个,推出“公刘养生宴”和“龙泉迎宾宴”养生菜品及地方名优小吃30多个,建立商品销售专区2个,旅游商品销售渠道进一步拓宽。新培育国峰文旅公司战略性企业1家,骨干文化企业43个,从业人数达到608人,文化产业增加值增长20%。县财政首次将文化产业发展基金和文艺精品创作基金列入年度预算,制定下发《崇信县文化产业改革发展专项资金管理办法》《崇信县优秀文艺作品奖励和重点文艺创作项目资助办法》。戏曲剧本《女大学生村官》创作完成，文学作品《崇信民谣集》《汭河时光》《指尖的阳光》《槐花飘雪》出版发行，话剧《保至善》文化影视工程加快进度；原创歌曲推广取得突破性进展，《有一个地方情深意长》《家乡的河》等歌曲在市、县春晚舞台相继演出，受到广大群众一致好评。成功举办汭龙风情·首届民俗美食文化节、第二届“山水龙泉·养生崇信”文化旅游节暨甘肃百姓文化广场惠民演出活动，深入推进文化科技卫生“三下乡”活动，组织开展弦子腔、山梁走唱等非遗展演15场（次），弦子腔《八仙拜寿》在香港成功演出获得银奖。开展第二届“龙泉文艺奖”评选，评定获奖作品五大类52件，分一、二、三等奖进行表彰奖励，激发广大文艺工作者的创作热情。成功举办“乡情村韵·美丽崇信”和“乐游汭龙堡·感受民俗情”全国征文大赛，征集到全国优秀作品361件，培育出一批高水平创作人才。

领导名录

部　长 张　荣

常务副部长、文明办主任

郭景海（7月止）

张宏睿（7月任）

副部长 朱　明（7月止） 朱富强

理论学习教育宣讲组组长 王剑峰

县委报道组组长

李桂红（7月止）

尚天福（7月任）

县委外宣办主任

李桂红（7月任）

国教办主任 李　博

政　法

【概况】 中共崇信县委政法委内设综治办、防邪办；下设维稳办、县综治委铁路护路办和县见义勇为协会。有干部职工12人。

【社会治安综合治理】 以“五张网”建设为重点，在县城重点区域和美丽乡村示范村新安装视频监控摄像头180个，组建专（兼）职巡逻队伍14支，落实群防群治人员1931名，成立“十户联防”小组1788个。在县城区组建以公安巡警、群防群治队员为主的巡防队伍5支，对主要街面、路段实行24小时巡逻防控，加强对党政机关、学校、车站、广场等人员密集场所安全防范，实现对社会面的有效管控。开展“社会治安秩序大整治”“破案会战”“依法惩治村霸和宗族恶势力”等专项行动，共立刑事案件290起，破获167起，公诉87人；查处治安案件575起，打击处理违法人员665人；查处毒品案件30起，打击处理34人，缴获毒品207.76克。加大对公共娱乐场所、宾馆旅店、建筑工地、废旧物品收购点等重点行业的治安清查，组织开展社会治安清查行动8次，检查宾馆网吧210多家（次）、娱乐场所130多家（次）、寄递物流企业网点14家（次），整改治安隐患23处，减少治安盲点。开展安全生产大检查活动，排查煤矿、建筑施工、非煤矿山等领域安全隐患418条，整改412条，对2户企业进行停产整顿。开展交通违法行为“清违”行动，建成农村道路交通安全管理站7个、交通安全管理室79个、交通安全检查劝导站48个，严查三轮车、农用车无牌无证和非法载人、酒驾醉驾等各类交通违法行为3.56万起，防止重特大道路交通事故发生。对全县82所中小学校周边治安环境、校车安全、校园食堂卫生等开展集中整治。组织开展铁路安全隐患排查专项活动，确保铁路运输安全畅通。坚持以网格化管理、社会化服务为方向，科学划分网格434个，录入人、地、事、物、情、组织等信息数据16.6万条，采集各类事件信息1539件，成功办结1481件，办结率达96%以上。加强综治E通手机配备工作，调整确定网格信息员587名，县财政列支专项资金21万元，为重点村社网格员配备手持终端203部。加强综治中心建设，6个乡镇综治工作中心、79个村综治工作站已经全部建成，实现规范化运行。

【维护稳定】 把十九大维稳安保作为全年工作的重点，成立由县委主要领导任总指挥长，县政府主要领导和县委、县政府分管领导、公安局长任副总指挥长的十九大维稳安保总指挥部，细化任务分工，压实工作责任，狠抓措施落实。健全完善信息报送、会商研判、敏感案(事)件预警防范处置等制度，修订重大灾害事故、重大突发事件、群体性事件等应急预案23个，调整充实应急处突常备力量，组织开展反恐应急处突演练6次，提高应急处置能力，圆满完成十九大维稳安保任务。健全矛盾纠纷多元化解机制，实行“日排查、周统计、月分析”制度，部署开展为期4个月的矛盾纠纷大排查大调处行动，全面化解婚姻家庭、邻里关系、生产经营、征地拆迁等矛盾纠纷，全县共排查各类矛盾纠纷331件，调处318件，调处率为96%。健全县、乡、村三级信访舆情监测网络和工作制度，共受理来信来访485批2198人(次)。严格落实“五个一”和“四定三包”责任制，县级领导包案重点信访积案16件，化解12件，打击处理缠访闹访、聚集上访案件2起12人。巩固社会稳定风险评估示范县创建成果，推行网上稳评事项在线审批，评估重大项目146项、重大政策12项、重大活动1项，从源头上预防社会风险。对7类重点人员，严格落实“五个一”和“一包一、多包一”管控措施，做到知情况、知表现、知轨迹、知去向。特别是对易肇事肇祸精神障碍患者签订监管责任书，购买监护人责险任，落实派出所、医生、家庭、网格员“四位一体”监管措施，对有严重肇事肇祸倾向的患者进行送医救治；对刑满释放人员和社区矫正人员，严格落实“两个八小时”管理制度，组织开展法制教育、公益性劳动、警示教育活动12次。

【防范和处理邪教问题】 健全完善反邪教斗争联动工作机制，开展打击整治邪教组织违法犯罪专项行动，查处邪教违法案件4起，打击处理违法人员6名。深入开展防范处理邪教“工作落实年”活动，细化“四位一体”帮教转化机制，严格落实已转化人员定期回访制度，年内查处的邪教人员全部得到转化，帮助涉邪人员解决生产、生活、就医、就业等实际困难30多件。落实“一墙一窗一室一卡一书”要求，建成县二中防邪警示教育基地，乡镇警示教育室达到全覆盖，建成村(社区)宣传墙36面、宣传橱窗45个，签订《家庭拒绝邪教承诺卡》和《中小学生拒绝邪教倡议书》3万余份。组织开展反邪教集中宣传月活动，积极探索市场、景区、商场拒绝邪教新模式，采取播放警示教育片、举办防邪知识讲座、发放宣传资料等形式，开展反邪教宣传活动33场（次），发放宣传资料2万余份，增强广大群众识邪防邪能力。大力推广反邪教“四合一”平台，飞天阳光微信公众平台关注人数达1300多人，拓宽全县反邪教宣传教育覆盖面。印发《防范和处理邪教问题工作领导小组成员单位和职责任务》《防范和处理邪教问题工作领导小组办公室工作职责和工作规范》《加强和改进防范处理邪教基层基础工作的意见》等规范性文件，全县所有乡镇（管委会）、村（社区）均设立防范处理邪教工作机构，配备专（兼）职工作人员。组织开展反邪教“档案规范化建设年”活动，规范涉邪人员信息档案，夯实无邪教示范创建工作基础。

【铁路护路联防】 制定《崇信县开展“保安全、保稳定、迎盛会”专项行动实施方案》和《崇信县进一步加强党的十九大期间铁路护路联防工作的通知》等相关文件，共回访重点人员28人，列入重点稳控对象10人，线路巡护36次，建立汛期定点守护1处；集中对铁路沿线2村8社，开展教育宣传活动4场（次）；组织隐患排查9次，排查防护网易破损和人员易上道路段5处，检查桥梁8座，隧道7眼，涵洞11孔。与沿线村民签订责任书335份，机动车辆驾驶员牵定责任书21份，放牧户签订责任书15份，五残人员监护人签订责任书28份。开展以“千里平安路，安全伴我行”为主题的爱车护路进校园宣传活动，累计开展集中宣传6次，上交通安全课8堂，发放安全小黄帽86顶。

【依法治县】 成立县委全面推进依法治县工作领导小组，下设依法执政、依法行政、公正司法、法治宣传教育、执法监督、法治队伍建设等6个专项工作组，理顺依法治县工作机制。组建政府法律顾问“专家库”，建立党委（党组）中心组学法、干部任前法律知识考试等制度，举办各类法治培训班12期，法律知识考试3场（次），培训科级以上干部340多人，增强广大干部运用法治思维和法治方式深化发展、化解矛盾、解决问题的能力。充分利用政府门户网、电视台、崇信发布微信公众号打造全新普法宣传平台，开辟《普法天地》《法治在线》《手机法治信息》等法治专栏，举行各类法治宣传活动23场（次），发放法律书籍4200余册、宣传资料5.1万余份，发布普法信息470多条，扩大全县法治宣传的深度和广度。全面推行立案登记制，一审民事起诉、行政起诉、刑事自诉和申请强制执行案件立案率超过95%。突出解决执行难问题，共清理2011-2016年未执结案件215件，执结201件，执行到位标的594万元，执结率达93%以上。年内共新收案件369件，申请执行标的4700多万元，执结281件，结案标的2475万元。加强司法人员分类管理，遴选入额法官13名，入额检察官7名，增选人民陪审员4名，确定人民监督员10名。全面完成基层派出所“两队一室”“一队一室”警务机制改革，新组建巡警大队和网安大队，积极推行“派出所+交警中队”警务联动新模式，破解传统警务体系运转单一、一线警力不足等难题。强化法律便民服务，开通“5931348”法律援助咨询热线，建立法律援助工作站16个、村级司法行政工作室53个，“一村一法律工作者”实现全覆盖。严格执行案件评查、执法过错责任追究等办法，开展执法检查2次，检查单位13个，评查案件2200多件，促进执法司法规范化建设。加强司法救助资金管理使用，共救助11件48.3万元。

领导名录

书　记　梁济洲

常务副书记　刘小林

副书记　信海林(11月止)

关德福

依法治县办主任

梁济洲(兼)(10月任)

专职副主任

于博涛(11月任)

综治办主任

关德福(兼)

维稳办主任

信海林(兼)(11月止)

梁　楠(11月任)

防邪办主任　黄文华

护路办主任　白　冰(11月止)

统　战

【概况】 中共崇信县委统战部与县民族宗教事务局合署办公，两块牌子，一套人马。有干部职工10人。

【多党合作】 制定《2017年度政党协商计划》和《关于进一步加强政协工作推进人民政协协商民主建设的实施意见》，统筹安排全年政党协商活动。支持民主党派和无党派人士深入开展参政调研、民主监督，组织县民盟、工商联、无党派代表人士参加了县委、县人大、县政府、县政协召集的意见征求会、情况通报会和重大项目考察视察活动，建立科学有效的协商机制，进一步促进政治协商制度化、规范化。按照“党委出题、党派调研”的调研运作机制，安排县民盟围绕全县脱贫攻坚深入开展调查研究，召开座谈会，形成调研报告，并受到县委主要领导的重视和批示，为县委、县政府科学决策提供有益参考。支持民主党派和无党派人士深化坚持和发展中国特色社会主义学习实践活动，开展“不忘合作初心，继续携手前进”专题教育，进一步夯实共同思想基础。协助民主党派加强领导班子建设，坚持经常与民主党派负责人沟通思想，帮助健全完善各项工作制度。指导县民盟发挥自身优势，深入开展“智力帮扶”“三下乡”等社会服务活动，取得良好的社会反响。

【经济统战】 加强对工商联工作的指导，巩固提升全国“五好”县级工商联创建成果，开展“四好”商会建设活动，积极推进基层商会、行业协会、异地商会建设。认真贯彻落实中央和省、市支持非公经济发展的一系列政策措施，毫不动摇鼓励、支持、引导非公有制经济发展，引导非公有制企业抢抓PPP模式推行契机，聚焦生态环保、科技创新等领域，实现转型升级、创新发展。着力发挥商会大厦平台作用，提升非公经济的服务功能，协调开展银企合作对接，开展经贸洽谈和各类培训，为非公经济发展提供政策、法律、信息、融资和咨询等全方位的服务，有力促进全县非公经济转型升级。以“守法诚信、增强发展信心”为重点，组织全县非公经济代表人士开展以“缅怀革命先烈弘扬民族精神促进非公有制经济健康发展”的主题实践活动，集中参观保至善烈士纪念馆，进一步坚定非公经济人士产业强国、发展报国、贡献爱国的理想信念。认真开展县级领导干部与非公经济企业家开展“一对一谈心谈话”活动，通过解疑释惑，回应关切，协调解决实际困难，构建亲清新型政商关系。在县电视台、门户网站开办非公经济人士风采栏目，对非公经济领域自主创新、升级发展、构建和谐企业、履行社会责任等方面的先进典型进行全面宣传，在全社会营造关心、支持非公经济发展的良好舆论环境和社会环境。引导非公有制经济人士参与光彩事业，积极响应市工商联“百企帮百村”精准扶贫行动号召，组织10家非公企业与10个贫困村开展结对帮扶工作，帮助贫困群众发展产业、扩大就业、实现增收，向全社会传递民营企业的正能量。

【民族工作】 认真推进少数民族精准扶贫精准脱贫工作，加快赤城移民社区等项目建设，完善周寨村移民搬迁公共设施配套建设，争取省少数民族发展资金15万元，实施新窑镇少数民族杂居村社道路建设项目，硬化道路2条700米，不断改善民族区域生产生活条件；依托伊顺祥清真牛业公司养牛基地项目建设，通过“公司+基地+农户”模式带动少数民族群众发展养牛产业，大力开发高档牛肉产品加工，年育肥出栏肉牛5000头，实现经济增收680万元，为少数民族群众精准扶贫精准脱贫培育致富产业、开拓增收渠道。邀请县林业局果园管理专业技术人员在新窑镇周寨村举办少数民族技能培训班，培训少数民族群众130多人，帮助少数民族群众提升种植实用技能，提高增收致富能力。协调抓好赤城设施蔬菜基地巩固提升，引导少数民族群众转变致富观念，帮助发展特色种植，栽植铁皮石斛、樱桃、香椿、香菇等特色产业，壮大少数民族群众增收致富产业。组织开展全县第14个“民族团结进步宣传月”活动，组织民宗、科技、卫计、文广、教育、地震、食药监等单位在县文化广场开展政策法规、实用技术宣传及现场便民活动，悬挂横幅18条，展出宣传展板9块，现场发放《宗教事务条例》《清真食品管理条例》等宣传材料2000余份，接受群众咨询80余人(次)。邀请省中医学院教授来县上开展义诊暨中医适宜技术培训活动，培训县中医医院、各乡镇卫生院及部分村卫生室的医护人员85名，并为新窑镇少数民族聚居的周寨村200多名群众进行义诊，受到少数民族群众的广泛好评。组织开展“民族团结一家亲、同心共筑中国梦”原创歌曲征集和“石榴杯”甘肃省民族书画摄影展活动，共征集到原创歌曲5首、摄影作品12幅。开展民族团结进步“六进”活动，向市级推荐报送第二批全市民族团结进步创建示范社区1个(滨河路社区)、示范学校1个(新窑镇赤城小学),全省民族团结进步创建活动示范家庭2户。持续开展民族团结“四和谐”创建活动,以新窑镇赤城村、赤城小学巩固提高为重点,推动创建活动不断深入。认真做好城市民族工作,健全完善县、城市社区、社区(居委会)三级管理联系网络,结合计划生育工作,建立城市少数民族流动人口档案,积极帮助少数民族群众解决生活和工作中遇到的困难。切实抓好清真食品市场监管培育,组织开展清真食品市场安全检查6次,依法依规对2户餐饮单位经营行为进行规范,对证照到期的门店全部进行换发,新发放清真食品经营许可证13户,进一步规范清真食品的经营行为。加强民族领域矛盾纠纷排查工作,依法处置涉及民族因素的矛盾问题,全县民族领域无矛盾纠纷、集体上访事件发生。

【宗教工作】 开展宗教政策法规“六进”和“宗教政策法规学习月”活动,举办全市宗教工作会议精神宣讲会,受训干部群众120多人,提升宗教干部依法履职能力,增强信教群众爱国爱教守法意识。在赤城清真寺积极推进新编“卧尔兹”宣讲,把伊斯兰教教义中反对暴力,提倡和平、团结、爱国的思想贯穿到解经、讲经之中,鼓励和支持宗教人士引导信教群众形成积极向上的精神追求和健康文明的生活方式。引导龙泉寺开展“文明进香”、“合理放生”活动,规范烧香行为,消除隐患,保护环境,推动生态寺观建设。依法加强对基督教临时活动点的治理工作,督促基督教临时活动点积极消除安全隐患,完善场所登记“七证一户”办理。组织人员对全县155处民间信仰活动场所进行摸底拍照定位,制作《崇信县宗教活动暨民间信仰场所图片资料集》,为规范民间信仰活动场所管理奠定基础。开展以“规范”为主题的和谐寺观教堂创建活动,以赤城清真寺、龙泉寺巩固提升为重点,指导建立健全宗教活动场所财务管理、宗教活动管理、教务公开等9项制度,形成自我约束、制度规范的长效机制,创建工作成效显著,宗教活动规范有序。加强宗教教职人员日常教育和监督管理,组织3名宗教教职人员、场所管理人员参加市有关宗教政策法规培训班,进一步掌握党的宗教工作方针和政策。组织人员赴崆峒区、华亭县和灵台县进行考察学习,提升宗教干部队伍的业务素质和工作水平。制定《中共崇信县委崇信县人民政府关于进一步加强新形势下宗教工作的实施意见》和《贯彻落实〈中共崇信县委崇信县人民政府关于进一步加强新形势下宗教工作的实施意见〉重要举措分工方案》,并对全县民族宗教工作领导小组组成人员进行调整。严格落实《宗教事务条例》,无“达洼宣教团”非法宣教活动。制定《崇信县民族宗教领域重大事项社会稳定风险评估实施细则(试行)》,定期开展安全稳定形势研判和宗教领域安全隐患排查,防止不安全事故发生,确保县内宗教领域和谐稳定,圆满完成中共十九大等重要节点和重大活动安保维稳工作任务。

【对台工作】 认真做好全县台胞台属

政策落实服务工作，年内省、市台办领导对县上台属进行走访慰问，详细了解台属生产生活情况，引导他们切实发挥好两岸同胞交流往来的桥梁纽带作用，为两岸和平发展继续作出新的贡献。

领导名录

部　长　张喜武

副部长　马翔翔(9月止)

张永宏

赵双喜(7月任)

民族宗教事务局局长(兼)

马翔翔(9月止)

赵双喜(9月任)

对台工作办公室主任

阎　博

信　访

【概况】 中共崇信县委崇信县人民政府信访局下设县集中处理信访突出问题及涉访群体性事件联席会议办公室。有干部职工9人。全县各级各部门共受理群众来信来访617批3028人(次)，与去年相比批数和人数分别上升24.1%和77.7%。

【责任落实】 县委常委会、政府常务会专题学习中办、国办印发的《信访工作责任制实施办法》及省“两办”的《实施细则》等信访有关制度办法，研究安排全县信访工作。县委、县政府主要领导多次在全县性大会上对信访工作做出强调安排，20余次在县信访局呈报的文件、信息上对信访工作做出批示；分管领导及时解决信访工作存在的困难和问题，其他县级领导坚持批阅来县信访案件，全年共批阅来县信访件393件，批阅率100%。年初，县政府主要领导与各乡镇(园区)、县直各部门主要负责人签订年度信访工作目标管理责任书，各乡镇(园区)及相关部门与下属单位签订责任书，靠实工作责任。经县委常委会审定，分别对工作突出的3个乡(镇)，12个县直部门落实目标奖励，对工作不力的单位予以责任追究处理，通过严格兑现目标责任书，建立正向激励机制，激发信访工作热情活力。县综治办、县信联办联合发文，对落实信访责任不力，导致重点稳控人员赴京非访及引发群体访问题突出的乡镇、部门实行通报批评、挂黄牌警告，并对相关责任人进行责任追究。信访局多次深入乡镇、部门，及时督促改进责任不实、工作不力等不良现象。通过县级领导以上率下，严格兑现目标奖惩，信访部门督促推动，相关单位落实问责、震慑警示，“责任信访”的触角延伸到全县各级各层干部，齐抓共管信访工作的政治自觉基本形成。

【信访制度改革】 将网上信访、诉访分离等信访改革举措纳入全县度信访工作重点内容，县委、县政府主要领导对网上信访暨基础业务工作做出重要批示，县委、县政府分管领导2次主持召开网上信访暨基础业务督办会议，对全县网上信访工作暨基础业务规范化建设进行调度安排、集中督办，展示全县力抓“网上信访”等信访制度改革举措的决心，促进全县信访工作跨越发展。县信访局以及时受理率和按期办结率两个刚性100%为目标，不断强化日常统计督办，对网上“五率”偏低，信访事项登记受理、录入办理、送达答复等环节不规范的乡镇、部门，通过累计打电话100余(次)、发督办函15份、实地督办8次、召开督办会4次，做到及时督导、限期整改，推动网上工作及信访基础业务的程序化、规范化。树立法治思维，深入推进诉访分离工作，依法对来访事项进行分类处理，对涉及民、商事和应当通过仲裁、复议、诉讼等途径解决的来访案件，做好政策解释说明工作，引导来访群众通过法律途径解决，推动信访工作法治化建设。年内，全县共引导走向复议、诉讼案件80余件(次)，出具不予受理告知书20份。县人社局将两件涉及拖欠较大数额工程款的信访事项导入司法程序，实现稳步化解。

【信访办理】 实行县级领导包抓督办重点信访案件工作制度，年初，对历年以来的16件信访积案和8月初筛选的年内以来9件重点信访案件，均按照“五个一”工作要求，确定县级包案领导25人，落实责任单位24个，做到包案领导、包案责任、包案措施和包案效果“四落实”，现已全部化解到位。充分发挥信访联席会议综合协调和信访联合接访一揽子解决的机制优势，对来县集体访、突出个体访等信访新问题，及时召集信访联席会议，分析问题成因，研究解决办法，并会同相关责任单位联合接访，面对面与信访群众沟通交流，疏导情绪，解释政策，做出正面答复，确保信访态势得到快速稳定、信访问题得到及时化解。年内，共召集信访联席会议20余(次)，联合接访信访群众89批1448人(次)，及时化解信访问题15件。高度重视特殊疑难信访问题专项资金管理使用，对争取到的22万元中央、省级信访专项资金，县信联办制定专项使用方案，严格按照“专款专用、管用分离、单次救助和息诉罢访”四项使用原则及“四个签字、一个承诺书”发放程序，及时足额发放到信访群众手中，妥善解决影响全县社会大局稳定的14件“无头案”“钉子案”“骨头案”。

【信访保障】 结合实际，制定《崇信县做好信访工作迎接党的十九大顺利召开工作方案》、县两办《关于深入推进领导干部包案督办和接访下访的实施意见》等文件，进一步细化任务、强化措施、明确要求，在全县营造出保卫重大节会期间信访稳定严肃紧张的氛围。县政府主要领导亲自主持召开信访联席会议，协调督办棚改等重大信访事项，稳定信访人员情绪。县上成立由“四大家”分管领导任组长的5个督导组，常驻乡镇、部门对全县信访维稳工作进行常态化督查指导，督促全县各级各部门做好重点信访人员稳控工作。进一步细化完善非访处理制度建设，依据相关法律规定，结合实际，研究制定《崇信县妥善处理处置非正常上访行为管理办法》。加大对赴省进京非访，信访中冲击党政机关、职工食堂等违法信访行为的依法处置力度，通过行政拘留3人(次)、行政处罚14人(次)，向群众发出政府依法坚决打击非访行为的信号，信访秩序快速好转，确保全国“两会”、省十三次党代会、“一带一路”国际合作高峰论坛、中共十九大等重大节会期间全县信访形势稳定。

【源头治理】 充分利用县门户网站、平凉信访微信公众号等媒体平台，加大对县上信访工作在全市的宣传推介力度，至年底累计报送发布县（区）领导谈信访4期、信访工作动态12期。不断加强信访形势分析研判，严格按照日记载、周统计、旬研判、月分析、季通报的要求，对全县信访情况逐月开展形势分析，按季度进行通报，确保县委、县政府对全县信访工作实现动态掌控，为责任单位及时找准差距、弥补不足提供借鉴。至年底，累计印发信访形势分析和情况通报16期。对到县集体访及重大信访件实行信息快报制度，及时将有关情况报送县委、县政府各领导，县两办、政法委、公安局及相关责任单位，实现社情民意的快速传达，为县委、县政府超前防范信访问题产生、及时规避社会风险提供第一手资料。年内，累计报送重大信访信息29期，涉及信访案件35件。中共十九大会议期间，认真坚持信访信息“零报告”制度和全县重点稳控人员每日情况汇报制度，确保重大信访信息畅通互享，促进稳控工作开展。

领导名录

局　长 朱新堂

副局长 李映文（11月止）

陈国春（12月任）

主任科员

李映文（11月任）

信访督察专员

陈丽萍（11月止）

机构编制

【概况】 崇信县机构编制委员会办公室内设县机构编制委员会督查室；下设崇信县事业单位登记管理局和县编办电子政务中心。有干部职工10人。

【控编减编】 严控机构编制总量，年内净减少财政预算事业机构11个，全面完成财政预算事业机构消化任务。严格执行用编审批制度，采取将超编单位人员向空编单位分流、自然减员、调剂编制等办法，消化结构性超编人员31人，占年度消化任务72人的43.5%。健全完善《机关事业单位结构性超编台账》《财政预算事业机构消化台账》等基础台账，明确目标任务、责任单位、完成时限、落实措施等内容。以390个机构和700多份文件为基础，建立机构编制数据库，规范、准确反映机构从建立至今每次变化的历史沿革情况，推动机构编制精细化、信息化建设。建立领导职数管理台账，将全县828名科级干部的核定、配备情况纳入管理实时统计，为领导决策提供依据。全面实行月更新季报告制度，确定专人每月与组织、人社等部门进行沟通，结合人员调动、退休、死亡等变化情况，第一时间更新机构编制实名制管理数据，定期完善各类台账，并及时向组织、人社部门反馈结构性超、空编情况，做到各类台账与实际信息一一对应，目标任务与工作进展清晰明了，落实控编减编目标任务。

【行政审批制度改革】 年内共取消调

整行政审批项目9项，全县共保留行政审批项目153项。加强清单动态管理，根据职责调整和法律法规调整情况，调整权力事项10项，责任事项60项，追责情形79项。建立崇信县政府部门公共服务事项清单，将238项公共服务事项分为信息展示类和网上办事类，并全部录入甘肃政务服务网，全面完成公共服务事项目录和办事指南的加载工作，夯实推进“网上行权”工作基础。开展“减证便民”专项行动，对涉及企业和群众办事创业的各类证明和盖章环节进行全面清理，解决群众办事难、办事复杂等问题，优化政府服务环境，提升服务水平，最大程度便企利民。加快推进行政许可标准化建设，在县政府部门现行行政许可事项目录的基础上，及时调整、更新本级政府部门现行行政许可事项，明确现行行政许可事项的名称、实施机关等内容，初步形成《崇信县行政许可事项目录》，为实现省市县三级“同一事项、同一名称、同一标准、同一编码”，促进行政审批规范化运行奠定基础。县审改办联合县督查考核局、县公管办等单位组成督查组，先后两次深入各部门和政务大厅，对全县“放管服”改革工作进行全面督查。对存在的问题下发整改通知书，督促相关部门限期整改。全面推行“双随机一公开”工作机制，完善随机抽查事项清单、市场主体名录库、执法检查人员名录库和随机抽查实施细则，工商局等市场监管部门认真开展随机抽查工作，维护良好的市场秩序。

【重点领域改革】 按照“精减、统一、效能”原则，理顺工业集中区管理体制，整合新窑和铜城工业园区管委会职能，报批成立崇信县工业集中区管理委员会。制定印发《崇信县深入推进城市执法体制改革改进城市管理工作实施方案》和《崇信县城市管理综合执法局主要职责内设机构和人员编制规定》，全面完成城市执法体制改革任务。配合做好省以下环保机构监测监察执法垂直管理制度改革。积极推进检验检测认证机构整合和国有林场改革工作。

【事业单位分类改革】 编制《县事业单位分类目录》，上报市上备案行政类事业单位4个，已批复划入公益一类的事业单位287个，划入公益二类的事业单位8个，划入生产经营类事业单位7个，未批复分类结果的事业单位22个。制定《关于全县从事生产经营活动事业单位改革的实施意见》，将全县从事生产经营活动的事业单位全部纳入转企改制范围，开展调查摸底，夯实转企改制工作基础。

【事业单位登记管理】 全面推行事业单位法人年度报告公示制度，完成152家事业单位的年度报告公示工作，报告公示率和网上登记率均为100%。共办理变更登记93个。开展事业单位法人履职事项清理规范工作，规范法人履职事项。实行“双随机一公开”监管方式，及时开展事业单位法人公示信息抽查，通过摇号方式随机抽取16家单位进行公示信息抽查，查找问题8条并督促进行整改，加强事业单位法人事中事后监管。按照信用体系建设有关要求，开展统一社会信用代码赋码工作，年内为49家机关单位、3家群众团体和3家国家授权赋码的单位办理统一社会信用代码，赋码率达到100%。办理变更登记98个，证书补领2个，注销登记6个，网上登记率100%，并对全部登记材料进行整理归档。全面完成中文域名注册续费工作。

领导名录

主　任　张海龙(4月止)
　　　　吴　奎(4月任)
副主任　韩发斌
　　　　张旭勇(12月止)
　　　　梁晓东(12月任)
事业单位登记管理局局长
　　　　韩发斌
副局长　梁晓东(12月止)
编办电子政务中心主任
　　　　张海霞
编委督查室主任
　　　　王小荣
审改办主任
　　　　刘彤旭(11月任)

县直机关工作委员会

【概况】 中共崇信县直机关工作委员会是县委的派出机构。有基层党组织106个，其中党总支12个，党支部94个，共有党员1444人。有干部职工7人。

【党建责任制】 年初制定《机关党建工作要点》和《机关工委联系包抓基层党组织工作方案》，同所属支部签订《2017年度党建工作目标考核责任书》，建立党工委书记抓党建“五个一”、党支部书记抓党建“三个一”责任目标和基层党组织任务、问题、责任“三项”清单，明确年度重点任务和具体目标。严格落实基层党支部书记向工委述职制度，及时召开2016年度机关工委党组织书记抓党建述职评议会。从严落实工委班子成员联点包抓、定期督促检查等工作措施，全年开展巡回督查15次，会同县委组织部开展专项督查4次，下发督办函件42件，通过专项督查、跟踪整改，促进工作任务落实。

【基层党组织建设】 坚持把建设坚强有力的战斗堡垒作为机关党建工作的核心任务，指导74个基层党组织完成换届工作，27个党支部进行改选，成立县督查考核局、县公刘文化旅游投资开发有限责任公司2个党支部。积极探索在项目一线建立党组织，专门成立棚户区管理中心临时党支部，70多名党员干部深入棚改一线宣传政策、化解矛盾，在保障民生、维护社会和谐稳定等方面发挥党员先锋模范作用。狠抓软弱涣散党组织整改提升，建立《软弱涣散党组织整顿方案》和工作台账，工委指派专人蹲点包抓，帮助后进党组织理思路、建机制、夯基础、促规范，使县农业示范园区和县邮政局2个软弱涣散党组织得到转化提升。落实基层党建分片指导和典型包抓机制，培育县人社局、司法局、水保局等“五型机关”党建示范点7个。8个基层党组织、3名党组织书记、3名共产党员、5名党务工作者被县委表彰奖励，在全体党组织中形成学习先进、争当先进的浓厚氛围。

【党员队伍建设】 坚持把从严治党的各项措施贯穿于党员发展、民主评议、不合格党员处置等工作的全过程,切实加强党员队伍先进性和纯洁性建设。深入贯彻落实《中国共产党发展党员工作细则》和《中国共产党党和国家机关基层组织工作条例》,年内举办入党积极分子培训班和党务干部培训班各1期,培训积极分子45名、党务干部130人,接收预备党员21名,转正党员21名。围绕学习习近平总书记"7·26"重要讲话、"八个着力"重要指示和中共十九大精神,开展党组织书记讲党课、新党员入党宣誓、"转变作风、提升形象、共建美好家园"专题研讨、合格党员标准大讨论和《习近平的七年知青岁月》读书分享会等活动,增强广大党员党性观念,在县直机关营造"比、学、赶、超"的浓厚氛围。

【机关党建】 坚持把规范党内基本制度作为夯实机关党建工作基础的"规定动作",指导督促机关各党组织严格落实"三会一课"、"每月三日"、民主评议党员等制度,党内政治生活不断得到规范,机关党建"灯下黑"等问题得到有效解决。联合县委组织部制定下发《关于加强和改进国有企业党建工作的实施方案》和《崇信县国有企业党组织工作活动基本规范》2个文件,指导13个国有企业将党建工作写入公司章程,加强和规范国有企业党建工作。制定下发《"两学一做"学习教育常态化制度化实施意见》,认真落实基层党建七项重点任务,完成县直机关12个党总支、94个党支部和1400名党员信息采集录入工作。向县直机关离退休老党员发放"掌中宝"192台,让更多党员随时了解党的新政策,提高学习教育的针对性和实效性。

领导名录

书　记 李树杰
副书记 段丽娜
文诚勇(11月止)
黄　欣(11月任)
主任科员 冯　伟
工委委员 李树杰(8月任)
张红旗(8月任)
王正权(8月任)
张海龙(8月任)
杨五堂(8月任)
刘志宏(8月任)
关　伟(8月任)
段丽娜(8月任)
黄　欣(11月任)

党　校

【概况】 中共崇信县委党校与崇信县行政学校,实行一套机构、两块牌子,县委副书记担任党校校长,县政府常务副县长担任行政学校校长。实行校委会负责制,设常务副校长1名。有教职工12人。

【培训宣讲】 突出理论教育和党性教育两大主业主课,开展干部教育培训,提高全县党员干部素质。全年共开展培训22期,培训党员干部2645人。收看"富民兴陇”讲座13讲，培训1852人。组织教员赴全县各乡镇和县直、村社、企业等，累计开展宣讲53场次，受训2346人。

【理论科研】 围绕教学科研工作，开展研讨活动。围绕县域中心工作，聚焦“全面小康”和脱贫攻坚“一号工程”，开展有一定深度的调研，形成有参考价值的研究成果。年内教员发表论文23篇，其中省级12篇。获奖论文3篇，其中省级2篇。信息发布量居全省党校系统第一。

【队伍建设】 修订《党校管理制度》，加强教职工日常管理和教学科研管理。注重教学经验交流和教学方法淬炼，选派2名教师参加全市党校系统教学竞赛分获二、三等奖，1名教师参加全省教学竞赛获优秀奖。注重党性教育和业务进修，选派1名教师赴延安接受党性教育，1名教师赴省委党校、3名教师赴仁怀市委党校接受师资培训，1名教师参加全市中共十九大精神宣讲骨干培训。注重增强服务产业发展能力，选派2名教师分别赴陕西杨凌和山东寿光学习考察蔬菜产业发展经验。注重及时跟进市、县党委政府重大改革，选派1名教师赴贵州六盘水，参加由市委组织部举办的新窑镇产业带头人异地培训班，实地考察学习农村“三变”改革经验。

领导名录

党校校长 陈　磊

行政学校校长 赵　锋

常务副校长 张宏睿(7月止)

樊军义(7月任)

副校长

王晨生

陈占学(11月止)

赵会荣(11月任)

老干部

【概况】 中共崇信县委老干部工作局为正科级行政单位，属县委组织部分管；下设县关心下一代工作委员会办公室。有干部职工5人。管理离休干部9人，其中，行政事业单位的离休干部5名，企业单位的离休干部4名；抗日战争期间参加革命的1名，解放战争期间参加革命的8名。

【政治待遇】 结合开展“两学一做”学习教育常态化制度化，通过集中学习、专题辅导、主题讨论、送学上门和走访慰问等方式，组织老干部学习中共十九大精神和习近平总书记系列重要讲话精神，认真传达省第十三次党代会和市、县有关会议精神、重点决策和阶段性工作。为16名退休老干部征订《党的建设》《人民日报》等报刊杂志，为32名老干部送去《习近平的七年知青岁月》《习近平讲故事》《学习·活页文选》等学习资料。在“两学一做”学习教育和党建统领“一强三创”行动中，开展以“登门入户看一看，生活情况聊一聊，待遇落实问一问，党的政策谈一谈，困难之处帮一帮，意见建议提一提”为主要内容的亲情化服务。元旦、春节、“七一”期间，对全县离退休老干部进行走访慰问。全年累计帮助解决学习及生活中的实际困难和问题5件。组织老干部观摩考察全县经济社会发展情况。组织部分离退休老干部对春季造林绿化工程进行现场观摩。组织离退休老干部就近参观崇信县保至善烈士纪念馆，观看《革命先烈保至善》影视片。组织部分退休县级干部远赴江西南昌、井冈山等地开展“追寻革命足迹、重温党的历史、感悟红色精神、深化畅谈展望”考察学习活动。

【生活待遇】 加强与组织、财政、人社、卫计等部门协作配合，确保离休干部离休费按时足额发放、医疗费按规定实报实销，年内争取企业离休干部困难医疗补助资金2.6万元，保障离休干部看病就医。组织20多名离退休人员在社区卫生服务中心进行免费体检，按照人均500元标准组织6名离休干部和14名退休县级干部进行健康体检，健全离退休老干部健康档案。结合全县实际，制定《崇信县特殊困难离退休干部和离休干部遗属帮扶实施办法》，完善帮扶困难离退休干部长效机制，对年龄较大、长期身患重病、生活不能自理的老干部，利用社区互助小组，实行亲情服务，开通服务热线，发放“亲情服务卡”。

【服务管理】 组织20多名离退休干部和部分青少年在汭河南岸栽植绿化树200余颗，命名为“老少共建林”。在县图书馆举办全县第一届离退休老干部象棋比赛暨“畅谈展望”活动座谈会。组织20余名退休干部在老干部义务植树责任区域内开展以“城市整洁全民有责，美化家园我在其中”为主题的全域无垃圾环境整治活动。先后组织县电视台记者，对五位退休干部进行专题采访报道，引导更多的老干部参与到活动中来继续加强老干部“政策宣传员”队伍建设，发现和培养以2名为代表的有一定网络影响的老干部网宣员领军人物，宣传“畅谈展望”主题活动。全县网宣员注册人数达到26人，发帖量4000余条。动员老干部积极参与全市离退休干部“畅谈十八大以来变化、展望十九大胜利召开”主题征文活动，经初审推荐给市委老干部局10名退休干部的11篇文章中，有10名老干部10篇作品获得市级先进个人荣誉称号。

【作用发挥】 年内离退休干部参加重大会议和重大活动40人(次)以上。引导在农、林、工、商、水、电、卫生、教育等部门长期工作过的老同志，将社会需求与本人志趣、专业特长相结合，为全县各项事业发展出谋献策。社区“五老”队伍骨干力量发展到40人，有10名离退休干部主动担任“网吧义务监督员”，开展网吧监督治理工作。以2名退休干部为主体的“崇文学社”，主要以中国历史、中共党史、诗词韵律、健康养生的研讨与发展为内容，以提高修养学识为目的，共开展学习讨论3次。1名退休干部申请创办全民悦读甘肃平凉阅读会，已发展会员400余人。以2名为代表的网宣员，积极在甘肃省老干部之家等网站发帖传播正能量，为全县文化事业全面发展贡献力量。

【创建“五好”关工委】 按照“基层创五好、五老学先进”要求，对乡村两级关工委组织力量进行加强。配备关工委主任、常务副主任、副主任、委员和专职关工委办公室主任，建立"三结合"的县关工委领导班子，全县共有关工委组织174个，其中关工委10个，关工小组164个，有专兼职的工作人员348名，聘请登记"五老"人员215名。根据关心下一代工作《条例》规定和"五好"创建标准，全县各乡（镇）根据工作实际，都建立留守儿童登记档案制度、乡村关工委领导职责和关工小组活动等制度，建立各种活动纪实的表簿册。

【关爱帮扶】 经常组织部分"五老"深入帮扶村锦屏镇刘家沟村开展爱心帮扶活动，"六一"前夕，县关工委深入到县幼儿园、锦屏幼儿园开展献爱心活动，送去书籍和幼儿学习用品、玩具，县委书记、县政府县长亲自到锦屏幼儿园与孩子们一起过"六一"，并为孩子们送去慰问品，在县城区一小参与县关工委和"五老"李旭东多方联系争取价值3万多元的《沈家祺自选集》爱心捐书活动。"五老"李旭东老师的好朋友，天津退休老教师王福芝老师向县上高考优秀贫困学生马莉捐助1万元，发挥"五老"弘扬正能量、关爱下一代的积极推进作用。年内积极争取省市关工委，"爱心书屋""双千工程"等项目落户崇信，柏树镇秦家庙小学、锦屏镇野雀小学建立"爱心书屋"。

【发挥"五老"优势】 结合"七五"普法工作，全县各学校都聘请"五老"法制副校长，开展消防和交通安全教育，定期不定期邀请公、检、法、司干警举办法制讲座活动、开展抵制毒品知识进校园宣讲宣传活动，累计举办各类法制讲座、报告会5场（次），近5000多名青少年受到教育，提升全县广大青少年知法、学法、懂法、用法，维护自身合法权益。聘任10名退休人员为省级"五老"网吧义务监督员，积极参与全县2所网吧的义务监督工作，把校园周边文化、食品、交通、环保等社会环境的监督管理纳入网吧监督范围，定期或不定期巡查走访。积极动员广大"五老"人员参加各类志愿服务团队，全县已有20名"五老"参与环保志愿者、交通协管员、爱心服务团队、纠纷调解员等志愿服务队伍，在组织参与社会治理的同时，注重调动"五老"的积极性，在重大节日期间看望慰问"五老"，为他们定期体检，组织"五老"外出考察，邀请"五老"参加政情通报会等等。

领导名录

局　长　樊军义（7月止）
　　　　郭景海（7月任）
副局长　张春英
关工委办公室主任　杨　波

史　志

【概况】 中共崇信县委党史办与县志办于2002年1月合署办公，两块牌子，一套班子，承担全县史志资料的搜集、整理、编纂、宣传和业务指导工作，现有人员编制6名，实有工作人员4名。《崇信县志（1991—2010）》被市委、市政府评为第六届优秀社会科学成果一等奖。

【宣传教育】 加大史志宣传教育，协助拍摄大型纪录片《中国影像方志》（崇信篇)，从选题入手，认真收集全县地理档案、历史沿革、古今名人、历史大事、实物遗存、当地特产等历史文化、山川风貌、人民生活和全县经济社会发展状况,积极配合,全面完成前期拍摄任务。保至善烈士纪念馆是县上唯一的党史教育基地,积极向省市申报,争取上级部门命名挂牌。5 月 17 日和 6 月 27 日，在保至善烈士纪念馆先后举行甘肃省第六批中共党史教育基地揭牌仪式和平凉市第二批中共党史教育基地揭牌仪式。省市领导,县直机关及省、市驻崇各单位党员职工代表,公安、武警战士代表,中小学学生代表,县委党校学员共计 800 多人参加活动,并入馆参观。联合县委宣传部、党校、保至善纪念馆等单位,开展“在职党员进社区服务”活动,摆放宣传展板、进行理论宣讲,发放宣传小折页。以发行《崇信年鉴(2015)》为突破口,先后发放《中共崇信县历史》《中共崇信县历史大事记 (2002—2014)》《崇信县志》等书籍 800 多本。先后 5 次发放《崇信县红色文化资源概览》小折页 1000 多份,宣传红色文化资源。并为崇信红牛、崇信苹果、崇信芹菜等地理商标申报提供县情服务。

【党史及专题资料编研】 启动《中国共产党崇信历史》(第二卷)，制定工作方案和初步编写大纲。完成 2017 年崇信县大事记跟踪记载。精心整理,及时上报《甘肃年鉴》《平凉年鉴》有关崇信的入编资料。积极收集改革开放专题资料,完成《崇信县“三讲”教育回顾》《崇信县党的群众路线教育实践活动综述》2 篇专题资料,并在《平凉党史》刊登。补充完善《平凉市红色旅游指南》《平凉方志录》有关内容;重印《崇信县红色文化资源概览》小折页,配合县委组织部完成《中共崇信县组织史资料》编纂工作。

【年鉴编纂】 年初，启动《崇信年鉴(2016)》编纂,下发文件,督促各乡镇、县直和省市驻崇各单位尽快启动工作。坚持“抓重点、破难点”的工作要求,分工负责,部署到位,集中精力,加大史志资料收集、整理、编纂力度,各乡镇(园区)、县直及省市驻崇各单位比较重视,都确定专门人员,认真编写年鉴资料长篇。深入厂矿企业及下属科级单位,多方协调、精心指导,均按期完成工作任务。于 8 月底全面完成资料征集,及时送县委、县政府主要领导审阅,完成出版印刷发行。该书设特载、大事记、县情概况、政治、经济、社会事业、乡(镇、园区)及城市社区、荣誉、附录共 9 个部分 45 万字,共收图片 110 张,真实记载 2016 年度全县政治、经济、文化、社会建设与发展的辉煌成果。

【其他工作】 全面做好精准扶贫工作，继续对联系的 5 户贫困户走访调研,制定脱贫计划,帮助贫困户发家致富。以改善锦屏镇长新村基础条件入手,争取市上“一事一议”财政补助资金 15 万元,硬化村社道路 500 米，改善村民出行条件。全面完成春秋季机关义务植树活动。筹资 6000 元，在公刘园栽植胸径 15 厘米的柳树 5 棵,全部成活。开展机关环境卫生集中清理工作,实现全域无垃圾目标。经过认真整理、规范装订，于4月移交2003—2015年永久档案17盒222件，30年案卷267件。

领导名录

主　任　朱鸿鹏(7月止)
　　　　梁步广(7月任)
副主任　张　涛

档　案

【概况】　崇信县档案局为县委直属事业单位，局(馆)一套人员，两块牌子。1994年晋升为省一级综合档案馆。有干部职工12人。

【目标管理】　年初召开全县党建工作会议，兑现2016年度档案工作目标责任管理责任书，制定印发《2017年全县档案工作要点》，并与各乡镇、各部门签订《2017年度档案工作目标管理责任书》，为全县档案工作顺利开展提供遵循。持续加大投入力度，全县档案管护经费达到每卷3元以上。县财政列支档案管护专项经费18万元，确保全县档案工作顺利开展。各单位高度重视档案工作，加大档案室的软硬件设施建设，建立专门档案室，购置档案专用柜，建立健全各项档案管理制度，配备档案管理人员，档案整理归档率达到80%以上。

【档案接收】　年初，督促各单位开展档案整理和移交，明确移交时限，移交范围，局馆工作人员按照包抓范围，上门指导落实，全年共接收县科技局、食药监局、质监局、县委党史办、龙泉宾馆文书档案412卷、会计档案854盒，占全年任务的140%。收集全县第二届微影视创作展评活动中的优秀影视作品22部，乡土作家图书资料31本。

【查阅利用】积极为社会各界提供档案查阅利用服务，共接待查阅利用档案人员216人(次)，调阅案卷318卷/件，复印489张。为领导干部晋升职级、党内文件清理、干部职工评定职称、调整工资、婚姻关系证明等提供可靠依据。利用档案查阅实例编写档案利用典型效益事例4例、档案编研成果2个。

【信息化建设】　先后制定下发《崇信县档案数字化管理实施方案》《崇信县档案数字化管理办法》。学习借鉴外县经验，通过政府采购服务的方式，委托广州珠海泰坦软件公司兰州分公司开展数字化扫描工作，签订《数字化保密协议》《馆藏档案数字化扫描工作协议》《馆藏档案目录输入协议》，完成24万幅馆藏档案的数字化扫描和目录输入工作任务，占全年任务的100%。

【项目建设】　年内，列资专项经费2.5万元，聘请1名工作人员，对馆藏287件605页抗日战争档案全文录入、点校，对时间、人物、文件来源进行校注，并完成全文扫描，已全面完成“抗日救亡资料征集项目”，并上报市局审核。开展“重点档案文件级目录输入项目”，抽出1名档案管理员，到省局进行培训，聘请4

名临时工作人员，继续对馆藏民国档案进行目录输入，已完成13434件，占全年任务的100%，修改完善2016年输入任务11250件。

【规范管理】坚持把标准化档案室建设作为提升档案管理水平的重要抓手，扎实开展档案示范点建设，组织县公安局、司法局积极争创甘肃省机关档案规范化管理“省特级”和“省一级”。通过多次上门培训指导，相关验收准备工作已全面完成，县公安局、司法局已向省、市档案部门上报验收申请，年底完成2个单位示范档案室评定验收工作。

【档案执法】年初，开展一次责任目标兑现暨档案执法检查工作，县上抽组16名工作人员，分4组，对全县83个立档单位进行检查，经检查兑现，全县档案工作优秀的26个单位，占31.3%，良好的51个单位，占61.4%，差的6个单位，占7.3%，检查结束后，县委、县政府对12个档案工作优秀单位进行表彰奖励，各颁发奖牌一面。联合县法制办开展一次档案执法检查，对全县50多个单位档案工作进行执法检查，对存在的档案文件积压、管理不规范等问题，现场提出具体的整改意见，督促责任单位限期进行整改落实。

【安全管理】严格执行档案馆安全值班、消防管理、档案查阅等制度，对档案资料库房定期巡察和随时检查，形成靠制度约束的档案安全管理机制。局(馆)主要负责人签订《崇信县夏季消防安全工作承诺书》，分管领导和两名工作人员参加县消防队的业务培训，提高消防安全理念，确保档案安全。实行涉密档案资料专人专柜管理，严格执行保密法和档案法，按照“涉密不上网，上网不涉密”的要求，加强涉密计算机管理。对拟公开的到期档案及时予以公开，既确保档案管理的保密性和安全性。

【宣传培训】高度重视档案业务培训和档案干部能力提升工作，选派5人参加全省第一期档案工作规范化管理培训班和国家重点档案文件级目录采集等培训班。同时，举办全县档案业务培训班，累计培训档案管理人员140人(次)。利用“6·9”国际档案日期间，联合县网信办、移动公司、电信公司，通过发送手机短信的方式，向全县广大群众宣传档案工作，免费发放档案宣传图册1500多册，并在县电视台进行播放，切实加强档案宣传效果。加强档案信息报送工作，累计在省档案信息网刊登档案工作信息16条，在市档案信息网刊登档案工作信息14条，提升崇信县档案工作的对外形象。

领导名录

局（馆）长 梁福荣

副局(馆)长 王富强

关喜梅(6月止)

王 宝(7月任)

正科级干部 吴 勇

副科级干部 张 炳

副主任科员 侯小玲

督查考核

【概况】 崇信县督查考核局内设办公室、督查室2个科室。有干部职工7人。年内累计开展专项督查59次，暗访督查10次，专项督办34次，承办领导批示件42期，印发《督办件》74期、《督查通报》46期、《督查专报》22期。

【督查考核】 积极组织开展习近平总书记考察甘肃提出的"八个着力"重要指示精神和省十三次党代会精神学习贯彻情况、意识形态、安全生产、市县列为民实事、国务院第三次大督查整改任务落实情况和国务院第四次大督查准备情况等工作督查22次。专项督办县委经济工作会议精神贯彻落实情况及2017年工作启动情况、2017年重点督查事项进展情况、县城规划区内违章建筑排查整治情况、贯彻落实省委省政府新发展理念"1+19"系列配套文件制定情况等工作13次。衔接协调开展招商引资、易地扶贫搬迁、重大项目建设和固定资产投资项目入库督查6次，暗访督查驻村帮扶工作队工作情况2次、全县重点项目建设1次。组织开展造林绿化、环境卫生综合治理、中央环保督查反馈问题整改、国家森林城市创建和国家生态文明建设示范县创建等工作督查29次，督促7个乡镇(集中区)和102个城区单位机关院内共栽植各类树木4947棵，落实完成春季造林43805亩，打造"四旁"绿化示范村16个；推动建立城区街道和机关院内定时洒水和湿式清扫机制，城区环境卫生显著改善；加快国家生态文明建设示范县各项指标和项目建设进度。牵头抽组相关部门人员组成7个督查组，采取"日督查、日通报"的方式，对全县全域无垃圾治理工作进行连续性深入督查51天，发现并督促各乡镇、县工业集中区、县直及省市驻崇单位和企业整改问题2902条，筹备县"四大家"分管领导专项督查4次，推动全域无垃圾治理取得阶段性成效。按照县委、县政府主要领导和分管领导对有关重点工作的批示，积极主动组织开展校园安全、春秋造林绿化、机关环境卫生、全域无垃圾治理、省市县列为民实事办理等工作督查督办89次，确保领导各项批示严格落实到位。认真组织实施全县7个乡镇(园区)、56个县政府部门及省市驻崇单位、10个金融机构和36户县内重点企业2016年经济社会发展和党建工作责任目标考核，提请县委、县政府对工作成绩优异的371个企事业单位和党组织进行表彰奖励。

【机制创新】 坚持问题导向，突出重点领域和关键环节，采取集中督查与专项督查相结合、定期督查与随机抽查相结合、明察暗访与跟踪督办相结合等方式，全面开展督查督办；积极联合县委组织部、纪委、农办、发改等部门开展工作，逐步形成督查考核局牵头，各有关职能部门参与的联合督查工作格局。充分发挥督办件、督查专报、督查通报、督查报告四大载体作用，完善督查督办台账、报告反馈、跟踪落实、上下联动四项工作机制，探索建立领导带头督、部门联合督、专班跟踪督、代表委员督、媒体介入督、群众参与督的六位一体督查模式，推动由单一督查向多方合作联动督查转变，初步形成横向到边、纵向到底的督查网络体系，扩大督查工作的覆盖面，提升工作的专业化和科学化水平。坚持把日常监督与党内监督、群众监督、舆论监督相结合，积极借鉴周边地区先进经验，充分发挥传统媒体和自媒体的舆论监督作用，综合运用“电视曝光”“网络问政”“微信督办”三大媒体督查督办手段，通过县门户网开设的安全生产、环境保护、造林绿化、社会治安综合治理等监督窗口和职能部门创办的微信工作交流群，及时发布督查通报，加强协调沟通，提高工作效率。

领导名录

局　长　张云刚

副局长　秦好书(11月止)

王忠平(11月任)　朱迎春

中共崇信县纪律检查委员会

【概况】 中共崇信县纪律检查委员会与县监察局合署办公。2017年7月12日，县纪委(监察局)重新设置8个内设机构，分别是：办公室、党风政风监督室(县政府纠正行业不正之风办公室)、信访室、案件审理室、纪检监察干部监督室、第一纪检监察室、第二纪检监察室、第三纪检监察室。共有编制26名，其中事业编制9名。有干部职工24人。12月20日，撤销崇信县监察局，组建崇信县监察委员会。12月23日，县监察委员会挂牌成立。

【党内监督】 不断加强对党内政治生态状况的监督检查，联合督查考核部门对乡镇、部门学习中共十九大精神情况开展专项督查，组织开展“两准则”“三条例”知识测试，引导党员干部牢固树立“四个意识”，坚决维护以习近平同志为核心的党中央权威和集中统一领导。严格落实《关于新形势下党内政治生活的若干准则》，选派纪检干部对各乡镇、县直单位召开2016年度民主生活会和肃清王三运流毒影响专题民主生活会情况进行督查指导，确保党内组织生活严肃、认真、规范。印发《关于严格执行崇信县领导干部婚丧喜庆有关事宜报备制度的通知》，重申领导干部操办婚丧喜庆有关规定，29名领导干部进行报备。严把廉洁意见回复关，对91名拟提拔和平职转任领导岗位的党员干部进行廉政审查、廉政法规知识测试和任前廉政谈话，监督21名乡镇、部门主要负责人认真履行离任交接手续，建立领导干部廉政档案，为强化源头治理提供制度保障。

【纪律审查】 完善纪委同公检法等部门查办涉嫌违纪违法犯罪案件协作配合机制，定期通报移送问题线索，查处公安、法院等部门移送党员干部违纪问题13件，纪律处分14人。对照《监督执纪工作规则》，健全完善报告、回避、保密、签字背书制度，规范信访受理、线索处置、执纪审查、案件审理等工作程序。年内，共受理信访举报问题线索66件，立案24件，结案24件，纪律处分32人，较上年增长77.8%。乡镇纪委聚焦主责主业，认真履行监督责任，严肃查处党员干部违纪行为，立案13件,结案13件,纪律处分18人,实现所有乡镇办案"零突破"。紧盯群众反映强烈的重点事,看住关键岗位、关键环节和关键人,严查领导干部违纪问题,共处分科级干部5人,占处分总人数的15.6%。

【执纪监督】 开展贯彻落实中央八项规定精神专项巡察工作,发现边巡边改问题791条,可查性问题线索92条,边巡边改问题已全部反馈有关单位进行整改,问题线索按规定程序处置。紧盯元旦、春节等重要时间节点,抽组乡镇纪委、部门纪检组人员65人(次),集中开展明察暗访5次,严肃查处大办婚庆事宜、违规发放津补贴、违规吃请等行为3起,纪律处分3人,释放出坚决查纠违反中央"八项规定"精神的强烈信号。聚焦脱贫攻坚"一号工程",开展扶贫领域监督检查、纪检干部入户访查贫困户等工作,通过调研座谈、查阅资料、实地检查、入户访查、个别谈话、征求意见、受理举报、财务核查等方式,对市委第六巡察组检查后剩余的75个行政村逐一开展检查,发现扶贫政策落实不到位、技能培训不扎实、扶贫贷款用途不规范等问题76条,梳理问题线索12条,发现问题全部反馈被检查单位整改,问题线索逐项进行核实。年内,共受理扶贫领域问题线索14件,立案2件,纪律处分5人,维护群众利益。

【专项行动】 开展"三纠三促"专项行动,共查找出在不担当不作为和弄虚作假方面存在的突出问题151条,督促各责任单位建立问题整改台账62本,制定整改措施198条,完成整改76条,促进中央和省市县委政府决策部署落实。严格落实问责条例和省委实施办法,加强对重大项目建设、安全生产、民生实事办理、环保问题整改等情况的监督检查,对工作中存在的苗头性问题及时批评教育,对失职失责问题严肃进行问责。年内,县委、县政府、县纪委领导先后约谈违反工作纪律,落实县委、县政府决策部署不力,重点工作、项目建设进展缓慢的乡镇、部门负责人135人,诫勉谈话10人。

【责任落实】 协助县委制定《县"四大家"主要领导、县委各常委、县政府各副县长落实党风廉政建设责任清单》,印发《2017年纪检监察工作要点》和《任务分解表》,每季度由县纪委班子成员带队对党风廉政建设和反腐败重点工作进行督查,年终统一考核,县委主要领导约谈考核名次靠后的乡镇、部门"一把手"13名,促进主体责任落实。严格落实《平凉市落实党风廉政建设主体责任全程纪实工作办法》,督促全县各级党组织和领导干部认真填写《履责台账》和《纪实档案》,实行一事一记,全程留痕。召开全县乡镇(园区)党政正职和县直部门主要负责人述纪述廉述作风会议和全县领导干部集体约谈会议,9名主要负责同志作"三述"报告,并接受评议。紧密配合市委第六巡察组开展巡察工作,督促各乡镇、部门整改即知即改问题156条,推动全面从严治党向基层延伸。

【体制改革】 协助县委稳步推进深化

国家监察体制改革试点工作，按期成立县监察委员会，撤销产生县监察委员会主任，任命副主任和委员，转隶检察院涉改部门工作人员2名，移交案件线索1件。同时，认真做好转隶人员思想引导、舆论宣传、经费划拨、办公用房等工作。严格按照省、市纪委要求，建成标准化谈话室1间28平方米，对谈话室墙体、办公桌椅进行软包，安装配备高清摄像头、医疗急救箱等必要设备。持续推进乡镇纪检组织规范化建设年活动，各乡镇纪委均实现“六有”目标，建成谈话室，安装监控设备。主动认领市纪委内部巡察反馈意见，逐项进行整改，并对3名纪检干部进行追责。制定《加强纪检监察干部监督工作的意见》，成立纪检监察干部监督室，强化对监督执纪各环节的监督制约。严格落实《四个提名考察办法》，按照考察办法先后调整乡镇、部门纪检监察干部6名，调动纪检监察干部工作积极性。

【教育培训】 严格落实中央八项规定和实施细则精神，紧盯重要时间节点，强化宣传提醒，利用清风崇信微信公众平台、崇信廉政网推送廉政信息543条，发送廉政短信3800多条，召开全县领导干部警示教育大会，编印《扶贫领域违纪典型案例警示录》《落实主体责任不力典型案例》等警示教育读本，组织收看《巡视利剑》电视专题片。组织全县纪检监察干部认真学习党的十九大精神，开展应知应会知识测试，召开县纪委常委会、县纪委中心组学习会23次，认真学习贯彻落实中央和省市委、纪委关于全面从严治党的各项新部署、新要求。召开全县纪检监察干部监督工作座谈会和乡镇纪委书记、县直部门纪检组长集体约谈会议，下发《关于15起纪检监察干部落实监督责任不力典型问题的通知》和《落实监督责任不力典型案例》，纪检监察干部履职尽责的自觉性进一步增强。组织全县纪检监察干部收看《打铁还需自身硬》电视专题片，开展《监督执纪工作规则》知识测试，举办全县纪检监察干部培训班，选派8名乡镇纪委书记参加全市纪检监察干部培训，选派6名同志到省市纪委参与纪律审查工作，以干代训，提升业务能力。

领导名录

纪委书记　冯建君
副书记　杨五堂
张转珍(12月止)
杨福泰(12月任)
常　委　杨爱琴
朱新勇(12月任)
崔春明　郭振华

监察局
局　长　杨五堂(12月止)
副局长　周列秀(非党)
杨福泰(4月任至12月止)

监察委员会
主　任　冯建君(12月任)
副主任　杨五堂(12月任)
杨福泰(12月任)
委　员　杨爱琴(12月任)
朱新勇(12月任)
代社林(12月任)
闫小东(12月任)
纪检监察员张转珍(12月任)

教育调研室主任 杨福泰(4 月止)

党风政风监督室（纠正行业不正之风办公室）主任 杨爱琴

副主任 王 辉(3 月任)

纪检监察室主任 崔春明(3 月止)

第二纪检监察室主任 崔春明(3 月任)

执法和效能监督室主任 郭振华(3 月止)

第三纪检监察室主任 郭振华(3 月任)

办公室主任 史军辉(11 月止)

纪检监察干部监督室主任 史军辉(11 月任)

信访室主任 闫小东

案件审理室主任 梁 金

第一纪检监察室副主任 党秉钧(3 月任)

崇信县人民代表大会常务委员会

【概况】崇信县人大常委会原内设机构为“五委两办”，即代表联络工作委员会、财政经济工作委员会、科教文卫工作委员会、法制工作委员会、农业与环境资源工作委员会和办公室、信访室。7 月，制定印发《崇信县人民代表大会常务委员会主要职责内设机构和人员编制规定》(崇发〔2017〕17 号)，将崇信县人大常委会内设机构调整为“一室四工委”，即办公室、法制司法民侨内务工作委员会、财政农业城建环保工作委员会、教育科学文化卫生工作委员会、代表人事工作委员会。设立崇信县城市社区人大工作委员会、崇信县工业集中区人大工作委员会，均为县人大常委会的派出机构。有干部职工 27 人。年内共组织召开常委会会议 9 次，主任会议 13 次，开展执法检查和调研视察 8 项，工作评议 1 项，听取和审议“一府两院”及相关部门专项工作报告 26 项，作出决议、决定、审议意见 14 件，备案登记规范性文件 11 件，依法任免县级国家机关工作人员 50 名，收集、审查、督办代表意见建议 70 件，完成县十七届人大一次会议确定的各项工作任务。

【党领导人大工作】始终坚持在县委的领导下定位和谋划工作，严格落实重大事项请示报告制度。全年，常委会向县委请示汇报重要会议、重点工作、重大活动、乡镇人大考核、人大代表及干部培训、省市人大会议精神贯彻落实、人代会筹备等工作 15 次。经县人大常委会党组提请，县委研究同意，将人大工作纳入党委年度目标考核考评，把政府部门落实人大常委会的决议、决定、审议意见和代表意见、建议办理情况列入县委督查考核范畴。在县委的重视支持下，人大工作依法依规有序开展。常委会牢固树立大局意识，主动配合全县民主法制领域改革、脱贫攻坚、项目建设等重点工作，认真落实全面建成小康社会重大决策、全面深化改革重大举措、全面依法治国重大方略、全面从严治党重大部署，常委会领导严格落实县级领导重大项目“三个一”包抓和党建联系工作责任制，主动参与对口联系工作和脱贫攻坚、项目建设、产业开发等全县性的重点工作、重要会议、重大活动，坚决贯彻县委重大决策，全力服务全县经济社会发展大局。12月19日—22日，县十七届人大会二次会议胜利召开。会议听取和审议县人大常委会和“一府两院”等6个工作报告，依法选举产生崇信县监察委员会主任，并作出相应决议，为坚决打好精准脱贫、污染防治、风险防控三大攻坚战，大力实施“五大战略”，壮大提升“五大产业”，实现整县脱贫，建设活力创新法治美丽幸福新崇信明确发展思路，凝聚发展共识。

【重大事项审议决定】 听取审议2017年上半年国民经济和社会发展计划、财政预算执行情况的报告，指出上半年经济社会发展中存在部分指标欠账较大、工业经济增长乏力、项目建设进展缓慢等问题，督促县政府采取积极措施应对经济下行压力，促进经济运行稳中向好。听取审议县政府2016年县级财政收支决算报告、2016年财政预算执行和财政收支情况的审计工作报告，认为2016年财政预算收支平衡，重点支出得到保障，预算执行情况良好，依法批准2016年财政决算。对拆除原县政府机关、住建局、商务局办公楼，龙泉宾馆楼房，县医院急救中心业务用房及附属建筑，腾退土地资产用于城区一小和县医院急诊医技楼建设的处置意见，统筹整合财政涉农资金支持贫困村基础设施建设、城区集中供热项目、棚户区改造项目政府购买服务费纳入财政预算、国家生态文明建设示范县规划编制等民生项目、专项规划，在深入调研的基础上进行审议，依法作出决议决定，规范和支持县政府推进经济、社会、生态、民生等各项事业的建设和发展。坚持党管干部和人大依法任免相统一原则，依法行使任免权。一年来，任免县级国家机关工作人员50名，通过召开颁发任命书大会等形式，组织新任命人员进行宪法宣誓，激励新任命人员更加尊崇和敬畏宪法，增强了权由法定、权依法使、权责一致的法治观念。

【法律监督】 组织部分人大代表和有关政府部门对《中华人民共和国城乡规划法》《中华人民共和国土地管理法》《中华人民共和国食品安全法》《中华人民共和国社会保险法》4部法律的实施情况开展执法检查，对法律执行中存在的规划执行管控不力、违法乱建、县城主街区常挖常烂常阻塞、基本农田保护不严格、个别项目用地未批先建、食品安全检测工作滞后、部分单位拖欠应缴养老保险金等18个方面的问题，提交常委会讨论，审议提出编制完善城乡规划体系，规划建设县城综合管廊，合理规划预留教育、医疗卫生发展建设用地，严格落实基本农田保护制度，加大土地监察执法，严肃查处违规占地用地行为，强化食品安全监管措施，净化食品安全经营市场环境，严格落实养老保险政策，加大养老保险扩面征缴力度等26条意见建议，促进有关法律法规全面、准确地贯彻落实。配合市人大常委会开展《中华人民共和国禁毒法》《中华人民共和国预算法》和《甘肃省预算审批监督条例》实施情况的执法检查、全市物业管理立法工作调研，提出强化禁毒打防控工作、依法保障人大加强预算监督等8条意见建议，征集上报物业管理立法建议，推动全县相关工作沿着法制化轨道健康发展。听取审议县人民法院、县人民检察院上半年工作报告，监督支持“两院”依法独立行使审判权和检察权。听取县政府“六五”普法规划实施和“七五”普法规划制定情况，作出在全县开展第七个五年法治宣传教育的决议。依法审查备案县政府规范性文件11件，向市人大报备规范性文件4件。受理涉法涉诉信访15件，及时转交“一府两院”依法依规办理。

【工作监督】听取审议2017年全县环境质量状况和环境保护工作完成情况的报告，对中央环境保护督查反馈问题整改不彻底、国家生态文明建设示范县创建5项指标不达标、重点污染减排和治理项目建设有欠账等问题，督促县政府及环保部门认真整改。听取审议2017年全县国有资产管理情况的报告，针对个别单位存在的国有资产管理重视程度不高，资产配置、处置程序不规范，国有资产登记不及时、账实不符等问题，督促县政府及国有资产管理部门健全完善监管机制，不断加强购置审批、配置使用、年检登记和资产处置工作，促使全县国有资产底数清楚，产权明晰，配置合理，管理规范。组织新一届人大代表对全县重大项目建设和政府承诺措办的惠民实事开展集中考察，让广大代表更深入、更准确地了解全县经济社会发展状况，监督支持政府加强和改进相关工作，达到监督与支持的有机统一。对医疗卫生工作开展专题调研，审议指出医疗技术人才匮乏、医院重点科室建设滞后、医疗服务功能不健全、基层卫生院规划布局不合理等问题，建议县政府及卫计部门健全基层医疗卫生服务体系，培养基层全科医疗人才，下大力气提升全县医疗卫生服务质量和水平。紧盯群众反映比较集中的惠农资金落实问题，常委会调研组深入乡村、农户，了解真实情况，听取意见建议，针对惠农资金申报把关不严、发放不及时等问题，审议提出加强惠农资金监管、推进支付方式改革、尽快解决惠农资金滞留问题等建议，督促县政府及相关部门逐一落实改进。聚焦蔬菜产业开发，多次深入锦屏、新窑、黄花、工业集中区了解产业发展现状，针对蔬菜生产组织化程度低、标准化程度不高、产业发展层次低、基础设施建设相对滞后等问题，审议提出持续加大蔬菜产业组织领导和政策扶持力度、扶持建办一批产业化龙头企业、加快新品种新技术的推广应用、重视“三品一标”蔬菜产品和产地认证、培育本土蔬菜品牌、拓宽蔬菜销售服务网络、强化蔬菜产品质量安全监管的意见建议，促进蔬菜产业扩量提质创牌增效。组织94名县人大代表和相关部门、单位、企业、合作经济组织负责人对县人行和农行、工行、甘肃银行、邮储银行、农村信用社等金融机构行风建设、业务开展、服务地方经济社会发展进行综合评议，在全面深入调研视察、广泛进行民意调查的基础上，充分肯定金融行业改革创新、服务地方经济发展、服务民生等方面所取得的各项成果，指出多数银行在乡镇没有设立营业网点，对小微企业和“三农”贷款投放规模较小，信贷抵押担保方式单一，行风建设有待加强等问题，提出加强金融监管、优化信贷供给结构，提升服务质量、加强行风建设等工作建议，向社会、各金融机构及其上级主管单位通报评议结果，以评议促进金融监管和各个银行的工作与时俱进，更好地服务全县改革发展大局，服务民生。对市人大组织开展的全市学前教育发展、蔬菜产业发展、农村公路建设养护管理等3项工作情况进行调研自查，提出增加幼儿学前教育资源供给、扶持鼓励民办幼儿园发展，完善蔬菜产业支持政策、实施品牌发展战略，加快构建农村公路网络、完善村级公路管理养护机制等意见建议15条。不断加大审议意见跟踪督办力度，依照《崇信县人大常委会审议意见办理督查办法》规定，结合工作实际逐步落实到具体事项、具体问题上，对近两年常委会形成的12项审议意见办理落实情况，听取政府及相关部门的专题报告，同步开展满意度测评，并将测评结果向社会公布。

【代表工作】 举办新一届人大代表和人大干部培训班，围绕人民代表大会制度的性质和职能、人大代表如何履职、如何做好闭会期间的乡镇人大工作、人大代表如何提出高质量的议案意见和建议、在视察调研执法检查等活动中人大代表如何发挥作用等主题，对120余名县人大代表和县乡(工业集中区、城市社区)人大干部进行为期一周的集中辅导培训，邀请县委党校理论教员对习近平总书记系列重要讲话、省十三次党代会、市委四届四次全体会议、全市基层党建工作推进会议等精神进行专题辅导。组织县乡(工业集中区、城市社区)人大干部对人大工作进行专题研讨，考察学习崆峒区乡镇(街道)人大工作和建设经验。培训规模大、时间长、内容丰富，对宣传人大理论，增强代表的人大意识，提高代表履职能力，起到启发、引导、普及、推动的作用。全面落实“两联系”制度，深入乡镇(工业集中区、城市社区)集中走访代表110余人，召开座谈培训会7场(次)，向代表通报常委会和“一府两院”工作情况，收集转办代表意见建议16条。坚持代表履职登记、代表接待选民、代表向选民述职等制度，不断扩大代表参与面。积极为代表依法履职创造条件，安排代表近400人（次）参与常委会组织的执法检查、调研视察、工作评议等活动，邀请28名人大代表列席常委会会议，推荐23名代表参与“一府两院”有关工作的听证、座谈、监督，年内代表人均参与常委会组织的履职活动3次以上，使更多的基层声音进入常委会决策。采取会议交办、主任现场督办、办理情况通报、满意度测评、测评结果向社会公开等措施，强化意见建议办理落实。代表提出的70条意见建议已经解决或基本解决61条，占87%；正在解决或因条件所限列入规划逐步解决9条，占13%。

【自身建设】 在全市率先出台《常委会讨论决定重大事项暂行办法》，把事关全县经济、政治、文化、社会和生态文明建设领域的国民经济和社会发展计划、财政预决算审批、重大项目投资、行政区划调整变更、环境保护等17个方面的重大事项纳入讨论决定范围。首次推行常委会讨论决定重大事项年度清单制度，对县政府提请的31项报告事项中应当由人大及其常委会讨论决定的事项，经常委会初审、县委同意后，将其中的10项正式确定为年度重大报告事项，由人大常委会审议决定。县委决策、人大决定、政府执行的协同机制更加规范。出台《常委会关于审计查出突出问题整改情况报告办法》《常委会听取和审议县政府环境保护工作情况暂行办法》，修订《人大常委会人事任免暂行办法》。制定财政经济委员会和法制委员会工作规则、会议制度、工作流程等制度9项。推行乡镇人大主席、人大代表列席常委会工作机制，修订完善代表意见建议督办、代表履职登记等工作制度3项。一些法律的规定、省市的要求、工作的经验及时通过制度的形式固化了下来，确保人大的各项工作有章可循、有据可依。

领导名录

主　任　章进录

副主任　马改秀　刘志刚

　　　　闫玉平　王德明

办公室主任　李文清

副主任　陈海明(9月止)

　　　　喻宏伟(9月任)

法制司法民侨内务工作委员会主任

　　　　温聚奎(9月任)

副主任　袁　敏(9月任)

财经农业城建环保工作委员会主任

　　　　朱彦平(9月任)

副主任　王小刚(9月任)

教育科学文化卫生工作委员会主任

　　　　朱炳慧(9月任)

副主任　陈丽萍(12任)

代表人事工作委员会主任

　　　　陈海明(9月任)

副主任　李海军(9月任)

信访室主任　张玉璞(9月止)

副主任　喻宏伟(9月止)

代表联络工作委员会主任

　　　　王小林(9月止)

副主任　李海军(9月止)

财政经济工作委员会主任

　　　　张锡贵(9月止)

副主任　王小刚(9月止)

科教文卫工作委员会主任

　　　　朱炳慧(9月止)

法制工作委员会主任

　　　　温聚奎(9月止)

副主任　袁　敏(9月止)

农业与环境资源工作委员会主任

　　　　袁中顺(9月止)

副主任　朱彦平(9月止)

城市社区人大工作委员会主任

　　　　高新文(12月任)

工业集中区人大工作委员会主任

　　　　王会生(12月任)

崇信县人民政府

县政府办公室

【概况】 崇信县人民政府办公室（应急办、法制办）内设研究室、秘书科、调研信息科；下设金融办、外事办。有干部职工36人。

【政务工作】 对政府工作报告、经济会讲话等重要文稿组成专门班子，结合领导的思路角度，认真讨论提纲，着重于出思路、出观点、出实招，集思广益、精心起草。严格执行公文处理办法，强化送阅、催办、反馈等措施，确保公文高效、快捷、安全、规范运行，全年共审核制发公文594份，其中上报198份、下发396份。坚持政务人员全员报信息制度，围绕全县经济社会发展大局，注重挖掘工作中的亮点典型，全年向市政府办公室报送各类政务信息378条。围绕精准扶贫精准脱贫、重大项目建设、优势产业开发、民计民生改善和干部群众反映的热点难点问题，深入开展调查研究，敏锐捕捉信息资源，全年由办公室牵头或参与起草的调研报告、考察报告10篇，其中被县委、县政府领导批示落实5篇，大气污染网格化管理、大学生及复转军人创业、产业扶贫贷款等调研考察报告中的意见建议被县委、县政府采纳。

【综合协调】主动加强与市政府办及县委办、人大办、政协办的联系沟通，对牵头承办的活动及时衔接、积极沟通，对配合协办的活动全力支持、共同落实。加强与乡镇、部门和省市驻崇单位的衔接协调，按程序研究处理提请县政府解决的问题和报送的重要情况，对一些涉及多个部门办理的工作，主动与部门衔接，靠实牵头单位，明确职责要求，确保政府各项工作衔接紧密、运转顺畅。规范健全常务会议题审批程序，明确会前议题讨论、合法性审查、社会稳定风险评估等相关规定，提高议题质量和会议效率。围绕阶段性重点工作，认真筹备组织各类会议，特别是围绕政府全体会、党组会等重要会议，提前安排，专人负责，严格审核，精心组织，确保会议质量。全年组织筹备政府全体会2次、政府常务会议18次、县长办公会11次。对重大项目观摩以及重点工作督查等政务活动，在接到上级通知后，办公室都提前介入，拟订方案，一些重要活动现场踩点，掌握实情，周密部署，全年共牵头或参与组织汭龙风情系列宣传活动、项目集中开工仪式、省市重大项目观摩、全域无垃圾现场会等重大活动12次，在会务服务、来宾接待和会场组织等方面做了大量细致的工作，确保各类活动有序开展。

【督查督办】为提高督办的针对性、有效性，办公室创新建立重点工作督办台账，对县政府常务会议定事项、领导批示等重点工作实行周督办制，全年共督办重点事项367件，累计督办1300多次，其中电话督办1160次、现场督办12次、联合督查4次，下发督办件48份，提请县政府常务会通报2次。加强与县委办、人大办、政协办和县督查考核局的沟通衔接，加大联合督办，全年共开展联合督查4次，下发督办件26份、督查通报23份。重视人大代表建议和政协委员提案办理的全程督查，年内联合人大办、政协办开展实地督办9次，70件人大代表意见建议和30件政协委员提案办复率达到100%。强化对省、市、县惠民实事办理情况的重点督办，会同督查考核局等单位，先后开展3次现场督办，43件省市县惠民实事全面落实。

【规范运行】 始终坚持把优质高效服务贯穿于办公室工作的全过程,从办事办会、活动接待、后勤事务等方面入手,完善工作制度,优化办事程序,合理调配人员,确保办公室各项工作快速高效运转。坚持用制度管财管物,实行财务会签和副职分管财务制度,重大开支坚持会议集体讨论决定,确保公用经费收支管理依法规范。健全主任、科长、秘书分工联系领导的服务机制,明确主任、副主任及政务人员的职责分工,科学安排领导公务活动,及时准确地为领导整理提供有关信息,确保服务不间断、无遗漏。高度重视信访工作,对群众来信来访及县长信箱留言反映的各类问题,严格按照规定程序受理,并指定专人协调有关部门调查处理,全年共受理群众来信来访 400 次 1200 人,转办 218 件,督办 120 件,做到“事事有反馈、件件有回音”。

【统筹兼顾】 组织开展行政执法单位执法人员和行政规范性文件清理工作,清理执法人员 32 人、规范性文件 61 件。加强应急值班值守,严格落实 24 小时值班和领导在岗带班制度以及节假日值班信息报告制度,确保各种突发事件得到快速高效处置,全年向市政府报送各类值班信息 32 条。加强与各金融机构的协调联系,强化金融运行和小额贷款监管,引导支持金融机构加大贷款投放,全县贷款余额达到 26.8 亿元,增长 12.3%,为全县经济社会发展提供有力的金融支持。对全县华侨、侨眷等情况进行调查摸底,将境外非政府组织及其投资项目纳入统一管理。牵头制定杨安、马新庄精准扶贫任务书和村、户作战图,组织领导干部深入农户逐人、逐项开展摸底,制定完善“一户一策”精准脱贫计划,着力解决制约群众脱贫致富的实际困难和问题,深入开展贫困户帮扶活动 8 次,组织各帮扶单位召开座谈会 2 次,动员党员帮助贫困户青贮玉米秸秆饲料 3 吨,解决群众生产生活中的实际困难问题 20 多件,协调相关职能部门实施危房改造、道路硬化等基础工程,改善贫困群众生产生活条件。马新庄村当年脱贫 3 户 14 人,贫困面下降到 3.23%;杨安村当年脱贫 25 户 59 人,贫困面下降到 11.09%。

领导名录

县　长　张拴会
常务副县长　赵　锋
副县长　李宏峰　何鹏举
信锦玲　张振华
办公室主任　关　伟(4 月止)
张海龙(4 月任)
副主任　王海龙
梁步广(兼)(7 月止)
完　洁(兼)(7 月任)
刘　飞(7 月止)
张永刚　张红伟
罗晓龙(11 月任)
纪检组长　杨　东
金融办主任　张永刚(兼)
副主任　崇　磊(7 月任)
秘书科科长　罗晓龙(11 月止)
应急办主任　王海龙(兼)
龙泉宾馆经理
刘　飞(兼)(7 月止)

工会主席　张玉璞(7月任)
调研信息科科长　王继洲
外事办公室主任　朱康乐(7月任)
主任科员　杜友坤

法　制

【概况】 崇信县人民政府法制办公室挂靠县政府办公室,有干部职工4人。

【依法行政】 年初,制定印发《崇信县人民政府关于加快建设法治政府打造法治政务环境的实施意见》《崇信县法治政府建设实施方案(2016—2020年)》《崇信县2017年依法行政工作要点》《崇信县2017年依法行政责任目标考核办法》,对全县的依法行政工作进行全面安排部署,明确重点任务、细化考核指标、严明考核奖罚措施,推动各项任务落实。修订《崇信县规范性文件管理办法》,建立规范性文件会前审核、备案审查、定期清理、统一登记、统一编号、统一发布、公示公开制度。共审查规范性文件9件,发布9件,公开9件,按规定登记备案9件。对全县2017年6月30日前以县政府、县政府办公室文件印发的规范性文件进行全面清理,共清理规范性文件61件,其中:保留44件,修改后重新发布5件,废止12件,并将清理结果通过县门户网、县政务公开平台向社会公布,接受监督。组织司法部门和基层法庭成立"农家法庭"互助调解小组,第一时间调解、开庭审理各类矛盾纠纷。年内共化解基层矛盾纠纷2483件,调解成功2483件,成功率达100%。认真落实《信访条例》,坚持依法办理信访案件,强化行政调解,年内,累计受理各类信访案件566批、2160人(次),做到法治信访、责任信访、阳光信访,解决群众合理合法诉求。在行政复议工作过程中,注重运用调解、和解手段化解行政纠纷,努力做到案结事了,最大限度地减少行政争议的负面效应,提升政府形象。共收到行政复议申请6件,受理5件,办结5件。制定印发《崇信县深化律师制度改革的实施意见》和《关于推行法律顾问制度和公职律师公司律师制度的实施意见》,充分发挥法律专家在重大决策、推进依法行政中的作用。年内,在重点项目招投标、重大项目经费管理、担保抵押合同、棚户区改造等方面,法律咨询委员全程跟进,及时提供法律帮助,共审查合同7份,公告2份,促进政府决策规范化、程序化、法治化。严格落实重大项目决策专家论证、风险评估机制,对崇信县"汭龙堡"农耕文化生态苑项目、崇信县集中供热PPP项目、崇信县一中教学楼、餐饮楼民生项目等172个重大项目进行专家论证、风险评估,做到依法决策、科学决策、民主决策,提高政府决策质量。按照简政放权、放管结合、优化服务的要求,年内共取消和调整行政审批事项9项,非行政审批事项全部清零,"三张清单一张网""一单两库"发布实施。严格落实政府信息公开有关规定,将全县238项公共服务事项全部纳入政务服务中心办理,全面简化办事环节和手续,优化公共服务流程,明确标准和时限,全县公共服务事项办理时限普遍缩短30%以上,提高办事效率。加强政务公开平台应用,将行政权力运行、财政专项资金、公共资源配置、公共服务、部门财政预决算、三公经费等信息情况全部列入平台公开，累计公开各类信息 9774 条，有效保障群众的知情权和监督权。

【执法监管】 积极与省政府法制办衔接，组织 100 名尚未取得执法证的行政执法人员参加全省持证执法工作综合法律知识考试，考试合格 85 人，合格率 85%，位居全市前列。全县各级执法部门共有持证执法人员 342 名，持证率 86%，基本做到“持证上岗，亮证执法”。按照年初重点工作安排，制定下发《崇信县行政执法案卷评查通知》，要求全县各行政执法单位对 2016 年 1 月 1 日至 2017 年 5 月 31 日期间已办结的行政许可、行政处罚、行政征收案卷采取一案一卷规范装订，并展开全面自查自评，自查率达到 100%。县依法行政工作领导小组办公室抽组评查人员对全县 50 个行政执法单位的 300 多份行政执法案卷进行抽查，其中优秀案卷达 70%、合格案卷达 96%、不合格案卷 4%，对不合格案卷通过现场点评提出整改意见，下发纠正通知书，并督促其限期整改落实。县依法行政工作领导小组办公室下发《2017 年干部职工学法用法制度落实情况的督查通知》，抽调 4 名工作人员成立专项督查组对全县 6 乡(镇)、44 个政府部门学法用法制度落实情况进行专项督查。采取查看单位制定的相关制度文件、查阅学法记录及个人学习笔记、检查法制宣传教育及学法考试资料、翻阅依法行政相关资料、听取工作汇报等方式进行。制定《崇信县推行重大执法决定法制审核制度试点工作实施方案》，对试点单位、试点任务、试点步骤提出明确要求，保证行政处罚的正确性，预防和减少行政复议案件、行政诉讼案件的发生，全面促进和谐社会的发展。年内，邀请县人大开展依法行政专题调研 4 次、执法检查 5 次，自行开展城市管理、环境保护、安全生产等工作监督检查 5 次，行政执法评议 2 次，行政执法专项整治活动 2 次，解决一批群众关心的热点难点问题。由县督查考核局牵头，会同县依法行政工作领导小组成员单位组成两个联合督查组，通过听取汇报、查阅资料、阵地查看和座谈评议等方式，对锦屏镇、安监局、食药监局、工商局等 50 个单位的依法行政工作进行中期督查。对查出的有关问题进行现场反馈，责令整改，有效地推进依法行政水平再上新台阶。

【法治教育】 为县政府党组成员、政府组成部门负责人开展法律辅导学习。为县政府党组学法提供教材 18 次，常务会议专题学法 10 次，法制宣传教育 2 次，新提拔领导干部任前法律知识考试 3 次，执法人员培训考试 1 次，保证领导干部学法常态化，制度化。坚持把普及法律知识、强化法制宣传作为提高依法行政水平的重要基础，以“3·15”国际消费者权益日、“6·26”国际禁毒日为载体，通过悬挂标语、设置宣传栏、现场设摊接受群众咨询、发送宣传资料等形式加大法律法规知识宣传。先后 4 次送法进学校、进社区，举办法律法规知识讲座和培训 4 场(次)，现场解答群众法律咨询160多(次),用法律手段为群众维权6次，解决邻里纠纷4件(次),发放宣传资料8000余(份),为法治政府建设营造良好的学法懂法守法氛围。

领导名录

主　任　梁步广(7月止)

　　　　完　洁(7月任)

公共资源交易管理

【概况】 崇信县公共资源交易管理委员会办公室为县公共资源交易管理委员会的常设办事机构，科级全额事业单位，隶属县政府管理,与县政府政务公开办公室合署办公,一个机构,两块牌子。县公共资源交易管理委员会办公室(县政府政务公开办公室)内设综合股、政务公开股、政务服务股、公共资源交易股等4个机构；下设公共资源交易中心(县政府政务服务中心),科级全额事业单位。有干部职工25人。

【政务公开】 制定出台《〈全面推进政务公开工作的意见〉实施细则》《2017年全县政务公开目录清单》《崇信县2017年政务公开工作要点》等政务公开制度,依托崇信门户网站及政务公开平台,推进重点领域信息公开，特别加强行政权力运行、财政预决算、三公经费、环境评估、棚户区改造等信息公开。将政务公开、政府信息公开工作纳入全县各单位绩效考核体系，以此促动各单位重视和推进政务公开和政府信息公开工作。组织举办政务公开、政府信息公开工作业务培训,邀请拓尔思公司专业技术人员到县授课，全县各乡镇、各有关部门业务骨干参加培训,使工作人员对政务公开、政府信息公开操作规程有直观、全面的了解,提升业务水平。结合全县实际情况和政务公开工作基础,县上积极申报开展基层政务公开标准化、规范化省级试点县,在安全生产和税收管理两个方面开展试点工作,现已上报省政府待批复。年内公开信息10495条,与上年同期相比超出17个百分点，政府信息公开率保持在95%以上,提高政府工作的透明度和公信力。

【政务服务】 按照“审批职能整合到位、项目进驻到位、项目授权到位”的“三到位”模式,把与经济发展、社会管理和公众利益密切相关的事项纳入县政府政务服务中心进行集中办理,与农村群众相关的便民服务事项纳入乡镇政务服务中心进行办理或代办,理顺政务服务机制。县级政务服务中心进驻窗口单位33个,进驻行政审批事项140项，公共服务事项238项。加强对乡镇(园区)、城市街道社区便民服务中心和村级便民服务站标准化建设的指导和监督,按照“力争年内标准化乡镇(园区)便民服务中心实现全覆盖、新建25个多功能村级便民服务站”目标要求,积极衔接各乡镇,确定建设便民服务站村部,已有2个标准化乡镇便民服务中心和25个多功能村级便民服务站已全部建成投入使用。推行“互联网+政务服务”新模式,建成网上办事大厅、公管办门户网站、微信公众账号、网上咨询投诉等在线服务,方便群众通过互联办理各项业务。在大厅设置触摸屏系统，将中心基本情况、职责、各类政策法规、各窗口办事指南、服务项目等事项全部录入，并将该系统与审批系统连接，增加办件查询等功能，实现信息的综合利用，为群众搭建便利、快捷的信息平台。年内全县共受理各类审批服务事项 62008 件，办结 61992 件，办结率达 99.9%，行政审批事项在甘肃省政务网办件数量位居全市县区第一。

【公共资源交易】 积极落实“放管服”改革精神，最大限度精简办事程序，减少办事环节，缩短办理时限。共开评标 282 场，同比增长 9.3%，进场交易成交总额 4.01 亿元，同比增长 112.2%，共节约资金 1136.29 万元，资金节约率 4.8%。其中工程建设类开评标 149 场（次），同比增长 11.4%，成交金额 1.77 亿元，同比增长 117%，节约资金 584.47 万元；政府采购开评标 128 场（次），同比增长 3.2%，成交金额 5964.83 万元，同比增长 8.9%，节约资金 551.82 万元；国有土地及资产处置拍卖进场交易共 5 次，成交金额 16373.7 万元。

【农村产权交易】 印制《崇信县农村产权交易宣传单》和《崇信县农村产权交易服务指南》，通过政务服务中心对办事群众进行宣传，同时通过公管办网站、微信公众平台进行宣传，让群众了解农村产权交易工作。组织相关人员，深入乡镇、村社，通过发放宣传资料等方式，面向群众进行农村产权交易工作宣传，增加群众知晓率和参与率，办理农村产权交易鉴证 3 份。

【便民热线办理】 坚持落实热线工作台账制，受理办理单位不良办理记录制，推行回访台账制和通知督办制，制定出台《崇信县 12345 综合便民服务热线运行管理办法》，注重平时督办、催办和协调沟通，便民服务热线办理结果成效显著。来电数量 201 条，回复 201 条，回复率 100%，群众满意率达到 100%，连续两季度位居全市第一。

领导名录

主　任　姚崇钧
副主任　杨爱奎　王军军　刘小林
党组书记　杨爱奎
公共资源交易中心主任
杨爱奎
副主任　张小龙
政务服务中心主任
王军军
副主任　刘小林
主任科员　朱玉梅
副主任科员　王晓惠

机关事务管理

【概况】 崇信县机关事务管理局内设综合办公室、公共机构节能股、资产管理股、公务车辆管理股、后勤保障股 5 个机构。有干部职工 42 人，其中临聘人员 27 人。

【公共机构节能】 以公共机构节能宣传周期活动开展为契机，在县文化广场举办以“节能有我，绿色共享”为主题的大型宣传活动。严格执行《崇信县公共机构节能管理办法》，提高机关单位节能产品的使用率。制定《"十三五"公共机构专项节能行动实施方案》和《关于做好2017年上半年公共机构能源资源消费统计工作的通知》，指导各单位认真做好2017年能源资源消耗数据统计、核实及上报工作。争取省局节能改造项目，安装22台节能饮水机，为统办楼机关近500名工作人员提供健康放心的饮水。

【国有资产管理】 制定印发《崇信县党政机关办公用房管理办法》，规范办公用房维修审批程序，对全县党政机关办公用房实行统一管理、统一调配划拨。对县住建局、商务局等单位的办公用房重新进行调配，规范国有资产处置程序。严格按照相关政策法规，切实规范国有资产处置程序。

【公务用车制度改革】 严格按照车改方案要求选拔留用公务用车23辆，其中一般公务用车13辆，综合行政执法用车10辆，用于保障参改单位公务出行。制定《崇信县留用车辆管理办法》《崇信县机关公务(综合执法)用车保障方案》等制度。严格执行用车审批、定点维修、凭票洗车，县城内平台工作人员随车加油等制度。办理车辆过户手续，更换公务用车专段号牌，设计招标公务用车平台管理系统，建成公务用车管理平台。依照公务用车管理规定，严格审批，合理调度，全力保障一般公务出行和综合行政执法活动，保证公务出行高效、便捷、安全。

【后勤保障】 修订完善《崇信县统办楼机关事务管理工作制度》，统筹安排统办楼机关联合值班，保安实行24小时轮岗值班，机关院落卫生实行划片包干网格化管理。加强院内园艺绿化工作，完成绿化补植维护保养工作。加快推进全域无垃圾工作，坚持每周一和周五下午机关卫生大扫除活动，坚持卫生检查评比制度，以通报、曝光的方式督促机关各单位落实环境卫生划片包干责任制。完善应急预案，加强应急保障和设备运行保障，投资7.62万元安装会议室、职工食堂视频监控系统，加大应急供电、消防、电梯、空调、监控系统和会议室设备维护检修。

领导名录

局　长	范治军
副局长	魏文汇(5月止)
	佘爱平(12月任)
	刘伟贤(12月任)
纪检组长	张金荣

政协崇信县委员会

【概况】 政协崇信县委员会下设一办五委，即办公室、农业农村工作委员会、提案法制委员会、文史资料委员会、经济科技委员会和宣教民族委员会。有干部职工23人。

【全委会议】 12月18—21日，政协崇信县第九届委员会第二次全体会议在县政务中心召开。会议听取政协崇信县第九届委员会常务委员会工作报告；听取政协崇信县第九届委员会常务委员会关于县政协九届一次会议以来提案工作情况报告;审议通过《关于政协崇信县第九届委员会第二次会议政治决议(草案)》《关于政协崇信县第九届委员会常务委员会工作报告的决议(草案)》《关于政协崇信县第九届委员会第一次会议以来提案工作情况报告的决议(草案)》《关于政协崇信县第九届委员会第二次会议提案情况和审查意见报告的决议(草案)》;补选政协崇信县第九届委员会副主席、常务委员1名。列席人大全体会议2次,分别听取讨论政府工作报告、人大工作报告、法检两院工作报告、发改和财政工作报告。

【常委会议】 3月3日,县政协九届二次常委会议召开。会上学习传达省政协十一届五次会议精神、县委十五届四次全委会暨县委经济工作会议精神、县纪委十五届二次会议精神和县委农村工作会暨全县扶贫开发工作会议精神;审议通过《政协崇信县委员会界别协商办法(试行)(草案)》和《政协崇信县委员会委员履职工作规则(试行)(草案)》;审议通过《政协崇信县委员会常务委员会2017年工作要点(草案)》和《政协崇信县委员会2017年协商工作计划(草案)》。4月26日,县政协九届三次常委会议召开。会上,学习省委《关于进一步加强政协工作推进人民政协协商民主建设的意见》;审议通过《全县农业供给侧结构性改革和发展情况调研报告》和《全县村镇环境卫生治理情况视察报告》;审议表决通过有关人事任免事项;各常委就两个报告草案进行认真讨论,提出指导性意见建议。7月21日,县政协九届四次常委会议召开。会上,传达学习全国政协"构建'亲''清'新型政商关系,促进民营经济健康发展"专题协商会议精神;学习省第十三次党代会精神以及省政协主席冯健身在传达省第十三次党代会精神大会上的讲话;赵锋通报全县上半年经济社会发展情况;审议通过《"建立长效监管机制,保障道路交通安全"双月协商座谈情况报告(草案)》和《"加大开发保护力度,提升旅游产业发展水平"双月协商座谈情况报告(草案)》;通报有关人事任免事项。9月29日,崇信县政协九届五次常委会议召开。会上,传达学习林铎同志在全省深度贫困地区脱贫攻坚专题工作会议上的讲话精神和中共崇信县第十五届委员会第七次全委(扩大)会议精神,审议通过《巩固环境保护成果,建立环保长效机制专题调研报告》、《加大旧庄基复垦力度,提高土地保护和利用效率专题调研报告》和《放宽视野抓招商引资保落地,积极培植后续财源双月协商座谈情况报告》。10月27日,县政协九届六次常委(扩大)会议召开。会上,集中学习中国共产党第十九次全国代表大会关于十八届中央委员会报告的决议、关于十八届中央纪律检查委员会工作报告的决议、关于《中国共产党章程(修正案)》的决议,以及中国共产党第十九届中央委员会第一次全体会议公报、中国共产党第十九届中央纪律检查委员会第一次全体会议公报。11月23日,县政协九届七次常委(扩大)会议召开。会议传达学习中共十九大报告、林铎同志在省委常委会扩大会议上的讲话精神;审议《"营造尊师重教氛围,优化教育发展环境"专题调研报告(草案)》《关于全县普通高中教育教学质量的调研报告(草案)》《全县农村小学“小班化教育”情况视察报告 (草案)》《“加快产业配套发展,提升农业综合项目实施区土地利用效益”专题调研报告(草案)》;审议人事变动有关事项。12月15日,县政协九届八次常委会议召开。会议审议通过《关于召开政协崇信县第九届委员会第二次会议的决定(草案)》《政协崇信县第九届委员会第二次会议议程、日程(草案)》《政协崇信县第九届委员会常务委员会工作报告 (草案)》《政协崇信县第九届委员会常务委员会关于九届一次会议以来提案工作情况的报告(草案)》, 协商提出政协崇信县第九届委员会第二次会议秘书长和副秘书长建议名单(草案)、政协崇信县第九届委员会第二次会议大会执行主席建议名单 (草案)、政协崇信县第九届委员会第二次会议提案审查委员会建议名单(草案),协商通过政协崇信县第九届委员会第二次会议提案审查工作暂行办法(草案),协商提出《常委会工作报告》《提案工作报告》《提案审查情况报告》报告人建议名单(草案),审议通过会议主持人建议名单(草案)和大会参会人员范围(草案)。各常委就会议有关事项进行认真讨论, 提出指导性意见建议。12月18日, 县政协九届九次常委会议召开。会议审议通过《政协崇信县第九届委员会第二次会议日程(草案)》,大会讨论分组名单(草案),大会工作机构及工作人员名单(草案),张志仓同志辞去政协崇信县第九届委员会副主席、常务委员职务的有关事项,政协崇信县第九届委员会增补委员名单(草案),政协崇信县第九届委员会补选常务委员、副主席候选人建议名单(草案); 协商通过政协崇信县第九届委员会第二次会议选举办法(草案)。12月20日下午5时,县政协九届十次常委会议召开。会议听取各小组关于补选政协崇信县第九届委员会常务委员、副主席候选人酝酿情况汇报;审议通过政协崇信县第九届委员会第二次会议确认政协崇信县第九届委员会常务委员会关于同意张志仓同志辞职的决定(草案);补选政协崇信县第九届委员会常务委员、副主席候选人名单;政协崇信县第九届委员会第二次会议选举办法(草案);政协崇信县第九届委员会第二次会议总监票人、监票人名单(草案); 政协崇信县第九届委员会第二次会议总计票人、计票人名单(草案);讨论通过政协崇信县第九届委员会第二次会议提案情况和审查意见的报告(草案);审议通过政协崇信县第九届委员会第二次会议政治决议(草案);关于政协崇信县第九届委员会常务委员会工作报告的决议(草案); 关于政协崇信县第九届委员会常务委员会九届一次会议以来提案工作情况报告的决议(草案);关于政协崇信县第九届委员会第二次会议提案情况和审查意见报告的决议(草案)。

【协商民主】 结合全县中心工作多方征集确定全年调研视察协商议题12项;围绕全县普通高中教育教学质量、恢复铜城乡并实行乡改镇等党政关注和亟须研究的议题开展调研协商,为县委、县政府科学决策提供参考。同时,各主席、政协委员通过参加县委、县政府的重要会议和督查调研等重大活动，就有关问题提出意见建议，使政协在党政决策和全县政治生活中实现充分参与。认真贯彻县委实施意见精神，完善全委会议集中协商、常委会议重点协商、主席会议专题协商、专委会议对口协商的工作机制，立足增加协商密度开展双月协商，全年召开常委会议9次，专题协商和双月协商11次，提案办理协商2次，形成宽领域、多层次、常态化的协商议政格局。

【参政议政】 认真落实县级干部重大项目“三个一”包抓责任制，全力抓建所联系的项目、基层党组织和党建示范点，积极参与全县重大项目审定调度、全域无垃圾治理、环保督察反馈问题整改落实、贫困人口脱贫退出县级抽查验收等督查调研活动和陕西大荔县美丽乡村建设、张掖市PPP项目管理运行、贵州六盘水市农村“三变”改革、山西洪洞县文化旅游产业发展等考察学习活动，全方位、常态化参与中心工作，协力推进工作落实。年内，围绕农业供给侧结构性改革、农业综合项目实施区土地利用效益提升、旧庄基复垦与土地保护利用、环境保护成果巩固、尊师重教氛围营造、普通高中教育教学质量开展调研6次；围绕“放宽视野抓招商引资保落地，积极培植后续财源”“加大开发保护力度，提升旅游产业发展水平”“建立长效监管机制，保障道路交通安全”开展专题协商3次，形成调研报告9份，提出对策建议260余条。配合市政协开展调研观摩活动5次，结合县情实际反映意见建议80余条，得到关注和采纳。组织委员围绕“加强村镇环境卫生治理，提高综合管理水平”“农村小学小班化教育”开展专项视察2次，有针对性地提出意见建议30余条。加强委员提案办理工作，对九届一次会议期间审立的30件提案进行集中督办并通报，已经办结和基本办结的提案26件，正在解决和列入规划逐步解决的4件，办结率为86.7%。组织10名在崇市政协委员就全县重大交通基础设施项目、旅游、社会事业、红牛、果菜及木本油料产业发展等问题提交提案20件，列入市级提案19件，所提建议得到高度重视和有效落实。充分发挥帮扶锦屏镇组长单位职能作用，组织帮扶单位召开工作推进会议3次，协调解决困难问题60余件，督促落实帮扶责任。

【对外交流】 组织民主党派、工商联、民族宗教团体等各界人士参加调研视察、协商座谈等活动50余人次，促进各族各界知情明政，支持县委、县政府工作。共审立来自民盟、工商联及委员联合提交的集体提案16件，经济、卫生、教育等界别提案8件，充分尊重和保障各界人士通过政协平台参政议政的权利。发挥政协文史资料“存史、资政、团结、育人”的作用，注重挖掘和体现崇信历史史料的时代价值，对民国《崇信县志》进行点校、影印，使这一宝贵史料发挥应有作用，取得良好的社会效果。面向政协委员和各族各界人士收集整理文史资料20余篇4万余字，《崇信文史(第八辑)》的编辑工作有序进行。加强同省内外政协组织和友好团体的联谊交流，利用各种机会宣传推介崇信，同周边市、县互通互换党史、文史资料，交流工作经验。加强政协工作和委员履职成果宣传，在省委政研室《调查与研究》发表调研文章2篇，在省政协《民主协商报》刊登崇信政协工作专版1期，在省、市、县媒体平台累计发布履职动态130余条。开通新版政协网站和微信公众号，建立崇信政协微信群和政协委员微信群，为联系服务委员、增进对外交流提供便捷窗口和渠道。

【提案工作】全面落实县十五次党代会提出的目标任务，积极组织各参加单位和全体政协委员，围绕改革发展和人民群众关心关注的热点难点问题，充分运用提案履职尽责，建言献策，共提交提案84件，经审查遴选和合并处理，最终立案30件，所有提案已全部办理答复，办复率100%，办结25件，基本办结1件，办结率86.7%，有4件提案因条件所限需要逐年延期办理，已向提案委员作了说明。

领导名录

主　席　刘志仓

副主席　张志仓(8月止)

于炳林　吴黎昕　梁正军

黄新人(12月任)

办公室主任　马海蓉

副主任　陈　龙(7月止)

张大为(11月任)

农业农村工作委员会主任

杨根兴

提案法制委员会主任

马麦存

文史资料委员会主任

章国玺

经济科技委员会主任

张建伟

宣教民族委员会主任

张富仓(3月止)

郑显周(3月任)

主任科员

张富仓(3月任)

梁拴科(7月任)

民盟崇信县委员会

【思想建设】年内，盟委员会召开集中学习会议三次，各支部自行学习五次。全体盟员认真学习习近平总书记系列讲话精神，十八届五中、六中及十九大全会公报，中共中央关于统战工作会议精神等内容。通过强化学习，提高广大盟员的思想认识，坚定理论自信、道路自信、制度自信。树立大局意识，勇于担当，积极作为，正风气，正纪律，正自己，懂规矩，讲政治，站好位，不越位，不错位，始终与中国共产党保持一条心，结成统一战线，以良好的作风服务于社会。除了各支部集中学习外，盟员按照各自单位的统一部署与安排，采取集体学习和个人学习相结合的形式，开展讨论，相互交流，取长补短，坚定与中国共产党肝胆相照、荣辱与共、风雨同舟的信念与决心。及时传达民盟平凉市委、中共崇信县委及统战部有关重要会议精神，学习《中央盟讯》《甘肃民盟》《平凉盟讯》及时事政治等，以达到交流信息、交换思想、共同进步、相互提高、探讨问题、把议政与学习有机结合起来的目的。通过学习，盟员及时了解了各级盟务动态、上级行政部门的施政纲领与政策，使盟员始终保持清醒的头脑，坚定不移地站在中国共产党的身边，紧紧团结在以习近平同志为核心的党中央周围，与中国共产党始终保持同心同德，同心同力，同心同行。

【组织建设】 通过学习、座谈等形式，广泛与盟员交流，及时沟通，不断提高盟委员会的凝聚力与向心力。年内，涌现出杜广平、王志清、关银玉、陈明玉、陈奋梅等17位先进盟员，他们参政议政热情高，服务社会意识强，为组织顺利开展工作发挥作用，付出的心血，成为大多数盟员学习的榜样。支部还广纳贤才，吸收优秀知识分子壮大组织，年内吸收新盟员1名。采取走出去的方式，广泛参加各级培训，提高盟员的思想水平与参政议政能力。1名盟员参加市级人大代表培训2次，市级民主党派骨干培训1次。还有3人次分别参加市县培训。通过培训与学习，开阔了眼界，坚定了思想，提高参政议政能力，为更好地服务社会打下坚实的基础。

【服务社会】 在召开的九届政协会议上，民盟委员会获县政协优秀提案先进集体奖。为保证提案质量，言之有据、言为民意，盟委员会组织部分盟员深入调查研究，走访有关部门，在广泛听取群众意见和建议的基础上，向县政协提交议案9条，收到良好的社会效果。围绕中共崇信县委、县政府工作重心，充分发挥民盟的人才优势，积极参与崇信县经济建设与和谐发展，勇于并且善于提出意见和建议。主委杜广平参加人大视察调研6次，撰写调研报告3篇。县一中支部对全县职业教育进行调研，形成调研报告一篇。城乡联合支部与委员会联合视察调研全县精准扶贫工作，通过走访、进村进户、座谈等形式，掌握全县精准扶贫工作的动态，完成调研报告一篇，提交中共崇信县委。

领导名录

名誉主委	张志仓
主任委员	杜广平
副主任委员	王志清
	陈明玉
	关银玉

群团组织

总工会

【概况】 崇信县总工会下设困难职工帮扶中心。有干部职工13人。

【宣传教育】 着眼丰富职工文化生活，激发干事创业热情，举办职工篮球运动会、书画展、歌咏比赛等活动3场(次)，深入名翔牧业公司等开展送文化活动5场(次)，参与职工2500多人次。举办全县工会干部培训班1期95人。表彰先进基层工会15个，模范职工之家(小家)10个，优秀工会工作者22人。

【作用发挥】 围绕服务产业发展，提升职工技能素质，举办医疗急救、护理技能和电焊工技能竞赛活动3场(次)，参赛162人。举办电焊和现代农业应用技术培训班2期305人，技能鉴定1期168人；征集、评选职工优秀技术创新成果3项。

【职工权益保障】 立足维护职工权益,促进社会和谐稳定,接待来访职工22人(次),回复问题12条,参与机械伤亡事故调查处理1起。组织五举煤矿等27支代表队81名选手进行“安康杯”知识竞赛活动;劳动安全卫生专项集体合同覆盖率达到100%,环卫、采矿等行业职工体检率达到100%,全县职工健康档案建档率达到70%以上,办理职工互助理疗保险1028人,报销职工住院费13万元。国有及其控股企业、事业单位职代会、厂务公开制度建制率动态保持在95%以上,完善提升县中医院、县给排水公司、天赐房产公司等民主管理示范点5个。

【基层建设】 以夯实基层基础,激发基层组织活力为目标,新建基层组织5个,新创建规范化乡(镇)工会2个、示范村工会2个,全县工会组建率动态保持在85%以上,职工入会率达到95%以上。

【服务工作】 坚持以职工需求为导向,充分发挥工会组织桥梁纽带作用,筹措资金25万元,救助慰问困难职工、农民工332人。为55名应届二本以上困难家庭学子发放助学金5.5万元;为环卫、交警执勤点、护林站、农村道路劝导站、给排水公司等一线职工送去“清凉礼包”320份,价值4.5万元;持续开展女职工关爱行动,救助患病女职工20人,发放救助金2万元。认真落实“精准扶贫,精准脱贫”工作,为联系村措办实事2件,举办政策法规、农业技能培训班2期,培训建档立卡户219人。

领导名录

主　席 张得林

副主席 信旭阳　吴志炜

经审委主任 信瑞芳

帮扶中心主任 王鸿勇

共青团

【概况】 共青团崇信县委员会设有6个乡镇团委、3个学校团委、6个团工委、25个团总支、451个团支部,有专兼职团干部965名。全县共有14—28周岁青年21081人,团员4606人,团青比21.85%。有干部职工5人。

【基层组织建设】 持续推广在行业、园区、驻外组织建立团组织,加强非公企业、社会组织、农村专业合作组织、青年自组织等领域建团力度,努力构建纵横交错的网格化组织体系。共建团组织491个,村部、社区覆盖率达100%。结合村两委集中换届,对全县79个行政村团组织班子进行调整。认真落实“1+100”团干部直接联系青年工作机制,团县委干部及乡镇(园区)、街道团委书记共联系青年1994名。组织机关团干和县直单位团组织主要负责人召开学习《习近平七年知青岁月》专题座谈会,狠抓团干部作风建设,继续推行走出办公室、走进青少年、重在抓落实的浓厚氛围。持续开展团干部健康成长教育,组织团干部在团干部教育培训网进行培训学习。联合县教育局,通过民主推荐、组织考察、充分酝酿等程序，选优配强学校团队干部，选任7个学校团委书记。年内，积极吸纳4名大学生村官进入村级团干部队伍，将乡镇新录用的年轻公务员优先推荐作为各级团组织的负责人。加强团员队伍建设，新发展团员400名，不断健全完善团员管理机制。

【青少年思想引领】 坚持网络新媒体主攻方向，完善崇信共青团微信群等新媒体平台。先后组织开展"寻找身边的雷锋"、"学团史跟党走"网络知识竞赛等网络文化和网上拉练活动8场(次)，发布网络信息500余(条)。深入开展中国特色社会主义教育，先后组织青少年参观保至善烈士纪念馆6次，受教育青少年2400多人，引导团干部、团员青年坚定对中国特色社会主义的道路自信、理论自信、制度自信和文化自信。充分利用纪念"五四"运动98周年、中共十九大召开等重大契机，举办庆五四全县职工篮球运动会、"弘扬五四精神，激发青春梦想"主题图片展、青年党员展风采主题演讲比赛、"喜迎十九大党在我心中"庆国庆书画展，配合县委宣传部成功举办"奥宸健身"杯环城赛；开展"崇信最美青年""最美中学生""向上向善好青年"主题评选活动。组织县直单位团干集体学习《习近平的七年知青岁月》，畅谈学习感悟；联合县委组织部举办"学青年习近平，做青春逐梦人"主题读书分享会，来自全县各乡镇、各部门的20名青年党员代表结合本职工作，从不同角度谈自己学习《习近平的七年知青岁月》的心得感受。

【服务经济社会发展】 聚力精准扶贫精准脱贫，坚持虚功实做、主动作为，着力在措办实事和惠民生方面求突破。积极推进农村青年创业致富"领头雁"培养工作，充分发挥农村青年致富带头人、乡村好青年、向上向善好青年等先进典型引导作用，开展肉牛、果菜等实用技能培训，培训青年200名。扎实开展精准扶贫工作，开展"四个一"帮扶活动，举办首届杨家沟村农民运动会，组织干部帮助贫困户开展青贮工作，通过协调争取"一事一议"项目，帮助维修、加宽村部门前路面主干道1公里。主动参与招商引资工作，通过积极衔接，与凯利商贸有限责任公司签订总投资2000万元的LNG/L—CNG天然气汽车加气站项目，已完成征地拆迁工作，待核准后开工建设。开展"暖冬行动"、"学雷锋"系列活动、禁毒宣传、服务高考、反邪教、"全域无垃圾团员青年在行动"等志愿服务活动22场(次)，参与人数500多人(次)，为关村敬老院、西刘小学、九功九年制学校、崖窑小学、黄花九年制学校捐助价值3万元的生活和学习用品。实施"童伴计划"，团组织结对帮扶541名留守儿童，实现哪里有留守儿童，哪里就有团组织关爱。向全县广大团员青年发出造林绿化倡议书，春秋季发动团员青年在县城面山、西坪山、公路两侧、荒山、小城镇、新农村等开展义务植树。主动衔接邀请西北师范大学学生志愿者来崇信开展以专题调研、互动联谊为主要形式的暑期社会实践活动，在宣传推介崇信、促进资源共享等方面发挥积极作用。深入贯彻落实"大众创业万众创新"的决策部署，年内新建青年之家1个，青创空间1个，开展城市青年创业就业培训100余人(次)，培养开办中小企业的城市青年创业人才2名。举办崇信县首届青少儿才艺大赛，鼓励青少年根据自己的喜好兴趣全面发展，为以后的创业就业打下良好基础。充分发挥县电子商务服务中心的电商创业孵化基地作用，联合商务局举办电子商务培训1场(次)。2名西部计划青年志愿者顺利转正上岗。在促进青年创业就业等方面取得积极成效。

【服务青年成长成才】 积极推进建立“一村一支”“一支一号”，全县79个行政村全部建立团支部，每个团支部均建立微信群，各类新媒体平台覆盖辖区青少年5000多人(次)。指导全县建立青年网络文明志愿者队伍，总人数达120余人。年内，组织青年网络文明志愿者、网络宣传员开展15次网上跟帖评论活动，争当网络宣传排头兵。依托已建成的2个青年中心开展活动5场(次)，与13家青年社会组织建立长期联系。围绕青少年急需、共青团能为的领域和重点，强化服务意识，挖掘服务资源，提升服务能力，不断扩大工作覆盖面和有效性。为1名患重病儿童发出募捐倡议，募集资金3.5万元。联系社会爱心企业为1名家庭困难学生每学年捐赠助学资金5000元，争取希望工程2万元，资助贫困大学生4名。结合“六一”等节日为46名农村留守儿童捐赠学习用品200件套。联系社会公益组织为全县听障青少年捐赠助听器37个，价值27.6万元，为黄花乡九年制学校留守儿童捐赠棉衣98套，为孤寡老人捐赠过冬棉衣150套。8月下旬举办“情定七夕·缘来是你”崇信县2017年单身青年联谊活动，最终有7对青年男女牵手成功，联谊会展现全县男女青年的良好风貌，为全县青年在交友联谊等方面搭建良好平台。不断深化“共青团与人大代表、政协委员面对面”等活动，围绕城乡青年电商创业开展专题调研。将“青少年维权在线”和“青年之声”互动社交平台接入团县委官方微信，宣传法律知识，解答青年咨询，帮助疏导青少年情绪，降低青少年违法犯罪率。深入开展普法宣讲志愿服务活动，联合公检法司等部门，开展为期两周的“6·26”禁毒宣传和“法制进校园”活动。依托县法律援助中心，设立法律咨询、法律维权等窗口。对五类重点青少年群体数据进行摸排更新，挂牌建立虚拟专门学校，开展有不良或严重不良行为青少年教育矫治工作。

领导名录

书　记　牛永锋

副书记　张郁馨

妇 联

【概况】 崇信县妇女联合会内设妇女儿童工作委员会办公室。有干部职工6人。

【基层妇联组织建设】 坚持抓好“党建带妇建”的工作思路，探索在产业链上建立妇联1个，在移民社区建大妇联组织1个，在民营企业建立妇联1个，拓展组织网络，延伸妇女工作手臂，实现哪里有妇女，哪里就有妇女组织的目标。举办妇女干部能力素质提升培训班1期，培训人员150名，年内，3名干部获得市级奖励，1名获县级奖励，1名获部门奖励，表彰命名“先进基层妇联组织”10个。开展各种技能比赛，对基层妇联干部举办培训班，对新上任的村妇联主席实行全员培训；表彰命名县级“优秀妇联干部”10名。组织3名女干部赴上海复旦大学参加妇女干部综合素质与能力提升培训班和秋季主题培训班，提升妇女干部的整体素质。编印下发《法律法规简明读本》，提升基层妇女干部政策知识知晓率。

【精准扶贫】 年内，实施妇女创业贷款工作，发放贷款397户2610万元，重点扶持建档立卡贫困妇女发展特色产业，帮助贫困妇女创业脱贫。举办劳务品牌家政服务员培训班，培训妇女220人，通过技能鉴定，合格持证200人；往北京富平学校输送家政服务员81名，向兰州、天津输送63名。联合县人社局、扶贫办等部门举行精准扶贫“陇原巧手”妇女手工编织技能培训班7期，培训建档立卡贫困妇女422人，扶持培养经纪人3名。联合县人社局累计组织输转妇女劳动力340人，基层妇联开展各类就业创业培训1900人(次)。扶持崇信县公刘文化传播有限公司创建省级陇原巧手联盟培训示范基地1处，建办陇原巧手展馆2个；参加全市第四届“陇原巧手”手工艺品大赛暨展示展销活动和陇台妇女手工艺品展销交流活动，展出妇女手工编织作品1000多件，实现销售收入过万元。培树“双学双比”女能手30人，巾帼创业致富带头人15人。联合县卫计局先后举行精准扶贫农村妇女“两癌”筛查项目启动仪式、“健康新农村、妇女保健工程”暨城乡妇女病免费查启动仪式和“关爱女性、关注健康”女职工保健知识讲座，共有5000多名城乡妇女接受“两癌”筛查和妇女病普查。深入开展帮扶慰问活动，进村入户率达到100%，解决妇女群众反映强烈的突出问题4条，为基层妇女群众措办实事9件，为帮扶户送去生产生活物资。

【社会关爱救助】 组织巾帼志愿者，设立宣传咨询点，开展妇女儿童法律法规宣传咨询活动，并围绕妇女发展、妇女维权、家庭文明建设等问题与群众开展宣讲交流，共发放宣传资料3000余份，接待群众咨询360多人(次)。在春节、“三八”期间联合县工会上门走访慰问“两癌”妇女、贫困妇女、单亲母亲23户，发放慰问金5万元。利用门诊开展工作，共筛查5000人，查出疑似病例6人，确诊宫颈癌1人；乳腺癌门诊检查28人，未发现疑似病例，争取救助资金9万元。举行“让爱成长情暖中国”爱心奶粉发放活动，发放价值6.5万元的爱心奶粉，惠及全县65名贫困婴幼儿。

【精神文明创建】 表彰命名2016年度“先进基层妇联组织”“三八红旗集体”等先进集体30个，“三八红旗手”“最美家庭”等先进个人35个；全县有1个集体和2个人获得市级表彰命名，1个集体获得省级表彰命名。“三八”期间，联合县委宣传部举办庆祝“三八”国际劳动妇女节暨“最美家庭"颁奖典礼。县直及乡镇妇联活动丰富多彩,县工业集中区妇联庆"三八"暨群众广场舞比赛,县司法局妇委会举办"展巾帼风采·树司法形象"主题文艺晚会,县国税局妇委会举办"美丽绽放·健康同行"登山活动,县民政局妇委会组织巾帼志愿者开展"学雷锋送亲情"活动。依托"最美家庭"创评活动、"智慧母亲"讲堂、"亲子相伴,书香润德"三大载体,积极推进活动进单位、进乡村、进社区、进楼院"四进"活动。县妇联公众平台开辟"最美家庭"故事展、巾帼风采展专栏,展播全县各行各业优秀女性和最美家庭的先进典型事迹各16次,开展家庭教育巡讲暨"智慧母亲"专题讲座6场(次),带动更多的家庭见贤思齐、向善向美,从而促进社会风气持续好转。联合县文明办助办全县全域无垃圾专项治理工作,开展"最美庭院"创建活动,经逐级验收、考评,评选出11个示范村,200个示范户,并在黄花乡黄花塬村召开表彰大会;开展陇原妇女面对面·母亲讲堂乡镇行活动,全市率先实现县、乡、村举办讲座31场(次),以心理、健康教育、家庭、女性成才等为主要内容,经测评群众满意率达到98%。开展十九大精神宣传活动,印发《崇信县妇联系统学习贯彻党的十九大精神宣传工作方案》,并自编自演节目走村进户进行宣传,使十九大精神深入人心。

【维稳维权平安活动】 举办"三八"维权周法制宣传活动,通过开展维权周宣传咨询、开设普法大讲堂等系列维权活动,广泛宣传男女平等基本国策、妇女儿童相关法律法规和维权知识。依托婚姻家庭矛盾调解委员会,开展婚姻家庭问题咨询、矛盾调解,维护妇女婚姻家庭地位。接待来电来信来访案件18件,结案率达100%;办理群众门户网站留言2条,满意率达100%。积极参与农村土地承包经营权确权登记颁证工作,发放宣传资料3000余份,开展培训6场(次),培训群众2000多人。组织巾帼志愿者在"6·26"国际禁毒日、反邪教宣传日、"11·25"反家暴日、"12·4"普法宣传日等先后开展宣传活动8场(次),开展综治维稳、禁毒、防艾、反邪教、反拐等知识宣传,发放宣传资料6000多份。

【家庭教育】 举办家庭教育公益讲座10场,参与家长达6000多人,提高广大家长的家庭教育水平。并举办科学育儿知识专题讲座,1000多名家长接受教育。

【"两规划"达标】 督促各成员单位开展指标完成情况自查2次,针对重点、难点指标督查指导2次。针对妇女参政议政中乡镇女领导干部比例问题,积极汇报县委、县政府,确保妇女干部权益得到有效维护和实现。县妇儿工委办配备人员3名,健全完善妇儿工委宣传培训、检测培训等各项制度。

领导名录

主　席 朱彩能

副主席 杨海霞　梁　蕾

妇儿工委办公室主任 李小琴

科 协

【概况】 崇信县科学技术协会为财政全额拨款参照公务员管理的群团组织，正科级建制。有干部职工 4 人。

【实施《科学素质纲要》】 年内，制定崇信县《全民科学素质行动计划纲要实施方案（2016—2020 年）》，成立县全民科学素质行动计划刚要领导小组，指导督促成员单位开展工作。争取科普经费 5 万元（人均 0.5 元），为开展工作奠定基础。突出未成年人、农民、城镇劳动人口、领导干部和公务员四类人群，采取集中示范活动和经常性、社会性宣传活动相结合的方式，以机关、校园、社区、农村为主要阵地，开展科普宣传咨询活动，向公众普及科学知识，倡导科学生活，传播科学文化，推动全县精神文明建设取得新成效。组织开展“三下乡”“科技活动周”“科普之春”等科普主题活动，共开展各类科普宣传 23 场（次），与市科协共同开展科普大篷车联合行动，开展科普大篷车进校园活动 12 场（次），法制进校园科普报告会 2 场(次)，受教育人数 2.6 万人（次）。特别是在全国科普日活动期间，与市科协共同开展科普公益“千户百村”活动，积极与教育局衔接，组织县城区一小、城区二小、县二中师生 3500 余人参加活动，以“体验科学·跨越发展”为主题，有电磁探秘、数字生活、运动旋律、健康生活、科学表演、球幕影院等十大类，共计 50 多件展品。为全县师生送上一份丰盛的科普大餐，让广大青少年能近距离感受到“流动科技馆”带来的神奇体验。通过现场观看航模表演、机器人表演，亲身体验车载科普展品、展板，激发科学兴趣、启迪科学思维、传播科学思想、普及科学知识，提高科学素质。加大科协工作和科普活动的宣传报道，向市科协网站、县门户网站、电视台报送信息 62 条，依托农村党员远程教育平台，印作蔬菜种植技术培训 8000 册，配套科普图画等宣传资料课件，优化农村全民科学素质环境，夯实县域全民科学素质的工作基础。

【项目建设】 按照“要政策、争资金、做项目、建阵地”的工作思路，抓建一批科普带头人、农村专业技术协会、科普示范基地等项目库。同时申报实施基层科普行动计划项目 1 个，农村学校科普展品服务项目 1 个。崇信县农村专业技术协会项目已通过省科协评审公示，争取奖补资金 20 万元。加强科技馆项目的衔接跟进，扎实做好招商引资，采取 PPP 模式建立实施科技馆各项前期工作。对 2016 年争取的科普示范基地和农村专业技术协会 2 个项目认真开展回访检查，从资金的使用和管理等方面，严格按照项目资金管理办法进行自查，确保项目管理规范有序，发挥应有的作用。

【科技培训和示范创建】 年内把科技培训作为科协重点工作，以与县直部门和乡镇联合办班为主要形式，围绕全县牛、果、菜、油用牡丹等主导产业，采取理论培训、现场示范、技术交流等形式举办苹果种植相关技术、肉牛育肥技术、蔬菜种植病虫害防治、玉米秸秆饲料加工技术等各类实用技术培训30期，培训人员达2380人(次),其中培训农民技术推广员150人(次)。邀请县果业局、畜牧局专家在锦屏镇举办精准扶贫科技培训班2期,培训贫困户、产业带头人、村社干部100余人,发放培训书籍300多份，送去农资2吨。按照科普示范创建标准,创建新窑镇科普示范乡镇1个，新窑镇赤城村科普示范村1个,示范户20户;巩固提升锦屏和黄花2个科普示范乡镇和示范村创建成果;培育县鑫塬果业科普示范基地、县油用牡丹产业科普示范基地、县名翔种猪繁育示范基地、锦屏镇东庄现代农业示范基地等科普示范基地6个。

【科普教育】会同教育部门抓好第32届全市青少年科技创新大赛作品的征集、筛选和上报工作,不断提高作品的质量和水平,扩大大赛的影响力,提高组织者和青少年参赛热情，共收集各类作品265件，上报参赛作品34件(幅),其中获得省、市奖项34件。经积极推荐、督导县城区第二小学组建参赛队参加第十七届中国青少年机器人(甘肃赛区)竞赛活动,并荣获机器人综合技能比赛二等奖。联合县教育局组织各学校学生积极参加科普知识网上竞答活动,扩大学生的知识面,同时提高学生学科学的热情。

【基层建设】按照“四有一落实”的标准在乡镇(园区)、街道建立、调整基层科协组织,组建崇信县蔬菜协会、县红牛养殖协会农技协2个,新注册崇信县农村专业技术协会联合会1个,在6个乡镇分别组建农技协联合会6个。实施科教兴县、人才强县和区域发展战略,与中国工程院院士方智远签约在平凉新丰园农业有限公司建立院士专家工作站,解决全县蔬菜产业发展中的瓶颈问题。对全县范围现有的企业科协进行摸排,并造册登记。与县卫计局、县中医院多次衔接筹备成立崇信县针灸学会1个,吸纳会员50人。按照科普信息化建设要求,在县农技协联合会建成乡村E站一所，开展网上指导种植、培训业务。在滨河路、东街、新窑3个社区建有科普益民服务站、科普学校、科普网络,在乡村舞台普及建设的21个行政村建有科普服务站、科普宣传栏、培育科普信息宣传员各1名。科普志愿者队伍稳定在300人,涉及农牧、林业、教育、卫生等各个行业,不定期组织志愿者开展科普宣传活动。

领导名录

主　席　张虎胜

副主席　李玉峰　梁海菊

工商联

【概况】崇信县工商联下设基层商会8个,行业协会3个,南方商会1个,现有会员510个,其中企业会员252个。有干部职工9人。

【参政议政】年内，组织引导担任人大代表、政协委员的工商联会员为全县发展建言献策,共向各级人大、政协提交建议提案17条，内容涉及经济社会发展和人民群众普遍关心的热点、难点问题,发挥非公经济人士参政议政的作用。工商联换届，推荐新一届市工商联执委会成员4人，县工商联副主席周春生当选市工商联民间商会副会长。

【调研活动】 开展调研活动，全年先后走访企业20多家，听取收集企业意见建议15条，撰写调研文章8篇，报送工作动态信息45条，探索加快非公有制经济发展的有效途径，研究民营经济和民营企业参与新农村建设工作，努力创新工商联商会工作新路子、新方法，采取座谈、走访等形式，了解非公经济人士思想状况，广泛收集非公有制经济人士的建议和意见。

【非公经济人士思想政治工作】 举办工商联系统学习中共十九大暨传达学习中国工商联第十二次代表大会会议精神，近50位工商联执常委和年轻企业家参加学习活动。集中学习中共中央国务院关于营造企业家健康成长环境弘扬优秀企业家精神更好发挥企业家作用的意见、帮助非公有制经济人士准确把握党关于非公经济的重大决策部署，引导广大非公有制经济人士认清形势，提振信心，加深工商联系统对于“两个毫不动摇”“三个没有变”以及“亲”“清”新型政商关系等讲话精神的理解和认识。组织4名非公经济人士参加市工商联组织的赴江西井冈山革命根据地开展理想信念教育和党性教育。通过专题讲座、现场教学和体验教学相结合的方式，提高精神境界，增强非公有制经济人士对中国特色社会主义的信念、对党和政府的信任。

【服务非公经济发展】 围绕贯彻落实十九大精神和习近平总书记系列重要讲话精神，充分利用新媒体、互联网及各种会议，宣传“两个毫不动摇”“三个没有变”的重要论述和非公有制经济发展典型，努力在全社会形成抓非公有制经济就是抓发展的思想，营造有利于非公有制经济发展的政策环境、法制环境和社会环境。协调举办“解融资难题，促经济发展”政银企合作座谈会1次，积极协调对接，先后促成非公企业与金融机构签约融资贷款协议3000万元，缓解部分非公企业融资难的问题，促进非公经济的发展。

【企业文化建设】 建党节前夕组织6名执委参加全省工商联系统迎“七一”书画展，工商联十届执委李健和杨文卿荣获书法类一等奖，展现出全县非公有制经济人士蓬勃向上的精神风貌。

【精准扶贫】 制定详细的帮扶计划，先后多次对工商联帮扶的锦屏镇九功村12户贫困户进行慰问，发放慰问金共计1800元，为该村解决帮扶资金4000元，协调工商联会员企业解决贫困户务工人员30人；联系县农牧局专技人员举办蔬菜培训班1期，培训50人；为确保帮扶村环境整洁组织打扫九功村村域卫生2次。深入开展“十企帮十村”行动，实施非公人士结对帮扶活动，动员非公企业和非公有制经济人士参与精准扶贫工作。全县非公经济人士先后投资6万元帮助贫困群众改善基础设施、发展产业、扩大就业、实现增收，带动贫困村、贫困户脱贫致富。

【会员发展】 注重发展规模大、有影响的企业会员，增强会员企业的集中度和会员企业的代表性。年内，共发展会员25个，先后有新世纪商厦、金荣医院等一批实力强、有一定代表性的非公企业加入到工商联组织，县工商联会员已发展到510个，其中企业会员252个。

领导名录

主　席　李宏峰(1月任)

常务副主席　郭晓龙(1月任)

副主席兼秘书长

叶治祥(1月任)

副主席　孙　华(1月任)

刘会斤(1月任)

吕晓元(1月任)

周春生(1月任)

梁天赐(1月任)

主任科员　路春燕

文　联

【概况】 崇信县文学艺术界联合会(简称崇信县文联)下设作家协会、书法家协会、美术家协会、摄影家协会、戏剧家协会、音乐舞蹈家协会、民间文艺家协会、诗词楹联协会、根雕协会9个专业协会，共有会员300多名，其中，国家级会员3名，省级会员8名，市级会员102名。有干部职工4人。

【《崇信文艺》编发】 全年编辑刊出《崇信文艺》3期(总第20、21、22期)。共刊发各类文学作品450余件，以彩页形式推介梁尊贤、李得时、关月辉、王涛、梁信仁、李世荣等本土各类艺术人才作品8人50余件。申请主办“龙泉文艺”微信公众平台，刊发和展示文学艺术界各个文艺类别的优秀作品，推介宣传文化新人，发布文联所属各个文艺家协会文艺工作动态。关注人数已经达到200多人，推送作品100多篇。

【文学赛事】 联合县委宣传部、嘉天厦集团公司共同举办“乐游汭龙堡·感受民俗情”征文大赛活动，共收到来自全国各地80多位文学作者的91件来稿。经过主办单位评选出特别荣誉奖1名，诗歌、散文各一等奖1名，二等奖2名，三等奖3名，优秀奖6名，入围奖31名。对一、二、三等奖及优秀奖获得者，进行表彰奖励。《崇信文艺》(总第21期)以“乐游汭龙堡·感受民俗情”征文大赛优秀作品专辑形式对获奖作品和所有入选作品进行刊发展示。联合县委宣传部、县文体广电局、县文化馆联合举办“乡情村韵·美丽崇信”全国征文大赛活动，共收到来自全国各地200多位文学作者的近300件来稿。经过初选，选出232件作品进入决赛，邀请全国知名作家、诗人、四川作协主席团委员、《星星诗刊》副主编李自国，甘肃知名诗人、甘肃“诗歌八骏”、《飞天》编辑郭晓琦，全国知名作家、平凉市文联副主席、作协主席马宇龙等为征文大赛评委，采用无记名评审打分的方法，分别评选出诗歌、散文各一等奖1名，二等奖2名，三等奖3名，优秀奖59名。6月19日，在县文化馆举行颁奖典礼，对一、二、三等奖获得者进行现金奖励，并颁发奖杯；对所有获奖作者，各颁发荣誉证书一面。对获奖作品和所有入选作品，将以《崇信文艺》“乡情村韵·美丽崇信”全国征文大赛专刊刊发或出版作品专集收录展示。联合县广播电视台、县文化馆、县图书馆联合举办第二届芮鞫金秋诗会，征集以描写金秋美景、崇信山水的现代诗歌作品，共计收到县内外52人的69件作品。县文联邀请县内5名有写作影响力的作家对作品进行筛选打分，共评出一等奖1名，二等奖3名，三等奖5名，优秀奖19名。表彰奖励征文大赛中的33名诗歌作者的优秀作品，并邀请6名朗诵者在诗会上朗诵表演。

【培训交流】 组织文艺爱好者参加培训学习，提高文艺理论研究水平是促进全县文学艺术事业发展的重要途径。邀请甘肃省现代摄影家学会主席赵广田为崇信县摄影爱好者进行摄影培训，参加人员50多人。县书法家协会举办书法交流笔会，50多人参加现场临摹创作交流。县文联组织重点文学作者刘宝生、杜旭元、尚天福、梁云荣、姚雪凌、吴勇等人参加甘肃日报文艺部平凉市作家精品创作座谈会。甘肃现代摄影学会赵广田会长来崇信开展“走亲访友—传帮带摄影交流”活动，成立甘肃现代摄影学会崇信联络站，并授牌；并开展摄影知识讲座。平凉市书法家协会(崇信)书法培训创作基地在县文化馆挂牌成立，这将成为崇信县书法艺术创作培训的广阔平台，推动文艺事业的繁荣发展。在全省宣传文化系统高层次人才社会实践活动期间，组织文艺爱好者参加马步升文学报告会，组织书法美术协会会员参加书画交流点评活动。

【创作扶持】 鼓励支持一些多年坚持文艺创作的作家、诗人和文化学者，对自己的作品进行整理、总结，编纂成书，并帮助其办理书号，联系出版社出版作品。有张改过的《指尖的阳光》、杨福堂的《崇信民谣集》、关静梅的《梅韵飘香》相继出版，有许建忠的春官诗集《春之声》、吴勇的《槐花飘雪》、梁普渊的《芮鞫山花》、关锋的《春花秋月》也付梓问世，县文联分别组织举行作品首发式座谈会，广大文艺爱好者积极参加，并在座谈会上作交流发言，达到交流学习的目的。

领导名录

主　席　闫小杰

残　联

【概况】 崇信县残疾人联合会下设残疾人康复服务指导站、残疾人就业服务中心、残疾人用品用具供应中心3个事业单位。共有编制11人，现有干部职工17人。

【典型创建】 崇信县残疾人康复中心项目概算总投资2567.5万元，其中申请中央预算内投资800万元，县级配套1767.5万元。1号、2号楼正在进行主体建设，3号楼正在进行基础回填作业。落实场地80平方米，配套资金1.8万元，购置书架、桌椅等设备，确定专人负责，建成残疾人爱心书屋1处，免费向残疾人开放。集中组织开展阅读活动2次，参加100人次以上。对城市社区管委会滨河路社区健身场所进行命名，按照残疾人自强健身示范点要求进行达标建设。配备残疾人体育健身和体育活动的多功能综合性设施和健身指导人员，为残疾人提供体育健身服务。组织开展体育活动2场（次），为1000人次提供健身指导。年初，通过实地考察，县残联与汭达制衣有限公司达成残疾人培训、就业合作意向，被县残联确定为崇信县残疾人就业培训基地，健全规章制度。制作悬挂标识牌，健全规章制度，组织开展残疾人刺绣、手工艺品制作等培训。通过典型培育，使崇信县公刘文化传播有限公司成为全县残疾人文化创业园。通过典型培育，带动残疾人发展大棚蔬菜种植产业，使锦屏镇于家湾村蔬菜种植基地成为全县残疾人创业扶贫示范基地。结合全省贫困残疾人康复服务“百千万”工程，建成示范性社区康复站，建立规章制度，落实训练场地，配备工作人员，并正式对外开放。指导残疾人康复训练280多人（次），满足残疾人康复需求，残疾人基本康复服务率达到60%以上，通过辅助器具供应、康复项目实施，促进残疾人身体机能有效恢复。同时，康复示范站还向社会各界人士免费开放，提高知晓率和参与度。

【“百千万”行动】 贫困残疾人精准扶贫“百千万”行动作为省列为民办实事项目之一，县残联高度重视，崇信县盲人按摩院按照省上统一要求，完成门头、机构前台及背景墙改造，新购置按摩床4张，空调、洗衣机、消毒柜各1台，软硬件设施设备焕然一新，提升整体档次。将锦屏镇于家湾村残疾人蔬菜种植创业扶贫基地确定为就业创业基地扶持对象，争取项目扶持资金5万元，完成所有建设任务。积极衔接市康复中心医院，在县残联综合服务中心，为全县500多人免费测试听力、检查耳病，开展用耳卫生知识讲解，并根据个人不同情况，给予相应的治疗建议。组织康复辅具工作人员参加全省贫困残疾人精准扶贫“百千万”行动辅助器具服务人员培训班，提高工作人员业务素质。根据《万名智力精神残疾人发放爱心定位卡项目实施方案》要求和市残联指标分配，确定70名项目实施对象，待省上统一采购的爱心定位卡下达后立即组织实施。

【组织建设】 新办残疾人证575本，其中集中上门办证330本，累计办证4236本。开展乡镇残联理事长和残疾人专职委员培训班1期，完成残疾人专职委员在线培训任务。与15名乡镇残联和社区残协专职委员签订公益性岗位聘任协议，对79名村残协专职委员进行年度考核，兑现误工补助每人每月200元。根据市残联《平凉市县（区）、乡（镇、街道）残疾人联合会换届工作的意见》精神，成立由县委、县政府分管领导任组长，相关单位主要负责人为成员的换届工作领导小组，制定《崇信县县乡残疾人联合会换届工作意见》，经县委常委会议讨论通过后下发，换届工作正在有序进行。

【社会保障】 为361名重度残疾人代缴城乡居民养老保险3.61万元；为20名重度残疾人代缴城镇居民医疗保险0.2万元；为3407名残疾人代缴新型合作医疗参

合资金 61.326 万元；为 45 名智力、精神和重度残疾人发放“阳光家园计划”居家托养项目补助资金 6.75 万元；为 1579 名 60 岁以上残疾人发放生活补助资金 110.544 万元；为 305 名重度残疾人发放护理补贴资金 36.6 万元；为 1119 名困难残疾人发放生活补贴资金 106.54 万元（其中 458 名为农村三、四类低保户，标准为 50 元/人·月）。

【康复扶贫】 以助残日为契机，开展助残系列活动，为残疾人发放服装 500 多件，发放辅助器具 96 件，其中轮椅 34 辆，助听器 29 个，其他辅助器具 33 件。实施白内障复明手术 82 例；假肢安装和矫形器适配 14 人；举办盲人定向行走培训 20 人(次)；儿童残疾预防与早期康复知识知晓率达到 95%以上；对 2176 名有康复需求的残疾人开展入户需求调查；配合住建部门对全县建档立卡户危房改造进行核查统计；组织职工到帮扶村开展“访民情、送温暖、促帮扶”等系列活动；安排包乡人员对全县 758 名建档立卡残疾人逐村逐户进行走访核查；扶贫日积极组织开展相关宣传活动，营造全社会参与扶贫的良好氛围。

【教育就业】 为 3 名在校残疾学生发放 2016—2017 学年度市级扶残助学资金 7200 元；为 90 名在校残疾学生发放 2017—2018 学年度县级扶残助学资金 12.39 万元；积极做好残疾考生高考有关工作，9 名残疾学生全部录取，其中本科 4 名，专科 5 名；为 27 名实现自主创业的残疾人发放创业扶持资金 5 万元；地税代征残保金 5.2 万元；举办残疾人农村实用技术培训班 2 期，培训残疾人 130 人（次）；积极推荐 13 名残疾人参加省、市残联举办的各类技能培训班；完成就业和培训实名制录入，录入率分别达到 83.7%和 83%。

领导名录

县政府残工委主任、县残联主任席
信锦玲(1 月任)

县政府残工委副主任、县残联副主席、理事长 信永春

副主席、副理事长 薛广玉　刘春世

主任科员 陈晓霞

红十字会

【概况】 崇信县红十字会为正科级建制财政全额拨款公务员参照管理事业单位。有干部职工 3 人。

【基层服务】 年内成立崇信县红十字志愿服务队，队员 82 人，登记在册的骨干志愿者 12 人，并为每一个志愿者发放工作服和工作证，规范志愿者管理办法和相关管理条例。开展志愿者专题学习会议 2 次。邀请平凉蓝天救援队，对全体志愿者就意外伤害、自救互救措施等方面进行系统的培训。组织开展十九大精神和《红十字志愿者管理办法》教育活动。积极开展无偿献血宣传，应急救护宣传、关爱弱势群体等活动，充分发挥红十字会助手作用，取得良好的成绩。

【救护培训】 在铜城工业园区、于家湾村、秦家庙村开展3次农村集中应急救护培训工作,由取得省红十字会救护师证书的救护队员为他们授课,通过理论讲解和实操方式,提高人民群众在意外伤害中的自救互救能力。组织10名救护员在县二中协助师资人员进行应急救护培训,用有奖竞答的形式调动同学们的学习积极性,让学生们初步掌握应急救护的常识和救护技能要点。共培训467人, 发放应急救护小教材200余份, 发放杯子80个,抽纸20盒。在第70个世界红十字纪念日,组织县无偿献血志愿者分队和县红十字志愿者服务队在龙泉寺景区广场开展大型义演宣传活动,以宣传《中华人民共和国红十字会会法》、红十字运动、无偿献血, 动员发展红十字志愿者队伍为目的,共发放各类宣传资料600余份, 为群众免费检查身体80人(次)。“5·12”防灾减灾日和“世界急救日”,组织全体人员在县文化广场开展防灾避灾和意外突发事件中应急避险、急救知识和急救技能宣传,并实地操作救护流程,提高公民的整体素质和应对突发事件的能力。完成红十字救护员培训81人。协助血站开展造血干细胞采集工作。

【救助活动】 联合县人民医院、县无偿献血志愿者服务队在新窑敬老院开展义诊活动。“九九”重阳节当天,在县福利中心组织重阳节慰问活动,倡导人们生活中要懂得“尊老,敬老,爱老,助老”,不断继承和发扬这一传统美德。联合县无偿献血志愿者服务队在全县范围内发出倡议,为贫困儿童捐书、捐学习用品,共募捐各类图书2000余(份)。并将全部图书捐给魏家沟小学。受到省、市红十字会的关怀和支持,在全县范围内开展白内障复明项目,在进行术前筛查工作的同时为群众免费检查眼睛,符合手术条件的患者陆续参加免费复明手术, 且取得良好的治疗成效。有1000余人参加筛查,符合手术条件的220人,手术治疗的42人,此项目受到广大群众的关注和好评。向中国红十字基金会申报2名先天性心脏病患儿的资料,并得到中国红十字会小天使基金会专项基金救助。应急救护工作向农村倾斜,年内组织农村应急救护培训4次,学校应急救护1次,培训1005人(次)。

领导名录

会　长　何鹏举

专职副会长　任建忠

军　事

人民武装

【战备训练工作】 年初, 及时修订战备方案和应急预案, 建成战备值班系统,靠实情报信息人员,确保情报信息上传下达畅通。积极研究探索新时期县一级应对非战争军事行动指挥能力建设,提出构建县应急指挥中心方案,受到省军区和军分区高度重视和好评。突出人武部机关指挥训练,及时补充完善战备资料、器材、提高应急指挥能力和保障能力。依托乡镇、煤矿狠抓民兵军事训练,完成基干民兵军事训练任务。按照统一动员、区分阶段、上下结合的方法,集中民兵训练,组织队列、拳术、警棍盾牌术、班战术和思想教育5个重点课目的训练任务,取得优异成绩。

【思想政治建设和国防教育】 采取集中辅导、典型引导、总结提高的方法步骤,先后组织干部职工到崇信电厂、大柳煤矿参观见学,组织专武干部开展"赞人武成就,展武装风采"演讲活动,保证教育活动效果。结合部党委班子成员新的特点,坚持把主题主线重大战略思想和中共十八大精神、两会精神以及各级党委扩大会议精神纳入学习内容,并组织"珍惜荣誉、尽职敬业"专题教育,提高政策水平和指导实践工作能力,从理性上增强同党中央保持高度一致。坚持明确时间、明确书目、明确标准的"三个明确"原则,落实干部自学制度。根据教育训练要求,完善内部政工网,及时把学习内容挂在网上,加强网络教育训练,推进各项工作落实。综合运用授课、视频、网络等手段,采取大项活动抓专题辅导、电影视频播"三史"传统、网络媒体全面普及的方法,狠抓职能使命、形势战备、人民战争思想、历史党史军史和战区"五种革命精神"、社会主义荣辱观教育,其中落实集中教育26个课时。利用新生入学、兵役登记、大学生上岗培训、企业员工技术集训和组织"八一"军事日等时机,通过设立宣传点、咨询站,采取散发宣传单、悬挂横幅、张贴标语、广播电视媒体等形式,宣传国防知识和征兵政策规定,共发放国防知识传单5000余份,受国防教育学生、企业员工、大学生2000余人次。全年刊发国防新闻稿件80多篇,促进国防教育落实。

【专武干部队伍建设】 采取脱产集训、以会代训、以工补训的方式组织培训帮带,结合兵役登记、民兵整组、民兵训练、征兵宣传等时机,从武装工作的基本常识学起,从简单的队列训起,从兵役登记、组织整顿、军事训练等教起,对现职乡镇武装部长进行四期业务技能培训。组织专武干部进行"三会四员"培训,提升专武干部队伍的整体素质。在专武干部配备上,按照"能者上、平者让、庸者下"的原则,配齐配全专武干部。通过严把入口关和定期不定期的业务培训,提高专武干部队伍的综合素质。

【民兵组织整顿和基层建设】 落实民兵编制,健全民兵组织。在基层阵地建设上,坚持"对上协调、对下指导"的原则,先后协调经费10万元,下拨各乡镇,促进各乡镇抓基层武装部建设。采取分内容考与全面考结合的办法,先后组织各乡镇武装部进行考评排名,并将考评结果与乡镇武装部部长年度绩效成绩挂钩,调动各基层武装部主动抓建的积极性。为专武干部统一购买换发制式服装,同时结合民兵整组,为全体基干民兵购置制式迷彩服,按基干民兵分队的职能任务配齐防暴、工兵、救援、防火、防洪等器材装备。

【兵役登记和征兵工作】 先后利用20天时间进行全面摸排,对全县人力经济、社会资源和通用装备器材进行登记统计,摸清国防潜力基本底数;按照"一季征兵，四季准备”的要求，及时向社会宣传兵役工作的新政策、新动向；深入乡镇、街道、学校进行宣传，对适龄青年进行全面统计；注重抓好国防生、直招士官报名、体检、政审工作，先后组织12名国防生、3名直招士官参加上级组织的体检；加大征兵宣传，通过开展宣传日、短信周、电视月，全面推进“十一个一”活动落实；严格新兵征集工作，严把兵员质量关，坚持按照规定程序和方法步骤，完成年度征集任务。

【双拥共建和援建工作】分两季先后完成1万多株植树任务，并对往年包种的20余亩防护林进行补栽补种。先后深入到学校、矿区，组织四个专题的国防知识教育，提高全民国防意识。“八一”期间，组织县“四大班子”和地方部门领导，开展“八一军事日”活动，发放国防知识传单100余份，组织观摩武警中队军事课目演练，抽考国防知识，进行实弹射击，营造拥军爱武氛围。解决现役士官家属与当地村民纠纷1起，解除现役军人安心服役的后顾之忧。持续扶持高庄子小学，先后捐赠2000余元的图书和体育用品。联系村2个，联系户25户，重点联系1个村13户。先后协调县上解决45户85人的贫困人口低保，对4户贫困户危旧房进行改造；给每村协调环境卫生费1000余元，购置垃圾存放桶，整治村容村貌；协调硬化乡村路约3公里，压浇地水管800米；组织农田技术培训2期；组织政策宣传3场次；播放山西大寨村纪实片5场(次)，开阔村干部的工作思路，调动村民致富的积极性。组织辖区内民兵参加各类社会建设和抢险救灾活动，体现民兵的良好素质和快反能力，受到群众的好评。地方党委政府对武装工作的支持和关心到位，重大节日相互走访，安置随军家属1人，发放退役士兵优待金51.6万元，把43名“两参”人员纳入低保范围，为2名三级伤残军人解决护理费4.8万元、子女生活费2.1万元，为217名重点优抚对象发放抚恤补助费75.2万元，安排7名退伍军人参加免费职业培训。

领导名录

第一书记 王 锦
书　　记 车 银
政　　委 车 银
副 部 长 张茂杰(6月任)
纪检书记 张茂杰(6月任)
后勤科科长 孙夕飞(6月止)

武 警

【思想政治建设】围绕部队的中心任务深入开展军队性质、宗旨、优良传统、时事政策、形势任务和遵纪守法等教育。开展以“维护核心，听从指挥”为主题的“四个教育”、密切内部关系教育、“两学一做”学习教育，加强新时期部队经常性思想工作，宣传部队建设中的新人、新事、新风尚，推广宣扬先进典型，让全体官兵学习先进，深入做好个别人的思想转化工作，确保官兵政治坚定和思想道德纯洁，确保部队高度稳定和集中统一。充分发挥士官在教育中的主体作用，依靠广大官兵搞教育，充分利用有效载体，努力形成人人是教员，处处是课堂，时时受教育的良好局面，增强教育的感召力，激发官兵的积极性和创造性。

【军事能力建设】认真抓好战备执勤工作，确保中队及目标绝对安全和各类临时性勤务的圆满完成。年内，圆满完成崇信县文化广场元宵节社火表演现场、“甘肃崇信·汭龙风情·首届民俗美食文化节”开幕式、崇信县汭龙风情文化旅游高峰论坛暨汭龙堡崇信老街·亲童乐世界开园仪式等临时勤务30余人(次)。狠抓军事训练，提高部队“执勤”“处突”“反恐”能力。年初，根据支队军事训练计划和军事训练大纲要求，制定中队详细的军事训练计划，坚持每月分析训练形势，每周组织一次军事会操，圆满完成专勤专训、摔擒技术、战术等科目的训练任务。

【支持地方建设】圆满完成于家湾义务植树任务；义务为锦屏镇马湾村种植蔬菜6亩；以“雷锋学习日”为契机，共10余次在县文化广场、县城街道、304省道等地进行清理清扫垃圾和维护公共设施，深入敬老院看望慰问孤寡老人；带领官兵走进学校为学生上一堂国防军事课。

领导名录

中队长 缪　鑫(6月止)
王智涛(6月任)

副中队长 杜胜阳(7月止)
王永兴(7月任)

指导员 朱明栋

法　治

公　安

【概况】崇信县公安局内设政工监督室、法制大队、指挥中心、国内安全保卫大队、治安管理大队、刑事侦查大队、看守所、行政拘留所、禁毒大队、巡警大队、交通警察大队、锦屏派出所、新窑派出所、县禁毒委员会办公室等正科级建制14个；木林派出所、铜城派出所、柏树派出所、黄寨派出所、黄花派出所、治安大队户政管理室、治安大队出入境管理室、刑事侦查大队刑事侦查中队、刑事侦查大队经侦中队、刑事侦查大队刑事科学技术中队、交通警察大队车辆管理所、交通警察大队城区中队、交通警察大队新窑中队等副科级建制13个。共27个机构，有民警职工261人。

【安保维稳】牢固树立总体国家安全观，始终把维护国家政治安全特别是政权安全、制度安全放在第一位，紧紧围绕情报信息搜集难、热点问题处置难、网络安全管控难和应急处突队伍力量薄弱等短板，从建立健全情报会商研判机制、组建应急处突队伍、强化日常训练和实战处突着力，从严从实从细落实好保稳定、护安全、促和谐的各项措施，牢牢掌握了维稳斗争主动权，确保了全县社会政治稳定。特别是举行了全县反恐应急处突演练暨十九大安保誓师大会，充分展现了崇信公安能打必胜、勇猛顽强的精神风貌。

【公安改革】以提升新形势下公安机关现代化治理能力为抓手,强力推进各项警务建设,全面夯实公安根基。开展"一标三实"基础信息采集工作,转变基础信息量少质弱的情况。组建巡警大队、单独设立网安大队,新增设禁毒委员会办公室,理顺公安内设部门,破解巡逻防控工作有机构无人员、网络安全监管人员薄弱、禁毒办人员不专,指导乏力等短板。立足实际,创新带动成效明显。以基层基础建设为依托,积极探索农村道路交通管理新机制,形成"乡镇派出所+交警中队"警务联动新模式。持续推进公安档案管理工作规范化、信息化建设。县局档案室晋升为"省特级"标准,全局公安档案管理工作日趋规范。

【打击刑事犯罪】坚持"新案旧案同破、大案小案同破、单案串案同破"的原则,以凌厉攻势严打各类刑事犯罪活动。全年共破获各类刑事案件184起,抓获各类违法犯罪人员515人,依法公诉87人。其中破获经济案件20起,同比上升53.8%,抓获犯罪嫌疑人24人,同比上升380%,公诉7人,同比上升75%,挽回经济损失1600余万元。共破获毒品刑事案件5起,查处毒品治安案件25起,同比分别上升25%和108%,缴获毒品海洛因40.75克,完成任务30克的135.8%;缴获合成毒品166.66克,公诉6人,强制隔离戒毒4人,破获毒品案件、目标案件、公诉人数、缴获毒品四项指标全部超额完成任务。禁毒工作取得崇信公安史上的最好成绩。

【社会治安管理】以深入开展社会治安秩序大整治行动为主线,持续推进社会治安防控体系建设,集中解决突出治安问题。配合县上相关部门开展资源环境问题综合整治,依法关停砂厂、石料厂32家,联合环保局、国土局、新窑镇政府关停不符合环保要求的小煤厂、矸石厂19家,抓获犯罪嫌疑人2名,全力维护社会主义市场经济秩序。全年共查处治安案件610起,打击处理1423人,查处11类重点交通违法行为38796起,酒驾121起,醉驾42起,毒驾2起,年内崇信县被评为全省农村道路交通安全工作先进县区,受到省道交委通报表彰。共处置火灾警情45起,与去年同期相比下降8.2%,无人员伤亡,直接经济损失5.3万元。

【基础设施建设】坚持补短板、促整体的工作思路,基础建设、债务化解、规范执法等弱项工作取得了重大进展。投资380万元新建的黄花派出所及黄花交警中队已投入使用;下半年立项的黄寨派出所及黄寨交警中队项目已完成主体工程,将于2018年初全面竣工并交付使用。积极汇报县委、县政府,争取国家债权置换资金化解历年债务479万元。围绕完成年初确定的目标,将"110"指挥中心改造升级报请列入"智慧城管"建设项目,即将实施。及时抓住警务辅助人员改革的有利时机,争取县委、县政府支持,招录辅警35名,弥补了警力不足,解决长期制约崇信公安发展的难题。

【队伍建设】紧密结合"两学一做"常

态化教育和党建统领“一强三创”行动，全力推动公安基层党组织建设。根据打击赌博违法犯罪案例排演改编的微电影《智斗老爷岭》，荣获“农行杯”平凉市第三届微影视作品展评活动最佳编导奖，宣传公安民警打击犯罪、惩凶除恶的正能量，受到社会各界的一致好评，提高崇信公安的知名度。

领导名录

局　长　马光明
副局长　闫治奎　刘定国
　王新林　王春锋
政　委　田　福
副政委　史恩怀
纪委书记　梁崇生(7月止)
党委委员　贾晓峰
政工监督室主任　陈　鹏
　副主任　韩　跃
法制大队大队长　信建兰(12月任)
　副大队长　信建兰(12月止)
　刘　辉(12月任)
指挥中心主任　邵金宝
国保大队大队长　赵　振
　副大队长　唐海军
禁毒大队副大队长　朱志成
　教导员　郑耀武(12月任)
刑事侦查大队大队长　贾晓峰
　副大队长　刘　辉(12月止)
　马彦君(12月任)
　教导员　郑耀武(12月止)
刑事科学技术中队队长
　马彦君(12月止)
　周军生(12月任)
刑事侦查经侦中队队长　王小飞
行政拘留所所长　卫灵祥
看守所所长　张宏勋(12月止)
　副所长　王志伟
巡警大队大队长　张宏勋(12月任)
　副大队长　郭军军
治安管理大队大队长　李勤学
　教导员　白耀科
户政管理室主任　何亚航
出入境管理室主任　陈　昭
交警大队大队长　王春锋
　副大队长　孙鹤宇
　教导员　贾良颢
车管所所长　丁　恺
城区中队中队长　张富军
新窑中队中队长　朱五军
主任科员　张建军　龚世军
副主任科员　朱彦岐　关广义
　梁亚伟
锦屏派出所所长　裴军林
　副所长　马军亮(12月止)
　李昊东(12月任)
新窑派出所所长　王高勋
　副所长　党小龙(12月任)
铜城派出所所长　张宏军(12月止)
　李宝荣(12月任)
黄花派出所所长　薛沈军
木林派出所所长　党小龙(12月止)
　肖晓利(12月任)
黄寨派出所所长　李昊东(12月止)
　马军亮(12月任)
柏树派出所所长　梁志军
　指导员　刘继红

消　防

【概况】 崇信县公安消防大队为正营建制，下辖1个消防中队，正连职编制，共有编制19人，实有官兵17人，其中文职人员7名，战士10名。大队配备监督执法车2辆，中队配备消防水罐车3辆，抢险救援车1辆，生活保障车1辆，均采用GPS定位系统和行车记录仪严格管理，安全行车。

【消防安全】 年初，召开全县消防工作会议，分管领导与各乡镇、各部门签订《崇信县2017年度消防工作目标管理责任书》，县公安局组织召开消防重点单位工作会议，与33家重点单位均已签订责任书，县上先后3次主持召开消防安全委员会联席会议。大队以政府办名义印发并部署开展夏防及电气火灾防控专项行动，县委政法委、县公安局联合发文全面开展消防网格化管理工作实施意见，逐级签订责任书，落实消防工作考核，推动各项工作顺利开展。

【部队管理】 深入开展“两项重大教育”和十九大报告及新党章的学习，深入学习习近平总书记治国理政和强军兴军理念，通过学习真正把政治教育和学习成果转化为谋划工作的思路、促进工作的措施和领导工作的本领上。大队积极部署开展“维护核心、听从指挥”主题教育、推进“两学一做”学习教育常态化制度化和“喜迎十九大、忠诚保平安”主题教育活动，组织集中学习176次，积极参加市支队各类培训，撰写调研文章29篇。组织党委中心组集中学习11次，邀请党校老师授课1次，党委正副书记带头上党课6次，开展重大活动安保战时教育及专题研讨4次，开展推门听课为中队官兵集中授课10次。年内，共召开党委会19次，支部会议12次，民主生活会2次，组织生活会1次，讨论研究议题50余项，解决实际困难和问题，得到广大官兵的积极拥护。积极参与总队、支队各类培训、比赛和岗位大练兵活动等活动，上报书法美术作品10幅，组织官兵大合唱和演讲，积极参加支队喜迎十九大忠诚保平安趣味运动会，组织官兵拍摄微电影《哨兵》，提高官兵的工作积极性。依托县保至善烈士纪念馆挂牌成立爱国主义教育基地，极大地激发官兵的工作热情。

【执勤训练】 中队官兵积极参加总队指挥员轮训、指挥能力考评、攻坚组培训以及士兵职业鉴定，通过率达100%，完成2016年度冬训考核工作。按照“大课表”内容，合理制定周课表、月计划，科学安排体能训练和技能业务训练，开展岗位练兵及实战化科目训练、内功与紧急避险训练，合格率100%。在业务建设中，围绕“灭大火、抢大险、救大灾、打恶仗”，对执勤训练、战斗行动等环节进行规范，大队制作数字化预案18份，开展熟悉演练15次，中队制作数字化预案33份，开展熟悉演练96次，变“遭遇战”为“伏击战”，切实缩短从“操场”到“战场”的距离，加强部队战斗力。对33家重点单位进行数字化编制预案，通过演练逐一制定演练卡。

【执法监督】 大队通过日常监督、联合执法、错时检查、领导带队等形式开展消防监督检查，共开展消防安全检查16次，检查各类场所1957家，督促整改火灾隐患5088多处，临时查封18家，责令三停15家，罚款43.85万元，拘留7人，查、改、封、停、罚、拘6项主要执法数据较2016年同期分别上升14.7%、36.5%、38.5%、87.5%、112%和75%。排查高层建筑45幢。大队坚持每月开展一次消防执法责任和执法质量考评制度，实行“一案一评一考核”，推动执法工作规范化、执法服务人性化。在3次执法质量考评中，都取得较好的名次。

【灭火救援】 全年中队共接警出动76起，其中火灾49起，抢险救援及社会救助26起，出动警力446人次，抢救被困人员18人，疏散人员50余人，挽救财产损失12.9万元。

【消防安保】 在做好中共十九大、全国“两会”等重要节点消防安保的基础上，持续开展夏季消防检查、易燃易爆危化品专项治理、冬春火灾防控、高层建筑专项整治等各专项工作，实行二级战备制度，圆满完成各项消防安保任务。

【拥政爱民】 年内，大队加强政工经费的预算，专门投入到拥政爱民工作上。开展“精准扶贫”帮扶活动投入经费1万余元，深入锦屏镇九功小学开展爱民活动，端午节走访慰问敬老院并组织义务劳动，“八一”期间开展驻地复转退军人走访慰问活动1次，积极参加全县春秋两季植树造林活动2次，植树面积30余亩，为单位突发变故的文职干部募捐经费1700元奉献爱心。还以多种形式发挥优势，积极关注弱势群体，为群众做好事、办实事，与民政、教育、乡镇等建立警民共建平台，提高军爱民、民拥军的良好关系。

【基础建设】 通过积极争取，县上将消防业务经费和官兵高危行业补贴、执勤补助等列入县财政预算，年内预算消防业务经费150.4万元，保持较大的增长幅度。县财政安排专项资金，采购水—泡联用18米举高喷射消防车1台，装备、器材200多件（套），数字电台配备率达到80%以上，中队装备建设达到规定标准，提升战斗力。协调县住建、供水部门新建市政消火栓30个，城区消火栓总数达到96个，实现“零欠账”，同时对原有消火栓进行统一维护，落实标识化、智能化管理。县上组织综合应急演练2次。火灾高危单位崇信电厂成功接入消防远程监控系统，全县新增消控室持证人员25人，安装独立式烟感探测器175个。

【宣传教育培训】依托崇信消防微信公众号每天按时发布大队一些工作动态、消防常识、公益广告及火情快报等，辖区微信使用数在5万多人，关注崇信消防公众号约1万人。借助消防安全“网格化”管理、示范单位的创建、消防安全重点单位“户籍化”管理，大力推进7个派出所，6个乡镇、1个城市社区、2个工业园区、3个居民委员会和518个村社支部和33家消防重点单位以及全县涉及的社会单位、场所人员的培训，共开展宣传教育培训39场(次)，重点单位管理人员、网格员全部得到培训，学校、社会单位培训上万人。联合县教育、地震、安监等部门累计开展各类大型消防宣传活动3次，开展消防安全专题讲座6次，消防安全进军训2次，县委党校培训3次，培训人员上万人。组织社会单位普遍开展消防安全“三提示”和消防知识培训活动，指导县汽车站、幼儿园等16家单位开展大型消防知识培训、灭火和应急疏散逃生演练。开展“119”宣传月活动，邀请县综治办、城市社区、教育局、县医院、电视台及社会单位等公众人物开展“全民消防我代言”大型公益征集活动，并以多种形式开展宣传教育，营造浓厚的宣传氛围。

领导名录

大队长　余　廷

教导员　武菁华

检　察

【概况】 崇信县人民检察院内设办公室、反贪局、反渎局、侦查监督科、公诉科、民事行政控告申诉检察科、职务犯罪预防科、监察科、案管办9个机构；下设锦屏镇、木林乡、柏树镇、新窑镇检察室4个。有编制24人,其中政法编制21人。现有干部职工30人，其中公务员21人。

【刑事犯罪】 年内共受理提请批准逮捕严重暴力、破坏环境资源、多发性侵财及涉众型经济犯罪案件26件39人，经审查批准逮捕25人；受理移送审查起诉案件88件120人，提起公诉71件94人，退回公安机关补充侦查1件1人，不起诉12件19人，附条件不起诉1件1人，申请强制医疗1件1人，公安机关撤案1件1人，移送市院审查起诉1件3人，案件办结率100%。

【未成年人保护】 对未成年人犯罪坚持“教育为主、惩罚为辅”和“教育、感化、挽救”的刑事政策，落实亲情会见、跟踪帮教等制度，依法保障未成年人的合法权益，开展社会调查4次、法律援助2人、预防青少年犯罪法治宣传2场(次)。

【信访工作】 依法妥善处理涉检信访问题，采取下访、巡访、联合接访等措施，及时解决群众合理诉求。年内共受理群众来信来访30件，发放救助资金3000元，检察长接待12人(次)，受理民事检察监督案件5件，无积存信访案件、无矛盾激化案件、无涉检赴省进京上访。

【职务犯罪查办及预防】 始终坚持把涉农惠农领域和侵犯民生民利的案件作为职务犯罪工作的重点，突出查办退耕还林、危房改造、征地拆迁等领域职务犯罪，共初查贪污贿赂职务犯罪案件线索4件6人，立案1件2人，初查渎职侵权职务犯罪案件1件1人。年内，共开展预防宣传128场(次)，在科级干部轮训班开展专题讲座3场(次)，警示教育10场(次)。

【检察监督】 积极开展侦查监督和引

导侦查工作,采取现场勘验和案件讨论等方式,将审查逮捕提前介入、主动跟进,引导和监督案件侦查。年内共监督立案1件1人,监督撤案2件4人,不批准逮捕14人,发出纠正违法通知书3份;提请抗诉2件4人,1件改判,1件发回重审,抗诉意见采纳率100%。严格落实日常驻看守所检察官接待制度,开展羁押必要性审查5件,维护在押人员的合法权益,认真开展“服刑人员脱管、漏管”和“减刑、假释、暂予监外执行”专项检察,回访考察社区矫正对象67名,保证刑罚执行的顺利进行。年内共办理民事行政检察监督案件13件,其中:诉讼监督案件2件,执行监督案件3件,行政机关违法行为监督案件7件,行政公益诉讼案件1件。

【专项行动】 开展以“惩防并举、保障民生”等为主题的法治宣传活动95场(次)。围绕县委精准扶贫精准脱贫工作部署和涉农惠民资金安全规范使用相关规定,对2017年所有惠农资金、项目进行清理清查,共清查惠农项目36项,惠农资金1.6亿元。实行惠农资金、项目“三公开”、“三报备”制度,形成“教育、制度、监督”三位一体的监管防范机制。

【司法体制改革】 按照“谁办案谁负责、谁决定谁负责”的原则,全面启动司法责任制改革,开展员额检察官遴选工作,入额检察官7名,加强公诉、侦监力量配置,建立检察官单独职务序列,入额检察官单独职务序列等级进行重新评定,充分调动工作积极性。围绕司法责任制要求,突出检察官司法办案的主体地位,制定《崇信县人民检察院检察官办案责任制实施办法(试行)》等10项改革配套文件,设立6个办案组。规范检察官与检察辅助人员在司法办案中的职责权限和分工。建立个人司法档案,完善司法责任制体系,建立检察官监督制约和考核评价机制,保障检察权科学有效地行使。配合县纪委、组织部门对县检察院2名转隶人员进行考察,实现人员转隶顺利、队伍思想稳定。

领导名录

检察长 刘海宇
副检察长 张百耀 白俊奇 李华 车晨刚(12月止)
纪检组长 李永军(3月止)
申万春(3月任)
副组长 岳星星
公诉科科长 李华(3月止)
范克胜(3月任)
职务犯罪预防科科长
代社林(12月止)
办公室主任 范克胜(3月止)
李海明(3月任)
侦查监督科科长 朱怀杰
反渎职侵权局副局长
朱新勇(12月止)
案件管理办公室主任
梁诗欣

法院

【概况】 崇信县人民法院内设立案庭、刑事审判庭、民事审判庭、行政审判庭、审判监督庭、执行庭(局)、司法警察大队、办公室、政工科、审判管理办公室和新窑、高庄法庭12个机构。有干部职工44人。

【审判工作】 全年共受理各类案件1196件,审执结1133件,结案率为94.7%。受理刑事案件73件,审结68件。坚持罪刑法定、罪刑相适应原则和宽严相济的刑事政策,积极推进量刑规范化工作,确保当严则严,该宽则宽,罚当其罪,判决生效被告人56人,其中5年以上有期徒刑2人,5年以下有期徒刑28人,拘役24人,免予刑事处罚2人。严厉打击抢劫、盗窃、故意伤害、醉酒驾驶等严重影响社会稳定、危害群众生产生活安全的犯罪。受理民事案件724件,审结707件。审理买卖、租赁、建设工程、劳动争议、社会保险、追索劳动报酬等合同类案件146件、审理借款合同、民间借贷、投资融资等金融类案件305件、审理离婚、婚约财产、抚养、赡养、继承、相邻关系等案件169件、审理财产权属、财产损害、道路交通事故、医疗事故、工伤事故、雇员受害、动物致人损害等权属、侵权案件87件,维护人民群众的合法权益。调撤结案393件,做到“定纷止争,案结事了”。受理行政案件12件,审结11件。认真贯彻新的《中华人民共和国行政诉讼法》,加大对被诉行政行为合法性审查,促使和支持行政机关规范执法、严格执法、公正执法;加大非诉执行力度,对影响全县可持续发展的环境保护、房屋征收等违法案件,坚决予以强制执行。县环保局申请的10件非诉执行案件均裁定准予强制执行,有力支持环境保护工作的顺利开展。共清理历年未结案件215件,执结214件;新收案件387件,执结347件,应执标的5094.21万元,执行到位标的2578.65万元。在电视台、网站、微信、平凉市红黑榜、金融大厦户外电子屏等载体公布68名“老赖”信息,将375名“老赖”纳为失信被执行人,贷款、投标、出行、工商登记等处处受限,促使185人主动履行义务。司法拘留35人,以拒执罪向公安机关移送3案4人,判处1人有期徒刑。

【立案信访】 全年共审查立案材料登记立案1196件。完善信访工作机制,形成“一把手亲自抓、分管领导具体抓、其他领导共同抓、各部门归口抓、信访室牵头抓”的大信访格局,配备专职信访室主任,负责全院的信访工作。

【审判管理】 健全完善以审判管理为主导的工作机制,强化案件质量评估体系和通报制度,对案件质效情况进行月通报、季分析、年考核。全年案件的服判息诉率为100%,已评查案件的优良率为98.2%,上诉改判和发回重审案件同比大幅下降;简易程序适用率达78.5%,案件平均结案天数同比进一步缩短。

【司法为民】 依托“审判流程公开、裁判文书公开、执行信息公开”三大平台建设,推行同步记录、同步录音录像、同步显示的庭审“三同步”工作,实现审判过程公开透明。加快推进裁判文书公开,上网公布生效裁判文书654份,建立案件电子卷宗981份;发布失信被执行人信息375条;

通过公开栏、门户网站、官方微博,对外公开法院内设机构职能、工作流程、管理制度、开庭信息、诉讼收费标准及减缓免等信息,方便群众查阅,及时接受和处理群众咨询、投诉、举报,听取群众意见建议,发布各类信息、公告600多条。邀请人大代表、政协委员、村社干部旁听庭审、参与调解、见证执行,让他们切身感受司法公开,监督法院审判执行工作。在案件的立案、审理、执行各环节减少内部周转,简化手续办理程序,对居住偏远、行动不便的当事人进行巡回审理、预约开庭、网上开庭,尽可能方便当事人诉讼,减少当事人诉累,巡回审理案件40件,异地网上开庭,审结案件13件;理智地防范和减少诉讼风险,共发放诉讼指南、举证须知、廉政监督卡各1400余份。在诉讼服务中心设立“诉调对接办公室”,与其他行政执法单位、乡镇进行对接,建立司法联络员机制,开展社区、村社的矛盾纠纷化解工作,从而构建符合实际特色的法官+人民陪审员+司法联络员的便民诉调对接网络格局,构建起高效便捷灵活开放的调解格局;邀请人民陪审员参与诉讼调解,案件的陪审率达90.2%;充分发挥诉前调解功能,由诉讼服务中心人员对诉讼中案件事实清楚、证据单一、争议不大的民商事案件在受理时征询当事人同意的情况下进行诉前调解。办理诉前司法确认案件1件,委托人民调解组织调解案件1件。加大司法救助力度,对确有经济困难的当事人依法减缓免交诉讼费用9.8万元,指定法律援助案件3起。加强案件流程管理,从案件的立案、开庭、法律文书制作、送达等各个环节进行流程登记和节点监控,健全案件质量效率量化考核与奖惩相结合制度,提高办案人员的工作责任心和积极性。共评查各类案件1100余件,案件评查优良率和服判息诉率分别达到100%和100%,上诉改判和发回重审案件大幅下降,提高案件质量。

【信息化建设】 积极利用执行指挥中心、审判流程管理平台、数字化法庭、机关安保等信息中心助力审判执行工作,对县法院和新窑、高庄2个法庭的办公区域、审判法庭等48个监测点进行24小时监控录像,对进出法院人员进行人脸识别,拍照记录,加强法院安保工作,并实现数据共享,设备循环利用的目标。使用刑事案件远程提讯系统,方便对刑事被告人的提讯和审理,方便诉讼,节约成本。

【司法改革】 严格按照聘用制书记员招聘程序,通过制定实施方案、组织考核、公示等程序,客观公正,聘用书记员14名;按照“1名员额法官+1名助理法官+1名书记员”新型审判队伍组建工作的要求,组建新型审判团队9个。引导干警正确认识和适应员额制改革要求,正确对待改革中有可能带来的职务调整、岗位变化。积极做好人事管理、司法人员职业保障和资产清查等基础准备工作。明确审判人员的办案主体责任,严格遵循司法规律,建立以审判权为核心、以审判监督权和审判管理权为保障的审判权力运行机制,确保主审法官、合议庭依法独立公正履行审判职责,明确院长、庭长的监督管理职责，改革审判委员会运行机制，让审理者裁判，让裁判者负责。试行法官办案终生责任制，健全制度，明确审判责任范围，制定审判责任承担方式和违法审判责任追究办法。

领导名录

院　长　张　永

副院长　李福祥　李小军　石永强

纪检组长　秦小琦

办公室主任　张旭勇(12月任)

审判委员会专职委员　杜光明

审判监督庭庭长　鱼新道

刑事审判庭庭长　赵　瑛

立案庭庭长　陈银洁

行政审判庭庭长　关月琴

民事审判庭庭长　高　琦

执行庭庭长、执行局局长

任建新(12月止)

刘西平(12月任)

审判管理办公室主任

任建新(12月任)

司法警察大队副队长

梁孝贤

政工科科长　刘小罗

新窑法庭庭长

关惠义(12月止)

张伟宁(12月任)

高庄法庭庭长

刘西平(12月止)

谢海成(12月任)

正科级审判员　张岩峰

关惠义(12月任)

副科级审判员　王珏玲

司法行政

【概况】 崇信县司法局内设办公室、基层管理股、社区矫正股、安置帮教股、法律援助管理股、法治宣传教育股等6个股室；下设法律援助中心、公证处、律师事务所3个事业单位；辖锦屏、新窑、黄寨、黄花、柏树、木林、工业集中区、城市社区等8个正科级建制的司法所。全系统有干部职工66人。

【特殊人群管理】 以社区矫正对象和刑满释放人员管理为重点，以社区矫正管理平台、统一安全平台、考勤管理系统“两个平台、一个系统”监管为手段，坚持教育、感化、救助、帮扶多管齐下，引导社会力量参与，构建司法机构、家庭、社会多位一体的社区矫正网络，落实各类救助和帮扶政策，强化刑罚执行“两个八小时”措施，在宽严相济、严抓真管的矫正中，促进社区矫正人员、刑满释放人员尽快转化、回归社会，管控人员无一人脱管、漏管，无一例重新违法犯罪。

【人民调解】 全县共建立调解委员会108个，形成覆盖乡村、城市街道、企事业单位，交通事故、医疗纠纷、物业纠纷等专业性人调委为补充，横向到边、纵向到底的矛盾纠纷调解组织网络。坚持“抓早、抓小、抓苗头”，成立“崇信县矛盾纠纷调解中心”，制定《开展矛盾纠纷大排查大调处行动实施方案》，健全动态排查预警和调处管控机制，积极推行人民调解“四联单”制度，加强人民调解与行政调解、司法调解衔接联动，调处各类民间纠纷 626 件，调处率和成功率分别达到 100%和 99%，把矛盾纠纷化解在基层、消除在萌芽状态，筑牢社会和谐稳定的第一道“防护网”。

【法律服务】 以县公共法律服务中心为龙头，以 8 个乡镇政务服务大厅为窗口，以 79 个村司法行政工作室为依托，打造县、乡、村三级实体法律服务平台，定期开展“法律服务直通车”服务，法律服务大厅共接待群众 1800 余人，受理咨询 900 人次，办理法律援助 222 件，公证案件 404 件，乡村法律服务机构共受理群众咨询 3200 多人次。配合省市“12348”法律服务热线平台建设，录入“5931348”“5933146”两个法律咨询专线，共接到热线咨询 1420 人次。以微博、“崇信普法”微信公众号等客户端为载体，开展网络普法、网络纠纷调解、网络法律咨询，极大满足广大群众法律服务需求。深化律师制度改革，制定《崇信县深化律师制度改革的实施意见》《关于推行法律顾问制度和公职律师公司律师制度的实施意见》，明确推行法律顾问、公职律师和公司律师目标任务和方法步骤。在县法院、看守所建立值班律师制度。稳步推进崇信县公证机构改革工作，县公证处已被县编办拟定为公益二类事业单位，提前完成改革阶段任务。

【法治宣传】 年初召开专题会议研究部署依法治理工作，印发《关于在全县公民中开展法治宣传教育的第七个五年规划》。以“法律八进”为载体，以农民、干部职工、青少年为重点，不断创新形式，打造普法工作新平台。积极推行“谁执法、谁普法”工作机制，建立学校、社会、家庭“三位一体”青少年法治网络，把法治宣传教育纳入农村公共服务重要内容；推行“互联网+”宣传模式，在崇信电视台、崇信门户网、崇信发布开辟专栏，充分利用短信、微信、QQ 群等媒介，发布各类普法信息 475 条、普法短信 6.5 万条，在全社会营造遵法、学法、守法、用法的良好氛围。

【基层基础建设】 按照省委政法委、省编办等七部门《关于进一步加强全省司法所建设的意见》的通知，汇报县委、县政府研究将 8 个基层司法所升格为科级建制。以“五星级司法所”创建活动为契机，对锦屏、木林、黄寨等 4 个基层司法所进行全面维修改造。采购档案密集架 32 组，创建“省一级规范化档案室”。购置篮球架、动感单车等健身器材，实施机关院落绿化工程，在大门口、会议室安装 LED 电子显示屏，在局机关院内安装视频监控设备，改善局机关安全环境。建成社区矫正三大信息化监管平台和远程会见室，充分发挥监管中心信息中枢作用。为社区矫正监管中心和 8 个司法所配备高清摄像头、人脸面部识别仪、执法记录仪、打印机，安装电子屏幕 2 面，促进社区矫正工作向规范化、智能化、高效化方向发展。

领导名录

局　长　袁克杰
副局长　孟彩霞　王义宏
纪检组长　秦建国
公证处主任　陈明玉

依法治县办公室副主任
于博涛(12 月止)
主任科员　雷银麟
锦屏司法所所长　张大为(12 月止)
木林司法所所长　薛德举
城市社区司法所所长　梁凤艳
新窑工业园区司法所所长
陶小伟(4 月止)
工业集中区司法所所长
马海涛(4 月任)
柏树司法所所长　王永军
新窑司法所所长　李仲科(12 月止)
朱小强(12 月任)
黄寨司法所所长　王迎隆
黄花司法所所长　信彦华

工 业

工业和信息化

【概况】 崇信县工业和信息化局内设综合办公室、工业办公室、信息化办公室、中小企业办公室、科学技术办公室、商贸流通办公室6个机构；所属事业单位5个：县节能监察中心、县招商服务中心、县酒类商品管理局、县商务综合行政执法大队、县电子商务服务中心。局机关现有干部职工31人。

【工业经济】 全年生产原煤571.5万吨，同比下降3.27%；发电38亿千瓦时，同比下降1.14%；工业总产值完成26.88亿元，同比增长28.2%；工业增加值完成9.28亿元，同比增长7.3%；规模以上工业增加值完成9亿元，同比增长7.5%；工业销售收入完成31.2亿元，同比增长36.5%；工业企业实现利税6.1亿元，同比增长485%。

【项目建设】 全年实施重点工业和信息化项目27项，完成投资7.27亿元，同比下降22%。其中前期项目9项，新建项目14项，完成投资4.85亿元，占年计划的70%。续建项目4项，完成投资2.4亿元，占年计划的35%。华煤集团铁路运煤专线、电厂二期、30兆瓦农光互补光伏发电等前期项目各项工作有序推进；赤城煤矿掘进进尺687米，建成主副井空气加热室、工业场地2号深水井泵房、副井提升机房等工程，矿井废水处理站开工建设，生活污水处理站全面建成；五举煤矿续建项目正在协调置换产能，矿井废水处理站正在开展招标等前期工作，生活污水处理站已完成工程量的60%；新安煤矿盘区北翼开拓及5202综采工作面开拓布置，新窑、新柏、大柳煤矿专项工程，百贯沟煤矿安全专项工程，周寨煤矿运输系统改造和新周煤矿灭火措施工程、荣强新型环保建材有限公司3500万块煤矸石砖生产项目、新安煤矿矿井废水深度处理循环利用项目、崇信电厂信息管理平台建设项目、煤炭专营市场及10万吨清洁煤生产线项目全面建成；锦屏镇固态醋、果醋饮料冷链物流建设项目完成土建工程，正在进行设备安装调试；鑫盛建材有限责任公司大宗固体废弃物综合利用项目完成场地平整和供电线路架设；崇信电厂超低排放和引增合一节能技术改造项目可行性研究报告通过专家组审查，完成项目招投标工作。

【服务企业】 先后制定出台《关于进一步加强小微企业融资服务的意见》《关于坚持问题导向落实政策措施进一步促进非公有制经济健康发展的实施意见》等一系列制度文件，在项目审批、费用减免、用地、融资等方面给予企业最大优惠。研究制定《“一业一策、一企一策、一事一议”工作方案》，紧盯重点行业企业，分类制定行动方案和帮扶措施，提出发展目标、重点任务、推进机制和保障措施，推动工业经济健康发展。加强与各类金融机构的协调对接，通过开展银税互动、银企帮联等活动，全力帮助有需求的企业获得信贷支持，解决企业发展资金难题。年内为鑫盛建材公司协调银行贷款1200万元，争取甘肃省中小企业发展基金1800万元，为县内小微企业协调互助担保贷款750万元，全县中小微企业贷款同比增长61%。积极帮助天成商混预拌公司选址搬迁，对经营困难的东信牧业公司，协调联系甘肃银行、浦发银行等金融机构，盘活土地资源，协调贷款，为企业注入流动资金，实现复产经营。

【供给侧改革】 落实国家“三去一降一补”政策措施，全面完成净石沟煤矿关闭回收，加快推进嘉利煤矿技术改造和聚源煤矿资产重组，帮助五举煤矿在全省计划关闭退出煤矿产能指标中置换产能92万吨。严格落实“限产控能”政策措施，按照总核定生产能力84%的要求，对煤矿企业生产计划重新进行核定，化解产能137万吨。持续开展县级领导“进企业、抓环保、保安全、促发展”大走访活动，由“四大家”主要领导和分管领导带队，对县内所有企业进行调查走访，认真摸排掌握企业负担和生产经营情况，对资源费、征地管理费、排污费、环境监测服务费等涉企行政事业性收费逐项进行核查，对不符合政策规定的督促有关部门限期整改，及时退还，最大程度降低企业运营成本。

【培育中小企业】 积极推动大众创业、万众创新，不断创优发展环境，扶持中小微企业做大做强，年内培育鑫宇公司、嘉信商贸2户规上企业。加强中小企业人才队伍建设，依托崇信商会建立中小企业培训基地，组织鑫盛建材、顶优聚氨酯泡沫厂、正丰饲料、新鹏机械等21户企业参加全省中小企业建设基金知识培训班、全市非公经济管理人才知识培训班和全县中小企业金融财会知识培训班，加强企业防范财务风险体系建设，健全各项财务制度，提升企业自身抵御市场风险的能力。全年新增中小企业19户，累计达到195户；从业人员达到1.69万人；完成总产值15.5亿元，同比增长4%；实现增加值5.58亿元，增长7%；营业收入18.22亿元，增长20%；实现利税4.2亿元。生产性服务业完成营业收入4.26亿元，增长3.25%；上缴税金3544万元。强化对信源信用担保公司的监管，确保担保业务规范化、制度化，配合甘肃瑞华会计师事务所对信源信用担保有限责任公司2016年度工作进行全面审计，对审计发现问题及时督促整改落实。年内，信源信用担保公司担保贷款1674笔1.2亿元。

【招商引资】 围绕工业、农业、旅游业和城镇开发，突出成链式、集群式招商，“走出去”“请进来”大力招商引资，承接产业转移。年内全县共实施崇信电厂超低排放和引增合一节能技术改造、30兆瓦光伏发电设施农业项目等承接产业转移项目9项，到位资金33亿元，占目标任务的31.4%。

【工业节能节水】 加快节能技术改造，崇信电厂超低排放和引增合一节能技术改造项目可行性研究报告通过专家组审查，完成项目招投标工作，百贯沟矿井废水循环再利用项目建成投用。严格执行国家《产业结构调整指导目录》，全年新、扩、改建项目均实行产能等量或减量置换。严格节能审查，所有新上项目能耗均控制在限额以内。加强日常执法监管，分3批次对全县40户重点工业企业落后机电设备（产品）淘汰情况进行执法监察，检查电机649台，发现淘汰电机453台，已全部更换。开展国家级生态文明建设示范县创建，全县规上工业企业复垦、绿化退出总面积226.96亩；大力推广节能产品和节能设施，引导全县各行业领域和广大群众购买安装节能环保低碳产品，减少一次性用品使用，全县节能、节水器具普及率达到71.4%。加强煤炭市场监管，整治取缔非法煤炭经营企业13户，建成年产10万吨清洁煤专营市场及7个二级煤炭配送网点，并投入运营，从源头上控制大气污染，杜绝劣质燃煤的流通、使用。至年底，全县万元工业增加值能耗为8.06吨标准煤/万元，同比下降19.72%；万元工业增加值用水量降到47.3立方米，同比下降9.66%。

【信息化】 制定《崇信县“十三五”信息产业实施方案》《崇信县深入推进信息畅通建设的实施方案》《崇信县深化制造业与互联网融合发展实施方案》等文件，为全县信息化发展奠定坚实基础。全面实施“宽带中国”战略，实施移动基站建设、光缆接入工程和光网改造等重点项目，新建和升级改造通信基站94座，建设光纤宽带点50个，室内覆盖点11个。止年底，全县移动基站达到266座，移动电话达到11.88万户，固定电话达到7166户，互联网用户达到2.36万户，主营业务收入达到5940万元，电信业务总量达到1.02亿元。大力推进企业信息化和工业化深度融合，全县煤电企业信息化及信息产业项目完成投资289万元，完成崇信电厂、百贯沟煤矿等企业办公网、工业控制系统安全评估、监测监控、人员定位、通讯联络、视频监控等系统更新维护，崇信发电有限责任公司企业工业信息管理平台建设项目争取省工信委信息产业发展专项资金250万元，崇信发电有限责任公司两化融合管理体系贯标试点企业正在国家工信部网站进行公示。

【工业集中区建设】 高起点、高标准推进工业集中区基础设施建设，加大水、电、路、气、通讯、排污等公共基础设施建设投入，完善配套服务功能，年内完成基础设施建设投资1480万元,硬化巷道4.3万平方米,修建排洪渠13.1公里,新建便民桥2座, 安装太阳能路灯155盏、改造农电线网5.5公里, 提升园区基础设施配套水平。工业集中区内共有入园企业17户,其中煤炭生产企业9户、煤炭销售经营企业1户、火力发电企业1户、新型建材企业1户、商品预拌混凝土企业1户、农产品加工企业1户。年内工业集中区完成工业增加值7.91亿元, 实现销售收入27亿元,上缴税金3.32亿元。

领导名录

局 长 朱自胜

副局长 刘志峰 刘 毅 任新林 李国军 何建辉

纪检组长 梁友峰

工会主席 王铜记

信息化工作办公室主任 郑 鑫

节能监察中心主任 关瑞峰(11月止)

工业办公室主任 赵志勇

综合办公室主任 关 勃

科学技术办公室主任 阎喜军

中小企业办公室主任 王团结

主任科员 李仲瑜

副主任科员 雷昆鹏(7月任)

招商服务中心

【概况】 崇信县招商服务中心负责全县招商引资项目的宣传、推介、洽谈、签约和征集、筛选、编制、发布等工作,做好各类招商节会展销活动的策划、组织、协调、发布等工作, 向外地客商提供政策咨询、项目推介、洽谈联络服务。有干部职工9人。

【目标管理】 坚持全员招商, 持续推行联合组团招商模式, 年初将全县79个单位全部纳入招商引资考核范围,根据行业特点和工作职能, 划分为38个招商小组,制定《关于做好2017年招商引资工作的意见》《关于进一步加强招商引资工作的意见》,明确招商工作的思路和重点,分解工作目标和任务,靠实工作责任,为有针对性地开展招商引资工作奠定坚实的基础。同时,收集整理《中国企业500强》《中国民营企业500强》《崇信籍在外成功人士通讯录》, 建立崇信县招商引资项目洽谈对接登记簿,要求各招商小组每季度要至少外出上门招商1次,每月至少邀请客商来我县开展投资洽谈1次,提升招商引资质量和项目引进成功率。

【项目建设】 全面落实“三个一”领导包抓项目责任制和部门跟踪落实工作责任制,按照“在谈项目抓签约、签约项目抓开工、开工项目抓投产、投产项目抓服务”的原则,建立重点招商引资项目建设责任清单,逐项目制定推进行事历,全力抓好招商项目的协调服务工作,积极研究解决招商项目实施过程中遇到的各类困难问题,不断加快项目落地和实施步伐,赤城煤矿、农耕文化生态苑、生态养老服务中心、世纪花园A区二期商品房开发、煜原职业培训学校、华通汽配物流中心、杨安山观光园、东庄现代农业示范园等一批重点招商引资项目进展顺利。全县累计实施各类招商引资项目 69 项，其中：新建项目 50 项，续建项目 19 项，落实到位资金 64.8 亿元。

【宣传推介】 坚持“请进来”和“走出去”相结合的招商引资战略，采取领导带头招商、组团招商、以商招商等方式，多层次、多渠道开展宣传推介和各类招商活动，主动加强与有投资意向企业集团的衔接联系，积极对接与县上主导产业和行业实际相符的项目。年内组团参加“津洽会”“兰洽会”“厦洽会”“西交会” 等重大招商节会 4 次，严格按照市上部署要求，圆满完成“西交会”布展和参会工作。结合产业发展现状和需求，成立新型工业化招商小分队、农业产业化招商小分队、城乡基础建设招商小分队、商贸流通发展招商小分队、文化旅游开发招商小分队 5 个专业招商小分队，分别制定专题外出定向考察方案，由县委、县政府领导带队，分批次组织 200 多人(次)赴北京、江西、陕西、江苏等地开展外出考察和上门招商活动，和北京智华信公司、皖北煤电集团、陕西海天制药有限公司、延长中科(大连)能源公司、金大地新能源集团公司、启迪桑德环境资源股份有限公司、北京骑骑智享科技发展有限公司等企业集团进行项目对接，在大槐树景区开发、煤矸石综合利用、生物有机肥生产、矿泉水生产、煤制乙醇、花海花田自驾游营地、天然气储配站、沙棘种植基地、城乡环卫一体化、智享单车等项目合作上进行深入对接洽谈。积极开展“以商招商”，先后与平凉市陕西商会、平凉市兰州商会、天津甘肃商会等民间商会组织建立友好合作关系，不断加强与中水、华能、徐矿、酒钢、华煤、山东东岳、江苏悦达等大企业大集团的沟通联络，充分借助民间商会、大集团、大企业在商界的影响力，深化拓展对外交流和合作领域，提升招商引资工作外向度。

【储备项目】 依托全县产业发展基础和资源优势，不断调整充实招商引资项目库，积极引导各行业部门认真研究国家产业政策导向和大企业、大集团的资金投向，聚焦产业链招商、产业集聚、特色优势产业和新兴产业，广泛收集各类信息资源，扎实开展项目调研论证，全县各乡镇、工业集中区年内均谋划论证招商引资项目 10 个以上，经济综合部门谋划论证招商引资项目 5 个以上，其他招商小组谋划论证招商引资项目 3 个以上，累计筛选储备能源化工、新型建材、机械制造、电子产品、农业产业化、商贸流通、文化旅游等 9 大类 120 个项目，项目储备投资总额达到 432 亿元。编印《崇信投资指南》《崇信县重点招商引资项目》等宣传推介资料 2 万份，制作崇信招商引资宣传片，充分借助微博、微信等网络媒体广泛开展宣传，为今后有针对性地开展项目的宣传推介和对接洽谈奠定良好基础。

【优化环境】 坚持把创优发展环境作为加快招商引资的重要举措，全面落实各级招商引资优惠政策，按照“非禁即入”的原则，进一步创新管理方式，精简审批事项，提高服务质量和服务效率，营造“亲商、和商、容商、富商”的投资环境。对已签约的招商项目，不断加强跟踪协调服务，采取代办、帮办、一站式办理等措施，及时解决证照办理、征地拆迁等困难和问题，确保项目顺利落地实施。同时，积极探索多元化投融资参与工业集中区基础设施和项目建设新渠道，年内投资1480万元用于工业集中区路、水、电、通讯等基础设施建设，不断完善配套服务功能，增强集中区承载能力。

领导名录

主 任 任新林

副主任 杨 柳

能 源

【概况】 崇信县能源局于8月成立，科级全额拨款事业单位，隶属崇信县发展和改革局管理。原为崇信县煤炭工业管理局，正科建制，县政府直属事业单位。有干部职工10人。

【经营指标】 年末，全县煤矿企业生产原煤571.4万吨，占年计划680万吨的76.1%，同比下降3.3%；实现销售收入22.6亿元，占年计划的147.4%，同比增长92%；完成工业总产值17.7亿元，占年计划的109%，同比增长55.7%；工业增加值完成6.7亿元，占年计划的104.8%，同比增长54.8%；实现利税8.77亿元，占年计划的126%。其中县管煤矿生产原煤130.24万吨，占年计划的52.1%，同比增长2.5%；实现销售收入8.34亿元，占年计划的146.3%，同比增长166%；完成工业总产值3.86亿元，占年计划的60.9%，同比增长112%；完成工业增加值1.47亿元，占年计划的58.7%，同比增长108%；实现利税3.24亿元，占年计划的118%。县管煤矿未发生安全生产伤亡事故。

【项目建设】 年内，全县煤矿建设项目完成投资2.5亿元，占年计划3.13亿元的80%。重点实施建设项目5个，新建3个，续建2个。五举煤矿240万吨/年续建项目完成投资385万元，完成井下排水等工作。新安煤矿盘区北翼开拓及5202综采工作面开拓布置项目完成投资12000万元，占年计划的100%，巷道开拓及工作面布置和设备安装全面完成。百贯沟煤矿安全维简专项工程完成投资2960万元，占年计划的100%，开拓巷道2500米，安装设备110台(件)。周寨煤矿运输系统改造和新周煤矿灭火措施工程项目完成投资4100万元，占年计划的100%，周寨煤矿开拓巷道800米，新周煤矿开拓巷道220米。百贯沟选煤厂建设项目完成投资632万元，占年计划的100%，完成土建工程建设及设备安装，已投入生产。

【招商引资】 年内共完成招商引资3.86亿元，占年计划11.21亿元的34%。其中：崇信县徐矿集团综采工作面开拓布置及安全维简专项工程项目完成投资34960万元；平凉永汇商贸公司煤炭专营市场建设项目完成投资3600万元。

【产能调整】 督促各煤矿企业严格按照生产能力84%对生产计划重新进行调整核定，全县8对矿井生产能力由核定的

855 万吨/年下调为 680 万吨/年，下降 32.7%，化解产能 280 万吨/年。净石沟煤矿因资源枯竭于年初全面关停。

【安全监管】严格按照与县政府签订的安全生产目标管理责任书，层层分解细化煤矿企业的安全目标管理责任。坚持“一岗双责”和“谁主管谁负责”的原则，严格落实“联系企业、包抓项目”责任制。督促企业全面落实矿级领导井下跟班责任制，强化领导现场交接班责任，健全安全管理机构，配备安全管理人员，健全各种安全管理制度，建立安全生产长效机制。坚持“标本兼治、重在治本”的原则，结合全县实际，制定《崇信县煤矿安全生产标准化建设工作实施方案》，建成百贯沟煤矿安全生产标准化二级示范矿井，并通过省安科院评审。贯彻落实各级安全生产工作会议精神，开展煤矿安全生产大检查和煤矿安全“体检”活动，对查出的问题严格按照“五落实”要求督促煤矿进行整改。共开展安全检查 8 次，下发《现场处理决定书》12 份，累计查出各类事故隐患 96 条，隐患整改落实率达到 100%。

【煤炭市场整治】成立由分管领导为组长的煤炭经营及质量监督管理工作领导小组，制定《煤炭经营市场综合整治实施方案》，对全县所有煤炭生产企业、经营企业(业主)、重点用煤单位及其储煤场地采取县级督导、部门联动、集中整治的方式，重点对煤炭进销货台账、进货渠道、土地使用、环境影响等进行集中检查。同时，针对全县煤矸石管理混乱，经营无序的现象，结合实际，制定下发《崇信县煤矸石管理暂行办法》，杜绝煤矸石掺杂使假行为。整治期间，出动车辆 23 台(次)，设置煤质检查点 5 个，下发问题整改通知书 87 份，对有照未经营的企业 19 户，进行网上公告变更经营范围，依法处罚不规范煤炭经营企业(户)6 户，罚款 9.5 万元，并限期落实整改，市场整治工作已初见成效。

领导名录

局　长　张明芳

副局长　关瑞峰(11 月任)

副主任科员　何　斌(4 月止)

中电建甘肃能源崇信发电有限责任公司

【概况】中电建甘肃能源崇信发电有限责任公司内设 14 个职能部门（其中有三个部门合署办公)、1 个控股公司（崇信崇电供水公司)。崇信发电公司控股 80%，崇信县芮鞠惠民投资发展公司持股 20%。有职工 298 人。

【安全生产】充分发挥“三级安全监督网”作用，全岗位梳理安全生产责任，清单化分解岗位安全职责，全员签订安全生产目标责任书和安全生产承诺书，落实构建网格化的安全生产责任。深入开展安全标准化建设自查自评和持续改进工作，修订和新增安全管理、工作和技术标准 20 余项，形成全员按照标准程序、标准流程开展工作的思想自觉和行动自觉。围绕生产工艺、设备设施、作业环境、人员行为和管理体系深入辨识评估安全风险，建立安全风险数据库，强化动态管控，未发生重大安全风险事件。开展“电气火灾综合治理”“危险化学品安全综合治理”“电力建设工程施工安全年”“反装置性违章和反习惯性违章”等安全管理专项活动，取得成效并巩固管理成果。严格落实作业现场到岗到位管理，全年一级到岗到位20项、二级到岗到位26项，危险性较大作业全部实现现场安全监管。加强检修、技改现场安全管控，未发生不安全事件。全面排查生产现场职业病危害因素接触人员，全年未发生职业病病例。按照发电企业应急能力建设评估规范，标准化完成安全应急能力建设评估，提升突发事件应急能力。全年完成发电量37.81亿千瓦时，完成营业收入7.68亿元，供电煤耗321.99克/千瓦时，综合厂用电率8.59%。安全生产形势保持平稳，连续安全生产超过2500天。未发生人身、设备、火灾、交通和环境污染事故。

【市场营销】认真研究电力交易规则，精心谋划调整营销策略，加大与政府、监管单位和电力公司的沟通衔接，争取每季度有边际利润的电量。年初在全省14家发电企业未获取足额直供电量的情况下，足额完成19.9亿千瓦时的直供电交易。加强直购电合同跟踪落实，签约电量兑现率96.07%，合同兑现率位居省内22家电力企业前列。依托甘肃能源公司大营销平台，充分利用和发挥电建集团“一带一路”项目“电力运维实训基地”资源和网调直调机组优势，大力对接省外市场、争取省内临时交易，积极寻求政府支持，全年获取跨区外送电量和日前实时交易电量14.47亿千瓦时，达到总上网电量的42.02%；通过积极跟踪省内用电情况及各发电企业发电计划执行情况，掌握信息，与张掖电厂实现1亿千瓦时的转移电量。充分发挥大型、高效、环保机组优势，积极开展深度调峰试验，在西北电网率先开展深度调峰，获得深度调峰补偿1800余万元。深入充分研究“两个细则”，通过优化调整AGC性能、修订机组相关参数、加强与调度常态化沟通联系、有效申诉等措施，“两个细则”增效显著。全年获得“两个细则”调峰补偿8038万元，同比增加62%，在西北五省区火力发电企业中排名第一。

【降本增效】年内销售费用、管理费用、财务费用和业务招待费用合计较预算节约1334.99万元。合理调度资金保障资金链安全，通过提前归还贷款、用低利率贷款置换高利率贷款等方式降低财务利息，财务费用同比减少833.11万元，资金流量集中度达到89.14%，资金存量集中度达到55.46%，完成上级公司下达的资金集中度考核指标。严格物资设备采购控管查审，实现采购数量和物资库存的双下降，期末库存金额同比降低8.03%，减少231.64万元。开展修旧利废工作，通过加工件代替成品、国产替代进口、加大单一来源采购范围等措施，节约采购成本近100万元。成功修复2号干排机289块承载钢板，节省资金20.5万元。加强C修物资采购计划管控，减少不必要采购31万元。严格物资质量验收，对所有备件实施入库打码，实现全生命周期管理。坚持向政策要效益，入选2017年国家级两化融合管理体系贯标试点企业，是甘肃省入选的试点企业中唯一一家发电企业，获得250万元专项补助资金。

【生产管理】 加强检修过程管控，建立设备点检系统，实现精细化、高效化、状态化检修；完成1、2号机组3次临修、2号机组C级检修和2号发电机、电除尘专项检修，解决影响机组安全稳定运行的重大隐患和安全问题。首次实现汽轮机高调门伺服阀在线更换、钢带机承载钢板在线焊接、空预器高压水在线冲洗，提升设备检修维护水平。精心制定技术方案，优化操作流程，合理配置值班力量，在双机运行和重点保电时段管理人员24小时现场值守，完成生产运行任务。充分发挥11大技术监督项目作用，强化技术监督过程管控和责任闭环，技术监督计划项目和2016年度技术监督整改项目完成率100%。实施废水分级利用项目、制样间加装除尘装置项目和1号锅炉吹灰汽源改造，大幅减少废水生成量，投运以来回收利用废水13000余吨。开展行业对标、运行技术调整和值际能耗指标竞赛，供电煤耗、综合厂用电率实现连续6年下降，提升节能降耗水平。

【经营管理】 编印行政、党建、纪检、经营、生产、安全、技术等九大板块新的完整的制度流程体系，制度新增58项，废止11项，修订130项；流程新增21项，废止7项，修订141项，为生产和经营管理规范化提供较为完整的制度支撑。年内组织干部职工参加各层面法律专题讲座5次，积极开展国家宪法日、法制宣传日专题宣传和日常普法宣传，增强干部职工学法守法用法的意识。加强重大决策、重点合同、重要制度法律审核，全年未发生法律纠纷案件。认真开展风险辨识、分析和评估，梳理出十大重大经营风险项目，突出经营风险、政策风险、财务资金风险和安全环保风险的预警和管控，制定《风险管控处置工作方案》，密切跟踪重大风险变化趋势，动态调整管理策略，月度报告、季度预警，防范重大风险事件的发生。

领导名录

党委书记、总经理 张积鹏
常务副总经理、总工程师 伊生峰
副总经理 逯宝宏 张永红
纪委书记、工会主席 张学军
安全总监 崔 强

华亭煤业集团
新柏煤矿有限责任公司

【概况】 华亭煤业集团新柏煤矿公司地处崇信县新窑镇柏家沟村，是华亭煤业集团有限责任公司所属的大型现代化骨干矿井之一。根据国家去产能相关要求，现核定年生产能力为126万吨/年。新柏煤矿公司内设15个机关科室、9个基层队，现有职工1149人，矿级管理人员9人，科、队级管理人员119人，专业技术人员120人，从事井下作业人员709人。

【主要指标】 原煤生产123.06万吨，

原煤销量 121.35 万吨，掘进总进尺完成 2914.60 米，实现销售收入 3.78 亿元，上缴税金 8343.60 万元。未发生轻伤以上人身事故，已实现连续安全生产 2600 余天。

【安全管理】 严格落实公司、科室、区队、班组四级培训制度，持续开展形式多样的安全思想宣教活动，强化员工的安全意识和安全技能。全面辨识各生产系统、各作业环节、各工作岗位存在的不安全因素并进行风险评估，实现"辨识和评估风险—降低和控制风险—预防和消除事故"的现代科学管理，做到关口前移，超前防范，真正实现主动式风险预控管理。开展煤矿全面安全"体检"和"安全生产责任制深化落实年"等各项活动，切实保障矿井安全平稳发展。

【提质增盈】 严抓产品质量，严格执行"两采一放"回采工艺及"一人放煤、一人监护、见矸封口"放煤制度，及时调整选煤楼螺旋筛，加大入洗选量，紧盯煤质指标严格考核，产品实际低位发热量保持在考核指标以上；原煤单日出矿量最高达 1.19 万吨，为近年来历史最好水平，以优质产品赢得市场主动权。严控一切非生产性支出，"三公"经费较计划均有大幅节支。根据生产需要，及时调整岗位用工需求，盘活人力资源。强化节约创收创效，抓好材料回收复用，矿井盈利水平突破亿元大关，再创历史新高。

【生产建设】 严格按照国家产能政策和矿井实际组织生产，实现均衡生产、最大化生产。高效优质完成 3512 工作面回撤和 3511 工作面安装任务。扎实推进二水平建设，四采区一区段矿建工程、二水平永久供电工程、三采区胶带延伸工程圆满完工。持续优化生产系统，重点加强回风暗斜井、五区段辅助运输石门、770 轨道与皮带大巷的维修，确保巷道有效断面及支护安全可靠，为矿井持续发展奠定坚实基础。

【民生保障】 深入贯彻以职工为中心的发展理念，走访慰问帮扶困难职工 22 人次，在矿区内部开展义务植树 3 次。多级联动开展食品安全检查、全矿卫生大扫除、家协员进职工宿舍打扫卫生等活动；加大矿区环卫保洁频次，按时对内外部道路洒水降尘，洁净矿区环境。及时修缮煤场周围的抑尘网，控制煤场煤尘外部扩散。洗衣房改造工程及副井口供热扩容改造项目按期完成，切实创优职工生产生活条件。强化职业病防治，健全《职工健康监护档案》，组织在岗职工进行集中健康体检，对患有职业病员工积极进行公费康复治疗，认真落实各项带薪休假制度，严格按照新标准及时足额发放劳动保护用品，确保职工身心健康，助推矿井和谐发展。

领导名录

经理、党委副书记 丁小敏
党委书记、副经理 张仓桢
总工程师 支永东
副　经　理 张国强　黄建勋　李居鹏
张长君　张宏奎
工会主席 张宏奎
纪委书记 张　剑

华亭煤业大柳煤矿有限公司

【概况】 华亭煤业大柳煤矿有限公司成立于2007年7月13日，项目注册资本金4.2亿元,其中,华亭煤业集团有限责任公司持股51%，华能煤业有限公司持股49%,项目总投资20.64亿元。矿井地质储量3.25亿吨,可采储量1.82亿吨,设计生产能力240万吨/年,服务年限54.5年,配套同等规模选煤厂,2008年8月正式开工建设,2011年3月投入联合试生产,2015年6月通过竣工验收。矿井证件齐全,具备安全生产条件,生产正常。井田共含可采煤层5层，主采煤层为煤4层和煤5层,煤4层平均厚度5.4米,煤5层平均厚度4.42米。采煤方法采用综采低位放顶煤法,全部跨落法管理顶板。公司内设16个科室,12个基层队。全矿现有职工1325人,矿级管理人员10人,科队级管理人员133人,从事井下作业人员692人。

【经济指标】 年内，完成原煤产量192.12万吨,占年计划的100%;掘进总进尺完成4427.2米，占年计划的107.51%;巷道维修完成6713.6米，占年计划的214.29%;商品煤销售225万吨,占年计划的112.5%。全年实现销售收入60930.92万元,与上年相比增加22833.47万元。全年完成利润总额5425.07万元，单位完全成本235.67元/吨,比计划指标229.55元/吨增加6.12元/吨,与上年相比降低13元/吨;全年完成投资1981.88万元,完成计划投资3239万元的61.19%。全年未发生重伤以上人身事故及二级以上非人身事故，安全管理形势较为平稳。

【安全管理】 以“安全生产责任制深化落实年”活动为契机,各级管理人员严格执行下井带班、跟班以及现场交接班制度，加强全体干部职工的工作能动性;规范干部队伍管理,每天保证各基层队队长或支部书记有1人24小时留矿值守,实施生产科室、基层队队长、支部书记下井带班通报考核措施；突出主体责任追究，全年共有2名队级管理人员因履职不到位、责任不落实受到相应处理,稳步推动齐抓共管的安全监管格局。严格按照安全生产标准化基本要求开展隐患排查治理工作,全年共排查隐患2200余条,下发安全类通报30期,查处“三违”85人次。加强以瓦斯防治和矿井防灭火工作为重点的“一通三防”工作,严格落实瓦斯防治管理规定,对1403、2404综采工作面、采空区和密闭区等重点区域按照瓦斯巡回检查制度和每月瓦斯巡回检查计划表进行巡查,杜绝瓦斯超限,落实各项防灭火措施。组织开展机电运输专项整治和供用电管理评优竞赛活动,不断落实各类电器设备的安全技术管理,严格执行各类电器设备的预防性和强制性检修、维护工作,确保机电运输设备运行正常、顺畅；狠抓1403、2404综采工作面回采期间及1404两顺槽掘进期间的顶板管理,对支护失效的单体支柱及时重新进行打设，加强破碎顶板、掉包失修巷道的维修，保证人员行走安全。对新招职工、分流人员、特殊工种作业人员等安全管理关键群体进行以岗位操作技能、现场安全确认、危险源辨识、应急救援、“三违”行为认定等应知应会内容为重点的安全培训；充分利用安全宣传媒介、LED多媒体播放器、安全管理微信平台以及各类会议等载体，向广大职工灌输安全意识和安全事项；组织开展“安全生产月”、安全诚信签名、“手指口述、岗位描述、安全操作”演练、安全知识竞赛等活动，引导职工自觉形成规范作业、按章操作的习惯；对“不放心”人员的思想行为进行不定期摸排了解，降低人的不安全因素；深化安全亲情教育活动，邀请违章职工家属参加“亲情座谈会”，实现职工家属与职工双向教育。

【生产管理】 每班保证有一名公司领导和一名生产科室管理人员下井带班，实施全方位、全过程、走动式安全巡查管理模式，及时解决技术和生产管理过程中存在的难题，做到措施在现场落实，制度在现场执行，问题在现场解决，隐患在现场消除；坚持每天召开调度晨会，加强科室与科室、科室与区队之间的协作配合，把控生产节奏；结合生产实际，合理安排生产班次和检修工作，严格按照相关规定对影响生产的区队给予处罚，带动区队的工作能动性，形成合理高效组织生产格局。对重要环节、重点工程实行全方位过程管控和生产技术支持，加强1403、2404工作面生产期间的瓦斯治理，对两采煤工作面上、下隅角顶板坚硬处采取松动爆破等措施，防治工作面上隅角瓦斯积聚现象；对采掘设备、煤流系统设备及提升设备每天进行强制性检修，提高设备开机率，减少生产影响；积极进行技术革新，针对井巷软岩特性，通过优化巷道支护参数，将煤巷帮部锚杆支护变为锚索支护，成功解决因锚杆支护预紧力达不到要求、造成支护失效的问题，控制巷道帮部变形量。同时，及时调整回采巷道支护参数，优化工作面支护设计，巷道变形量明显减少；围绕2404工作面安装、主立井箕斗、导向轮、定量斗、卸载曲轨、提升钢丝绳及尾绳更换、副立井提升钢丝绳及上天轮更换等重点工作，严格按照“一工程、一措施”原则，制定切实可行的技术方案和安全措施，做到从现场措施落实、现场作业监督、工程质量管理、现场隐患治理等全过程盯防、管控，保证重点工程的高效完成。及时采取扩帮、起底等措施顺利解决1403、2404两工作面回采期间出现的两顺槽巷道严重变形情况；顺利贯通一采区临时变电所回风联络巷、1404运输顺槽回风联络巷，并对西翼避难硐室、东翼胶带大巷避难硐室进行维修，按照要求对各采掘工作面压风自救装置、供水施救装置进行规范化安设；完成1404工作面两顺槽无极绳绞车安装工作并投用。高度重视矿区环境保护治理工作，严格落实环保目标责任制，引领带动全体干部职工自觉提升环保意识，突出清洁生产，严抓细抓环保现场管理、污染源治理以及控尘减排工作，矿井各类能源消耗总量均控制在集团公司下达的目标范围内。

【节能工作】 根据煤炭市场回暖变化，积极与销售公司沟通协调，通过强化内部生产组织管理，较好的保障平凉电厂供煤量以及上站煤供煤量，减少煤场库存，提升经济效益；继续实行品种煤二次筛选方式，以商品煤二次筛选为突破口，向用户提供适销对路产品，提高品种煤销量；合理安排车辆、人员对品种煤、煤泥以及矸石做到及时堆放，保障井下的正常生产。不断强化采掘设备管理和维护，合理安排劳动力组织和生产工序，提高原煤产量，降低生产成本；引导要求全体干部职工上标准岗、干标准活，坚持各项工作“一次做好、一次到位”，避免复工返工和材料浪费；强化机电设备管理，对全矿闲置设备、待修设备及大修设备进行分类统计、统筹调拨，部分设备及配件实现再次利用；对油耗、电耗、水耗等跑冒滴漏现象进行全面治理，全年水、电、汽油等消量控制在公司下达的指标范围之内；加大煤质管控力度，将煤质指标与工资挂钩，提升产品质量，达到以质促销、提质增效的目的；开展修旧利废和增收节支活动，对井下拆除、更换、回收的材料合理进行二次修复使用，全年完成修旧利废 223.31 万元，占年计划的 118.15%，完成增收节支 19.49 万元；严控各类非生产性支出，将吨煤利润、吨煤完全成本、回采率、综合能耗等主要指标与集团公司骨干矿井进行对标，提升管理水平。

领导名录

经　　理	许　强
党委书记	郭兆良（10 月止）
	赵浩强（10 月任）
纪委书记	许宏伟
副 经 理	贾铁仓　杨　帆
	张宏智（3 月止）雷永强
	张兆巍　吴海强　赵云飞

华亭煤业集团
赤城煤矿有限责任公司

【概况】华亭煤业集团赤城煤矿有限责任公司内设工程管理科、安全检查科、机电动力科、调度室、综合办公室、党建工作部、经营财务科等 7 个职能科室；下设机电队，临时设立运输队、生活服务队、后勤保障队等 4 个基层区队。现有在册职工 309 人，其中处级管理人员 9 人，科队级管理 19 人，专业技术人员 62 人，从事井下作业人员 68 人。

【经济指标】年内完成投资 15569.63 万元，其中：井巷工程 1718.32 万元，占年计划的 35.46%；土建工程 1909.94 万元，占年计划的 21.36%；安装工程 2343 万元，占年计划的 43.62%；设备购置 3326.93 万元，占年计划的 23.93%；工程其他费用 6271.44 万元，占年计划的 53.39%。累计完成投资 112260.64 万元，占总投资 159978.79 万元的 70.17%。

【项目建设】完成矿建工程建设掘进进尺 637 米，占年计划的 24.5%，累计完成 8399.3 米。完成井底主副水仓、井下中央水泵房、变电所、井下爆破材料硐室、井下电机车充电硐室及修理硐室、消防材料硐室等工程，矿建二期工程全面完工。完成土建工程工业场地锅炉房、主副井空气加热室、工业场地综合管网及竖向道路、工业场地围墙、高位翻车机房、副井提升机房及天轮架栈桥、1# 和 2# 深水井泵房、西暗涵跌水井、工业场地加压泵房、东、西进场道路、灯房浴室联建装修、办公楼装修、招待所、餐厅及地下停车库联建装修、1#和2#职工公寓楼装修、生活福利区绿化、照明、选煤厂储煤场、产品仓、主厂房、浓缩车间、筛分破碎车间地基处理等工程。完成安装工程主通风机及电控设备、副斜井提升机及电控设备、提升信号设备、生活区生活污水处理站设备、矿井信息化系统设备、地面排矸设备、地面35千伏变电所设备、工业场区2台10吨锅炉主机及附属设备、电控设备、脱硫除尘设施、生活区换热站设备、井下主排水泵、抗灾强排泵及副井跑车防护装置、井下中央变电所设备、4个10千伏箱式变电站设备、副井筒主排水管路、压风管路和消防洒水管路的安装以及调试、运行工作;形成矿井生活区和工业区地面供电系统、矿井排水系统。

【安全管理】 通过召开专题安全办公会、班前会、职工学习会等形式,牢固建立全员保安全、管安全的思想意识。开展“安全生产责任制深化落实年”活动,从制度措施执行、“三违”问题整治、风险分级管控、隐患排查治理、外包工程管理、安全教育培训、安全投入保障等责任落实方面查问题、补短板、强管理,促进建设、施工、监理各自安全生产主体责任以及各项安全规章制度、措施的落实。开展周一安全大检查、“三违”专项整治、外包工程安全专项整治、机电运输专项整治、冬季、雨季“三防”等一系列安全活动,彻底排查和治理矿井上下各系统、环节、岗位的安全风险隐患,严抓重处现场违章行为,消除安全生产薄弱环节,提高安全管控水平。年内,组织井上下安全检查45次,查出及整改各类问题隐患504条,查处“三违”34人次,罚款5.15万元。坚持对周末节假日带班值班、现场交接班等特殊时段以及单项工程开工及收尾、项目检修停送电、大部件转运、地面高空吊装作业、井下大型设备提升运输等安全关键和薄弱环节,加强动态监管和重点防范,遏制各类违章行为、零星事故的发生。组织全矿职工、参建单位人员开展《安全生产标准化》及集团公司和本矿《生产安全应急预案》《安全生产责任制深化落实年及“三违”认定及处罚办法》《职业卫生》《安全生产隐患排查与安全风险分级管控》专项培训,开展事故案例警示教育,提升职工安全素质。同时,对净石沟煤矿转岗分流的209名职工,采取分组和矿领导、管理人员轮流授课、业务交流的形式进行集中培训,使转岗职工尽快了解矿井概况,为再上岗打好基础。

【工程监管】 严格落实工程各环节质量检查制度和工程技术人员、监理人员跟班旁站制度,对各种进场材料安排专人负责管理,并通过参建单位、监理单位的人员进行现场验收,做好出厂合格检验、使用前取样抽验试验工作,杜绝不合格、劣质材料进入工地。对各项隐蔽工程,通过工程主管部门、监理单位、施工单位的共同验收、签字确认、做好记录后,方可进行隐蔽,从源头上消除工程质量安全隐患。坚持从每道工序施工质量进行严格控制,加强各项技术标准、施工规范和技术规程的执行，对不合格的工程采取停工整改、返工及经济处罚等措施，确保工程质量达标，合格率达到100%。加强对施工设计、图纸进行严格审查，并通过现场调研和深入分析，及时发现和解决相关技术问题，使工程设计科学合理，为矿建三期工程招标和施工提供保障。加强工程技术资料管理，收集整理兰煤院图纸910套4209张、设计变更通知单90份。加强“一通三防”、顶板、机电设备管理，认真做好瓦斯巡回检查、防治水工作，提高矿井抗灾能力，确保矿井施工安全进行。

【经营管理】严格按照合同管理相关规定，及时报送集团政策法规室和规划建设部会审，配合集团公司做好合同清查，坚持全程、系统和动态的合同管理。所签订的合同除部分土建工程施工合同延期外，其余均处于良好履行状态。年内共签订合同43份，合同金额14890.54万元；自项目启动以来共签订合同242份，金额96195.91万元。其中：已履行结束的合同153份，金额47190.98万元；正在履行89份，金额49004.93万元。严格按照《赤城煤矿零星物资及劳保用品采购实施细则（暂行）》规定的程序进行评标，比质比价采购，做到物资采购依法合规、质优价廉。同时，加强对物资采购合同履行情况监督检查和对到货物资的验收，保证采购物资按时按质按量到货。从工程设计、工程施工、竣工结算阶段的工程造价管理的各环节入手，以招投标文件、施工合同为依据，对照施工图、竣工图、隐蔽签证、现场签证和设计变更等严格审核工程造价，并对工程设计变更部分的必要性和合理性进行详细核实，防止重复列项，确保工程造价结算的准确合理。年内累计审核工程预算5562万元，审减2301万元；全年结算9999万元，累计结算98967万元，占初设概算的61.86%。开展“扭亏增盈提质增效”活动，通过采取六个方面的18项措施，各项费用支出得到有效控制。年内可控费用发生154.58万元，占年初预算78.63%，占控制指标的81.06%；“三公”费用发生49万元，占集团公司核定控制限额的80.33%。

领导名录

矿长、党委副书记
李仁杰（10月止）
霍天佑（10月任）
副矿长、党委书记、纪检书记、工会主席 王成勋
副矿长、总工程师
王军辉（10月止）
贾致学（10月止）
周　喆（10月任）
副矿长 杨小军　郭存学　苏恩民
张学飞　陈银德
胡俊林（10月任）

平凉新安煤业有限责任公司

【概况】平凉新安煤业有限责任公司是江苏省徐州矿务集团有限公司全资子公司（简称新安煤业公司），注册资本金2.3亿元。井田面积4.51平方公里，可采储量7425万吨，设计生产能力90万吨/年，矿井综合机械化率100%。

【主要指标】 全年生产商品煤52.53万吨,综合进尺完成3343米,实现销售收入3.61亿元;完全成本200.30元/吨,商品煤煤质4627大卡/千克,实现利润7011.73万元。

【安全管理】 完善《新安公司安全管理制度》,组织全员学习《煤矿安全生产标准化》,做到有令则行、有禁则止。通过国务院安委会检查出的49条安全问题全部按期整改到位;严格执行隐患排查治理制度,全年共排查整治安全隐患和问题3634条,夯实矿井安全基础。以"抓大系统、查大隐患、防大事故"为切入点,突出抓好供电、提升、运输专项整治,确保大系统安全可靠。开展党员身边无"三违"、无隐患、无事故活动,严肃查处"两随意"和"三惯"行为,强化干部安全履职能力和职工岗位行为,全年治理"三违"人员634人次,对各类"三违"和不履职管理人员进行停班学习,对典型"三违"进行公开追查,整治效果明显。

【生产组织】 加强1203工作面生产组织,根据工作面地质变化情况,合理调控采高,保证产量不下降、煤质不下滑;早班严格执行工作面设备检修制度,为中夜班正常生产创造良好条件。抽调内部精干力量,引进外包施工队伍,同步推进5202、1201工作面两道掘进;适时开展掘进劳动竞赛活动,提高单进水平,确保矿井生产接续不脱节。把安全生产标准化建设纳入"一把手"工程,坚持每月对各专业标准化进行检查验收,对标定级,严格考核,提升标准化创建水平。

【经营管理】 对全年指标完成、成本费用、资金收支等情况进行全面预算分析,制定经营预控方案,细化预算管理基础工作。以预算计划为导向、以资金管理为核心,全面推行资金预算管理,强化资金使用和管理;坚持重大收支报告制度,在严格控制资金支出的同时,优先保障安全工程和职工工资支付。规范人力资源定额管理,坚持薪酬分配比重向基层单位和艰苦岗位倾斜,依托薪酬分配杠杆导向充分调动基层区队工作积极性。在做实做优"新安精块煤"品牌的同时,抢抓煤价持续走高利好时机,根据客户需求,及时调整煤种结构,增加煤种种类,提高销售收入,实现煤场零库存。优化改造洗选系统和设备,全年洗煤增效2900余万元,提升企业经济效益、社会效益和对外形象。积极与地方政府沟通协调,同时指派专人全力推进,如期完成县城综合服务大楼和一套综采支架等闲置资产处置,增加公司现金流。

领导名录

董事长、总经理 朱玲方
党委副书记 王友海
党委副书记、纪委书记、工会主席 吕军华
经营副总经理 王光春
生产副总经理 冯立松
机电副总经理 魏连云
总工程师 黄志彬
安监副处长 罗锁林

崇信县百贯沟煤业有限公司

【经营指标】 全年共生产原煤 48 万吨，销售原煤 48 万吨，主营业务净利润 3900 万元。

【安全管理】 定期开展井上下安全大检查，确保全覆盖，不留死角。强化现场安全监察，从严落实“四停措施”，全年共停头、面、线和设备 36 次。压紧压实安全责任，强化干部履职，持续推进党员身边无“三违”、无事故活动，强化职工安全意识。深入开展安全“体检”、深化隐患大整治专项行动，始终坚持问题导向，对排查出的隐患按分级情况进行考核、建档、落实整改、销号。对矿井“一通三防”、防治水、机电运输、顶板管理等各大系统进行超前预控分析，及时发现和消除系统存在的隐患，超前制定安全预控措施，保证系统安全可靠。注重干部职工素质提升，建立职工安全培训标准，实行安全培训“准入制度”，持证上岗率达 100%。深入开展每月安全大课、职工技术比武等活动，发挥“传、帮、带”作用，促进整体安全管理水平上台阶。

【组织生产】 年内公司主要围绕 1505 工作面回采，回撤及 2501 工作面安装、回采工作。及时调整 1505 工作面三角煤优化设计，采取缩面回采方式，加大井下资源回收率。超前抓好 2501 工作面设备检修情况，加强机运隐患整改和备品备件管理的同时，对工作面及主运系统进行优化，从机运系统上保证正常生产。狠抓工程质量管理，合理控制工作面放煤，合理确定工作面推进度，提高回采率，实现高产稳产，同时组织好巷道掘进工作，充实掘进队伍，采取激励措施，提高掘进进尺。

【经营管理】 通过建立风险防控机制，完善工程施工、物资采购、合同管理等制度体系和内控流程，提升管理效率，强化外委项目成本控制，为规避风险，压缩不合理支出，对每一项新开展的外委项目重要性和必要性及可行性方案进行调研和论证，最大限度压缩不合理支出。1—10 月共计签订合同管理 96 份，节约费用 180 余万元，全年节约 240 万元。从源头上保证煤炭质量，提高商品煤煤质。实行煤炭外委加工入洗、原煤掺配，增加商品煤品种等措施，生产适销对路的优质煤。加大指标考核，有效发挥绩效激励作用，调动内部节支创效积极性，从严从紧控制材料投入和电力消耗。加强物资考核管理，健全物资管理相关制度，强化材料现场管控，减少新材料费投入 116.7 万元，及时处置闲置资产，实现资源盘活利用 500 万元，积极鼓励开展创新创效活动，开展自制加工和修旧利废，节约材料费 204 万元。

【工程管理】 开展公路绿化工程，共植树 2000 颗树木；完成 2504 工作面掘进、铺轨及巷道维修工程、井下水处理车间及地下水池等工程核算，最终审减 132 万元。

领导名录

党委书记 金　亭

董事长、总经理 王　玮

经营副总经理　　俞　荣
生产副总经理　　刘振杰
机电副总经理　　杜昌要
纪委书记、工会主席　解朝顺
总 工 程 师　　李志民
安监副处长　　赵建华

崇信县周寨煤业有限责任公司

【概况】 崇信县周寨煤业有限责任公司资产总额2.84亿元，年生产能力60万吨。现有职工360人。矿井占地面积1.5365平方公里,现有地质储量为2763.84万吨。主要产品有混煤、渣炭、中块、大炭四个品种。

【恢复生产】 9月25日从各方组织擅长综采技术的职工队伍，对31601综采工作面综采支架进行拉运、检修、绑扎、入井、安装,于10月26日安装布置完工,并进行联合试运转，于11月1日由矿生技科组织安监、生技、机电技术人员对综采工作面进行全面的联合试运转自查验收,对存在的问题进行彻底整改,11月8日申请复产验收,于11月9日经县安监、煤炭局组织专家验收,又经市安监局文件批复恢复生产，即31601综采工作面开始正式恢复生产。全年生产原煤16.53万吨,销售原煤13.39万吨,完成工业总产值4083.94万元,实现销售收入3410.48万元,上交各类税金485.89万元，发放职工工资1610.59万元,亏损509.77万元。

【项目建设】 投资68万元对井下监测监控系统和人员定位系统的线缆、传感器、摄像头等进行更新,投资153多万元,全面进行巷道维修和设备检修；投资500多万元,购置安装8台皮带机,从采煤工作面到煤仓,优化皮带运输系统,并安装语音广播系统；投资130多万元，改装主副井绞车电控系统,提高绞车的提升运行速度和安全可靠性能；投资680多万元,购置安装综采工作面支架63副及其设备设施,完成31601综采工作面生产系统;投资65万元配套安装2台锅炉脱硫塔及其设备设施,达到废气达标排放。

【节能降耗】 综合能耗771.8吨标煤,同比下降3.85%；原煤消耗247.16吨,同比下降8.2%;电力消耗457.21万千瓦时,同比下降1.46%;油料消耗22.9吨,同比下降16.9%；万元产值能耗0.18吨标煤,同比下降18.2%;万元增加值能耗0.32吨标煤,同比下降11.1%;万元产值电耗0.11千瓦时/万元,同比下降8.3%,万元增加值电耗0.19千瓦时/万元,同比下降9.5%。

【工业节水】 全年用水总量为52000立方米,取水总量24000立方米,重复利用水量28000立方米，重复利用率为100%,污水排放总量为4000立方米,污水处理量为4000立方米,污水处理率为100%,万元工业增加值水耗9.96立方米/万元，节约用水11000立方米。

【环境保护】 编制《矿区粉尘污染环境保护治理工作方案》，认真落实环境管理问题和违法问题的整改,投资6.9万元,维护和保养矿井废水深度处理部分设备,投资 8.3 万元,购置污水处理各种药剂、试剂,使矿井废水深度处理重复利用和达标排放;投资 15 万元进行矸石场、周边工业场区环境及矿区沿途公路水渠的治理与绿化,对生产过程中产生的“三废”及噪声基本得到妥善处理与处置。公司健全环保管理机构,配备专业技术人员,制定公司环境保护管理办法、环境保护措施、环保考核管理办法;重视环保设施操作工作人员的培训,加大投入,加强污染处理设施的日常管理、更新、维护和保养,投资 65 万元,对两台锅炉进行检修保养,配套安装两台锅炉脱硫设备,各项指标合格达标;健全各种设备设施运行台账,规范运行记载,确保污染处理设备设施正常运转和污染物的达标排放。

【安全生产】 按照年度职工培训工作计划,分期认真组织职工集中为期七天的安全教育培训;组织生产一线职工 230 人参加为期 10 天的公司统一的全员培训班,特殊工种按期按时参加市局统一组织技能技术知识培训,每期培训都进行统一考试,全员考试合格率每次都达到 100%。反复修改完善更为详细、全面的、操作性强的《安全管理制度》与《安全隐患排查治理处罚管理办法》,狠抓制度落实,严考核重处罚,促使各项工作有序开展。加强矿长下井带班,强化现场管理,严格安全生产标准化考核,加强班组建设,加强“一通三防”管理,确保安全生产。

领导名录

矿　　长　周春生
矿长助理　周武生
总工程师　刘焱磊
生产副矿长　王武存
安全副矿长　秦春奎(3 月止)
　　　　　　唐守智(3 月任)
机电副矿长　朱永峰
工会主席　高根义

农业

农办(扶贫办)

【概况】 中共崇信县委农村工作办公室(崇信县扶贫开发办公室)是县委农村工作的综合协调部门。内设新农村建设领导小组办公室。有干部职工 18 人。

【脱贫攻坚】 先后组织召开县脱贫攻坚领导小组会、县委农村工作暨扶贫开发工作会等会议,学习研究政策、安排调度部署脱贫攻坚工作。研究制定《2017 年脱贫攻坚工作要点》《脱贫攻坚责任制实施细则》《崇信县富民产业培育扶持办法》《关于聚焦深度贫困村户打赢脱贫攻坚战的若干政策措施》等政策文件,建立脱贫攻坚“七个一批”行业扶贫管理清单,层层签订脱贫攻坚责任书,把扶贫任务分解到具体部门、责任靠实到具体人员,实现扶贫工作到村到户。投入各类涉农项目资金 6.8 亿元,实施青泥沟、西刘等 4 个贫困村扶贫开发整村推进、南部山区特困片区综合治理、易地扶贫搬迁、赤城移民社区二期、“一事一议”财政奖补、农村饮水安全巩固提升等扶贫项目 57 项。抢抓国家金融扶贫政策机遇，争取统筹整合财政涉农资金支持贫困村基础设施建设项目资金1.5亿元，实施45个村村社道路硬化、环境综合整治等项目，累计硬化村社道路87.3公里，修建排洪渠47.8公里，便民桥3座，完成自来水入户508户；建成易地扶贫搬迁集中安置点2个，完成房屋主体工程119户；建成村级综合文化服务中心7个，乡级电商服务站3个、村级电商服务点4个，维修和改扩建贫困村村部3个，贫困村硬化路、幼儿园(班)、标准化村卫生室和村级综合文化服务中心等公共服务设施实现全覆盖。引导贫困群众发展牛、果、菜富民产业，新建改扩建肉牛养殖小区4个，种植牧草1.4万亩，带动贫困户养牛4929头；新植苹果园2430亩(贫困户167.7亩)、核桃园4100亩(贫困户1337.3亩)；新建日光温室650亩、蔬菜大棚2250亩，种植蔬菜7.4万亩(贫困户种植1535.6亩)。完成劳动力培训4015人，输转贫困劳动力2900人，创收5700万元。建成乡级电商服务站2个、贫困村电商服务点4个，开设网店165个，带动290户贫困户实现增收20万元。为2730名低保贫困人口发放低保金288万元，为21名五保贫困人口发放生活补助21.4万元；为757人(次)贫困人口落实提高5%新农合报销资金12.26万元；为250名贫困高中学生和159人(次)贫困中职学生免除学杂费、发放助学金40.9万元。按照“十不算”“十不脱”的要求和省上要求，对建档立卡贫困人口进行动态调整，回退已脱贫人口146户447名，新识别纳入贫困人口79户233人，剔除不符合建档立卡条件的16户50人，对2017年拟脱贫退出人口逐村逐户进行验收。年底，全县共计减贫2822人，贫困发生率下降到4.13%，贫困人口人均可支配收入达到5487元。

【美丽乡村建设】 制定《崇信县开展农村环境治理建设美丽乡村实施方案》和《村级保洁员管理办法》，组织乡镇、县工业集中区大力开展“四项行动”(以“四清四改四化”为主要内容的环境治理行动、以农村路水电房建设为主要内容的基础改善行动、以牛果菜特色主导产业提质增效为主要内容的产业富民行动、以破陋习树新风为主要内容的乡风培树行动)，建立“三创五有一保障”长效管理机制(创新治理模式、创新投入模式、创新监管模式，有乡村保洁队伍、有环卫设施、有管理制度、有考核办法，资金投入保障到位)。积极推进庙台、马寨等9个省、市、县列“美丽乡村”示范村项目，打造柏树村、木林村等5个新村建设和旧村改造示范点，共计完成投资12646.18万元，硬化铺油道路18.7公里，修建文化广场3951平方米、康居住宅70户，实施“三清五改”113户，安装太阳能路灯254盏，栽植绿化树木47万余株，提升基础设施和村庄面貌。

【农村“三变”改革】 成立由县委、县政府主要领导任组长的“三变”改革工作领导小组，研究制定《崇信县农村资源变资产资金变股金农民变股东改革工作实施方案》，确定党洼、东庄、冉李、西刘、崖窑5个市级试点村和张明洼、马沟、凉水泉3个县级试点村开展农村“三变”改革试点工作。年底,完成27.9万亩土地承包经营权和2.5万亩果树经济林确权登记,颁发土地承包经营权证9482本、林权证2733本;建立农村产权交易中心,出台《农村产权交易管理办法》等配套政策;培育甘肃名翔公司、新丰园等“三变”改革承接主体21家。探索建立“三变+金融”“三变+特色种养”“三变+乡村旅游”等农村“三变”改革新模式。

【精准帮扶】 积极优化调整帮扶力量,由县级领导包抓建档立卡贫困村和贫困发生率高的非贫困村,按照县直及省市驻崇帮扶单位和县内重点企业能力强弱,分别确定帮扶1—3个贫困村或非贫困村。选派90名熟悉农村工作、事业心责任心强的优秀年轻干部和后备干部,充实优化贫困村驻村帮扶工作队,为贫困发生率高于20%的大兴村选派驻村帮扶工作队。按照县级干部每人结对帮扶2户贫困户,科级及以下干部每人结对帮扶1—2户贫困户的要求,为每个贫困户确定帮扶责任人,做到帮扶工作全覆盖。全年累计投入帮扶资金568.2万元,开展各类政策宣讲、技能培训696(场)次,帮助解决急难事395件,化解矛盾纠纷337起,有力促进了农村社会和谐稳定。

领导名录

主　任　樊彦君(3月止)
　　　　王志赟(3月任)
副主任　于文涛　王创祥
主任科员　李迎春(11月任)
副主任科员　高　尚(11月止)
扶贫办主任　于文涛
副主任　李迎春(11月止)
　　　　高　尚(11月任)

农　牧

【概况】 崇信县农牧局下设农业科技开发示范中心、农业技术推广中心、农产品质量检验检测中心、经营管理站、土地流转中心、农广校、农村能源办公室、种子管理站、农业生态环境保护管理站、良种技术服务中心、农业行政综合执法大队11个局属事业单位(除林业局、农业机械管理局和畜牧兽医局)。全系统共有干部职工97人。

【粮食生产】 全县农作物播种面积44.61万亩,粮食作物播种面积24.07万亩,粮食总产达到4.7万吨。其中:冬小麦种植11.01万亩(其中:宽幅匀播小麦5.6万亩),产量2.07万吨;推广全膜双垄沟播技术5.01万亩,种植玉米5.01万亩,产量2.08万吨;马铃薯种植3万亩,产量0.25万吨;复种荞麦、糜子等粮食作物4.5万亩,产量0.23万吨。

【蔬菜产业】 蔬菜种植面积7.37万亩,生产蔬菜15万吨。新建成日光温室700亩、塑料大棚2600亩。重点建成锦屏镇东庄现代农业园和庆丰农业科技示范园,东庄现代农业示范园建成智能温室1座2700平方米,连体温室2座7000平方米,日光温室20座,钢架大棚300座;庆丰农业科技示范园连体温棚基本建成,新集蔬菜标准园完成有机蔬菜种植50亩,“崇信芹菜”通过农产品地理标志登记评审，填补全省芹菜地理标志登记空白，全市地理标志登记工作实现“零”突破。

【农村土地确权颁证】共完成全县6乡镇及工业集中区79个村410个社18904户的承包地确权登记工作，签订土地承包合同18904份，建立县、乡、村三级土地确权档案18904卷，完成农村土地承包经营权确权登记工作，并通过县级自查、市级核查和省级验收，被省上评定为优秀等次。

【新型农业经营】新注册农民专业合作社32家，全县累计注册各类农民专业合作社182家，其中：种植业83家，畜牧业88家，服务业5家，渔业2家，林业4家。累计发展成员5027人，带动非成员农户5752户；新注册家庭农场5家，全县累计注册家庭农场30家，其中：种植业9家、养殖业5家，种养结合16家。

【土地流转】新增土地流转面积5000亩，全县累计流转土地6.98万亩，占农用耕地总面积的19.2%。

【村级集体经济】积极开展自然资源资产管理体制改革，明晰农村集体产权归属，发展壮大村级集体经济，于家湾、九功、冉李及高年等46个行政村集体经济收入56.5万元，占全县79个行政村的58%。

【农民培训】围绕特色优势产业开发和旱作农业技术推广、农村能源沼气建设等内容，及时组织农广校、农技中心、能源办进村入户开展各类实用技术培训。全年共举办各类培训班168场(次)，现场培训指导68场(次)，培训农民2.16万人(次)，咨询、指导人数6870人次，发放资料2.86万份，参训教师80人(次)。

【农业执法】结合春耕秋播，组织县工商、公安、供销、物价、质监等部门，开展春季农资打假专项整治行动和种子、农药、肥料专项执法检查活动4次，对全县61家农资生产经营企业(门店)展开拉网式检查。全年共出动执法车辆47辆(次)，执法人员103人（次），共检查农资生产(经营)企业、门店189家次，抽检备案登记农药、种子、肥料等农资60多种220多吨。检查存在经营过期农资、无证经营农药、经营禁用农药等违法行为，下发整改通知32份，立案查处涉农违法案件11起，依法罚款0.13万元，依法履行市场监管职责，全面保障农资质量安全。

【“三品一标”认证认定】全县已认证无公害农产品3个(芹菜、甘蓝、香菇)，绿色食品1个(甜瓜)，无公害蔬菜产地面积2.65万亩，无公害大田作物面积5.25万亩，无公害食用菌产地面积500亩，绿色食品生产基地10万亩，“三品一标”种植面积达到全县农产品种植面积的58.8%。

【农产品质量安全监管】初步建成全县共享的农产品质量追溯管理信息系统，建成县级监管平台1个，锦屏、黄花、新窑乡镇级监管平台3个，崇信龙祥生态科技有限公司、平凉方盛绿色食品有限责任公司、崇信县生源屠宰有限责任公司生产经营主体追溯平台3个。管理平台录入速测结果660条，认证产品10个，保障农产品从基地到餐桌的安全。

【农产品质量安全检测】 在全县重点蔬菜生产基地建立蔬菜监测点4个，县农产品质量安全检验检测中心每月定时不定时对农产品生产基地和进入市场的农产品进行质量安全速测，全年县、乡共抽检蔬菜样品840个，合格率为100%，发布农产品质量安全信息简报8期，速测结果8期，并及时上报和反馈情况。在做好县级农产品抽检工作的同时，配合省、市例行抽样检测，配合省农产品质量安全监管局在蔬菜生产基地抽样20个，抽样结果合格。

领导名录

局　长　李青云
副局长　李金泉(11月止)
　　高　奎　温忠荣
　　信海林(7月任)
纪检组长　侯军鹏
工会主席　马根成
农业科技开发示范中心主任
　　温忠荣
副主任　李红星
农广校校长　信青贵
农技中心主任　孟治岳
副主任　蒲惠霞
农产品质量安全检验检测中心主任
　　蒲惠霞
能源办主任　杨金田
副主任　黄博华
经管站站长　刘克奇
土地流转中心主任　朱海鹏
种子管理站站长　朱志刚
农业行政执法大队大队长　崔正旭
农业生态环境保护管理站站长
　　王岩松
主任科员　朱繁银(12月任)
副科级干部　尚志强

畜牧兽医

【概况】 崇信县畜牧兽医局隶属县农牧局，下设“二所一中心八站”，即县动物卫生监督所、县兽药饲草料监察所、县动物疫病预防控制中心、县草原监理站(加挂畜牧技术推广中心牌子)和7个乡(镇)级畜牧兽医站。全县有畜牧兽医工作人员55人。

【草畜产业】 年内新建、改扩建肉牛标准化养殖小区4个，成功举办首届崇信红牛赛牛大会，崇信红牛地理标志商标申报资料被国家商标局受理。全县种植紫花苜蓿2.11万亩，建成2000亩以上的大点3处，1000亩以上的大点1处。加工转化玉米秸秆饲料15.3万吨，转化利用率达到85%。全县牛饲养量达到12.18万头，出栏5.2万头，同比增长1.4%和1.1%；生猪饲养量达到6.57万头，出栏3.4万头，同比增长1%和2.4%；羊饲养量4.27万只，出栏2.64万只，同比增长0.2%和1.1%；家禽饲养量达到16.4万羽，出栏1万羽，同比增长1.2%和0.63%；肉、蛋、奶总产量达到10076吨,同比增长2.25%;水产品产量完成84吨,同比增长5%。全县畜牧业总产值达到2.31亿元,同比增长5%。

【疫病防控】 全面推行县、乡技术人员包场巡查制度,积极开展疫情监测工作。围绕“确保不发生区域性重大动物疫情”防控目标,全年共免疫口蹄疫易感畜9.93万头(只),鸡禽流感免疫19.22万羽,鸡新城疫、猪瘟免疫实现全覆盖。

【监督执法】 坚持“以检促防”,持续加大对违法添加“瘦肉精”及违禁兽药等行为的查处。落实“双包工作责任制”,实行官方兽医包片,村级协检员包村、户的方法,对全县规模养殖场(大户)定期进行巡查。规范屠宰检疫行为,严把入场关、待宰关、同步检疫关、宰后处理关及无害化处理关,屠宰场的检疫率、出证率、检出病害动物和动物产品无害化处理率达到100%,确保全县畜产品质量安全。

【项目建设】 实施现代农业生产发展资金肉牛产业建设项目,完成投资875.99万元,新建柏树镇党洼村肉牛养殖场、锦屏镇李家沟村肉牛养殖场和木林乡沟老村肉牛养殖场3处,扩建黄寨镇白新庄村肉牛养殖小区1处。实施现代畜牧业全产业链建设项目,完成投资118.8万元,扩建工业集中区杜家塬村养殖场双面式标准化牛舍4座,改建新窑镇青泥沟村养殖小区单列式牛舍12座。

领导名录

局　长 秦　岭(12月止)
秦好书(12月任)
副局长 王　军 关　刚
动物卫生监督所所长
王海虎
草原监理站站长
文忠虎(12月止)
动物疫病预防控制中心主任
徐　彪
兽药饲草料监察所所长
尚　涛

农业机械管理

【概况】 崇信县农业机械管理局下设农机监理站、农机化技术推广服务站、农机化技术学校。有干部职工25人。

【主要指标】 依托农机购置补贴政策的实施,不断加大农机推广和新型农机具的装备,提升全县农机装备水平,农业机械拥有量达到8871台,总动力达到8.61万千瓦,占任务8.6万千瓦的100.1%;实现农机经营总收入5000万元,占任务的100%。机耕、机播、机收面积分别达到36万亩、15.3万亩、11.85万亩,均占任务的171%、128%、119%,农作物耕种收综合机械化水平达到50.58%;全年累计完成固定资产投资690万元,占责任目标690万元的100%。

【农机购置补贴】 坚持把农机购置补贴政策落实作为提升农机装备水平、优化装备结构的抓手,省农机局下达中央农机补贴资金170万元,全年实施169.998万元，完成项目总投资690万元，补贴各类农机具220台，受益农户160户。

【农机安全监管】开展农业机械安全技术检验，年内完成检验1145台，检验率达到92.0%；完成驾驶证到期换证审验110人，审验换证率达到76%；完成新增登记报户农业机械52台，注册登记报户率达到100%；享受农机购置补贴的拖拉机、联合收割机登记报户率及其驾驶人持证率达到100%；组织无证人员考试3期，新增持证人数50人，持证率达到97%。狠抓农机安全生产大检查，消除农机安全隐患，年内共查出安全隐患33起，现场整改13起，其余全部下发限期整改通知书，责令按时整改。

【"平安农机"创建】持续推进"平安农机"创建活动，全面落实农机安全生产"四长"责任制，县、乡、村、户责任书签订率达到100%。创建"平安农机村"2个，"平安农机户"24户，年内全县"平安农机"村发展到65个，"平安农机"户发展到931户。通过"平安农机"创建活动开展，基层农机安全监管体系更加健全，农机安全稳步发展。

【玉米秸秆饲料加工】积极承担加工机械设备选型、采购、发放和维修等服务保障工作，新购置秸秆加工设备15台（套），设备总价33万元（其中：县财政资金18.9万元，自筹资金7.5万元，农机购置补贴资金6.57万元），及时投放到全县贫困村各养殖小区和龙头企业。秸秆加工期间，成立2个设备维修服务组，分片分区域组织专业技术人员深入各乡镇和工业集中区、养殖小区和企业，开展设备维修工作，累计安装调试及维修加工设备52台（套），保障全县玉米秸秆青贮饲料转化工作顺利推进。

【农机深松整地】实施农机深松整地作业补贴试点项目，依托精准扶贫精准脱贫在青泥村实施深松整地0.75万亩；结合土地复垦和梯田改造项目在黄寨、新窑等乡镇实施深松整地1.25万亩，全年完成项目作业面积2万亩，占任务的100%。

【农机化技术推广服务】以农机具购置补贴项目为带动，年内推广购置大型联合收割机3台，其中：玉米收割机1台，100马力以上的大型拖拉机7台，提升全县农机装备水平。

【农机化教育培训】在支持产业发展上，以玉米秸秆饲料加工、农机覆膜等技术培训为重点，组织专业技术人员深入村社和田间地头，培训设备操作人员200人；在服务农机化项目实施上，以项目技术人员培训为重点，培训项目技术人员15人；在服务安全生产上，以新增农机驾驶员为重点，举办农机安全技术操作培训班2期，培训农机驾驶员27人。

【农机化社会服务】注重发展培育农机大户，大力支持农机专业合作社发展，年内规范化建设农机合作社2个。继续落实农机专业合作社购置大型农业机械省级财政专项扶持政策,为崇信县勤合农机专业合作社审报办理省级累加补贴,兑付累加补贴专项资金 7 万元。

【招商引资】全力组织开展招商引资活动,继续同陕西西安亚澳农机股份有限公司合作在黄寨镇甘庄村投资实施“省级”百亩保护性耕作示范项目 750 亩,该项目计划总投资 1000 万元。分三年实施,年内累计完成投资 680 万元。

领导名录

局　长　张永军

副局长　刘志康　李宏强

林　业

【概况】崇信县林业局 7 月 12 日为县农牧局挂牌单位,下设果业局、林业技术推广站、森林病虫害防治检疫站、森林公安分局、油用牡丹产业发展办公室、新窑林场、龙尾沟林场、野雀苗圃等 8 个行政事业单位和退耕还林办公室 1 个协调议事机构。全系统共有干部职工 133 人。有林业专业技术人员 20 人,其中林业高级工程师 1 人。

【造林绿化】全县 6 个乡(镇)和县工业集中区管委会完成乡村面山绿化 13606 亩。建成黄寨镇庙沟、柏树镇东风、锦屏镇杨安山、寺沟、县工业集中区新庄洼、木林乡荒山峁、黄花乡疙瘩峁、新窑镇中山梁等一批乡村面山绿化工程,完成千亩以上大点 5 个 7882 亩。坚持统一规划、连片推进、分段施工的办法,实施西坪山、薛家湾、湫浥沟、东街塔塔山面山绿化 15102 亩,其中县直机关单位干部职工完成整地栽植 7200 亩,人均承担义务植树面积 2.7 亩。按照“高规格、宽林带、大绿量”的要求,全面对国道 312 线、省道 304 线、崇白路、崇大路、九柏路、关木路等省道、县道、乡道和村庄产业路进行绿化,完成道路林网建设 35 条 247.35 公里。其中按景区道路绿化标准打造县工业集中区管委会五马沟至关河大槐树景区 7.5 公里道路。以村旁、路旁、渠旁、宅旁“四旁”绿化为重点,采取乔灌草结合、林果花搭配的绿化模式,对年内确定的新农村示范村、旧村改造示范点和美丽乡村示范村进行绿化美化。全县共完成野羊村、高年村、东风村、赤城移民社区等 36 个村庄院落绿化。

【果产业开发】按照连片、集中、规模开发的要求,把吸引企业、大户、合作组织和能人流转土地与行政推动结合起来,全年新植果园 6487 亩,其中:苹果 1500 亩,核桃 5220 亩,果品总产量达到 3 万吨。组织果业技术人员深入柏树、黄寨、锦屏、木林等果园建设重点村社、果园,指导乡镇果农集中开展以整形修剪、施肥覆膜、病虫防治、疏花定果、果实套袋、拉枝抹芽为重点的综合管理措施落实,完成复剪 4 万亩,拉枝 5 万亩,果园追肥 8.6 万亩,病虫害防治 9 万亩,疏花定果 2.5 万亩,老果园更新改造 0.3 万亩,果园补植 0.5 万亩,果园提质增效面积达到 5 万亩。大力推广应用新品种、新技术、新模式、新机制、新设备,全面落实矮化密植园栽植地块,在柏树镇、黄寨镇、木林乡落实矮化苹果栽植地块1万亩，完成整地规划、道路建设、立柱安装、管道铺设、施肥打坑工作，春季完成栽植1349亩，明春完成栽植8651亩，扩大矮化密植园建设规模。扎实落实各项标准化管理措施，推广应用果园高垄黑膜覆盖、穴贮肥水等旱作保肥节水技术，探索推广“大坑大肥大苗”栽植模式，推行“一年定干保苗、二年重剪促条、三年严拉细管、四年成形挂果，五年保证丰产”“抹、拉、刻、割、除、套”及“一大、二小、三延伸”等轻简化早果丰产技术规程，创建省级示范园1个、县级示范园4个。年内共组织专业技术人员下乡进园开展技术培训50多场（次），培训乡村干部、果农群众1000多人（次），组织培训贫困果农5000人（次），赴华亭、庆阳等地开展观摩学习2次，受训人员达到400多人。

【退耕还林工程建设】年内省上下达县上新一轮退耕还林任务3万亩，进行全面部署，抽组精干力量，对各乡镇、县工业集中区新一轮退耕还林建设情况进行摸底调查、实地验收。已有1.7万亩新一轮退耕还林面积全面落实到乡镇村社山头地块，正在开展实地丈量工作。退耕栽植树种以核桃、油用牡丹为主，做到因地制宜，兼顾经济效益和扶贫开发。

【油用牡丹产业开发】以争创全国800个木本油料重点县为目标，不断创新机制，积极做好设施配套和用工保障等协调服务工作，在锦屏镇、县工业集中区栽植油用牡丹3610亩，油用牡丹产业发展逐渐形成规模，各项工作有序开展。

【集体林权制度改革】全面推行各项配套改革政策措施，研究制定崇信县国有林场改革方案，培育新窑镇西刘村绿源美家庭林场和黄花乡油府庄村广元家庭林场，积极与县上金融部门衔接，对完成果树经济林颁证的园子进行摸底排查、造册登记。经摸底调查，符合确权颁证的果树经济林面积为2.7万亩。全县已完成果树经济林确权颁证2.53万亩，涉及2730个经营户。累计完成林权抵押贷款4760万元，其中完成经济林抵押贷款700万元。

【森林资源保护】加强护林防火政策宣传，严格林区用火管理，加大护林防火检查频次，及时消除火灾隐患，防止森林火灾发生。狠抓春季苗木调运检疫和林业有害生物的防治工作，有效杜绝森林病虫害的发生和蔓延。封山禁牧等资源监管工作有序推进，依法治林工作力度不断加大，累计出动车辆132台（次），出动民警532人（次），检查野生动物活动区域35处，开展宣传活动15次，接受群众举报线索19条，根据群众举报和巡查中发现的线索破获林政案件23起，行政处罚20人，处罚涉案单位3个，罚款9.74万元。非法猎捕、收购野生动物案件，非法采集野生植物案件和非法运输木材等案件的发案率均为零，确保全县森林资源安全。

【林果业扶贫工程】组织实施精准扶贫果产业培育支持计划，采取龙头企业带动、合作组织引领、科技应用示范等发展模式，推动果产业向贫困村、贫困户倾斜发展。全县6乡（镇）、县工业集中区48村发展果产业贫困户达到358户，苹果种植面积达到768.71亩、核桃1741.67亩;秋季组织动员贫困户栽植苹果园123.3亩，核桃园221.54亩，完成贫困户果园技术认证培训并颁发果树工证书269人(次)。利用生态补偿和生态保护工程资金，优先聘用当地有劳动能力的贫困人口开展公益林管护、护林防火等生态保护工作。在贫困人口中选聘公益林护林员8人，增加贫困户家庭固定收入。

领导名录

局　长　梁拴科(7月止)
　　　　　信海林(7月任)

副局长　于小红(7月止)
　　　　　李红孝(12月止)
　　　　　张彦涛(12月止)

纪检组长　申万春(4月止)

工会主席　张振华(7月止)

油用牡丹产业发展办主任
　　　　　信海林(7月任)
　　　　　于小红(兼)(7月止)

副主任　于金太

林业技术推广站站长
　　　　　朱繁银(12月止)
　　　　　刘喜军(12月任)

果业局局长
　　　　　李红孝(12月止)
　　　　　张继珍(12月任)

副局长　郭志成　陈永龙

森林病虫害防治检疫工作站站长
　　　　　邢国杰

森林公安

【概况】 平凉市森林公安局崇信县分局有干部职工8人。

【依法护林】 始终坚持“预防为主，积极查处”的方针，加强对全县98名护林人员的监管，让护林员成为发现涉林违法行为的“千里眼”“顺风耳”，抓住关键时段，深入重点区域，组织开展“净网行动”“打击破坏林地违法犯罪专项行动”和集中打击破坏森林和野生动植物资源违法犯罪等专项行动，全面清查县域内苗圃、育苗基地，木材加工、储存、交易场所，木材运输的重点路线和交通要道，林区开垦和采石挖沙、开矿建厂项目实施地，野生动物栖息繁衍地、迁徙停歇地、迁徙通道等以及宾馆、饭店等餐饮场所和车站等重要部位，依法查处各类涉林案件，严厉打击各类违法犯罪行为。在各类行动中共出动车辆95台(次)，出动民警472人(次)，检查野生动物活动区域35处，开展宣传活动15次，接受群众举报线索19条，根据群众举报和巡查中发现的线索破获林政案件23起，行政处罚20人，处罚涉案单位3个，罚款9.74万元，有力的打击、震慑违法犯罪分子。

【护林防火】 广泛宣传，充分利用网络、电视、广播、刷写标语等宣传方式，宣传森林防火，积极推进护林防火宣传教育进农户、进学校、进林区、进社区活动，切实增强宣传教育的覆盖面和影响力，倡导各种文明祭奠、安全用火，提升全社会的防火意识;加强火源管理，对重点火险区增加管护力量，加大野外巡护，坚决管严管住火源，加大人为用火的排查和监管，综合运用瞭望台、地面巡逻等手段全方位立体监测，严防死守。尤其是对野外火源的管理，严格实行“四个禁止”，即禁止携带火种进入林区；禁止林区吸烟、野炊、玩火；禁止上坟烧纸；禁止烧荒、烧田埂、烧秸秆，杜绝火灾隐患，从源头上防止森林火灾的发生；加大对特殊群体的监管，对痴、呆、傻、精神病患者等弱势群体落实监护人及监护责任，并实行跟踪管理；加强入山人员的登记管理，坚决执行“三不放过”，即不接受教育不放过，不接受检查不放过，不没收火具不放过，杜绝火险隐患的发生；强化值班备勤，落实24小时值班制度。防火期内，全体工作人员放弃节假日、双休日，全天候巡逻值班，保证元旦、春节、清明、“五一”等防火紧要期森林资源的安全。

【林区禁毒】 围绕“零种植、零产量”的目标，年初同新窑林场、龙尾沟林场签订《2017年度林区禁种铲毒目标责任书》，始终从宣传教育、禁种查铲、禁吸戒毒、预防整治、打击处理等环节入手，结合林区治安综合治理、禁种铲毒等工作，在4月、6月、9月、10月积极配合县禁毒办，组织新窑派出所、新窑林场、五举农场，公益林护林员，在新窑、赤城、五举开展以禁种为主要内容的宣传活动和以铲除毒品原植物为主要内容的铲毒踏查活动，引导和发动群众参与到禁种铲毒工作中，努力创建无毒林区、无毒林场、无毒农场。累计悬挂大型横幅标语15幅，挂、立图60多幅，活动中群众人数达2000余人（次），咨询相关知识人数达150余人(次)，发放《禁毒手册》《毒品预防与预防艾滋病》《远离毒品倡议书》等10余种宣传资料9000余份，在林区掀起禁毒工作的高潮。

【林区维稳】 制定印发《平凉市森林公安局崇信县分局关于切实做好“十九大”林区安保维稳工作的实施方案》，深入林区一线、施工作业场所，到新窑林场、龙尾沟林场场部及其管护站点，到涉林问题比较突出的重点单位、重要区域和敏感部位，进行全面巡查排查各类涉林矛盾纠纷，力求做到及时发现不稳定、不安全、不确定因素及苗头性、倾向性问题，收集掌握影响安全稳定的情报线索，做到底子清、情况明。与县公安、林业等主管部门建立健全情报线索互联互通、研判处置机制，密切关注可能引发不稳定的动态趋势，从源头上预防和减少涉众违法上访和重大群体性事件的发生。

领导名录

局　长　张彦涛
政　委　赵彦君
副局长　白　冰(11月任)

新窑林场

【概况】 崇信县新窑林场内设党政综合办公室、计划财务室；下设8个护林站。林区内林地与村社插花分布，共涉及5乡(镇、工业集中区)28村80个自然社、1300多户群众。有在职职工51人，退休及供养人员23人。全场共安排行政管理人员9人，专职护林员24人，人均管护面积4250

亩,其余为育苗及多种经营人员。

【资源分布】全场总经营面积26.8万亩,其中:林业用地24.7万亩。在林业用地中有林地10.5万亩,未成林造林地0.8万亩,疏林地0.1万亩,灌木林地12万亩,无林地1.3万亩,活立木总蓄积量42万立方米,森林覆盖率39.2%;主要树种以青冈、刺槐、山杨、油松为主,林相呈典型的天然残败次生林,省级森林公园五龙山、华夏古槐王等旅游景点集自然景观,人文景观于一体,独居魅力。

【资源管护】积极开展林业案件查处、封山禁牧和森林防火等工作,共查处以非法狩猎、无证运输木材、盗伐滥伐林木、违禁放牧等为主的林业行政案件27起,收缴罚款2.37万元,林业案件发现查处率达100%,取得连续40年无森林火灾的好成绩。

【林业生产】通过招投标,实施三北封育作业面积0.8万亩,组织干部职工在2个林班的18个小班设置机械围栏16898米,埋设水泥桩4256个,设立封育标志护林碑2个,补植优质油松苗木1.04万株。年内整理复垦苗圃河滩地10多亩,调入定植适销对路的油松、香花槐等绿化苗木1.25万株。

【林业项目】年内,完成天然林资源保护工程、重点公益林及森林抚育建设任务,完成天保管护面积11.91万亩,重点公益林管护面积4.3万亩,森林抚育33个小班1万亩。调研、论证申报涉及管护站点建设和产业开发方面的一批事关林场长远发展和职工民生保障的项目,申请项目资金600万元。

【基础设施】积极衔接省市林业主管部门,争取基建项目2个,争取项目资金50万元,维修改造林场宿办楼33间共计600平方米;争取项目资金30万元,在原址修建管护用房8间150平方米,两个基建项目已全部竣工,交付使用。同时,安装360度高清红外摄像监控一套,制作党务、政务不锈钢文化宣传栏4个,安装无纸化办公系统一套,添置购买投影仪、电子显示屏等部分电教设备,改善林场办公硬件条件。

【电子商务】按照"支部引领、公司运作、群众参与"的思路,招商引资建办崇信县天然源有机山货销售有限责任公司,累计投资100多万元,建成库容50吨的恒温保险冷库一座,收储五爪子、蒲公英、苦苦菜等本土有机山野菜11吨;加工小米、荞面、玉米糁子、文冠果油等食用粮油1吨,精深加工包装淫羊藿药酒(茶)、土蜂蜜等食用保健品和降龙木念珠、山核桃等文玩工艺品。在淘宝网站申请注册"崇信山货"网店,在旅游景区、县城和乡镇开设"崇信山货"直销店3处,实现有机山货的线上线下销售渠道畅通,销售额达16万多元。

【经济收入】积极拓宽多种经营的创收渠道,一方面向上积极汇报,争资金、要项目;另一方面极力动员全场职工克服困难，开展增收节支，大搞以乡土树种育苗为主的多种经营。年内全场共完成经济收入621.3万元，其中：争取项目资金547.1万元，多种经营收入74.2万元。

【国有林场改革】 研究制定出《崇信县新窑林场国有林场改革方案》并于年初逐级上报林业主管部门。方案核心内容涉及三个方面：核编定岗定人；将经营管护面积不足5万亩的龙尾沟林场并入新窑林场场统一经营管理；重新确定单位性质，全额纳入县级财政预算。

领导名录

场　长　魏　伟

副场长　刘喜军（12月止）　张仲雄

水　务

【概况】崇信县水务局下设水利管理总站、水利工程建设站、水利工程质量监督与安全管理站、抗旱防汛指挥部办公室、抗旱防汛服务队、水政执法监察大队、龙泽湖管理所、7乡（镇、园区）水利水保工作站14个事业单位。全系统共有干部职工112人。

【项目建设】 争取汭河流域水环境治理工程，总投资1.235亿元，下达投资4460万元，完成一期工程初步设计报告批复，11月6日开工建设。争取高效节水灌溉项目追加中央投资779.94万元，11月10日开工建设。争取山洪灾害防治非工程措施升级改造项目，下达投资102万元，已完成全部建设工程。争取其他水利发展资金及抗旱补助费、巩固提升工程等资金共673万元。实施枣林沟水库和孙家峡水库编制已完成可研报告，报送省水利厅审查。2018年中小河流治理项目，已完成初步设计报告、市级评审和初设批复，待资金下达即可实施。2018年高效节水灌溉项目，正在编制项目设计。

【工程建设】 实施关河水库续建，完成投资7623万元，建成导流洞、泄洪洞二衬工程，完成工程基础开挖、混凝土回填、灌浆基座浇筑，帷幕灌浆、固结灌浆全部完成，均质土坝全面封顶，正在实施溢洪洞二衬工程。崇信县2017年高效节水灌溉工程，总投资为402.94万元，到位资金316万元，完成投资398.8万元，工程已全部建成。崇信县2017年农村饮水安全巩固提升工程，总投资1538万元，到位资金1442万元。完成投资1350万元，左营沟水厂巩固提升工程安装焊接上水钢管3.3千米，完成400米深井1眼；新窑水厂巩固提升工程埋设管道44.85公里，新建500立方米高位蓄水池2座、50立方米蓄水池1座、30立方米蓄水池10座，正在建设400米深井。崇信县铜城水库移民后期扶持项目，锦屏镇小寨、后庄社道路硬化工程，总投资49万元，硬化道路1.15千米。

【抗旱防汛减灾】全面落实防汛工作责任制，签订防汛安全责任书，对相关单位负责人在政府网站进行公示。及时修订完善印发《崇信县山洪灾害、防汛抢险救灾、抗旱》等应急预案。及时补充防汛抢险物资，补充污水泵15台、潜水泵10台、输水软管1500米,抢修移动照明灯10台、发电机3台、铁锹50把、强光手电30个。4月15日准时启动山洪灾害平台监测预警系统,共计发布预警通知46期,预警信息10230条。对各类涉水工程进行专项督查,并对锦屏镇枣林沟道杨安山观光园蓄水工程和新窑镇西刘村绿源美家庭林场蓄水工程下发整改通知并限期整改。及时联系项目承建单位,对山洪灾害监测预警平台及监测预警设备进行系统维护和设备检修,并积极协调县财政局申请统筹资金25.8万元对不能正常工作的设备进行采购更换,共采购自动监测站点遥测终端(RTU)及水文水资源测控终端软件20套、预警广播主机32套、充电控制器20套,确保预警信息平台正常运行。

【工程管理】投资22万元,开展人饮工程和灌区工程春修春检及清淤除障工作,累计维修各类供水管道、供水设施320余处;完成渠道除障清淤49公里,完成春灌1万亩,夏灌2万亩,秋灌0.6万亩,冬灌0.8万亩。开展农业水价综合改革工作,及时成立农业水价综合改革水价改革领导小组,编制完成《崇信县推进农业水价综合改革实施方案》《2017年崇信县农业水价综合改革实施计划》《2018年农业水价综合改革实施计划》,并选择九功塬子提灌工程作为改革试点,建立小型水利工程管护制度,签署完成管护协议。加强坝区环境治理,组织人力170多人(次),对所属区域内的安全防护栏、河堤护坡、蓄水区垃圾、杂草等进行清理,累计清理垃圾3.7吨,为崇信汭龙风情首届民俗美食文化节和第二届"山水龙泉养生崇信"等文化旅游活动提供有力支撑。坚持24小时值班制度,加强坝区安全管理宣传,增制大警示牌10个、木栈道警示牌10个、护栏安全警示牌7个,安装灯箱20个,监控摄像头3个,增加救生打捞工具18套,购置水下生命探测仪1台,通过电视台、坝区高音喇叭不间断播放游客安全须知,开展不定时安全巡查,确保游人及工程安全。

【河长制】开展河流分乡、村勘丈工作。经现场勘测,汭河左岸河岸总长度36.6公里,右岸河岸总长度36.4公里。黑河左岸河岸总长度20.7公里,右岸河岸总长度20.7公里;黑河支流总长度8.8公里,达溪河总长度6.6公里。开展沟道登记划界工作。对县域内80条沟道流域代码、沟道名称、流域名称、流域面积、涉及的村社逐一登记在册,并提出河沟长建议名录。建立"河长制"组织体系,确定县乡村河(沟)长97名、河段警长4名,对境内3条河流全部落实具体责任人,各级"河长"名单均在政府门户网站公布。县乡村河长制公示牌74面全部竖立到位。制定《崇信县实施河长制工作方案》《崇信县河道采砂规划》《崇信县河道清淤疏浚工作方案》《崇信县"十三五"水资源总量和双控行动实施方案》;组建县河长制办公室,经费、人员、办公场所、办公设施全部落实到位;乡级《实施河长制工作方案》上报备案。制定印发河长制问题督办制度、信息报送制度、督导检查制度等7项制度,两办印发《崇信县县级河长制工作部门联席会议制度》和《崇信县河长制工作考核激励与问责制度》。“一河一策”方案委托省水利水电勘测设计研究院进行摸排勘查，相关资料已报送设计院。收集整理“一河一档”资料，规范建立汭河、黑河、达溪河档案。按照中央环保督查和淘汰关闭落后产能的工作要求，开展保护母亲河零点行动，对河道内8户采砂厂全部实行关闭，设备彻底拆除，全县无证开采、乱采滥挖、破坏浪费砂石资源和毁坏河道、影响河道行洪等违法行为得到有效遏制。由水政大队负责，环保、水保等部门工作人员参加，对汭河、黑河、达溪河的污染源开展排查，共排查入河排污口24个，按照整治要求已封堵8个，归网改造5个，挂牌公示8个，对1个集中收取、定时清运，1个在建排和1个临时处置排污口建立工作台账，并定期开展巡查。开展河道流域环境治理工作，共出动挖掘机、装载机等大型机械30台辆(次)，人工74人(次)，整理河道7.8公里，回填深水区42处，整平河道堆积物4200立方米，拆除河道内乱建便道15条，清理河道建筑垃圾及生活垃圾1600立方米。

【植树造林】在汭河河堤左右护岸林绿化工程暨水源地涵养林补植540亩，共计补植树种2.3万棵。与水保局完成关河景区道路绿化工程，栽植面积639亩，共栽植各类乔木6.5万棵。完成薛家湾面山补植补栽工作，栽植树种360棵，浇水25立方米；完成东庄面山补植补栽工作，栽植树种1.1万棵，浇水670立方米；完成陶坡面山补植补栽工作，栽植油松1200棵，浇水75立方米。完成关河沟苗木栽植8万棵，栽植面积100亩，浇水1300立方米。

领导名录

局　长　高　峰
副局长　朱小鸿　张荣平
纪检组长　高泳芝
工会主席　梁东海(12月止)
　　　　　李金泉(12月任)
水利工程建设站副站长
　　　　　田旭奎
水利工程质量监督与安全管理站站长
　　　　　薛德亮
抗旱防汛指挥部办公室主任
　　　　　张德林
副主任　李明军
水利管理总站站长
　　　　　孟向阳
副站长　张春伟
水政执法监察大队队长
　　　　　李善荣
主任科员　章呈斐　关双虎
　　　　　梁东海(12月任)

水土保持

【概况】崇信县水土保持局内设综合办公室、水保工程建设站、水土保持预防监督站、水保工程质量监测站4个站室。有干部职工31人。

【项目建设】年内，积极和省、市衔接，落实水土保持项目5项。实施前头沟淤地坝除险加固项目，总投资110万元，其中中央投资88万元，地方配套22万元。实施黄寨镇黄寨村淤地坝除险加固项目，增设泄洪洞，在两坝肩及马道增设排水设施，整修上坝道路 1.56 公里，工程已竣工；实施坡耕地水土流失综合治理工程崇信县赤城项目，总投资 625 万元，其中中央投资 500 万元，县级配套 125 万元，新修梯田 278 公顷，营造水保林 32.1 公顷，新建道路 20.5 公里，修建涝池 2 座，开挖排水沟 12.3 公里；实施农业综合开发黄土高原原面保护项目，计划总投资 1053 万元，其中中央投资 750 万元，省级配套 240 万元，县级配套 60 万元，群众投劳折资 3 万元。完成投资 805.15 万元，占计划总投资的 76%，新修梯田 74.87 公顷，造林 80.88 公顷、沟头防护 3.19 公里，排水渠 16.35 公里，涝池 30 座，水窖 35 眼，蓄水池 1 座，沟头防护林 16 公里，田间道路 7.5 公里，砂化道路 11.1 公里，宣传牌 8 副，标志碑 2 座。实施湫滜沟小流域水土保持综合治理项目，完成投资 60 万元，新修梯田 37.5 公顷，营造乔木林 19.7 公顷，封禁治理 23.51 公顷，围栏 1.8 公里，宣传牌 1 座，标志碑 1 座，生产道路 1.8 公里；实施立渠沟小流域水土保持综合治理项目，完成投资 40 万元，新修梯田 41.6 公顷，营造水保林 4.5 公顷，配套生产道路 1.8 公里。

【流域治理】 年内完成县列水土流失治理面积 20 平方公里，占计划任务的 100%。其中：全县造林 1182 公顷、封禁治理 238 公顷、新修梯田 8700 亩。

【造林工程】 围绕国家森林城市创建、国家生态文明建设示范县创建及春季造林绿化工作相关要求，实施汭河河堤右护岸林绿化工程，完成投资 15.3 万元，共计栽植苗木 10700 株，其中：香花槐 5200 株，油松 5500 株；实施关河大槐树景区道路绿化工程，完成投资 23 万元，绿化面积 300 亩，栽植各类乔木 1.4 万株；实施县城南出口绿化工程，完成投资 8.3 万元，绿化面积 12 亩，栽植樟子松、国槐、樱花、油松、碧桃等绿化树种 1536 株；栽植丁香、连翘、海棠、迎春等花卉树种 160 株，补植冬青 3 万株；实施农发水保项目造林工程，完成投资 18.7 万元，在黄寨镇茜洼、张明洼 2 个行政村栽植核桃苗木 540 亩 1.7 万株；机关义务植树工程，完成投资 10.2 万元，修建平头沟机关义务植树点道路 14 条 16.5 公里。

【预防监督】 组织开展为期一周的《中华人民共和国水土保持法》修订实施六周年纪念宣传，以全县科级干部轮训班为契机，积极联系开展水土保持国策进党校活动，提高党政干部水土保持意识。不断强化水土资源及生态环境保护，开展执法巡查 50 余次，累计发放各类执法文书 12 份，督促 4 家采石企业按期完成《水土保持方案》的报批。配合开展非煤矿山集中整治行动，取缔规范采砂、采矿企业 31 家，组织水土保持执法人员对采砂、采矿企业违法违规活动进行调查取证，依法处理非法采砂采石行为。组织开展全县生产建设项目水土保持监督检查工作，采取现场监督检查的方式，对县境内已批复水土保持方案的 13 处生产建设项目进行全面检查，重点检查水土保持措施的落实情况、变更情况、工程进展情况、监理监测工作开展情况、补偿费缴纳情况、水土保持设施运行管理情况等内容，坚持做到严格要求、依法监管。共计征收水土保持补偿费 587.44 万元，占任务 280 万元的 210%。

【淤地坝防汛】 编制完善《崇信县淤地坝防汛应急预案》和 8 座单坝淤地坝防汛抢险预案，并上报上级防汛指挥部备案。及时进行淤地坝安全检查。年内，组织人员及时对县域内 8 座淤地坝坝体、放水建筑物、溢洪道三大件进行 6 次重点安全检查。对排查过程中发现的安全隐患问题，进行全面整改，并对 8 座淤地坝全部安装安全防护网，同时，安装淤地坝安全管护公示牌 16 面，为汛期安全提供强有力的保障。明确淤地坝监管责任、制定预警措施、实行上坝巡查检查、安全防汛值班、汛情报告和领导带班责任四项制度，做到防汛电话 24 小时畅通，组建防汛应急抢险队伍，筹备防汛抢险物资，做到防汛人员、机械和物资保障三到位。

领导名录

局　长　秦琰钧

副局长　梁宏兴

张永德(7 月止)

水保工程建设站站长

张永德(7 月任)

副站长

李建林(11 月止)

水土保持预防监督站站长

朱　伟

副主任科员　关虎林

商贸流通

商　务

【概况】崇信县商务局下设酒类商品管理局、商务综合行政执法大队、电子商务服务中心 3 个科级事业单位。有干部职工 22 人。

【经济指标】全县社会消费品零售总额完成 8.83 亿元，同比增长 8.9%，全市排名第二；批发业和零售业销售额同比增长 12.6%和 18.1%，住宿业和餐饮业营业额同比增长 14.5%和 13.1%。全县电子商务交易总额完成 3549 万元，同比增长 31.4%，其中：网络交易额完成 3400 万元、电商扶贫交易额完成 149 万元。

【项目建设】 全年共实施重点建设项目 4 项，概算总投资 4.41 亿元，落实到位资金 1.06 亿元，争取各类以奖代补资金 153.5 万元。投资 600 万元，建成柏树镇闫湾便民市场，争取以奖代补资金 40 万元；分别引资 2.95 亿元、1 亿元、0.4 亿元，建设崇信县生态养老服务中心、华通汽配物流中心、平凉新丰冷链物流园，支撑新经济与新生活。生态养老服务中心正在进行 30 座居民庭院建设，华通汽配物流中心一期商贸城、平凉新丰冷链物流园已建成投入运营。

【电商扶贫】 将电商扶贫作为“一号工程”来抓，建立商务与扶贫、邮政等部门的战略合作机制，从理念机制、务实目标、精准举措等方面入手，狠抓配套完善、主体培育、人才培养、氛围营造等工作，全年建成新窑、黄花、木林3个乡(镇)电商服务站和青泥沟、杨安、宰相、西刘4个贫困村电商服务点，实现乡(镇)、贫困村电商服务站点全覆盖；新培育电商企业3家、新增网店45家、新研发网适产品4个，网店数、销售量较上年分别增长68.9%、26.9%，完成年度电商扶贫目标任务。

【内贸流通】 按照“搞活流通、扩大消费”的要求，深化产业创新驱动，千方百计扩大消费，加强流通监测预警，保障市场供需平衡，激发商贸经济发展活力。全年共组织开展各类促销活动71次，直报监测系统390次，发布商务信息38期，更新市场动态335条，发展限上入库企业2家。

【对外贸易】 实行对外贸易“一企一策”跟踪服务机制，帮助鑫塬果品公司建立完善财务、安全、进出口等8项企业制度，解决企业管理难、运营难等问题；指导伊顺祥公司在冷鲜牛肉制作环节上下大功夫，注册“崇信红牛”商标，取得香港食环署对准入食品的核准，为实现牛肉出口奠定基础。

【市场监管】 以规范商贸市场经营主体和经营行为为主线，以日常监管和专项整治相结合的方式，强化行政执法，建立长效监管机制，促进商贸市场健康有序发展。全年共开展各类市场检查96次、专项整治行动25次，出动执法人员150人(次)、检查监管对象912家(户)，下发责令整改通知书9份，查处未安装油气回收装置、未改造“双层罐”加油站2家，全年报废淘汰黄标车9辆，确保商贸流通领域无事故发生。

领导名录

局　长 刘　毅

副局长 刘彤旭(12月止)

酒类商品管理局局长

刘彤旭(12月止)

李红梅(12月任)

副局长 朱丽丽

商贸流通办公室主任 赵成成

电子商务服务中心主任 赵路平

烟草专卖

【概况】 崇信县烟草专卖局(营销部)下设专卖管理监督科、综合办公室。专卖管理监督科内设稽查证件中队、市场监管(内管)。担负着崇信县3个镇2个乡及2个园区561户卷烟零售户的市场管理和营销服务工作。有干部职工20人。

【经营管理】 全年共计销售卷烟2972.8箱，同比增加73.1箱，增长2.52%；累计实现销售收入6254.27万元，同比增长1.99%。其中重点品牌销售2867.58箱，增长2.54%，占总销量的96.46%，细支烟销售46.16箱，同比增长432%，占总销量的1.55%。查处各类违法案件41起，查处卷烟871.6条，案值11.04万元，上缴专卖罚没款8440.71元。

【营销服务】 积极落实现代零售终端

建设,年内按计划建成现代零售终端户 31 户,累计建成现代零售终端 104 户,占辖区零售客户总数 19.92%。深入推进营销终端系统上线运行,为 5 户零售客户安装终端扫码销售系统,累计安装卷烟终端营销管理系统 60 户,有 38 户扫码准确率达到 100%,占已安装系统客户的 63.3%。认真开展零售客户自律互助小组建设,建成卷烟零售客户自律互助小组 11 个,小组之家 7 个,覆盖零售客户 158 户,占辖区零售客户总数的 30.4%,实现城区客户全覆盖。加强客户在经营软实力提升方面的帮扶与引导,全年累计开展零售客户培训 586 户/次。

【市场监管】认真推行行政执法公示制度、执法全过程记录制度、重大执法决定法制审核制度试点工作,按要求组织开展“双随机一公开”抽取工作,落实事前事中事后全过程公示制度,对全体专卖执法人员配备执法记录仪,加强执法全过程纪实化纪录,每月由专职法制员组织评查人员对发生的行政许可、行政处罚案件进行评查考核,对重大执法决定、规范性文件及管理制度及时进行审核审查,做到 100%评查。开展“三统一”系统运行,对 2012 年 1 月至 2016 年 12 月期间的 443 起涉烟违法案件,统一输入系统,实现人、证、案 100%网上办理。大力推进“互联网+政务服务”工作,按照行政权力类别,完整准确的编制烟草专卖行政执法依据清单,通过网站及时公开,完成与“甘肃省烟草专卖局行政许可网上办理平台”的顺利对接,指导行政许可相对人通过网上申请办理平台,依法办理烟草专卖零售许可证,实现“网上晒权”“网上行权”,确保行政许可网上办理阳光进行。全力实施打击物流寄递渠道涉烟违法犯罪活动专项行动,对辖区 2 家物流货运公司、9 家快递企业进行建档立卡管理,建立情报线索定期通报分析制度,专项行动期间,出动专卖执法人员 233 人次,出动检查车辆 75 次,检查物流(快递)站 11 个,查处各类涉烟违法案件 8 起,查获卷烟 0.618 万支,案值 0.588 万元。

领导名录

局　长　陈　军

副局长　杜麟贤　雍　达

盐务管理

【概况】崇信县盐务管理局是县人民政府的盐业行政主管机构和盐业行政执法主体,负责本行政区域内的盐行业管理、盐政执法和食盐专营的行政管理工作,隶属于甘肃省盐务管理局。盐务管理局和盐业有限责任公司是一套班子两块牌子。

【盐政管理】1 月 1 日盐业体制改革实施以来,部分省内外食盐定点生产企业及本地非法经营商户,违法违规进入县上开展食盐批发经营活动,严重扰乱食盐市场秩序,特别是在全国的“脚臭盐”事件爆发后,联合县食药监、工商、公安等部门组成专项整治行动小组。深入大型商场、超市、农贸市场、餐饮、食品加工企业和各乡镇的商户门店进行检查,严厉查处食盐违法违规经营行为及不合格食盐。按照“日常监督、专项检查、集中整治”的工作方针，继续实施高频率、全覆盖、大力度的市场监督检查，始终保持打击涉盐违法犯罪的高压态势。结合“5·15”碘缺乏病宣传日为契机。开展为期一个月的盐政宣传活动，利用“脚臭盐”的出现，执法人员在检查送销过程中，针对部分群众对盐政政策的不理解，进行解答释疑，宣传盐业法规，正确引导广大群众科学食用碘盐，提高食盐安全意识。通过面对面宣传，零距离讲解，使群众充分了解到食盐安全的重要性、必要性，提高对食盐安全的知晓率和认同度，使他们清楚的了解盐业体制改革的重大意义，并对零售商户耐心讲解盐改政策，规范经营行为，为全县人民健康营造良好的社会氛围。年内，针对盐改政策放开食盐市场的情况下，加大市场监管，突出市场监管工作重点，加强对重点区域，重点市场的监管工作。共查获违法违规盐产品26.3吨，涉案人员受到应有的处罚，震慑涉盐违法行为，维护盐业市场秩序。

领导名录

局　长　王春荣
副局长　朱　亮

供销合作

【概况】 崇信县供销合作社是为农服务的合作经济组织，为县政府直属、参照《中华人民共和国公务员法》管理事业单位，正科级建制，有干部职工11人。

【综合改革】 深入全县6个乡镇和工业园区，进行广泛调研，和群众交谈，征求各方面的建议和意见，结合全县实际，拟定《关于深化供销合作社综合改革的实施方案》，提交县委常委会议审定通过，成立崇信县深化供销合作社综合改革领导小组，全面指导改革，依照方案，明确责任，寻找改革突破口，科学设置改革路径，制定改革路线图和重大事项任务分解表，为深化供销合作社综合改革打下坚实的基础。全年完成商品销售总额1.052亿元，占目标0.968亿元的108.67%，同比增长15%，其中农副产品购销总额0.498亿元，占目标0.456亿元的109.21%，各项经济指标均超额完成任务。

【服务“三农”】 年内将基层供销合作社逐步办成规范的、以农民社员为主体的合作组织，实现农民得实惠、供销合作社快发展的“双赢”态势。恢复重建黄寨供销社和黄花供销社2个，黄花供销社争取省基层组织建设扶持专项资金15万元，通过加盟共建方式，撬动社会投资200万元，总投资达到260万元，占地3300平方米，修建办公用房和营业用房1290平方米，完成工商登记注册，挂牌运营。按照行业标识、称谓冠名、运营模式、功能设置、管理标准、行为规范的“六统一”要求，建成村级综合服务社12个，为群众提供农资供应、农产品收购、日用品经营、电子商务、物流配送、农业技术、信息咨询等服务，解决农副产品出村进城“最先一公里”和农资日用百货进村入户“最后一公里”的问题。

【为农服务】 通过龙头企业金马公司带动,全县累计创办农资连锁店21个。领办创办及注册登记专业合作社5个,发展再生资源分拣加工场1个。年内销售各类化肥1.2万吨,农膜0.4万吨,农药0.8万吨,农副产品0.5万吨,小型农机具0.18万台(件)。农资供应市场占有率达到95%以上,满足14万亩粮食生产、5万亩蔬菜、6.8万亩苹果生产所需。领办农民专业合作社3个,县供销社注册登记认股35%。黄寨优果源苹果种植农民专业合作社,于2017年2月成立,注册资金300万元,入社农民120人,建有优质红富士苹果种植基地320亩,已进入盛果期,年产量480吨,年销售收入240万元。神牛农机耕种农民专业合作社,于2017年9月成立,注册资金200万元,入社农民23人,入社各类大型农机具20台(件)。木林绿色农产品种植农民专业合作社,于2017年9月成立,注册资金200万元,入社农民60人,流转土地500亩,以繁育小麦良种为主,订单销售,兼营农资供应、粮油收购等业务。合作社制定具体的章程,制度健全、管理民主、带动力强,具有较强的为农服务实力。

领导名录

主　任　李长生

副主任　赵占怀　吕小平

主任科员　贾文学

副主任科员　杨满堂

粮　食

【概况】 崇信县粮食局内设行政办公室、财经办公室;下设粮食流通监督检查大队。有干部职工12人。

【粮油经营】 在鼓励多元化的粮食经营主体积极入市收购的基础上,协助县储备粮公司多方筹借资金,发挥粮食流通的主渠道作用,加班加点敞开收购农民余粮,做到应收尽收。全年收购粮油5000吨,完成年初任务的100%,销售粮油4000吨,完成年初任务的100%,实现销售收入600万元,创利润5万元。

【地方粮油储备】 严格执行地方储备粮食管理办法,适时轮出、轮入,贯彻"以防为主、综合防治"的科学保粮方针,坚持勤查、严防、早治的策略,完成1120吨县级储备小麦的轮换,确保171吨县级成品粮油储备的安全储存。

【粮食流通市场监管】 经常深入各乡镇粮食市场和粮油经销户开展监督检查。查证照,打击非法商贩,维护粮食流通秩序;查粮质,打击掺杂使假行为,保障消费者安全;查库存,打击囤积居奇,保障粮食价格平稳。粮食流通监督检查大队充分发挥职能作用,坚持依法行政,开展扰乱粮食市场秩序不法行为的专项检查10次,未查到违法案件,督促粮食经营户及时建立粮食购、销、存台账,定期报送粮食流通统计报表,规范粮食市场流通秩序。粮油购销价格及动态信息监测预警及时,专人定期在全县布设的6个监测点收集粮食价格及购销动态情况,发布《崇信粮油市场动态》信息8期,为全县广大粮食经营者提供信息服务，及时报送粮油价格周报40次，为上级调控提供有效的参考依据。

【争资列项和招商引资】崇信县储备粮有限责任公司10000吨标准储备仓建设项目完成投资701万元，崇信县储备粮有限责任公司危仓老库维修项目完成投资390万元，农户科学储粮项目完成投资1060万元，崇信县正丰饲料有限责任公司技术改造项目完成投资970万元。

领导名录

局　长　刘成林

粮食流通监督检查大队大队长

王喜祥(5月止)

副主任科员　路晓芳

城乡建设与环境保护

住房和城乡规划建设

【概况】崇信县住房和城乡规划建设局内设综合办公室、建设管理股、规划管理股、招标办公室4个机构。局所属事业单位有县建筑工程安全质量监督管理局、县公用事业管理局（县环境卫生管理处、县集贸市场管理服务所）、县房地产管理局、县规划办公室、县建筑设计室5个；挂牌单位有崇信县人民防空办公室。现有干部职工95人。下辖县给排水公司、房地产开发公司、万通供热中心、第二供热中心、通达供热中心、城建物业管理服务中心6家企业。

【城乡规划】投资240万元，实施各类规划编制项目8项。完成投资60万元，其中：县城绿地系统、城区亮化、中心城区综合防灾、城区燃气、县城风貌特色5个专项规划已完成初步设计成果，正在进行评审修改；县城控制性详细规划调整、公共服务设施专项规划、县域乡村建设规划3个规划正在进行立项报批；及时启动马湾、曹庄、东塬子3个片区修建性详细规划前期调研工作。

【基础建设】实施县城基础设施建设项目5项。实施东城区雨污分流工程已全面竣工，建成污水管网7.8公里；县城基础设施建设项目已完成环卫设施购置，城区绿化新植补造、街区人行道改造、公刘园南侧道路及世纪花园B区南侧环形道路铺油；龙泉寺旅游景区基础设施建设项目道路工程、景观廊桥投入使用，游客服务中心加快推进，正在进行室内装饰，年底全面建成。

【房地产开发】研究制定《崇信县去房地产库存实施方案》，建立去房地产库存工作协调联动机制、去库存申报监测分析平台，对每一户房地产开发企业、每一个楼盘商品房库存量和动态变化情况及时掌握，汇总分析并制订相应的对策措施，逐步消化商品房存量，有效控制增量，防范市场风险，促进房地产市场持续稳定健康发展。计划投资3.02亿元，实施商品房开发项目4项，新增建筑面积8.5万平方米，已完成投资2.8亿元，世纪花园A区二期已完成主体；世纪花园B区，刘家沟1#、2#、3#商住楼，金福佳苑二期续建3#

住宅楼已全面建成交付使用;加大房地产市场宏观调控,严格商品房预售管理制度,严控住房价格增长幅度。

【保障性安居工程】 年内计划投资2.2亿元,采取货币补偿协调回购存量商品房的方式实施县城东塬子片区218户棚户区改造。已完成房屋评估丈量,并签约212户,完成资金兑付86户5708万元,已拆除26户。获得国开行授信贷款1.77亿元,第一批5000万元贷款资金已经到位,第二批8000万元贷款资金正在审批中,年底完成土地征收工作。完成县城西城湾、马湾片区历年遗留138户征收拆除,其中完成2016年下欠任务119户,占任务224户的53.1%。通过两次公租房配租,完成县城新西街248套分配入住。其中:安置城镇低收入家庭52户176人、新就业人员99户318人、外来务工人员61户213人、预留用于引进急需性紧缺人才住房36套,分配入住率达到100%。共向符合条件的53户92人发放一、二季度廉租住房租赁补贴4.34万元,第三季度245户735人21.7万元廉租住房租赁补贴正在发放。

【农村危房改造】 按照"一户一档"的要求,将农户档案信息及时、全面、完整、准确地录入系统,做到"批准一户、审核一户、开工一户,完善一户,录入一户"。建立完整的档案资料和精准扶贫台账,采取销号改造的方式,逐户落实到位。档案资料管理做到"四有",即户有卡、村有薄、乡镇有册、县有档,做到危房改造质量、进度、时限、农户资料一目了然。全面完成2015年下欠的518户危房改造任务,竣工率100%。

【国家森林城市创建及城区绿化】 集中做好县城区绿化造林工作,重点对滨河北路、二期橡胶坝北岸、福利院西侧、一中西侧、廉租房南侧三角空地和农耕文化生态园等区域的街巷道路绿化和世纪花园A区等8个市级园林小区和检察院等17个市级园林单位绿化创建,全面启动县城北入口公园绿化新植和公刘园、文化广场、龙泉寺山前广场汭龙堡农耕文化生态苑停车场、崇信宾馆停车场以及保至善纪念馆西侧及文化三馆前停车场等地绿化补植补造。已完成绿化351.53亩,占计划任务350亩的100.44%。其中:公园绿地完成79.84亩,栽植乔木2506棵、灌木57500株、草坪2100平方米、其他绿化类7300平方米;街巷道路完成任务103.24亩,栽植乔木14358棵、灌木65000株、草坪8300平方米、其他绿化类4560平方米;单位小区完成115.55亩,栽植乔木4990棵、灌木373561株、草坪33000平方米、其他绿化类3780平方米;停车场完成52.9亩,栽植乔木468棵、灌木105000株、草坪7400平方米。

【环境保护及安全监管】 制定印发《全县建筑施工扬尘污染治理实施方案》,严格落实建设项目分组包干责任制,加大轮回巡检,严格执法监督,对世纪花园A区二期商品房开发、县一中教学楼、芮龙堡等26个在建工地进行拉网式排查,重点检查封闭施工、道路硬化、裸土覆盖、空地绿化、出入口设置洗车设施、施工垃圾封闭清运等情况，累计开展建设领域环境保护大气污染治理专项督查20次，查出问题71条，督促整改66条，下发整改通知单149份、停工通知单8份，发现安全隐患201处，已责令全部整改。开展环保措施落实督查30多次，督促新建施工围挡6700多米，覆盖裸露现场4万多平方米，硬化施工道路、场地9000多平方米，安装车辆冲洗设备20台、雾炮28台、防尘喷淋设备8套、视频监控29个、扬尘检测仪13台。处罚安全生产措施和环保措施落实不到位的施工企业9家，收缴罚款10.56万元。加强水源地综合整治，重点对水源地、自来水厂、加氯间实施严密监控，定期不定期巡查供水管网，加强水质监测监管，有效保证城区供水安全。认真开展以供热、供水行业为重点，以企业的安全管理体系与安保制度、隐患排查与整改、事故应急救援和调查处置措施等为主要内容的安全生产检查工作。督促市政行业单位加大安全生产投入，配置安装配套安全设施设备和防护用品，完善监控、预防体系，保证安全生产条件。全面开展县城区桥梁安全摸查，县城范围内7座桥梁均未发现安全隐患。

【小城镇建设】 计划投资2789万元，在新窑镇、黄寨镇、黄花乡和木林乡实施道路硬化，广场建设、绿化亮化等小城镇建设项目27项。完成投资2520万元，拓宽沥青马路2公里，修建排洪渠9.5公里，改扩建集贸市场1处4000平方米，新建钢架棚4座，新建标准化文化广场1处3000平方米，安装太阳能路灯76盏、垃圾箱40个，新建公厕1座，卫生院1处，栽植云杉、雪松、国槐等绿化苗木6450株，绿化带1.29万平方米。

【建筑市场监管】 制定印发《崇信县2017年建设工程安全生产工作实施意见》、《崇信县建筑施工专项整治方案》和《关于开展建设工程春季复工质量安全专项检查的通知》，开展建设工程安全专项检查，对24个建筑施工现场开展专项检查12次，下发整改通知单180多份、停工通知单10份，发现安全隐患220处，已责令全部整改。

【街区环境治理】 开展省道304线县城区段公路两侧环境治理，共拆除52户乱搭乱建彩钢房、危旧房屋33座900多平方米，拆除举升机、电葫芦18台、篱笆围墙83米、广告牌24面，填埋洗车水井1口，清理各类垃圾26吨。对道路两侧绿化断档部分进行补植，栽植雪松26棵，绿化苗木66平方米。以县城街区、建筑工地、住宅小区为重点，开展全域无垃圾治理活动，累计出动人员790余人(次)，调配出动机械车辆56台，清运各类垃圾42车约58.5吨，维修垃圾箱、果皮箱50余个，并对所有的垃圾箱、果皮箱每天进行擦洗，修补街区道路95平方米，清洗道路6万余平方米，清理小广告700余条、牛皮癣1800平方米，规范摊点30余户，对督查组反馈的47条问题已全部整改。

领导名录

局　长　张忠喜
副局长　黄自成　朱保庆　要继忠
纪检组长　杨建文
工会主席　刘进奎
总工程师　陈宝林
主任科员　梁　冲
房地产管理局局长　周世科
副局长　于勇军
建筑工程安全质量监督管理局局长
朱保庆(6月止)
杨海平(6月任)
副局长　杨海平(6月止)
刘红荣
袁克轩(11月任)
总工程师　张大勇
公用事业管理局局长
肖明科(11月止)
副局长　袁克轩(11月止)
王得俊(11月止)
县规划办公室主任
马　斌(7月止)
陶永军(7月任)
副主任　孙学周　徐　博
县环境卫生管理处主任
王耀辉(11月止)

城市管理综合执法

【概况】 11月2日，崇信县城市管理行政执法局更名为“崇信县城市管理综合执法局”，内设综合办公室、“智慧城管”指挥中心2个机构。下设城市管理综合行政执法大队、市政设施管理所、环境卫生管理所、县城集贸市场管理所。共有干部职工62人，其中公务员13人。

【城市执法体制改革】 结合《崇信县深入推进城市执法体制改革改进城市管理工作实施方案》，将原来分散在住建部门的市政公用设施运行管理、市容环境卫生管理、园林绿化管理等方面的全部工作整合到城市管理行政执法局。集中行使住房城乡建设领域全部行政处罚权和环境保护、工商管理、交通管理、水务管理、食品药品监督领域部分行政处罚权，理顺管理体制，明确管理职责，加强执法队伍。成立城市管理委员会，由县政府主要领导任主任，分管领导任副主任，县直相关部门和乡镇主要负责人为成员的县城市管理委员会，制定城管委及办公室工作职责，加强对城市管理工作的组织领导和统筹协调等工作。整合归并城市管理领域执法机构和队伍，充实和加强基层一线执法力量，增加一线执法人员19人，使执法人员编制达到27人。积极推行“街长制”及网格化管理，加强市容环境和市政设施的维护管理，全面开展全域无垃圾治理及市容秩序、环境卫生、渣土运输、扬尘管控等整治工作，确保城市街区市容环境卫生治理工作常态化、规范化运行。

【城市环境】 围绕市容秩序、环境卫生、渣土运输、扬尘管控、餐饮油烟、广告设置等重点工作，制定《崇信县城区燃放烟花爆竹管理办法（试行）》《崇信县城区渣土运输管理办法（暂行）》《崇信县城区“门前五包”责任制管理办法》等文件，细化措施，强化管理，强力推进，营造宜居、有序的城市环境。

【市政设施及园林绿化维护】在抓好街道提质改造的同时,加大对市政道路设施日常维护和管理,积极推进路面、人行道修补、排水管网清疏、井盖水篦子更换、路灯设施维修等相关工作。对行道树及绿化苗木定期开展浇水、施肥、病虫害防治、整形修剪、涂白、培土、补植补造等工作。

【大气污染防治】 严格落实建筑工地管理“六个百分之百”和“三个必须”的措施,针对施工工地不规范作业,运输渣土物料未采取遮盖措施、带泥上路、抛洒滴漏等问题,与城区内新建、续建的建设工程施工单位签订《建筑施工工地管理责任书》8份、《城区渣土运输管理协议》6份,采取不间断巡查管控,严肃处理施工单位违法违规行为。加强餐厨油烟经营门店的后期管理,对单位监管的12家餐饮店采取定期不定期的检查,监督其按照规定使用清洁能源。全面取缔城区露天烧烤摊点。为切实减少城区街道扬尘污染,每天坚持定时对辖区主次干道及易污染路段进行湿法清扫和洒水降尘作业,根据天气的变化,及时调整洒水时间和频次,降低地面扬尘,保证街面干净。

【宣传教育】 坚持教育优先,精心组织开展各项宣传教育活动,提升市民城市意识、文明意识、环卫意识。依托“3·15”普法宣传、世界卫生日和城市管理专项整治等活动,通过新闻媒体、网络、宣传车、宣传栏等多种形式,深入街道、社区、学校,广泛宣传城市管理法规、市民文明守则等知识12场(次),发放宣传资料2600多份,教育引导广大群众自觉遵守城市管理法规,做文明好市民。先后向政府门户网、电视台等媒体发布信息70多条,宣传各项工作进展情况,增强城市管理工作透明度,为营造规范整洁的城市环境和严肃和谐的行政执法环境打下坚实的基础。

领导名录

局　长 班文魁

副局长 张玉龙

王万斌(11月止)

王军平(11月任)

纪检组长 王得俊(11月任)

工会主席 朱宏祥(11月任)

综合执法大队大队长

王万斌(11月任)

副大队长 文　力(12月任)

城市管理综合执法一中队中队长

何晓玉(11月任)

城市管理综合执法二中队中队长

梁小虎(11月任)

市政设施管理所所长

李建林(11月任)

环境卫生管理所所长

王耀辉(11月任)

副科级干部

孙世勇　张　斌

人民防空

【概况】崇信县人民防空办公室挂牌县住房和城乡建设局,正科级行政单位,财政全额供给。有干部职工5人。

【基础建设】 坚持以项目建设为抓手,及时组织县电信局、中科园施工人员接通网络、调试,完成县地面指挥中心信息系统会议终端与市人防办对接,运行正常。人防宣教馆及应急物资储备库项目已经省、市人防办批准立项,已落实项目前期经费,待项目选址确定后方可开展项目初设等前期工作。对《崇信县城市防空袭预案》初稿进行审查,报送县政府、县人武部审定并组织职能部门配合对“预案”进行修订;《崇信县城市人民防空规划》已通过县规委会审查,待县政府发布实施。

【“结建”政策】 始终把“结建”作为人防工作的重中之重,严格按照人防“结建”政策规定,杜绝漏缴、拖欠和随意减免“结建”费等问题的发生,主动协调相关部门,完善防空地下室易地建设审批程序,全力推动“结建”工作落实。同时,经多次人防执法,县医院门诊急救医技综合楼项目按相关法律法规配套修建人防工程,正在开展施工设计。

【宣传教育】 订阅《中国人民防空》杂志20份,积极衔接县教育部门,制定“崇信县2017年人民防空教育计划”,为城区中学二年级学生安排人防教育课程每周1节(次)。结合“9·18”警报试鸣活动,组织城区中、小学开展防空防灾疏散演练活动,疏散人员达5000余人;组织社区人防工作志愿者上街道、进市场开展人防知识及法规教育宣传,向市民发放各类宣传资料7000余份(本),制作摆放人防宣传展板58副,悬挂横幅16条,张贴宣传喷绘画15张。注重人防宣传报道工作,共向各类刊物、媒体报送稿件、图片、音/视频14篇(次),其中被《甘肃人防》刊登1篇,县电视台播放2次,通过县门户网和崇信发布、微崇信等平台发布部门信息7条,形成全社会了解人防、关心人防、支持人防的良好氛围。

领导名录

主　任　黄自成

崇信县给排水公司

【概况】 崇信县给排水公司下设县城和新窑两个水厂,主要承担县城区、新赤矿区及锦屏、新窑2个镇6个村17个社8170户3.2万名城乡居民和240多家企事业单位的生产、生活用水供应及供水设施安装维修业务,日供水能力为6000吨,其中:县城水厂日生产水能力4000吨,新窑水厂日生产水能力2000吨,共有水源井18眼,县城水源地保护区面积3.78平方公里,新窑矿区水源地保护区面积10.74平方公里。供水覆盖面积12.5平方公里,服务人口约3.2万人。公司现有职工52人,其中正式职工32人,支企生10人。

【经济指标】 年底,全公司完成产值535.17万元,比上年实际增长0.37%,占全年计划的99.1%。其中:水费收入完成476.36万元,比上年实际减少0.34%;安装维修收入完成58.81万元,比上年实际增长6.53%;生产水完成134.2万吨;销售水

123.5 万吨;平均水损 8%,与上年持平。年内共新增用户 117 户，全公司用水总户达到 7818 户,其中单位用户 199 户,居民用户 7619 户。全年共支出电费 101.29 万元,上交水资源费 33.36 万元。两个水厂耗电总量 129.87 万千瓦时,平均吨水电度单耗 0.97 千瓦时,比上年实际增加 3.1%;上缴税金 26.14 万元,比上年实际增长 0.54%。

【基础建设】 年内,完成西南路、二建公司至农牧局,东街、老粮食局至大槐树,青年路、二建公司至青年路大桥等路段的供水主干管网改造 2055 米,确保供水管网与道路建设同步规划、同步建设。实施县城镇饮用水水源井迁建项目，总投资 398.57 万元，关停县城水源地马湾沟渠 2 号井,刘家沟沟口 3 号井,平头沟 5 号井。在锦屏镇杜家沟村新建 2 眼,枣林村鼻梁山 1 眼水源井，设计井深 350 米，修建井房 3 座,铺设输水管网 2.74 公里,安装 50 千伏变压器 3 台，机泵设备及配电柜 3 套，安装自动化控制及安全监控系统,征地 1.5 亩。争取省列水源地环境综合整治项目 30 万元，自筹 17 万元，实施新窑矿区水源地环境综合整治项目,安装防护栏 1816 米,修建围墙 120 米安装警示标示牌 36 块,监控 8 套,架设光缆 2.5 公里。改善水源地环境质量，降级水源环境安全风险,保障城镇供水需求。

【创新管理】 积极探索用水计量新模式,推广使用智能化水表。年内完成青年路及县城门店的智能化水表安装，累计推广使用智能化水表 876 户。对新建和在建住宅进行监督和指导,实施“一户一表,水表出户,集中管理”的工作,集中出户 3082 户。

【安全生产】 组织开展“安全培训会”“安全学习会”“安全演练”,提高全体干部职工的科学防范意识,建立安全生产领导小组,贯彻安全生产通知精神,严格执行各级安全生产责任制。强化提高安全意识，以开展安全生产专项检查为契机,强化员工的安全教育,提高安全意识,认真解决安全生产存在的隐患和问题,保障安全生产。

领导名录

经　理　许学文
副经理　金明亮　岳明强　梁有军
工会主席　岳明强(兼)

住房公积金管理

【概况】 平凉市住房公积金管理中心崇信县管理部主要负责崇信县境内行政事业、企业、个体或私营经济单位住房公积金的归集、支取、转移支付及贷款发放等业务。现有职工 8 人。

【住房公积金缴存】 全县共有 185 个单位,4608 名职工缴存公积金余额达到 24400 万元,总额达到 31000 万元,其中农民工缴存单位 2 个,19 名农民工缴存公积金余额 17 万元，总额达到 23 万元。发放个人住房公积金贷款 3216 万元,余额达到 14077 万元,总额达到 35852 万元。提取公积金 2528 万元。

【归集管理】 3月开始，乡镇共计14个自缴单位列入县财政统一代扣代缴。5月对全县所有财政统发人员公积金缴存基数进行重新核算，6月基数上调，月缴存额从380.34万元提升到415.47万元，月增资35.13万元。财政按月拨付，全额工资核算，接口导入记账。努力向效益好的非公企业拓展住房公积金制度，逐步将农民工纳入缴存范围。严格执行限高保低政策，上限为3341元，下限为137元。账务及时处理，确保无挂账资金，无一人多账户。督促有条件的自缴单位网上上报业务，按月汇缴。据统计，年内共新开户11个单位71人。

【信贷管理】实行网签合同备案和开发商对公账号、印鉴卡审核制。贷款最高额度达到40万、最长期限20年、本地房产抵押贷款期限延长到法定退休年龄后五年，异地购房贷款一律到法定退休年龄。本地购房首付款比例为20%，异地购房贷款首付款比例为30%。稳步开展现房、按揭、商转公贷款和征信查询等业务，异地购房贷款新政策积极推行。坚持应贷尽贷。按照贷款管理办法、操作规程，实行初审、征信、复审、终审、发放五级连审。及时衔接产权办，摸清楼盘建设及销售情况，建立资质档案。实行借款人面谈面签、经办人核签制。为了验证购房资料和抵押权证的真实性，通过登录房产交易、国税和地税平台、二维码扫描等方式进行核实。在做好纸质资料审查的同时，结合征信查询、购房情况，深入现场走访调查，合理确定借款金额、期限。填写《委托支付说明书》，房款未交清的贷款资金划转售房单位(售房人)银行账户，房款交清的贷款资金划转借款人银行账户。按照风险防控管理办法规定，系统绑定借款人工资卡号。针对个别借款人或配偶腿部骨折、女性生育期等特殊情况，开展预约上门服务。实时掌握借款人家庭经济状况、个人还贷能力、工作是否在岗。年内，电话催收2000多次，上门催收100多次，对1笔工资停发、公积金停缴的失踪借款人通过法院诉讼，冻结执行科学发展观奖9000元。1笔调离崇信工作地老赖贷款向法院申请支付令全面清偿。另1笔老赖贷款通过衔接炬龙担保公司对逾期部分代为偿还。目前逾期率为0。

【提取管理】 严格按照提取管理办法、操作规程办理每笔业务，在引导缴存人享受贷款政策，减少购房提取和还贷提取的同时，按照新老政策规定，开展租房提取、异地购房提取，末笔还贷系统内直接操，网签合同、完税发票通过网上平台进行验证，初审、终审责任到人，手续齐全，即到即办。

【账务管理】严格实行缴存单位预留印鉴卡制度，收集整理印鉴卡2册，每办一笔业务进行比对。制作贷款申请审批表、支取申请审批表、汇缴凭证、转移凭证、支取凭证等各类业务填写样本，要求内容填写完整。盖章齐全。为做到日清月结，账账相符，及时与市中心财务科衔接对账的同时，每天查看网银，并与单位提交的数据资料、银行提供的进账单进行三方核对,相符记账。

领导名录

主　任　强小莉

办公室主任　王绚丽

环境保护

【概况】崇信县环境保护局内设党政综合办公室、污染控制股、开发监督股、生态环境保护股、机动车环保标志核发处5个股室;下设县环境监察大队、县环境监测站;有新窑环保分局、黄寨环保分局2个派出机构。全系统定编23人,现有干部职工31人,县局28人,新窑环保分局3人。

【污染减排】　全县化学需氧量、二氧化硫、氨氮、氮氧化物、挥发性有机物5项主要污染物排放总量均控制在市政府下达的指标值以内。空气质量优良天气数按新标准要求达到324天,占应监测天数365天的88.6%,六项指标中SO_2、NO_2、CO、O_3、PM2.5、PM10六项指标月均浓度均达到国家环境空气质量二级标准,PM10浓度均值为53.8微克/立方米,PM2.5浓度均值为24.6微克/立方米,均达到市政府下达的控制目标值。地表水汭河崇信出境断面水质达标率为92%。城乡饮用水源水质达标率达到100%。区域环境噪声、交通干线噪声平均值分别控制在55分贝和70分贝以内。全县未发生严重环境违法行为和重大环境辐射安全事件,环境质量得到明显改善。

【污染防治】共启动实施污染减排和治理项目14项,完成投资1.46亿元。实施崇信县重点流域河道水污染整治、新安煤矿矿井废水深度处理循环利用、伊顺祥牛业公司养殖屠宰废水处理、华煤集团赤城煤矿90万吨矿井废水和生活污水处理、新窑矿区9户煤矿的17台燃煤锅炉脱硫除尘改造、5个规模化畜禽养殖场污染治理、黄寨镇白新庄贫困村环境综合整治等项目。除华煤集团赤城煤矿90万吨矿井废水处理项目正在建设之外,其他全部竣工投入运行。

【水污染防治】　制定印发《崇信县2017年度水污染防治工作方案》《崇信县汭河流域控源减污达标整治工作方案》等文件,与13个水污染防治成员单位签订目标责任书,靠实防治责任,严格实行“一票否决”。加强地表水环境监管,对汭河沿岸13处排污(渠)口进行全面排查,坚持“一口一策”,靠实各监管单位工作责任。加大对汭河流域内重点厂矿企业、畜禽养殖场及城区污水处理厂环境执法监管和违法行为查处,对存在污染隐患的3户小型养猪场、2户企业下发限期整改通知书和监察建议书,封堵企业和养殖场排污口。联合县国土、水务等部门开展流域内违法违规采砂“清零”行动,依法取缔非法采砂采石企业34户,辖区内非法采石采砂企业取缔率达到100%,改善流域生态环境,全面消除水质污染隐患。投资590万元,实施东城区雨污分流工程,新修污水主管网7.8公里,支管网3公里,已建成并网,县城区生活污水收集率达到95%以上。列入全省35个重点乡镇的新窑镇、柏树镇污水处理设施正在建设,其中:新窑镇生活污水处理厂已开工建设,正在进行基础土建工程建设。柏树镇生活污水处理站已完成土地预审、规划选址、可研编制等工作,正在申报项目,2018 年开工建设,2019 年建成投入运行。制定《崇信县城乡集中式饮用水水源地保护区环境综合整治方案》,关停城区 2、3、5 号水源井,重新选址新建城区 8 号、9 号、10 号 3 个新水源井,11 月初建成并网供水。编制完成《崇信县城区饮用水源地保护区划》,已通过省环保厅技术评审。投资 63.4 万元,实施新窑矿区水源地环境综合整治项目,新建管理用房 3 间 45 平方米、围墙 120 米,安装防护栏网 1100 米、标识牌及警示牌 36 个,栽植乔木 315 棵、绿化苗木 900 平方米,完成隔离防护设施建设。对水源井一级保护区内有道路穿行的城区 1 号、4 号水源井,修建事故应急池 2 个、导排渠 400 米。对城区 4 号、7 号水源井一级保护区内的 17 户住户进行搬迁。制定《崇信县城乡集中式饮用水源地突发环境事件应急预案》,开展水源地保护应急演练 1 次。

【大气污染防治】 制定《崇信县 2017 年大气污染防治工作实施方案》《崇信县 2017—2018 年冬季大气污染防治工作方案》等文件,与 21 个大气污染防治成员单位签订"十三五"《大气污染防治目标责任书》,实行"一票否决"。制定《崇信县城区大气污染防治网格化监督管理工作实施方案》和《崇信县大气污染防治网格化监督管理责任清单》,划分基础网格,落实"一长三员"制度,将全县划分为 112 个网格,其中城区网格 37 个,乡镇网格 75 个,配备网格员 267 名,形成覆盖全县、衔接紧密的网格化监管体系。县上采用 PPP 模式实施县城集中供热工程,关停淘汰县城 10 蒸吨以下燃煤锅炉 11 台中的 9 台,下剩两台,其中 1 台于年底集中供热管网并网后淘汰关停,集中供热管网外 1 台(金福家园锅炉)2018 年完成达标整治任务。新窑矿区 9 户煤炭生产企业 26 台工业、生活燃煤锅炉,已关停淘汰 8 台,完成脱硫治理 5 台,改造电锅炉 1 台,实现达标排放。开展全县煤炭市场专项整治活动,共清理检查煤炭生产经营企业 56 户,取缔、关闭、注销 43 户,全县煤炭生产经营企业户降为 13 户(其中煤矿企业 11 户,煤炭经营企业 2 户)。通过招商引进平凉永汇商贸公司投资建设加工 10 万吨/年的清洁煤生产线,已安装到位并投入运行。督促城区 25 个建筑工地严格落实建筑工地"六个百分之百"扬尘污染治理措施和"三个必须"管控要求,投入道路清扫保洁人员 96 名,保洁作业车辆 4 辆,对城区主要道路实行"每天一普扫,全天巡回保洁",每天洒水抑尘 6 次以上,县城主要街区湿法作业和清扫保洁实现全覆盖。对辖区内 14 户重点工业企业,分片划段包干管理,从严整治。督促县城内所有餐饮娱乐服务单位全部使用清洁能源和安装油烟净化器、油水分离器等环保设施。对新开办的餐饮服务单位实行环保、食药监双重审批制度,确保新开办餐饮服务单位符合环保要求,全县 276 户餐饮服务单位全部使用清洁能源,为 132 户按要求安装油烟净化设施。落实黄标车和老旧机动车提前淘汰奖励补助政策，共淘汰老旧机动车、黄标车108辆，报废老旧车384辆。

【生态示范创建】 制定《崇信县国家生态文明建设示范县规划(2016—2017)》、《崇信县国家生态文明建设示范县建设实施方案》等文件，与15个部门和4个乡(镇)签订国家生态文明建设示范县创建目标责任书，创建的37项指标已达标32项，下剩5项指标正在积极创建。组织县住建、发改、国土、水务、林业、水保等8个部门，对数据资料进行收集、汇总，形成自查报告和资料汇编，按时限完成2016年国家重点生态功能区转移支付绩效评估考核，2016年省财政厅下达县生态功能区转移支付资金共2415万元，其中用于生态环境保护治理资金1449万元，占资金总额的60%。

【环境影响评价与建设项目环境管理】 严格执行"三同时"制度和项目环评政策规定，落实工业集中区规划环评审查意见，年内共审查批复和上报建设项目环评108个，其中县级审批103个，向市环保局转报环评申请5个，建设项目环评审批率、"三同时"执行率均达到100%。完成3户企业未批先建项目的立案查处和整改工作，督促补办环评审批手续，对下剩的东信牧业有限责任公司嘉瑞达年产10万吨全水溶腐殖酸及生物腐殖酸生物菌肥厂建设项目，下发限期整改通知，查封生产厂房，进行立案查处。

【环境执法监管】 以1户国控、7户市控和25户县控重点污染源企事业单位为重点，深入辖区内重点区域、重点排污企业、各建筑行业和相关单位，开展环境执法专项检查。全年共开展夜查、节假日巡查、定期不定期抽查30余(次)，出动执法人员3000余人(次)，立案查处环境违法案件21起，下发环境监察建议书26份，收缴罚款45.9万元，其中执行按日连续处罚、查封扣押环保违法案件2起。共受理各类环境信访案件21件，办结21件，信访案件的处理率、结案率均为100%。严格执行《排污费征收使用管理条例》，全年共征收排污费46.6万元，做到应收尽收。

【环境风险隐患排查】 加大危废固废污染监管，重点加强对矿区矸石、废机油和废旧蓄电池、电厂粉煤灰等排查整治，加强煤矸石综合利用规范管理。制定危险废物监督管理工作实施方案，落实11家危险废物申报登记、转移联单和管理计划制度。规范医疗废物规范化处置工作和危险化学品环境管理登记工作。完成全县163个移动通信基站环保验收合格证挂牌工作，辐射安全许可证持证率、核技术应用单位、输变电与广电通信类设施监督检查率、整改完成率均达到100%。辖区内9家重点企业均按要求编制应急预案并备案，联合崇信电厂开展液氨泄露环境事故应急演练1次，与污水处理厂联合开展危废泄露环境事故应急演练1次。

【环境监管】 制定《崇信县生态环境保护工作责任规定》，县、乡(镇)党委、人大、政府、政协及其有关部门、法院和检察院环境保护工作职责进一步明确。按照《崇信县环境监管网格化管理实施方案》，将辖区内监管的重点企业按照管辖区域划分为一、二级网格，建立“全面覆盖、层层履职、网格到底、责任到人”的环境监管网格化模式，形成“政府负责、统一协调、各负其责、广泛参与”的环境监管工作格局。

领导名录

局　长 郑显周(4月止)
秦钧海(4月任)
副局长 周银珍　袁建新
纪检组长 葛天庆
环境监察大队大队长 黄立荣
环境监测站站长 张芮旗
新窑分局局长 李　涛
黄寨分局局长 王明明

交通电力

交通运输

【概况】 崇信县交通运输局内设办公室、养护办、企运办、质监站、路政大队；下设6乡(镇)农村公路养护管理站。有干部职工37人。

【项目建设】 实施S28线华崇灵高速公路(崇信境内长约40公里，投资约40亿元)正在积极配合上级部门开展崇灵交界处控制性工程征地拆迁工作，于3月15日开工建设。国道G312线改建工程(泾川至崇信试验段)，投资1.25亿元，建成原S304线7.9公里改造段和5.5公里新建段；散花沟至花所段前期工作进展顺利；省道S203线马峪口至陕西千阳公路、S320线彬县至华亭公路，已逐段开工建设，完成投资2289万元。

【农村公路建设】 县道X079线崇大路路网改善工程，建成原崇大路、朝水路及县城罩面20.2公里、浇筑路缘石3470立方米、修建防撞墙360米，新建段挖除土方2.3万立方米、填筑路基土方14万立方米，修建钢筋混凝土盖板涵洞1道，累计完成投资5750万元。投资1071万元，全面完成“千村美丽”示范村村组道路硬化工程3条30公里；投资368.5万元，完成农村公路安全生命防护工程9条48.245公里；投资310万元，实施铜城至杜家塬公路省列养护维修工程，长4.8公里，超计划完成2.6公里204.4万元；投资507万元，完成窄路面加宽工程20条39公里。

【农村公路养护管理】 开展“农村公路养护管理年活动”，认真落实养护管理工作任务。坚持建养并重，积极推行“县道乡道县养、村道乡村共养”的养护机制，坚持高标准、严要求，扎实开展大中修工程，积极修补破损路面，加强日常养护管理。全县农村公路养护覆盖率达到100%，创建农村公路养护示范路段3条。同时加强公路超限超载治理，联合公安交警、运政、路政等部门对境内货运超限超载车辆进行集中治理，维护农村公路路产路权不受侵犯，使路产路权完好率达到96%以上，路政案件结案率达到100%。

【路域环境整治】 全县范围内开展路

域无垃圾创建工作，以公路沿线视野之内无垃圾、整洁美观治理为目标，对全县农村公路及普通国省干线公路，采取“一路一方案”的办法，列出整治清单，量化整治任务，制定整治措施，拟定整治时限，将整治任务细化分解，确保路容路貌整治工作全覆盖、无死角。通过持续开展路域环境卫生整治，全县公路路面干净整洁，路肩边沟轮廓清晰，排水通畅，为群众创造安全畅通、干净整洁的出行环境。

【道路运输管理】 全县共计完成客运量126万人，与上年同期相比增长7%；客运周转量6070万人（公里），与上年同期相比增长33.7%；货运量33.6万吨，与上年同期相比增长56.7%；货运周转量6825万吨(公里)，与上年同期相比增长54.5%。按照道路交通秩序综合整治专项行动和“打非治违”专项活动要求，由县政府分管领导牵头，联合公安局、交警队、运管局、公路执法所、各乡镇集中力量加大对酒后驾车、超速行驶、货运车超员超载、摩托车“三无”、出租汽车不打计价器、乱停乱放、拒载；客车超员载客、随意换驾；社会车辆非法参营等违法行为进行打击。出动执法人员450人(次)，检查车辆1500台(次)，对非法违法、违规违章行为实施处理16件(次)，查处非法营运车辆13台。依托县内各运输企业，举办从业人员继续教育培训班2期，培训学员298人(次)，开展道路运输从业资格证诚信考核710人，提升全县道路运输从业人员综合素质。全力推进出租汽车行业深化改革，切实解决群众“打车难”问题。年内在新窑、赤城区域更新出租车20辆将营运期限到期的6辆农村班线客车，全部转型更新为城乡公交。

【治理货车非法改装和超限超载】 制定《2017年崇信县治理货车非法改装和超限超载工作实施方案》，成立以县政府分管领导为组长，县交通局、县交警大队主要负责人为副组长，各相关单位主要负责人为成员的治理货车非法改装和超限超载工作领导小组。组建联合执法队伍，依托省道304线庙台执勤点、崇大路水磨执勤点，每天开展路面检查和整治工作，严格落实“一超四罚”制度，严厉查处货车非法改装及超限超载等违法行为。共查处车辆111辆，拆卸加高马槽20辆，罚款78辆(次)，罚款金额31300元，警告8辆，劝返1辆，暂扣车辆1辆，暂扣驾驶证2本，暂扣营运证30本，发放宣传资料443份，发放告知书24份。在源头治理方面，由工商、工信、住建、国土、水务、煤炭等行业管理部门负责，对县内煤矿、沙石、建材、施工工地等货运源头企业单位进行核查登记，采取派驻执法人员、定期和不定期巡查等方式，督促货运源头单位、供货单位履行治超主体责任，杜绝砂石、煤炭等货运车辆超限超载上路行驶。对采矿采石厂关闭工作开展“回头看”，组织相关部门对古槐王景区的5户矿山企业进行集中清理，共拆除古槐王景区5户砂石企业54间房600平方米，设备一台(套)，恢复土地14亩，清运垃圾365吨。扣押违法车辆三台，积极同公安机关协同进行处理。

【招商引资项目】 完成投资3000万

元，华通汽配物流中心续建项目，已全部建成完工。县汽车站已完成前期工作，正积极同规划、国土部门协调衔接处理项目用地有关事宜，力争尽早开工建设。投资160万元，完成县城公交车停靠站43座，已投入运营。

领导名录

局　长 路　宽

副局长 高　强

侯占文(11月止)　杨昌瑞

纪检组长 郭　强

工会主席 马浩峰

农村公路质量监督站站长 张建成

县乡公路管理站站长 周玉龙

主任科员 王　浩

副主任科员 柏永杰

道路运输管理

【概况】崇信县道路运输管理局内设党政综合办公室、财务办公室、安全运输应急办公室、出租车管理办公室、维修驾培办公室、运政执法队、运政服务大厅共7个职能股室。有干部职工21人，其中在编人员13人。

【责任落实】 研究制定年度工作要点，与8家重点道路运输企业签订《道路运输安全生产工作责任书》，明确细化责任，做到人人抓安全、人人管安全。加强组织领导、强化运力调度、合理安排班次、安全组织运输，圆满完成“春运”“五一”“十一”等客运高峰时段的旅客输送任务。春运期间，全县共投放运力75辆(次)、加班车13辆（次），安全输送旅客13万人(次)。做到无安全事故、旅客滞留及投诉现象发生，确保旅客安全便捷出行。年内，全县共计完成客运量150.3万人、客运周转量7565万人(公里)、货运量37.7万吨、货运周转量7725万吨（公里），完成公路运输总周转量8481.5万吨（公里），增长10.5%。

【市场培育】 年内，全县道路运输完成固定投资6360万元。崇信县华通汽配物流中心已建成投入使用；崇信汽车站项目已完成可研论证、备案批复、土地预审、规划选址、环境评审等前期工作，正在协商征地；采取ppp模式，建设高标准公交站台20座，已逐步投入使用。按照城乡客运服务均等化要求，大力支持发展农村客运，不断优化客运资源配置，最大限度满足广大群众出行需求。年内，对到期的10辆班线客车全部进行更新，其中，崇信至平凉、崇信至柏树各1辆，新窑镇至泾川、新窑至五举各1辆，崇信至黄花、崇信至旱阳沟各2辆，崇信至响张1辆、崇信至新集各1辆。全县79个行政村，通车率达到100%。通过提升维修企业服务品质、引导具有一定规模和资质的企业开展“在线修车”“e修车”等新兴服务，推进维修企业向连锁化、专业化、绿色化发展。全面推行“计时培训、按学时收费、先培训后付费”服务模式，改变收费模式，公示收费标准和服务流程，规范教学秩序，方便学员学习。按照《关于提前下达2017年农村客运出租车等行业成品油价格改革财政补贴资金的通知》(平财建发〔2017〕26号)要求，认真做好2017年燃油补贴公示、初审、上报等工作。年内，共计发放政府燃油补助资金240.32万元，其中，发放农村客运燃油补助资金182.53万元，出租车燃油补助资金52.56万元，城市公交燃油补助资金5.23万元。

【市场监管】 严格标准，对全县10户道路运输企业进行质量信誉考评，评选出AAA级企业5户，AA级企业5户。严把营运车辆技术关，对全县营运车辆进行审验，其中，营运客车73辆，审验70辆，审验率95.9%；普通货车141辆，审验130辆，审验率92%；公交车5辆，审验5辆，审验率100%；出租车101辆，审验101辆，审验率100%；教练车16辆，审验16辆，审验率100%。注销营运车辆31辆，规范经营行为。严把从业人员教育培训关，举办从业人员继续教育培训班4期，培训学员868人（次），开展道路运输从业资格证诚信考核1300人，提升全县道路运输从业人员综合素质。联合县公安交警部门，采取设点与流动相结合的方法，开展“打非治违”专项活动，严厉打击违法经营行为，净化道路运输市场。共出动执法人员195人（次），执法车辆360辆（次），检查车辆1930台（次），查处各类违法违规案件28件（次），查扣非法营运车辆17辆。按照全市交通安全百日集中整治行动部署，配合市局执法支队，对严重影响运输市场和谐稳定的非法培训点、非法参营车辆依法进行取缔和打击，对不按批准线路行驶的班线车辆依法进行处理，对企业安全责任落得不实问题，现场进行整改。活动累计查处非法培训点3个，查扣非法教学车6辆，查扣非法营运车辆3辆。联合县交通、公安交警、工商、路政、质监等部门，在全县范围内开展货车非法改装和超限超载集中整治行动，共查处运输车辆111辆，拆卸加高马槽20辆，处罚78辆次，罚款31300元，警告8辆，劝返1辆，暂扣车辆1辆，暂扣驾驶证2本，暂扣营运证30本，发放宣传资料443份，发放告知书24份。充分利用“12328”“12345”便民服务平台，积极协调处理客货运输、驾培维修、出租车运营等方面矛盾纠纷，及时受理电话、网络投诉举报及来人来信来访，化解矛盾，消除隐患。共接到各类投诉举报54起，其中网站留言30起，便民服务热线7起，来人来访17人（次），均认真进行办理，办结率为100%。编发道路运输行业安全监管和便民服务单，督促各道路运输企业将安全监管制度和便民服务单张贴上墙，同时在县门户网站、各行政村停靠亭进行公告宣传。

【安全管理】 认真落实市、县有关安全生产工作的部署要求，及时召开行业安委会（扩大）会议，全面落实安全生产承诺，靠实安全管理责任。开展“道路运输平安年”“平安运输”“隐患排查治理攻坚”“安全生产月”“安全生产大检查”等专项整治活动，共计开展安全检查14次，检查重点运输企业8户，排查出安全隐患103条，已全部整改完成，下发整改通知书16份，对履行职责不到位的运输企业进行约谈12次。建立运管局安全生产工作微信群和崇信运政微信公众号，及时发布行业安全生产法律法规、工作安排、道路和气象信息。完善落实应急预案,制定《崇信县道路运输行业生产安全事故应急救援预案》,对生产安全事故进行分级,建立80人应急救援队伍一支,储备应急救援客车30辆、货车30辆、出租车12辆、清障车2辆。联合县安监、交警、消防、卫生等部门,组织全县8家道路运输企业、80多名从业人员开展火灾应急人群疏散及处置、消防知识讲解及灭火两个科目的演练,检验应急队伍,提高应急处置能力。全行业安全生产形势平稳向好,无道路运输责任事故发生。

【科技应用】 加强营运车辆动态监控工作,全县73辆营运客车、5辆公交车、101辆出租车全部安装GPS车载终端,4轴以上货车全部安装“北斗”系统,实现重点营运车辆联网联控系统全覆盖,车辆上线率达到100%。年内,筹资7000余元,建成4G高清车辆动态监控系统,定期不定期对客运车辆落实“五不两确保”情况进行抽查检查。加大行业宣传,在市运管局网站和崇信运政微信公众号等媒体发布各类信息23篇。

领导名录

局　长　侯占文(12月止)

　　　　张明福(12月任)

副局长　李克军　王　祺

公路养护管理

【概况】 崇信公路管理段隶属于平凉公路管理局,管养着崇信县境内泾甘、崇大、白崇三条主干线公路,全长99.624公里。内设综合办公室、养护技术室、财务资产室、督查考核室;下设崇信、赤城两个养管站和应急物资储备厂(在建中)。全段现有在职职工58人。

【翻浆处治及油路修补】 在对S304线、X044线、X079线路面病害调查的基础上,采用建档立卡、建档销号的措施对路域内不同路段出现的病害进行分别处治,注重施工细节,严把质量安全关口,确保处治和修补后的路面平整、密实,共计完成处治翻浆444.29平方米,修补油路13109.75平方米,贴缝带贴缝5092.52米,路面灌缝19884延米,沥青路面铣刨7499.12平方米,挖除旧油皮519.5平方米,填补路面坑槽13950平方米。

【构造物维修及日常养护】 撒铺融雪剂32.5吨,回收防滑料49.6立方米更换里程碑、百米桩125根,更换警示桩30根,清扫路面12.7万平方米,整理路容396.6千米,清理疏通边沟131.5千米,清理塌方156立方米(58处),清理垃圾560立方米,刷新里程碑、百米桩1980根(2次)、刷新防撞墙10370米(2次)。

【桥涵养护及“创建平安公路”】 巩固提升“创建平安公路桥隧涵养护专项整治”竞赛活动成果,完成镀塑桥梁隔离栅安装409.7米,疏通桥梁泄水孔742孔,改造桥梁泄水孔40孔,清扫桥面14900平方米,疏通桥梁伸缩缝47道,清理桥梁37座,涵洞132道,更换涵洞盖板3块,刷新桥栏杆扶手1350延米,更换桥梁限载标志牌20块。从路况指标、路基、路面养护、桥涵构造物、交通工程及沿线设施、安全管理、规范化管理七个方面发力,重点进行路容路貌整理、翻浆处治、油路修补、桥涵养护、构造物维修、预防性养护、规范化资料整理、双化建设巩固提升、养护作业安全管理,“百日竞赛”成果得到强化和巩固。

【安全生产】 年初与各站(室)签订安全生产目标管理责任书,按照“一岗双责”的要求和“100-1=0”安全管理理念,段上成立安全生产领导小组,加强对安全生产工作的领导和监管,全段累计投入56.1万元用于安全隐患防范,投资20.12万元及时对车辆和机械设备进行检修和保养,确保车机安全高效运营。并为职工购买保额为60万元的人身意外险和大病救助保险、添置标志服帽200套、标志桶、牌600余件(套);对收费所转岗职工进行续保、对全段职工进行健康体检;开展“安全生产主体责任专项整治”和“安全生产月、安全生产陇原行”活动;提高政治站位,积极做好“两会”、“一带一路”、十九大等重大节假日及节会期间的保畅工作,全段安全生产、综治维稳工作良好有序。

【新技术应用】 运用“高性能聚酯纤维布碎石封层技术”对X044线白崇公路K10+000-K11+000段实施路面处治,提升公路的抗滑、封水等方面的性能,缓解路面裂缝的反射,为探索新工艺和新技术打下基础,也为今后的预防性养护积累经验。

【二级路收费人员安置及资产接收】 吸收安置泾大所人员26人,并进行岗前培训,完成关家砭收费站收费设施拆除和路面恢复工作,完成各项资产移交。

领导名录

段　长　吕宏荣(4月止)
　　　　苏根栓(4月任)
副段长　靳　军
　　　　张保贵(4月止)
副段长、桥梁工程师　史忠明
工会主席　王文鑫(4月止)
　　　　刘彦雄(9月任)

国网崇信县发电公司

【概况】 国网崇信县供电公司下设综合管理部、运维检修部、安全监察质量部、营销部、发展建设部、东方电力公司崇信分公司、调度控制分中心7个部室;后勤服务班1个班组;7个乡镇供电所。共有职工98人,其中在册职工32人,集体工4人,农电工62人。

【经营业绩】 全县有110千伏变电站2座,总容量101.5兆伏安;35千伏变电站6座,总容量33.75兆伏安;35千伏送电线路8条73公里;6—10千伏配电线路18条414.13公里;配电变压器705台,总容量78040千伏安。共管理各类用户2.96万户,乡、村、社、户通电率均为100%。年内售电量完成6515.45万千瓦时,综合线损率完成9.34%,年底实现长周期安全记录6045天。

【安全生产】 强化安全生产责任落实，签订安全目标责任书，召开安委会6次，参加班组安全活动19人(次)。举办《安规》及安全技能培训32次，培训223人(次)。发布各类现场受控作业581处，两级管理人员下现场监督检查398人(次)。自查自纠各类违章82处，记215分，违章停工2次，约谈11人(次)，下发安全通报5期。开展春、秋检和春季安全大检查活动，处理各类缺陷96处，修剪及砍伐树障1030余棵，加装、更换分段开关13台，发现66项问题，整改66项。

【配网管理】 严格落实频繁跳闸线路治理方案，开展监察性巡视7次，实行县公司领导分片包干，组织开展全线路巡视，检查处理各类隐患共计214处，对6条线路申请重新核算保护定值，县公司配网线路故障率由2017年9月底同比上升53.3%下降至12月底同比上升1.85%。处置111黄赤线74#杆，111木东线新庄分支01—02#杆倾斜、塌陷问题。提前完成排查整治拉线无绝缘子、无护套978处，悬挂三号牌2678块。对房线矛盾等安全隐患下发通知书48份，分3次向县安监局报备隐患13处，圆满完成春节、中高考、十九大及汭龙堡开园等保电任务。

【电网建设】 召开崇信县电网规划对接会，完成4条10千伏主线路“手拉手”项目前期储备和“十三五”配电网滚动规划。2017年农网可行性研究及初步设计和2018年农网工程、10千伏及以下城区电网改接工程储备项目可行性研究全面完成。农网其他工程批复投资802.28万元，完成投资701万元，占批复87.38%。龙泉寺景区高低压线路改造工程批复投资326万元，完成投资260万元，占批复79.75%。重载配变专项治理工程批复投资135万元，完成投资69.7万元，占批复51.63%。

【营销管理】 开拓电力市场，全力推动报装提速，提高供电效率，陆续接入吴家湾砖厂、鑫盛建材二期扩建工程以及世纪花园B区(2500千伏安)等一批重点项目，新装用电客户1002户，容量1.7万千伏安。开展线损专项整治活动，共查处窃电64户，补收电量3.75万千瓦时，补收电费及违约使用电费11.30万元，营业外收入累计完成14.82万元，台区达标率由年初58.8%提升至87.87%。加大智能费控宣传，加快费控表计改造，全年累计推广费控22797户，占比77.71%，加大“掌上电力”APP的推广应用，累计绑定2894户。建立营销业务日监控制度，1—3月、10月，实现“零投诉”，年内共发生投诉30件，申诉成功3件，实际投诉27件，同比减少13件，减少32.5%。强化营配业务末端融合，积极推行台区经理制，实施供电服务网格化管理，创建全能型供电所和星级供电所，提升供电所基础管理水平。

领导名录

经　　理　张虎全(7月止)
　　　　　　苏剑飞(7月任)
支部书记　席海涛
生产副经理　左小虎(7月止)

吴小奎(7月任)
营销副经理 延 亮(7月止)
左小虎(7月任)

邮政通信

邮 政

【概况】中国邮政集团公司甘肃省崇信县分公司下设综合办公室、市场部,生产班组有封发投递中心和3个金融网点,8个邮政支局所,2个代办点。现有员工49人,其中合同工17人。

【代理金融业务】组织开展跨年赛金融营销活动,召开专题会议,细化目标任务,分阶段、抓落实。开展各阶段代理金融业务竞赛活动,细化目标任务到各金融网点,充分利用各种促销手段和激励政策,吸引客户,提升客户的黏合度和网点人气,提升网点产能。通过网点转型、认真落实"一县一策"和"一点一策"营销方案,内抓服务质量,外抓市场拓展,业务发展平稳推进。抓住节日业务发展旺季,网点通过开展"存款有礼"、理财沙龙、商演、客户节活动,在网点周围、农村集市进行宣传营销,主要以土地补偿款、社保资金代发等为主,通过多次上门营销公关,取得好成绩。截至年底,代理金融业务完成收入417.05万元,储蓄余额净增2166万元,金融总资产净增6023万元,活比26.42%,较上年下降6个百分点,保险2819万元。

【寄递类业务】充分发挥窗口主阵地作用,稳定窗口业务量的增长;突出以标快和省内区域间为主要市场,通过窗口和投递人员、电动车加载业务宣传,提升邮政EMS、快包的社会认可度,提升邮政EMS的市场竞争;积极融入农村电商市场,已15家签订业务合作协议,与5家有业务往来。在崇信特产甜瓜、香瓜上市季节,通过和农业园区合作,将产品加载在"邮乐购"网上,通过员工积极宣传努力,实现寄递业务量500多件,通过线上线下苹果寄递,实现业务量4000件;强化网点服务和投递服务,新建投递封发生产场地,优化邮路,加快邮件传递速度,加大对网点和投递人员业务素质、职业道德素质的教育和培训,提高服务水平,开展多说一句话活动,发挥窗口主阵地作用。年底,完成寄递业务收入38.45万元,完成年预算的137.32%,较上年同期增长57%。

【邮务类业务】年初全面动员职工抓住邮品普遍升值尤其是猴票首发式这一机遇,大力宣传,在固定老客户的基础上,不断向集邮市场纵深拓展,通过营销案例分析,专业营销技能培训、邮品展销会等措施,积极调动职工对邮品销售的热情度,组织职工销售邮品,共销售邮品12.53万元;积极配合县委宣传部做好党报党刊的收订工作,组织人员到金融、电信等企业和中学、幼儿园等学校进行业务宣传,大力发展行业、畅销报刊,年底,完成报刊流转额157万元,实现业务收入44.47万元,超额完成收订计划任务;积极与电信、环保、消防、疾控中心、农业园区等单位合作,开展新媒体业务,新媒体完成收入 2.3 万元。

领导名录

总 经 理　刘新平

副总经理　赵　健

电　信

【概况】中国电信股份有限公司崇信分公司下设铜城区域营销中心、新窑区域营销中心、综合办公室、客户销售服务部、网络部、城东支局、城西支局、新窑支局、铜城支局、高庄支局、木林支局 6 个部门。现有合同制员工 23 人。

【业务经营】年内完成全业务收入 2108 万元，同比增长 4.37%；市场份额同比增长 8.62%；在全市电信全业务考核中排名第三。

【服务发展】年内升级改造 800M 移动基站 59 个，全县移动语音信号已无盲区，4G 信号覆盖率达到 95%。加快光纤宽带网络建设，在已完成全部行政村光网改造建设的基础上，进行向自然村深度覆盖建设，新建光端口 6144 个，累计全县光网宽带端口达到 26399 个，满足全县各阶层对通信的需求，保障地方经济发展中对通信能力的要求。

【精准扶贫】年内扶贫攻坚工作中，帮扶张湾村脱贫致富，向村民宣传党的富民政策，加快张湾村信息扶贫，争取资金 5 万元，对张湾村的光纤宽带网络进行扩容，解决张湾村通信落后的局面，为张湾村信息致富创造条件。在对张湾村的产业状况细致调研后，配合柏树镇党委制定帮扶措施，自筹帮扶资金 1 万元，为张湾村购买经济苗木进行栽植，帮扶张湾村贫困户多了一条致富途径。

【安全生产】持续加强安全生产管理和员工的安全生产教育，年初县分公司与各支局、部门负责人签订《安全生产目标责任书》和《车辆安全使用责任书》，加大各个工作场所安全检查频次，防止安全事件发生，全年共举行防火演练 4 次，参见人员 106 人次，加强员工的安全生产意识和安全知识；结合实际情况，修订完善各项应急预案；及时更换线路施工人员安全防护设施，共计更换防护用具 20 套。

领导名录

总经理　何文辉(7 月止)

　　　　刘天添(7 月任)

副经理　张建平(11 月止)

　　　　张　伟(11 月任)

　　　　李小虎

移　动

【概况】中国移动通信集团甘肃有限公司崇信县公司下设 3 个职能部门 1 个中心 2 个自营厅。职能部门为综合部、业务运营部、建设维护室；政企客户中心；移动营业厅、市场中路营业厅。全县共计建设移动通信基站 119 个，其中 4G 基站 115 个，通信网络覆盖全县所有行政村、合作社，全县共计建设 31 个营业厅、91 个社会特约代理点，营销网点遍及全县所有行政村。现有职工 26 人，其中合同制员工 26 人，劳务派遣制员工 4 人。全县移动用户约 5.1 万户，占全县移动电话客户的 50% 以上、全县移动宽带用户 10000 户以上，年经营收入达 3700 万元以上。

【有线宽带】 紧盯城区攻坚，狠抓农村拓展，实现净增 4325 户，完成 113.82%；魔百和净增 3588 户，完成 111%。在全省宽带亮剑活动竞赛中获得十佳标杆县区公司第 6 名。

【项目建设】 以信息化产品为抓手，完成县智能大棚、县机关事务局公车平台信息化项目落地实施，实现县水务局、赤城煤矿等多条专线和全县 16 家集团单位政务外网专线，校讯通等校园市场业务持续加强，实现信息化收入 745.48 万元。

【网络建设】 年内完成 4G5.1 期 14 个 4G 基站建设及开通上线，完成 11 处室分建设及上线，完成 54 个点位宽带建设，完成 53 个点位的开通，有线宽带覆盖率达到 96%。如期保量完成资源核查、存量用户核查、弱光整治等。

领导名录

总 经 理 邵艳林

副总经理 李　琦(9 月止)

高大山(9 月任)

工会主席(兼)

李　琦(9 月止)

高大山(9 月任)

联　通

【概况】 中国联合网络通信有限公司崇信县分公司内设综合部、营销中心、建设维护中心和 1 个自有厅等机构，下设南塬、北塬、县城 3 个营销片区，现有员工 12 人。

【网络覆盖】 公司持续网络投资建设，加大移动网络和光纤网、宽带网建设，持续重点区域网络建设，扩大网络覆盖规模，共建成 GSM 网络 2G 基站和 WCDMA 网络 3G 基站、4G 基站共计 159 个，建成宽带资源端口 1360 个，提升网络覆盖水平、网络保障和客户服务能力。

【营销服务】 公司以客户满意为中心，提升客户服务水平，共有各类自有及代理营业网点 54 个，形成以自营和社会渠道互为补充的经营模式；开展“服务创优”、行风建设等举措，持续保障各项基础服务的落实，树立统一的服务形象；加强投诉处理，建立重大服务危机应急保障机制，投诉限时办结率均达到 100%。

【企业文化建设】 公司推进企业文化建设工作，加强党团工会组织建设；开展“创先争优”“巾帼建功”及精神文明建设先进单位创建等活动，开展各类满足员工精神文化生活的体育活动，大力营造和谐文明的良好发展环境。

【创新转型】 充分发挥企业的独特优势，在 4G 时代继续保持网络制式领先优势，将联通“4G+3G”的网络打造成覆盖最好、用户体验最好的移动宽带网络，满足广大用户的信息服务需求。

领导名录

总　经　理　马立霞

总经理助理　常　宁(4 月止)

苏亮亮(4 月任)

综合管理与监督

发展和改革

【概况】 崇信县发展和改革局（挂牌崇信县物价局、崇信县粮食局，下设二级事业单位能源局）内设综合办公室、发展规划办公室、体改政研办公室、投资经建办公室、价格收费办公室、粮油监管办公室等 6 个机构。有干部职工 25 人。

【精准扶贫】 全面落实“六个精准”“七个一批”和“2+19”等政策措施，利用国家开发性金融资金 1.5 亿元，实施产业开发、基础改善、公共服务等精准扶贫项目 57 项，完成危房改造 518 户，实施易地扶贫搬迁 119 户 435 人，重点建成新窑镇赤城移民社区二期和锦屏镇枣林集中安置点房屋主体工程。改善贫困村路、水、电、房等基础条件，教育、医疗、文化等公共服务设施条件达到或超过全县平均水平。县财政列支 2000 万元培育扶持牛、果、菜、劳务等富民产业发展。调整优化帮扶力量，创新帮扶模式，投入各类帮扶物资 570 万元，帮助贫困户解决生产生活难题 390 多件。年底，全县可减贫 684 户 2822 人，贫困发生率下降到 4.13%，为整县脱贫摘帽奠定坚实基础。

【项目建设】 全面落实“三个一”包抓责任制和“三一”措施，建立“六个清单”管理制度，均衡调度，项目建设有序推进。年底，实施的 194 项新建续建项目开工 193 项，完成投资 45 亿元。其中亿元以上项目 25 项，完成投资 16.3 亿元；5000 万元以上项目 40 项，完成投资 17.9 亿元。紧盯国家投资导向，深入吃透相关政策，抢抓机遇，加强项目谋划论证和对接争取，年内在发改口争取新窑镇污水处理厂、汭河流域水环境治理、县医院门诊急救医技综合楼、城区一小综合教学楼、妇幼保健计划生育服务中心综合业务楼等中央预算内投资项目 20 项，估算总投资 3.43 亿元，共争取中省资金 1.4 亿元。县财政预算 1000 万元资金用于项目可研编制等前期工作。大力推广 PPP 模式，县上成立 PPP 项目办公室，建立 PPP 项目库，组织赴外地考察学习相关知识，在全市率先实施县城集中供热 PPP 项目。

【产业发展】 坚持以煤电、旅游、草畜、果菜、木本油料五大产业支撑县域经济发展，做大总量与提高质量效益并重、发挥优势与补齐短板齐抓，促进产业做大做强做优。牛产业突出抓好基础母牛保护和农户分散养殖，全县新改建肉牛养殖小区 6 个，建成优质饲草基地 2.1 万亩，加工玉米秸秆饲料 14 万吨；加大果产业新技术、新品种、新模式推广，建办苹果矮化密植示范园1350亩,新植核桃园4980亩;菜产业围绕建设泾汭河川区国家级蔬菜产业园,持之以恒扩规模、打品牌、提品质,新建日光温室700亩、蔬菜大棚2600亩,种植蔬菜7.4万亩;完成油用牡丹抚育管护2万亩,栽植3610亩。坚定不移实施“工业强县”战略,赤城煤矿、鑫盛建材固体废弃物综合利用项目加快建设,新安煤矿工作面布置和新窑、新柏、大柳、百贯沟等煤矿专项工程全面建成,锦屏镇固态醋、果醋饮料冷链物流项目建成主体,煤电主导、多元发展的新型工业化格局加快形成;认真落实“一企一策”措施,帮助困难企业扭亏脱困,全年生产原煤575万吨,发电38亿千瓦时。全力推进文化旅游融合发展,组建成立公刘文化旅游投资开发公司,“汭龙堡”农耕文化生态苑一期开园运营,汭河廊桥、游客栈道等工程投入使用,龙泉寺游客服务中心建成主体,全县旅游综合收入和文化产业增加值分别增长26%和20%。大力发展商贸流通、住宿餐饮、金融保险、电子商务、信息通讯等服务业,三次产业结构更趋合理。

【城乡建设】全年实施城镇化项目42项,完成投资14.4亿元。县城污水管网改造、城区马路砖铺贴全面完成,县城集中供热、团结西路改造、世纪花园二期加快推进。开展棚户区改造“百日攻坚”行动,改造棚户区157户。3个省列美丽乡村和5个新村建设及旧村改造示范点完成投资8315万元,建成康居住宅60户,实施危房改造518户。崇大路改造、抗旱应急和灌溉维修工程全面完成,省道S203线马峪口至陕西千阳公路、省道S320线彬县至华亭公路分段开工建设,312国道改线加快推进。实施电信普遍服务试点项目,全面开展全域无垃圾治理,完成城市执法体制改革。

【生态建设】以“两个创建”为目标,实施城镇增绿添景、面山绿化等人居环境改善工程,全年完成造林绿化5.1万亩,全县森林覆盖率达到35.83%,国家生态文明建设示范县和国家森林城市创建取得阶段性成效。开展大气、水、土壤污染防治和环境综合整治,积极整改中央环保督察组、环保部西北督查中心和省市督查反馈的突出问题。实施汭河水环境治理、崇信电厂超低排放改造、柏树垃圾填埋场等污染减排项目。完成城乡饮用水源地保护治理,全面推行河长制和城区大气污染网格化监管机制,划定永久基本农田和畜禽养殖禁养区,煤炭专营市场和二级配送网点建成投入使用,汭河、黑河水质达标率稳定达到国家Ⅲ类标准。全面推进全域无垃圾治理,对城镇、村庄、交通沿线等重点区域进行全时段、常态化整治,城乡环境清洁化、舒适化、美观化程度明显提高。

【社会事业】全年实施社会事业项目20项,完成投资2.4亿元。坚持教育优先发展,实施县一中教学楼及餐饮楼、职教中心实训楼、城区一小2号教学楼、城区一小综合教学楼等校舍工程9项,新建和改扩建设校舍3.7万平方米、运动场1.6万平方米。加快健康崇信建设,公立医院改革深入推进,县人民医院门诊急救医技综合楼、妇幼保健计划生育服务中心综合业务楼开工建设,老年养护院、残疾人康复中心建成主体。实施文化体育惠民工程,县体育中心全面建成,新建乡镇体育场1个、村级体育场7个、社区综合文化服务中心2处、乡村舞台11个,广播电视节目实现高清直播。认真落实“双创”政策,完善社会保障体系,城乡居民基本医疗保险制度完成整合,机关事业单位养老保险启动实施。安全生产形势稳定向好,平安崇信建设深入推进,防灾减灾水平明显提升。

【各项改革】深入推进供给侧结构性改革,全面落实“三去一降一补”“减税降费”等政策措施,对煤炭等产能过剩行业和落后产能行业开展地毯式、拉网式排查,依法取缔非法采石采砂企业34户。持续深化“放管服”改革,取消调整行政审批项目9项,全县行政审批时限压缩30%以上,审批事项办结率达到90%以上。制定印发《崇信县政府投资项目和非政府投资项目管理办法》《崇信县政府投资项目审批制度改革的意见》,明确建立“一门受理、牵头负责、并联审批、限时办结”的政府投资项目并联审批运行机制,创建“1+4+X”和“串联+并联”的模块化新模式,全面接通甘肃省投资项目在线审批监管平台,实现网上审批、备案,最大限度提高项目审批效率,实现项目审批工作网络化、透明化、公开化。商事制度、财税金融、农村产权制度等改革深入推进。

领导名录

局　长　朱武奎
副局长　魏建宁　杨天时　徐继成
党组副书记　魏建宁
纪检组长　马明明(7月任)
项目办主任　魏建宁
　副主任　王高鹏(12月止)
体改政研办主任
　　马明明(7月止)
　　尹甲琪(7月任)
粮油监管办公室主任
　　秦建伟(5月任)
投资经建办主任
　　王喜祥(5月任)
以工代赈项目办主任　温佳雄
主任科员　朱　伟

统　计

【概况】崇信县统计局内设综合办公室和业务办公室;下设县农调队和县城调队2个事业单位。有干部职工23人。

【国民经济运行监管】年内地区生产总值完成27.9亿元,同比增长5.2%。其中,第一产业增加值完成7.9亿元,同比增长9.3%;第二产业增加值完成10.8亿元,同比增长6.2%;第三产业增加值完成9.2亿元,同比增长0.6%。全县工业增加值完成9.4亿元,同比增长7.1%。规模以上工业增加值完成9亿元,同比增长7.5%。固定资产投资完成45.2亿元,同比下降28.1%。社会消费品零售总额完成8.8亿元,同比增长8.9%。城镇居民人均可支配收入完成30324元,同比增长8.5%。农村居民人均可支配收入完成7288元,同比增长 8.5%。大口径财政收入完成 6.65 亿元，同比增长 22.6%。公共财政预算收入完成 2.9 亿元，同比增长 14.5%。

【统计服务】 在全县经济发展新形势和新常态下，主动适应经济发展新要求，密切关注宏观经济形势，准确研判全县经济运行发展变化趋势，盯紧经济运行中的苗头性、倾向性问题，特别是对 11 项主要经济指标强化监测、深度分析、超前预判、及时预警，提升统计服务水平。牢固树立服务意识，充分发挥统计职能，全年提交分析报告 24 份，预警指标 9 项，编制印发《崇信县 2016 年国民经济和社会发展统计公报》和《崇信县 2016 年国民经济统计资料》各 100 本，为县委、县政府科学决策提供高效的统计服务。充分利用网站、微信公众号等新媒体平台，发布统计数据资料，正面引导舆情，回应社会需求。

【统计制度方法改革】 把握大局，敢于担当，扎实有效推进各项改革任务。GDP 统一核算改革稳步推进，严格贯彻执行核算制度，严把核算数据的收集关、产出关和衔接关，完成 GDP 下算一级相关基础性工作。固定资产投资财务支出法统计顺利转型，按照国家、省、市法人和项目“双入库”、工程形象进度法和财务支出法“双统计”的规范性要求，对 174 项投资项目实行财务支出法统计。服务业统计改革不断深化，科学整合数据资源，完善统计调查制度，将服务业生产指数编制纳入常规统计调查制度和部门综合统计报表，提升服务业统计监测水平。“三新”统计调查深入推进，完成 5 家“三新”企业的调查摸底。

【普查调查】 农业普查严格按照《实施方案》和《指标解释》要求，深入调查小区逐村逐户详细询问，认真开展现场登记工作；严格审核把关、及时查漏补缺，确保普查数据真实准确；强化督查检查，认真开展数据质量事后抽查等工作，有效保证普查数据质量。在各级普查机构和 380 余名普查员的共同努力下，圆满完成 1.97 万农户、131 个农业经营单位的入户登记、数据审核验收等各阶段工作。严格按照全省 2017 年度人口变动抽样调查培训会议精神，及时抽调骨干力量，对县上抽中的黄寨镇白新庄村 001 调查小区共 83 户 354 人进行抽样调查，完成 79 个行政村、7 个居委会的人口变动调查工作。规范工作流程，完善小康监测体系，健全部门数据报送制度，共收集全县 22 个部门 50 多项数据，完成 2016 年度全面建成小康社会统计数据监测相关工作。严格按照指导要准、数据要实、报送要快、把关要严的要求，圆满完成综合、农业、工业、能源、贸易、服务业、房地产、建筑业、劳动工资、城乡划分等专业的定期统计报表任务。坚持精准对接、实时更新、动态维护的管理模式，加强与县工商、税务等部门的信息沟通，及时变更、完善名录信息，强化一套表单位管理，严把入口、畅通出口，做到“四上”单位应入进入、能进能出，名录库动态维护得到加强。

【统计法治建设】 在县委常委会和县政府常务会上集中学习中央两办《关于深

化统计管理体制改革提高统计数据真实性的意见》和《统计违纪违法责任人处分处理建议办法》，召开全县统计工作业务培训会对统计法等相关法律法规进行学习，充分利用“12·4”法制宣传日、“12·8”统计法宣传日等重要宣传时点，开展统计法、统计法实施条例等统计法律法规宣传。采取常规检查与督导检查相结合，日常检查与集中检查相结合，全面检查与重点检查相结合的方式，开展执法检查，依法查处各类统计违法行为，牢固筑立“数据腐败”防线。

领导名录

局　长　李吉存

副局长　王军新　王小福

纪检组长　张红艳

农调队长　王海燕

城调队长　张文文

副主任科员　王红英　王　娟

审　计

【概况】崇信县审计局内设文秘综合岗、综合审计岗、机关工勤岗3个岗位；下设经济责任审计办公室、“三农”资金审计中心2个单位。有干部职工17人。

【审计成果】 年内共完成审计项目99项(其中：计划项目17项、交办项目82项)，审计单位107个，审计资金总额25.2亿元，审计查处各类违规行为金额1.48亿元，管理不规范金额4466.51万元，查补入库税款2.34万元，向国税、人行等部门移送处理事项5项，提交的计划项目审计报告被县政府主要领导和分管领导批示8篇次，发出审计决定29份，提出审计建议64条，被各类媒体采用的审计信息、论文80篇次。

【财政预算执行审计】 先后完成县财政局、国土局、机关事务局、物价局、食药监局、公管办、黄花乡、黄寨镇8个单位2016年度预算执行和其他财政收支情况的审计，对县地税局2016年税收征管及其他财政收支情况开展审计，延伸审计单位12个，审计揭示财政预算管理、税收征管和预算执行中存在的各类问题，并依法依规进行相应的处理处罚，针对存在的问题提出切实可行的审计建议，规范预算收支管理，促进预算管理和税收征管水平的提高，并在县十七届人大常委会第六次会议上，受县政府委托向县人大常委会专题报告2016年度县级财政预算执行和其他财政收支审计情况。

【政府投资审计】年内共开展全县城镇棚户区改造跟踪审计、县就业和社会保障服务中心项目、黄花中学、黄寨中学校园附属工程等投资项目37项，对发现的问题及时进行纠正，规范政府投资项目管理。

【经济责任审计】 先后实施黄花乡、铜城工业集中区、交通局等11个单位原任领导任期经济责任审计，发现和整改问题11条，提出审计建议20条，维护财经法规，促进领导干部遵纪守法、正确履职尽责、廉洁自律。

【其他审计】 年内完成县委、县政府交办的龙泉宾馆改制审计，芮鞠惠民投资公司、信源信用担保公司资产负债损益审计，县城市执法局、公用事业管理局财政财务收支及所属万通、通达、第二供热中心3户供暖企业资产负债及损益审计、龙泉寺管理局、五龙山管理所资产划转等工作10项。此外选派业务骨干26人(次)分别参加市、县落实中央“八项规定”精神专项巡察、扶贫领域监督检查、消费高档白酒专项检查、全县财务检查、棚户区改造等工作。抽调11人(次)参加省市组织实施的扶贫资金审计、保障性安居工程审计、稳增长政策措施落实跟踪审计、教育改薄项目资金审计、林业专项资金审计等工作，配合相关部门督促有关单位完成省市审计机关审计查出问题整改落实工作。

领导名录

局　长　吴　奎(4月止)
　　　　　王有怀(4月任)
副局长　姚　勇　马　彪
纪检组长　甘海明
总审计师　章惠芳
经济责任审计办公室主任　吉喜红
“三农”审计中心主任
　　　　　位婷茹(4月任)

物　价

【概况】 崇信县物价局属县发展和改革局挂牌单位；下设县价格监督检查局、县价格认证中心。有干部职工12人。

【价格监督】 针对关乎人民群众切身利益、群众反响比较强烈的相关领域进行专项检查。开展元旦、春节、“五一”等节日市场检查；集中开展全县涉企收费、电力价格、商品房销售价格、迎峰度冬期间煤炭市场价格、卫生计生、食药监部门收费、全县城市供水、供气、供暖、电信领域价格专项检查。通过检查有效维护市场价格秩序，规范收费行为。检查中发现国网崇信县供电公司存在电价执行分类错误。要求限期整改，清退多收电费8071.21元。对2016年底检查县医院药品和医疗服务价格存在的问题，没收违法所得并处罚款21168元。

【市场价格监管】 按照“网定格、格定人、人定责”的思路，在全县已有3个片区的基础上，继续扩大、细化网格化监管片区，形成纵横协调、上下联动，以县城带动基层的市场监管体系。每个片区确定价格执法人员2名，负责监督片区内商场、超市、市场等经营者的日常价格行为，每月巡查不少于3次。对巡查中发现的不正当价格行为及时予以纠正，真正形成“横向到边、纵向到底”的市场价格监管格局，实现市场价格监管的广覆盖和常态化。

【免征基础设施配套费】 对符合基础设施配套费减免政策的7家建设项目工程，上报县政府审核批复，免征建筑面积59306.44平方米，免征金额11.86万元

【价格认定】 全年共完成价格认定业务54件，认定评估总值10万余元。其中司法机关涉案价格认定案件19件，认定

总值6万余元，非涉案资产认定35件，认定总值3万余元。

【农产品成本调查】在柏树镇吴家湾村、锦屏镇赵湾村、木林乡大庄村9个农户中开展小麦、玉米成本调查工作。按照省、市要求，安排专人认真进行各项数据的记载，上报各项统计报表，并撰写调查分析报告，为农户种植积极建言献策。

【价格改革】县物价局、县卫计局研究制定《崇信县乡级医疗服务项目价格(2017版)》，于2017年9月20日零时前实施，同时废止与本版规定不符的医疗服务项目价格文件。

【价格监测】按照新版《甘肃省价格监测报告制度》要求，落实价格监测定点单位、重大节日期间启动专项报告、突发公共事件和自然灾害启动价格监测专项报告制度。对32种主要生活必需品实行价格监测报告。上报各类监测报告68期；健全完善价格调控部门联席会议制度。召开价格调控联席会议2次，重点通报、交流有关部门围绕价格调控目标履行职责情况。

【价格举报】全年共受理价格举报和信访8起，涉及药品价格、市场商品价格、物业服务等多个方面，及时派执法人员查处，给举报人给予满意答复。

【依法行政】坚持依法行政，规范施政，在价格监督检查中，能秉公执法，不徇私情，严格按照价格法律法规办事，未发生违法或不当行政行为。

领导名录

局　长 马　辉(11月止)
侯占文(11月任)
价格监督检查局局长 陶雪林
副局长 杨永刚
副科级干部 朱　强

工商行政管理

【概况】崇信县工商行政管理局内设综合办公室、注册登记股、市场监督管理股、质量监督股和非公经济发展办公室5个机构；有经济检查分局1个直属机构；有消费者协会和个体劳动者协会2个挂靠协会；有锦屏工商分局、新窑工商所、柏树工商所和木林工商所4个派出机构；有崇信县质量技术监督检测所1个所属事业单位。

【服务发展】在“先照后证”“三证合一”“五证合一”的基础上，全面实施“多证合一、一照一码”登记制度改革。注册私营企业90户，占年任务的180%；注册农民专业合作社20户，占年任务的100%；注册个体工商户610户，占年任务的102%，引导办理个体户转型升级30户，占任务的100%。制定《崇信县人民政府关于进一步促进非公有制经济发展的实施意见》等一系列政策措施。为4户小微企业发放互助担保贷款1150万元，积极开展动产抵押登记22件，为企业融资1.032亿元，解决企业发展资金不足的难题。非公经济增加值完成14.1亿元，增速1.5%，占地区生产总值 52.6%。

【市场监管】 积极履行“双告知”义务，发放“双告知”通知书 30 余份。开展双随机不定项抽查 2 次，抽取 249 户，双随机定向抽查 5 次。先后抽检 95#、92#、0# 和甲醇等成品油 7 个批次，抽检木工板等建材 6 个批次，抽检涂料、胶水等商品 5 个批次，对抽查结果及时向社会公示。完善“诚信红黑榜”发布制度，发布红榜企业 1 户，依法将 2016 年度 29 户未年报市场经营主体列入经营异常名录或标记为经营异常状态。参加县政府组织的安全生产、环境治理、城乡环境卫生、成品油市场集中整治等中心工作 12 次，清理整治煤改气企业 12 户；排查整治采石采砂企业 34 户；对环保不达标的 20 户涉煤企业，进行变更登记，将其中的 3 户依法予以注销；责令 13 户煤矿企业限期整改；取缔经营沙场的企业 9 户，从源头上解决环境污染、植被破坏和水土流失等突出问题。在全县 4 个工商所建立商标品牌服务指导站。推荐上报知名商标 1 件，新申报商标 12 件，“崇信红牛、崇信苹果、崇信芹菜”地理标志证明商标已上报国家商标总局，年底拿到受理通知书。查处夸大疗效、虚假宣传误导消费者的保健品器械大要案 1 件。创建省级“守合同重信用”企业 1 户。办理展销、拍卖备案登记 4 起。

【行政执法】 开展行政辅导、行政提示、行政规劝、行政建议等各种行政指导 192 次，营造和谐监管的执法氛围。将罚没款在千元以上的案件提交案件评审领导小组进行审评，强化监督制约，严把案件质量关，案件核审率和正确率均为 100%。全年查处各类经济违法违章案件 30 件，案值年 131.9 万元，罚没款 10 万元，其中查办万元大案 3 件，农资案件 5 件，虚假宣传大要案 1 件。罚没款入库率、案件录入率、公示率均达 100%，全局行政执法工作做到“零复议”。

【消费维权】 以“网络诚信，消费无忧”为主题，组织开展“3·15”系列宣传咨询服务活动。开展消费维权知识“十进”宣传活动。接待群众咨询 36 人(次)，受理投诉、申诉、举报、建议案件 25 件，办理政府网站留言 6 件。诉转案 3 件，全部予以办结，办结率 100%，为消费者挽回经济损失 9672 元。积极开展禁毒、反邪教、打击非法集资和“无传销城市”创建活动，全力维护社会和谐稳定。

【非公党建】 开展“三岗联创”和“党员三日”活动，组织开展“百名书记讲党课”活动，探索推行“车间微课堂”“一刻钟课堂”和党员教育设备“掌中宝”，实现党员教育常态化、全覆盖。培育县级优秀非公企业基层党组织 2 个，优秀党组织书记 2 名，优秀共产党员 2 名，优秀党务工作者 2 名，培育省级小康先锋号 1 个，小康先锋岗 1 名，优秀党务工作者 1 名，以榜样的力量推进非公企业党建工作。全面落实组织覆盖有形有效，新建党组织 22 个，累计达到 102 个，组建率达 46.15%，覆盖企业 166 户，覆盖率达 75%，应建已建率达到 100%，非公党建工作成效显著。

领导名录

局　长　袁克弘

副局长　王君明　高龙璋(7月止)

　　　　黄永林(11月任)　陈　斌

纪检组长　刘贵保

经检分局局长　高龙璋(7月任)

非公经济和社会组织党工委专职

副书记　陈　龙(7月任)

质量技术监督

【概况】崇信县质量技术监督局挂靠于县工商行政管理局，内设质量监督股和县质量技术监督检测所。现有干部职工11人。

【质量工作】全县重点监管企业均录入企业质量信息数据库,其中对工农业生产企业61家，特种设备使用企业单位42家,全部实现动态监管。围绕全县重点产业发展项目，将具有一定规模的鑫盛建材、百盛现代农业、伊顺祥牛业等工农业产业化龙头企业纳入特色品牌培育计划,发挥名牌带动效应,激励企业制定名牌发展规划。对辖区所有企业进行分类监管工作,开展分类监管巡查4次。积极开展巡查,完善辖区工业企业质量档案;辖区实验室检测能力不断提升,市、县抽查不合格企业整改率达到100%。认真落实“质量兴企”和企业联系点制度,制定印发《崇信县2017年“质量服务在企业”年活动实施方案》,对辖区相关企业进行跟踪服务,引导企业建立全方位的质量兴企机制。加强部门联动,联合农牧、畜牧、林业等部门积极推进食品农产品产地、无公害、绿色认证工作，提高县内特色农产品市场竞争力。

【标准化工作】督促企业按标准组织生产,杜绝无标生产,督促16户企业开展产品标准自我声明公开和监督工作。为全县5户加油站配备最新汽油、柴油国家产品执行标准文本。企业执行产品标准登记管理系统运行良好,及时录入、更新辖区内企业产品执行标准，信息准确率达到98%以上。配合县上汭河川区国家级蔬菜产业园崇信园区农业标准化示范区建设,加快牛果菜、崇信芹菜、油用牡丹等农业特色产品地方标准的制(修)定工作步伐。年内,培育正丰饲料公司创建标准化良好行为企业1户。积极支持崇信电厂、鑫盛建材等工业企业采用国际国内先进标准生产,不断提高标准化管理水平,提升产品质量和企业效益。

【计量工作】加强对与群众生活息息相关的计量器具的强制检定工作。共检定各类计量器具1113台（件)，出具检定证书,检定记录共431余份,受检率为97%,合格率达98%以上。其中:对全县4个集贸市场在用计量器具全部免费检定,检定各类台秤、电子秤321台(件);检定城区门店电子计价秤206台(件);检定压力表503块;检定体重秤16台,戥称26台,血压计41台。组织开展“百家企业计量管理提升服务工程”活动,重点在节能减排、贸易公平、改善民生等领域提升计量服务保证能力，引导生产企业完善计量管理体系,实现诚信计量自我承诺。全面落实诚信计量“双十工程”实施,指导6家企业创建诚信计量示范单位,与16家医疗机构、商场超市、餐饮单位、加油站签订诚信经营承诺书,营造计量惠民、诚信计量的良好社会氛围,提高经营者的诚信计量意识。对去年通过能源计量审查的煤矿、电厂等5家企业全面开展重点用能单位能源计量“回头看”活动。开展“5·20”世界计量日宣传服务活动,向群众发放宣传资料1800余份,接受群众计量咨询40余人次,免费为群众检定及维修各类计量器具20余台(件)。

【特种设备监管】全县特种设备使用单位42家,其中液氨使用单位1家;注册登记在用的特种设备409台,其中在用348台,锅炉26台,压力容器88台,电梯160台,起重机械67台,场(厂)内机动车辆4台,压力管道一条480米,大型游乐设施2台。督促辖区内特种设备生产使用单位落实特种设备安全主体责任。与辖区内42家特种设备使用单位签订安全责任书和承诺书,签订率达到100%。加强对特种设备使用单位的日常监管,确保特种设备注册登记率、监管覆盖率、操作人员持证上岗率、定期检验率均达到100%;督促各使用单位完善特种设备应急救援预案,定期组织开展特种设备安全事故应急救援演练。开展全县特种设备安全大检查、电梯安全监管“大会战”、特种设备隐患大整治大排查“百日攻坚”和液氨专项整治等行动14次;持续推进特种设备打非治违、隐患排查治理和安全大检查“三项行动”和“六打六治”专项行动。重点对医院、学校、电厂、供暖公司、住宅小区等特种设备使用重点单位和人员密集场所进行专项检查。全年共开展各类安全检查22次,检查特种设备使用单位42户,填写现场安全监督检查记录81份,下达《特种设备安全监察指令书》39份,消除各类安全隐患300余条。特种设备层级监管“四个一”及信息化新平台运行情况良好。按照省局特种设备层级监管要求,完善县级特种设备监管台账、监管单位档案,及时录入更新责任书、现场检查记录、监察指令书等数据。新办证38个,办理注销设备10台。以安全生产宣传活动周,“3·15”消费者权益保护日、法制宣传日等活动日为契机,制作悬挂宣传标语3条,现场展出宣传展板5面,发放宣传资料800余份;大力普及特种设备安全使用常识,实现“杜绝特大事故、遏制重大事故、减小一般事故”的目标,年内未发生特种设备安全事故。

【依法行政】全面落实法治质监实施方案和行政执法责任制,组织干部职工集中学习法律法规10次,法律知识测试2次。开展信访工作,对崇信门户网站电梯留言投诉及时派工作人员调查核实、回复,及时消除负面影响。开展各类专项整治10余次。配合县农牧局、煤炭局、住建局和商务局等相关职能部门开展农资、煤炭、建材和成品油等专项执法检查。开展农资专项打假和安全防护领域用计量器具专项检查工作,对辖区内2家生产企业,1家销售企业,8户门店和各乡镇农资经销商进行专项检查。严格落实“两随机、一公开”抽查方式，按照县行政审批制度改革领导小组的要求，加快行政审批制度改革，及时向审改办报送权责清单和公共服务事项，加强政务公开工作，依法落实后处理措施。

领导名录

局　长　王君明

检测所所长　陈　涛

国土资源管理

【概况】 崇信县国土资源局下设国土资源执法监察大队、矿产资源管理站、土地评审中心、土地收购储备中心、土地开发整理中心、基础测绘管理办公室、不动产登记事务中心7个事业单位。有锦屏分局、新窑分局、黄寨中心所、黄花中心所4个派出机构。有干部职工53人。

【建设用地报批】 完成城区一小综合教学楼等204宗建设用地预审，对符合规划的金福佳苑等11宗906.6亩建设用地进行上报审批，通过省厅审批5宗203.54亩。征收上解耕地开垦费166.95万元，新增建设用地有偿使用费281.16万元。征收土地358.39亩，兑付征地安置补偿费1.1亿元。出让土地17宗230.42亩，收缴土地出让金1.01亿元。转让土地65宗13.82亩，收缴契税4.41万元。

【基本农田保护】 按照“先补后占、占一补一、占优补优”的原则，对占用的建设用地挂钩补充同等质量耕地487.2亩，落实耕地占补平衡。全县共实施土地整治项目5个，完成投资3489.18万元，建设规模1.79万亩，新增耕地3153.45亩。完成永久基本农田划定，划定后全县耕地质量平均为13.62等。签订县乡基本农田保护责任书7份，乡村责任书87份，新设永久基本农田保护标志牌7块。全县耕地保有量达到30.61万亩，基本农田保护面积达到23.48万亩。

【不动产登记】 严格按照程序，整合存量数据94宗177幢4689户，农村宅基地128宗；颁发不动产权证书211本，开具不动产登记证明575份，办理查封登记2件，注销登记7件，整理归档登记资料780件，配合相关部门及权利人办理查询业务8000多件。共移交电子档案5300条、纸质档案7528份。对马寨村等23个村6145宗宅基地上房屋进行外业调查、不动产测量以及表格完善。

【矿政管理】 关闭非法采砂企业34户，拆除砂机、筛砂台、供电设备和厂房，督促企业恢复耕地原貌，进行生态环境恢复治理。聘请作业队伍和专家组对非法采砂企业做勘测定界和耕地破坏程度鉴定，对耕地破坏程度超过10亩的5户企业移交公安机关查处。完成2户企业的探矿权年检，26户企业的采矿权年检，参检率和合格率均达到100%。加强协调服务，加快石油资源、赤城南部煤炭资源、新集子铀矿勘查开发利用进程。

【地质灾害防治】 印发《崇信县2017年度地质灾害防治预案》，及时开展地质灾害摸底排查，排查地质灾害隐患点18处，发放防灾避险卡462份、防灾明白卡45份，设立警示牌3面，维护5台滑坡预警伸缩仪。协助地税部门征收环境恢复治理保证金7732万元。争取上级资金2508万元，实施滑坡、泥石流应急治理和搬迁避让项目4项。

【测绘管理】加强全县12个测量控制点的管理和维护，开展“数字国土”建设工作，完成硬件安装调试、数据平台开发、数据信息录入及平台测试等工作。开展全县全覆盖排查整治“问题地图”专项行动，全面清除各类“问题地图”。

【行政执法】年内开展动态巡查208次，收缴罚款19.15万元。在县文化广场等地设置宣传咨询台5台(次)，悬挂横幅5条，制作宣传牌13面，发放宣传资料3500余份，发送手机短信宣传信息2万余条。完成2016年度土地矿产卫片执法检查工作，对土地卫片执法检查涉及的115个图斑1507.5亩用地，逐宗进行核实，未发现违法用地；对矿产卫片执法检查涉及的2个图斑2户非法采砂企业进行关闭，通过省厅验收。

【项目建设】投资3489.18万元，实施土地整治项目5个，建设规模1196.56公顷，完成土地整理993.61公顷，复垦192.36公顷，开发10.59公顷，新增耕地210.23公顷，配套实施田间道路和防护林工程。投资1208万元，实施锦屏镇西街村窑庄山滑坡治理和黄花乡高年村、锦屏镇姚洼村地质灾害搬迁避让工程，完成投资600万元。投资6000万元，实施马湾等4宗土地收购储备专项债券项目。争取资金1310万元，积极申报土地整治项目2个，其中工业集中区庙台村等2个村高标准基本农田建设项目，已开工建设，完成总任务的40%；锦屏镇、黄花乡高标准基本农田建设项目，完成设计预算，待省厅批复后实施。

【基础工作】完成2016年度土地变更调查工作，变更图斑115个1507.5亩，更新、维护数据库，通过国家、省质检，开展土地变更调查工作，完成《矿山环境综合恢复治理规划》和第三轮《矿产资源规划》编制，提高规划科学性和实效性。

领导名录

局　长　范晓文
副局长　秦志进　张　冲
纪检组长　关永兴
不动产登记管理局局长　张　冲
副局长　杨海生
不动产登记事务中心主任　张红霞
执法监察大队队长　王小铎
矿产资源管理站站长　王涛涛
土地整理中心主任　李红梅
土地收购储备中心主任　梁建国
土地评审中心主任　杜　伟(9月任)
基础测绘办公室主任　梁海生
锦屏分局局长　陈效效
新窑分局局长　梁　旭
黄寨中心所所长　薛丽娜
黄花中心所所长　张鹏华
主任科员　杨海生(9月任)

副主任科员　朱宏伟

安全生产监督管理

【概况】 崇信县安全生产监督管理局(崇信县安全生产委员会办公室)内设办公室、安监股、协调股、煤管股4个股室;下设安全生产执法监察大队、锦屏镇安监站、新窑镇安监站3个事业单位,设煤矿安全监测监控中心一个股级事业单位。有干部职工30人。

【安全生产责任制】 制定《崇信县关于推进安全生产领域改革发展的实施意见》,实行"一票否决",提高各级抓安全生产工作的政治站位、政治担当,增强思想自觉和行动自觉。制定印发《关于落实"党政同责、一岗双责、齐抓共管、失职追责"的意见》,与重点监管企业签订安全生产目标管理责任书,每月至少深入企业检查一次,真正把安全责任落到实处。充分发挥安委办综合协调作用,督促各行业主管部门主要负责人亲自安排部署,坚持每月带队深入企业和建筑工地,从行业政策落实、职业病防治、隐患排查治理等方面全面开展执法检查,督促落实防范措施。按照"五落实五到位"的要求,督促企业建立健全"一把手"负总责的安全生产责任体系。

【依法治理】 采取"四不两直"的方式,强化日常检查、专项督查和执法监察,把监管触角延伸到基层一线,覆盖到生产经营各个环节。坚决依法查处各类违法违规生产经营行为。年内,共责令停产整顿企业5户,罚款27.1万元。以煤矿、道路交通、建筑施工、消防、涉氨制冷等领域为重点,开展安全生产大检查、"打非治违"、煤矿安全"体检"、电气火灾综合治理和道路交通、非煤矿山、建筑施工、烟花爆竹等行业领域专项整治活动,年内开展督查检查86场(次),排查治理各类安全隐患1652条。

【监督管理】 制定印发《关于进一步加强基层安全监管工作的实施意见》,组建农村道路交通安全管理站和行政村交通安全管理室,在村社主干道建成48个交通安全检查劝导站,调整配齐乡镇交通管理员63名,聘用交通安全检查劝导员144名,乡镇交管站、行政村交管室标准化建设率达到100%。扎实推进安全生产标准化建设,县管生产矿井和危化品经营企业全部达到国家三级以上标准,百贯沟煤矿被确定为全省二级安全生产标准化试点矿井,顺利通过省安科院验收。实施"科技兴安"战略,所有煤矿安全监测监控系统实现市、县、矿三级联网,生产矿井建成安全避险"六大系统"并正常运行,旅游景区、车站、医院、学校等人员密集场所均实现智能化视频监控全覆盖。督促责任单位逐条制定整改措施,建立销号台账,实行闭环管理,挂牌跟踪督办,开展煤矿安全生产大检查,排查各类隐患问题213条,责令停产整顿企业2户,罚款7.5万元,问题整改到位率达到98%,从源头上预防煤矿各类事故的发生。高度重视应急救援体系建设,先后成立矿山、消防、道路交通等救护队伍8支,煤矿等重点行业领域全部与有资质的救护大队签订救护协议,生产经营单位事故应急救援预案备案率达到100%。加强应急救援物资储备,组织开展崇信县道路运输行业综合应急救援演练和中电建崇信发电公司氨气泄漏应急处置演练,提升全县安全生产事故应急救援能力。制定印发《崇信县职业病防治“十三五”规划》和《崇信县职业安全健康培训实施细则》,累计开展职业健康普查1200多人(次),建立健康档案3000多份,对电厂、加油站、洗煤厂等12户重点企业进行职业病危害因素现状监测,对2户洗煤厂进行职业危害现状评价。完成企业作业场所职业危害申报备案30户,申报率达到90%以上。

【宣传教育】按照谁执法谁普法的原则,把《中华人民共和国安全生产法》纳入“七五”普法的重要内容,把安全生产知识纳入科级干部轮训和中小学安全教育范畴,把安全生产政策法规汇编成册,发放县乡党政领导、监管一线干部和企业职工。向乡(镇)、管委会、机关、学校、企业、村社、群众免费发放《安全常识读本》2万多本,加强对企业“三项”岗位人员和新上岗人员培训考核,督促企业制定培训计划,加大对法律法规、作业规程、紧急避险常识和安全自救知识教育培训,企业“三项”岗位人员持证率达到100%,通过观看警示教育片、组织召开警示教育会等方式,汲取事故教训,举一反三,堵塞漏洞,严防事故发生。

领导名录

局　长　梁超斌
副局长　杜永春　梁定军
纪检组长　关永刚
安全生产执法监察大队大队长
　　巩大伟(4月止)
　　何　斌(4月任)
主任科员　王新正
总工程师　李全洲
锦屏安监站站长　王　瑛
新窑安监站站长　黄振兴
工业集中区安监站站长
　　关小勇(11月任)

食品药品监督管理

【概况】崇信县食品药品监督管理局内设综合办公室、食品监管股、药品监管股。下设10个单位(其中:参公管理事业单位1个,事业单位9个)。全系统共有干部职工62人。全县共有食品药品生产经营单位1535户,其中:食品生产经营单位1316户;药品经营使用单位172户,化妆品专营店8户,农产品种养殖企业13户,定点屠宰企业2户,酒类批发户24户,共有各类从业人员2185人。

【食品药品安全监管】　年内完成“四小”换证和登记管理工作,换发食品经营许可证140户,食品小经营店登记证418户,食品小作坊登记证24户,食品小摊点登记卡68户,规范提升县“四小”业态安全管理水平;扎实治理“餐桌污染”及“餐厨油烟污染”,提高餐饮业质量安全水平;持续推进实施餐饮服务单位“明厨亮灶”

提升工程和食品生产批发企业透明车间、阳光仓储工程，实施明厨亮灶281户，阳光仓储27户，透明车间3家，备案登记食品配送车27辆，实施率均达到100%；鼓励扶持小餐饮及农村流动厨师升级转型，已配备2辆“流动餐车”承接全县农村集体红白宴席的聚餐，并全面落实集体聚餐备案登记和信息报告制度，加强流动厨师管理，备案较大规模聚餐及农村红白事家宴206起，培训体检农村流动厨师30名；落实全程溯源管理和索证索票制度，食品生产经营单位95%以上索取“电子一票通”，共计安装电子追溯系统505户；促进食品经营违法违规行为记分管理和量化分级管理常态化，外置化公示率达到100%；扎实推进食品安全责任险制度，全县有14家学校食堂及食品经营单位购买食品安全责任险。严格落实“十六查十六看”监管措施，督促零售药店严格落实《药品经营质量管理规范》和计算机管理系统的应用，提高药品零售企业质量管理水平；深入推进药品质量安全风险防控，全面落实外置公示风险防控制度，针对基层乡镇卫生院药房20℃以下保存药品未规范管理储存的行为，督促9个乡镇卫生院安装药品阴凉柜并正常使用，保证基层群众用药质量安全；推进实施医疗器械质量管理规范，加大对医疗机构在用大型医疗器械的备案管理及高风险产品监管，加强医疗机构含麻制剂及特殊药品监管，对购销运输、库存流向进行重点核查，防止特殊药品流弊、超剂量销售等事件的发生。推行食用农产品“三产一凭证”监管模式，严格落实食用农产品产地准出与市场准入制度，督促食用农产品销售市场、乡(镇)集贸市场开办方落实食品安全管理责任，建成全县共享的农产品质量追溯管理信息系统7个（其中：县级监管平台1个，乡镇监管平台3个，生产经营主体追溯平台3个），实现农产品“生产有记录、信息可查询、流向可跟踪、质量可追溯、责任可追究、产品可召回”的质量监管体系。同时加大“三品一标”认证宣传，指导崇信龙祥生态科技有限公司征订绿色食品(核桃)标志，全县已认证无公害农产品4个(芹菜、甘蓝、香菇、花椰菜)，绿色食品3个(甜瓜、核桃、苹果)，年内新申报认证绿色食品3个(均为苹果)，“三品一标”种植面积达到全县粮食蔬菜种植面积的58.8%，加快全县无公害农产品生产步伐，提升农产品质量安全水平。检查生产基地、养殖场、农资经营门店等120户(次)，监管覆盖率达100%。

【专项治理】定期召开食安委会成员单位联席及风险会商会议，针对群众关心的热点、难点问题，开展各类专项整治。按照重点领域部门齐抓共管、重点环节监管部门全覆盖的原则，联合食安委成员单位开展为期两个月的食品药品安全大整治；同时开展“双节”、中秋、国庆等节假日期间食品药品安全、学校食堂及校园周边食品安全、保健食品欺诈和虚假宣传、餐厨油烟污染治理、城乡接合部和农村地区药店诊所药品质量安全等集中整治，组织开展“脚臭盐”清查、流通领域食品药品安全、中药饮片、中药材、特殊药品和问题食品药品清查等专项检查工作；开展农药残留、瘦肉精、生鲜乳违禁物质、兽用抗菌药等专项整治。与工商、卫计等部门联合打击涉嫌医疗器械虚假宣传1次。年内共出动执法人员15200人(次),监督检查9200户(次),责令整改食品药品经营单位182户,查办各类违法案件160件,收缴罚没款25.67万元。

【抽样检验】全县农产品例行监测蔬菜、畜禽产品、水产品抽样750个,合格率100%。粮食收购检验5次,例行监测10次,合格率均为100%。配合市食药监局完成食品国抽任务7批次、省抽任务49批次,抽检合格率均为100%。抽样送检食用农产品、节令食品、熟肉制品等343批(次),检出不合格批次2个,任务完成率100%,抽检合格率99%。在完成抽检任务的同时,开展快检工作,共检测样品4927份(含两个农产品快检室),筛查出不合格样品71份,完成率102%,快检合格率为98.4%。抽送检药品、医疗器械共14个批次,合格率均为86%。完成食源性疾病监测39例;报告药品不良反应114例、医疗器械不良事件50例。

【依法行政】按照集中管理、强化监督的原则,广辟案源渠道,认真分析投诉举报、专项整治、监督抽验和不合格产品查处等案件信息线索,坚持抓早抓小、抓准抓实,提高执法办案的针对性。在行政执法过程中,坚持做到持证上岗,亮证执法,文明执法。严格按照《食品药品行政处罚程序规定》,规范行政处罚的立案、取证、核审、送达、执行等各个环节,保证办案、核审、审批三分离。全面推行行政处罚案件公开制度,一般程序案件公示率、及时率均达100%,符合重大案件的均进行报备。完善行政处罚案件合议程序,约谈违法违规企业负责人160次,约谈率100%。"两法衔接"信息平台录入违法案件12起,在工作运行、信息共享上有实质性进步。

【社会监督】结合"两个责任"大约谈活动,分类分批对食品生产、餐饮服务、食品流通环节和药品经营使用单位的从业人员进行培训。共培训食品药品从业人员1920人(次),培训率100%。组织开展科技宣传周、食品安全宣传周、安全用药月、陇上护老、"12331"、"12315"等大型系列宣传活动,受教育群众达5余万人。利用网站、"两微一端"等新媒体的优势,宣传食品药品安全监管法规政策,扩大宣传的覆盖面,提高群众对食品药品安全常识的知晓率。密切关注网络舆情,及时办理网民留言3条,畅通"12331"投诉举报渠道,受理投诉举报25件,办结率100%。年内,共上报各类食药监管信息210条。

领导名录

局　长　赵双喜(7月止)
张志强(7月任)

副局长　杜兴文　王继承

纪检组长　叶红郎

工会主席　袁中顺(7月任)

食品安全委员会办公室副主任
郭小艳

稽查局局长　朱文杰

副局长　张建明

余爱平(12 月止)
柳温鑫(12 月任)

检验检测中心主任
王忠平(12 月止)
焦春娟(12 月任)

副主任 焦春娟(12 月止)
杜晓蓉

副主任科员 程姬辉

财政税收

财 政

【概况】 崇信县财政局内设综合、预算行政政法、国库、社保教科文、农业、金融债务、经济建设 7 办公室;下辖非税局、农发办、国资局、政府采购办、财经监督办、国库支付中心、投资评审中心、道路交通事故社会救助基金管理中心和基层医疗卫生机构财务核算中心 9 个二级事业单位,垂直管理锦屏、新窑、柏树、木林、黄花、黄寨、铜城工业集中区 7 个乡(镇、管委会)财政所。全系统共有干部职工 92 人,其中局机关 56 人。

【财政收入】 年内,全县公共财政收入完成 29319 万元,占预算的 109.0%,同比增长 14.5%;大口径财政收入完成 66516 万元,占预算的 113.5%,同比增长 22.6%。

【财政支出】 坚持“保工资、保民生、保运转、保重点项目”原则,大力压减“三公”经费,加大对“三重”特别是精准扶贫民生工程的投入,保障全县重大项目、重点支出政策落实。全县财政总支出完成 147986 万元,同比增长 37.7%。其中:公共财政预算支出完成 119564 万元,同比增长 17.7%;政府性基金支出完成 18422 万元,同比增长 322.3%;八项支出完成 76717 万元,同比增长 11.1%;全县民生支出完成 119127 万元,占公共财政总支出的 87.6%;社会保障支出完成 38940 万元,占公共财政预算支出的 32.6%;发放各类惠农资金 9786.38 万元,户均受益 5149 元。

【争资列项】 全县共争取各类项目资金 90948 万元。其中:争取省市专项资金 65944 万元、各类转移支付增量资金 2725 万元、各类债券资金 22279 万元。

【财政改革】 年内,在全面推行全口径预算和部门预算的基础上,将单位所有收入全部纳入预算编制范围,将支出按经济分类细化到具体事项,加强预算的完整性和约束性。依托“金财一体化”平台系统部门预算模块,督促预算单位通过金财系统网络编制部门全年预算,提高工作效率,实现预算编制网络化管理。累计盘活存量资金 2337 万元,全部安排精准扶贫、教育、科技、环保等民生改善重点领域。制定印发《崇信县人民政府关于地方政府存量债务纳入预算管理清理甄别的通知》和《崇信县地方政府性债务管理暂行办法》,申请置换债券 5279 万元,2018 年底完成政府债务置换。确保项目资金及时支付,将财政授权支付上限额度由 2 万元提高到 5 万元,方便单位资金支付;将政府集中采购额由10万元提高到20万元，赋予单位更大的自主采购权。

【项目建设】 实施木林乡大庄、木林、沟老3村高标准农田建设项目，完成投资1800万元，建成高标准梯田1万亩，衬砌渠道10公里，修建田间道路44.2公里，新建进地农桥15座，举办技术培训300人(次)。实施六乡镇一集中区项目55个，完成投资3426万元，修建道路20.6公里，修建排洪渠15.5公里，安装太阳能路灯450盏，安装道沿9440米，粉刷墙面7670平方米，修建防护墙1000米，栽植绿化苗木0.5万株，配套绿化11630平方米，铺设马路转5300平方米。在锦屏镇枣林村实施招商引资固态醋、果醋饮料冷链物流建设项目，完成投资3200万元，建成办公用房、厂房等工程，硬化场地1500平方米，实施绿化工程500平方米，购置生产线所需设备。

【财政监督】 开展“小金库”专项治理，全县152个部门(单位)完成“小金库”自查工作，对涉及人民群众切身利益和财政专项资金投入量大的农牧、民政系统13个事业单位进行重点检查，共检查资金1.02亿元，检查结果没有私设“小金库”情况。开展财政扶贫资金自查自纠工作，完成对2015—2016年各乡镇、发改、扶贫部门负责分配、拨付、管理、使用扶贫资金的全面检查，共检查资金9153.62万元。联合监察、审计、扶贫部门开展财政专项监督检查，对住建、发改、扶贫部门等17家事业单位和芮鞠惠民投资公司的财政专项资金使用情况进行重点检查，共检查资金2.94亿元。开展重大项目资金监督检查，对全县2016年度实施的职业教育产教融合工程、抗旱规划引调提水工程项目2个1000万元以上重大项目进行专项检查，涉及资金3326万元，对会计账务处理不规范、报账资料不够完整等问题督促责任单位将问题逐一进行整改。开展精准扶贫专项贷款使用情况专项检查，采取实地查看、入户走访、查阅资料、算账分析、座谈交流等方式，对全县6个乡镇1个工业集中区2015—2017年精准扶贫专项贷款使用情况进行督查检查，对检查出问题进行限期整改。

领导名录

局　长 梁正军(4月止)
关　伟(4月任)
副局长 朱智辉　梁喜平　岳彦平
纪检组长 吴秀琴(12月止)
非税收入管理局局长
张明福(11月止)
岳彦平(11月任)
副局长 常　雷
财经监督办主任 高鸿雁
国有资产经营公司经理
李华雄(11月止)
副经理 周小文(11月止)
路贵云(11月止)
国有资产管理局局长
李华雄(11月任)
副局长 路贵云(11月任)
周小文(11月任)
国库支付中心主任 张海峰
农业综合开发办公室主任

梁喜平(兼)

副主任　李永强

政府采购办主任　张晓刚

道路交通事故社会救助基金管理中心主任　郭惠娟

投资评审中心主任　鱼金丽(4 月任)

基层医疗卫生机构财务核算中心主任

王文清(11 月任)

主任科员　李志瑞　马　辉(11 月任)

副主任科员　郭惠清

铜城工业园区管委会财政所所长

鱼金丽(4 月止)

县工业集中区财政所所长

杜小霞(4 月任)

锦屏镇财政所所长　王惠祯

新窑镇财政所所长　张　镭

柏树镇财政所所长　王占祥

黄花乡财政所所长　孟晓丽

黄寨镇财政所所长　朱录平

木林乡财政所所长　关　巍(12 月止)

国家税务

【概况】崇信县国家税务局内设办公室、监察室、人事教育科、党办、工会、政策法规科、征收管理科、纳税服务科、收入核算科、办税服务厅等 10 个科室,1 个事业部门信息中心,1 个直属机构稽查局。下设第一税务分局、第二税务分局和新窑税务分局等 3 个派出机构。有干部职工 42 人。

【组织税收】始终坚持收入原则,紧盯重点税源,综合运用税收分析、纳税评估、税务稽查等手段,采取疑点信息核查、发票检查、行业专项整治等措施,全力挖潜增收,累计完成各项国税收入 41531.1 万元,占任务的 103.83%,同比增长 33.06%,其中:完成县级收入 14077.39 万元,占年初县级收入计划的 114.23%,同比增长 49.09%。

【税制改革】认真落实《深化国税、地税征管体制改革方案》,全面承接制定 28 条改革任务目标,坚持挂图作业、对表推进、对账销号等制度,严格按照措施要求的时限,圆满完成各项任务。严格落实《国地税合作规范》,在国地税联合办税、联合分析、联合宣传及联合稽查等核心业务上深度合作。持续加大"营改增"四大行业政策辅导和效应分析,帮助纳税人掌握新政策,加强会计核算,实现税负下降。

【依法治税】落实税法宣传教育"七五"普法和"十三五"时期全面推进依法治税工作实施方案,规范重大行政决策程序,严格进户执法计划管理,实行重大税务行政处罚集体审议,规范税务行政处罚行为,防范执法风险,完成税法宣传月、12·4 法治宣传日活动,开展讲法治活动,建成税收法制教育基地。强化国务院六项减免税政策、"大众创业、万众创新"、小微企业、高新技术企业所得税等税收优惠政策落实,全年累计减免各类税款 1775 万元,占同期国税总收入比例 4.27%。全力推进税收专项检查和区域专项整治工作,对煤炭行业、商贸企业等实施专项检查,全年立案 10 户,结案 10 户,查补入库税款 548.07 万元;建立税警协作机制,税警联合全力侦破“10·25”增值税专用发票虚开案件,7户煤炭运销企业全部移送司法机关,打击涉税违法行为,改善区域税收环境。

【税收征管】完成纳税人登记信息核对和数据质量修正工作,夯实征管基础,年内完成1367户纳税人错误信息修改。建立“横向主动防控,纵向集中应对”的网格式风险管理工作机制,抽组骨干组建两个风险应对团队,制定煤炭、房地产、建筑、商业农副产品等行业风险管理内部指引,开展各类风险应对工作,共完成风险应对38户,共计入库税款604.27万元,其中增值税528.84万元、企业所得税6.97万元、滞纳金42.04万元、罚款26.41万元。

【纳税服务】严格执行首问责任制,实行“导税、限时、延时、预约、提醒”等全程化、一站式服务,积极推行“免填单”、网上预约办税、涉税事项网上查询、行政审批网上办理等服务,全面落实便民办税春风行动。围绕国务院六项减税政策和“双创”税收优惠政策的落实,加强政策宣传辅导,共举办培训6期370余户,深入企业开展辅导400余户(次),运用微博、微信等平台,累计推送各类税收政策解读700余条,受理各类涉税咨询1400余次,远程协助纳税人解决各类软件疑难16户次。全力推广电子税务局、“e掌通”、网上办税厅等,拓展网上办税功能,提升办税效率。

领导名录

局　长　于灵科

副局长　路小荣　刘宝平
　　　　杜铎华　叶书明

纪检组长　李金珠

稽查局局长　文小明

第一税务分局局长　薛石虎

第二税务分局局长　梁济华

新窑税务分局局长　张小平(6月任)

地方税务

【概况】崇信县地方税务局下设办公室、人事教育科、监察室、征管和科技信息科、税政(法规)科、税收风险管理科、计划财务科7个科室;下设稽查局、征收服务分局、管理分局、矿区征收管理分局、社会保险费征收管理分局5个直属单位。有干部职工35人。承担全县4镇2乡2个管委会共计352户企业、1875户个体工商户的地方税收征管及费金征缴工作。

【税费收入】全年组织完成各项收入30296万元。其中:税收收入累计完成18945万元,占市局下达计划15200万元的125%,占市局调整计划17500万元的108%,同比增长5.8%,增收1038万元;县级收入完成11237万元,占县政府下达计划10586万元的106%,超收651万元。社保基金累计完成11351万元,与上年相比,增长257%,增收8173万元。

【征管改革】全面落实征管体制改革方案,优化征管资源配置。国地税合作实现深度融合,实现“两套数据共享,一个证书通用”,加强相互委托代征,联合办理税务登记、检查等多项业务。全年联合开展纳税人信用等级评定 156 户,营业额调整 1866 户,认定非正常户 36 户、办理开业登记 323 户、变更税务登记信息 7672 条、注销税务登记 355 户。建立综合治税保障工作机制,科学实施税种管理,增强信息管税能力。

【纳税服务】充分运用“互联网+税务”,利用手机办税 APP、电子税务局等网上办税平台,全面实现从“上门申报”到“足不出户”的服务体验。全年网报率均达到 98%以上,真正让服务变得更贴心、更亲近;坚持“文明办税八公开”,全面推行“一站式”“一窗式”服务,大力提倡“五办”原则,即当天的事情当天办、紧急的事情立即办、复杂的事情协调办、分外的事情协助办、一切事情依法办,设立全城同办岗,为纳税人提供优质高效的税收服务;积极推出五大类 16 项 29 条便民办税措施,认真落实税收优惠政策,全年累计减免税 162.63 万元。

【依法治税】严格依据现行相关法律法规,将税务稽查工作与金税三期工程相关模块对接,按照“双随机”工作思路,规范案源管理,提高案源质量,解决执法任性的问题。开展“税收执法大督查”对各单位 2015 年 7 月至 2016 年的税收执法情况进行督查调研。全年共受理容信小额贷款公司行政复议案件二件、应诉行政诉讼案件一起,提高依法治税能力与行政执法水平。

领导名录

局　长　张　宁
副局长　范金瑜(7 月止)
　　　　胡新龙　杨兴堂
纪检组长　王　钰(7 月止)
　　　　范金瑜(7 月任)
办公室主任　张景传
党办副主任　刘　瑞
人事教育科科长　王九菊
计划财务科科长　朱晓霞
综合业务科科长　杨彩珍(10 月止)
征管和科技信息科科长
　　　　杨彩珍(10 月任)
科技信息科科长　薛小妮(10 月止)
税政(法规)科长　薛小妮(10 月任)
监察室主任　薛岩尧
发票管理分局局长　朱炳武(10 月止)
税收风险管理科科长
　　　　朱炳武(10 月任)
管理分局局长　王建文
　副局长　乔亚明
征收分局局长　秦好鹏
　副局长　郭忠龙
矿区征收管理分局局长
　　　　范万龙
　副局长　李天荣
社保费征收管理分局局长
　　　　师仰斌
稽查局局长　文政林
　副局长　王小龙

金融保险

人行崇信县支行

【概况】中国人民银行崇信县支行内设办公室,综合业务股、国库会计股、纪检监察审计室。有干部职工 16 人。

【基层建设】 逐级签订《党风廉政建设责任书》,落实"一级抓一级,层层抓落实"的责任体系,形成党建工作与业务工作同步推进的责任落实机制。制订《崇信支行党支部 2017 年争创"五星支部"实施方案》,与中心支行办公室、科技科党支部联合开展学习交流活动,加深对党纪党规的理解,接受光荣革命传统教育,增进友谊,坚定信念,增强党性。

【行业管理】 在班子成员中推行"一线工作法",建立开拓务实型班子,即调查研究在一线、工作决策在一线和解决问题在一线。1 人在全省反假货币知识与技能竞赛中,获得个人识假第一名和个人全能第一名的好成绩,且代表兰州中支参加总行举办的反假货币知识与技能竞赛。广泛开展"安全风险人人找"活动,共查找出安全责任落实、重点部位和业务系统安全、安全管理漏洞、个人安全习惯等方面存在的问题 13 个,已全部整改落实到位。

【货币政策】 结合实际,研究制定《崇信县银行业金融机构支持地方经济发展指导意见》。全县金融机构各项贷款余额 27.65 亿元,较年初新增 3.79 亿元,增长 15.89%。各项存款余额 38.8 亿元,较年初增加 4.75 亿元,增长 13.94%。落实重大事项报告制度,做到"有事报情况,无事报平安"。开展"3·15"金融消费者权益日、金融知识普及月等宣传活动。制作《宣传手册》,利用微信公众号、互联网站等媒介开展形式多样的宣传活动,收到良好效果。增强服务意识,持续提高金融服务质量。ACS 系统运行平稳,业务处理有序,资金清算准确,实现零差错;新增 ATM 机 6 台,POS 机 89 台,其他受理终端 4 台。全县共布设 ATM 机 75 台,POS 机 553 台,其他自助终端 204 台,建立助农取款点 87 个,覆盖率达 100%。

【金融生态环境】 加大金融知识普惠度,提高社会公众的知晓率,向社会宣传推广《普惠金融共享家园》微信平台。金融机构下沉营业网点,新增自助服务营业场所 2 家,不断拓展和延伸服务半径。制定《崇信县创建"信用崇信"实施方案》《崇信县创建信用户信用村信用乡(镇)实施方案》,已有 1 个乡(镇)、3 个行政村被评为信用乡(镇)和信用村。开展农户信用信息试点工作,采集农户信息为信用评级奠定基础,信用崇信建设工作迈上台阶。开展清收公职人员不良贷款专项行动,以涉贷公职人员为突破口,推动银行业不良贷款盘活工作。开展清收专项行动,各银行累计清收盘活不良贷款 1140 万元,11 月末,全县不良贷款和不良贷款率实现"双降",不良贷款率较年初下降 0.35 个百分点,其中清收盘活公职人员不良贷款 26 笔、243.82 万元,公职人员不良贷款占比下降 8 个百分点。县人大对人民银行及各金融机构进行工作评议,满意度达到 93%。

【银税互动工程】银行业金融机构与

国税部门积极开展合作，建立银税合作联席会议制度。银行与国税部门充分共享纳税信用评价结果和信贷融资信息，并依据小微企业纳税情况和纳税信用评价结果，解决小微企业融资问题。至11月末，为纳税A、B级5户企业发放信用贷款2760万元。其中：为纳税A级的中电建甘肃能源崇信发电有限责任公司发放流动资金贷款1000万元，纳税B级的崇信县煜原人力资源有限公司发放贷款960万元、甘肃天蓝再生资源利用有限责任公司发放贷款100万元、崇信县百盛现代农业有限责任公司发放贷款300万元、崇信县正丰饲料有限责任公司发放贷款400万元，缓解企业资金压力。优化小微企业金融服务。银行业金融机构充分利用小微企业的纳税信用评价结果，对符合条件的，简化贷款手续，提高贷款审批效率，加大信贷支持，为企业提供全方位的金融服务。

【银企结对帮扶】帮助崇信县正丰饲料有限责任公司取得银行贷款400万元，优品农民专业合作社取得信用社一次授信350万元，锦屏镇姚洼村互助资金协会健全会计账务，工作已初获成效。为全县企业会计人员积极开展银行账户管理、会计财务管理、征信知识等相关知识培训2期，提高财会人员的业务水平，维护企业良好信用，共建和谐信用崇信。

【国库电子化服务】 国库支出业务实现财政支出无纸化系统，对于日常办理的直接支付、授权支付等业务，共办理财政支出电子化业务550笔，每日财政电子化支出占全部支出的75%以上；国库收纳业务在实现电子缴税率达到100%的基础上，借助兰州中支搭建的“普惠金融共享家园”微信平台，顺利完成2笔478.19元的缴税业务。

领导名录

行　长　黄永会

副行长　朱世义　赵　军(10月止)
孟志平(10月任)

纪检组长　姚雪凌

主任科员　张守玺

副主任科员　刘顺平　王宇波

农行崇信县支行

【概况】中国农业银行崇信县支行内设综合管理部、财会运营部、客户部、风险管理部4个部门；下辖支行营业室、青年路支行、新窑支行及广场分理处4个物理网点。建有6个离行式自助银行、94个惠农服务点。全行共有在册员工62人。

【业务经营】各项存款余额10.52亿元，其中：对公存款余额32462万元，个人存款余额72704万元。累计发放各类贷款1.98亿元。各项贷款余额86936万元，较年初净增4772万元，同比多增8584万元。公司类贷款余额68600万元，个人贷款余额18336万元，分别净增1050万元、3722万元。个人贷款同比多增1984万元。城市个贷余额13503万元，净增4918万元，同比多增2784万元。个人住房按揭贷款余额10593万元，净增5266万元，同比多增2904万元。不良贷款近年来首次实现笔数、余额、占比“三下降”。实现中间业务收入674.91万元。实现拨备前利润2607.24万元，拨备后利润2103.28万元，净利润1578.47万元。

【服务“三农”】 拓展“农银e管家”渠道商户54户，核心商户1户，实现交易额668.36万元。持续加快“惠农通”工程推进步伐，建成“惠农通”服务点94个，较年初增加2个，有效点占比100%，服务点实现代收电费14749户，缴费320.8万元。紧跟政府主导产业发展和民生改善，加快投放特色信贷。发放农家乐贷款9笔70.5万元，支持龙泉寺和汭龙堡休闲旅游项目开发。发放“农民安家贷”5066.4万元，使207户农民进城安家由愿望变成现实，有力地支持房地产去库存工作。

【内控管理】 推广实施“三线一网格”管理模式，以党的建设为统领，以纪检监督为保障，以案件风险防控为重点，以员工行为网格化管理为抓手，以IT系统平台为支撑，强化党建线、纪检线、运营线三线监督，形成“全行成网、网中有格、格中定人、人负其责”的管理格局，深植“我的合规我负责别人的合规我有责”的合规理念，自律、他律、律他的监督制约机制基本形成。

领导名录

行　长　卫小亮(9月任)

副行长　卫小亮(9月止)

马晓宏　李　晓(5月任)

党总支副书记、纪检委员

刘进军

农村信用联社

【概况】 崇信县农村信用联社内设综合管理部、市场发展部、会计财务部、风险管理部、安全保卫部、稽核审计部、消费者权益保护部、资产保全部8个职能部门；下设13个营业网点。有在编人员117人(含15名劳务派遣人员)。

【存款业务】 年末，各项存款余额153913万元，较年初净增29819万元，增长24.03%，高于全县银行机构存款平均增幅12.45个百分点，存量和增量市场份额分别为40.51%和75.62%，各项存款余额及增量居全县银行机构首位。其中：储蓄存款余额123800万元，较年初净增19300万元；对公存款余额3亿元，较年初净增10500万元。

【信贷支农】 各项贷款余额121000万元，较年初净增15700万元，增幅为14.9%，存贷比为78.7%，贷款总量、增量均居全县5家金融机构之首。其中:农户贷款余额90916万元，较年初净增7817万元；小微企业贷款余额11441万元，较年初净增7891万元。全年累放贷款101537万元，累收贷款85831万元。信贷资金取之于农、用之于农，较好地支持县域经济的发展。

【经营效益】 年末，实现营业收入10715万元，同比多收954万元，其中：贷款利息收入8744万元，同比多收604万元；往来及中间收入1971万元；实现利润总额为 3279 万元，同比多盈 1353 万元；计提拨备 500 万元，拨备余额 9012 万元，拨备覆盖率 223.12%。资本充足率 18.27%。上缴税金 589 万元，同比增加 239 万元。

【风险管控】 年末，不良贷款余额 4039 万元，较年初下降 604 万元，不良占比为 3.3%。全年组织开展审计项目 4 项，发现违规问题 1555 笔，整改率分别达 85.95%。层层签订安全保卫责任书，靠实安全管理责任，全年投资 85 万元为基层网点更换高清摄像头、硬盘等设施，加大检查整改力度，实现全年无重大安全风险和责任事故。

【电子银行】 网上银行、手机银行、微信银行和 POS 收单发展迅速，提升电子银行业务替代率和动卡率。个人网银开户 1235 户，企业网银开通 47 户；POS 机开户 44 户；手机银行开户 2042 户；微信银行新开 820 户；特惠商户新开 37 户；安装 ATM 机 5 台。电子银行业务替代率为 40%，动卡率为 14.98%，既方便客户，又缓解柜台业务压力，从根本上解决基层员工短缺的问题。

【企业文化】 组织开展“不忘初心跟党走”主题演讲比赛活动，践行信合精神中不忘初心，继续前行，努力做一名信合精神的宣传者、践行者和传承者。维修改造多家网点的院落和厨房及卫生间，为员工营造舒适的工作环境。组织开展各类培训会议8 次，提升全员的业务水平和操作技能，规范操作及运行程序，增强履职能力。开展“普及金融知识万里行”、“金融知识进万家”、“金融知识普及月”、“打击电信网络新型违法犯罪”等宣传活动，制作宣传折页定点宣传、微信公众平台、LED 屏，将金融知识传到千家万户，提高金融消费权益保护意识，积极营造和谐、有序的金融消费环境，提升社会形象和知名度。

领导名录

理事长 李志虎(1 月任)
主　任 郝世勤
副主任 陶占虎　张　炜
监事长 刘宗君

工商银行崇信县支行

【概况】 中国工商银行崇信支行内设党支部、综合管理部；下辖营业室、附行式自助银行、两处离行式自助银行。共有员工 9 人。支行营业室设有现金区、非现金区、电子银行体验区、理财区、贵宾客户服务区。

【经营情况】 年末，各项贷款余额 2.92 亿元，其中公司贷款 2.01 亿元，中小企业贷款 0.29 亿元，个人贷款 0.97 亿元，银行承兑汇票 0.8 亿元。年内向中小企业客户累计投放贷款 1490 万元，向个人客户累计投放贷款 2166 万元。各项存款余额 1.59 亿元，其中储蓄存款 1.17 亿元，公司存款 0.37 亿元，机构存款 0.04 亿元。缴纳各种税金 198.56 万元，税后利润 596.08 万元。

【金融服务】 支持全县煤炭运输、牛、果、菜等优势产业发展和新农村建设，拓宽中小企业融资渠道，破解中小企业融资难的瓶颈，支持农副产品加工、粮油收购、新型环保建材制造等企业的发展壮大；为县域内房地产开发、汽车消费、大宗耐用品消费的销售等提供贷款支持。通过改善服务质量，信贷产品创新，资金结算方式创新等，为全县社会经济发展提供安全、高效、快捷的金融服务。

领导名录

行　长　王俊海(10月止)
　　　　王　文(11月任)
副行长　杨金才(10月止)
　　　　李振江

甘肃银行崇信支行

【概况】甘肃银行崇信支行现有员工15人。

【业务指标】 年底，各项存款余额6.01亿元，较年初增加1.99亿元。其中储蓄存款余额3.48亿元，较年初增加8405万元；对公存款余额2.53亿元，较年初增长1.15亿元。各项贷款余额2.49亿元，较年初增加5284万元，其中对公贷款余额2.28亿元，个人贷款余额2300万元。其中涉农贷款余额2.19亿元。年内累计发放各类贷款1.51亿元，其中对公贷款1.4亿元，个人贷款1100万元。

【支持地方经济】 针对全县“牛果菜”特色产业，通过实地考察，为特色农业企业累计发放贷款10550万元。为崇信县鑫塬果品有限公司累计发放贷款1850万元，解决该企业果品收购资金不足的问题；为崇信县海越农业有限责任公司发放贷款1000万元，支持县上第一家矮化密植优质果园经营壮大；为崇信县和山福现代农业有限责任公司法人发放300万元个人经营性贷款，支持该公司矮化密植果园发展；为甘肃名翔牧业有限责任公司累计发放贷款2200万元，解决该企业种猪养殖资金不足的问题；为崇信县东信牧业有限公司累计发放贷款4000万元、甘肃庆丰农业科技发展有限公司发放贷款2000万元。为全县中小微企业累计发放各类贷款9298万元。为崇信县鑫盛建材有限责任公司累计发放贷款3295万元、甘肃嘉施宝生物复合肥有限责任公司累计发放贷款4853万元、崇信县锦盛苗木绿化有限公司累计发放贷款1237万元、甘肃瑞伦建筑工程有限公司累计发放贷款650万元、甘肃昌福商贸有限公司200万元。所有贷款资金用于支持当地企业新生产线购置、配套设置建设、扩大再生产等，这些信贷资金投放对崇信当地农业产业、新型建材制造、工程建造等发展起到促进作用。支持政府重大项目建设，为崇信县芮鞠惠民投资发展有限公司发放5000万元流动资金贷款，用于支持崇信县民生工程建设。支持县上特色旅游产业，推动崇信县招商引资重大项目“汭龙堡”农耕文化生态苑项目一期工程加快实施，为甘肃国峰文化旅游发展有限公司发放固定资产贷款1.75亿元，支持与推动县上特色旅游产业的发展。

领导名录

行　长　袁宇东(2月止)
　　　　樊　辉(2月任)
副行长　樊　辉(2月止)
　　　　仇长春(2月任)

人寿保险

【概况】中国人寿保险股份有限公司崇信县支公司下设客户服务中心柜面、团险销售部、银行保险部、收展服务部、个险销售部和营销服务部6个机构。共有管理人员和营销人员140人。

【业务经营】年底，全司实现总保费3754.13万元,比上年同期净增保费911.88万元,同比增长32.08%;完成首年新单保费1646.67万元，首年期缴保费831.33万元,10年期以上保费473.88万元,标准保费346.60万元,续期保费2107.45万元,短期险保费130.36万元,短期意外险(含短期寿险)97.14万元。全年共处理长险承保业务1092件;处理临柜保全业务3044件;处理长险赔案43件，处理短期险赔案95件,全年营业支出1227.44万元,其中:退保金585.39万元，死亡给付50.67万元，医疗给付22.52万元，满期给付557.24万元,赔款金额11.62万元,赔付率8.91%;上缴营业税金及附加8.55万元。

【个险销售】年内，实现个险渠道首年期缴保费707.50万元,完成全年计划的90.70%，与上年同期相比增长35.01%;个险渠道实现十年期以上期缴保费427.55万元,完成全年计划的77.74%,与上年同期相比增长22.75%;个险渠道实现首年标准保费310.79万元，完成全年计划的74%,与上年同期相比增长23.05%;实现个险短险保费50.15万元，完成全年计划的139.30%，与上年同期相比增长69.63%。个险渠道新增人力169人,完成全年计划目标的105.6%,月均增员率达到11%,年末达成持证人力190人;新晋主管9人,季均有效人力达到110人。

【银行保险】年内，实现首年保费968.42万元,占年度计划的298.9%,较上年同期相比，增幅87.71%，净增保费452.51万元；其中：趸缴业务完成685万元,占年度计划任务的342.5%,较上年同期相比,增幅118.88%,净增保费近372.05万元；超额完成趸交业务年度计划任务。首年期缴业务完成124万元,占年度计划任务的100%,较上年同期,增幅34.92%,净增保费32万元，完成全年期缴计划目标。保险规划师队伍持证人力达到60人,占年度计划任务的120%，新增保险规划师34人,占年度计划的170%,保险规划师队伍实动人力由去年的12人增加到现在34人,增长183%,净增人力22人。人均新单产能达到23.5万元。

【团险业务】年内，实现短险业务130.36万元,占计划的64.22%,比上年同期减少41.37万元,下降24.09%。其中:团险渠道短险69.55万元，比上年同期减少71.25万元，下降50.6%。个险渠道短险50.15万元，比上年同期增加20.59万元，增长 69.63%。银保渠道完成短险 10.31 万元,柜面完成 0.36 万元。大短险专项保费分别是:小额信贷累计完成 8.31 万元,建工险完成 34.88 万元,计生险完成 4.48 万元,学平险完成 21.19 万元;公旅险完成5.22 万元,旅游险 3.42 万元,驾乘保 13.9 万元。

【客户服务】 重点职能指标考核质量与上年相比,有明显提升。新单 5 日承保率 98.97%,接近全市平均值 99.14%,保单 15 日内送达率 87.81%,高全市平均值 80.81%。持续开展客户信息收集,确保客户信息完整准确,使得临柜业务客户信息完整准确率达到 100%。全力抓好失效保单清理和满期给付工作,确保未发生群体性事件。全员行动启动国寿 e 宝账,为电子化推广打好基础。柜面开通无线网络,方便客户登录,给客户提供便捷的离柜保单服务。年内总公司将国寿 e 店、e 宝推广作为公司科技国寿建设的重要成果,对于公司、渠道发展有重要意义,并纳入年内销售渠道职能指标考核,在全县推广以来,个险渠道 e 宝新增绑定用户完成 2415 户,占任务的 100.63%;银保渠道 e 宝新增绑定用户完成 583 户,占任务的 184.49%;取得显著效果,在综合性县支公司排名双第一。组织开展"6·16"国寿客户节系列活动和"牵手国寿、智慧生活"为主题 2017 年少儿绘画比赛,组织报名 120 人,收集作品仅 26 幅,组织开展"国寿大讲堂"活动,全面完成增值服务考核指标,扩大公司影响力,提升公司品牌形象。开展柜面直销活动,调动柜面人员销售的积极性。完成银保首年期交保费 11.5 万元(其中:3 年期 3.3 万元,10 年以上 8.2 万元),占分公司下达计划的 115%;完成短险保费 3 万元,占分公司下达计划的 120%。

领导名录

经理 陈喜明

财产保险

【概况】 中国人民财产保险股份有限公司崇信支公司(简称人保财险崇信支公司)下辖 2 个营销服务部(县支公司营销服务部、新窑营销服务部);2 个事业部(县支公司理赔事业部、农村普惠金融事业部);3 个团队(电网销团队、车商团队、商业非车险团队);现有员工 15 人,其中在编员工 9 人,销售人员 6 人。

【经营业绩】 年末,公司实现保费收入 988.24 万元,简单赔付率 65.61%;其中车险完成保费收入 766.36 万元,非车险完成保费收入 77.4 万元,农险完成保费收入 147.27 万元。年底县域车险市场份额为 52.82%,位居市场第一。年底电网销渠道完成保费收入 264.44 万元,占车险总体业务的 34.5%,同比下降 40.7%;车商渠道完成保费收入 90.82 万元,同比负增 2.38%。

【理赔服务】 年内公司理赔分部查勘车险案件 620 件,结案 594 件,结案率为 95.8%,非车险案件 51 件,结案 51 件,结案率为 100%。车险赔款 537.17 万元,赔付率 70.09%;非车险(不含农险)赔款 13.26 万元,赔付率 17.78%;农险赔款 97.98 万元,赔付率66.53%;全险种赔款648.41万元,赔付率为65.61%。年内公司开办的主要险种有机动车辆险(含交强险)、财产险、责任信用险、意外健康险、农业保险、政策性保险等非寿险各个业务领域,险种齐全,能满足不同客户的各种保险需求。

领导名录

经　理 田海宏

副经理 王　玲

崇信县芮鞠惠民投资发展有限责任公司

【概况】 崇信县芮鞠惠民投资发展有限公司注册资金20862万元,公司性质是国有控股企业,具有独立法人资格,是自主经营,独立核算,自负盈亏,自我发展,自我约束的经济实体。下设华新项目管理有限公司平凉分公司。公司内设行政人事部、财务部、(融资)项目部3个部门。有工作人员15人。

【融资工作】 完成授信额度7.92亿元,主要包括:崇信县关河改造建设项目甘肃银行崇信县支行短期借款5000万元(现已归还)、崇信县棚户区改造四期项目贷款1.8亿元、崇信县统筹整合财政涉农资金支持贫困村基础设施建设项目贷款4.96亿元、团结西路建设项目甘肃银行平凉西站支行贷款1000万元、平凉市春生地产贷款500万元、崇信县集中供热PPP项目崇信县信用联社贷款1500万元、2016—2017年易地扶贫搬迁项目贷款3636.4万元。实现融资4.46亿元,主要包括:崇信县关河改造建设项目甘肃银行崇信县支行短期借款5000万元、崇信县棚户区改造四期项目农发行贷款1.8亿元、崇信县统筹整合财政涉农资金支持贫困村基础设施建设项目2017年项目第一批贷款1.5亿元、团结西路建设项目甘肃银行平凉西站支行贷款1000万元、平凉市春生地产贷款500万元、崇信县集中供热PPP项目崇信县信用联社贷款1500万元、2016—2017年易地扶贫搬迁项目3636.4万元。

【项目管理】 根据县委、县政府批复,公司承接专项建设基金项目8项,下达资本金共计1.33亿元,已支付资金9686.09万元,公司严格按照资金拨付审核程序,确保项目顺利实施及资金安全运行。国开基金项目5项,资本金共计9900万元,已支付7371.88万元,有崇信县龙泉寺景区旅游基础设施建设项目、平凉市崇信县体育中心建设项目、崇信县污水管网建设项目和平凉市崇信县煜原职业培训学校项目。农发重点建设基金项目3项,资本金共计3400万元,已支付2314.21万元,有2015年易地扶贫搬迁项目、平凉市棚户区改造项目和重点流域河道水污染整治项目。按照县委、县政府安排,公司承接崇信县易地扶贫搬迁项目资金贷款,项目由县发改局协同各乡镇、工业集中区负责实施,两年来共计承接资金5167.88万元。其中:2016年承接贷款2327.5万元,资本金980.2万元〔涉及锦屏镇、新窑镇、黄花乡3乡(镇)14村48社,共计划搬迁247户925人(建档立卡贫困户193户665人,非建档立卡户54户260人)〕,年内承接贷款

1308.9万元,资本金551.276万元〔涉及锦屏镇、新窑镇、柏树镇、黄寨镇、黄花乡、木林乡、铜城工业园区管委会6乡(镇)1园区40个行政村67个社119户435人,(建档立卡贫困户104户374人,非建档立卡户15户61人)〕。支出共计3784.7万元(其中:2016年拨付3001.32万元,2017年拨付783.37万元),剩余资金1383.18万元,公司将严格按照资金拨付审核程序,完成剩余资金拨付任务。根据《崇信县统筹整合财政涉农资金支持贫困村基础设施建设项目资金管理实施细则》,该项目争取国开行贷款融资授信总额4.96亿元,2017年第一批贷款1.5亿元已全部到账,涉及全县56个行政村,6.3万人(建档立卡贫困人口1.6万人),在45个行政村实施新修拓宽通村道路、通村道路硬化、便民桥修建、排洪渠修建、埋设饮水管网、河堤治理、节水灌溉、绿化造林等项目25类,根据项目进度,已申请资金1.01亿元已全部到甘肃银行专户,分批次拨付共计7928.14万元,县扶贫办已经支付利息163.33万元。

【项目实施】 年内公司以EPC工程总承包模式组织实施县城团结西路建设项目,该工程设计施工总投资1822.92万元,已全面竣工。建设内容包括:新建城市支路887.15米,等级为双向六车道;改造给水管网360米,增加2处钢筋混凝土阀门井;配套修建电力方沟、雨水管网、污水管网、3处化粪池、亮化及弱电等基础设施工程。重点流域河道水污染整治项目,以委托代建模式由公司负责实施,下达资本金2800万元,包括8个方面建设内容,工程已全部建成,完成支付1714.21万元,支付率62%,剩余资金1085.79万元,验收后按合同约定支付,建设内容包括:三期橡胶坝清淤工程汭河龙泉寺景区人行栈道工程、黑河河道疏浚及疏通工程、汭河生态景观带工程、汭河一期橡胶坝大理石护栏工程、铜城左营沟口生态整治及汭河垃圾清运工程、生态湿地工程汭河、黑河护岸林绿化工程及汭河、黑河环境治理工程。

【固定资产管理】 根据《关于崇信县县城新区公共租赁住房建设项目可行性研究报告批复》,由公司负责新世纪17号楼租赁管理,主要对县委办、人大办、政府办、政协办、县纪委、组织部和宣传部等12家单位进行房屋出租,共计23套,3052.79平方米。

领导名录

董事长 张嘉炯

经　理 贾军平

崇信县信源信用担保有限责任公司

【概况】 崇信县信源信用担保有限责任公司内设综合财务部、担保业务部、风险管理部3个部门,现有工作人员8人,其中董事长1人。

【担保贷款】 累计担保贷款1687笔11822万元,其中:企业担保贷款4笔2240万元(煜原、宏图驾校各260万元,龙祥生态 220 万元，惠民投资公司 1500 万元)；小额创业担保贷款 1683 笔 9582 万元。在保余额 1192 笔 9193 万元，其中：企业担保贷款 3 笔 1980 万元（宏图驾校 260 万元，龙祥生态 220 万元，惠民投资公司 1500 万元)，小额创业担保贷款 1189 笔 7213 万元(2015 年 25 万元、2016 年 4008 万元、2017 年 3180 万元)。2017 年新增担保贷款 5420 万元，其中：妇女小额担保贷款 2610 万元，创业小额担保贷款 570 万元，企业担保贷款 2240 万元。当年解除担保贷款 495 笔 2629 万元，具体为：信用社 300 笔 1356 万元，邮储银行 180 笔 943 万元，甘行 14 笔 70 万元，企业贷款 1 笔 260 万元。

【制度管理】继续把健全法人治理结构、完善内部规章制度作为加强公司管理的头等大事来抓。严格按照《中华人民共和国公司法》，依法设立公司董事会、监事会，实行董事会领导下的董事长负责制，并根据业务需要设立担保业务部和风险管理部。先后修订完善《业务流程》《风险管理制度》。按照财政局安排，参与制定《崇信县信源信用担保有限责任公司运行管理办法》。在操作流程上，强调标准化管理，不断完善担保业务操作规范文本。公司制定《崇信县特色产业发展工程贷款担保办法》，从客户咨询阶段的《担保申请表》到调查审批阶段的《担保调查报告格式》《担保项目审批表》以及《担保函》等都进行不断完善，使业务操作更加规范、有序。

【创新担保】根据宏图职业技能培训学校、煜原人力资源培训学校项目建设资金周转困难，经过实地调查，认为两个项目立项准确，市场前景好，为两个项目各担保贷款 260 万元；县城集中供热项目资金周转困难，工期进度慢，为支持重大项目建设，经过支部会议、董事会议表决同意对其提供担保贷款 1500 万元。支持产业化龙头企业。根据龙翔生态科技有限公司申请，经过实地调查、走访相关企业，认为该企业市场状况良好，基地规模大，带动力强，提交支部会议、董事会议表决同意，和信用社衔接为其担保贷款 220 万元。

领导名录

董事长 关永义

科技教育

科　技

【概况】 崇信县科技局内设科技计划股、科技管理股、生产力促进中心、办公室等4个股室。有干部职工7人。全县科技队伍发展到1796人，其中高级职称138人，中级565人，初级1093人。

【科技管理】 制定《崇信县促进科技成果转移转化行动方案》《崇信县贯彻落实支持科技创新若干措施的意见》《崇信县科学技术奖励办法》《崇信县深入推行科技特派员制度实施意见》《崇信县专利奖励办法（试行）》《加快科技服务业发展实施方案》《崇信县众创空间认定管理办法》《崇信县2017年度知识产权维权“护航”专项行动实施方案》等县级科技创新政策8项，为落实创新驱动发展战略提供依据。全年申报落实省、市科技计划项目3项：《崇信县陇麦079科技成果转化》《崇信县科技特派员精准扶贫农业科技示范村建设》《省级引导科技创新发展以奖代补专项资金》到位资金60万元。完成专利85件，每万人发明专利拥有量0.3件。完成技术市场交易合同7份，交易金额共计1.88亿元。年内筛选培育“黄花乡万亩油用牡丹种植示范基地”“木林乡桃花岭肉牛养殖示范基地”“柏树镇海越矮砧密植苹果种植标准化示范园”等3个产业优势明显的县级农业科技示范基地，通过县政府命名。全年推广新技术8项，新产品15个，粮食、蔬菜良种率达到90%。建成东庄村蔬菜种植现代农业集成技术应用示范推广基地。聘请中国科学院院士1名，建成院士工作站一处。邀请省、市、县专家，对农牧、畜牧、卫生、水保等部门17项县级科技进步成果进行评审鉴定，评出县级科技成果一等奖16项。年内，会同县公安、工商等部门集中开展4次专利产品检查，对全县所有商户的在售专利商品进行全面的检查登记，为发明人和消费者权益提供保障。联合县工商、质检、公安等多个部门，深入药店、超市、小商品批发商场、农机销售点等多家商品批发、零售店，对成品油及其他销售商品逐一进行专利执法检查。登记标注专利标识商品18种，成品油产品无假冒专利，对查处的其他12件假冒专利采取禁止销售、下架处理，对相关人员进行惩处，打击假冒专利产品和知识产权侵权行为。

【科技宣传】 年初制定《崇信县2017年科技培训计划》,全年开展科技三下乡、科技活动周、“4·26”知识产权日、科技大篷车进校园、进社区、进企业等大型科普活动12场(次),发放《玉米全膜双垄沟播栽培技术》《果树栽培技术》《瓜菜种植技术》等科普资料5万份。各乡镇和县直各单位立足产业发展实际,依托技术服务推广站、“科技大院”、农民文化技术学校和远程教育平台等,集中举办“肉牛育肥”“果园管理”“能源沼气”“大棚蔬菜栽培”等各类农村实用技术培训班46期,参训人员11300多人。年内开展科技活动周,全县15个成员单位围绕“科技创新”主题,通过科普展板、实物展示、咨询服务、宣传条幅、发放科技知识书籍和各类宣传资料等方式,开展食品安全知识、防震减灾、节能减排、卫计防疫等多个领域与生产生活密切相关的科技知识宣传。结合乡镇、村社产业发展方向及重点技术需求,采取双向选择和组织委派的办法,选派科技特派员95名进村入户开展各类科技服务工作。在6个乡镇建办旱作农业技术推广示范点17个,编写印发《全膜双垄沟播技术》《测土配方施肥技术》《小麦一喷三防技术》等技术资料10多类,服务农户1430多户,其中70%以上实现增收,带动全县重点产业的发展。

领导名录

局　　长　刘志峰

主任科员　张文辉

地震观测

【概况】 崇信县地震局是政府直属事业单位。核定编制6人,实有干部职工7人。

【地震监测预报】 加强台网运维,专人负责定期对4台地震预警烈度速报仪进行安全运行维护6次,对木家坡电磁波台观测台供电设施进行升级改造。坚持每周查看ICL地震预警器运行情况,发现故障及时排除,确保仪器正常安全稳定运行,观测数据连续可靠。制定《崇信县震情跟踪方案》。注重“三网一员”网络建设,根据分管领导、联络员、宏观测报员、灾情速报员人员信息变化,及时更新登记备案,明确职责,落实报酬,实现动态数据管理规范化。持续强化业务知识培训,群测群防作用得到发挥,提升数据采集分析能力,地震异常信息捕捉及时、上报数据准确,向四大家编报《震情信息》12期,为市、县震情应急会商提供真实可靠科学的基础依据。严格值班制度,坚持震情值班,特别是重要节日和特殊时段地震监测预报和安全服务保障工作,做到宏观异常“零报告”。十九大期间,制定印发《崇信县十九大期间地震安全保障方案》,落实7项具体措施,完成十九大期间地震安保工作。

根据DJY-06D型地震电磁脉冲观测仪测定,年内县境内没有发生地震。

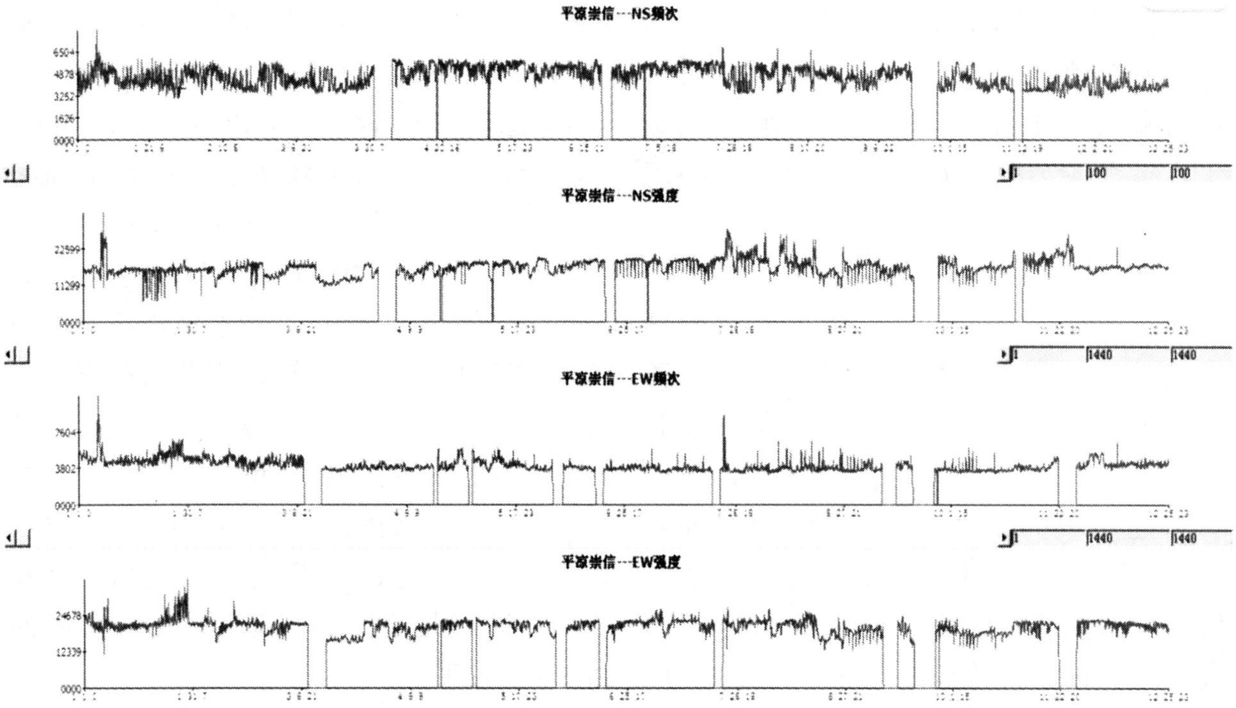

图 1 崇信县电磁波 2017 年 1 月至 2017 年 12 月时均值原始曲线图

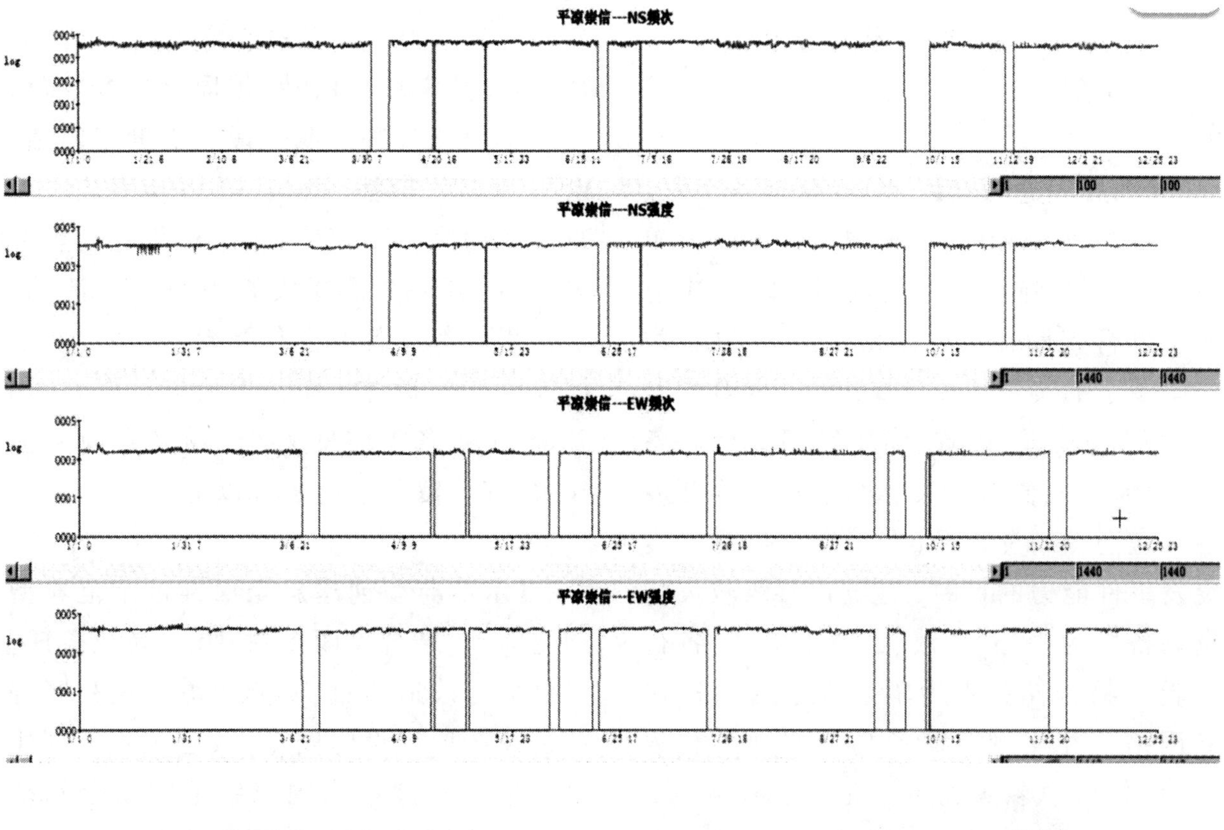

图 2 崇信县电磁波 2017 年 1 月至 2017 年 12 月时均值对数曲线图

【地震灾害防御】 修订完善《崇信县地震安全评价管理的相关制度》，将抗震设防要求贯穿到项目选址、规划设计、施工审批和竣工验收的各个环节，全年办理易地扶贫搬迁工程、崇信县城区第一小学综合楼、崇信县龙泉民俗文化村、崇信县宏途职业技能公共实训基地、新窑镇赤城移民社区二期等项目建设工程抗震设防46项，建设工程设防要求监管率达到100%。组织县安监、住建、规划等部门对全县新建、扩建的工程项目规划选址、勘察设计、质量验收进行抗震设防专项执法检查2次，指出问题并限期整改，提升全县建设工程抗震设防监管工作规范化。按照“属地管理”原则，组织开展城乡老旧房屋、重要基础设施、滑坡等隐患排查6次，排查出地质灾害隐患点18处，建立隐患点台账，制定整治方案，落实防范责任，实行动态管理数据。

【地震应急救援】 年内，督促各乡镇、工业集中区、城市社区管委会、各成员单位、学校、医院及大型商场对148项应急预案进行查漏补缺和补充完善，提升各类应急预案的实用性和可操作性。联合县安监、卫生、教育、民政、消防等部门指导各乡镇(园区)、党政机关、学校、社区等开展各类应急演练102场(次)，提高应对地震突发事件能力的目的。建立以县级救灾物资储备库为中心，乡镇、工业集中区、各行业救灾物资储备点为辐射骨干的物资储备网络，充实现有储备物资的种类和数量，更新应急救灾物资登记、储备、调拨、使用管理制度，全县有发电机、帐篷、棉被、应急灯等应急物资7805件(套)。筹资3.5万元，购买个人应急装15套60件，其他应急设备50件。建立以卫星电话、电台等无线通信系统为载体的地震预报预警通信网络，对全县18部卫星电话进行充值维护，落实使用、管理、调配等工作制度。动态更新乡镇重点行业地震应急救援小分队32支664人、社区应急救援志愿者队伍1支29人，完善相关管理制度，达到档案化管理要求。各乡镇(园区)、村、学校充分利用文化休闲广场、学校操场、空旷地段共设置避难场所134处，占地42.16万平方米，提升全县应急救援处置保障的能力和水平。

【科普宣传教育】 全面实施第五代地震区划图宣贯和培训，制定下发《崇信县2017年防震减灾宣传教育方案》。结合“5·12”防灾减灾日、科普宣传周、“7·28”唐山大地震纪念日等重要时段，借助于网站、电视、报刊、广播、微信、微博等传统主流媒体和网络新型媒体，多渠道推送防震减灾信息，开展防震减灾知识“七进”活动。全县累计举办各类宣传活动29场（次），摆放宣传展板224面，发放宣传资料4.4万份，上报各类信息29条，接待咨询8900人次，宣传覆盖率达85%以上。

【示范典型创建】 全面推进示范典型创建活动，结合美丽乡村建设、易地搬迁，农村危房改造项目，实施赤城移民社区等一批民居地震设防安全、放心工程。创建崇信世纪花园小区国家级地震安全示范社区、滨河路社区省级地震安全示范社区;县第二中学、县城区二小国家级防震减灾科普示范学校,野雀小学市级防震减灾科普示范学校,得到国家、省、市验收命名,在全县发挥很好的示范引领作用。

领导名录

局　长　文振鸿
副局长　李飞龙
主任科员　李海霞

气　象

【概况】崇信县气象局内设办公室(财务科)、应急减灾科、政策法规科。直属事业单位有崇信气象台(崇信国家气象观测站)、崇信气象科技服务中心。地方气象机构有崇信县人工影响天气领导小组、崇信县气象灾害防御指挥部办公室。在编职工8人。

【气候概况】2017年平均气温11.1℃,比历年气温距平偏高0.8℃。年降水总量为519.8毫米,与历年值相比正常偏多2%。年日照总时数为2042.6小时,与历年相比偏少222.6小时。总的气候特点是:年平均气温偏高,降水、日照正常,但降水时段分布不均。出现大风、局地冰雹、雷暴、连阴雨等灾害天气。

【主要气候事件及影响】因干旱、大风、局地冰雹、连阴雨等灾害性天气对全县国民经济、生态环境及人民生产、生活造成一定的影响。1月10日至2月5日,连续27天无降水,气温偏高,土壤失墒严重,出现明显的干旱,对冬小麦越冬不利,但2月20—21日降雨夹雪量达11.4毫米,缓解前期的旱情,但积雪形成的道路结冰对交通运输却造成很大影响。3月11—15日的连阴雨天气,对冬小麦返青生长和春播覆膜比较有利。5月16日20时07分柏树镇降零星冰雹,无灾。6月5日下午22时35分,柏树镇遭遇暴雨冰雹天气,冰雹持续大约6分钟,最大直径达到10毫米。6月19日17时55分,柏树镇遭遇大风冰雹天气,冰雹持续大约6分钟,最大直径达到6毫米。两次造成小麦、玉米、苹果等农作物受灾严重,据统计:柏树镇11个村35个社2020户8317人受灾,农作物受灾面积1261.8公顷,成灾785.9公顷,直接经济损失总计935.46万元。7月7—14日、18—26日出现持续高温,月降水偏少42%,月极端最高气温、月平均最高气温均突破历史极值,农作物缺水严重,对秋粮作物生长造成一定影响。11月20日—12月31日连续42天无降水,加之气温偏高,土壤失墒较快,出现明显干旱,对冬小麦安全越冬极为不利。

【气象服务】按照“一年四季不放松、每次过程不放过”的要求,落实负责人带值班制度和春汛期领导小组成员轮流值月制度,加强对重要天气过程的会商联防,针对4月1日霜冻、4月17日大风、5月2日大到暴雨、6月3日、6月21日暴雨、6月5日和6月19日局地冰雹、7月7—14日及18—26日持续高温、8月20日大暴雨等重大灾害性天气,利用显示屏、电话、网络、短信、村村响等形式,适时发布气象信息,及时发布预警信号,为防灾减灾、工农业生产和居民生活提供指导和服务。年内启动应急响应 6 次，发布预警信号 90 期，地质灾害预警信号 5 期，气象服务短信近 11.62 万条；发布各类气象服务材料 109 份，其中信息专报 45 期，雨情快报 55 期，为农服务专报 5 期，决策服务 4 期。

【防灾减灾】 完成全县气象协理员、信息员联系方式的更新，协理员乡镇覆盖率达 100%，信息员重要隐患点和易发区覆盖率 100%。4 月 18 日，气象局和县应急办联合对乡镇（园区）的 83 名气象协理员和信息员进行培训，培训内容包括应急处置、气象灾害影响与防御、气象协理员和信息员的职责、预警信号的发布和处理等。制作展板 8 个，利用世界气象日、科技周、科普日等上街宣传 4 次，发放气象科普资料 6500 多份，接受群众咨询 100 多人（次）。为各乡镇及崇信二中捐赠气象科普图书近 1 万份。

【依法行政】 依法履行职责，6 月 16 日联合县安监、交通、住建等单位，开展安全生产咨询日活动，发放宣传单 1 万余份，咨询群众达 500 多人（次）。结合“3·23”“5·12”等纪念日，有针对性地开展气象法制宣传教育活动。4 月上旬和 8 月中旬，对县境内 22 家易爆易燃防雷重点监管单位进行安全检查，对存在问题进行整改。

【人工影响天气】 年初县政府下发崇信县 2017 年人工影响天气工作计划，县政府分管领导和炮点所在乡镇签订安全责任书。聘请陕西省军械修理所专业人员对全县作业高炮进行检修，对作业技术人员进行现场培训和安全教育，投入 5 万多元对柏树东风村炮点基础设施进行维修，安装监控；6 月 22 日聘请陕西省专业技术人员及时维修黄土寺高炮升降机，排除安全隐患。3 月对各作业点进行安全检查，租用专用车辆，到定西市炮弹库拉运炮弹，储备炮弹 1300 发。严密监视天气变化，组织开展人工影响天气作业，年内进行防雹作业 22 点 51 次，发射炮弹 619 发。尤其是 6 月冰雹天气居多，通过作业，使苹果园损害降到最低程度，减轻冰雹天气可能对农业生产和人民生命财产造成的损失。制定《崇信县 2017—2020 年冰雹灾害防御规划》，在改造现有 3 个高炮作业点的基础上，用 4 年时间再建设 6 个标准化高炮作业点，至 2020 年全县建成 10 个标准化防雹作业点。标准化炮点建设按照“突出重点，统一规划，分步实施”的原则，制定《2017 年崇信县标准化炮点建设方案》，已完成 4 个新建炮点的选址、规划、初步设计、向空域管制部门报批建点申请等工作，确保年底完成项目招投标，明年汛期开展作业。

领导名录

局　长 薛晓忠

副局长 吕　泽

教　育

【概况】 崇信县教育局内设党政综合办公室、计划财务办公室、基础教育办公室、电化教育中心 4 个科室；下设县政府教育督导室、教育教学研究室、招生委员会办公室、学生资助管理中心4个副科级事业单位。有干部职工35人。

【教育概况】全县共有各级各类学校80所,其中幼儿园16所、小学50所、教学点3所、初级中学6所、九年一贯制学校3所,高级中学1所、职业教育中心1所。在校学生15588人,其中幼儿园3584人、小学6667人、初中2850人、普通高中1560人、中职学校927人。教职工1294人,其中专任教师1229人,专任教师中幼儿园178人、小学487人、初中319人、普通高中164人、中职学校81人。

【办学条件】争取到普通高中改善办学条件、教育现代化推进工程、全面改薄项目资金2663万元,其中中央2412万元、省级251万元。启动实施城区学校布局条件建设工作。县一中教学楼、餐饮楼、职教中心实训楼、城区一小1号教学楼、职教中心运动场项目全面完工,城区一小2号教学楼和综合楼项目,完成主体工程,总投资8763万元。城区学校布局趋于合理,设施落后及大班额问题得到解决,提升办学条件。

【队伍建设】年内为县一中、职中引进研究生等高素质紧缺人才6人,为农村中小学考录省、县三支一扶人员9人,充实教师队伍。实施教师能力提升工程,通过“线上+线下”的方式,组织教师参加各类业务能力培训,全学年参陪人数达1821人(次),提升教师把握教材、适应新时期教学任务的能力。实施教师考核评价制度和激励机制,先后评选、推荐市县级先进个人49人(次),从乡镇学校选拔10名优秀教师到城区小学工作。全面落实乡村教师补贴政策,为670多名农村教师发放生活补助240多万元,调动教师工作积极性。

【学校管理】坚持制度引导,建立完善《2016—2017学年教育工作综合考核办法》,印发《崇信县中小学教师“十条禁令”》《崇信县教职工仪容仪表规范》《中小学生日常行为规范》等规范性文件,引导广大教师积极践行师德规范。坚持活动推进,在全系统范围内启动实施“三风”大讨论活动,从领导干部、一般教师、学生三个层面找差距,提要求,促提高,学校三风建设取得新成效。坚持督查督导制度,充分发挥局机关各职能科室作用,全学年开展各类专项和常规督导60余次,工作推动更加有力。坚持教育质量大排名、大评比制度,在学期末,按照教育工作综合考核办法,对学区、县直学校全面工作进行定量积分排名,对学科教师教育质量开展大排名,并直接与评选选优等挂钩,调动教职工的工作积极性,同时,对4名教学质量差、管理不到位学区、学校主要负责人进行约谈问责,及时传导压力,督促整改。通过一系列强有力的措施,大多数学校已逐步从粗放式管理向精细化管理转变,抓过程、抓常规、抓落实氛围已初步形成,提升学校管理水平。

【教育质量】针对全县教育质量依然

不高的问题,集中专题开展县级层面和系统层面督查调研活动,召开全县教育质量推进会、初中教学质量分析会、农村小规模学校个性化教学研讨会,主动查找问题症结、寻求应对良策、推动落实见效。坚持以赛促教、以赛促学,开展全县中小学(幼儿园)课堂教学讲赛、农村小规模学校个性化教学讲赛、复式教学讲赛和“一师一优课、一课一名师”活动,参赛教师达400多人(次),提升教师教学能力,提高教育质量。2017年普通高考二本以上上线205人,上线率37.2%,较上年增加2.1个百分点,总上线率达到98.2%,中职生高考二本上线率43.9%,较上年增加32.3个百分点。

【惠民政策】以建档立卡贫困家庭学生为重点,全面落实教育扶贫政策,精准发放学前教育免保教费、高中和职中免学费、发放助学金、大学生助学贷款、省内高职免学费和书本费等各类资助资金1408万元,受助学生1.2万人(次),为5545名农村义务教育阶段学生提供营养餐。落实残疾学生随班就读和“送教上门”政策,完善进城务工人员随迁子女就学保障和农村留守儿童关爱体系,开展留守儿童关爱活动,全县无一名因贫、因残等辍学学生,全县高中阶段毛入学率达到92.74%,义务教育巩固率达到96.3%,学前教育三年毛入园率达到90.73%。

【办学环境】加大学生思想动态、主要信息传播渠道监管,开展中小学生心理健康教育活动,引导学生树立正确的人生观、价值观和世界观;以防毒、禁毒为重点,集中开展学校周边环境集中整治,开展毒品专题讲座和“不让毒品进我家”等征文宣传活动。全面加强学校安全教育,联合县公安、消防、食药监等部门,全年印发各类安全应急预案13期,开展各类安全检查10余次,组织各学校开展安全演练110多场(次),全年未发生一起安全事故。狠抓信访源头治理和初信初访,对群众来信来访和网站留言做到不拖延、不积压,全学年度信访事项办结率为100%。

领导名录

局　长　王崇生
副局长　张军虎　陈海银
于等军(11月止)
陈占学(11月任)
纪委书记　高奎荣
县政府教育督导室副主任　张建树
县政府正科级督学　杨维东(11月止)
工会主席　董海娟
教研室主任　杨维东(11月任)
招生办主任　周长军
副主任科员　赵夏枝
锦屏镇学区校长　崔文辉
新窑镇学区校长　关仲发
柏树镇学区校长　侯鹏辉
木林乡学区校长　刘宝生
黄花乡学区校长　张崇霄
黄寨镇学区校长　李志勇
铜城中学校长　吴建忠
矿区中学校长　信来宝
高庄中学校长　于科明
黄花九年制学校校长　刘永杰

崇信县第一中学

【概况】崇信县第一中学内设校办室、教务处、政教处、总务处、教研室等机构。共有教学班37个,学生1666名。有教职工175名,其中研究生12名。高级职称教师25人。

【思想道德教育】结合“三比三看一争当”党建示范点创建和“五岗同创”活动,宣扬优秀教职工的工作业绩,教育广大教职工树立正确的人生观、价值观和荣辱观,督促全体教师把思想放在教育上,把精力放在教学上,把行动放在课改上。激发教师潜能,引导业务学习,约束个人行为,积极搭建平台,提高教职工队伍素质。

【教学管理】修订《2018届高考质量目标管理办法》《崇信一中教职工综合考核办法》等,并对教学管理提出具体的要求,明确教师岗位职责,使教学管理工作做到有章可循,有规可依。学校分文、理两个学科,组织骨干教师和学科带头人对全校教师进行课堂教学综合考评,主要采取推门听课,课后主评,指出优点和不足,尤其是对青年教师进行教学指导。本学期末,共计听评课58节,推动课堂教学向有效课堂迈进。经过一年的实践、反思、总结,本学期试行集体备课,先主备,再议课,然后个性化处理,突出六个设计,集体备课逐渐趋于合理、实用。

【青年教师培养】为青年教师安排学科和班主任导师,负责对青年教师的培养和指导,重点解决青年教师课堂教学、课程改革和班主任工作经验、能力不足的问题。组织骨干教师团队,检查青年教师学习笔记、教案等,召开青年教师培训会,及时通报检查情况。集中安排听评课,课前查看作业教案,掌握教学实际,当堂指导,重点解决教案教学不一致和教学两张皮问题。安排2014年后进校的24名年轻教师的12门学科公开课,课后学科组进行评课,对每一个人的课堂教学进行书面评价和总结,教研室根据评价和得分安排8名教师跟踪课,通过反馈情况看,效果良好。

【课堂教学改革】以学科组为单位,推广“五环节”教学模式,开展教改实验回头看,探索各学科教学设计,对高考复习教学设计进行改革和创新,深入反思课堂教学行为,提高对教学过程的自我诊断能力。高一、高二级开展教改实验课,高三级开展人人过关课。组织对高三级47名老师逐人进行过关听课和评课,对高一、高二级的14名骨干教师进行观摩课交流,交流各自对课堂教学的感悟与困惑,以激励、调动所有教师钻研新教材,研讨新教法。

【开展校本研究】年内申报立项课题共16项,其中省级规划课题5项,市级规划课题9项,市级微型课题2项。组织全国高中物理、数学、英语能力竞赛初赛和决赛工作,共有164人次参加初赛,有1名同学进入物理决赛,并荣获省级三等奖，有1名同学参加英语决赛。教研室、教务处成功举办第22届教育教学研讨会，参与交流的老师诚恳的分享各自的教学经验和做法，学校对取得优异成绩的14名老师进行表彰奖励。

【高考工作】 督促高三级各备课组制定高考工作计划，安排部署高三级三阶段备考复习。学校在讨论总结去年高考得失的基础上根据近三年各层次上线情况制定高考质量目标管理办法。实行高三级第一轮复习人人过关课、学科示范课、督导推门课教学听评课活动。暑假期间进行人人过关课，根据各学科组过关课情况每组选出骨干教师上示范课，对第一次上高三的教师听推门督导课。组织高三级四次月考及月考分析，第一次年级大会分析，第二次备课组质量分析，第三次实施小组质量分析。重视边缘苗子生的思想教育工作，找边缘苗子生和家长谈话，分析成绩，加油鼓劲。各科任教师研究学情、教情、考纲，积极分析教学得失，制定下期改进措施。组织参加省、市高考研讨会并及时传达研讨会精神，进行弱势分析，找出路求对策。进行高考200天誓师大会，帮助学生树立信心，提振士气，激发学生内生动力。

【队伍建设】 根据制定的《班主任工作考核细则》和《班级评比量化细则》，对班级进行评比。每月考评结果优秀的班级直接对班主任进行奖励，考核结果向全校公示，体现公平、公正、公开。在学期末，根据每个班级本学期的总分进行文明班级和"优秀班主任"的评选工作。组织年级主任、班主任观摩两次班会课，对年轻班主任和近三年新进教师进行培训，效果良好。

【安全管理】 开学时各班主任与学校签订班主任工作安全责任书，把安全工作落到实处。和学生及家长签订《学生乘车安全责任书》，召开全体骑车学生交通安全教育会，并为骑自行车的学生办理通行证。与校外租房学生签订家校协议，明确安全责任。本学期学校多次邀请法制副校长到学校召开法制教育专题讲座，加深学生对法律知识的理解，强化学生法律意识及自我保护意识。学校严格按级分楼层，按班分宿舍，按人定床位，坚持每周晚点制，行政领导、级主任、班主任深入宿舍，检查宿舍卫生，清查管制刀具，杜绝夜不归宿等现象发生。组织全校师生进行"防震、防灾、防空应急疏散演练"，提高全校师生的自我救助意识。召开消防知识主题班会，为学生培训消防知识，指导消防器材的使用，进行灭火演练，做到在发生紧急情况时，提高师生的防范自救能力，确保师生生命安全。

【学生资助】 对家庭经济困难学生进行评议和认定，对贫困生助学等进行认真评选。其中国家秋季助学金资助492名，每生1000元；困难学生退学费285名，每生470元，共计资助资金62.60元。帮助品学兼优的贫困学生、精准扶贫户学生、残疾家庭学生顺利完成学业。

【项目建设】教学楼及餐饮楼建设项目完成竣工验收,校园附属工程建设项目顺利推进,教学设备采购项目按计划实施。积极联系沟通,完成图书科技综合楼建设项目的可行性研究的审批。

领导名录

校　长　赵会荣(12 月止)
　　　　于等军(12 月任)
副校长　杜广平　廉晓雷　王学强

崇信县第二中学

【概况】崇信二中内设教务处、政教处、总务处、教研室、办公室。学校有图书阅览室,现有图书 4.3 万册,有理化生实验室 6 个,音乐、舞蹈室 2 个,美术教室 3 个,体育器材室。现有学生 1378 人,教职工 127 人。

【教育管理】学校合理安排作息时间、课程,精心编排教学工作行事历。无乱订教辅读物、乱收费、乱罚款以及节假日、双休日违规补课现象。无体罚和变相体罚学生行为。规范学籍管理,辍学率控制在 1%以内。建立家校联系制度,坚持召开家长会,学困生会。开展德育系列化教育,每月一个主题,对学生进行感恩励志教育、聘请平凉四中教师对学生进行心理健康教育等活动,重视养成教育,做好党的教育方针和核心价值观教育。教学常规检查每月一次。学校班子成员都能坚守工作岗位,坚持带课,每学期班子成员听评课 25 节以上,其他教师听评课在 12 节以上。每个教研组统一作业要求,坚持作业详细批改,学生及时纠错。注重校园文化建设,每学期开学第二周进行教室布置评比,及时更换学校文化长廊宣传内容。学校开设九门校本课程,其中有舞蹈队、合唱队、器乐队、篮球队、武术队、美术组等,每周周三、周四下午七、八节进行活动。学校建成“留守儿童活动之家”,有档案资料,有开展活动记载。

【教学质量】按照七年级打基础、八年级防分化、九年级重能力的年级特点,切实把好年级关;做好七年级衔接过渡工作,尽量消除学生学科短板,在时间安排上适当向弱科倾斜;各年级落实抓差、促中、保优举措,通过抓两头促中间来全面提高质量。强化中考备考工作,严格落实中考复习计划,召开中考师生复习动员会,全学年进行七次月考,每次月考后,深入进行质量分析,及时发现、总结复习过程中存在的问题,竭尽全力做好查缺补漏工作。实行教学质量目标管理,对合格率、优秀率、平均分进行排名评比,在全校形成抓质量的共识,发挥指标的激励作用。组织教师参与信息化培训,开展“一师一优课,一课一名师”教学大讲赛录课活动,参加网上微课大赛,录课 32 节,晒课 40 节。学校成立学生资助工作领导小组,明确任务,靠实责任。住校学生生活补贴严格按程序进行申请、评议、审核、公示,资金发放时,发放方式符合规定,签收工作落实到位,过程性资料收集、保存完整。配合团委、工会等开展社会资助活动。以“赛”育人,提高教改水平,举行初一级硬笔字大赛、初二级书法大赛、初三级英语竞赛、理化生组导学案展评、理化生组学生作业展评、音体美组教学大奖赛、政史地组教学大奖赛,数学组教学论文(教学反思)交流。组织教师参与全省优秀教学方法参评活动,全体教师参与全国“一师一优课、一课一名师”的赛课活动,参加全省单元教学设计大赛等活动。组织教师课题结题工作,年内结题微课题 4 项,市级课题 2 项。

【学校安全】 制订和完善各种安全工作制度和应急预案。与学生签订《安全责任书》,与部分学生签订《特异体质学生安全责任书》,通过对学生的交通方式进行摸底,签订《学生骑乘车安全协议书》,学生骑自行车必须带牌;与职工签订《驾驶员安全责任书》。采取常规教育和专题教育相结合的方式,充分利用家长会、家长开放日、电话、QQ、《告家长书》等方式,及时与家长互通信息,共同防范。做好安保工作,严格执行来访人员登记制度;对学校内部进行安全隐患大排查,消除各种安全隐患;坚持行政领导值日值周制,督查级值星工作,要求值星晚饭后不回家,进行巡逻检查学生。加强班主任和楼管人员的管理,做好住宿生管理工作。

领导名录

校　长　梁兴平

副校长　王志清　梁永杰　位继军

崇信县职业教育中心

【概况】 崇信县职业教育中心是一所集职业中专、成人专本科教育、各类短期培训为一体的市级重点中等职业学校。开设旅游服务与管理、汽车运用与维修、护理、学前教育等 7 个专业,其中电子技术应用和计算机应用为市级示范性专业。现有教职工 83 人,专任教师 81 人,双师型教师 14 名。有学生 882 名。

【中职生高考】 学校高度重视对质量形成过程的有效管理,大力构建高效课堂,加强技能训练。近三年中职生二本上线率保持 12%左右;中级工技能鉴定合格率连续五年达到 100%;2017 年二本上线 29 人,二本上线率达到 43.9%,上线人数和上线率均创崇信县中职生高考成绩新高。

【宣传活动】 制订《崇信县 2017 年职业教育宣传工作实施方案》,成立宣传工作小组,赴全县 9 个初级中学进行职业教育宣传,发放宣传资料 6000 余份,播放职业教育宣传专题片 50 余次。组织开展“初级中学师生进职校活动”暨职教宣传月活动之专业汇报演出。利用各类网络平台宣传职业教育,年内招生简章网络浏览量达到 4000 余(次),社会反响良好。

【学生技能大赛】 12 月,学校选派 288 名学生参加 2018 年全市中职学校学生技能大赛,学生累计获奖 188 人,其中一等奖 20 人、二等奖 58 人、三等奖 110 人,优秀指导教师 17 名。三年来累计有 332 名学生在市级技能大赛中获奖,有 25 名学生获省级大赛奖,2 名学生参加国赛。不断提高学生的职业道德、职业技能和就业创业能力。督促教师加强教学交流,承担各级别课题研究。年内,教师承担市级课题 13 个, 有 2 个国家级和 2 个市课题结题。撰写发表省级论文 5 篇,另有 15 篇论文获省级论文奖。3 名教师参加全市课堂教学大赛获奖,1 名教师参加电大课堂教学获得省级奖。教师指导科技作品创新获奖 14 项,达到以赛促学、以赛促训的目的。

【基础设施建设】实施崇信县职业教育中心产教融合实训楼及运动场建设项目, 建成实训楼一幢, 购置设备 559 件(套), 建成塑胶运动场 16000 平方米,配套环形跑道、塑胶篮球场地、足球场地、羽毛球场地, 已投入使用。自筹资金 185 万元,完成校舍修缮工程,投资 17 万元安装校园监控系统。争取省级职业教育专项经费 300 万元, 计划实施实训基地建设项目。通过一系列有效措施,极大改善学校设施总量不足、功能配套落后的局面。

【校企合作】先后与天坤国际控股集团有限责任公司等 6 家企业签订校企合作实习就业协议,与兰州资源环境职业技术学院等 4 所高职院校实行 “2+2+1”“3+2”中高职一体化联合办学。开展电大成人专、本科学历教育, 现有成人学员 200 余名。积极拓宽就业渠道,与天津、上海、苏州、南昌、宁波等地的劳务部门和部分企业建立合作伙伴关系,顶岗实习学生就业率保持在 98%,初步形成南到广东,西至兰州,北临北京,东达上海的就业网络。

【德育工作】坚持“德育为先”的总目标,推行德育导师制、德育积分制。把问题学生牢牢抓在手中,促使问题学生逐步端正态度。年内接受心理辅导学生 245 人(次), 专题心理辅导讲座 2 次,“德育导师”跟踪辅导学生 80 人(次),使在校学生能有效地调节自己的情绪,形成健康向上的学习生活态度。实施活动吸引策略,开展“学公约·做合格中职生”演讲比赛、“庆元旦”歌咏比赛班级歌咏比赛、“庆祝建党 96 周年,喜迎党的十九大”系列活动、“初级中学师生进职校活动”暨职教宣传月活动之专业汇报演出、第一届班主任基本功大赛、英语情景剧比赛、中职生学生技能大赛、“工行杯”高考优秀学生资助及经验交流会、德育知识与中国诗词知识抢答赛、“跳出美丽舞出健康”跳绳踢毽子比赛等,把学生的主要精力集中到学习和有意义的活动中来。针对中职生特点举办大型教育活动,先后举办女生青春期心理健康及安全防范知识讲座、感恩励志教育主题讲座、家庭教育专题报告会等,培养学生乐观的生活态度。坚持开展系列化德育活动,如新生军训、消防知识灭火及应急疏散逃生演练、法制报告会、主题班会等。

领导名录

主　任　张小平

副主任　赵志俊　赵翔宇　刘成业

崇信县城区第一小学

【概况】崇信县城区第一小学现有 29 个教学班,有学生 1537 名,教职工 68 人。

【德育工作】 成立以党支部、少先大队、班主任为核心的德育工作领导小组，夯实各负责人的职责要求，加强考核，促进德育工作扎实有效开展。同时，加强对困难学生进行帮扶，使他们感受到学校的关爱，实现德育教育多渠道并施。开学初制定德育工作计划和主题活动安排，有条不紊地开展德育工作，避免德育工作开展的随意性和盲目性。学校一直把“值日检查”作为学校德育管理的一项重要内容，做到责任到人，分工明确，要求值周领导，教师切实履行好值周职责，对课间纪律、校园卫生、值勤巡查、放学路队和学生到校情况等方面加强检查，发现问题及时处理，促进学生文明行为习惯的养成。充分利用开学典礼、每周一的升国旗仪式、国旗下讲话、重大节日、重大事件纪念日等，开展爱国主义教育和革命传统教育。以主题队会活动为抓手，参加“庆祝中国共产党建党 96 周年喜迎“十九大”崇信县第三届中小学生艺术展演并获三等奖，开展“我是健康小标兵队会活动”“庆元旦主题队会”等丰富多彩的主题教育活动，引导教育学生弘扬民族精神，培养爱国主义情感，提高学生的道德素养。充分发挥课堂教学的主渠道作用，推动社会主义核心价值观教育进课堂、进学生头脑，引导学生树立正确的人生观、价值观和世界观。狠抓学生行为习惯养成教育，不断强化“文明班集体”的创建评选活动。通过值周领导、教师及学生干部的执勤，及时了解各班学生的情况，对考勤、卫生、礼仪、服饰等常规内容，公布各班的得分情况，有的放矢地加强对学生行为规范教育。以“流动红旗班”的评比为抓手，认真检查，严格考核，从而强化班级管理，促进班级进步，为学生的发展创造良好的氛围。加强师德师风教育，组织广大教师，学习《中小学教师职业道德建设规范》《崇信县教师十条禁令》等，把培育高尚师德放在首要位置。建立学校、教师、家长、学生四位一体的师德师风建设监督网络，为教师年度考核、绩效考评、职务评定晋升等方面提供参考。

【教学工作】 规范导学案，定期抽查，坚持提前一周备课，提高课堂教学效率。要求教师对学生作业全批全改，通过进行常规检查监督，及时发现问题整改，努力促进良好学风的形成。在教学工作中，科学评价教师的各项工作，从备课、课堂教学、课间操、作业（检测）的批改、教学成绩、教育效果、后进生转化等方面对教师进行全面考核，作为教师评优的依据。制定“青年教师成长计划”，开展设计“个人发展计划”活动，建立青年教师个人成长档案，着重对青年教师进行教学基本功等方面的跟进式的强化训练，指导青年形成教师自己的教学风格。定期举行新教师指导课、骨干教师观摩课，做到个案有研究，讨论有小结。本学期，在各教研组安排的听评课教研活动的基础上，开展中青年教师课堂教学大奖赛，网上晒课等活动，壮大学校的骨干教师队伍。学校领导、指导教师不仅帮助青年教师备课，深入课堂听课评课，而且还为他们上示范课、领路课。定期举办的专题讲座，其中 4 名老师为全体老师作了注重课堂教学，促进教师专业发展的专题报告，使广大老师受益匪浅。开展优质课评比，说课、评课等比赛。制定每期一次的“同课异构”青蓝工程校本培训制度。要求教师同上一堂课，相互听课、评课，取长补短，携手进步。

【安全工作】健全安全各种制度及防范应急预案，居安思危，开展防范措施的演练。设定岗位专人负责，表册记录翔实，检查到位。签订安全责任书，发放致家长一封信，夯实安全管理的责任。每学期召开安全例会，进行安全培训。要求各班上安全课，利用班队会、课间操等时间进行各类安全知识宣传教育。平时由值日领导和值日老师、门卫、学生督导员进行监督。节假日期由学校班子成员和教师轮流巡视、门卫24小时值班不间断。

【项目建设】加快实施学校建设项目，学校1#教学楼已进入决算阶段；2#教学楼、综合教学楼已经完成主体封顶，计划于2018年6月竣工。同时，学校运动场和附属工程项目在2018年春季开工实施。

领导名录

校　长　张　斌

副校长　朱步印　马晓娟

王军奎(11月任)

崇信县城区第二小学

【概况】崇信县城区第二小学2016年2月完成迁建，现为市级“绿色校园”“全国青少年校园足球特色学校”。学校现有学生791名，教职工49名。学校占地35.2亩，总建筑面积11242平方米。

【教研教改】修订完善质量目标管理办法、教学常规，做到过程和结果并重，毕业和非毕业年级并重，课内和课外并重。突出教学质量在教师职称晋升、岗位认定、评先选优、年度考核等方面的决定地位。教务处每两周组织一次有针对性的教学研讨会，由教务处及教研组长主持，就教学中遇到的某些教学难点的突破展开学习讨论。开展听、说、评课活动，共组织公开课50余节，申报9个微课题，27人参加微课题申报工作，申报课题已经全部立项。参加课题的老师积极开展课题研究，争取阶段性成果，努力做到理论研究与教学实践相结合，发挥最大的教学效率。组织教师精心编写8种校本教材，并印刷成册，丰富校本课程，在各类检查中受到广泛好评。先后组织开展低年级“口算比赛”、中年级“数学故事会比赛”、高年级“数学知识竞赛”、学生即兴作文比赛、第十八届语文报杯作文大赛、甘肃省青少年科技创新大赛、平凉市青少年科技创新大赛等活动，极大丰富学生的课余生活，不仅锻炼学生身体，也陶冶情操，让他们体验到成功的喜悦，对学生起到潜移默化的教育。利用教研会组织教师开展校内培训，先后观看全国特级教师经典课例3节，召开新课程理论学习会2次，举行专题辅导讲座4次。组织教师外出参加小学心理健康教师培训、中小学管理干部培训和科技创新培训。

【德育教育】学校按月确定德育工作

主题，以班级为单位，以班会课、思品课为主阵地，以国旗下讲话和晨会等方式为补充，对学生开展教育。严格落实思品课有安排、有人员、有计划、有教案、有考核的“五有”工作要求，循序渐进，对学生开展教育。利用节庆日组织开展“庆三八我让妈妈露笑脸”“学习雷锋我先行”及“孝老爱亲、你我同行”主题班队会和实践活动，组织学生通过办手抄报、给母亲制作节日贺卡、开展义务劳动、到福利院慰问孤寡老人，给老人们表演文艺节目等形式，对学生开展感恩、孝道、助人为乐等传统美德的教育。开展“清明节颂英雄”革命故事演讲比赛，让学生了解革命先烈的英雄事迹，感受他们的高尚品德，对学生开展爱国主义和理想信念教育。开展以节约资源、保护环境、爱护公共设施为主要内容的社会公德教育。以办手抄报、开展征文的形式在学生中宣传廉政文化，开展廉洁自律教育。本学期加大值周人员配备，每周安排1名值周领导和4名值周老师，少先队安排红领巾监督岗协助开展值周检查。通过正面宣传，反面警示的方式在学生开展文明礼貌教育。除利用班会、红领巾广播站进行文明礼貌的宣传外，对行为、语言不文明的学生进行重点教育，要求学生尊敬师长，不管在校内还是校外见到老师要主动问好，杜绝学生讲脏话、粗话。通过值周检查、班级晨检，督促学生认真打扫室内外卫生，讲究个人卫生。积极提倡弯腰行动，主动捡起每一片垃圾，对个人卫生差、随意乱扔垃圾的人和事及时开展批评教育，确保校园环境的清洁。开学初根据教师工作特点组建班主任队伍，并利用每月1次的班主任会，由学校领导从新环境、新形势下如何做好班主任工作从工作理念的转变，工作方法的更新，工作的态度的提升等方面开展培训，促进班主任能力的提高。各班除了召开家长会、开展学生家访外还积极利用QQ、微信、翼校通等现代化信息手段密切和学生家长的联系，随时掌握学生动态，及时开展沟通，促进家庭教育和学校教育协调一致。

【安全管理】 学校上下始终把安全工作牢牢抓在手上、记在心中、落实在行动上，重新排列路队队列，选派路队长，安排护送老师，明确护送范围，护送老师分段管理，责任到人，加强路队护送。学校实施封闭管理，要求对来访人员必须进行盘问和登记，对学校大门的开关时间及责任做明确规定。学校和教师签订《安全工作责任书》，班主任和学生及学生家长签订《小学生安全责任书》《交通安全责任书》《学生乘车安全责任书》《防溺水承诺书》，分清责任范围，明确责任主体，提高责任意识，保障各项安全工作措施的落实。

领导名录

校　长　黄俭林

副校长　杨成贵　王莉萍

崇信县幼儿园

【概况】 崇信县幼儿园内设党支部、教务处、办公室、团支部、妇委会、工会等机构。现有15个年龄班，幼儿768名。有教职工70人。

【科学管理】 构建科学的管理网络，形成园长统一领导，分级管理，各职能部门分工负责，园长监督的互动式管理网络。逐步完善园长、副园长、教务处、各年级组长、教职员工逐级负责制。党支部加强对党员的领导，充分发挥党员的先锋模范作用，加强党员队伍的建设。工、青、妇等群团组织积极发挥桥梁纽带的作用，推动幼儿园的民主建设。逐级签署目标责任状，逐步实行目标管理。

【安全工作】 把安全工作放在首要位置，建立健全安全管理制度，实行安全目标责任制，层层签订责任状。投资5万元安装校园数字监控系统，对大型玩具进行检修、规范食堂的电线路、更换灭火器的药粉、添置安全防护设施，提高安全责任和防范意识。实行“可视化、无缝隙”管理，引进智能安全感应卡设备系统，推行智能IC“接送卡”制度，要求家长刷卡接送孩子，实行一个孩子由一个家长（成年）护送的“一对一”管理模式，解决幼儿接送的安全问题，最大限度做好安全工作。年内，组织开展“地震疏散演练”“防火逃生演练”各2场，安全隐患大排查4次。以安全教育活动为主阵地，邀请县幼儿园法制副校长，县交警大队到园做《交通安全知识讲座》，现身说法，案例警示，提高安全防范意识。严格执行教师交接班安排，强化值班制度。

【园本教研】 年内组织校级教学讲赛22人（次），参加市县级教学讲赛8人（次），12名转岗教师到县幼基地示范园进行“跟岗实践”培训和“置换支教”交流。通过多种形式的磨课、研课、评课及经验分享等活动，提高教师的教科研水平。充分利用废旧材料，进行特色课程开发，更新以剪纸、本土游戏、石头画、葫芦画为主要内容的园本教材。组织教师开展课题研究，4项市级课题经鉴定结题，新申报的2项省级课题、2项市级微型课题和2项市级基础课题均已立项；10多名教师的保教论文在县级以上刊物发表并获奖。

【队伍建设】 本学年，选派4名骨干教师赴兰州参加许卓娅教授的音乐教学讲座及教学观摩；选派2名中层领导分别赴江苏、兰州进行教学研讨；选派2名青年教师赴平凉进行转岗教师培训；全园教师参加继续教育培训、网络研修和国培计划。组织开展师德师风培训会和宣传教育活动4次，使教师的思想素质、业务技能、保教水平得到明显提高。对教师进行舞蹈、琴法、唱歌、绘画的考核，四项技能考核过关率达到96.5%，提高教师的专业技能。

【校园文化建设】 投入1.5万元，实施美化、绿化校园，栽植樱花、海棠和蔷薇花卉等60多棵，利用废旧轮胎、转马等造型美化校园环境。开展班级区域游戏观摩评比、班级环境创设评比、“亲子牵手相伴弘扬传统美德”庆“六一”系列主题实践活动、与县委党校联合举办“新时代、新气象、新作为”庆元旦教职工联谊活动和“放飞梦想，快乐成长”大班幼儿毕业典礼等活动。根据不同年龄段的幼儿，开展跳绳、踢球、沙包等生动有趣的、形式多样的体育教育活动、游戏活动及户外活动，保证每天幼儿户外运动时间不少于2小时。拍摄幼儿园第一部专题片，新建园史馆30多平方米，以幼儿园悠久的建园历史及优秀成果为主，见证幼儿园37年来的办园历史和文化积淀。

【后勤保障】定期组织保育员学习业务知识、理论知识，现场操作活动并讨论学习。保教人员时刻关注孩子，积极排查安全隐患，做好消毒、通风、晨午检和幼儿一日安全健康观察“四册”记录工作，消除班级事故隐患。规范“卫生保健工作常规”，保健医生每天晨检，定期组织幼儿体检，更换消毒柜、饮水桶，确保幼儿在园安全。食堂人员安全管理不松懈，严把食品入口关，及时听取各方面意见和建议调整幼儿食谱，确保幼儿各营养量均衡。同时坚持食品48小时留样制度，规范进货渠道，杜绝食物中毒事件的发生。

【家园共育】吸纳家长参与家园共育及全域无垃圾治理工作。每周对家长公示教育目标、教育任务，运用电话回访、面对面的交流等方式与家长沟通，让家长了解课程理念，熟悉教学形式，积极主动的配合幼儿园工作。幼儿园每周开展家长义工活动，每月开展家长开放日活动。年内，组织开展“亲子才艺大比拼”“亲子包饺子活动”“幼儿趣味运动会”“弘扬端午文化传我浓情粽香亲子系列活动”“大班亲子阅读活动”“幼儿庆元旦、迎新年联欢活动”“幼儿互动式间操表演”等大型家长开放日活动共计14余次。广泛征求家长意见和建议，及时汇总和分析并进行反馈，发挥“省级一类幼儿园”的示范、引领作用，树立良好的园所形象，提升办园水平。

领导名录

园　长　黄丽娟

副园长　秦小娟

文化 体育 旅游

文体广电

【概况】崇信县文体广电局内设综合办公室、文体办公室、广电办公室和旅游办公室；下设县广播电视台、文化馆、博物馆、图书馆、武康王庙文物管理所、体育事业管理中心、文化市场综合执法大队、龙泉寺景区管理局、五龙山景区管理所9个事业单位和龙泉文艺演出有限责任公司，全系统有干部职工192人。

【基础设施】龙泉寺文化旅游养生园修建性详细规划完成文本编制，旅游专业村可研和龙泉寺景区智慧旅游建设行动方案完成初稿，龙泉寺景区人行栈道已全面完成，景观廊桥已建成，游客服务中心已建成主体，龙泉民俗文化村项目加快推进。争取中央预算内资金480万元，体育馆主体工程已全部建成。中央广播广电网络“宽带乡村”工程已上报省公司立项待批，中央广播电视节目无线数字覆盖工程二期补点建设项目已完成征地。乡镇体育中心、社区综合文化服务中心和“乡村舞台”等建设项目加快建设，巩固提升2016

年脱贫村"乡村舞台"建设成果，完成新窑镇青泥沟、西刘、杨安、宰相4个贫困村"乡村舞台"基础设施和器材配备补充工作，建成庙台村、闫湾、马寨、野羊等11个村村级体育场建设任务，完善城乡公共文化服务体系，社会化服务功能日益突显。

【文化活动】年内开展各类节庆赛事文体活动30多场(次)，开展"金鸡报晓贺新春"系列春节文化活动，举办春节文艺晚会、登山游园、社火会演、春官擂台赛、戏曲演唱等活动10项；开展党员主题活动日暨文化活动进社区宣传活动2次，举办广场舞会演、民俗展演、文物图片展等活动5项。举办全县职工篮球运动会，共有28支代表队300多名运动员参加；举办汭龙风情·首届美食文化节，推出名优美食展示体验、旅游观光和民俗文化展览展演等8项亮点活动；举办第二届"山水龙泉·养生崇信"文化旅游节暨甘肃百姓文化广场惠民演出活动，"坚定理想信念，展示青年风采，争做合格党员"主题演讲比赛及文化遗产日宣传活动；举办崇信县"喜迎党的十九大·颂歌唱响新崇信"歌咏比赛、文艺晚会、图片展、书画展等系列文化体育活动10项；全年开展"文化扶贫"暨"10·17，邀你一起"主体扶贫日送文化进村社活动3次。公益电影放映1008场，送戏下乡演出245场(次)。各类文体活动的开展，丰富全县人民精神文化生活，为加快全县文化旅游产业融合发展，扩大"山水龙泉·养生崇信"旅游品牌的知名度和影响力，加快创建活力创新法治美丽幸福新崇信汇聚人气、增添发展活力。

【新闻宣传】牢固树立"三新"宣传理念，按照"三贴近"原则，以"48字"方针引领新闻舆论工作前进方向，积极开展好"走转改"活动，精心开设《棚改进行时》《大秦腔》《百姓生活》《小说在线》等栏目，累计编播新闻稿件576条，播出各类专题栏目24期，开创历年最好成绩。统筹文化广场大屏幕、"崇信新闻"、官方微信公众平台等媒体资源，发布政务新闻、崇信要闻、民生信息等信息108期430多条。加强与县电信公司合作，将崇信台自办节目接入IPTV，在全市实现广电数字电视覆盖，扩大收视率。围绕培育和践行社会主义核心价值观，拍摄《宝贝》《瓜果飘香》等7部微电影、微纪录，文化馆拍摄制作形象宣传片，扩大宣传范围，为全县经济社会加快发展起到良好的宣传推动作用。

【遗产保护】武康王庙安防工程全面完成，基础设施保护规划方案已获国家文物局审核，正在省文物局进一步修改完善，即将开始施工，消防工程正在抓紧衔接。全县"非遗"数据库加快建设，代表性项目录入工作进展顺利，2016年申报的《点灯背猴》被批为省级非遗项目，全县省级非遗项目达到4项。积极选送非遗传承人参加"平凉剪纸"培训班暨首届"心灵手巧"剪纸作品展，展出优秀剪纸作品15件。参加全省《丝路记忆》非遗宣传展览，开展全国首个"文化和自然遗产日"崇信县非遗宣传展演活动，非遗书籍《汭鞫遗韵》(一展一书一盘)工程和"历史再现"工程正在加快推进。在县博物馆举行"兰州大学历史文化学院共建文科实践教育基地”揭牌仪式，届时兰州大学历史文化学院与崇信县博物馆共建文物与博物馆学专业文科实践教育基地，是馆校合作的有益尝试，对于实现文博资源共享、合作互利，促进双方共同发展，探索高校与地方合作育人的新机制，创新人才培养模式具有重要意义，标志着博物馆在馆校合作发展方面上了新台阶。

【文艺精品创作】 制定《崇信县2017年文艺精品创作突破年实施方案》，引导文艺工作者编写、出版一批特色鲜明、有较高水平、一定影响力的文艺精品。年初，与市局就新编大型秦腔历史舞台剧《武康郡王李元谅》创排工作达成初步合作意向。创作编排现代眉户戏《酷情》《女大学生村官》，大型古装戏《狸猫换太子》等近30多部精品剧目，在本县及周边省、市、县巡回演出。10多本文学作品书籍《崇信民谣集》《汭河时光》《指尖的阳光》《梅韵飘香》等相继出版发行，原创歌曲《有一个地方情深意长》公开唱响，纪录片《古道崇信》拍摄完成，《中国影像方志·崇信篇》历时一个多月拍摄完成，《陇东民歌》《山梁走唱》《顶灯说唱》《背猴点灯》等非遗项目重新拍摄制作搬上荧屏，《弦子腔》创作编排应邀赴香港交流演出，县上文学、书画作品屡屡在省内外刊物发表、入展并获奖，自办刊物《龙泉读者》持续发行。

【文化市场监管】 以创新求发展，以规范求繁荣，认真学习《文化行政执法法规汇编》《中华人民共和国旅游法》和国家行业标准，持续完善文化和旅游市场监管机制，制定《执法文明制度》《文化市场综合执法“六不准”》《农家乐建设规范》《农家乐管理服务规范》等精细化管理制度，召开全县文化市场管理暨安全生产工作会议，与全县30余家文化经营单位签订《文化市场安全生产责任书》。深入开展文化市场“扫黄打非”和旅游行业“打非治违”专项行动，及时排查治理文化旅游市场安全隐患，共出动执法人员175人(次)，检查各类出版物经营单位和印刷企业共计40余家(次)，查处非法经营出版物的流动书摊3处(次)，立案查处1起，规范文化旅游市场秩序，净化环境。组织参加全国文化市场技术监管与服务平台管理员培训、全市“全域旅游”知识竞赛与培训等活动，提升全县文化和旅游从业人员综合素质和服务水平。

【文化产业发展】 抢抓“一带一路”和华夏文明传承创新区建设重大机遇，对照《平凉市华夏文明传承创新区建设工作要点》，结合社会主义核心价值观宣传教育十大创建活动，深入挖掘公刘农耕、传统民俗、唐代军旅、红色革命、古树名木五大文化资源，不断丰富文化产业内涵，提高文化产业附加值，推动文化产业快速发展。以全域旅游示范县创建为抓手，年内实施龙泉寺基础设施建设、崇信县体育中心、汭龙堡农耕文化生态苑3个过亿元文化产业建设项目，全县文化产业增加值3750万元，文化产业法人单位43家，从业人员680人。

领导名录

局　长　朱富强

副局长 张占林(7月止)
完　洁(7月止) 李彩英
于小红(7月任)
纪检组长 关仲宝
工会主席 李玉屏
综合办公室主任 雷雅荣(12月任)
广电办公室主任 张文博
文化市场综合执法大队队长
杨俊伟
武康王庙文物管理所所长
马　斌(7月任)
主任科员 张占林(7月任)

广播电视台

【对内宣传】 深入报道各级党组织开展精准扶贫、全域无垃圾、棚户区改造等重点工作。在《崇信新闻》中先后开设《新春走基层》《造林绿化正当时》《最美劳动者》《棚改进行时》《精准扶贫精准脱贫》等新闻专栏24个;全年共播出《崇信新闻》146期,播发新闻稿件1700多篇(条)。广播内宣方面,共编播新闻稿件1900多篇(条),专题节目《乡村之音》24期,《小说广播》《健康与养生》《每日金曲》《龙泉警钟》《专题》《文学夜航》等各播出24期,《七彩童年》播出少儿节目24期。

【对外宣传】 按照上大台,攻大台的目标,积极与甘肃电视台、平凉电视台进行衔接,畅通外宣送稿渠道,加大外宣上送力度,全年在省级媒体播出稿件32篇,其中甘肃卫视播出稿件15条,甘肃经济频道播出12条,省人民广播电台播出稿件5篇。《平凉新闻》播出稿件347篇条,位居全市第五。平凉广播电台播出631篇条,位居全市第一。

【专题栏目】 年内新增《芮水诗画》和《德孝大讲堂》两档电视节目,制作各类专题片14部。《百姓生活》《综艺一刻钟》《健康与养生》《大秦腔》等观众的喜爱和好评的电视栏目年内制作完成各12期,增加电视栏目内容。

【新媒体运用】 在开通崇信县广播电视台微信公众平台的基础上,2月开始将每期的《崇信新闻》上传至崇信县广播电视台微信公众平台,并对部分重点新闻进行拆条上传,既增加内容,又方便广大观众。共有固定用户4000多人。

【基础设施建设】 结合县上年内确定的为民措办的十件实事之一,于年初通过县财政拨款购置价值154万元的直播设备一套,提升办台水平,确保重大活动电视画面能够及时地传播到千家万户。实现数字电视、电信宽带、微信公众号、广场大屏幕全媒体播出。

【精品创作】 年内,共拍摄微电影两部,形象宣传片一部,其中《崇信县形象宣传片》在第三届平凉市“农行杯”微电影评选中获得优秀奖,《就恋这山歌》获得入围奖,在广播电视精品创作上取得突破性进展。

【队伍建设】 年内邀请省电视台新闻

中心和市广播电视台资深记者、播音员等对全体职工进行业务培训。相继组织业务人员赴西安电视台、天水电视台、崆峒区电视台进行参观学习，选派2名主力记者赴甘肃省电视台进行为期一月的驻台学习。同时完善相关管理制度和奖罚制度等，让广大职工内增信心，外塑形象，激发大家的工作热情。

领导名录

台　长 麻　彬

副台长 宗　瑛 邹　磊

总编辑 文诚勇（11月任）

新华书店

【教材和教辅发行】九年义务教育免费课本和高中教材、教参、教案等，发658种，204229册，码洋1254645元。九年义务教育助学读物和高中教辅、幼儿园等，发行263品种，267673册，码洋2589655元。比2016年增长29925元，原因是高中学生人数减少，教辅读物定价上涨。

【重点品种发行】发行《阳光校园》（小学拼音版）40册、《阳光校园》（小学版）50册、《阳光校园》（初中版）1605册、共计码洋25875元。初中二类教材(历史图册、地理填充图册)7种，6612册，码洋60405.87元。高中语文读本5种，2592册，码洋77241.60元。高中英语阅读与训练8种，4171册，码洋124295.80元。高中研究性学习活动2种，2089册，码洋24650.2元。

【一般图书发行】一般图书销售197773元。其中，门市销40529元，个人推销157244元。主要有《全面从严治党面对面》《中国教育改革大系》《中国家风》《十九大精神学习用书》《中国共产党章程》《中国共产党第十九次全国代表大会文件汇编》《党的十九大报告》《十九大辅导读本》《十九大边学边记》《十九大辅导百问》《十九大党章修正案学习问答》《读者丛书》《习近平讲故事》《习近平的七年知青岁月》等重点图书。推销十九大丛书6191册，码洋104932元。参加运营中心的各种营销活动，制定风雨兼程八十载，不忘初心百年梦流动售书活动计划，下乡流动16次销售61册，819.4元。多元化经营销售32205元。其中推销翰林渲打印纸196箱，28420元。开学时在学校门口摆摊销售学生书皮297套、3684元。学生作业本8套、101元。

领导名录

经　理 赵志学

副经理 杨学伟

文化馆

【概况】崇信县文化馆隶属于县文广局，副科级事业单位，现有工作人员18人。

【公共文化服务】先后举办“金鸡报晓贺新春”崇信县2017年春节联欢晚会、“汭水欢歌百姓大舞台”戏曲展演活动、“361°杯”甘肃省首届“陇原舞王”广场舞大赛预赛暨崇信县第九个“全民健身日”宣传展演活动。在县文化馆举办崇信县书法家协会书法临创学习笔会。组织联系省文化馆在县上举办百姓文化广场惠民演出。推进艺术展馆提质扩容,新装修“国学馆”培训展室一处。推进县文化馆微信公众平台建设,创办“崇文导览”“数字展厅”“文化服务”三个栏目。年底,关注用户总数已经增加到1123人,累计发稿条数约150余条。创办“崇文微刊”微信刊物,邀请中书协会员、省文联副主席马国俊先生题写刊名,为全县书画、摄影、音乐、文学等广大艺术爱好者提供展示平台。

【文艺创作交流】 承办全省宣传文化系统高层次人才崇信社会实践活动书画交流点评会,现场进行书画示范性创作交流。选送甘博根雕作品《老家记忆之岁月》参加第十四届甘肃省工艺美术百花奖角逐获制作技艺类一等奖,《丝绸之路》获创作创新一等奖,《老家记忆之母亲的味道》《丝绸之路之又见敦煌》分别荣获广东省工艺美术研究所工艺美术原创设计大赛最佳造型工艺奖和最优技能奖,《老家记忆之母亲的味道》荣获2017全国手工艺产业博览会暨非物质文化遗产传统技艺展“国匠杯”优秀参展作品评选最佳创作奖。关月辉剪纸作品《中华腾飞》荣获广东省工艺美术研究所“工艺美术原创设计大奖”最优技能奖,《丝绸之路·足迹》荣获甘肃省工艺美术(百花奖)创作创新优秀奖;组织县群众文化艺术协会组团赴珠海参加“舞林有约·喜迎2018”全国广场舞大赛,甘肃龙泉开心广场舞队荣获一等奖,康乐美健身队、清风崇韵健身队分别获优秀组织奖。组织甘肃龙泉开心广场舞队参加甘肃省电信杯广场舞大赛,初赛、复赛获一等奖。积极报送《点灯背猴》等15幅剪纸作品参加平凉市首届“心灵手巧”剪纸作品展,1人获二等奖、2人获三等奖、2人获优秀奖;选送《花式文案设计》等7幅作品参加崇信县第二届“龙泉文艺奖”书画摄影民间文艺作品综合展;报送《中国梦》等5幅作品参加甘肃省委宣传部“图说我们的价值观”美术书法摄影作品征集展;报送《党恩在我心》等8幅作品参加崇信县统战部“同心杯”书法大赛,2人获二等奖、1人获三等奖、1人获优秀奖;选送17人参加平凉市2017年秦腔(清唱)大赛决赛,1人获三等奖,县文化馆获优秀组织奖。邀请崆峒区剪纸艺人吴志泰、崇信剪纸艺人关月辉在县文化馆月辉民俗剪纸馆举办剪纸爱好者学习交流观摩活动。

【艺术辅导培训】 推荐非遗传承人和馆内专业人员参加2017年度中国传承人群研修计划西北民族大学研修培训班、全省文化馆系统美术专业人员培训班、甘肃省“三区人才”支持计划音乐舞蹈专业人员培训班、平凉市“三区人才”(美术)培训班及平凉传统剪纸培训班。衔接甘肃现代摄影学会在县上成立联络站,邀请著名摄影家赵广田、邓尚喜、雷鸣等摄影家,对县上摄影爱好者进行免费辅导培训。举办崇信县文化馆瑜伽公益免费培训班,暑假少儿艺术公益免费培训班,培训项目包括书法、简笔画、手工制作等,培训少儿学员30余名。

【非遗传承保护】 举办“学雷锋送文化”省级非物质文化遗产展演活动。组织开展全国首个“文化和自然遗产日”崇信县非遗宣传展演活动。制作《芮鞫遗韵—崇信县非物质文化遗产代表性项目图片》大型展牌 25 个，开展进校园、进社区、进乡镇宣传活动。组织排演原创精品剧目《朝霞传万代—王震将军进西刘》参加平凉崆峒文化旅游节展演活动。在铜城庙台村设立点灯背猴传习基地，由传承人现场培训妇女十余人学习猴灯制作技艺。拍摄《芮鞫遗韵》崇信县非物质文化遗产专题片 1 部。非遗保护项目《点灯背猴》被甘肃省人民政府公布为第四批省级非物质文化遗产代表性项目。

领导名录

馆 长 富 强

图书馆

【概况】崇信县图书馆隶属于县文广局，副科级建制事业单位，现有在职人员 9 人。全年免费开馆 365 天，接待到馆读者 1.43 万人(次)，持证读者达到 699 人，借阅图书 1.89 万册(次)。全年累计开展阅读活动23 场(次)，展览 7 场(次)，参与读者 3.47 万人(次)。

【优化阅读环境】投资 17.57 万元，新购置图书 9000 余册，并及时进行分类、编目、上架流通。投资 3.75 万元购置电子图书 2.5 万册。投资 2 万多元购置读者专用电脑 5 台，打印机 1 台，方便广大读者检索图书和政务信息查询。投资 0.6 万元购置盲人评书机 10 台，同时向省图书馆争取部分盲文资料，方便盲人阅读。在各阅览室门口设置残疾人通道，方便残疾人入室阅览。

【宣传服务】组织开展文化三下乡、“美丽崇信”春官赛诗会、共庆元宵唱响春天“龙泉诗会”、春联民俗文化展、数字资源展、向读者拜年、春节新书推荐等文化活动，同时，在图书馆院内悬挂大红灯笼，为读者营造祥和的节日氛围，让读者共享幸福文化年，累计参与读者近 2 万余人(次)。在三馆广场开展“悦读，在路上”为主题的系列推广活动，通过开展新书推荐、数字资源体验、视频展播、“你扫码，我赠书”满意度测评、主题图片展览等丰富多彩的阅读推广活动，引导公众崇尚阅读、爱上阅读。活动期间，累计发放宣传册 2000 余份，赠送《龙泉读者》150 余册，推荐新书 180 多册，展出主题展板 8 面。与县幼儿园共同举办“亲子牵手相伴，书香浸润心灵，弘扬传统美德”主题实践活动，通过开展亲子闯关活动，使孩子们度过一个幸福、快乐且书香四溢的儿童节。活动期间，师生及家长共计 500 余人参加活动。与锦屏幼儿园共同开展庆“六一”儿童游馆活动，全园 600 多名学生及家长分批参观图书馆，了解各个阅览室功能，为孩子们今后阅读学习奠定良好基础。暑期联合大眼睛画室开展少儿绘本交流学习活动，分享阅读绘本 30 册，参与少儿近 400 余人(次)。成立崇信县图书馆绘本漂流基地，与县幼儿园长期开展合作，并建立绘本漂流活动基地，馆藏 200 多册精装绘本走进幼儿园，长期在孩子们中间进行漂流阅读。同县文联、广播电视台、文化馆共同举办2017年全县第二届中秋诗会活动，对全县诗歌创作和朗诵艺术繁荣发展起到积极的推动作用。举办新书发布会，累计为8位作者举办隆重的新书发行仪式，不断推动全县文学创作的繁荣发展。

【基层服务】 组织120多人（次），利用2个多月时间，集中对全县81个农家书屋开展一对一业务指导培训。按照总分馆制建设要求，集中对7个乡镇文化站新配的15000余册图书进行数字化编目加工，为今后总分馆建设打好基础。读者协会充分发挥职能作用，积极开展各类阅读、采风活动，带动并影响更多的读者加入阅读和写作圈。全年编印4期3600册《龙泉读者》并免费赠阅。

领导名录

馆　长　李　杰

博物馆

【概况】 崇信县博物馆内设综合办公室、业务股、安全保卫股。是崇信县文物收藏、保管研究、陈列展览、宣传教育机构。有干部职工12人。

【免费开放】 坚持“三贴近”原则，服务政府，服务群众，既做到向社会承诺公告的正常开放，又做到公休、节庆长假的正常开放，还保证闭馆期间有要求参观的非正常接待，每年对外开放时间均在310天以上，向社会提供较好的服务，真正成为宣传崇信、了解崇信的窗口和文化资源共享的平台。

【内部管理】 先后讨论制定完善《免费开放服务制度》《免费开放参观须知》《防震减灾应急预案》《消防制度及预案》《值班制度》《观众意见及投诉处理制度》等20多项规章制度，对免费开放的工作要求、工作流程和安全保卫、讲解服务、接待服务、卫生保洁等各个岗位人员的工作职责都提出明确要求，实行目标责任管理，保证整体工作规范化运行。针对县博物馆工作量大，人员不足的实际，面向社会招收安全保卫人员3名，保洁人员1名，门卫1名，和其他在职人员一道组成基本的免费开放队伍，保证免费开放工作的顺利开展。设立观众留言簿，随时征求意见和建议。同时，还向机关干部、群众、中小学生发放民意调查表，及时了解观众的意见及建议。年内，发放民意调查表400多份，社会反响良好，观众满意率达98%以上。制定观众投诉管理办法，对投诉的回复、违规人员的处理等都做出明确规定，为及时有效处理观众投诉提供保障。建立并完善《安全管理制度》《安全值班制度》《监控室值班制度》《文物安全及突发事件紧急预案》《消防安全管理制度》等，明确安全工作的责任和要求，使安全管理走上制度化轨道。严格落实值班制度，坚持10名工作人员分班值班、分展厅值守巡逻制度，坚持昼夜值班，24小时人不离岗，交接班无缝对接。对馆内安装的安防系统和监控室，做到定期检查和维修。坚持每月集中对馆内供电线路、安防设备及服务设施等进行一次检查，每季度进行一次检修，及时排除安全隐患，使安防及服务设施运转正常，确保免费开放工作的顺利进行。

【文物展览延伸】除搞好展厅开放工作外，与县内学校联系，采取“走出去，迎进来”的方式，把展厅展示、流动展板、影像播放结合起来，对广大青少年学生进行爱祖国、爱家乡教育。近年来，共组织爱国主义专题教育活动和流动展览下乡活动20多次。开发文化旅游产品，扩大对外交流宣传，先后开发崇信博物馆馆藏书画集、芮鞫文明—崇信文物精华，为游客提供销售服务。强化讲解导览服务，讲解员队伍由1名专职讲解员、2名兼职讲解员组成，完全能满足工作需要。同时，坚持对讲解员进行业务培训，不断提高讲解员的职业素养和讲解技能。在搞好讲解服务的同时，印制2种介绍馆里基本情况、陈列展览及重要藏品的宣传导览资料，制作精美，图文并茂，年内为观众免费发放3万多份。年内，以多种形式联合开展爱国主义、青少年教育的观众达到1.6万人，收效较好。

【文物宣传】结合“5·18”国际博物日、中国文化遗产日和其他节庆日，广泛组织开展各类宣传活动。共开展大型宣传活动10多次，印发宣传资料2万多份，广播电视宣传10多期，张贴标语、悬挂横幅10多条(幅)，举办专题讲座3(场)次，同时积极组织开展流动展览进农村、进学校宣传活动。制定流动展览进社区、进农村、进学校实施计划。设计制作流动展板24面，组织流动展览进农村、进学校、进社区活动，把专题讲座与展板展示、影像播放结合起来，对城乡群众宣传崇信历史文化和考古成果，对广大青少年学生进行爱祖国、爱家乡教育，取得较好的效果。年内，共开展流动展板进农村、进学校、进社区活动20多次。

【学术研究】由陶荣主编的《芮鞫文明—崇信文物精华》出版发行，此书以图录形式介绍崇信文物，发掘崇信深厚的文化内涵，不但起到学术交流的目的，同时也进一步提高崇信县博物馆的知名度，为宣传崇信、推介崇信起到积极的作用。

领导名录

馆　长　陶　荣

旅　游

【概况】崇信县旅游局为县文体广电局挂牌单位。2017年1月，局机关办公地点迁至广电大厦，与文体广电局合署办公。有干部职工16人。全年累计接待游客129.5万人(次)，实现旅游综合收入6.3亿元，分别较去年同期增长23%和26%。

【项目建设】全年实施旅游项目5项，累计完成投资5.1亿元。龙泉寺基础设施建设项目，完成投资1.85亿元，建成龙泉路至九梁路市政道路和玉皇阁道路、廊桥，游客中心，配套实施景区亮化安防、龙泽湖亮化工程；汭龙堡农耕文化生态苑项目，累计完成投资2.4亿元，修建游客服务中心、养老服务中心、商务度假区主体，配套实施绿化、亮化、装修工程；龙泉民俗文化村项目，一期工程全面建成，完成投资0.38亿元；新窑镇西刘村旅游示范村建设项目，维修“三五九旅”革命遗址，硬化文化广场，配套实施绿化等工程，建办绿源美家庭林场，完成投资0.3亿元；崇信县渔人乐园项目，建成国标垂钓池3座，以及景观长廊，购置船舶，完成投资0.17亿元。

【宣传推介】 制定《崇信县鼓励旅行社团组织引进境外旅游团体到崇信旅游奖励办法（试行）》；先后组团参加西北旅游营销大会、银川全域旅游推介会、第七届敦煌行·丝绸之路国际旅游节、2017中国·平凉崆峒养生文化旅游节暨崆峒（国际）武术节、陇南西交会、甘肃·平凉“金果红牛旅游”走进天津展示推介等节会活动；组织选送保健药枕、手工刺绣、崇信名歌剪纸等旅游商品参加2017年平凉市养生旅游商品大赛，崇信名歌剪纸荣获三等奖；成功举办龙泉寺登山游园、第二届“山水龙泉·养生崇信”文化旅游节暨甘肃百姓文化广场惠民演出、甘肃崇信·汭龙风情·首届民俗美食文化节、崇信县汭龙风情文化旅游高峰论坛暨汭龙堡崇信老街·亲童乐世界开园等系列活动；设计印制崇信县旅游指南宣传彩页；举办“不忘初心、共筑中国梦·美丽崇信”摄影大赛颁奖仪式；组织到山西洪洞县进行槐文化联谊交流和寻根文化活动的交流考察学习。

【乡村旅游】 实施旅游富民工程，加快推进农业与旅游融合发展，开展油用牡丹观赏、生态养殖、农事体验、果菜采摘等乡村旅游项目，引导贫困户发展服务业。重点依托“千亩杏林、万亩油用牡丹、最美油菜花、华夏古槐王”等景观资源打造专业旅游示范村。龙泉民俗文化村、庙台民俗文化村、黄花塬美丽乡村、西刘专业旅游村等乡村基础设施基本建成，全县新发展农家乐5户，推出乡村旅游精品线路3条。

【行业管理】 全年组织开展安全生产专项检查6次，确保旅游行业安全生产无事故；会同林业、水务、交通、国土等部门对古槐王景区开展环境集中整治，在景区建立管理站；邀请市旅游培训中心的专业人员对崇信宾馆从业人员进行为期两天的服务技能培训，组织景区、旅游扶贫村等业务人员参加全市旅游人才培训班2场（次）；组织举办旅游讲解员培训班；全年培训旅游从业人员300多人。

【景区管理体制改革】 按照组建大集团、运转大资产、实施大项目的思路，对龙泉寺、五龙山景区的事业单位实行企业化改制，成立崇信县文化旅游投资开发有限责任公司，强化政策扶持，完善管理机构，拓展经营项目，促进旅游产业健康快速发展。

【景区质量等级创建】 制定五龙山、古槐王创建国家AAA级旅游景区实施方案，并通过县政府批复。组织完善各类创建资料，迎接市旅游产业发展领导小组办公室进行初次检查和创建指导，按照反馈意见，制定整改方案。五龙山、大槐树、唐帽山景区纳入关山大景区规划。

领导名录

局　长　完　洁（7月止）
　　　　　朱　明（7月任）

副局长 黄永林(11 月止)
办公室主任 黄 霖

龙泉寺景区管理

【概况】崇信县龙泉寺景区为国家AAAA级旅游景区、甘肃省级风景名胜区、甘肃省级地质公园，游览面积2.47平方公里，是集观光旅游、休闲娱乐、文化交流、宗教朝圣、避暑度假于一体的综合性景区。有干部职工41人，其中：财政供给5人，自收自支28人，支企生2人，临时工6人。

【经营管理】对全景区实施制度化管理，重新修订完善科学、行之有效的目标管理责任制，签订内部目标管理责任书，实行定岗、定员、定指标、定任务，将工作任务与年终考核挂钩，真正做到人人有责任，个个有压力，充分调动广大干部职工的积极性，取得良好的效果。针对景区的人员素质、思想作风与开发建设的需要很不相适应的实际，从思想教育入手，大力进行思想作风整顿，采取开展批评与自我批评、进行岗位述职、召开民主生活会以及优质服务竞赛等活动方式转变干部职工的工作作风，使景区职工的综合素质，工作作风和精神风貌发生深刻变化，爱岗敬业、积极向上的无私奉献精神逐步形成。采取送出去、请进来的办法，分层次、分阶段对景区工作人员进行培训，同时，组织干部职工出外学习考察，交流经验，干部的综合素质有明显的提高。同时，改变用人机制，选拔一批优秀的工作人员作为办公室、导游推介部、门票经营部、环卫部负责人，真正将景区职工的人员结构调整到最优、思想素质调整到最佳、综合能力调整到最强的状态，将以人为本的理念真正贯通到各项工作中。

【资源管理】始终把“资源保护”摆在景区工作的首位，正确处理好局部利益和全局利益、眼前利益和长远利益关系，加大资源保护，防止和杜绝种种急功近利的破坏性开发的发生。对景区内建筑及各类设施，建立严格的管理保护制度，落实行之有效的管理保护措施。同时宣传发动群众增强保护意识，自觉保护旅游资源。制作宣传标牌，散发传单，旅游大环境的管理保护措施得到有效落实。

【旅游开发】坚持在开发建设中实施保护，在保护中建设完善，做到保护与开发、保护与发展并举，不断开发新的景观，丰富景点内涵，提升景区品位，打造景区新形象。2017年，经过筹资募捐14万元，完成中台宗教活动场所塑像和壁画的彩绘，山前人工湖塔方和景区部分设施进行维修，景区基础设施得到加强。通过投资建设，完善旅游服务设施，提高景区的接待档次，丰富游览内涵。

【节庆活动】为了更好地宣传推介崇信这张名片，提高龙泉寺的知名度，扩大旅游市场，正月初一开展出新游活动，门票优惠为10元，当天游客达1.2万人(次)；“三八”妇女节开展干部职工登山活动，优惠免门票，当天登山人员和游客达1

万人(次);开展四月初二古庙会,举办庙会3天,进行朝拜和秦腔演唱等活动,累计游客2万多人(次);“5·19”中国旅游日实行免门票活动,游客达5000多人(次);端午节在景区开展龙舟赛、门票优惠等活动,游客达1.4万人(次)。同时,在景区不定期开展崇信民歌演唱、乐器演奏、秦腔清唱、舞蹈表演等,丰富游客的文化生活,活跃景区的文化氛围。6月29日,县委、县政府在景前区广场成功联合举办第二届“山水龙泉·养生崇信”旅游文化节,取得良好的效果,参加人数达1万余人。

【安全管理】 年初,调整安全领导小组成员,充实环境资源保卫力量,健全完善安全保卫工作制度,设立安全保卫人员标牌,签订安全保卫人员责任书,将治安、消防、安全责任落实到人,杜绝各类事故的发生,修订《龙泉寺景区突发公共事件应急预案》《龙泉寺景区旅游安全应急预案》,健全完善景区安全工作制度。加大景区安全巡查,扩大巡查范围,将治安、消防、安全责任落实到人,杜绝各类安全事故的发生。

【宣传推介】 结合景区的实际情况,在做好自身宣传推介工作的基础上,参加市上组织的西安、银川旅游推介会,“5·19”中国旅游日参加省上在西北师大的旅游宣传推介等活动。在崇白路、312国道、山前广场等地设立广告牌和景区指示牌,在平凉广成大酒店设立宣传橱窗;注重在报刊、微信、网络等媒体开展宣传推介,景区建立公众号、微信群等,多形式开展宣传,提升景区的知名度,增加景区收入,年内共接待游客8万人(次),各类收入85万余元。

【卫生整治】 按照县上全域无垃圾整治的要求,定期不定期地开展卫生集中整治。对山前广场绿化带、草坪、船厂、停车场的所有杂物进行集中清理。按照星际旅游厕所的要求,对景区3个厕所进行全面维修改造,安排专人全天候跟踪保洁,达到无臭味、无蚊蝇。景区环境卫生集中整治累计共出动人员1660多人(次),清理垃圾约3.8吨。

领导名录

局　长　黄永林(11月止)
　　　　肖明科(11月任)
副局长　崔银奎

纪念场馆

保至善烈士纪念馆

【概况】 崇信县保至善烈士纪念馆内设办公室、宣传教育科2个副科级机构。共有干部职工18人。

【创新宣传】 采取线上线下同时开展参观宣传的方式,利用网络传媒平台,创建开通了网上纪念馆、微信公众号,并及时推送相关信息。网上纪念馆点击量达1.5万人(次)以上,微信公众号关注量稳定在1600余人(次),刊发各类信息180余条,向新闻媒体刊发各类稿件14篇。充分利用网上纪念馆和微信公众号开展崇信地下党第一期《崇信县第一个中国共产党支部的建立》评论集赞活动和“铭记历史开创未来—喜迎党的十九大图文展”“缅怀革命先烈弘扬民族精神—第四个烈士纪念日主题展览”暨“永远的铭记”网上祭奠活动，网友参与关注量达1100多人，留言信息500余条，充分发挥党史资政育人的功能作用。

【文化传播和社会教育】 坚持把爱国主义教育、培育和践行社会主义核心价值观贯穿于日常各项工作和全过程，扎实落实十大创建行动计划。注重通过宣传讲解、主题展览、参观教育、阵地宣传等措施，引导广大党员和干部群众、青少年弘扬和树立爱国主义精神，传播和践行社会主义核心价值观，取得良好的社会效果。积极筹措资金，印制宣传资料8万份，制作活动宣传版面60面。利用清明、“五一”“五四”“七一”“八一”、烈士纪念日和“十一”举办“铭记—纪念英烈报效祖国圆梦中华”—青少年主题教育活动、“弘扬五四精神激发青春梦想”—主题图片展、“铭记党的历史坚定理想信念”—纪念中国共产党成立96周年主题图片展、“在鲜红的旗帜下”—庆祝建军90周年主题图文展、“铭记历史开创未来—喜迎党的十九大图文展”“缅怀革命先烈弘扬民族精神—第四个烈士纪念日主题展览”暨“永远的铭记”网上祭奠活动等主题展览5期，受教育群众达到6.3万人(次)。积极与县委宣传部、组织部、党校联合举办干部现场教学培训活动5期600多人(次)。组织县直单位、各乡镇(园区、街道办)及村社干部开展现场观摩、重温入党誓词、党员上党课等教育培训活动68期8000多人(次)。组织离退休党员干部、城区中小学生、武警官兵、企业职工、女群众代表、复转军人、老红军等参观保至善烈士纪念馆及主题展览，开展党性党史军史教育活动35场(次)。累计接待各类游客11.7万人(次)。在开展临时展览的同时，利用“五一”“五四”“六一”“七一”等节庆日，开展红色文化流动宣传进村社、进社区、进校园“三进”活动35场(次)，重点宣传革命烈士保至善、党的历史及革命队伍在崇信的活动、社会主义核心价值观、百名英烈等内容，受教育群众达4.9万人(次)。这些活动的开展对弘扬烈士精神、开展革命理想教育和爱国主义教育发挥重要作用。

【资料征研与文化产品开发】 组织人员完成部分崇信革命英烈人物资料征集，收集保至善烈士、革命队伍在崇信及崇信地下党等方面资料、实物10份(件)。录制相关视频影像资料2部，对《保至善》小说初稿进行完善。

【制度建设】 修订完善纪念馆工作、值班、安全、消防等9项管理制度。制定年度工作计划，落实人员分工，坚持用制度管人管事，为各项工作顺利开展奠定基础。同时，积极与省、市宣传部门衔接汇报，申请验收“甘肃省爱国主义教育基地”。已命名挂牌的有“甘肃省中共党史教育基地”“历史再现博物馆”“平凉市爱国主义教育基地”“平凉市中共党史教育基地”“平凉市党员干部实践教学基地”“平凉市社会科学普及基地”“崇信县爱国主义教育基地”“崇信县党员干部教学实践基地”等11个方面的教育教学实践基地。申请市、县编办将纪念馆由县政府直属事业单位调整为县文广局下属单位。建立纪念馆免费开放绩效考评工作长效机制,促进纪念馆各项工作深入持续发展。

【解说员培训】 为提升讲解水平,更好为游客服务,印制相关学习史料汇编,制定讲解员培训计划,组织讲解员开展讲解技能、接待礼仪、普通话、应急疏导等方面的培训8场(次)。邀请市、县专家举办讲解技能等方面培训3场(次)。

领导名录

党工委书记 王百平
副书记 黄新人(12月止)
何玉洁
馆　长 黄新人(12月止)
副馆长 张灵孝　杨德才
宣传教育科科长 冯天涓

医疗 卫生

卫生和计划生育

【概况】 崇信县卫生和计划生育局下设农合局、县医院、中医院、疾控中心、妇计中心、卫生监督所、爱卫办、城市社区卫生服务中心(下辖西街社区、东街社区、新世纪3个服务站)及8所乡镇卫生院(锦屏、新窑、木林、工业集中区4所中心卫生院和九功、黄花、黄寨、柏树4所卫生院)共17个医疗卫生单位,有干部职工572人。村卫生室84个,村医84名,设乡镇、城市社区办卫生计生办公室7个,计生专干36名。

【卫生扶贫】 紧扣县上扶贫攻坚方案,推进健康扶贫工作,全部建成贫困村标准化村卫生室,为72名在岗村医申请养老保险经费70.3万元,为141名离岗村医发放养老补助金28.56万元,为27名村医评审主治乡村医生职称。争取省级资金250万元,实施完成县医院重点专科建设项目,已投入使用。全县新农合参合率98.14%,人均筹资标准提高到600元,贫困人口参合率100%。全面落实建档立卡精准扶贫人员大病保险起付线由5000元降至3000元、住院费用报销比例提高5个百分点等优惠政策。累计为69名患大病的贫困人口报销费用50.91万元,为2096名贫困人口报销住院费用770.26万元,提高5个百分点优惠报销28.14万元。开展健康扶贫“三个一批”行动计划。实施大病集中救治一批,全县摸底贫困人口50种大病对象11人,全部给予救治;开展慢病签约服务管理一批,对全县7024名大慢病患者通过公共卫生均等化服务、电子健康档案和家庭医生签约工作实时跟踪管理服务,实现贫困人口慢病签约服务全覆盖;实施重病兜底保障一批,对患重特大疾病贫困人口,医疗费用经新农合、大病保险、大病保险再报销等补助后超过2000元的自付部分,由民政部门通过医疗救助全部兜底解决。

【公共卫生】 以健康促进模式改革为

抓手，扎实落实14项基本和5项重大公卫项目，提升公卫工作层次水平，县上2016年度公卫工作受到省上表彰，奖励25万元。实施农村孕产妇住院分娩补助、“两癌”筛查、出生缺陷干预等重大妇幼项目，年内，开展农村妇女“两癌”筛查4475名，婚前医学检查699对，新生儿疾病筛查342名，孕前优生健康检查650对。孕产妇死亡率下降至0/10万，5岁以下儿童、婴儿死亡率分别下降至6.58‰和3.3‰，均显著低于全市平均水平。加强传染病疫情防控，科学有效应对处置乙脑疫情。推进精神卫生、爱国卫生、地方病防治、无偿献血等，组队参加全市卫生应急和妇幼健康技能大赛，2人荣获二等奖，7人获得全国无偿献血志愿者服务奖。继续落实“免疫规划年”活动，强化结核病、艾滋病、慢病等防治工作。疫苗管理及冷链运转规范运行，及时完成疫苗接种证查验及各类疫苗查漏补缺工作，在重要节点开展结核病、艾滋病防治宣传活动，按照规范科学督导慢性病健康管理，完成全县疾病谱排序和死因监测工作。持续加强行业精神文明建设，积极参与省市优质服务先进个人和先进集体评选表彰活动，获得县级以上表彰奖励的个人44名，单位15个(其中：市级以上表彰的个人40名，单位6个)。

【医药卫生体制改革】 按时限要求完成城乡医保制度整合，积极推进“一卡通”即时结报，与县外13家医疗机构签订即时结报协议，县域覆盖面达到100%。按照“315”改革模式，以破除以药补医机制为关键，继续实施药品零差率销售等改革政策，已有两所公立医院药占比下降至46%，住院次均费用由3438元下降到3241元，基本药品实行“零差率”销售后，让利群众490多万元，缓解了群众就医用药负担，公立医院公益性明显增强。进一步健全补偿机制、人事改革、财务管理及绩效考核等制度，实现对村卫生室的行政、业务、药械、财务和绩效考核“五统一”管理，规范乡镇医疗机构运行机制。县医院、中医院、妇计中心分别与省人民医院、省第四人民医院、市人民医院、兰大一院、市妇计中心等医院签订医联体协议书，县级三所医疗单位确定业务骨干在县工业集中区等3所卫生院开展医师多点执业，年内，上级医院专家来县多点执业50多人(次)，诊治门诊病人596人(次)，指导开展手术48台(次)。确定县级250种、乡级80种常见病、多发病推行分级诊疗，县外就诊率为13%，核报分级诊疗患者8143名，分级诊疗管理率达到70.8%，新农合补偿参合患者28.33万人(次)4409.01万元，实际补偿比为63.5%。

【医疗服务】 累计投资5275万元，完成县医院重点专科、县医院污水处理站和柏树卫生院中医服务能力建设项目，并投入使用；县医院门诊急救医技综合楼和县妇幼保健计划生育服务中心综合业务楼项目已开工建设；锦屏镇中心卫生院附属用房项目主体已封顶；崇信新瑞康复中医医院项目已完成业务用房购置及室内装饰，已正式营业。继续深化“平安医院”、“群众满意乡镇卫生院”创建活动，全面推进临床路径管理和优质护理示范工程，在县医院、中医院推广实施溃疡性结肠炎、病毒性肝炎等43个病种的临床路径，创建优质护理病区6个，提升公立医院的医疗服务质量，全县各医疗单位门诊患者11.73万人(次)，住院患者13038人(次)；业务总收入4376.5万元。加强人才队伍建设，累计培训卫计人员980多人(次)，选派40人到省外及省、市级医院参加进修学习，其中参加全科医生培训4人、参加住院医师规范化培训5人。招聘应届本科医学毕业生13名，接收免费医学定向生3名，招聘本科以上学历副高以上职称紧缺型专业人才1名。加强县级重点专科和薄弱学科建设，投资1445万元，完成县医院重点专科建设并为县医院、中医院购置医疗设备237台(件)。稳步推进公共场所卫生、生活饮用水卫生、学校卫生、医疗卫生、职业卫生、放射卫生、传染病防治、计划生育和中医药服务、卫生协管等卫生计生监督业务工作，全年共查处医疗卫生案件12起，处罚金额13000元，对6个水厂出厂水采集送检水样，开展巡回督查4次，考核2次，发督查意见书14份，督查通报4份，切实维护社会公共卫生安全和医疗服务秩序，保障人民群众健康。

【中医药事业】 制定《崇信县中医药健康服务发展规划（2016—2020年）》，确定县中医院为全县中医药适宜技术培训基地，新窑等4个乡镇卫生院完成中医药适宜技术服务能力建设项目，能够开展针灸、推拿、蜡疗、艾灸等25项以上中医适宜技术项目，各级医疗机构共开展中医诊疗3.6万多人(次)，参加中医药第一批和第二批师承教育活动的39名医生已全部出师，各医疗机构基本实现中医药三个“1/3”目标。

【两孩政策】 改革完善计划生育管理服务，稳妥推行全面两孩政策。登记发放生育证959对(其中现场办证757对，网上办证202对)，一孩437对，二孩512对，再生育审批10对；对2300户计生家庭落实奖励优惠政策资金271.22万元。联合有关部门制定印发崇信县医养结合工作实施方案，为全县44户失独家庭、独生子女伤残家庭成员统一发放“计生特殊家庭成员医疗服务卡”，开通优先就医绿色通道。严格执行计划生育审查工作，633名拟提拔任用、评优选先、职称晋升人员的计划生育情况进行认真审核。全员流动人口信息系统录入8237人，信息入库率99.4%，流动人口健康档案建档1360人，建档率达到65%，流动人口个案信息合格率、信息协查接收反馈率、重点对象信息协查反馈率均达到100%。深入推进“健康百佳”评选活动，被表彰命名的市级“三星”先进个人12名，“四健康”先进单位4个。年底，全县人口自增率8.23‰，符合政策生育率达到97.3%，出生人口性别比111。

【健康服务】 印发《大健康产业行动计划的实施方案》《“健康崇信2030”规划》《全面推进卫生与健康事业发展的实施意见》《崇信县“十三五”医药产业发展实施方案》，按照“做强县级、做活乡级、做实村级”的总体部署，组建“4+1”家庭医生签约服务团队，家庭医生签约3.7万人，签约率

30.2%,其中重点人群 2.65 万人,重点人群签约 16699 人,重点人群签约率 62.9%,贫困人口签约 14038 人,签约率 70.1%。在县电视台播出《健康养生》专栏 72 期,制作微电影两部,各级网站采纳信息报道 52 条,承办卫生计生题材剧目《百合花开》专场演出,邀请市人大常委会副主任张乔英作了题为《如何做一个合格的医务工作者》讲座;印制发放宣传资料 125 种 8 万余份,刷写政策宣传墙 18 块 360 平方米,开展健康巡讲、"健康沙龙"等活动 300 余期,受益群众达 3 万余人(次)。

领导名录

局　长 赵鹏毅
副局长 刘　伟　张宏伟
陈　刚　高小龙
纪委书记 李韶华
工会主席 王崇庆
主任科员 景红梅　朱晓云
计划生育协会常务副会长
陈　刚(兼)
秘书长 谢　静
县医改办主任 王娟娟
农合局局长 张宏伟
副局长 文宏伟　高　刚
疾控中心主任 薛晓荣
副主任 高艳子　贾勇勇
副主任科员 吴生学
综合监督执法所所长 李振华
副所长 于文生
副主任科员 岳明星
爱卫办主任 童红梅(9 月止)
妇计中心主任 刘晓玲
副主任 关红英　侯惠娥
健康教育所所长 刘晓玲(兼)
副所长 梁琴芳

崇信县人民医院

【概况】崇信县人民医院是一所二级甲等综合医院,内设职能科室 9 个;临床科室 15 个;医技科室 21 个。年末有在岗在编职工 151 人,其中正高职称 2 人,副高职称 14 人,中级职称 23 人。招聘人员 128 人,返聘专家 7 人。

【医疗业务】 全年接诊门诊病人 79697 人次,比上年同期下降 5.7%,其中急诊 7201 人,出院病人 8100 人次,病床使用率 85.6%,平均住院日 7.5 天,治愈率 86%,好转率 12.5%,危重病人抢救 311 人,输液 11311 人次,输液率 14%;手术 543 台,与上年同期基本持平;CT 检查阳性率 89.8%,彩超检查阳性率 66.3%;门诊小手术 1684 人次。业务收入 3732.7 万元,比去年同期上升 30.65%,其中药品收入 1546.1 万元,药占比 41.42%。向上级医院转出病人 143 人。全年新开展手术 7 类,有腹腔镜子宫全切术、腹腔镜宫外孕清除术、腹腔镜肠粘连松解术、经尿道前列腺电切术、颅骨大骨瓣减压术、经皮椎体成型术、光棒引导插管技术。全年总收入 6084.64 万元,其中业务收入 3732.7 万元,比去年增长 34.3%;财政补助收入 2239.27 万元,上升 56.87%;其他收入 112.67 万元。全年支出 5688.66 万元,其中医疗业务成本支出 4088.21 万元,占总支出的 71.87%;财政专项支出 1450.8 万元;人员经费支出224.75万元;重点学科建设支出370万元;设备支出570.04万元;其他支出33万元。

【项目建设】住院综合楼项目的后续工程建设，投资190万元，风冷热泵机组及机房已经安装到位，供水工程就绪,整个项目已完工。专科建设项目，投资401万元(其中:省级投资250万元,单位自筹资金151万元),完成新生儿监护病房、重症医学科的基础设施改造工作,各类医疗设备的招标采购、安装、调试全部到位,共计采购设备38种131台（件)。门诊急救医技综合楼项目,总投资3000万元,其中国家投资2400万元,省级投资60万元,县级财政配套540万元,建筑面积8600平方米,框架结构,完成项目所有前期手续,正在进行基坑开挖建设工作。新修建污水处理站，投资182.95万元，其中土建工程84.72万元,设备及安装98.23万元,日处理污水120立方米，已建成投入使用。招标采购医疗设备,投资1619.32万元,完成采购设备97种477件。DR、彩超、全自动化学发光仪等已投入使用。口腔CT、结肠镜等设备已进行安装。

【公立医院改革】实行药品零差率销售(中药饮品除外),全年药品收入1546.1万元,药品收入占业务收入的41.4%。分级诊疗患者2791人次,治疗总费用751.6万元,报销费用518.4万元,报销率70%;居民医疗报销1186人次，总费用714.2万元,报销384.5万元,报销率53.8%;农合报销5017人,总费用1642.03万元,报销1048.37万元,报销率64.01%;医保885人次,总费用466.58万元,报销367.9万元,报销率78.85%。年内,组织相关人员到定西市、宁县及华亭、泾川、静宁县人民医院参观学习,开展医联体工作,形成以医院和基层医疗卫生机构“人通、物通、医通”为主要内容,引导患者分层次就医,构建基层首诊、双向转诊的分级诊疗新格局,实现“小病在基层、大病到医院、康复回基层”。与兰州大学第一医院签订对口帮扶协议,兰大一院不定期选派专家来崇信开展多点执业活动;与兰大二院签订医联体工作协议;与省妇幼建立儿科、产科专科联盟,省妇幼定期通过网络、远程会诊开展业务培训和指导工作,方便产儿科的工作；与甘肃省肿瘤医院签订业务协作协议;与省人民医院签订《甘肃人民医院优势学科医联体协议书》，口腔科和甘肃人民医院优势学科口腔临床医学中心医联体签订协议书;与甘肃省第三人民医院签订医养结合联盟合作框架协议。

【医疗质量和安全管理】制定医疗质量目标责任考核标准,健全三级医疗质量控制体系,督促各临床科室加强医疗质量控制的工作落实，并按标准进行月考核。选派人员参加全省病历质量管理培训班,回院后组织开展培训。出科病历经过科主任审查签字,送病案室后医务科抽查量化打分,提升医院的甲级病历率。医护部、药械科,感染科联合,开展处方点评工作,对“大包围”用药、无指征超剂量用药、违反药物配伍禁忌等行为进行点评和通报,使处方合格率达到95%。加强门诊医生的管理，强化首诊负责制，提高医生的责任意识、风险意识及竞争意识。加强药品、耗材管理，保障供给安全，年内药械科共计采购西药、中成药 1462.27 万元，卫生材料 390.85 万元，中药饮片、颗粒剂 130.21 万元。西药房领用药品 1455.77 万元，销售 1424.89 万元，中药房销售 121.34 万元，科室领用卫生材料 377.26 万元。加强医疗安全防范，从控制医疗缺陷入手，严格执行《医疗纠纷、医疗事故处理及责任追究制度》。医院、医护部、感染科、科室四级把关，防范纠纷和差错的发生。加强医疗核心制度的落实，重点加强省卫计委“18 项核心制度”，落实院长值周制、院长行政查房制、首诊负责制、三级医师查房制，提升医疗服务能力。全年 120 出诊 396 次，接诊病人 406 人，全年出车安全。全院未发生重大医疗纠纷，无医疗事故发生。年内派出医生 5 人、护士 12 人分别到兰大一院、省妇幼等专科医院进修学习。接收甘肃医学院等院校实习学生 13 人，安排在科室实习，制定实习教学计划，按计划转科学习。安排高级职称人员或科主任进行业务讲座 12 次，邀请市一院专家来院进行业务讲座及技术指导 5 次。

【护理管理】坚持每月召开护士长例会，汇总各质控小组质控情况，总结工作中的优缺点，提高护理质量。强化护理安全管理意识，完善患者风险评估制度，定时召开安全分析评议会议，查找安全隐患，提出整改措施，确保全院护理安全。年内向社会公开招聘护理人员 15 人，招聘见习护士 14 人，已安排到科室上岗学习。加强病区管理和病人管理，强化健康教育，沟通交流，主动服务，人性化服务，按照分级护理、专科护理工作标准，实施责任制整体护理。加大护理人员专业知识和技能操作培训，提高专业素质。每月组织开展一次护理人员业务知识及技能操作培训，共进行各项培训 8 次，参与率 95% 以上。儿科所有护理人员轮流赴上级医院学习新生儿护理知识，为新生儿科成立储备专业队伍。重视护理人员专业学习，年内有 11 名护士取得护理本科文凭，14 人护理本科在读，12 人取得护理大专文凭，提高护理专业队伍建设。

【中医中药】采取发放宣传单，参加义诊等活动宣传中医药知识，现场示范中医适宜技术，推广食疗方案，普及中医药知识。制定《崇信县人民医院创建中医药先进县工作实施方案》，门诊设置中医科和康复理疗室，有专职中医医师开展诊疗工作。新开展蜡疗、疼痛治疗、三维电动颈腰牵引治疗、熏蒸、三伏、三九贴，对常见病、多发病进行中医特色的治疗，取得较好的社会效益。同时返聘 2 名退休老中医进行临床指导及门诊工作。在新建住院楼内独立设置中医科，开放床位 32 张，占医院总床位数的 14.5%，中医执业医师 12 人，占执业医师 11%。购置必要设备，增加空调、冷藏柜、除湿机、自动煎药机和不锈钢药品架，并通过药监部门的验收。中药房有工作人员 5 人，中药饮片有 291 种，中药颗粒剂 271 种。

【公共卫生】全年健康体检 5593 人

次,其中驾驶员体检3984人次,接触粉尘的职业健康检查83人次,单位及从业人员体检1526人次。疾病谱排序上报45153人次。肺功能监测624人次。传染病报告法定乙类、丙类传染病8种141例,其中肺结核56例、手足口病19例、布病6例、其他感染性腹泻43例。死因监测上报院内死亡人数上报32例。食源性疾病监测24例,腹泻病例上报601例,农药中毒病例报告4例。新生儿乙肝疫苗接种登记三联单614份,发放妇产科第1针新生儿乙肝疫苗614支,卡介苗614人份。通过省卫生计生网站“卫生统计直报平台”录入上报“产妇分娩信息”628人次。

【感染管理】 对空气、物表、手卫生及使用中的消毒液进行细菌培养监测,共计采样140份,其中不合格19份,合格率86.2%,每次将不合格的结果反馈到相关科室,及时提出整改措施,直到合格。对全院所有科室使用中的紫外线灭菌灯进行强度监测,共计监测灯管22个,其中不合格2个,合格率90%,对于不合格的灯管进行及时更换,确保达到消毒效果。对供应室灭菌物品进行BD监测,规范外带器械的消毒管理,并有严格的接收、发放和消毒记录。开展目标性监测,共调查56例病人,未发现院感病例;职业暴露5人次,跟踪检查无1例阳性病例。全年艾滋病抗体监测2944人次,梅毒抗体监测2947人次。交叉配血532人次,血型检测3650人次,全年共用去白红细胞690单位,血浆35075毫升,成分输血100%,临床用血规范安全。

领导名录

院　长　刘志江

副院长　关银玉　杨会平

陈奋梅(12月任)

李永杰(12月任)

崇信县中医医院

【概况】 崇信县中医医院是一所集医疗、教学、科研、康复、中医养生为一体的综合性二级乙等医院。核定床位80张,设有内、外、妇、儿、针灸等临床科室,有放射、检验、B超、心电图等辅助科室。有市级中医重点专科1个(痔瘘科),在建市级重点专科1个(针灸理疗科),县级重点专科2个(糖尿病科、骨伤科)。拥有DR拍片诊断机、微电脑三位腰椎牵引床、中药熏蒸治疗仪、中药离子导入仪等设备200多台件。全院实行网络化程序管理,是全县城镇职工居民医疗保险定点医院和新农合定点医院。现有职工101人,其中卫生专业技术人员95名。

【业务收入】 全院业务总收入952.1万元,同比上升24%,其中门诊业务收入178.3万元,同比下降0.2%,住院业务收入773.8万元,同比上升31.9%。药品总收入571万元,同比上升20%,占业务收入的60%。其中中药收入254.3万元,西药收入316.7万元。医疗收入381.1万元,同比上升31.4%,占业务收入的40%。其中门诊医疗收入60.35万元,同比下降18%,住院医疗收入320.7万元,同比上升48.2%。

【诊疗人次】 门诊病人19784人/次，住院病人2224人/次。住院次均费用3479.3元，门诊次均费用90.12元，治愈好转率达93%。

领导名录

院　长　刘录军

副院长　杨　军　李有奇

社会服务与管理

民　政

【概况】 崇信县民政局内设办公室、城乡低保、救灾救济、双拥优抚安置等科室；下设老龄工作委员会办公室、双拥工作领导小组办公室、城乡居民最低生活保障办公室、婚姻登记办公室、社会福利服务中心、居民家庭经济状况核对中心6个事业单位。有干部职工37人。

【社会救助】 按照国家及省、市有关低保提标政策，对城乡低保和五保供养补助标准进行提标，其中城市低保标准由341元提高到369元，提高8%，农村低保一类对象月补助水平由285元提高到292元，二类对象月补助水平由249元提高到275元，三类对象月补助水平84元，四类对象月补助水平58元(三、四类不变)。按照“省级补助标准提高8.4%”的要求，农村特困集中供养年补助标准由6336元提高到6840元，提高504元，分散供养年补助标准由4800元提高到5220元，提高420元，全年累计为776户1859名城市低保对象发放1—12月城市低保资金779.55万元；为3447户8709人发放1—12月农村低保金1622.04万元；为320名城乡特困供养人员发放生活费182.43万元，为符合享受残疾人“两项补贴”待遇的1484人发放1—12月补贴资金158.16万元。全年共救助城乡大病患者410名，发放城乡医疗救助资金179.14万元，资助参合参保25816人，资助金额103.9万元；累计救助因灾因病返贫人员9050人，下拨临时救助310万元。保障孤儿61名，发放1-12月份孤儿生活费49.54万元。

【防灾减灾】 年内，全县遭遇不同程度的风雹、干旱等自然灾害，累计造成全县3乡镇25个村4726户1.88万人受灾，农作物受灾2674公顷，经济损失1290万元。灾情发生后，县委、县政府下拨救灾资金94万元，解决灾民口粮、取暖等生活困难。修订《崇信县自然灾害救助应急预案》，指导各乡镇、部门和村社修订行业预案228份。利用“5·12”国家防灾减灾日等活动，开展防灾减灾宣传，印发宣传手册、挂图、彩页1.2万份，制作宣传牌10多面、横幅40多条，开展应急演练活动16场(次)3000多人(次)，提高全民防灾减灾意识。严格执行《自然灾害统计制度》，执行灾情2小时初报、重大灾情直接上报和灾情台账管理制度，确保灾情信息初报迅速、续报及时、核报准确，提升灾情报送管理水平。建立完善县、乡、村三级灾情信息报送网络，加强24小时值班，全年上报灾情7次，为领导决策和快速救助灾民发挥基础保障作用。修订《崇信县救灾物资暂行管理办法》，完善救灾物资接收、储备、调用及废旧物资清理处置机制。加强救灾物资长效安全管理机制，定期开展教育培训、通风晾晒、卫生清扫、隐患排查、应急演练，确保救灾物资安全，提高应对自然灾害的能力。

【双拥优抚安置】 以创建新一轮“全省双拥模范县”为载体，制定印发《崇信县开展建军90周年庆祝活动的安排意见》，开展“庆祝建军90周年联欢会”等双拥宣传和国防教育活动3次。春节、“八一”前夕，开展慰问活动，发放慰问金14.3万元。组织初高中新生军训800多人(次)，播放军事题材电影2场(次)，制作双拥电视专题片1部，建设军民共建点6个，开展民兵军事演练2次410人(次)，向部队输送合格新兵34人。落实军地援建“双十”工程，支持县消防大队和武警中队加强配套设施建设。援建日光温棚22座，双拥共建林600亩，新农村128户，顺利通过全省双拥模范县届中检查评估验收。为160名重点优抚对象全年发放抚恤金174.1万元，为322名农村籍60岁以上退役士兵发放老年生活补助金55.55万元，发放兵役优待补助金161.38万元，为11名一至六级残疾军人和466名优抚对象代缴社会保险费、基本合作医疗保险费10.78万元，发放重点优抚对象门诊补助费10.75万元，为13名重点优抚对象发放医疗救助19.02万元，为12名下岗失业两参人员发放公益岗工资9.69万元，为11名参军入伍的大学生发放一次性奖励金6.1万元，保障复退军人合法权益，维护社会和谐稳定。2016年接收秋冬退役士兵37人，符合政府安置转业士官3人，发放待安置期间生活费4428元。培训符合条件退役士兵31人，毕业30人，推荐就业28人，培训率100%，“双证”获取率100%，合格率96.8%，就业率93.3%，支出培训费10万元。开展退役士兵安置和权益保障“清零”工作，对应安未安、安置后未上岗、安置后下岗失业的61人，逐类逐人建立安置遗留问题整改台账，已全部妥善安置解决。

【社会养老】 制定出台《崇信县加快发展养老服务业实施方案》，探索以居家养老为基础、社区养老为依托、机构养老为支撑的养老服务体系。全县60岁以上老年人14444名，占总人口的14.10%，办理老年证93个。开展养老服务机构评估工作，加大养老护理人员职业技能培训，落实农村敬老院关停并措施，提升入住率，推动全县养老服务改革。严格落实乡镇领导干部联系农村分散特困供养对象责任制，签订《养老服务机构安全管理责任书》和《监管监护责任书》，先后4次组织人员对养老机构进行安全管理专项检查，全面排查安全隐患，杜绝安全事故发生，筹集资金配发灭火器材，更换老化线路，组织安全消防演练1次，提高管理服务人员和入住人员的安全防范意识和应急能力。严格按照《关于建立经济困难的老年人补贴制度》要求，通过乡镇园区反复核查，县民政局抽组复核，全县共有经济困难老年人211人，发放补贴24.33万元，实现基本养老服务均等化，保障老年人合法权益。开展重阳节庆祝活动，走访慰问县福利服务中心和乡镇敬老院孤寡老人,送去棉衣、红糖、茶叶等慰问品,为老人开展免费义诊活动,发放老年常见病常用药品价值 2100 元,接诊孤寡老人 300 多人(次)。参加全省“孝亲敬老”评选活动,评选全省“十大孝星”提名 1 人,弘扬孝亲敬老优良传统。

【基层政权及社区建设】健全完善城乡居民自治制度和村务监督委员会制度,在全县 79 个村全部建立村务监督委员会,配备专职主任,完成村务公开目录修订完善,开展村级民主监督活动。积极推行社区准入制度,精简社区承担的行政性管理事务。争取各类社区服务设施建设项目,改善社区办公服务条件。已建成东街、西街、新窑 3 个城市标准化示范社区,并受到市政府表彰命名。累计建成农村试点社区 63 个,农村试点社区建设率达到 80%。村委会换届选举中,79 个村共登记选民 62440 人,实际参加投票选举选民 59371 人,参选率 95.1%,选举产生村委会委员 415 人、村委会主任 79 人;社区居委会选举中,5 个社区共登记选民 10293 人,实际参加投票选举选民 9914 人,参选率 96.3%,选举产生居委会委员 23 人、居委会主任 5 人,圆满完成第六次居委会和第九次村委会换届选举工作。制定印发《关于改革社会组织管理制度促进社会组织健康有序发展的实施意见》,培育社区社会组织,降低准入门槛,积极扶持发展,增强服务功能。

【社会事务】结合县情实际制定《崇信县殡葬服务实施意见》,支持殡葬服务设施建设,加强清明节祭扫服务保障,推进殡葬执法及市场监管,确保安全无事故。地名普查工作成效显著。全县共收集地名信息 1916 条,县地名办审核筛选地名调查目录 11 个大类 52 个子类 1200 条,其中实地调查 1200 条,采集地理坐标信息 976 条,图解 224 条。已通过市县自查验收,报省地名研究中心进行审核验收。对全县 476 名农村籍留守儿童进行建档立卡,建立动态信息库,开展“大手拉小手”、“爱心妈妈”结对帮扶活动,改善留守儿童的生活现状。建立“一把手”负总责和主要领导包案制,成立领导小组,制定工作方案和应急处置方案,确保“三个列入”常抓不懈,坚持落实“五包”和“五个一”责任制。婚姻登记工作管理规范,全年办理结婚登记 774 对,离婚登记 161 对,补发结婚登记证 247 对,离婚登记证 5 对。巩固和提升国家 AAA 级婚姻登记机关服务质量,严格规范婚姻档案查询制度,确保婚姻当事人合法权益。依法加强收养登记管理和评估工作,落实收养登记网络化管理。

【项目建设】年内开工新建崇信县老年养护院,投资 2359 万元,建筑面积 6375 平方米,占地 16.1 亩,设置床位 150 张。主要包括生活服务、健身娱乐、保健康复等服务用房,共有 5 栋建筑。2 号楼、3 号楼、4 号楼和 5 号楼已完成主体封顶,完成工程量的 85%,计划 2018 年建成。7 月开工新建崇信县殡仪馆项目,总投资 1215 万元,建筑面积 3000 平方米,占地 36 亩。包括祭祀厅、悼念厅、火化间、殡葬服务用房等配套设施。已完成基础开挖。同时投资

100万元，实施殡仪馆火化炉更新改造项目，购置火化炉2套，已完成采购招标，正在进行设备生产。救灾物资储备库项目投资300万元，建筑面积800平方米，包括库房、生产辅助用房、管理用房等。项目选址在县民政局院内，已完成项目土地预审、稳评、能评、可研编制及评审、方案设计、初步设计及施工图设计，年底前开工，2018年建成。铜城敬老院项目投资375万元，建筑面积1325平方米，包括老年人生活用房、卫生保健室、文化娱乐用房、康复训练室、心理咨询室和临终关怀室等附属用房。项目选址在铜城派出所东侧，占地6亩，已完成项目施工图设计等前期工作，年底前开工，2018年建成。

领导名录

局　长　马建平

副局长　朱乔兰　位　云

社会组织党工委书记

马建平(4月止)

副书记　关莅尚(7月止)

非公经济和社会组织党工委专职副书记　陈海林(7月任)

纪检组长　喻平国

老龄办主任　关莅尚

双拥办主任　梁东霞

福利中心主任　温正玺

婚姻登记办主任　陈小华

低保办主任　王　娜

主任科员　梁天志　史芬兰

副主任科员　马胜楠

人力资源和社会保障

【概况】崇信县人力资源和社会保障局下设社保中心、就业服务中心、劳动保障监察大队、劳动技能鉴定培训中心、劳务工作办公室、人才开发交流服务中心和医保中心7个下属单位。有干部职工75人。

【高校毕业生就业】招录全省“三支一扶”项目人员12人，通过生企双向选择引导就业64人，招录县选支农、支医、支教、支企人员133人，其中支企人员50人。招考公务员3人。举办春季、冬季人才招聘会等招聘活动6场(次)，达成就业意向421人。应届高校毕业生就业率达到91%。

【就业与再就业】探索推行县内重点用工单位吸纳就业统计监测行动，对全县93个重点用工单位和587家个体工商户进行走访摸底，建立工作台账，实行动态管理。申请开通“崇信县人力资源市场”微信公众平台，成立崇信县人力资源市场，专项开展职业介绍、岗位信息发布等人力资源市场化服务。通过“崇信人社”、“崇信县人力资源市场”微信公众平台等媒介发布就业招聘信息300多条、创业就业宣传片18部，推送就业创业政策信息54条。拍摄返乡创业主题微电影《回崇信》，荣获全市第三届微影视作品展评入围奖。新建县级创业就业孵化示范基地3个，市级创业孵化示范基地2个，各类孵化示范基地带动创业就业示范效应初步显现。全县城镇新增就业2097人，城镇登记失业率3.04%。通过公益性岗位安置就业困难人员 33 名。发放创业担保贷款 3180 万元，其中城镇创业担保贷款 610 万元。就业补助资金支出 1144.05 万元。

【精准扶贫】 制定并落实《2017 年崇信县劳务培训实施方案》，成立劳务培训工作领导小组，精心组织实施“1+9”培训工程，整合人社、农牧、妇联等部门培训资金219.68 万元，举办以牛肉拉面、家政服务员、电焊工、砌筑工等为主要内容的 16 期特色班、创业班，76 期职业技能和农村实用技术培训班，共培训劳动力 5017 人，其中建档立卡贫困劳动力 2472 人，鉴定 944 人。对培训质量不高、未达到验收标准的 3 家培训机构 216 名学员进行“回炉”、“补课”。联合县扶贫办、县商务局等部门，举办建档立卡贫困户产业脱贫示范性培训 3 期 110 人，其中牛肉拉面大师培训 30 人，电子商务培训 10 人，农村实用技术果树工培训 70 人。建立人社局班子成员包抓乡镇、贫困村劳务工作责任制，组织劳务培训输转中介机构赴银川、天津、江苏等地进行劳务考察，搭建劳务供需对接平台，新开辟劳务基地 5 个，发展劳务经纪人 20 名。依托劳务中介机构、劳务经纪人有组织的向县内各类用人单位就地输转劳务 8300 人（次）；向外输转劳动力 487 人，其中输转牛肉拉面师 57 人，家政服务员、养老护理员 85 人，地铁安检员、高速公路收费员 33 人。全年精准输转贫困家庭劳动力 3000 人（次），实现劳务收入 6820 万元。广泛宣传城乡居民医疗保险和养老保险政策，建档立卡贫困户养老保险参保率达到 100%。

【社会保险】 事关民生的 5 项社保改革任务全面落实。全民参保登记计划顺利实施，参保登记率 92.31%；机关事业单位养老保险制度改革推进有力，业务经办全面启动，退休人员待遇平稳移交；“五险合一”信息系统上线运行，经办流程优化再造；城乡居民基本医疗保险制度有效整合，业务经办统一管理；异地就医住院费用实现直接结算，群众看病就医更加方便。严格执行“五险合一”集中申报核定，征缴基金 5369 万元。阶段性降低失业保险缴费费率，落实稳岗补贴 17 万元。调整退休人员基础养老金和失业人员失业金标准，发放社保待遇 6323 万元。

【人力资源服务与管理】 先后组织实施 2017 年县选支农支医支教支企、机关事业单位招考等公开遴选考试 3 次，实现考试工作安全“零事故”，共招募县选“四支”人员 133 名，为机关事务局、项目办等单位遴选工作人员 18 名。继续实施民生实事项目，招录省选“三支一扶”项目人员 12 人。扎实推进职称制度改革，审批初聘定级专业技术人员 101 人，完成专业技术人员岗位登记认定 169 人，工勤技能人员岗位等级认定 104 人。推荐 8 人参加全市领军人才评选。转正安置 2013 年县选四支生、乡镇幼儿园支教人员 140 人。申报登记公务员 19 人。制定《崇信县引进急需紧缺人才暂行办法》，签约引进卫生、教育类紧缺人才 21 人。

【劳动维权】 制定《崇信县关于构建和谐劳动关系的实施意见》《崇信县解决

企业拖欠工资联席会议制度》等文件，治理解决拖欠工资问题的责任体系更加明确。在全市率先推行农民工工资与工程款分账管理，新开设农民工工资专用账户18个，通过“一卡通”实名发放2197名农民工工资1650万元。坚持标本兼治，严格落实农民工工资保证金、应急周转金等制度，主动检查用人单位137家，补签劳动合同3985份，征缴农民工工资保证金529.2万元，协调处理劳动纠纷案件24起，为696名农民工追讨拖欠工资905.06万元，无重大农民工越级上访事件发生。

领导名录

局　长　刘志宏

副局长　吴军文　陈耀国　岳　杰

纪检组长　朱建中(4月止)

朱小平(4月任)

工会主席　魏志贵

社保中心主任　谯恒民

副主任　朱小平(4月止)

梁小刚　席　瑾(4月任)

就业服务中心主任　岳　杰(兼)

副主任　闫小勇

张瑞芳(10月止)

张海娟(11月任)

劳动保障监察大队大队长

吴军文(兼)

副大队长(劳动人事争议仲裁院院长)　邵春尧

劳务工作办公室副主任　王　玮

劳动技能鉴定培训中心主任　梁焕龙

副主任　张　敏　李崇娟(11月任)

人才开发交流服务中心主任　关秋红

医保中心主任　刘小智

主任科员　朱建中(4月任)

副主任科员　纪颖颖

乡(镇)、工业集中区和城市社区

XIANG ZHEN GONG YE JI ZHONG QU HE CHENG SHI SHE QU

锦屏镇

【概况】 锦屏镇位于崇信县中部，为县人民政府所在地，东接泾川县汭丰乡，南临木林、黄花两乡，西连华亭县安口镇，北靠柏树、黄寨两镇。境内崇泾、崇白、崇安、崇大等公路均由此起点，通四邻各地。全镇辖21个行政村103个合作社，5785户，总人口23171人。全镇总土地面积204.4平方公里，耕地面积7.7万亩，人均3.2亩。镇机关设“五办四中心”，有党政综合办公室、经济社会发展办公室、人口和计划生育办公室、社会管理综合治理办公室、规划建设办公室，农业服务中心、社会事务服务中心、文化服务中心、动植物疫病防控和农村公路管理所。有干部职104人。

【脱贫攻坚】 年内实现脱贫102户448人，贫困发生率下降到4.2%。制定《锦屏镇脱贫攻坚方案》，精准实施“七个一批”和“两不愁、三保障”工程、脱贫人口复核压减和2014—2016年脱贫人口核查回退工作，压减182户674人。从严从实完成农村一二类低保精准认定，实施40户128名贫困群众易地扶贫搬迁项目，枣林易地扶贫搬迁完成主体。申请统筹财政涉农资金支持贫困村基础设施建设项目3258.75万元，实施文家咀、姚洼等7个村基础设施项目，改善贫困村社群众生产生活条件。组织举办劳务技能培训4期，培训和输转劳动力500人(次)。

【项目建设】 全镇22个500万元以上项目已全部建成。东庄现代农业产业园、梁坡美丽乡村、甘肃合盛宝石核桃基地等项目进展快，示范带动效应明显。狠抓全县重大项目协调服务工作，建立工作专班，围绕重大项目协调服务，按期完成312改道、殡仪馆、供热中心、崇大路、妇幼保健院等重大项目的征地拆迁工作。坚持精准招商、上门招商，实施招商项目9项，完成投资4.5亿元。强化产业对稳定增长的基础作用，固态醋、果醋饮料冷链物流项目建成主体，优化产业格局。

【基础设施】 完成梁坡、新集、关河美丽乡村规划编制，实施梁坡省列美丽乡村1个，完成刘家沟马湾“城中村”改造拆迁198户，棚户区改造、水源地保护、312线改线拆迁130户。在东庄、新集、关村、姚洼等12村实施“一事一议”财政奖补项目；在文家祖、梁坡、东街等7个村实施村社道路硬化14.2公里、巷道75700平方米、修建排洪渠19公里，安装路灯407盏、环境整治垃圾清运车41辆、垃圾箱48个、垃圾台45个、绿化美化23公里、粉刷维修日间照料中心17间，村级综合服务中心建设2处等。严格管理各类用地,申报农村宅基地用地指标71户28.4亩，完成危旧房改造149户,改善镇村面貌。

【产业开发】 实施李家沟、文家咀肉牛养殖小区建设项目,新建标准化养牛温棚28座；引进企业盘活旧窑洞，建成姚洼、平头沟村窑洞养殖小区,建成养牛窑洞37孔,饲养红牛280头;实施甘肃名翔牧业有限公司三期工程建设，饲养种猪5000口；在姚洼等村种植紫花苜蓿1700亩，加工转化玉米秸秆1.4万吨。实施5000亩苹果园,300亩黄金桃园标准化管理和1100亩核桃园嫁接换优改良。在长新村新植核桃园1700亩。对原有于家湾、冉李、九功、新集蔬菜基地进行提质增效，新建日光温室700亩，钢架大棚2600亩，实施东庄院地合作智能化现代农业示范园建设,建成智能温室1座,连体温室2座,日光温室11座,钢架大棚300座，拱棚800座。对7300亩油用牡丹落实标准化管护措施,新植东街塔塔山油用牡丹3500亩。

【生态环境建设】 实施退耕还林、面山绿化等生态工程，完成东街塔塔山、枣林杨安山等4处造林1.15万亩,完成长新村秋季造林3000亩,栽植核桃苗木5.9万株、刺槐27万株。建成304线、崇白路绿色通道7条43.3公里,完成古树名木调查建档。搬迁4号、7号水源井周边农户17户，在水源井井周边增设垃圾收集箱4个,对水源地保护区周边垃圾杂物进行清运保洁,栽植绿化苗木;煤炭二级配送网点建成投用。改造餐饮油烟21户,关停辖区内采砂场9家,石料场1家。强化农业面源污染防治,划定畜禽养殖禁养区。汭河及流域内37条沟道，设置两级河长21名,沟长19名,成立“河长制”办公室,编制管护措施,河长巡河、治河、护河工作全面展开。设立全域无垃圾“红黑榜”,建立网络化管理体系和奖励举报制度，开展“美丽庭院”和“四勤媳妇”评选活动,配备村级保洁员42人，垃圾清运设备123台(件),全面清理存量垃圾。

【改善民生】 落实省、市、县确定的22项43件惠民实事，累计发放各类惠农资金2511万元,户均受益4300元。新农合参合率达到98%，新农保参保率达到95%。重点优抚对象、高龄老人、孤儿生活补贴和重度残疾人护理补贴、临时救助等政策全面落实。加快社区规范化建设,建成老年人日间照料中心1处。落实就业创业扶持政策,全年共输转劳动力8693人(次),创劳务收入达8000万元,新建劳务基地2个,培训农民工2000人(次),落实妇女小额担保贷款535多万元。实施“乡村舞台”等文化体育惠民工程,丰富群众精神文化生活。开展对采矿、建筑、农机等行业的事故遏制行动及“六打六治”打非治违专项行动,年内检查生产经营单位77户,排查隐患问题138条,督促整改落实128条,遏制事故发生,实现全镇安全生产形势的持续稳定。先后投入25万元，建成21村交管室、9个临时劝导站、5个固定劝导站，联合县交警、派出所等部门开展集中整治,对无牌无证车上路行驶、农用车辆非法载人、超员等交通违法进行专项整治和“五小车辆”摸底,预防村社道路交通事故发生。严格按照“网格化”“痕迹化”监管模式,落实“664”监管频次,加大食品药品执法办案,全年共办结案件21起,收缴罚款19362元。依法化解信访积案156件,完善立体化社会治安防控体系,强化灾害性天气监测预警,持续加强抗震设防、救灾物资储备等防灾减灾能力建设。

领导名录

党委书记 张 宇
副书记 梁元武 柏 杨
纪委书记 梁宗瑛
镇 长 梁元武
副镇长 高嘉波(12月止)
刘瑞锋(12月止)
裴顺强 王 坤(12月任)
李小伟(12月任)
人大主席 荆小红
武装部长 李小伟(12月止)
信宏伟(12月任)
党的建设办公室主任
赵军强
人口和计划生育办公室主任
信宏伟(12月止)
章 冰(12月任)
社会治安综合治理办公室主任
文 涛
文化服务中心主任
章 冰(12月止)
朱小娟(12月任)
食品药品监督管理所所长
陶永军(12月止)
刘小平(12月任)
副所长 张玉红
农村公路管理所副所长
文宝学(12月任)

新窑镇

【概况】 新窑镇位于崇信县西南山区,东依黄花乡,西连华亭县安口镇,北依锦屏镇,南与陕西省陇县接壤,崇大公路贯穿全镇,总土地面积201.03平方千米。全镇辖13个村65个社14158人,其中农业人口9573人,城镇人口4585人。新窑镇政府内设“四办、一部、一所、四个中心”(党政综合办公室、经济社会发展办公室、人口和计划生育办公室、社会治安综合治理办公室,武装部,食品药品监督管理所,社会事务服务中心、文化服务中心、计划生育服务中心、动植物疫病防控和农产品质量监管中心),共有干部职工71人。

【精准扶贫】 严格按照“十不算”“十不脱”工作要求,压减回退2016年脱贫户286户996人,新识别纳入贫困户16户37人,回退19户70人,剔除5户14人,自然增加70人,自然减少97人,2017年脱贫194户744人,剩余贫困人口257户701人,贫困面下降至7.56%。开展一、二类低保重新认定和贫困户衔接工作,将贫困户中189户400人纳入一、二类最低生活保障。联系县人社局和培训单位,开展电焊工、烹饪、牛肉拉面、养殖等培训班8场(次),培训群众978人,联系就近厂矿企业,输转富余劳动力825人次。

【产业发展】加快黑河川区设施蔬菜适宜区全覆盖步伐和特色农产品种植规模,建成赤城、杨安2个设施蔬菜基地,修建钢架大棚120座,维修改造300座,种植蔬菜1000亩,扶持112户易地扶贫搬迁贫困户发展蔬菜产业,户均增收3000元以上。持续发展草畜产业,完成宰相、杨安、西刘养殖小区新建和青泥沟、大兴养殖小区维修改扩建,贫困村养殖小区建设实现全覆盖,全镇累计建成养殖小区13个,牛存栏量达到1.9万头,在赤城、杨安、宰相、柏家沟等村种植优质饲草5400亩。通过流转土地、大户承包等方式,新植核桃园2500亩,完成杨安、新窑标准化核桃园建设2500亩,嫁接改良600亩,选聘果业技术人员10人,对贫困户果园全程跟踪服务指导,扶持224户贫困群众发展核桃产业,其中50亩以上大户62户。联系就近厂矿企业,输转农村富余劳动力3200人(次)。大力推广旱作农业技术,完成全膜玉米种植1.5万亩,拓宽群众致富增收渠道。

【美丽乡村建设】完成赤城移民社区二期30户房屋主体完成建设,西刘美丽乡村暨绿源美家庭农场项目完成绿化110亩,硬化道路1000平方米,安装道沿800米,修建垂钓园4处,建设办公用房5间,文化娱乐室1500平方米,木凉亭5个、廊亭1个;完成易地扶贫搬迁37户137人,实施危房改造70户,“五改三建”46户,财政涉农资金支持贫困村基础设施项目完成村社巷道硬化34650平方米、村组道路13.2公里,拓宽道路6.5公里,砂化7.2公里,安装太阳能路灯296盏,修建排洪渠15.2公里,自来水入户140户。

【民计民生】严格落实各项强农惠农政策,累计发放惠农资金1781.66万元,开展一、二类低保重新认定工作,全镇473户1137名群众享受最低生活保障;充分发挥互助资金扶贫济困特殊作用,13个互助资金协会借出资金64户67万元,全镇新农合参合率、新农保参保率均达到95%以上;落实计生“两户”优惠政策资金21.9万元;种植地膜玉米1.5万亩,设施蔬菜600亩,生猪保险60头。排查矛盾纠纷50起,调处44起,开展安全生产集中检查5次,排查出安全隐患220条,下发整改通知16份,督促整改220件。

【生态建设】结合“两个创建”工作要求,完成周寨高家山和杨安申家梁三荒造林1500亩,栽植油松2.5万株、核桃1.3万株,实施崇大路、赤五路、周戚路行道树栽植46公里,完成西刘、宰相、杨安、青泥沟、赤城移民社区村庄绿化139.54亩,累计栽植各类绿化苗木3.8万株。投资100多万元,购买洒水车、钩臂式垃圾车、压缩式垃圾车、铲车、平板车各1台,移动式垃圾箱500个,共清理村庄垃圾、煤矸石450余吨,清理河道垃圾300多吨,清除土堆、粪堆、柴草堆260处,清除公交停靠站、建筑物立面、电线杆、路灯杆上乱写乱画、小广告等“牛皮癣”30余处,整治赤城街道和集贸市场乱搭乱建、占道生产经营25处,拆除周寨村坍塌破房20间,拆除其他各村残墙断壁和破损栅栏1000多米,清理群众房前屋后垃圾、砂石砖块170多处。

领导名录

党委书记 杨 宏
副 书 记 陈 伟 信小刚
纪委书记 梁喜军
镇　 长 陈 伟
副镇长 李亮亮 冯文轩 刘茂盛
人大主席 张继珍(12月止)
武装部长 尚天福(7月止)
李仲科(12月任)
人口和计划生育办公室主任
朱勰钰
社会治安综合治理办公室主任
雷雅荣(11月止)
李永霞(11月任)
食品药品监督管理所所长
李海鹏
副所长 李永霞(11月止)
王军峰(11月任)
党建办公室主任 张 谌
文化服务中心主任
朱小强(11月止)
关旭东(11月任)
农村公路管理所副所长
吴建峰(4月任)

柏树镇

【概况】 柏树镇位于崇信县北部塬区,东邻泾川县,距国道312线仅6公里,西距县城25公里,南依锦屏镇,北靠平凉市崆峒区花所乡。全镇辖12个村59个社3300户14000人,总土地面积75.32平方公里,其中耕地面积4.05万亩。镇政府内设党政综合办公室、经济社会发展办公室、人口和计划生育办公室、社会治安综合治理办公室,武装部,农业服务中心、社会事务服务中心、文化服务中心、计划生育服务中心、动植物疫病防控和农产品质量监管中心等“四办、一部、五个中心”。有干部职工74人。

【脱贫攻坚】 按照“宁可漏退一批,不能错退一人”的原则和“十不脱、十不算”的收入核查标准要求,组织镇村干部和驻村帮扶工作队员,对所有农户进行全面细致的入户核查摸底,全镇共压减回退113户485人,新识别纳入9户34人、回退4户17人。围绕贫困户脱贫11项指标和贫困村脱贫20项指标,组织镇村干部、驻村工作队扎实开展贫困户入户摸底、“三本账”运转、大数据平台信息维护和每季度精准监测等工作,规范贫困户基础资料。同时,积极联系县兴陇职业培训学校开展果树工培训班1场52人,在信家庄、张湾等村栽植花椒132.5亩、核桃960.2亩,提升贫困群众致富增收能力。

【项目建设】 年内,共论证重大项目12项,概算总投资4.07亿元。有11个项目已开工建设,其中:标准化果园建设项目,已对8000亩果园落实耕地、打药、除草、拉枝、病虫害防治等标准化管护措施;观光体验园建设项目,完成木本油料的育苗及核桃苗木的栽植工作;海越公司矮化密植苹果示范基地建设项目,新建农机库房200平方米,完成果树行间种草700亩,对果园进行标准化管护等工作;木家坡矮化密植园建设项目,在果树行间内种植油菜300亩,购买果园管理物资80吨,进行标准化果园管理。

【主导产业】以夯实群众增收基础为目的,在闫湾村建办占地850亩的矮化密植苹果示范园1处,栽植烟富3号、烟富8号、蜜脆等矮化苗木5.5万株。在党洼村建办养殖小区1处,修建养殖温棚8栋,管理用房14间,建成饲料房10间300平方米,工棚6间,青贮池2座1500立方米,消毒室2间,粪污处理区3处,硬化场地2400平方米,整修排污渠500米,修建围墙380米,栽植国槐、侧柏等绿化苗木300余株,完成场地绿化4000平方米,饲养肉牛97头以上。组织开展劳务技能培训4期,培训农民工2200多人(次),输转富余劳动力2000多人,创收2100多万元。组织群众落实1500亩油用牡丹育苗基地的病虫害防治、除草等管护措施。

【基础建设】实施新农村建设和旧村改造,新建康居住宅28户,完成党洼村农户的提质改造及门前绿化,在信家庄村新建村部2层14间,硬化村社道路600米,整修排洪渠320米。依托小城镇建设项目,在闫湾村道路铺油8620平方米,整修排洪渠1.7公里,安装围栏2420米。配合县国土局在柏树、三星、党洼、东风、申家庄5村实施旧庄基复垦2480亩。

【植绿造绿】组织劳力8300多人(次),在东风五洼山、榆洼岭和申家庄吃水沟、火石洼集中连片完成“三荒造林”6030亩,栽植油松4700株、刺槐51.4万株、柳树300株。在泾土路沿线补植补造柳树、云杉等绿化苗木22.2公里4730株,建成鲜花长廊10公里。在陶坡、张湾、党洼、东风等村栽植海棠、香花槐、龙爪槐等绿化苗木6430株。同时,组建村级环卫队伍12支,定期不定期对村庄和公路沿线环境卫生进行整治,镇村面貌发生明显变化。

【民计民生】严格落实各项强农惠农政策,发放各类惠农资金1140.4万元。按照省、市、县低保规范要求进行摸底核查,确保贫困人口应保尽保。以开展计划生育优质服务和“陇家福”健康百佳创建为重点,开展孕前优生健康检查85对,办理生育登记服务证108个,家庭医生签约服务830户,提升计划生育工作水平。严格落实安全生产“党政同责”和“一岗双责”工作责任制,不断加强镇安监站、村安监室规范化建设,积极开展隐患排查治理专项行动,安全生产工作扎实有效。按照“三到位一处理”的工作要求,认真开展矛盾纠纷大排查大调处行动和社会治安秩序大整治行动,排查调处各类矛盾纠纷33起,全镇经济社会大局持续稳定。

领导名录

党委书记	田丰钧
副书记	屈鹏飞
	肖靖赟(12月止)
	李中石(12月任)
纪委书记	李中石(12月止)
	高嘉波(12月任)
镇长	屈鹏飞
副镇长	王志召

王　坤(11 月止)
朱珍梅(6 月任)
人大主席　武晓荣(10 月止)
肖靖赟(12 月任)
党建办主任　田　娟
武 装 部 长　杜小虎
人口和计划生育中心主任
梁志峰
社会治安综合治理办公室主任
朱宏祥(11 月止)
文化服务中心主任　白　飞
食品药品监督管理所副所长
陈海林(7 月止)
李虎林(11 月任)
农村公路管理所副所长
朱元龙(11 月任)

黄寨镇

【概况】黄寨镇位于崇信县西北部塬区,东依柏树镇,西靠崆峒区大寨乡,北接崆峒区白水镇,南与锦屏镇、崇信县工业集中区接壤,距离县城 14 公里。2016 年 8 月撤乡改镇。全镇共有 11 个行政村,56 个社,2502 户 10737 人,区域面积 96 平方公里,耕地面积 5.2 万亩。镇政府内设党政综合办公室、经济社会发展办公室(挂人口和计划生育办公室牌子)、社会治安综合治理办公室(挂人民武装部牌子)和农业综合服务中心、社会事务综合服务中心、文化服务中心、计划生育服务中心等。共有干部职工 67 人。

【扶贫攻坚】 全年减贫 71 户 320 人,贫困发生率降至 3.1%。发放妇女创业、互助资金等贷款 98.5 万元,实施易地扶贫搬迁 3 户 15 人, 完成危房改造任务 25 户, 扶持贫困群众栽植苹果 128.7 亩、核桃 40.86 亩, 养牛 96 头, 精准培训 225 人(次),输出劳务 1200 人,为 52 户贫困户发放低保资金 44.33 万元,为 16 名贫困群众报销医疗费用 1.96 万元, 免除22 名贫困家庭幼儿保教费、20 名贫困家庭高职高中学生学杂费和书本费,为 6 名贫困大学生发放助学贷款 3 万元。严格按照“十不算”“十不脱”要求,加强精准监测和动态管理, 压减回退贫困人口 2 户 3 人,新识别纳入 8 户 23 人。

【产业发展】 充分发挥恒盛、强盛等养殖合作社的示范带动作用,狠抓疫病防控、饲草种植和养殖小区建设等关键环节,鼓励农户分散养殖;改建肉牛养殖小区 1 个,新改建养畜暖棚和旧窑洞养牛设施 11 个,建成优质饲草基地 1200 亩,青贮饲料 840 吨,全镇发展 10 头以上养殖大户 50 户,3 头以上养殖户 150 户, 成功举办北塬赛牛大会。落实全镇 1.32 万亩果园标准化管理措施,对承包园和 2680 亩挂果园加大监管,推行行政技术“双轨”责任制,开展果园管理技术培训 5 场(次),培训果农 1300 人(次)。招引陕西客商,流转土地 800 亩,采取矮砧集约化栽培方式,栽植矮化密植双矮富士 11 万株, 安装水肥一体化全自动灌溉设施, 埋设一纵四横主、支管道 2000 米,滴灌管 6 万米,建成办公用房及库房 5 间 150 平方米, 蓄水池 1 座 2000 立方米,安装围栏 5000 米,示范带动农户栽植矮化密植园50亩。在马寨庙沟、张明洼、茜洼、白新庄等村连片栽植核桃等经济林2200亩,邀请专家举办培训班5场(次),培训群众530多人。同时,大力推广旱作农业,在白新庄、黄土2个村集中连片建成全膜玉米示范点2000亩,示范带动全镇种植全膜玉米8012亩。

【项目建设】全镇年内实施万头肉牛扩量提质增效、马寨村美丽乡村及小城镇续建、崇白路绿色景观通道建设、黄寨村矮化密植园建设、干果林建设、万亩标准化果园提质增效、绿色小杂粮基地建设、统筹整合财政涉农资金支持贫困村基础设施建设等10个新建续建项目,已全部入库。全镇完成固定资产投资2247万元;农业增加值完成1.02亿元,同比增长10.7%;农民人均纯收入达到7200元,同比增长6.4%。

【基础建设】 争取"一事一议"财政奖补等项目支持,实施大麦沟、水泉洼、马寨、张明洼村容村貌整治,甘庄村道路硬化绿化,黄土村亮化工程,其中硬化道路1100米,修建排洪渠2.4公里,粉刷墙面2200平方米,配套绿化美化7400平方米,铺设马路砖5300平方米,安装道沿6800米,安装节能路灯26盏。争取国开行金融资金1084.2万元,新建大麦沟村级综合服务中心356平方米,硬化村社道路2公里,拓宽通村公路1.7公里,巷道硬化6500平方米,新修水渠5公里,栽植绿化苗木35万株,安装太阳能路灯228盏,购置垃圾箱18个;完成马寨美丽乡村及小城镇续建工程,建成商住楼3000平方米,村部办公用房510平方米,修建排洪渠3.5公里,铺设马路砖8780平方米,安装道沿13600米,粉刷墙面5200平方米,整理农户门前花园1500平方米,栽植绿化苗木1.5万株;实施大麦沟、水泉洼、马寨等村高标准农田建设项目;硬化镇机关篮球场,配套安装各类健身活动器材15套(件),改善镇村面貌。同时,加强全域无垃圾整治及造林绿化工作,严格实行主要领导包片、班子成员包村、村干部包社、保洁员包路段"四包责任制"落实,确定44名专职保洁员,定期清理辖区内卫生,确保环境的美化、净化;实施崇白路绿色景观通道建设项目,栽植各类景观树、绿化苗木35万(株),建成油松育苗基地60亩和园林小品1处,在马寨庙沟、甘庄闫咀山新植山荒造林3000亩,补植补造历年三荒工程4700亩,整修崇白路、泾土路等村社道路绿化工程58公里。

【改善民生】 采取"一册明、一折统"的方式发放各类惠农资金53项1209.68万元,户均0.47万元。新农合参合率达到94.9%,新农保续保人数5524人,续保缴费率94.4%。实施123456卫计与健康工作计划,坚持不懈地抓好全面两孩政策实施、健康促进模式改革、卫计健康扶贫等重点工作,组建家庭医生"4+1"签约服务团队11个,常住人口签约998户4950人,签约率44.3%,重点人群签约1837人,签约率37.9%,建档立卡贫困户签约637人,签约率100%,计生特殊家庭签约1人,签约率100%。协调文广局等部门配齐配全文体设施30多套(件),新建文化广场1个,村级卫生所和文化活动室实现全覆盖。严格落实耕地保护制度,确保耕地的保有量和基本农田的保护面。全面落实安全生产“党政同责、一岗双责”制度,强化重点领域安全整治和隐患排查,围绕道路交通、建筑施工、食品药品等方面开展专项整治,确保安全生产“零”事故。认真负责并及时办理督办件、政务信息报送、人大代表意见建议、政协委员提案和县上十件实事,扎实开展防震减灾、气象预警、节能降耗等工作,深入推进法治黄寨建设,依法处理信访等各项社会事务,严厉打击各类违法犯罪活动,全镇社会大局和谐稳定。

领导名录

党委书记 张 芸
副 书 记 朱清源(7月止)
刘小鹏(7月任)
王小亮
纪委书记 陈国春(12月止)
刘旭东(12月任)
镇 长 朱清源(7月止)
刘小鹏(7月任)
副镇长 刘旭东(12月止) 杜盼生
人大主席 路喜龙
党建办公室主任 高东刚
武装部长 梁康生
文化服务中心主任 路九玲
人口和计划生育办公室主任 王海鹏
社会治安综合治理办公室主任
马 腾
食药监所副所长 杜红军
农村公路管理所副所长
杜文龙(12月任)
主任科员 朱登鹏
副主任科员 王成贵

木林乡

【概况】 木林乡地处崇信县东部,共辖9村45社,2163户,9115人,全乡总土地面积69.37平方公里,其中耕地面积41700亩,人均耕地4.6亩。乡政府内设纪委(监察室)、党政综合办公室、经济社会发展办公室(人口和计划生育办公室)、社会治安综合治理办公室(人民武装部)、人民代表大会办公室、党组织建设工作办公室;设置农业综合服务中心、社会事务服务中心、文化服务中心、农村公路管理所4个事业机构。共有干部职工48人。

【脱贫攻坚】 对照“两不愁三保障”要求,年内实现83户355人稳定脱贫,全乡贫困面下降至3.54%。通过调购发放苗木、籽种、地膜(桶膜)、化肥等物资,协调开展技术培训等方式,扶持贫困户新植果园387亩,种植全膜玉米700亩、紫花苜蓿220亩,引导贫困户新建牛棚10座,维修牛棚24座,青贮饲草107包438吨,新增红牛养殖50余头;完成贫困人口技术培训155人,输转劳动力135人。深入推进“贫困村提升工程”,实施基础设施建设,在沟老贫困村硬化道路4公里,建设排洪渠4公里,安装太阳能路灯200盏,实施村庄环境治理2.5公里,危旧房改造13户,确定29名贫困人口进入村庄保洁员和护林员队伍,建立和促进贫困人口融入意识;实施易地扶贫搬迁4户,解决14人住房、生活困难问题；按照提高医疗报销5%的比例要求，为35名贫困人口解决医疗资金3.3万元；将丧失劳动力或无法通过其他措施实现脱贫的90户256名贫困人口，全部纳入农村低保；协调发放各类扶贫贷款450万元。

【产业开发】 完成6700亩果园标准化管护措施，全乡挂果园面积达到1200亩。新植乔化苹果园1000亩，建成矮化密植示范园1处300亩，新植核桃园1000亩。完成万园红商标和绿色农业商标注册认证。开展果园管理技术培训10余场(次)，培训果农600余人(次)。新建沟老村养殖小区1处，辐射带动贫困户养殖红牛147头，全乡牛存栏量达到0.3万头。推广种植饲草1000亩，全膜玉米5000亩，扶持养殖小区和农户青贮秸秆饲料2万吨，为牛产业提质扩量提供饲草保证。示范种植白芍等中药材300亩，水果玉米500亩、油葵100亩，引导种植冬油菜1500亩，优化产业结构。

【基础设施】 在全乡9个村硬化村社道路20公里，加宽道路2公里，硬化巷道0.5万平方米，新建排洪渠13公里，安装太阳能路灯625盏，实施村庄环境治理13.5公里，建成绿色景观小品6处，实施危旧房改造106户，维修涝池5座。对沟老、马家沟、木林3个村村部进行维修，实施高标准农田建设9000亩，改善群众生产生活条件。推行全域无垃圾治理责任网格化管理，设置“红黑榜”对发现的问题挂牌督办，逐步形成环境卫生治理长效机制。

【生态建设】 按照一年增绿、两年见效、三年成景的思路，两米间距、三行栽植香花槐、云杉、龙爪槐等树种4.7万株，建成关木路—葛木路绿色通道18公里。采取沿线造景、梯田培育经济林、退耕还林带抚育刺槐的规划方式，栽植刺槐20万株，油松、云杉、核桃等树种4万株，完成中子洼、五里洼三荒造林2900亩。建成东巷子—崖窑村绿化长廊2公里，栽植各类树种0.5万株、搭配种植黄杨、冬青等常青灌木和波斯菊、白堤、月季等花卉。

【招商引资】 协调桑树园家庭农场在沟老贫困村建办肉牛养殖小区1处；引进桃花缘农牧公司实施桃花缘有机肥生产项目，建成3万吨/年有机肥生产线1条；引进河南客商在沟老村建成中药材基地1处。完成木林小城镇建设(二期)项目、木林乡基础实施建设项目、关木路—葛木路绿色通道建设及崖窑村市级美丽乡村建设项目，提高城镇化水平。

【社会事业】 通过“一折统”一站式服务，及时发放农村低保、农业支持保护补贴、危房改造等50项惠农资金1005万元。实现教育改薄工程全覆盖，幼儿园、幼儿班全覆盖，学生入学率达到100%。严格落实两孩政策，做好人口计生和健康促进模式改革及家庭医生签约服务工作，完善医疗制度，全乡健康普及率达到100%，农村合作医疗保险参合率达到98.5%，城乡居民社会养老保险参保率达到95.7%，60岁以上享受待遇人员生存资格认证率达100%。对敬老院进行维修改造，在街区合理选址修建公厕3处。制定下发《木林乡2017年度安全生产工作安排意见》。联合学区、派出所、交警中队在9所中小学、幼儿园开展安全进校园活动;充分发挥劝导站作用,与机动车辆车主签订《五小车辆责任书》782份;运用村村响等平台及时发布暴雨等自然灾害预警信息,制定完善防汛应急、防灾减灾、突发性生产安全事故等应急预案和各项安全生产规章制度,高度重视食品药品监督管理,确保安全生产工作常抓不懈。同时,深入开展"七五"普法,加强社会治安管理,加大矛盾纠纷排查调处,及时化解信访突出问题,全年解决群众的合理诉求228件,维护社会和谐稳定。全面倡导工业节水,与各企业、各村签订用水节水目标管理责任书,建立健全公共机构节能工作制度,修订完善《木林乡干部职工管理办法》,单位人均综合能耗、水耗以及公务用车油耗分别比去年下降3.5%以上,主要污染物排放控制在指标值范围内,按季度上报单位公共机构基本信息统计报表,及时对单位能耗情况进行统计上报。制定下发《木林乡防震减灾工作安排意见》,严格值班制度,在汛期及自然灾害发生频繁时期,乡村干部能够坚持24小时巡查值班,及时发布气象信息,预防自然灾害。印发木林乡消防安全生产事故应急救援、电气火灾综合治理工作、夏季消防检查等工作方案,与9个村签订消防工作目标管理责任书,建立消防"网格化"管理等工作。

领导名录

党委书记 李红伟
副书记 孙小涛
刘伟贤(12月止)
齐军科(12月任)
纪委书记 齐军科(12月止)
刘瑞锋(12月任)
政府乡长 孙小涛
副乡长 王　宝(6月止)
秦彩玉
李军奎(12月任)
人大主席 李军军
武装部长 金涛涛
党建办主任 路海丰
计生办主任 李军奎(12月止)
任　洁(12月任)
综治办主任 梁　楠(12月止)
文化服务中心主任
任　洁(12月止)
赵海刚(12月任)
食品药品监督管理所所长
李　强
农村公路管理所副所长
李国凯(12月任)

黄花乡

【概况】 黄花乡位于崇信县南部塬区,东邻木林乡,南依灵台县梁原乡,西接新窑镇,北连锦屏镇。地势由北向南倾斜,形成南北狭长窄小的塬面。全乡有8个村委会,52个合作社。乡政府内设党政综合办公室、经济社会发展办公室(挂人口和计划生育办公室牌子)、社会治安综合治理办公室(挂人民武装部牌子)3个;事业机构设农业综合服务中心、社会事务综合服务中心、文化服务中心、计划生育服务中心4个。现有干部职工41人。全乡农业增加值达到9780万元，同比增长13.5%，固定资产投资达到2.86亿元，同比增长15.3%，招商引资完成0.92亿元，农民人均纯收入达到7200元，同比增长10.19%。主要经济指标完成或超额完成全年目标任务。

【扶贫攻坚】 围绕“1+17”“2+19”方案，对列入全年计划脱贫78户267人，坚持精准施策，“绣花式”帮扶，全力推进贫困户安全饮水、道路畅通、危房改造、医疗救助、就业务工和富民产业培育。支持帮扶65户贫困户，新增肉牛存栏240头、猪存栏102口、羊存栏210只、种植全膜玉米809亩，个体经营和服务业新增11户，有8户贫困户子女毕业达到高职以上录取线。精心组织劳动技能培训，举办砌筑工、家政服务等培训班4期210人，向附近煤矿输转贫困劳动力48人，向外输转72人，人均月收入3100元。全面落实惠农资金，累计发放精准扶贫专项贷款434户2143万元。加快健康脱贫步伐，累计补偿贫困户医疗费3.2万元18人次。结合低保核查，将82人纳入一、二类低保，实现政策兜底。持续抓好建档立卡和动态管理工作，按省、市、县要求，开展贫困户家庭状况、家庭收入、脱贫措施三项清理核查，对扶贫对象信息数据全面进行核准清洗，对涉及“十不算十不脱”的人口完成动态调整。争取扶贫专项资金25万元，实施高年设施蔬菜提质工程。全面完成高年异地扶贫搬迁工程，全乡列入分散安置11户群众已全部入住新居，经乡村初验，全乡55户214人符合脱贫验收11项指标，稳定脱贫。全乡贫困发生率由年初8.33%下降到5.62%，贫困人口由220户651人下降到166户439人。

【基础设施建设】 投资200万元，先后硬化高庄子新农村道路1.2公里、高年村设施蔬菜基地田间道路1公里、油府庄村社道路0.8公里。崇大路改造、省道203线改造已开工实施。全力推进高年异地扶贫搬迁、黄花塬美丽乡村后续项目建设。投资600万元，建设优质饲料牧草基地2300亩，年产优质牧草3万吨，配套建设道路、提灌系统。高年村高王社易地扶贫搬迁暨灾害避让工程已全面完成，实现群众全入住。完成绿源牧草公司二期工程建设，投资1700万元，建设贮草棚2间占地10亩，修建日光暖棚6座，建设办公用房600平方米。投资470万元，修建油府庄村村部，已完成主体建设，预计2018年5月交工使用。

【生态建设】 春季一次性完成葛木路、朝水路、崇大路道路绿化36公里，折合面积130.61亩；在高年、水磨、油府庄3村实施新农村绿化6.75亩；建成杨家沟疙瘩峁三荒造林和高年面山绿化工程5580亩；累计栽植洋槐、油松、云杉、柳树、香花槐等各种绿化苗木24.1万株。投入资金5.2万元，结合全域无垃圾活动，对崇大路、葛木路、朝水路沿线、村庄周围、河道沟渠进行重点整治，并将“四改四化”纳入秋季造林绿化、美丽乡村建设统筹规划分步实施。

【主导产业】加大对金鑫肉牛繁育等专业合作社扶持力度，新发展10头以上养殖大户12户，新增分散养殖户25户，三季度末全乡牛存栏达到0.6万头。创新机制，推动绿源牧草公司与养殖合作社、养殖大户、牧草基地有机结合，黄花乡循环农业生态园二期工程已全面建成，预计2018年初将投入使用。形成全产业链发展模式，全乡紫花苜蓿种植累计达到0.6万亩。通过“大户+基地”“能人+基地”两种模式，累计流转果园2000亩，完成生态林建设365亩，果园提质增效3000亩，培训果农108人(次)。实现分散经营向集体化、标准化迈进，以奖代补投放价值30余万元物资，全乡挂果面积达到800亩。乡上将工作重心放到更新换代设施、提升市场竞争力、增加经济效益上，对原有11座日光温室、260座蔬菜大棚进行维修加固和更换棚膜，硬化田间道路1公里。协调四川汉宫坊生物科技有限公司，实现油用牡丹基地管护劳务外包制，确保牡丹产业发展稳步推进。

【社会事业】全面实施二孩生育政策，扎实推进优质服务。截至10月中旬，累计完成孕前优生健康检查60例，全面完成工作任务。深入开展低保规范化核查，确保贫困人口应保尽保。严格落实安全生产“党政同责”和“一岗双责”工作责任制，安全事故起数、死亡人数双下降。新农合参保率95.8%。新农保参保率98.2%。深化“平安黄花”建设，成立黄花交警中队，确保农村道路交通安全执法。推行“阳光信访”，加强综合治理，社会和谐稳定。

领导名录

党委书记 张志强(7月止)
朱清源(7月任)
副书记 李晓存 张金虎
纪委书记 刘小平(12月止)
范克会(12月任)
政府乡长 李晓存
副乡长 范克会(12月止)
路文娟
关　巍(12月任)
人大主席 张崇平
武装部长 朱海元
党建办主任 李三德
人口与计划生育办公室主任
孙　皓
文化服务中心主任
梁小虎(12月止)
社会治安综合治理办公室主任
谭建华
食品药品监督管理所所长
何少华
农村公路管理所副所长
王小东(12月任)

工业集中区

【概况】崇信县工业集中区于2017年3月成立，总面积72平方公里，耕地面积2.67万亩，辖铜城、马沟、杜家塬、赵湾、庙台村5个行政村，新窑社区、赤城社区2个社区，29个合作社，总人口1.92万人，其中：农业人口7844人。集中区管委会核定编制54名(其中：铜城能源循环经济产业园服务中心12名、新窑煤炭深加工产业园服务中心12名)。内设综合办公室、招商服务科、农业农村科、社会事务科4个副科级机构;下设铜城能源循环经济产业园和新窑煤炭深加工产业园2个服务中心。现有干部职工70人,其中:副县级干部2人,科级干部14人。设立集中区食品药品监督管理所、司法所、财政所、安监站和畜牧站5个基层站所。集中区党工委下设1个党总支,2个机关支部,2个社区党支部,5个村党支部,有党员291人,预备党员5人。

【精准扶贫】 开展精准监测、脱贫退出自验、市县验收和贫困人口动态调整等工作,经市县验收年内脱贫64户255人。按照"十不算、十不脱"工作要求,完成脱贫人口回退压减工作,压减58户229人,回退22户80人。确定96名干部与贫困户结成帮扶对子,按照"七个一批"要求,对未脱贫的134户478名贫困户分类制定精准化减贫措施,为精准脱贫奠定基础。着力补齐基础设施短板,组织实施庙台美丽乡村、统筹整合财政涉农资金支持贫困村基础设施建设、一事一议财政奖补等项目,硬化村社道路5.4公里、巷道4.2万平方米,修建水渠7400米,完成铜黄路铺油5公里,改造农电线网5.5公里,夯实稳定脱贫的基础。为62户贫困户实施自来水入户工程,保证饮水安全;对年初确定的26户贫困户实施危房改造工程;根据劳动力培训需求,有针对性地开展培训4期151人(次),增强贫困户的致富技能;为4户贫困户联系贷款20万元,解决贫困户发展产业资金短缺的瓶颈制约;积极衔接电厂、鑫盛等企业就近输送富余劳动力800多人次,其中贫困户142人,人均增收1600元。

【农业产业开发】 实施永胜肉牛养殖小区建设工程,新建双列式牛舍4栋1600平方米,配套修建防疫、消毒、饲料加工及管理用房9间200平方米,新建围墙300米,饲养肉牛200多头,培育养殖大户20户,带动周边16户贫困户养殖肉牛65头。采取养殖小区集中青贮和分户青贮相结合的方式青贮玉米秸秆饲料1200多吨。按照果园管理技术规程,落实2860亩果园修剪、拉枝、套袋、清园等标准化管护措施,500亩果园实现初出挂果。引导群众在林下种植黄豆2300亩、养鸡1.3万只,解决果园前期效益低下的问题。维修加固小拱棚321座、钢架大棚26座,更换拱棚钢架9000根,栽植辣椒、西红柿、黄瓜等苗木30万株,实现销售收入260万元。及时向四川汉宫坊公司输送劳力,对3000亩育苗基地和1470亩栽植基地,落实施肥、除草、杀虫等管护措施,苗木长势良好。秋季通过上户宣传发动,充分动员劳力,采取群众自愿种植的方式,在铜城村西山栽植油用牡丹1000亩、325万株,集中区油用牡丹种植面积达到5278亩。

【招商引资】 按照"三个一"项目包抓责任制要求,加强协调调度,全力推进实施的16个重点工业项目建设进度,新安煤矿盘区北翼5煤开采技术研究与实践,新窑、新柏、大柳安全整治专项工程,崇信电厂企业工业信息管理平台建设等9个项目已全面建成。在建的鑫盛建材有限责任公司废物固体利用项目,正在浇筑厂房基础。全力抓好企业协调服务工作,组织人员定期不定期的深入辖区内7家生产矿井和2家在建矿井,协调解决企业在生产和建设过程中存在的困难和问题,协助企业完成固定资产投资4.3亿元。积极协调农户配合崇信电厂完成供水回线接地故障消缺等工作,保障企业的正常生产,全年累计化解由项目建设引起的各类矛盾纠纷23起。

【环境保护】 全年累计完成三荒造林3135亩,实施省道304线等绿色通道建设工程6条51公里、涂白42公里,完成铜城街道及庙台美丽乡村绿化2200平方米。通过反复调研制定印发《新窑绿色矿区创建方案》,配合新窑镇及县直相关部门开展煤矸石市场整治行动,整治煤矸石场5家,拆除厂房1200平方米、设备60多件。开展全域无垃圾治理,整改县督查组反馈和集中区自查问题235条,累计投入130多万元,清理各类垃圾480余吨,拆除违规违章建筑、残垣断壁15处,与农户签订全域无垃圾责任书1720份,配备保洁员33名签订聘用合同,督促全天候进行清扫,保证村庄、街区整洁。全面落实"河长制",整修河堤河道8公里,清理河床及河道内垃圾160多吨,配合相关部门依法依规对河道内的采砂场进行关闭,河道治理工作进展良好。加强对中央环保督查反馈6条问题的整改,涉及铜城能源循环经济产业的2条问题,污水处理厂建设项目,已上报省发改委待批,正在开展可研编制、初步设计、环境影响评价报告和地质勘探等项目建设前期工作;鑫盛新型建材固体废弃物综合利用项目已完成投资7500万元,征地84.5亩,修建围墙1100米,换填土方20万立方米,平整场地5万平方米,架设10千伏供电线路0.65公里,正在浇筑厂房基础。涉及新窑煤炭深加工产业园的4条问题,煤尘污染治理问题,制定印发《新窑矿区降尘污染治理整改方案》,将矿区16公里路段的环境卫生整治任务,划片包干给沿途的10户重点企业,明确整治范围、工作重点和目标任务,并督促煤炭生产、经营企业严格落实防粉尘、防扬撒、防渗漏"三防"措施,运输车辆装载时不得超限、超量,必须按要求落实加盖篷布、清扫车沿、冲洗车轮等措施,防止沿途造成扬尘污染,从源头上遏制煤尘污染。

【社会事业】 扎实做好计划生育工作,提升人口计生服务管理水平。认真开展低保对象精准识别,对低保对象按政策按程序进行动态调整,做到应保尽保、应退尽退。严格落实危旧房改造、退耕还林、粮种补贴、低保等强农惠农政策,及时足额发放各类惠农资金1714户7870人761.3万元。全面完成城乡居民社会养老保险和新农合基金收缴任务,参保、参合率达到100%。成立劳务输转协会,优先将有劳力的100名贫困群众发展为会员,年内向华信公司、崇信电厂输转劳力890人,增强发展后劲。加强社会治安管理,加大矛盾纠纷排查调处力度,及时解决群众的合理诉求542件,维护社会和谐稳定。

【安全生产】 充实2名业务人员,全面落实“一岗双责”工作责任制,与各村、各单位签订安全生产责任书120份,编制完善各类应急预案9份,做到事前有准备,遇事有预案,处置按步骤的应急体系。年内累计召开安全生产会议6次,悬挂横幅标语18条,LED显示屏播放滚动宣传标语32次,利用“村村响”发布预警信息8次,发放宣传资料680余份,摆放宣传展牌4次,开展企业负责人安全知识培训4次,在危险路段设置禁止农用车载人标志牌。组织开展以煤矿、道路交通、防汛等隐患排查为主的安全生产专项整治行动7次,摸排五小车辆457辆,发放交通安全告知书、签订责任书432份。全力配合交警队工作人员开展联合执法5次,打击道路交通违法行为,建成杜家塬、铜城、马沟标准化劝导站3处,聘请3名工作人员,及时督促劝导员上路巡查,共查处非营运车辆载客、超限超载等违法行为16起,防范安全事故的发生。整修疏通村社水渠3.4公里,树立安全警示牌3面,积极劝导群众拆除危旧看护房4间150平方米,堵塞各类安全漏洞。

【食品药品监管】 对监管所用房进行调整,办公业务用房达到4间。开展“四小”证件换发工作,新办食品生产登记证和食品经营登记证9户,“四小”换证99户。执行食品经营户违法行为记分管理,对37户进行扣分。有34户食品经营单位已完成电子追溯注册,食品经营单位“电子一票通”索取率93.2%。确定食品安全示范店10户,加强指导,提高创建水平。食品经营单位外置化实施率达到100%。食品安全监督公示率达到87%。全年共出动执法人员532人次,户均检查达6次以上。办理食品案件8件,收缴罚款0.76万元。下发责令整改通知书22份。约谈食品经营单位负责人8人。全面规范化妆品经营管理、索证索票和产品标识标签说明书的日常监管。开展化妆品违法使用禁限物质、国家局20批次,国家局28批次、国家局12批次等不合格防晒类化妆品清查活动6次,办理药品化妆品违法案件7件,收缴罚款0.58万元。下发责令整改通知书4份。约谈药品经营单位负责人7人。督促涉药单位制作药品质量安全风险管控流程图、风险点及管控措施公示牌,10户涉药单位配备阴凉柜,上报药品不良反应23例。农村家宴申报、登记、备案16次,较大规模聚餐9次。组织4名流动厨师进行体检培训。完成食品快检任务250批次,组织从业人员业务培训3期,培训食品从业人员272人、药械从业人员19名,上报工作信息36条,悬挂宣传横幅2条,在农贸市场制作宣传墙体4条,棚户区宣传消费者提示牌10个,提高公众的维权意识和防范意识。

【农村道路交通安全】 更换交通主干道安全宣传牌4面,建立道路交通安全微信群6个,共有人数300多人,发布道路交通安全生产知识300多条。开展“安全生产进校园”等警示教育宣讲活动3场(次),发放《致广大家长的一封平安信》

400 余份，倡导学生不坐超载车、不坐‘三无’车，并和辖区内 6 所学校签订安全承诺书。劝返无牌、无证、违法载人等车辆共计 580 多人次。与交警、派出所等部门开展联合执法 6 次，出动执法人员 20 余人次，劝阻、教育群众 300 多人(次)。

【国土资源管理】制定并印发集中区地质灾害防灾应急预案，持续加大对《中华人民共和国土地法》的宣传，引导群众增强国土资源保护与利用的意识。配合国土部门在庙台村完成土地复垦 1400 亩，配合锦屏国土分局审批庄基 26 户。坚持每月开展不少于 1 次专项整治行动，依法依规查处 2 起违规用地事件，下发整改通知，限期进行整改。

领导名录

铜城工业园区

党委书记　秦钧海(4 月止)

副 书 记　杨红生(4 月止)

纪委书记　李树华(4 月止)

管委会主任　李海霞(4 月止)

副主任　王志军(4 月止)

关建平(4 月止)

人口和计划生育办公室主任

李祥玉(4 月止)

社会治安综合治理办公室主任

邓玉鹏(4 月止)

食品药品监督管理所副所长

何晓玉(4 月止)

新窑工业园区

党委副书记、管委会主任

陈社教(4 月止)

副书记、纪工委书记

王海军(4 月止)

副主任　王　涛(4 月止)

人大工作委员会主任

王会生(4 月止)

企业服务科科长

梁新辉(4 月止)

社会事务科科长

袁　野(4 月止)

食品药品监督管理所所长

马志虎(4 月止)

县工业集中区

党工委书记　陈社教(4 月任)

副书记、管委会主任

樊彦君(4 月任)

专职副书记　李海霞(4 月任)

纪工委书记　王海军(4 月任)

副主任、新窑煤炭深加工产业园服务中心主任　王　涛(4 月任)

副主任、铜城能源循环经济产业园服务中心主任　魏文汇(4 月任)

专职副主任　杨红生(4 月任)

食品药品监督管理所所长

李树华(4 月任)

副所长　何晓玉(4 月任，11 月止)

综合办公室主任　王志军(4 月任)

人大工委主任　王会生(4 月任)

农业农村科科长　关建平(4 月任)

招商服务科科长　梁新辉(4 月任)

社会事务科科长　袁　野(4 月任)

铜城能源循环经济产业园服务中心副主任　邓玉鹏(4 月任)

李祥玉(4 月任)

新窑煤炭深加工产业园服务中心副主任　陶小伟(4 月任)

马志虎(4月任)

城市社区管理

【概况】 崇信县城市社区管委会内设食药监所、纪工委、人武部、综治办、计生站、司法所、安监站、总工会以及东街、西街、滨河社区11个机构。共有工作人员62人。城市社区辖区面积7.3平方公里,有常住人口4732户16364人。驻区单位145家,个体商业网点591家。共承担28个居民小区(楼院)管理,1660名弱势群体生活保障,192名党员管理服务,789名流动人口管理服务,1020人养老保险续费,1968人医疗保险办理等工作。

【惠民政策】 审核清查低保对象817户2015人,清理清退143户367人,共有拟低保对象671户1644人,累计发放最低生活保障金和物价补贴金510.05万元,发放困难居民冬春和临时救助资金691户29.49万元,发放孤儿生活费4.16万元,监督审核公租房申报82户。完成3542人全民参保入户计划核查比对工作,养老保险续费人数1020人,办理医疗保险1968人,实现居民医疗保险和养老保险全覆盖。完成技能培训105人(次),帮助实现再就业40人。

【社会事业】 开展民兵整组1次,组织参加民兵训练2次,兵役登记492人,完成征兵任务。积极宣传全面二孩政策,服务管理已婚育龄妇女3522人。一孩办证88人,二孩办证135人,政策生育率为100%,为501人建立流动人口居民健康档案,落实健康教育5036人,健康咨询4182人(次),为65岁以上老年人体检265人(次)。孕前优生健康检查人数55对,孕检覆盖率达到85%,为辖区623户低保家庭、2户计生特殊家庭、36户残疾人家庭签约家庭医生服务,提供免费健康体检并建立健康档案。抽组11名工作人员,牵头完成西城湾、马湾片区66户棚户区拆迁任务。同时,参与东塬子片区棚户区改造工作,已完成入户摸底、政策宣传工作,协议签订工作正在进行。协助指导成立小区业主委员14个,规范小区物业管理,确保小区环境卫生干净整洁。

【平安建设】 开展矛盾纠纷大排查大调处和社会治安秩序大整治活动,以社区及居民小区为单位,划分区域3个,片区5个,组建排查工作小组16支40人,深入小区、上门入户,开展"拉网式"排查,排查矛盾纠纷19起,化解19起。落实14名吸毒人员定期尿检,实现涉毒人员常态化管理。全面摸排"两参"人员、复转军人、吸毒人员、刑满释放人员、社区矫正人员、失独家庭、重点上访户、困难家庭、残疾孤寡等群体,建立重点稳控人员责任分解台账8类,落实包抓重点稳控人员125人。汛期排查防汛隐患15处,处理隐患15处,传达汛情22次,张贴告知书47张,入户发放通知书15户,建立防汛应急志愿队伍3支50人,开展应急演练2次。开展各类法制、防震减灾、消防、人防宣传8场(次),应急演练3次,提高辖区居民安全意识和紧急避险技能。

【安全监管】 严格落实“四个一律”和“五个一批”要求，坚持把安全隐患排查作为关键环节，开展安全防范大检查和烟花爆竹清缴行动，做到不漏掉任何一个安全隐患、不放过任何一个不稳定因素，不留下一个盲点死角，共排查住宅小区17个，辖区住户618户，个体商铺317家，清查违法销售烟花爆竹商业门店112家，共排查存在安全隐患1120处，已全部整改到位。

【全域无垃圾】 坚持抓重点、攻难点，开展全域无垃圾创建工作，在落实好机关干部周一、周五开展环境卫生整治工作的基础上，组织各社区组建30—50人的环境卫生志愿者队伍1支，定期开展环境卫生集中清理。同时，结合在职党员进社区活动，开展环境卫生集中整治15次，共发动群众1500人（次），印发宣传资料1万余份，宣传61场(次)，清理垃圾25余吨，清理面积约12000平方米，改善辖区的环境质量，提高居民群众的环保意识。

【消费监管】监管食品药品化妆品经营户409户，累计出动执法人员386人(次)，检查单位2132户，查处食品药品化妆品违法经营案件立案18起，已结案17起，没收假劣药品8.2kg，执行罚没款13778.50元，处理投诉举报信息11起，处理率100%。完成餐厨油烟改造158个，为辖区居民营造健康卫生的饮食用药环境。

领导名录

党工委书记 张双宣
副 书 记 梁靖江 王晓婷
管委会主任 梁靖江
副主任 巩大伟(3月任)
董 方(7月任)
纪工委书记 关宏峰
人武部部长 王 飞
工会主席 尹志祥(3月止)
人大工委主任 高新文(12月任)
党建办主任 王小艳(4月任)
综治维稳中心主任
王小艳(4月止)
杜昶成(4月任)
计生办主任 薛志英(7月任)
食品药品监督管理所所长
高新文(12月止)
副所长 董 方(7月止)
刘龙龙(7月任)
滨河路社区服务中心党支部书记
杨玉媛(3月任)
副主任科员 梁和平

五举农场

【概况】 2016年4月五举农场由甘肃亚盛实业(集团)股份有限公司垂直管理；机关内设党政综合办公室、企业管理部、计划财务部3个职能部室；下设槐树、崖子两个农业分场，一个社区服务中心。农场设有1个党委(中共甘肃省国营五举农场党委)，3个基层党支部(机关党支部、槐树分场党支部、崖子分场党支部)，现有中共正式党员61名。全场现有从事农业人口1430人，农业劳动力463人，在职职工74人，其中管理人员24名。

【经营指标】全年实现主营业务收入309万元，完成计划的103%；实现利润-131万元，较计划减亏49万元;实现职均收入3.9万元。

【农业生产】年内共完成农作物播种面积5922.7亩,计划的100%。农作物实现总产2761吨,完成计划总产3650吨的75.6%,其中:玉米总产2314吨,完成计划总产2700吨的85.7%;小麦总产14.8吨,完成计划总产50吨的29.5%;山楂总产432吨,完成计划总产900吨的48%。

【现代农业】玉米、苗木、核桃三个主导作物总面积5267亩,占总耕种面积5922亩的89%;落实土地统一经营面积2542亩;落实全膜双垄沟播作物面积602亩、配方施肥5922亩;农机配套作业实现全覆盖,化学除草覆盖率达95%;建成良种(良法)示范基地2个、申报科技推广项目1个;建成主导产业科技示范园区1个,实施科技项目1个,综合组装配套的农业增产技术应用率达到80%。

【产业建设】对已建设的1100亩苗木基地、1183亩核桃基地,通过加强管护,确保苗木成活率和面积保存率。年内累计销售苗木2.36万株,实现销售收入38.9万元。试种晚熟西瓜172.3亩,高原夏菜30亩,努力探索种植结构调整新模式。

【项目建设】多次和省农垦国土局协调沟通,6665亩高标准农田建设项目经相关部门批准,将于2018年实施。分公司业务用房项目于5月30日开工建设,已完成工程量的95%;变更增加配套基础设施建设项目已完成审批,4月开工建设。

【社会事业】年内74名在册在岗职工养老保险、失业保险和工伤保险、城镇居民基本医疗保险参保率均达到100%,城乡居民养老保险和城镇居民医疗保险,参保率达到90%以上。通过积极与地方社保、民政、残联、房管等部门沟通协调,为23户37名困难人员申报办理城镇居民最低生活保障;对101名残疾人进行建档立卡;对符合政策要求的各类残疾人申请扶贫救助金4万余元;为137户职工群众申报享受廉租房补贴资金每季度13.95万元;争取地方民政救助资金13万元。

领导名录

经理、党委书记 陶发福
场长、党委副书记 王志强
纪委书记、工会主席 杨 勇
副场长 付玉俊 杨五江
调研员 姚永存
经理助理 史建峰
党政综合办公室主任兼机关党支部书记 陶星宇
计划财务部部长 刘庆平
企业管理部部长 史志奇
副部长 赵治雄
崖子分场场长兼党支部书记 赵存利
副场长 周建荣(1月任)
槐树分场场长 剡宏英
党支部副书记 李存虎(1月任)
主 任 于鸿禄
主任科员 杨虎成

2017年度崇信县企业纳税(前20名)一览表

表1 单位:万元

纳税人名称	法人姓名	国税	地税	纳税总额	排名
华亭煤业大柳煤矿有限公司	许 强	9317.33	2862.05	12179.38	1
崇信县百贯沟煤业有限公司	谭江江	5851.95	3773.78	9625.73	2
华亭煤业集团新柏煤矿有限责任公司	丁小敏	5596.11	2399.21	7995.32	3
华亭煤业集团新窑煤矿有限责任公司	段金红	5750.78	1789.08	7539.86	4
平凉新安煤业有限责任公司	朱玲方	4242.26	1449.61	5691.87	5
中电建甘肃能源崇信发电有限责任公司	张积鹏	3203.96	1242.36	4446.32	6
平凉市新世纪房地产开发有限责任公司崇信分公司	袁广军	658.61	645.37	1303.98	7
甘肃崇信农村商业银行股份有限公司	李志虎	716.17	15.94	732.11	8
崇信县天宸建筑工程有限责任公司	王正举	453.22	143.06	596.28	9
崇信县天宇建筑工程有限责任公司	刘会斤	526.20	50.61	576.81	10
崇信县周寨煤业有限责任公司	周春生	372.48	39.01	411.49	11
甘肃新周煤业有限责任公司	祁万锦	281.38	71.81	353.19	12
平凉春生房地产开发有限责任公司	周春生	222.74	52.3	275.04	13
甘肃国峰文化旅游发展有限公司	夏 峰	—	174.29	174.29	14
中国农业银行股份有限公司崇信县支行	卫小亮	172.85	—	172.85	15
崇信县恒源建筑工程有限责任公司	刘正武	134.69	—	134.69	16
崇信县鑫宇商品混凝土有限责任公司	谢鸿斌	126.90	—	126.9	17
甘肃银行股份有限公司崇信支行	樊 辉	91.50	—	91.5	18
华亭煤业集团房地产开发有限责任公司	刘奇琛	—	75.75	75.75	19
崇信县嘉信商贸有限责任公司	崔亮亮	65.34	—	65.34	20

表 2

崇信县2017年单位获奖名录(省级及以上)

获奖单位	荣誉称号	授予时间	颁奖部门
县工商联	全国“五好”县级工商联	2017.12	全国工商联
县网信办	中国政务网站优秀奖	2017.4	第十五届(2017)中国优秀政务平台推荐及综合影响力评估总结暨首届中国智慧政府“互联网+政务服务”创新发展大会
县检察院	检察机关保障律师执业权利示范单位	2017.9	最高人民检察院
人行崇信县支行	省级文明单位	2017.7	省委、省政府
农行崇信支行	甘肃省第十三批文明单位	2017.7	省委、省政府
县职教中心	甘肃省教育系统先进集体	2017.9	省政府
县职教中心	甘肃省第五批中小学德育示范学校	2017.12	省委宣传部、省文明办、省教育厅
县委政法委	2017年度甘肃省铁路护路联防工作先进县	2018.4	省综治委铁路护路联防工作领导小组
县检察院	全省检察机关先进集体	2017.12	省人民检察院
县法院	全省法院信息化工作先进集体	2017.7	省人民法院
县职教中心	2017年全省中等职业学校信息化教学大赛优秀组织奖	2017.7	省教育厅
柏树镇秦家庙小学	2017“萤光熠熠,榜样生辉”精准支持行动计划中授予年度“示范校”称号	2017.7	省教育厅
县职教中心	甘肃省中等职业学校校歌大汇唱二等奖	2017.12	省教育厅
县人社局	甘肃省五四红旗团支部	2017.4	省人社厅、团省委
县教育局	甘肃省五四红旗团委	2017.4	团省委

续表 2

获奖单位	荣誉称号	授予时间	颁奖部门
县国税局办税服务厅	甘肃省巾帼文明岗	2017.7	省人社厅、省妇联
县医院	外周介入知识与技能大赛精神文明先进集体	2017.3	省卫计委
县医院	外周介入知识与技能大赛团体优秀奖	2017.3	省卫计委
县二中	2016 年度省级绿色学校	2017.2	省环保厅
县法院	甘肃省档案工作规范化管理省特级单位	2018.1	省档案局
县委党校	“省一级”档案室	2017.2	省档案局
县人防办	全省人民防空宣传教育社区先进单位	2017.11	省人防办
县公安局交警大队	先进单位	2017.12	省道交委
县二中	甘肃省毒品预防教育示范学校	2018.1	省禁毒委
国网崇信县供电公司	2016—2017 年度同期线损系统建设先进集体	2018.2	国网省电力公司
县中医院	2017 年“世界高血压日”宣传活动优秀团体二等奖	2017.5	省医师协会高血压专业委员会

崇信县2017年个人获奖名录（省级及以上）

表3

姓名	性别	民族	工作单位	荣誉称号	授予时间	颁奖部门
李忠平	男	汉	县地税局	全国无偿献血奉献奖铜牌	2017.6	国家卫计委、中国红十字总会、中央军委后勤保障部卫生局
杨俊函	男	汉	团县委	2017年中国青年志愿者服务春运暖冬行动优秀志愿者	2017.4	团中央志工部
薛志峰	男	汉	人行崇信支行	“央行情·文学梦—喜迎十九大”征文二等奖	2017.12	人民银行总行工会
李社会	男	汉	柏树镇秦家庙小学	2017年马云乡村校长计划新乡村教育家	2017.7	马云公益基金会
王海玉	男	汉	团县委	2016-2017年度大学生优秀西部计划志愿者	2018.1	全国大学生志愿服务西部计划项目办
李小军	男	汉	县法院	最具影响力奖	2017.12	新浪互联网法律研究院
梁正军	男	汉	县政协	第十三批省级精神文明建设先进工作者	2017.7	省委、省政府
李社会	男	汉	柏树镇秦家庙小学	甘肃省优秀教师，甘肃省“园丁奖”	2017.9	省政府
廉晓雷	男	汉	县一中	甘肃省优秀教师，甘肃省“园丁奖”	2017.9	省政府
张爱红	女	汉	县城区一小	甘肃省特级教师	2017.9	省政府
朱文杰	男	汉	县二中	课件《阳光三叠》在2017年全国优秀课件评选活动中荣获一等奖	2017.3	教育部基础教育课程改革研究中心
朱文杰	男	汉	县二中	作品《英雄凯旋歌》在第四届全国微课（程）优质资源展示会中荣获一等奖	2017.3	教育部基础教育课程改革研究中心
李吉庆	男	汉	柏树镇	2017年“平安甘肃·最美农村交通安全劝导员”提名奖	2017.12	省委宣传部、省网信办、省文明办、省交通厅、省总工会、团省委、省广播电影电视总台
朱文杰	男	汉	县二中	“第十三届青春中国—甘肃省青少年才艺大赛”甘肃总决赛中获得“优秀指导教师”奖	2017.6	省委宣传部、省文化厅、省广电总台

续表 3

姓名	性别	民族	工作单位	荣誉称号	授予时间	颁奖部门
王　韬	男	汉	县委党校	全省党校系统教学竞赛优秀奖	2017.6	省委党校
李旭东	男	汉	县城区一小退休教师	2017 年全省离退休干部“畅谈十八大以来变化、展望十九大胜利召开”活动的先进个人	2018.1	省委老干局
杨　波	男	汉	县委老干局	《加强和创新离休退休干部党建工作的思考》一文被评为 2017 年度全省老干部工作优秀调研成果三等奖	2018.1	省委老干局
王　杰	男	汉	县委党史办退休干部	2016 年全省第二批“故事佬”先进个人	2017.5	省关工委、省教育厅、省文明办、团省委
王　杰	男	汉	县委党史办退休干部	“两史两情”主题教育活动中，被评为“故事佬”	2017.5	省关工委、省教育厅、省文明办、团省委
王静怡	女	汉	县二中学生	2016 年全省第二批“优秀小公民”先进个人	2017.5	省关工委、省教育厅、省文明办、团省委
郗　青	女	汉	县农业技术推广中心	甘肃省技术标兵	2017.12	省总工会、省人社厅、省工信委、省科技厅、省国资委
关永霞	女	汉	县农业技术推广中心	甘肃省技术标兵	2017.12	省总工会、省人社厅、省工信委、省科技厅、省国资委
谢玫君	女	汉	县农业技术推广中心	甘肃省技术标兵	2017.12	省总工会、省人社厅、省工信委、省科技厅、省国资委
高龙璋	男	汉	县工商局	全省非公有制经济组织优秀党务工作者	2017.8	省工商局党组、省非公有制企业工作委员会
车伟杰	女	汉	县法院	2016 年度优秀裁判文书	2017.1	省人民法院

续表 3

姓 名	性别	民族	工作单位	荣 誉 称 号	授予时间	颁奖部门
董海娟	女	汉	县教育局	2011—2015 年度全省实施妇女儿童发展规划先进个人	2017.7	省政府妇女儿童工作委员会、省人社厅
王钰萍	女	汉	县工商局	甘肃省个体私营企业协会先进工作者	2017.9	省人社厅、省工商局
陈丽萍	女	汉	县信访局	全省信访先进个人	2017.7	省人社厅、省信访局
赵小勇	男	汉	县统计局	2015 年甘肃省 1%人口抽样调查省级先进个人	2017.3	省人社厅、省统计局
王 谦	男	汉	县农机局	2017 年度全省平安农机示范岗标兵	2017.1	省农牧厅、省安监局
崔正旭	男	汉	县农业行政综合执法大队	2017 年全省农业行政执法工作绩效考核先进个人	2018.3	省农业行政综合执法局
张双宣	男	汉	县城市社区	人防宣传教育进社区先进个人	2017.11	省人防办
韩晓芳	女	汉	县职教中心	2017 年全省中等职业学校学生技能大赛键盘乐器演奏赛项优秀指导教师	2017.3	省教育厅、省财政厅、省人社厅、省卫生厅
王凤凤	女	汉	县职教中心	2017 年全省中等职业学校学生技能大赛动画片制作赛项优秀指导教师	2017.3	省教育厅、省财政厅、省人社厅、省卫生厅
赵晓龙	男	汉	县职教中心	2017 年全省中等职业学校学生技能大赛单片机控制装置安装与调试赛项优秀指导教师	2017.3	省教育厅、省财政厅、省人社厅、省卫生厅
信攀年	男	汉	县二中	“平行四边形”荣获 2017 年甘肃省第二届“创新杯”中小学教学单元教学设计文体比赛（初中组）二等奖	2017.8	省教科所、省教育学会、省数学教育部研究会

续表 3

姓 名	性别	民族	工作单位	荣 誉 称 号	授予时间	颁奖部门
刘玉龙	男	汉	黄寨镇学区	科技创新大赛科技创意项目指导三等奖	2017.4	省教育厅、省科技厅
张等峰	男	汉	黄寨镇张明洼小学	科技创新大赛科技创意项目指导三等奖	2017.4	省教育厅、省科技厅
曹志强	男	汉	县职教中心	2017 年全省中等职业学校信息化教学大赛公共基础课程组一等奖	2017.7	省教育厅
马红艳	女	汉	县职教中心	2017 年全省中等职业学校信息化教学大赛公共基础课程组一等奖	2017.7	省教育厅
梁春燕	女	汉	县职教中心	2017 年全省中等职业学校信息化教学大赛专业课程组三等奖	2017.7	省教育厅
李蕊宏	女	汉	县职教中心	2017 年全省中等职业学校信息化教学大赛专业课程组三等奖	2017.7	省教育厅
刘婷婷	女	汉	县职教中心	2017 年全省中等职业学校信息化教学大赛公共基础课程组三等奖	2017.7	省教育厅
刘永娟	女	汉	县职教中心	2017 年全省中等职业学校信息化教学大赛公共基础课程组三等奖	2017.7	省教育厅
李　婷	女	汉	黄寨镇黄寨小学	甘肃省青少年科技创新大赛三等奖	2017.4	省教育厅
张等峰	男	汉	黄寨镇张明洼小学	教学设计三等奖	2017.8	省教科所
李　婷	女	汉	黄寨镇黄寨小学	甘肃省第二届“创新杯”中小学数学单元教学设计文本比赛小学组三等奖	2017.8	省教科所
王　蕊	女	汉	县幼儿园	《幼儿园数学教学游戏化实践路径》论文三等奖	2017.11	省教科所
郭玲娟	女	汉	县幼儿园	《准确把握“快乐体育”的内涵，提高幼儿园体育游戏活动的效率》论文三等奖	2017.11	省教科所

续表 3

姓 名	性别	民族	工作单位	荣 誉 称 号	授予时间	颁奖部门
赵云芳	女	汉	县幼儿园	《小班管理的艺术》论文三等奖	2017.11	省教科所
李宏峰	男	汉	县委党校	《落实省第十三次党代会精神 以精准扶贫推进基层治理现代化》获省科社学会一等奖	2017.7	省科社学会
王晨生	男	汉	县委党校	《在脱贫攻坚中更好发挥农村基层党组织作用》获省科社学会三等奖	2017.7	省科社学会
王宝文	男	汉	县职教中心	全省电大 2016 年度优秀教师	2017.1	省广播电视大学
朱怀炜	男	汉	柏树卫生院	优秀医务基层工作者	2017.9	省人社厅、省卫计委
邵 冲	男	汉	县工业集中区卫生院	优秀医务基层工作者	2017.9	省人社厅、省卫计委
孟志雄	男	汉	新窑卫生院	优秀乡镇卫生院长	2017.9	省人社厅、省卫计委
章喜成	男	汉	锦屏镇政府	优秀计划生育专干	2017.9	省人社厅、省卫计委
袁彩花	女	汉	锦屏镇政府	优秀计划生育技术服务人员	2017.9	省人社厅、省卫计委
李占峰	男	汉	县医院	外周介入知识与技能大赛个人三等奖	2017.4	省卫计委
李凤钗	女	汉	县医院	全省护理协会先进个人	2017.4	省卫计委
吴娟娟	女	汉	县医院	临床带教先进个人	2017.4	甘肃医学院
王海英	女	汉	县医院	临床带教先进个人	2017.4	甘肃医学院
张宝喜	男	汉	县地税局	“营改增”试点工作中被评为“先进个人”	2017.1	省地税局
杨彩珍	女	汉	县地税局	“营改增”试点工作中被给予“个人嘉奖”	2017.1	省地税局
朱斌武	男	汉	县地税局	“中国美、劳动美、地税情”书画摄影手工作品评比手工一等奖	2017.7	省地税局
马丽娟	女	汉	县地税局	“中国美、劳动美、地税情”书画摄影手工作品评比画类优秀奖	2017.7	省地税局
薛小妮	女	汉	县地税局	“中国美、劳动美、地税情”书画摄影手工作品评比画类优秀奖	2017.7	省地税局
秦莉莉	女	汉	县地税局	“营改增”试点工作中被评为“先进个人”	2017.1	省地税局

表 4

崇信县 2017 年单位获奖名录(市级)

获奖单位	荣誉称号	授予时间	颁奖部门
崇信县	全市维护稳定工作先进县区	2018.3	市委、市政府
县委政法委	2017 年度全市维护稳定先进单位	2018.3	市委、市政府
县委党校	市级文明单位	2017.9	市委、市政府
县委党史办	《崇信县志(1991—2010)》荣获平凉市第六届优秀社会科学成果奖一等奖	2017.10	市委、市政府
锦屏镇	2017 年度全市棚户区改造暨土地房屋征收先进集体	2018.2	市政府
县住建局	2017 年全市棚户区改造暨土地房屋征收先进集体	2018.3	市政府
县消防大队	2017 年度消防工作先进单位	2018.3	市政府
县安监局	2016 年度安全生产工作先进单位	2017.3	市政府
县委办	2017 年度党委系统信息工作先进单位	2018.3	市委办
县委机要局	2017 年度党委系统机要密码工作先进单位	2018.3	市委办
县委老干局	全市离休干部"畅谈展望"先进集体	2018.2	市委老干局
县国税局	"农行杯"平凉市第三届微影视作品展评活动崇信县国家税务局微电影《老田家的烦心事》荣获优秀影片奖	2018.2	市委宣传部、平凉日报社、市文广局、市电视台、市网信办、农行平凉分行
县人社局	"农行杯"平凉市微影视作品展评活动《回崇信》获入围奖	2017.12	市委宣传部、平凉日报社、市文广局、市电视台、市网信办、农行平凉分行
县委统战部	2017 年度统战工作责任目标考核良好等次	2018.2	市委统战部
县工商联	2016 年度全市预防职务犯罪工作先进单位	2017.6	市委职务犯罪预防工作领导小组
县信访局	2017 年度全市信访工作目标考核第一名	2018.3	市信访联席会议办公室
县残联	2017 年度综合目标责任考核一等奖	2018.2	市政府残工委
县财政局	2011—2015 年全市实施妇女儿童发展规划先进集体	2017.11	市政府妇女儿童工作委员会
县编办	2017 年度全市机构编制工作先进集体一等奖	2018.3	市编办
县档案局	2017 年度全市档案目标责任考核第一名	2017.12	市档案局
团县委	2017 年度县区共青团工作先进单位三等奖	2018.3	团市委

续表 4

获奖单位	荣 誉 称 号	授予时间	颁奖部门
县妇联	平凉市《中华人民共和国反家庭暴力法》知识竞赛优秀组织奖	2017.5	市妇联
县妇联	“陇原巧手”手工艺品大赛优秀组织奖	2017.8	市妇联
县地税局征收分局	三八红旗集体	2017.3	市妇联
县总工会	2017 年工会重点工作考核良好等次	2018.3	市总工会
县科协	第 33 届平凉市青少年科技创新大赛优秀组织奖	2018.5	市科协、市教育局、市科技局
新窑镇	平凉市科普示范乡镇	2018.2	市科协
崇信县农业专业技术协会联合会	科普工作先进集体	2018.1	市科协
崇信县汇丰现代农业协会	科普工作先进集体	2018.1	市科协
崇信县鑫塬果业农村专业技术协会	科普工作先进集体	2018.1	市科协
崇信县百盛现代农业养殖示范基地	科普工作先进集体	2018.1	市科协
崇信县甲天下生态果业基地	科普工作先进集体	2018.1	市科协
滨河路社区	科普工作先进集体	2018.1	市科协
西街社区	科普工作先进集体	2018.1	市科协
县民宗局	2017 年度全市民委系统信息工作先进集体	2018.3	市民族事务委员会
县民宗局	2017 年度工作责任目标管理完成优秀等次	2018.3	市民族事务委员会
县民宗局	2017 年度全市宗教信息工作先进单位	2018.2	市宗教事务局
县人社局	第二届平凉市创业大赛优秀组织奖	2017.9	市全民创业行动协调推进领导小组
锦屏镇	全市关心下一代工作委员会先进集体	2018.4	市关工委
县法院	全市优秀法院	2018.3	市人民法院
县法院	市级文明单位	2017.1	市人民法院
县公安局刑侦大队	集体三等功	2017.8	市公安局
县公安局锦屏派出所	集体三等功	2017.12	市公安局

续表 4

获奖单位	荣誉称号	授予时间	颁奖部门
县公安局	“9.07 特大贩毒专案组”荣记集体三等功	2017.12	市公安局
县公安局交警大队	2017 年度道路交通安全工作目标责任考核中被评为先进单位	2018.1	市交道委
柏树镇	平凉市社区戒毒社区康复示范点	2018.1	市禁毒委
西街社区	平凉市社区戒毒社区康复示范点	2018.1	市禁毒委
县二中	2017 年中小学课堂教学(优质课)讲赛优秀承办学校	2017.12	市教育局
县质监局	2016 年度全市质量技术监督政务信息工作先进单位	2017.3	市质监局
县安监局	2016 年度安全生产工作先进单位	2017.3	市安监委
县安监局	全市安全生产宣传教育先进单位	2018.2	市安监局
县人防办	2017 年人民防空建设目标管理考核先进单位	2017.12	市人防办
县审计局	全市审计系统目标责任考核一等奖	2017.3	市审计局
县审计局	全市 2016 年度优秀审计项目	2017.3	市审计局
县人社局	2017 年度全市人社工作目标责任考核优秀等次(第二名)	2018.3	市人社局
县人社局	2017 年度社保改革工作考核先进单位 (第三名)	2018.3	市人社局
县城市社区计生办	平凉市陇家福“健康百佳”健康大讲堂先进单位	2017.10	市卫计委、市民政局、市计划生育协会
县医院九功分院	全市卫生计生优质服务先进集体	2017.6	市卫计局
县食药监局	平凉市食品安全事故应急处置技能竞赛二等奖	2018.3	市食药监局
县财政局	2016 年全市财政决算和 2017 年预算执行一等奖	2017.2	市财政局
柏树镇	市级绿色社区	2017.2	市环保局、市民政局
县民政局	2017 年度全市民政工作优秀等次	2018.3	市民政局
县农机局	2017 年度农机重点工作责任制完成一等奖	2018.1	市农牧局

续表 4

获奖单位	荣誉称号	授予时间	颁奖部门
县农业行政综合执法大队	2017年度全市农资打假工作先进单位	2018.1	市农牧局
县发改局	2017年全市发展改革系统信息报送一等奖	2018.2	市发改局
县发改局	2017年度全市发展改革系统PPP项目建设考核二等奖	2018.2	市发改局
县发改局	2017年度全市发展改革系统固定资产投资考核三等奖	2018.2	市发改局
县发改局	全市发改系统目标责任绩效考核一等奖	2018.2	市发改委
县工商局	2017年度全市商标品牌指导站建设先进单位	2018.3	市工商局
县粮食局	2016年度全市粮食系统会计报表工作二等奖	2017.1	市粮食局
县粮食局	全市粮食系统财务分析工作三等奖	2017.1	市粮食局
县粮食局	2016年度全市粮食流通统计工作先进单位	2017.3	市粮食局
县财政局	平凉市生态园林单位	2018.3	市绿化委员会
县检察院	平凉市生态园林单位	2018.3	市绿化委员会
县机关事务局	平凉市生态园林单位	2018.3	市绿化委员会
县法院	平凉市生态园林单位	2018.3	市绿化委员会
县地税局	组织收入先进单位	2018.2	市地税局
县督查考核局	平凉市卫生先进单位	2017.12	市爱卫办
县文广局	2017年度县(区)文广重点工作目标责任考核三等奖	2018.2	市文化广播影视新闻出版局
县文广局	全市2017年度文物安全目标责任考核先进单位	2018.2	市文化广播影视 新闻出版局
县文广局	平凉市第一次可移动文物普查工作先进集体	2018.2	市文化广播影视新闻出版局
县二中	2017年平凉市青少年(五人制)足球锦标赛男子组第二名	2017.5	市文化广播影视新闻出版局、市教育局
县国土局	2017年度国土资源目标管理责任书考核良好等次	2018.3	市国土局

续表4

获奖单位	荣誉称号	授予时间	颁奖部门
县消防大队	先进基层党组织	2017.6	市公安局消防支队委员会
县消防大队	2017年度先进单位	2018.2	市公安局消防支队委员会
县国税局	"岗位大练兵 业务大比武"竞赛中荣获团体二等奖	2017.12	市国税局
县国税局	2017年度全市国税系统绩效考评中取得"优秀"等次，获得第三名	2018.2	市国税局
县住房公积金管理中心	综合考核第三名	2017.1	市住房公积金管理中心
国网崇信县供电公司	"六好"党支部	2018.1	市供电公司
人寿崇信支公司城区销售服务部	2017年度"先进销售团队"	2018.2	人寿平凉分公司
人寿崇信支公司银保部	2017年度"发展先进团队"	2018.2	人寿平凉分公司
农行崇信支行	2017年度安全保卫工作先进单位	2018.2	农行平凉分行
人行崇信县支行	"喜迎十九大、不忘初心"跟党走文艺会演三等奖	2017.12	人行平凉市支行

表 5

崇信县 2017 年个人获奖名录(市级)

姓名	性别	民族	工作单位	荣誉称号	授予时间	颁奖部门
朱鸿鹏	男	汉	县委办	平凉市第六届优秀社会科学成果一等奖	2017.7	市委、市政府
张　涛	男	汉	县委党史办	平凉市第六届优秀社会科学成果一等奖	2017.7	市委、市政府
岳　杰	男	汉	县人社局	平凉市第六届优秀社会科学成果一等奖	2017.7	市委、市政府
王　韬	男	汉	县委党校	平凉市社会科学优秀工作者	2017.10	市委、市政府
张喜武	男	汉	县委统战部	《关于完善老城区消防安全设施的提案》被评为优秀提案	2018.3	政协平凉市委员会
王正权	男	汉	县委办	2017 年度党委系统机要密码工作先进个人	2018.4	市委办
陈浩文	男	汉	县委办	2017 年度党委系统机要密码工作先进个人	2018.3	市委办
朱鸿鹏	男	汉	县委办	党课讲稿《知崇信 爱崇信家园》荣获 2017 年度全市“两学一做”学习教育优秀党课讲稿二等奖	2018.2	市委组织部
关世杰	男	汉	县农业技术推广中心	第五届“平凉青年科技奖”	2017.8	市委组织部
郭浩志	男	汉	县林业局退休干部	2017 年全市离退休干部“畅谈十八大以来变化、展望十九大胜利召开”主题征文活动中,荣获二等奖	2017.6	市委组织部、市委宣传部、市委老干局、市老龄委办公室、市文联
李旭东	男	汉	县城区一小退休教师	2017 年全市离退休干部“畅谈十八大以来变化、展望十九大胜利召开”主题征文活动中,荣获三等奖	2017.6	市委组织部、市委宣传部、市委老干局、市老龄委办公室、市文联

续表 5

姓名	性别	民族	工作单位	荣誉称号	授予时间	颁奖部门
梁彦合	男	汉	县文广局退休干部	2017年全市离退休干部"畅谈十八大以来变化、展望十九大胜利召开"主题征文活动中，荣获三等奖	2017.6	市委组织部、市委宣传部、市委老干局、市老龄委办公室、市文联
李建林	男	汉	县水保局	平凉市"十佳科技工作者"	2017.10	市委宣传部
郑　和	男	汉	县二中	全市"中小微企业促进杯"畅谈十八大成绩迎十九大召开电视知识竞赛优秀奖	2017.7	市委宣传部、市委政研室、市委党校、平凉日报、市文化广播影视新闻出版局、市网信办、市广播电视台
杨会平	男	汉	县医院	全市医德医风建设先进个人	2017.6	市文明办、市卫计委
杨　军	男	汉	县中医院	全市医德医风建设先进个人	2017.6	市文明办、市卫计委
梁玉玲	女	汉	妇计中心	全市医德医风建设先进个人	2017.6	市文明办、市卫计委
李永杰	男	汉	社区服务中心	全市医德医风建设先进个人	2017.6	市文明办、市卫计委
张　芳	女	汉	黄寨卫生院	全市优秀基层医务工作者	2017.6	市文明办、市卫计委
张林伟	男	汉	县医院九功分院	全市优秀基层医务工作者	2017.6	市文明办、市卫计委
梁志璋	男	汉	柏树卫生院	全市优秀公卫工作者	2017.6	市文明办、市卫计委
杨建新	男	汉	县工业集中区卫生院	全市优秀公卫工作者	2017.6	市文明办、市卫计委
朱沛妮	女	汉	铜城工业园区计生办	全市优秀计划生育专干	2017.6	市文明办、市卫计委
秦超霞	女	汉	县工业集中区卫生院	全市优秀计划生育技术服务人员	2017.6	市文明办、市卫计委
朱怀炜	男	汉	柏树卫生院	全市优秀乡镇卫生院长	2017.6	市文明办、市卫计委
李　旭	男	汉	木林乡东阳寨村	全市优秀乡村医生	2017.6	市文明办、市卫计委

续表 5

姓 名	性别	民族	工作单位	荣 誉 称 号	授予时间	颁奖部门
李映池	男	汉	黄花乡黄花塬村	全市优秀乡村医生	2017.6	市文明办、市卫计委
岳强生	男	汉	县编办	2017 年度全市机构编制信息工作先进个人	2018.3	市编办
马　骋	男	汉	县委统战部	《崇信县统一战线主推脱贫攻坚工作调研报告》评为 2017 年度全市系统理论政策研究优秀成果	2018.2	市委统战部
袁淑娟	女	汉	县委统战部	2017 年度全市宗教信息工作先进个人	2018.2	市宗教事务局
刘永祥	男	汉	县委统战部	2017 年度信息工作先进个人	2018.3	市民族事务委员会
梁靖江	男	汉	县城市社区	全市离退休干部“畅谈展望”活动先进个人	2018.2	市委老干局
张可斌	男	汉	县政协退休干部	全市离退休干部“畅谈展望”活动先进个人	2018.2	市委老干局
张春英	女	汉	县委老干局	全市离退休干部“畅谈展望”活动先进个人	2018.2	市委老干局
李海霞	女	汉	县工业集中区	全市关心下一代工作先进个人	2017.4	市关工委
侯晓秀	女	汉	县委党校	全市党校系统教学竞赛二等奖	2017.5	市委党校
于丽娜	女	汉	县委党校	全市党校系统教学竞赛三等奖	2017.5	市委党校
王晨生	男	汉	县委党校	课题研究报告《崇信县全面建成小康社会的难点及路径探析》获市委党校优秀奖	2017.12	市委党校
李宏峰	男	汉	县委党校	课题研究报告《崇信县全面建成小康社会的难点及路径探析》获市委党校优秀奖	2017.12	市委党校
朱小娟	女	汉	县妇联	三八红旗手	2017.3	市妇联
赵晓玲	女	汉	县妇联	维护妇女儿童工作先进个人	2017.3	市妇联

续表 5

姓名	性别	民族	工作单位	荣誉称号	授予时间	颁奖部门
张喜荣	女	汉	县二中	《简易采椒器》荣获第 32 届平凉市青少年科技创新大赛初中生科学竞赛项目一等奖	2017.3	市科协、市教育局、市科技局
高小舟	男	汉	平凉新丰园农业有限公司	平凉市科普工作先进个人	2018.1	市科协
尚志强	男	汉	县农广校	平凉市科普工作先进个人	2018.1	市科协
李　刚	男	汉	县法院	2015 年度优秀裁判文书	2017.1	市人民法院
李军杰	男	汉	县法院	全市法院司法警察技能集训先进个人	2017.11	市人民法院
石永强	男	汉	县法院	全市优秀法官	2017.2	市人民法院
关月琴	女	汉	县法院	全市优秀法官	2017.2	市人民法院
谢海成	男	汉	县法院	2016 年度全市法院办案标兵	2017.2	市人民法院
赵建华	女	汉	县法院	2016 年度全市法院办案标兵	2017.2	市人民法院
刘娇娇	女	汉	县法院	学习十九大演讲比赛二等奖	2017.11	市人民法院
赵　英	女	汉	县法院	全市法院优秀裁判文书三等奖	2018.2	市人民法院
李福祥	男	汉	县法院	全市法院优秀法官	2018.3	市人民法院
车伟杰	女	汉	县法院	全市法院优秀法官助理	2018.3	市人民法院
吴龙生	男	汉	县法院新窑法庭	全市法院优秀书记员	2018.3	市人民法院
郑晓永	男	汉	县法院	全市法院优秀司法行政人员	2018.3	市人民法院
赵云伟	男	汉	县公安局	荣记个人嘉奖	2017.8	市公安局
薛沈军	男	汉	县公安局	荣记个人三等功	2017.12	市公安局
赵　振	男	汉	县公安局	荣记个人嘉奖	2017.12	市公安局
邵金宝	男	汉	县公安局	荣记个人嘉奖	2017.12	市公安局
李勤学	男	汉	县公安局	全市“我最喜爱的十大人民警察”	2018.1	市公安局
肖晓利	男	汉	县公安局	全市“我最喜爱的十大人民警察”提名奖	2018.1	市公安局

续表 5

姓 名	性别	民族	工作单位	荣 誉 称 号	授予时间	颁奖部门
肖晓利	男	汉	县公安局	荣记个人三等功	2018.1	市公安局
李勤学	男	汉	县公安局	荣记个人嘉奖	2018.1	市公安局
马光明	男	汉	县公安局	2017 年度全市禁毒工作先进个人	2018.1	市禁毒委
梁　蕾	女	汉	县妇联	实施妇女儿童发展规划先进个人	2017.11	市政府妇儿工委办公室
李朝霞	女	汉	县医院	卫生应急优秀选手	2017.6	市十万职工技能大练兵活动组委会
陈奋梅	女	汉	县医院	全市药械安全监测先进个人	2017.6	市食药监局、市卫计局
王高艳	女	汉	县卫计局	全市妇幼健康服务技能大赛先进个人儿童保健项目二等奖	2017.3	市卫计委、市总工会、市妇联
高彩平	女	汉	县卫计局	全市妇幼健康服务技能大赛先进个人儿童保健项目二等奖	2017.3	市卫计委、市总工会、市妇联
王红萍	女	汉	县食药监局	全市药械安全监测工作“先进个人”	2017.5	市食药监局、市卫计委
李朝霞	女	汉	县医院	全市卫生应急技能赛突发中毒事件处置二等奖	2017.6	市卫计委
朱宏伟	男	汉	县农机局	2017 年度全市农机安全监理 “为人民服务创先争优”示范岗位标兵	2017.11	市农牧局、市安监局
高　奎	男	汉	县农牧局	2017 年度全市基层农牧业工作先进个人	2018.1	市农牧局
史双江	男	汉	县农牧局	2017 年度全市基层农牧业工作先进个人	2018.1	市农牧局
黄博华	男	汉	县农村能源办公室	2017 年度全市基层农牧业工作先进个人	2018.1	市农牧局
信青贵	男	汉	县农广校	2017 年度全市基层农牧业工作先进个人	2018.1	市农牧局
郗　青	女	汉	县农业技术推广中心	2017 年度全市基层农牧业工作先进个人	2018.1	市农牧局
秦　昊	男	汉	县农业技术推广中心	2017 年度全市基层农牧业工作先进个人	2018.1	市农牧局

续表 5

姓 名	性别	民族	工作单位	荣 誉 称 号	授予时间	颁奖部门
黄　勇	男	汉	县良种服务中心	2017 年度全市基层农牧业工作先进个人	2018.1	市农牧局
温忠荣	男	汉	县农牧局	2017 年度全市基层农牧业工作先进个人	2018.1	市农牧局
朱海鹏	男	汉	县土地流转服务中心	2017 年度全市基层农牧业工作先进个人	2018.1	市农牧局
王岩松	男	汉	县农业环境保护管理站	2017 年度全市基层农牧业工作先进个人	2018.1	市农牧局
孙彦伟	男	汉	县种子管理站	2017 年度全市基层农牧业工作先进个人	2018.1	市农牧局
李昆鹏	男	汉	县农业行政综合执法大队	2017 年度全市基层农牧业工作先进个人	2018.1	市农牧局
李宏强	男	汉	县农机局	2017 年度全市基层农牧业工作先进个人	2018.1	市农牧局
刘荣贵	男	汉	县农机局	2017 年度全市基层农牧业工作先进个人	2018.1	市农牧局
任建平	男	汉	县农机局	2017 年度全市基层农牧业工作先进个人	2018.1	市农牧局
王会霞	女	汉	县粮食局	2017 年度粮食流通统计一等奖	2018.5	市粮食局
张逸青	女	汉	县气象局	平凉市气象局部门先进个人	2017.2	市气象局
范晓文	男	汉	县国土局	2017 年度优秀公务员	2018.3	市国土局
朱旭辉	男	汉	县质监局	2016 全市质量技术监督政务信息工作先进个人	2017.3	市质监局
陈　斌	男	汉	县工商局	全市商标指导站建设先进个人	2018.3	市工商局
李世兰	女	汉	县工商局	全市商标指导站建设先进个人	2018.3	市工商局
黄　勇	男	汉	县工商局	全市工商系统第九届“廉政杯”书画作品展优秀奖	2017.9	市工商局
李凤琴	女	汉	县工商局	全市工商系统第九届“廉政杯”书画作品展优秀奖	2017.9	市工商局
黄　娟	女	汉	县工商局	全市工商系统第九届“廉政杯”书画作品展优秀奖	2017.9	市工商局

续表5

姓 名	性别	民族	工作单位	荣 誉 称 号	授予时间	颁奖部门
关鹏飞	男	汉	县工商局	全市工商系统第九届“廉政杯”书画作品展优秀奖	2017.9	市工商局
张海龙	男	汉	县人防办	全市人防工作先进个人	2017.12	市人防办
张喜荣	女	汉	县二中	全市第三届中小学生艺术节中荣获优秀指导教师奖	2017.9	市教育局
梁园春	男	汉	县二中	平凉市2017年中小学课堂教学（优质课）讲赛中获得初中管理组三等奖	2017.2	市教育局
闫亚丽	女	汉	县二中	平凉市2017年中小学课堂教学（优质课）讲赛中获学科组优秀评委	2017.2	市教育局
李汉琦	男	汉	县职教中心	2017年平凉市青少年锦标赛优秀裁判员	2017.5	市教育局
王建堂	男	汉	县职教中心	2017年青少年校园足球联赛优秀裁判员	2017.4	市教育局
侯喜军	男	汉	县职教中心	平凉市2017年中等职业学校课堂教学讲赛语文学科教学二等奖	2017.10	市教育局
刘永娟	女	汉	县职教中心	平凉市2017年中等职业学校课堂教学讲赛英语学科教学一等奖	2017.10	市教育局
杜 春	男	汉	县职教中心	平凉市2017年中等职业学校课堂教学讲赛化学学科教学一等奖	2017.10	市教育局
王小英	女	汉	锦屏镇九功九年制学校	平凉市基础教育课程改革优秀教师	2017.10	市教育局
张大伟	男	汉	锦屏镇九功九年制学校	2017年平凉市青少年锦标赛优秀裁判员	2017.5	市文广局、市教育局
蔡高杨	男	汉	锦屏镇野雀小学	平凉市基础教育课程改革优秀校长	2017.11	市教育局
李 菁	女	汉	锦屏镇野雀小学	平凉市基础教育课程改革优秀教师	2017.11	市教育局
李社会	男	汉	柏树镇秦家庙小学	平凉市基础教育课程改革优秀校长	2017.11	市教育局
高龙龙	男	汉	黄寨镇茜洼小学	课堂教学讲赛优秀评委	2017.12	市教育局
张国喜	男	汉	黄寨镇黄寨九年制学校	初中化学学科教学三等奖	2017.12	市教育局
康雪珍	女	汉	黄寨镇中心幼儿园	课堂教学讲赛二等奖	2017.5	市教育局

续表 5

姓 名	性别	民族	工作单位	荣 誉 称 号	授予时间	颁奖部门
马克林	男	回	新窑镇新窑小学	平凉市第八届基础教育科研优秀成果一等奖	2017.8	市教育局
马　青	女	汉	县幼儿园	《矫正中班幼儿任性行为的实践与研究》微课题鉴定为优秀	2017.6	市教科所
王　蕊	女	汉	县幼儿园	《大班幼儿自制体育器械有效利用的研究》微课题鉴定为良好	2017.2	市教科所
郭玲娟	女	汉	县幼儿园	《优化幼儿体育游戏活动策略的实践研究》微课题鉴定为优秀	2017.2	市教科所
杜兴华	女	汉	县幼儿园	《幼儿园区域活动的探索与研究》结题	2017.6	市教科所
张明艳	女	汉	黄寨镇黄寨小学	平凉市教育科研微型课题鉴定优秀奖	2017.7	市教科所
赵强强	男	汉	黄寨镇黄寨小学	平凉市教育科研微型课题鉴定优秀奖	2017.7	市教科所
梁济华	男	汉	县国税局	优秀税务分局局长	2018.2	市国税局
杜铎华	男	汉	县国税局	2017 年度“十佳优秀师徒”	2018.2	市国税局
温永才	男	汉	县国税局	2017 年度“十佳优秀师徒”	2018.2	市国税局
杨钰超	男	汉	县地税局	纪念建党 96 周年演讲赛优秀奖	2017.5	市地税局党组
马丽娟	女	汉	县地税局	纪念建党 96 周年演讲赛优秀奖	2017.5	市地税局党组
杨钰超	男	汉	县地税局	全市地税系统信息技术“专业骨干”称号	2017.11	市地税局
郑平基	男	汉	县地税局	全市地税系统“征管业务能手”称号	2017.6	市地税局
李　燕	女	汉	县地税局	全市地税系统办税服务明星	2017.2	市地税局
李军辉	男	汉	县城市社区	优秀基层网络员	2017.11	市消防委
张保贵	男	汉	县公路段	优秀科技工作者	2017.3	市公路管理局
刘建宗	男	汉	县公路段	《生态袋在土质边坡生态防护技术中的应用》被评为“优秀科技论文”	2017.3	市公路管理局
吕帮奕	男	汉	县公路段	2016 年度工会工作积极分子	2017.3	市公路管理局
吕帮奕	男	汉	县公路段	2016 年度先进个人	2017.3	市公路管理局
杨铜文	男	汉	县公路段	2016 年度先进个人	2017.3	市公路管理局

续表 5

姓名	性别	民族	工作单位	荣誉称号	授予时间	颁奖部门
马继红	女	汉	县公路段	优秀共产党员	2017.7	市公路管理局
张鹏举	男	汉	人寿崇信支公司	2016-2017 年度优秀共产党员	2018.2	人寿平凉分公司党委
杜志超	男	汉	人寿崇信支公司	2017 年度优质服务先进个人	2018.2	人寿平凉分公司
赫志奎	男	汉	人寿崇信支公司	优秀主管	2018.2	人寿平凉分公司
陈娟娟	女	汉	人寿崇信支公司	优秀营销员	2018.2	人寿平凉分公司
姚小玲	女	汉	人寿崇信支公司	优秀营销员	2018.2	人寿平凉分公司
陈广前	男	汉	人寿崇信支公司	业务能手	2018.2	人寿平凉分公司
王旖筱	女	汉	人行崇信支行	2017 年甘肃省人民银行反假币知识与技能竞赛个人全能第一名	2017.8	人行兰州市支行
王旖筱	女	汉	人行崇信支行	2017 年甘肃省人民银行反假币知识与技能竞赛个人识假竞技第一名	2017.8	人行兰州市支行
梁甜甜	女	汉	人行崇信支行	“纪言纪语大家谈”和“讲廉洁故事建良好家风”征文三等奖	2017.12	人行平凉支行工会
李焕青	男	汉	人行崇信支行	书画作品二等奖	2017.12	人行平凉支行工会
朱孝才	男	汉	人行崇信支行	摄影作品二等奖	2017.12	人行平凉支行工会
薛志峰	男	汉	人行崇信支行	戏曲和收藏作品三等奖	2017.12	人行平凉支行工会
闫小杰	男	汉	县文联	《浅议加强陇山地区村落民俗文化保护与现代旅游的融合发展》评为陇山文化发展论坛征文三等奖	2017.8	宝鸡市社科联、天水市社科联、平凉市社科联、固原市社科联

表6

崇信县2017年单位获奖名录(县级)

获奖单位	荣誉称号	授予时间	颁奖部门
锦屏镇党委	乡镇(工业集中区)党(工)委党建工作责任目标考核一等奖	2018.3	县委
柏树镇党委	乡镇(工业集中区)党(工)委党建工作责任目标考核二等奖	2018.3	县委
新窑镇党委	乡镇(工业集中区)党(工)委党建工作责任目标考核二等奖	2018.3	县委
木林乡党委	乡镇(工业集中区)党(工)委党建工作责任目标考核三等奖	2018.3	县委
黄花乡党委	乡镇(工业集中区)党(工)委党建工作责任目标考核三等奖	2018.3	县委
县城市社区党工委	县直党(工)委组织工作责任目标考核一等奖	2018.3	县委
县公安局党委	县直党(工)委组织工作责任目标考核二等奖	2018.3	县委
县非公经济和社会组织党工委	县直党(工)委组织工作责任目标考核二等奖	2018.3	县委
县直机关工委	县直党(工)委组织工作责任目标考核三等奖	2018.3	县委
县卫计局党委	县直党(工)委组织工作责任目标考核三等奖	2018.3	县委
县教育局党委	县直党(工)委组织工作责任目标考核三等奖	2018.3	县委
县司法局党支部	县直机关工委直属总支、支部考核一等奖	2018.3	县委
县国税局党支部	县直机关工委直属总支、支部考核一等奖	2018.3	县委
县水保局党支部	县直机关工委直属总支、支部考核一等奖	2018.3	县委
县人社局党支部	县直机关工委直属总支、支部考核二等奖	2018.3	县委
县财政局党支部	县直机关工委直属总支、支部考核二等奖	2018.3	县委
县工信局党支部	县直机关工委直属总支、支部考核二等奖	2018.3	县委
县审计局党支部	县直机关工委直属总支、支部考核三等奖	2018.3	县委
县商务局党支部	县直机关工委直属总支、支部考核三等奖	2018.3	县委
县委机关总支	县直机关工委直属总支、支部考核三等奖	2018.3	县委
县政府机关党总支	县直机关工委直属总支、支部考核三等奖	2018.3	县委
锦屏镇	人大工作责任目标考核一等奖	2018.3	县委
黄寨镇	人大工作责任目标考核二等奖	2018.3	县委
黄花乡	人大工作责任目标考核三等奖	2018.3	县委
新窑镇	党风廉政建设工作考核一等奖	2018.3	县委

续表 6

获奖单位	荣誉称号	授予时间	颁奖部门
县纪委	党风廉政建设工作考核一等奖	2018.3	县委
县委办	党风廉政建设工作考核一等奖	2018.3	县委
县法院	党风廉政建设工作考核一等奖	2018.3	县委
县公安局	党风廉政建设工作考核一等奖	2018.3	县委
锦屏镇	党风廉政建设工作考核二等奖	2018.3	县委
柏树镇	党风廉政建设工作考核二等奖	2018.3	县委
县财政局	党风廉政建设工作考核二等奖	2018.3	县委
县教育局	党风廉政建设工作考核二等奖	2018.3	县委
县司法局	党风廉政建设工作考核二等奖	2018.3	县委
县政府办	党风廉政建设工作考核二等奖	2018.3	县委
县城市社区	党风廉政建设工作考核二等奖	2018.3	县委
县委政法委	党风廉政建设工作考核二等奖	2018.3	县委
木林乡	党风廉政建设工作考核三等奖	2018.3	县委
黄花乡	党风廉政建设工作考核三等奖	2018.3	县委
黄寨镇	党风廉政建设工作考核三等奖	2018.3	县委
县工业集中区	党风廉政建设工作考核三等奖	2018.3	县委
县农牧局	党风廉政建设工作考核三等奖	2018.3	县委
县卫计局	党风廉政建设工作考核三等奖	2018.3	县委
县委农办	党风廉政建设工作考核三等奖	2018.3	县委
县民政局	党风廉政建设工作考核三等奖	2018.3	县委
县人社局	党风廉政建设工作考核三等奖	2018.3	县委
县交通局	党风廉政建设工作考核三等奖	2018.3	县委
县政协办	党风廉政建设工作考核三等奖	2018.3	县委
县委组织部	党风廉政建设工作考核三等奖	2018.3	县委
县人大办	党风廉政建设工作考核三等奖	2018.3	县委

续表 6

获奖单位	荣誉称号	授予时间	颁奖部门
锦屏镇东庄村党支部	基础服务型党组织建设先进单位	2018.3	县委
新窑镇西刘村党支部	基础服务型党组织建设先进单位	2018.3	县委
县工业集中区庙台村党支部	基础服务型党组织建设先进单位	2018.3	县委
县交警大队党支部	基础服务型党组织建设先进单位	2018.3	县委
崇信县名翔牧业党支部	基础服务型党组织建设先进单位	2018.3	县委
县人大机关党支部	基础服务型党组织建设先进单位	2018.3	县委
县政协党支部	基础服务型党组织建设先进单位	2018.3	县委
县工商局机关党支部	基础服务型党组织建设先进单位	2018.3	县委
县委农办党支部	基础服务型党组织建设先进单位	2018.3	县委
县妇联党支部	基础服务型党组织建设先进单位	2018.3	县委
锦屏镇	精神文明建设考核一等奖	2018.3	县委
柏树镇	精神文明建设考核一等奖	2018.3	县委
县委办	精神文明建设考核一等奖	2018.3	县委
县财政局	精神文明建设考核一等奖	2018.3	县委
县纪委	精神文明建设考核一等奖	2018.3	县委
县文广局	精神文明建设考核一等奖	2018.3	县委
新窑镇	精神文明建设考核二等奖	2018.3	县委
县人大机关	精神文明建设考核二等奖	2018.3	县委
县委组织部	精神文明建设考核二等奖	2018.3	县委
县政府办	精神文明建设考核二等奖	2018.3	县委
县教育局	精神文明建设考核二等奖	2018.3	县委
县人社局	精神文明建设考核二等奖	2018.3	县委
县委农办	精神文明建设考核二等奖	2018.3	县委
县住建局	精神文明建设考核二等奖	2018.3	县委

续表 6

获奖单位	荣誉称号	授予时间	颁奖部门
县督查考核局	精神文明建设考核二等奖	2018.3	县委
黄寨镇	精神文明建设考核三等奖	2018.3	县委
县机关事务局	精神文明建设考核三等奖	2018.3	县委
县保至善烈士纪念馆	精神文明建设考核三等奖	2018.3	县委
县委政法委	精神文明建设考核三等奖	2018.3	县委
县政协机关	精神文明建设考核三等奖	2018.3	县委
县妇联	精神文明建设考核三等奖	2018.3	县委
县委统战部	精神文明建设考核三等奖	2018.3	县委
县审计局	精神文明建设考核三等奖	2018.3	县委
县农牧局	精神文明建设考核三等奖	2018.3	县委
县城市社区	精神文明建设考核三等奖	2018.3	县委
县总工会	精神文明建设考核三等奖	2018.3	县委
县执法局	精神文明建设考核三等奖	2018.3	县委
县国税局	精神文明创建奖	2018.3	县委
县文明办	精神文明创建奖	2018.3	县委
县消防大队	精神文明创建奖	2018.3	县委
木林乡	社会治安综合治理工作责任目标考核先进单位	2018.3	县委
新窑镇	社会治安综合治理工作责任目标考核先进单位	2018.3	县委
黄花乡	社会治安综合治理工作责任目标考核先进单位	2018.3	县委
县司法局	社会治安综合治理工作责任目标考核先进单位	2018.3	县委
县工商局	社会治安综合治理工作责任目标考核先进单位	2018.3	县委
县委办	社会治安综合治理工作责任目标考核先进单位	2018.3	县委
县城市社区	社会治安综合治理工作责任目标考核先进单位	2018.3	县委
县工业集中区	社会治安综合治理工作责任目标考核先进单位	2018.3	县委
县财政局	社会治安综合治理工作责任目标考核先进单位	2018.3	县委

续表 6

获奖单位	荣誉称号	授予时间	颁奖部门
县督查考核局	社会治安综合治理工作责任目标考核先进单位	2018.3	县委
黄寨镇	维护稳定工作责任目标考核先进单位	2018.3	县委
锦屏镇	维护稳定工作责任目标考核先进单位	2018.3	县委
柏树镇	维护稳定工作责任目标考核先进单位	2018.3	县委
县公安局	维护稳定工作责任目标考核先进单位	2018.3	县委
县信访局	维护稳定工作责任目标考核先进单位	2018.3	县委
县法院	维护稳定工作责任目标考核先进单位	2018.3	县委
县政府办	维护稳定工作责任目标考核先进单位	2018.3	县委
县人社局	维护稳定工作责任目标考核先进单位	2018.3	县委
县民政局	维护稳定工作责任目标考核先进单位	2018.3	县委
县发改局	维护稳定工作责任目标考核先进单位	2018.3	县委
县妇联	防范和处理邪教问题工作先进单位	2018.3	县委
县检察院	防范和处理邪教问题工作先进单位	2018.3	县委
县食药监局	防范和处理邪教问题工作先进单位	2018.3	县委
县委农办	防范和处理邪教问题工作先进单位	2018.3	县委
县商务局	防范和处理邪教问题工作先进单位	2018.3	县委
县水保局	防范和处理邪教问题工作先进单位	2018.3	县委
县审计局	防范和处理邪教问题工作先进单位	2018.3	县委
锦屏镇于家湾村	防范和处理邪教问题工作先进单位	2018.3	县委
县农牧局	防范和处理邪教问题工作先进单位	2018.3	县委
县林业局	防范和处理邪教问题工作先进单位	2018.3	县委
新窑镇	信访工作责任目标考核一等奖	2018.3	县委
县委政法委	信访工作责任目标考核一等奖	2018.3	县委
县公安局	信访工作责任目标考核一等奖	2018.3	县委
县人社局	信访工作责任目标考核一等奖	2018.3	县委

续表 6

获奖单位	荣誉称号	授予时间	颁奖部门
锦屏镇	信访工作责任目标考核二等奖	2018.3	县委
县政府办	信访工作责任目标考核二等奖	2018.3	县委
县委办	信访工作责任目标考核二等奖	2018.3	县委
县纪委	信访工作责任目标考核二等奖	2018.3	县委
县信访局	信访工作责任目标考核二等奖	2018.3	县委
木林乡	信访工作责任目标考核三等奖	2018.3	县委
县委组织部	信访工作责任目标考核三等奖	2018.3	县委
县国土局	信访工作责任目标考核三等奖	2018.3	县委
县财政局	信访工作责任目标考核三等奖	2018.3	县委
县住建局	信访工作责任目标考核三等奖	2018.3	县委
县民政局	信访工作责任目标考核三等奖	2018.3	县委
县工业集中区	铁路护路联防目标考核工作先进单位	2018.3	县委
县教育局	铁路护路联防目标考核工作先进单位	2018.3	县委
团县委	铁路护路联防目标考核工作先进单位	2018.3	县委
县交通局	铁路护路联防目标考核工作先进单位	2018.3	县委
铜城铁路护路巡查大队	铁路护路联防目标考核工作先进单位	2018.3	县委
县法院	档案工作责任目标考核一等奖	2018.3	县委
县公安局	档案工作责任目标考核一等奖	2018.3	县委
县司法局	档案工作责任目标考核一等奖	2018.3	县委
县人社局	档案工作责任目标考核一等奖	2018.3	县委
县工信局	档案工作责任目标考核二等奖	2018.3	县委
木林乡	档案工作责任目标考核二等奖	2018.3	县委
县工业集中区	档案工作责任目标考核二等奖	2018.3	县委
县教育局	档案工作责任目标考核二等奖	2018.3	县委
县商务局	档案工作责任目标考核三等奖	2018.3	县委

续表 6

获奖单位	荣誉称号	授予时间	颁奖部门
团县委	档案工作责任目标考核三等奖	2018.3	县委
县委统战部	档案工作责任目标考核三等奖	2018.3	县委
柏树镇	档案工作责任目标考核三等奖	2018.3	县委
新窑镇	乡镇经济社会发展目标责任管理绩效考核一等奖	2018.2	县委、县政府
锦屏镇	乡镇经济社会发展目标责任管理绩效考核二等奖	2018.2	县委、县政府
柏树镇	乡镇经济社会发展目标责任管理绩效考核三等奖	2018.2	县委、县政府
县委政法委	禁毒工作责任考核先进单位	2018.2	县委、县政府
县编办	禁毒工作责任考核先进单位	2018.2	县委、县政府
县地税局	禁毒工作责任考核先进单位	2018.2	县委、县政府
县工商局	禁毒工作责任考核先进单位	2018.2	县委、县政府
柏树镇	全县禁毒工作责任考核综合成绩突出	2018.2	县委、县政府
新窑镇	社会治安综合治理工作先进单位	2018.3	县委、县政府
县工业集中区	社会治安综合治理工作先进单位	2018.3	县委、县政府
县工商局	社会治安综合治理工作先进单位	2018.3	县委、县政府
县职教中心	2016—2017 学年教育工作先进集体	2017.9	县委、县政府
黄寨镇油坊小学	2016—2017 学年教育工作先进集体	2017.9	县委、县政府
县幼儿园	2016—2017 学年教育工作先进集体	2017.9	县委、县政府
县卫计局	机关单位义务植树工作中成绩突出的先进单位	2018.2	县委、县政府
县科技局	经济与社会发展综合考核三等奖	2018.2	县委、县政府
锦屏镇	招商引资工作考核一等奖	2018.2	县政府
县招商服务中心	招商引资工作考核二等奖	2018.2	县政府
柏树镇	招商引资工作考核二等奖	2018.2	县政府
黄花乡	招商引资工作考核三等奖	2018.2	县政府
县委办(农牧局、林业局)招商小组	招商引资工作考核三等奖	2018.2	县政府
县能源局	招商引资工作考核三等奖	2018.2	县政府

续表 6

获奖单位	荣誉称号	授予时间	颁奖部门
县安监局	招商引资工作考核三等奖	2018.2	县政府
县工信局	招商引资工作考核三等奖	2018.2	县政府
县农牧局	招商引资工作考核三等奖	2018.2	县政府
县发改局	2017 年度固定资产投资暨重点项目建设考核一等奖	2018.2	县政府
县统计局	2017 年度固定资产投资暨重点项目建设考核二等奖	2018.2	县政府
黄花乡	2017 年度固定资产投资暨重点项目建设考核三等奖	2018.2	县政府
县工业集中区	2017 年度固定资产投资暨重点项目建设考核三等奖	2018.2	县政府
县招商服务中心	2017 年度固定资产投资暨重点项目建设考核三等奖	2018.2	县政府
县工信局	2017 年度固定资产投资暨重点项目建设考核三等奖	2018.2	县政府
柏树镇	2017 年度卫生(计划生育)与健康工作考核二等奖	2018.2	县政府
县人社局	2017 年度卫生(计划生育)与健康工作考核二等奖	2018.2	县政府
县民政局	2017 年度卫生(计划生育)与健康工作考核三等奖	2018.2	县政府
县交通局	政府部门绩效考核经济管理调节与社会建设工作一等奖	2017.2	县政府
县财政局	政府部门绩效考核经济管理调节与社会建设工作二等奖	2018.2	县政府
县发改局	政府部门绩效考核经济管理调节与社会建设工作二等奖	2018.2	县政府
县扶贫办	政府部门绩效考核经济管理调节与社会建设工作二等奖	2017.2	县政府
县住建局	政府部门绩效考核经济管理调节与社会建设工作三等奖	2018.2	县政府
县教育局	政府部门绩效考核经济管理调节与社会建设工作三等奖	2018.2	县政府
县科技局	政府部门绩效考核经济管理调节与社会建设工作三等奖	2018.2	县政府
县公安局	绩效考核综合服务与执法监管工作二等奖	2018.2	县政府
县人社局	绩效考核综合服务与执法监管工作二等奖	2018.2	县政府
县政府办	绩效考核综合服务与执法监管工作三等奖	2018.2	县政府
县国土局	绩效考核综合服务与执法监管工作三等奖	2018.2	县政府
县环保局	绩效考核综合服务与执法监管工作三等奖	2018.2	县政府
县能源局	工业经济发展考核二等奖	2018.3	县政府

续表 6

获奖单位	荣誉称号	授予时间	颁奖部门
县国土局	工业经济发展考核三等奖	2018.3	县政府
县发改局	工业经济发展考核三等奖	2018.2	县政府
新窑镇	安全生产工作考核一等奖	2018.2	县政府
县安监局	安全生产工作考核一等奖	2018.2	县政府
县消防大队	安全生产工作考核二等奖	2018.2	县政府
县国土局	安全生产工作考核三等奖	2018.2	县政府
县农机局	安全生产工作考核三等奖	2018.2	县政府
县总工会	安全生产工作考核三等奖	2018.2	县政府
县人社局	安全生产工作考核三等奖	2018.2	县政府
柏树镇	崇信县现代农业特色产业科技示范基地	2017.6	县政府
柏树镇	节能降耗和工业节水考核一等奖	2018.2	县政府
县工信局	节能降耗和工业节水考核一等奖	2018.2	县政府
县水务局	节能降耗和工业节水考核二等奖	2018.2	县政府
黄花乡	节能降耗和工业节水考核二等奖	2018.2	县政府
锦屏镇	2017 年度国家森林城市创建工作考核一等奖	2018.2	县政府
县水务局	2017 年度国家森林城市创建工作考核三等奖	2018.2	县政府
县法制办	依法行政目标责任考核一等奖	2018.2	县政府
县工商局	依法行政目标责任考核二等奖	2018.2	县政府
县食药监局	依法行政目标责任考核二等奖	2018.2	县政府
县工信局	依法行政目标责任考核二等奖	2018.2	县政府
县水务局	2017 年度环境保护工作考核二等奖	2018.2	县政府
县食药监局	2017 年度环境保护工作考核三等奖	2018.2	县政府
县国土局	2017 年度环境保护工作考核三等奖	2018.2	县政府
县安监局	工业发展考核二等奖	2018.2	县政府

续表 6

获奖单位	荣誉称号	授予时间	颁奖部门
县工商局	工业发展考核三等奖	2018.2	县政府
县食药监局	食品药品安全工作考核一等奖	2018.2	县政府
县民宗局	食品药品安全目标责任考核三等奖	2018.2	县政府
黄花乡	食品药品安全工作考核工作三等奖	2018.2	县政府
县国税局	省市驻崇单位绩效考核行政执法和公益事业成绩优异一等奖	2018.2	县政府
县地税局	省市驻崇单位绩效考核行政执法和公益事业成绩优异二等奖	2018.2	县政府
县住房公积金管理中心	省市驻崇单位绩效考核行政执法和公益事业成绩优异二等奖	2018.2	县政府
县消防大队	省市驻崇单位绩效考核行政执法和公益事业成绩优异三等奖	2018.2	县政府
县气象局	省市驻崇单位绩效考核行政执法和公益事业成绩优异三等奖	2018.2	县政府
县农商行	省市驻崇单位绩效考核金融保险工作成绩优异一等奖	2018.2	县政府
甘行崇信支行	省市驻崇单位绩效考核金融保险工作成绩优异二等奖	2018.2	县政府
农行崇信支行	省市驻崇单位绩效考核金融保险工作成绩优异三等奖	2018.2	县政府
人寿崇信支公司	省市驻崇单位绩效考核金融保险工作成绩优异三等奖	2018.2	县政府
县安监局	绩效考核综合服务与执法监管工作一等奖	2018.2	县政府
国家电网崇信供电公司	省市驻崇单位绩效考核电力通讯工作一等奖	2018.2	县政府
省广播电视网络股份有限公司崇信分公司	省市驻崇单位绩效考核电力通讯工作二等奖	2018.2	县政府
电建甘肃能源崇信发电有限责任公司	企业发展考核成绩一等奖	2018.2	县政府

续表6

获奖单位	荣誉称号	授予时间	颁奖部门
华亭煤业大柳煤矿有限公司	企业发展考核成绩一等奖	2018.2	县政府
平凉新安煤业有限责任公司	企业发展考核成绩二等奖	2018.2	县政府
华亭煤业集团新窑煤矿有限责任公司	企业发展考核成绩二等奖	2018.2	县政府
华亭煤业集团新柏煤矿有限责任公司	企业发展考核成绩二等奖	2018.2	县政府
崇信县百贯沟煤业有限责任公司	企业发展考核成绩二等奖	2018.2	县政府
崇信县嘉信商贸有限责任公司	企业发展考核成绩三等奖	2018.2	县政府
崇信县正丰饲料有限责任公司	企业发展考核成绩三等奖	2018.2	县政府
崇信县天宸建筑工程有限责任公司	企业发展考核成绩三等奖	2018.2	县政府
崇信县新鹏机械制造有限责任公司	企业发展考核成绩三等奖	2018.2	县政府

表 7

崇信县 2017 年个人获奖名录(县级)

姓 名	性别	民族	工作单位	荣 誉 称 号	授予时间	颁奖部门
路　宽	男	汉	县交通运输局	优秀共产党员	2017.7	县委
李中石	男	汉	柏树镇	优秀共产党员	2017.7	县委
张富军	男	汉	县公安局	优秀共产党员	2017.7	县委
杨会平	男	汉	县医院	优秀共产党员	2017.7	县委
王会生	男	汉	县工业集中区	优秀共产党员	2017.7	县委
刘志宏	男	汉	县人社局	优秀党组织书记	2017.7	县委
于灵科	男	汉	县国税局	优秀党组织书记	2017.7	县委
马建平	男	汉	县民政局	优秀党组织书记	2017.7	县委
裴军林	男	汉	县公安局	优秀党组织书记	2017.7	县委
朱彩能	女	汉	县妇联	优秀党组织书记	2017.8	县委
徐继成	男	汉	县发改局	优秀党务工作者	2017.7	县委
秦星辰	男	汉	县工商局	优秀党务工作者	2017.7	县委
陈　鹏	男	汉	县公安局	优秀党务工作者	2017.7	县委
段丽娜	女	汉	县直机关工委	优秀党务工作者	2017.7	县委
张宏睿	男	汉	县委党校	优秀党务工作者	2017.7	县委
温正玺	男	汉	县福利服务中心	优秀党务工作者	2017.7	县委
张静怡	女	汉	县城市社区	优秀党务工作者	2017.7	县委
闫雅丽	女	汉	县二中	2016—2017 学年优秀教师	2017.9	县委
朱富强	男	汉	县文广局	2016 年度禁毒工作先进个人	2017.3	县委、县政府
朱志成	男	汉	县禁毒办	2016 年度禁毒工作先进个人	2017.3	县委、县政府
朱宏祥	男	汉	柏树镇	2016 年度禁毒工作先进个人	2017.3	县委、县政府
黄巧娥	女	汉	县公安局	2016 年度禁毒工作先进个人	2017.3	县委、县政府
马丽婷	女	汉	黄花乡	2016 年度禁毒工作先进个人	2017.3	县委、县政府
黄文博	男	汉	教育局	2016 年度禁毒工作先进个人	2017.3	县委、县政府
梁文飞	男	汉	县二中	2016 年度禁毒工作先进个人	2017.3	县委、县政府
朱晓云	女	汉	县卫计局	2016 年度禁毒工作先进个人	2017.3	县委、县政府

续表

姓 名	性别	民族	工作单位	荣 誉 称 号	授予时间	颁奖部门
王会生	男	汉	县工业集中区	禁毒先进个人	2018.2	县委、县政府
张小龙	男	汉	县委办	禁毒先进个人	2018.2	县委、县政府
李彦平	男	汉	县二中	禁毒先进个人	2018.2	县委、县政府
李丽珺	女	汉	县工业集中区中心幼儿园	2016—2017 学年优秀教师	2017.9	县委、县政府
张彦鹏	男	汉	县工业集中区学区	2016—2017 学年先进教育工作者	2017.9	县委、县政府
刘永胜	男	汉	县工业集中区铜城小学	2016—2017 学年先进教育工作者	2017.9	县委、县政府
崔凌英	女	汉	县工业集中区铜城小学	2016—2017 学年优秀教师	2017.9	县委、县政府
景美娟	女	汉	县工业集中区铜城小学	2016—2017 学年模范班主任	2017.9	县委、县政府
王林治	男	汉	木林乡东阳寨小学	2016—2017 学年模范班主任	2017.9	县委、县政府
朱志恒	男	汉	黄寨镇张明洼小学	2016—2017 学年优秀教师	2017.9	县委、县政府
刘占奎	男	汉	黄寨镇茜洼小学	2016—2017 学年优秀教师	2017.9	县委、县政府
黄丽娟	女	汉	县幼儿园	2016—2017 学年先进教育工作者	2017.9	县委、县政府
马忠强	男	回	新窑镇五举小学	2016—2017 学年优秀教师	2017.9	县委、县政府
梁西恒	男	汉	新窑镇五举小学	2016—2017 学年优秀教师	2017.9	县委、县政府
李改改	女	汉	新窑镇新窑小学	2016—2017 学年优秀教师	2017.9	县委、县政府
马小燕	女	汉	新窑镇新窑小学	2016—2017 学年优秀教师	2017.9	县委、县政府
高新民	男	汉	县路政大队	“楷书天赋”书法类一等奖	2018.2	县委、县政府
王正玺	男	汉	县书协主席	“行书长卷”书法类二等奖	2018.2	县委、县政府
李　健	男	汉	鸿达广告公司经理	行书《滕王阁序》书法类二等奖	2018.2	县委、县政府
马建中	男	汉	县书协副主席	楷书对联书法类三等奖	2018.2	县委、县政府
杨文卿	男	汉	个体企业经理	楷书《陈情表》书法类三等奖	2018.2	县委、县政府
李仲林	男	汉	木林中学	《六盘山上高峰》美术类一等奖	2018.2	县委、县政府
李彩蓉	女	汉	铜城中学	《何以笙箫默》美术类二等奖	2018.2	县委、县政府
王随元	男	汉	县二中	《万壑经天》美术类二等奖	2018.2	县委、县政府
王一冰	男	汉	县职教中心	《河滩》美术类三等奖	2018.2	县委、县政府
罗少伟	男	汉	县一中	《圣元心路》美术类三等奖	2018.2	县委、县政府

续表 7

姓 名	性别	民族	工作单位	荣 誉 称 号	授予时间	颁奖部门
尚天福	男	汉	县委宣传部	《磨窑》(中篇小说) 文学类一等奖	2018.2	县委、县政府
杜旭元	男	汉	农民作家	《表兄掉在深沟里》(中篇小说)文学类二等奖	2018.2	县委、县政府
张树兴	男	汉	县政协退休干部	《轻雨斜晖》(诗集) 文学类三等奖	2018.2	县委、县政府
梁云荣	男	汉	赵寨小学	《云在青天水在瓶》(散文) 文学类三等奖	2018.2	县委、县政府
于忠明	男	汉	柏树学区	《老村纪事》(散文集) 文学类三等奖	2018.2	县委、县政府
黄 云	男	汉	县职教中心	《鱼的梦·我的梦》摄影类一等奖	2018.2	县委、县政府
刘正武	男	汉	个体企业经理	《乡间的云》摄影类二等奖	2018.2	县委、县政府
闫和平	男	汉	个体企业经理	《抢候灯》摄影类二等奖	2018.2	县委、县政府
马志远	男	汉	县农牧局退休干部	《梦幻》摄影类三等奖	2018.2	县委、县政府
吴 勇	男	汉	县档案局	《乡村喜事》摄影类三等奖	2018.2	县委、县政府
张建军	男	汉	党洼小学	《点猴灯》摄影类三等奖	2018.2	县委、县政府
甘 博	男	汉	根雕协会	“老家记忆之母亲的味道”(根艺)民间文艺一等奖	2018.2	县委、县政府
张世仓	男	汉	退休职工	“飞天”(根艺)民间文艺二等奖	2018.2	县委、县政府
关月辉	女	汉	民间艺人	中华腾飞(剪纸)民间文艺二等奖	2018.2	县委、县政府
闫宇伟	男	汉	县文化馆	“花式文案”民间文艺类三等奖	2018.2	县委、县政府
朱继国	男	汉	县农牧局退休干部	“松鹤延年”(布艺) 民间文艺三等奖	2018.2	县委、县政府
梁三林	男	汉	锦屏镇西街村	“松鹤延年”(布艺) 民间文艺三等奖	2018.2	县委、县政府
关黄英	男	汉	新窑镇西刘小学	2016—2017 学年优秀教师	2017.9	县政府
杜红霞	女	汉	县城区第一小学	2016—2017 学年模范班主任	2017.9	县政府
荆艳艳	女	汉	县城区第一小学	2016—2017 学年模范班主任	2017.9	县政府

续表 7

姓 名	性别	民族	工作单位	荣 誉 称 号	授予时间	颁奖部门
柳小会	男	汉	黄花乡黄花九年制学校	2016—2017 学年模范班主任	2017.9	县政府
梁伍强	男	汉	黄花乡黄花九年制学校	2016—2017 学年优秀教师	2017.9	县政府
周　颖	女	汉	县工商局	2016 年度全县政务服务工作先进个人	2017.5	县政府
何叶博	男	汉	县人武部	征兵先进个人	2017.7	县政府、县人武部
张宏伟	男	汉	县卫计局	征兵先进个人	2017.7	县政府、县人武部
杨会平	男	汉	县医院	征兵先进个人	2017.7	县政府、县人武部
李小平	男	汉	县医院	征兵先进个人	2017.7	县政府、县人武部
李永新	男	汉	县医院	征兵先进个人	2017.7	县政府、县人武部

2017 年崇信县国民经济和社会发展统计公报

2017 年，崇信县全县上下在县委、县政府的坚强领导下，在县人大、县政协的监督支持下，认真贯彻落实中央和省市县委各项决策部署，不断强化政治意识、大局意识、核心意识、看齐意识，迎难而上，务实奋进，加快建设活力创新法治美丽幸福新崇信，推动经济社会持续健康发展。

一、综　合

经核算，全县地区生产总值完成 27.9 亿元，同比增长 5.2%。人均地区生产总值达到 26900 元（人口按 10.4 万人计算，下同）。其中：第一产业增加值完成 7.94 亿元，同比增长 9.3%；第二产业增加值完成 10.82 亿元，同比增长 6.2%；第三产业增加值完成 9.15 亿元，同比增长 0.6%。三次产业结构比为 28.4:38.8:32.8，三次产业结构更加趋向合理。

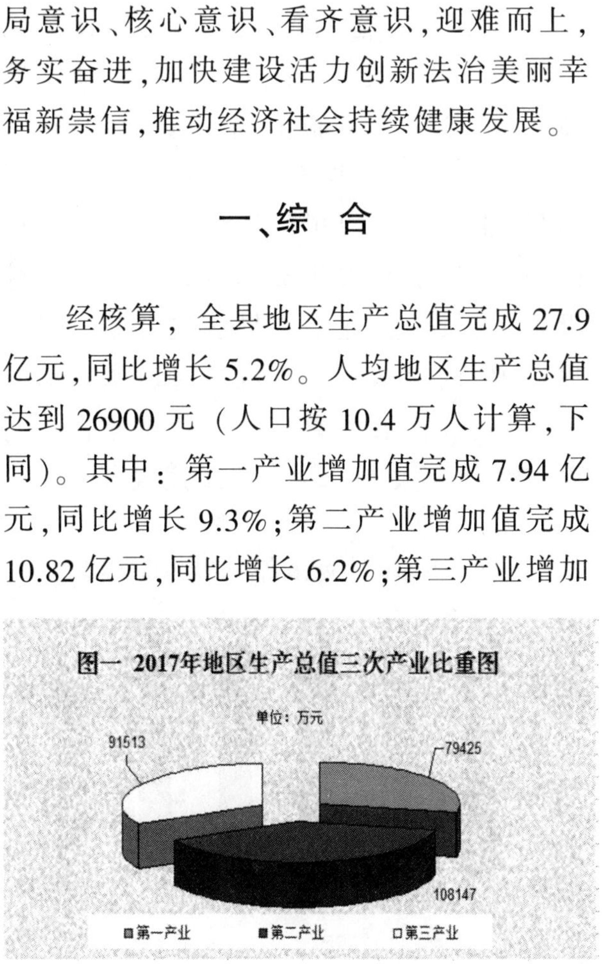

图一　2017年地区生产总值三次产业比重图

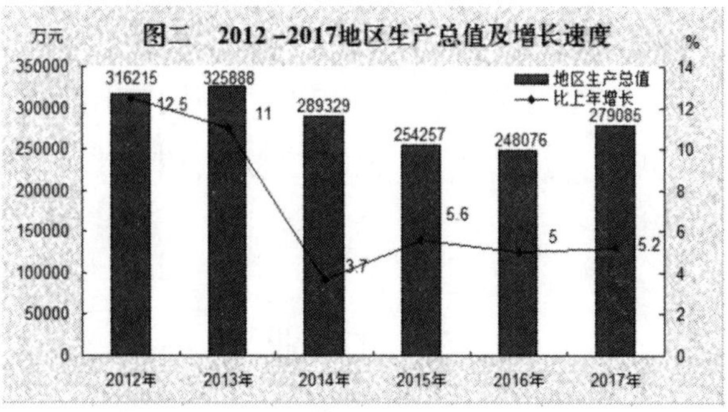

图二　2012－2017地区生产总值及增长速度

二、农　业

全县农林牧渔业增加值（现价）完成 7.94 亿元，按可比价计算增长 9.3%，总产值完成 11.77 亿元，其中农业 8.58 亿元，林业 0.1 亿元，牧业 2.81 亿元，渔业 0.0071 亿元，农林牧渔服务业 0.27 亿元。年末耕地面积 36.27 万亩，全年农作物播种面积 44.16 万亩。粮食播种面积 24.07 万亩，其中：小麦面积 11 万亩，玉米面积 5 万亩。其他经济作物中油料面积 8.31 万亩，蔬菜面积 7.37 万亩。

图三 2012-2017粮食产量及其增长速度

畜牧业生产形势稳定。全县肉牛出栏5.30万头，期末牛存栏6.15万头；羊出栏2.92万只，同比增长0.95%；期末羊存栏3.17万只；生猪出栏3.52万头，同比增长4.7%；生猪存栏2.94万头，其中能繁母猪0.61万头；家禽出栏11.59万只；存栏16.43万只。

全县蔬菜总产量15.07万吨，同比增长11.3%，水果产量3.01万吨，同比下降11.2%。

三、工　业

全年工业增加值完成9.42亿元，同比增长7.1%；规上工业增加值完成9.01亿元，同比增长7.5%。全年生产原煤571.46万吨，同比下降3.3%；发电37.89亿度，同比下降1.4%。

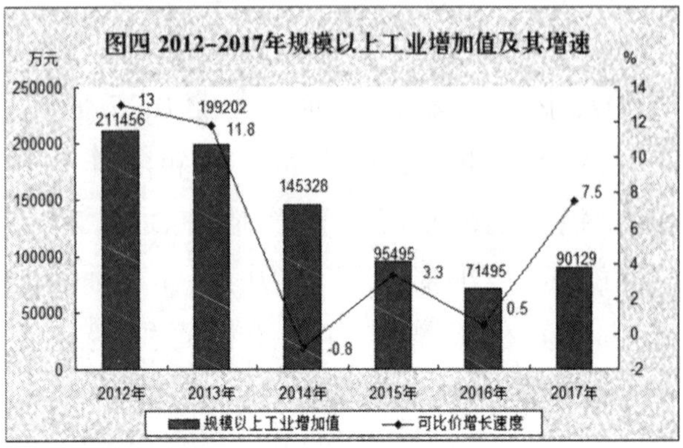

图四 2012-2017年规模以上工业增加值及其增速

表1：规模以上工业产品产量

品　种	单　位	2017年完成	比上年增减%
原　煤	万　吨	571.46	-3.3
火力发电	亿千瓦时	37.89	-1.4

全县规模以上工业企业实现销售收入25.8亿元，比上年增长17.8%，实现利税总额5.9亿元，比上年下降439.9%。

建筑业实现增加值1.4亿元，比上年下降0.6%。

四、固定资产投资

全年共实施500万元以上建设项目171项，完成投资45.15亿元，同比下降28.1%。全年共实施13个过亿元项目，其中五举煤矿及选煤石项目、赤城煤矿建设项目、平凉泾汭河川区崇信蔬菜产业园建设项目，崇信县农耕文化生态养老体系建设项目，崇信县龙泉寺景区旅游基础设施建设项目，崇信县重点流域河道水污染整治项目，崇信县华通汽配商贸城建设项目等一系列重大项目均完成了建设任务。

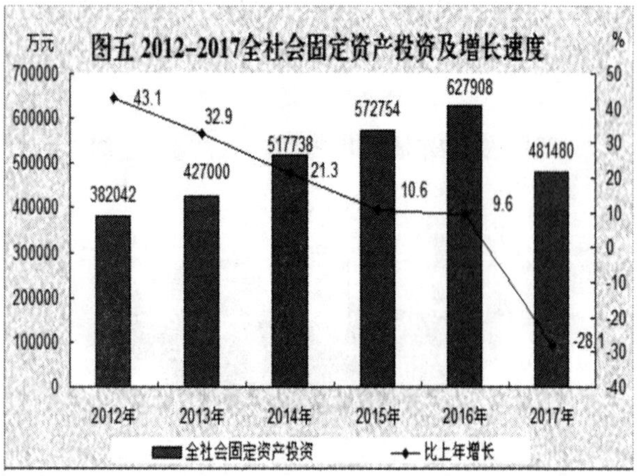

图五 2012-2017全社会固定资产投资及增长速度

五、交通、邮电和旅游

全县开通客运班线46条,全年共计完成客运量150.3万人（次）,客运周转量7565万人(公里),货运量37.7万吨,货运周转量7725万吨（公里)。累计建成建制村停靠站102个。实施崇大路路网改善工程30公里,“千村美丽”示范村村组道路硬化工程3条30公里，农村公路安全生命防护工程9条48.245公里,铜城至杜家塬公路省列养护维修4.8公里，窄路面加宽工程20条39公里,全县沥青(水泥路)通村率达到100%。

邮电：全县邮电业务总量完成5931.8万元，报纸征订份数6433份，杂志1573份，年末全县电话总户数达到12.6万户。其中：固定电话7166户，电信手机户数46597户,移动手机户数65212户,联通手机户数6970户，电话普及率达到121.1部/百人。互联网上网达到23660户。

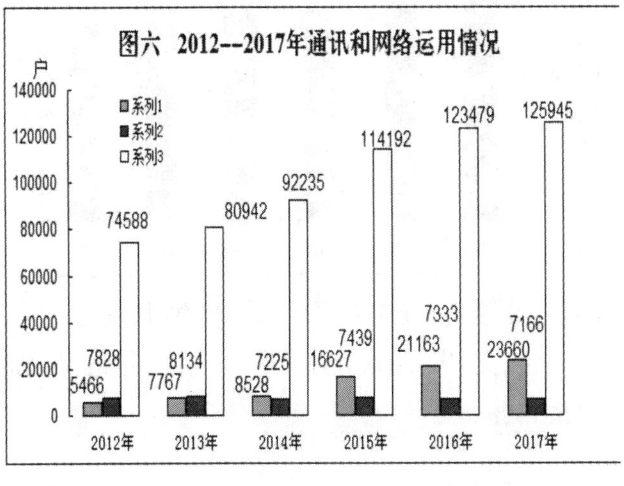

旅游：全县累计接待各类游客129.6万人/次,同比增长22.4%,实现旅游综合收入6.4亿元,同比增长26.3%。

六、商业和财政

商业：社会消费品零售总额完成8.83亿元,同比增长8.87%。按销售形态看:餐饮收入2.45亿元,同比增长5.5%,商品零售6.38亿元,同比增长10.2%。

全县共有快递、物流企业15家,7个

乡级电子商务服务站、15个村级电子商务服务点,全县电子商务网店达到了180家。

财政：全县大口径财政收入完成6.65亿元,同比增长22.6%,公共财政预算收入完成2.93亿元,同比增长14.5%,在一般预算收入中,税收收入2.53亿元。全县财政总支出11.96亿元,同比增长17.7%。

七、教育和卫生

教育:学龄儿童入学率达到100%,全县共有在校学生15588人，其中：幼儿园3584人（含小学附设幼儿班)，小学6667人,初中2850人,高中1560人,职业学校927人。高考上线率98.2%(高职以上),本科以上37.2%。全年本科院校录取201人,独立院校录取 68 人。

卫生：年末全县卫生机构数 20 个，床

图八 2012-2017年全县在校学生数

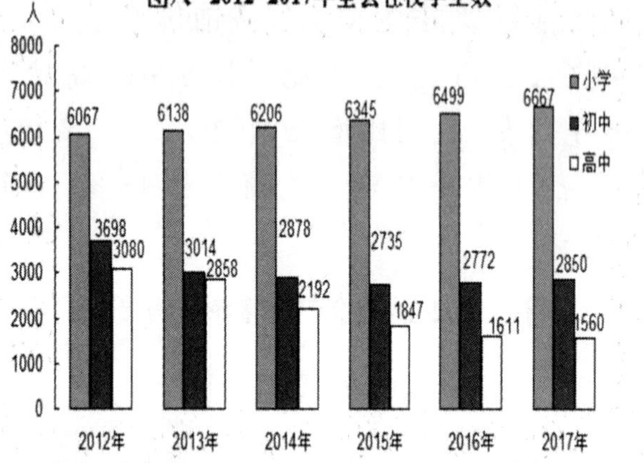

位数 612 张，卫生机构人员 589 人，医师 189 人，护士 192 人。乡村诊所 81 个，村医生 74 人，个体诊所、医务室 49 所。参加新型农村合作医疗人口 7.8 万人，参合率达到98.4%。

八、广播电视和文化体育

广播电视：全县有线电视频道达到 183 套，广播节目自办 1 套、转播 5 套，电视发射转播台 1 座，农村广播“村村响”“户户通”工程顺利建成。电视覆盖率为 99.01%，全县广播覆盖率为 99.11%。开设新闻专栏 24 个，播出《崇信新闻》146 期，播发新闻稿件 1700 多篇条，广播播发新闻稿件 1830 多篇条，在省级媒体播出稿件 32 篇条，《平凉新闻》中播出稿件 347 篇条，平凉市广播电台播出 631 篇条，新增《汭水诗画》和《德孝大讲堂》两档电视栏目。

文化体育：年末全县有文化产业法人单位 43 户，从业人员 680 人。全县有演艺公司 5 个，文化馆、博物馆和图书馆各 1 个，“历史再现”工程类博物馆 3 个，乡级文化站 7 个，建成 81 个农家书屋和 50 个乡村级体育场。组织各类文化活动 30 多场（次），年放映农村公益电影 1008 多场（次），剧团演出 420 多(场)次。

九、金融和保险

金融：全县金融机构各项存款 37.99 亿元，同比增长 11.58%，其中个人存款 27.5 亿元，同比增长 8.7%，人均存款 26443 元。全县贷款 26.79 亿元，同比增长 12.3%，人均贷款 25764 元。其中：短期贷款 3.62 亿元，同比增长 36.09%，中长期贷款 23.18 亿元，同比增长 9.34%。

图九 2012-2017居民储蓄存款余额及增速

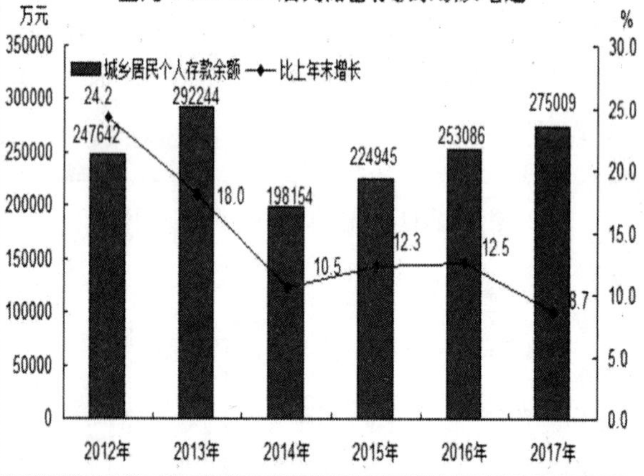

保险：5165.7 万元，同比增长 17.91%；赔付支出 1083.51 万元，同比增加 16.33%。

十、人民生活

人民生活：全县期末职工人数 12793 人，职工工资总额 88001 万元，平均工资

68574元，工资总额比上年减少6.36%，平均工资比上年增长7.23%，其中：企业单位职工平均工资73709元，事业单位职工平均工资63768元，机关单位职工平均工资57829元。城镇居民人均可支配收入30324元，比上年增长8.5%；农村居民人均可支配收入7288元，比上年增长8.5%。

社会保障：全县失业保险参保2949

图十 2012-2017年城镇（农村）居民可支配收入

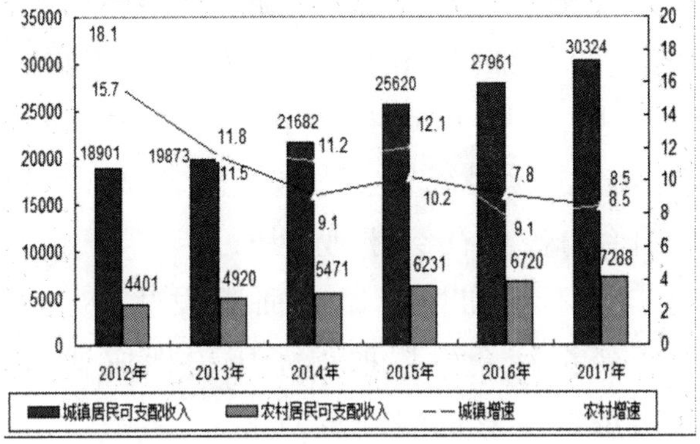

人，城镇职工养老保险参保2348人，城乡居民基本养老保险参保57979人，工伤保险参保3569人，生育保险参保3590人；参加医疗保险共89283人，其中：职工5768人，城镇居民6559人，农村居民76956人全县8809名困难群众享受农村低保，1859名城镇困难居民享受城市低保，五保供养人数318人。

十一、资源和安全生产

资源：年末全县土地面积84902.83公顷。其中，耕地20296.37公顷，园地1718.09公顷，林地48151.83公顷，草地5154.14公顷，城镇村及工矿用地4175.15公顷，交通运输用地990.21公顷，水域及水利设施用地665.51公顷，其他用地3751.53公顷。（来源于国土部门数据）。

2017年，全县总用水量967.25万立方米，其中：农业用水量439.40万立方米，占总用水量的45.4%；工业用水量276.34万立方米，占总用水量的28.6%；生活用水量（含第三产业和建筑业）251.51万立方米，占总用水量26.0%。

环境保护：全县化学需氧量、氨氮、二氧化硫、氮氧化物四项主要污染物排放量分别控制在了2883吨、106吨、4176吨、4750吨以内。全县环境空气中二氧化硫、二氧化氮、可吸入颗粒物日均浓度均达到GB3095-2012《环境空气质量》之二级标准。地表水汭河崇信段出境断面水质达标率达到100%，城乡饮用水源水质达标率达到100%。全年未发生严重环境违法行为和重大环境辐射安全事件。

安全生产：全县共发生各类生产安全事故2起，死亡2人，四项主要控制指标与去年同期相比呈现出“三降一平”的态势，其中：事故起数下降62.5%、死亡人数持平、直接经济损失下降55.56%，煤矿、道路交通等重点行业领域实现了零事故。

年末全县总人口10.40万人（总人口为全县常住人口数，资料来源于全省抽样调查推算数）。

注：

1.本公报各项统计数据为快报统计数。

2.公报中生产总值指标均按现行价格计算，增长速度按可比价格计算。

崇信县国民经济和社会发展第十三个五年规划纲要

“十三五”时期是深入贯彻中共十八大和十八届三中、四中、五中全会精神，深入推进“四个全面”战略布局，全面建成小康社会的决胜期；是适应经济发展新常态，加快“四化”融合，促进全县经济社会转型升级、科学发展的关键期；是全面落实“丝绸之路经济带”、华夏文明传承创新区、支持革命老区脱贫致富奔小康等一系列战略部署，提升县域经济综合实力的重要机遇期，科学制定并实施好全县“十三五”规划具有十分重要的意义。

本规划是根据县第十四次党代会以来提出的各项发展改革任务和《中共崇信县委关于制定国民经济和社会发展第十三个五规划的建议》制定的，规划围绕进入经济新常态后全县发展的阶段特征和趋势，紧扣全面建成小康社会、全面深化改革、全面依法治县和全面从严治党的战略部署和重大任务，提出了未来五年全县经济社会发展的战略导向、奋斗目标、主要任务和保障措施。规划贯穿了省、市区域发展战略、扶贫攻坚和支持革命老区发展等决策部署，体现了转型升级、富民强县和创新驱动发展的新要求，是今后五年全县经济社会发展的行动纲领。

一、“十三五”发展基础

（一）发展基础

“十二五”以来，面对错综复杂的宏观经济形势和艰巨繁重的改革稳定任务，在县委、县政府的正确领导下，全县上下认真贯彻落实中共十八大和十八届三中、四中、五中全会精神，深入学习贯彻习近平总书记系列重要讲话精神，坚持牛果菜富民、煤电化强县，大力实施项目带动、工业主导、统筹城乡、富民强县四大战略，努力提升煤电、草畜、果菜、旅游四大产业开发水平，统筹推进“五位一体”和党的建设各项事业，全力以赴抓项目、兴产业、强基础、惠民生、促统筹，全县产业结构持续优化升级、各项社会事业全面进步、开放开发步伐不断加快、城乡面貌发生巨大变化，经济社会发展取得了历史性成就，谱写了浓墨重彩的崭新篇章。

1.综合实力大幅提升。坚持发展第一要务，抢抓省、市实施“3341”项目和“十大工程”的战略机遇，全力抓项目、扩招商、促消费，带动全县经济持续健康发展。五年来，共实施过亿元项目32项，千万元以上项目338项，500万元以上项目630项，固定资产投资完成216.8亿元，是“十一五”末的2.4倍。地区生产总值由2010年的17.4亿元增加到25.4亿元，年均增速10.8%，其中第一产业达到6.6亿元，年均增长6.8%；第二产业达到11.1亿元，年均增长11.6%；第三产业达到7.7亿元，年均增长12.5%；工业增加值达到9.8亿元，年均增长11.7%，规模以上工业增加值达到9.6亿元，年均增长11.6%；大口径财政收入和地方财政收入分别达到5.6亿元和2.5亿元，较“十一五”末增长28%和74%；

财政支出累计达到45.4亿元，增长了1倍多。城镇居民人均可支配收入达到25620元，年均增长12.2%，农民人均纯收入达到6231元，年均增长13.9%。

2.经济结构持续优化。突出提质增效、转型升级，大力发展现代农业，改造提升传统产业，加快培育新兴产业，大力发展非公经济，三次产业结构由“十一五”末的22:61:17调整为26:44:30。坚持煤电产业优化升级与非煤产业发展同步推进，五举、赤城煤矿加快建设，全县矿井总量达到12对，累计生产原煤3566万吨，发电258亿千瓦时，鑫盛新型建材项目建成投产，初步形成了以煤炭开采、火力发电、粉煤灰综合利用为主导的循环产业发展模式，工业总产值和销售收入比“十一五”末增长2.1倍和1.9倍。县财政坚持每年列支2000万元，全力推进牛果菜产业加快发展，引进建办了伊顺祥牛业、方盛果蔬保鲜库、鑫塬果品公司等一批带动示范作用明显的龙头企业，新建改扩建肉牛养殖场(区)20个，创建黄寨鑫盛等省级标准化养殖小区3个，果树经济林和蔬菜种植面积分别突破11万亩和7万亩，率先在全市建成了万亩油用牡丹种植基地，优质牛肉远销南方市场，苹果成功实现出口创汇，铁皮石斛、灵芝、香菇等高新特农产品受到消费者青睐，牛果菜产业收入占到了农民人均纯收入的35%以上，干部群众加快发展产业的信心明显增强。主动融入大景区建设，先后实施文化三馆、保至善烈士纪念馆、龙泉寺地质公园遗迹保护等文化旅游项目14项，龙泽湖被评为国家级水利风景区，“山水龙泉·养生崇信”旅游品牌知名度和影响力不断提升。深度挖掘公刘农耕、唐代军旅、红色革命和传统民俗文化资源，大力发展文化产业，全县文化产业增加值年均增速近26个百分点。努力提升三产发展活力，开工建设了商会大厦和金融大厦，搭建了服务非公经济发展新平台。快递物流、家政服务、电子商务等新兴服务业快速发展，第三产业增加值较“十一五”末翻了一番。

表1:“十二五”规划主要预期发展目标完成情况

指标	单位	“十二五”规划预期目标		“十二五”末完成情况	
		2015年预期	年均增长%	2015年	年均增长%
地区生产总值	亿元	36.84	16.2	25.43	10.8
第一产业	亿元	5.64	8	6.60	6.8
第二产业	亿元	25.15	18.8	11.06	11.6
第三产业	亿元	6.05	15.8	7.77	12.5
固定资产投资	亿元	79.45	12	57.3	4.9
社会消费品零售总额	亿元	6.9	15	7.33	16.4
大口径财政收入	亿元	8.32	20.1	5.61	11.2
公共财政预算收入	亿元	3.45	19	2.53	11.8
农民人均纯收入	万元	0.59	12.5	0.62	13.9
城镇居民人均可支配收入	万元	2.54	12	2.56	12.2
城镇化率	%	37	—	39.01	—
常住人口	万人	10.6	<0.7	10.33	0.23

3.扶贫开发扎实有效。坚持把主要精力放在扶贫开发上，深入推进“1236”扶贫攻坚行动和精准扶贫精准脱贫工作，五年来，共实施扶贫开发整乡整村推进项目21个，易地扶贫搬迁项目4个，累计投入帮扶资金7.68亿元，完成农村危房改造7750户42.6万平方米，移民搬迁492户2141人，有532人彻底告别了土窑洞和地坑庄子，解决了2.1万人农村安全饮水问题。贫困人口由2011年的3.05万人减少到2015年的1.09万人，贫困面下降到13.3%。坚持扶贫攻坚行动融合推进，全县115个单位2187名干部与贫困村、贫困群众结对帮扶，累计实施基础设施建设、增收产业、公共服务和新技术推广等项目834项，投入帮扶资金及物资4216万元，解决群众生产生活困难问题2876件。

4.城乡面貌显著改善。坚持新城区建设与旧城区改造同步推进，按照“一带两园三片区”的城市发展布局，相继建成了县城出入口改造、公刘园、商业步行街等一批惠民工程，实施了崇信宾馆、世纪花园小区、华煤集团生活区等一批商贸服务工程，修建了污水处理厂、集中供热中心等一批市政工程，棚户区改造、公租房建设进展顺利，县城功能日趋完善，品位不断提升，建成区面积由“十一五”末的5.2平方公里扩展到6.9平方公里，城镇化率由32%提高到39%。加快推进新窑、柏树、铜城等重点小城镇建设，实施新农村建设和旧村改造示范点12个，建成康居住宅244户，改造危旧房屋700户，新农村建设覆盖面达到86%。坚持从打基础，利长远的事抓起，累计实施水、电、路等农村基础设施建设项目33项。新建和改扩建安全饮水工程8处，自来水普及率和入户率分别达到95%以上。实现了村村通硬化道路，崇白路、崇大路改造升级，进一步增强了发展后劲。新修梯田15万亩，梯田化程度由“十一五”末的45%增长到85%。坚持发展与保护并重，持续加强生态建设和环境保护，完成造林面积6.5万亩，全县森林覆盖率达到34.6%。

5.民计民生保障有力。始终把改善民生作为一切工作的出发点和落脚点，省、市、县承诺的惠民实事全面落实，“十二五”期间，全县民生支出每年都占到了财政总支出的81%以上。城乡低保、新型农村合作医疗、农村五保等提标政策全面落实，社会保障体系进一步健全。积极推进创业就业，全县累计新增就业8877人，就业和再就业率分别达到84%和92.5%。实施崇信三中、黄寨中学、城区第二小学等校安工程58个，县中医院迁建、县医院住院综合楼等公共卫生服务项目54个，农家书屋、乡村舞台建设等文化体育惠民工程11个，项目总数和概算总投资分别是“十一五”末的1.5倍和1.2倍，乡镇中心幼儿园、乡镇卫生院和文化活动室实现全覆盖，农村小学“小班化教育”经验在全市推广，义务教育均衡县创建顺利通过国家评估认定。严格落实安全生产“党政同责、一岗双责”制度，强化重点领域安全整治和隐患排查，成功创建了全国平安农机示范县，安全生产形势平稳。深入推进法治崇信建设，依法处理信访、民族宗教等各项社会事务，严厉打击各类违法犯罪活动，全县社会大局和谐稳定。

6.各项改革稳妥推进。坚持问题导向，简政放权、农村综合改革和财税金融改革积极稳妥推进，取消调整行政审批项目347项，较“十一五”末减少54%，非行政许可事项全面取消。电子政务专网实现全覆盖，130项行政审批和便民服务事项纳入电子政务大厅集中办理，群众办事更加方便快捷。农村集体土地确权登记发证工作全面完成，全县累计规范流转土地6.6万亩，治理撂荒地1.5万亩，发展农民专业合作经济组织106个，政策性农业保险全面推行，农村发展活力明显增强。积极推行国库集中支付和公务卡制度，恢复各预算单位的预算管理主体地位和会计核算职能，规范了财务审批运行程序。全力推进“营改增”和注册资本登记制度改革，不动产登记稳步推进。坚持以改革促发展、以开放促开发，深入开展各类招商引资活动，先后与华煤、酒钢、新世纪、东岳、华信、海升等企业集团建立了战略合作关系，五年共引进500万元以上招商项目205项，到位资金207亿元，有力地助推了全县经济社会转型升级发展。

“十二五”时期，全县上下认真贯彻落实中央关于全面从严治党要求，扎实开展党的群众路线教育实践活动和“三严三实”专题教育，着力构建和实施党风廉政建设惩防体系规划和“3783”主体责任体系，不断深化先锋引领和效能风暴行动，切实加强服务型党组织建设，从严从实监督管理党员干部，为各项事业发展提供了坚强有力的政治、组织和作风保证。同时，深入推进依法治县，着力加强民主政治建设，巩固民族团结进步局面，深入发展军政军民关系，全县社会大局和谐稳定。在宏观经济下行、煤电市场低迷、自然灾害频发等不利情况下，取得这样的成绩，进一步增强了全县上下脱贫攻坚、转型升级、率先小康的信心和决心，为“十三五”发展打下了坚实基础，开拓了更为广阔的前景。

表2:“十二五”期间主要发展目标完成情况

指标	单位	2011年		2012年		2013年		2014年		2015年	
		完成	同比%	完成	同比%	完成	同比%	完成	同比%	完成	同比%
地区生产总值	亿元	25.64	22.0	31.60	12.5	32.59	11	27.86	3.7	25.43	5.6
第一产业	亿元	4.42	6.6	5.38	8.3	5.83	6.5	6.2	6.5	6.6	6.0
第二产业	亿元	18.0	29.8	22.48	13.0	21.91	11.9	16.3	1.7	11.06	3.7
第三产业	亿元	3.2	13.8	3.76	15.2	4.84	12.9	5.36	9.0	7.77	11.5
固定资产投资	亿元	27.2	-39.7	38.2	43.1	42.7	32.9	51.8	21.3	57.3	10.6
社会消费品零售总额	亿元	4.1	33.1	4.85	18.3	5.56	14.6	6.24	12.2	7.33	9.5
大口径财政收入	亿元	4.51	35.4	6.44	43.0	5.8	-9.9	5.71	-1.5	5.61	-1.7
公共财政预算收入	亿元	1.91	31.8	2.68	40.7	2.84	5.7	2.65	-6.6	2.53	-4.7

续表

指标	单位	2011年		2012年		2013年		2014年		2015年	
		完成	同比%	完成	同比%	完成	同比%	完成	同比%	完成	同比%
农民人均纯收入	万元	0.37	14.5	0.44	18.1	0.49	11.8	0.55	11.2	0.62	12.1
城镇居民人均可支配收入	万元	1.63	13.2	1.89	15.7	1.99	11.5	2.17	9.1	2.56	10.2
城镇化率	%	32.5	—	33.89	—	35.7	—	37.24	—	39.01	—
非公经济比重	%	41.9	—	24	—	43.7	—	57	—	58	—
常住人口	万人	10.25	0.4	10.27	0.2	10.28	0.1	10.31	0.3	10.33	0.2

(二)主要经验和问题

1.主要经验

“十二五”以来全县国民经济和社会发展取得了显著成效,经济总量和效益大幅提高,同时也积累了许多宝贵经验,主要有以下几点:

一是坚持把科学发展作为第一要务。准确把握经济社会发展规律,转变思想观念,优化发展思路,大力实施“四大战略”,加快开发“四大产业”,全面加强“四项建设”,注重提高经济发展质量,推进可持续发展。二是坚持把项目带动作为首要战略。坚持项目带动、投资拉动,抢抓政策机遇,扩大开放开发,加大招商引资,集中力量抓建一批事关全县经济社会长远发展的大项目、好项目,以大项目带动大产业、推动大发展。三是坚持把改善民生作为根本目标。坚持执政为民、改善民生,持续加大投入力度,认真解决事关群众切身利益的就业、上学、看病、住房、饮水、行路、社保等方面存在的突出问题,着力改善人民生活,促进共建共享。四是坚持把改革创新作为根本动力。以改革创新引领发展,进一步转变政府职能,加大简政放权力度,优化发展环境,破解体制机制性障碍,激发内生动力,增强发展活力。五是坚持把改进作风作为根本保证。坚持党的领导,注重发挥群众的首创精神,大兴求真务实之风,自觉践行群众路线,自觉遵循“三严三实”,形成了务实苦干、风清气正的良好环境,为促进全县经济社会发展提供了良好的作风保障。

2.主要问题

在总结成绩的同时,还应看到全县经济社会发展仍然面临一些困难和问题,主要表现在:一是县域经济总量小,工业经济结构单一,农业产业化程度不高,第三产业规模小,抵御市场风险的能力不强;二是社会事业发展相对滞后,节能减排、环境保护的压力增大;三是社会保障体系还不够完善,基础设施配套、公共服务水平还不能完全满足人民群众的需要,部分低收入群众的生产生活仍然比较困难;四是小城镇建设缺乏产业支撑,基础设施薄弱,城镇化水平偏低,推进城乡一体化发展任务艰巨;五是政府职能转变还不到位,一些部门、单位和干部服务意识、担当精神不强,服务质量和效率还不能适应新形势、新任务的要求。

二、“十三五”发展环境

（一）国际国内环境

“十三五”时期，国内外环境将继续发生深刻变化，后金融危机持续时间拉长，世界经济仍处于深度调整和缓慢复苏之中，国际分工关系由互补为主向互补与竞争替代转变，全球化和区域经济一体化的路径及动力将发生深刻变化，外部环境的不稳定性和不确定性明显增加。国家深入实施西部大开发、“一带一路”、陕甘宁革命老区等重大规划，特别是十八届五中全会对“十三五”时期的发展作出了一系列重大决策部署，采取超常规措施，加大对西部地区脱贫攻坚、基础设施、公共服务和产业发展等方面的倾斜支持，释放了一系列政策利好，为全县实现经济平稳较快增长提供了重大契机；中央经济工作会议提出宏观政策要稳、产业政策要准、微观政策要活、改革政策要实、社会政策要托底的“五大政策支柱”，在制度上、政策上营造了宽松的市场经营和投资环境，为全县转方式、调结构、稳增长指明了发展方向；全国经济发展进入新常态，创新驱动发展战略加快推进，“互联网+”行动计划深入实施，东部产业加速向中西部转移，为加快产业转型升级、全面提高发展质量效益搭建了广阔平台。

（二）省内市内环境

从全省情况看，“十三五”乃至今后一个时期，既是中国实现中长期改革发展战略目标的重要历史关键点，也是全省承上启下的重要历史转型发展期和经济体制改革的攻坚期，全省将处于“强基固本、转型增长、重点突破、全面开放、富民强省”的重要历史阶段。主要呈现出发展速度从高速增长向中高速度转变、要素投入向创新驱动转变、发展区位从偏远内陆向开放前沿转变、发展机遇由多重叠加向加速释放转变、发展资源由存量优势向经济优势转变、发展条件由基础薄弱向不断完善转变、发展层次由传统经济向新兴产业转变、发展形象由落后状态向后发优势转变的发展趋势和特征，转型升级步伐加快，稳定增长任务艰巨；新型城镇化加速推进，服务保障压力增大；区域合作势头增强，多层面竞争更趋激烈；全面深化改革整体推进，转型发展与改革开放深度融合；全面对外开放和“丝绸之路经济带”上升为国家战略，将全省推到了对外开放的前沿，转型与改革开放的直接融合，使全省发展面临前所未有的挑战。省委、省政府大力实施“3341”项目工程，深入推进“6873”交通突破行动、“1236”扶贫攻坚行动和精准扶贫精准脱贫工作，着力打造“六大支撑”，推动经贸技术交流、产业对接合作和人文交流合作等等，为如期完成脱贫目标、全面建成小康社会带来了重大机遇。

从全市情况看，全市经济社会发展将由强调增长速度转为更加注重结构优化、效益提升、均衡协调的包容性增长。以转型促发展将是全市“十三五”期间发展的重要战略，调整经济结构、推进社会建设、保护生态环境、加快体制改革、提升开放水平必将是发展的重要任务。全市工业化、城镇化进程加快，发展潜力、发展空间较大，仍处在成长上升阶段和发展的重要战略机遇期。保持全市经济社会平稳较快发展的基本态势没有发生改变，经济增长基础仍然是投资推动型经济，基础设施、生态环境等领域投资空间较大。市委、市政府加快“十大工程”、“五个百万”增收工程建设，全力打造“六大战略平台”，同样为崇信县加快发展带来了重大机遇。

综合县内外环境，经过多年特别是“十二五”时期的快速发展，全县经济实力显著提升，基础条件明显改善，产业优势日益凸显，群众生活水平大幅提升，党员干部作风明显好转，全县上下谋求发展的愿望更加强烈，为加快转型升级、促进科学发展凝聚了强大合力。“十三五”时期，崇信县正处在转变发展方式、结构优化升级，加快脱贫攻坚、全面实现小康的重要时期，必须主动适应经济发展新常态，全面深化改革，加快丝绸之路经济带黄金段建设，深入实施西部大开发和主体功能区战略，加快推进“四化”同步发展，全力支持革命老区脱贫致富奔小康，为全县优化产业布局，规模开发煤电、草畜、果菜、旅游、油用牡丹五大产业，加快调整经济结构，培植多元产业实现协同发展，打造新的经济增长极提供了良好的政策机遇。为融入周边地区经济发展，加强与经济发达地区合作，培育发展开放型经济，增强区域竞争力提供了新的发展空间。面对机遇要乘势而上、顺势而为，面对挑战要勇于担当、积极应对。崇信县要准确把握省委“八个转变”和市委“四个重要关口”的科学判断，进一步增强机遇意识、忧患意识和责任意识，以奋发有为的精神状态，科学谋划、团结协作、务实苦干，努力开创“十三五”发展新局面。

（三）发展阶段特征

“十三五”时期，是全县加快经济结构战略性调整、实现产业多元支撑发展、增大经济总量、实现经济社会转型发展的关键时期，也是全力缩小与全省发展差距、推进基本公共服务均等化、建成全面小康社会的决胜阶段。总体上呈现六个重要特征。

一是产业转型发展的提升期。“十二五”期间，全县坚持投资拉动，二产带动经济较快发展。“十三五”时期，扩张总量和优化结构并重，将扩大煤电优势产业规模，培育发展一批战略性新兴产业，提升质量和效益，实现由二产带动向一、二、三产协调发展转变，推动经济总量迈上新台阶。

二是精准扶贫脱贫的决战期。“十三五”时期是全国全面建成小康社会的决战期，又是目标实现期。全县将深化拓展“1236”扶贫攻坚行动，落实“2+19”精准扶贫工作方案，持续深化“扶贫攻坚”行动，扎实改善基础设施，加快易地扶贫搬迁，推动社会事业扶贫、培育富民产业，提高扶贫开发的成效和水平，到 2020 年，与全国、省、市一道全面建成小康社会。

三是新型城镇化建设的加速期。随着国家新型城镇化进程不断加快，全县将围绕建设生态旅游县城，进一步加快县城和小城镇建设，稳步扩大城镇规模，全力促进城镇扩容提质，增强辐射带动能力，促进农村人口向城镇聚集，建立均等化的基本公共服务体系，促进发展成果惠及广大人民群众，推进新型城镇化建设步伐。

四是生态文明建设的推进期。全县将抢抓加快推进生态文明建设的政策机遇，以创建国家级生态文明示范县为载体，建立健全生态建设长效机制，加强生态建设与保护，进一步改善生态环境，开展城乡环境综合整治，加快循环经济发展步伐，全面推进资源节约型、环境友好型、防灾减灾型、气候适应型社会建设。

五是开放型经济发展的关键期。国家实施一带一路战略，构建开放型经济新体制，以开放促改革、促发展、促创新，建设开放型经济强国，全县将紧紧抓住“丝绸之路经济带”建设的历史机遇，把握开放型经济将是中国进入新常态下经济社会发展的根本取向，加快推动全县经济由内向型转向外向型发展。

六是全面改革创新的突破期。十三五时期，全面深化改革创新整体推进，创新转型发展与改革开放深度融合，全县将紧抓改革创新机遇，坚持以开放促改革、以改革促发展，坚持创新驱动，推动经济发展方式根本转变，积极融入区域内外产业竞争，厚植发展优势，着力促进对外开放合作，推动经济社会持续健康发展。

三、总体思路与发展目标

（一）总体思路

坚持以中共十八大、十八届三中、四中、五中全会精神和习近平总书记系列重要讲话为指导，牢固树立创新、协调、绿色、开放、共享的发展理念，按照“四个全面”的战略布局，深入贯彻省委“八个并重”，市委“五个注重”的总体要求，坚持以提高发展质量和效益为中心，以富民强县、率先小康为目标，突出脱贫攻坚、经济转型、产业升级，培育壮大煤电、草畜、果菜、旅游、油用牡丹五大产业，扎实推进精准扶贫、工业转型、现代农业、文化旅游、城镇建设、基础设施、生态环境、公共服务、民计民生、改革创新“十大工程”，统筹推进经济、政治、文化、社会、生态文明和党的建设，努力推动全县经济社会转型升级发展，坚决打赢脱贫攻坚战，率先在全市实现全面小康目标。

（二）发展原则

如期实现全面建成小康社会奋斗目标，必须严格遵循坚持人民主体地位、科学发展、深化改革、依法治县和党的领导的原则，并结合实际，将五大发展理念贯穿于“十三五”发展的各方面和全过程。

一是始终坚持创新发展，着力加快转型升级。深刻认识创新是引领发展的第一动力，积极实施创新驱动战略，推进理论、制度、科技、文化等各方面创新，让创新贯穿于一切工作的全过程，不断催生新动力、新产业、新技术、新业态、新模式，推动全县经济转型升级发展。

二是始终坚持协调发展，着力促进统筹城乡。深刻认识协调是持续健康发展的内在要求，加强与周边县区的协同联动，推动一二三产良性互动，优势互补，促进区域内组团联动发展；坚持以城带乡，加快推进新型城镇化建设，加强县城、重点小城镇和中心村统筹联动，促进城乡一体化发展；加大贫困乡村支持力度，补齐短板，促进经济社会、物质文明和精神文明协调发展。

三是始终坚持绿色发展，着力改善生态环境。深刻认识绿色是永续发展的必要条件和人民对美好生活追求的重要体现，把生态文明建设放在更加突出的位置，大力发展绿色循环低碳经济，加强环境保护和生态建设，全面节约和高效利用资源，倡导节约健康环保生活方式，促进人与自然和谐共生。

四是始终坚持开放发展，着力扩大合作交流。深刻认识开放是繁荣发展的必由之路，抢抓国家建设“丝绸之路经济带”的战略机遇，持续扩大开放开发，积极承接产业转移，不断提升开放型经济发展水平。全面深化重点领域和重要环节的改革，发挥市场对资源配置的决定性作用，进一步激发发展活力。

五是始终坚持共享发展，着力增进群众福祉。深刻认识共享是中国特色社会主义的本质要求，坚持发展为了人民、发展依靠人民、发展成果由人民共享，深入推进脱贫攻坚，协调发展社会事业，持续强化公共服务，着力保障改善民生，不断加强社会治理，让全体人民在共建共享中有更多的获得感和幸福感。

专栏1：五大产业

煤电产业。加快煤炭、电力开发和转化增值，做大做强煤电及煤化工产业，促进煤电材、煤电热、煤电化一体化发展，争取建成陇东国家级能源化工基地重要支撑区和全省大型煤电工业基地。

草畜产业。依托“平凉红牛”品牌，坚持养殖小区和农户分散养殖相结合，加快品种改良，坚持科学饲养，培育龙头企业，大力发展以肉牛养殖为主的现代绿色畜牧业。

果菜产业。不断扩张果产业规模、强化管理，努力扩大挂果面积，提高优果率，建办标准化果园；突出科学规化，加快蔬菜适宜区全覆盖，走规模化、设施化、品牌化发展路子，加快推进泾汭河川区国家级蔬菜产业园崇信片区建设。

油用牡丹产业。以打造最具竞争力的特色产业为目标，完善推动机制，加快油用牡丹基地建设、龙头企业培育、系列产品精深加工，促进油用牡丹产业快速健康发展。

旅游产业。全力落实华夏文明传承创新区建设计划，依托全市建设崆峒山、大云寺·王母宫大景区，加强规划衔接，加快景区景点建设，做大做强“山水龙泉·养生崇信”旅游品牌，加快文化旅游融合，提高文化旅游产业开发水平。

（三）发展目标

根据全面建成小康社会的目标要求，结合省、市、县委“十三五”规划建议精神，确定全县“十三五”时期发展的主要目标是：

1.综合经济实力迈上新台阶。通过综合施策，促进全县经济保持中高速增长，发展空间格局得到优化，投资效率和企业效率明显提高，工业化和信息化融合发展水平进一步提高，新产业新业态不断成长，服务业比重进一步上升，消费对经济增长贡献明显加大，户籍人口城镇化率加快提高，农业现代化取得明显进展。到2020年，全县地区生产总值比2010年翻一番，达到37.4亿元，较2015年年均增长8%左右，经济发展速度、质量和效益不断提高。固定资产投资平稳较快增长，万元GDP能耗和污染物排放低于“十二五”水平，财政收入年均增长8%以上，城乡居民人均收入比2010年翻一番，在全市率先实现全面小康目标。

2.经济转型升级取得新成效。主动融入全市文化旅游、农产品加工、煤电化冶、商贸物流四大产业集群建设，以煤电、煤化工为主导的现代能源工业体系加快建立，发展质量效益明显提升；牛果菜主导产业、油用牡丹等特色优势产业进一步提质增效，农业现代化水平不断提升；旅游文化产业深度融合，科技科研、外包服务、电子商务、养生养老等现代服务业加快发展，新产业新业态不断成长，现代服务业对经济增长的贡献率明显提升。到2020年，全县服务业增加值比重达到36%以上；研究与试验发展经费支出比重提高到2.2%以上。三次产业结构调整到22:38:40左右。

3.生态环境建设取得新进步。实行能源消费总量和能耗强度“双控”制度，生态环境质量持续改善，节能减排成效显著，GDP能耗年均下降3.5%以上，比2015年下降17%左右；万元生产总值用水量56立方米以下，万元工业增加值用水量45立方米以下，农业灌溉水有效利用系数达到0.55。环境质量指数达到100%，主要污染物排放强度指数达到100%，城市生活垃圾无害化处理率达到85%以上，饮用水达标率达到100%，森林覆盖率达到38.4%。坚持最严格的耕地保护制度，坚守耕地红线，耕地保有量不少于1.92万公顷。构建系统完整的生态文明制度体系，生态环境承载能力和可持续发展能力明显增强，人居环境得到根本改变，建成资源节约型和环境友好型示范县。

4.人民生活水平实现新提高。现行标准下贫困人口实现脱贫、贫困村整体脱贫，社会事业投入不断加大，基本公共服务实现均等化，教育、就业、社会保障、医疗卫生、计划生育、住房保障、文化体育等领域的公共服务水平显著提高，学前教育三年毛入园率达到90%以上，义务教育巩固率达到95%以上，高考上线率保持在90%以上，率先普及高中阶段教育，实现家庭经济困难学生资助全覆盖。继续巩固城镇职工基本养老、失业、医疗、工伤等社会保险制度，完善生育保险待遇享受机制，“五险合一”全面推行，基本社会保险覆盖面达到95%。城镇登记失业率控制在3.5%以内，综合科技实力达到全市领先水平。城镇常住人口保障性住房覆盖率达到23%以上，城市社区综合服务设施覆盖率达到100%。农村自来水、三相动力电、信息网络覆盖率持续提升，公路交通网络更加完善。

5.社会文明程度达到新水平。中华民族伟大复兴的中国梦和社会主义核心价值观更加深入人心，公民思想道德素质、科学文化素质、法治素质明显提高。公共文化服务体系基本建成，文化旅游产业效益明显提升，知名度和影响力进一步扩大。2020年文化旅游产业增加值比重达到

5%以上。民主法治更加健全,社会治理体系更加完善,社会大局更加和谐稳定,实现法治崇信建设目标。

6.全面改革开放开创新局面。重点领域和重要环节改革全面推进,要素市场进一步完善,资源性产品价格改革取得新进展,生态补偿机制建立健全。政府职能转变成效显著,各方面制度机制更加成熟。园区经济加快发展,招商引资规模和效益明显提升。

全面建成小康社会,是义不容辞的历史使命和责任担当。落实确定的指导思想、基本要求和奋斗目标,必须准确把握崇信在全市的战略定位,深刻分析县情阶段性特征,充分发挥特色优势,以县委《建议》为指导,主动融入、全面对接、抓好落实,经过五年的奋斗,力争把全县打造成为陇东国家级能源化工基地重要支撑区、国家级生态文明示范县、全省现代农业示范区和休闲养生生态宜居城市,全县经济转型发展取得明显成效,基础设施和生态环境进一步改善,社会事业加快发展,城乡居民收入较快增长,在全市率先实现全面小康社会目标。

表 3:"十三五"时期经济社会发展主要指标

指标	单位	2015 年	2020 年	年均增长
		完成	预期	%
地区生产总值	亿元	25.43	37.40	8.0 左右
第一产业	亿元	6.6	8.4	5.0
第二产业	亿元	11.06	14.1	5.0
第三产业	亿元	7.77	14.9	13.9
固定资产投资	亿元	57.3	115.3	15.0
社会消费品零售总额	亿元	7.33	14.1	14.0
大口径财政收入	亿元	5.61	8.2	8.0
公共财政预算收入	亿元	2.53	3.7	8.0
农民人均纯收入	万元	0.62	1.1	12.0
城镇居民人均可支配收入	万元	2.56	3.94	9.0
城镇化率	%	39.01	50	—

四、主要任务和重点工程

谋划和推动"十三五"时期的各项工作,必须锁定全面小康目标,准确把握未来的发展环境,深刻领会中央和省、市、县委的决策部署,立足"十二五"打下的坚实基础,着力推进供给侧结构性改革,实施宏观政策要稳、产业政策要准、微观政策要活、改革政策要实、社会政策要托底的政策支柱,去产能、去库存、去杠杆、降成本、补短板,注重发挥消费对经济增长的基础性作用、投资对经济增长的关键性作用以及出口对经济增长的促进性作用,突出重点，集中精力，务实苦干，深入推进“十大工程”建设。“十三五”期间计划实施各类工程项目522项，估算总投资1238亿元，其中：亿元以上项目145项，估算总投资1142.3亿元，10亿元以上项目28项，估算总投资816.8亿元。

（一）实施精准扶贫脱贫工程，打赢扶贫开发攻坚战

以15个贫困村为主战场，聚焦“六个精准”要求，全面落实“2+19”精准扶贫工作方案，确保全面完成扶贫攻坚任务。共计划实施建设项目45项，计划投资46亿元。重点实施崇信县农业综合开发高标准农田建设、新农村建设及旧村改造、易地扶贫搬迁等项目。

1.健全完善精准扶贫工作机制。坚持把精准扶贫精准脱贫作为当前和今后一个时期最大的政治、最大的任务和最大的民生，严格按照“六个精准”要求和“一核二看三比四评议五公示”工作程序，精准识别贫困户，扎实做好建档立卡和大数据平台建设，并对建档立卡贫困村、贫困户和贫困人口定期全面核查，实行动态管理。根据致贫原因和脱贫需求，制定帮扶措施，建立贫困户收入状况精准监测制度和脱贫认定机制，做到有进有出、动态管理。切实加强对扶贫工作绩效的社会监督和扶贫成效的科学评估，确保2017年实现整县脱贫。

2. 因地制宜因户施策推进精准脱贫。全面实施发展产业、易地搬迁、生态补偿、加强教育和社会兜底的“五个一批”工程，依托比较优势，在加快发展高效节水农业、旱作农业的同时，大力发展牛果菜主导产业、油用牡丹等特色产业，实现贫困村富民产业全覆盖。坚持以创业和就业为导向，加强劳务输转和技能培训，确保每个有劳力的贫困家庭至少有1人取得职业资格证书、掌握1门致富技能。坚持群众自愿、积极稳妥的原则，对基础条件差、扶贫成本高、就地脱贫难的贫困村社，因地制宜易地搬迁安置，配套发展增收产业，确保搬得出、稳得住、能致富。抓好退耕还林还草、三北防护林建设等生态工程，提高贫困人口参与度和受益水平。全面落实教育扶贫政策，实施健康扶贫工程，有效衔接农村最低生活保障制度与扶贫开发政策，对无法依靠产业扶持和就业帮助脱贫的家庭实行政策性保障兜底。深入推进电商扶贫，到2017年，实现乡镇物流快递全覆盖，贫困村服务站点基本覆盖，推动贫困户通过电子商务销售自产产品，购买生产资料。探索资产收益扶贫方式，采取将扶持资金、专项贷款或贫困户的土地、房产、林地等资产，折股投入有带动能力的龙头企业、合作社等经营主体，使贫困户获得分红收益，提高扶贫成效。

3. 切实加强贫困乡村基础设施建设。抢抓国家对贫困地区和革命老区加大投入的政策机遇，坚持以路、水、电、房为重点，加快实施“美丽乡村”示范村村社道路硬化工程、建制村通畅工程和县乡道联网工程，力争到2017年实现贫困村通社道路硬化全覆盖。建设农村自来水入户管网延伸和水源保护工程，确保全县贫困户自来水入户率到达100%。加大贫困户危房改造力度，切实保障贫困户基本住房安全。加快发展贫困乡村教育、卫生、文化等社会事业，力争到2016年实现贫困村标准化卫生室、宽带信息网络全覆盖，所有自然村三相动力电全覆盖。到2017年实现贫困村公共文化服务中心全覆盖、有需求的贫困村幼儿园(班)全覆盖。大力实施“大地增绿”工程，推进撂荒地复垦、三荒治理、防护林网和绿色通道建设。

4.进一步加大精准扶贫投入力度。创新投入方式，积极推进扶贫开发资金项目整合管理平台建设，以扶贫规划为引领，整合专项扶贫资金、相关涉农资金和社会资金用于脱贫攻坚。加大金融扶贫力度，拓宽扶贫资金来源，积极开展扶贫小额贷款保证保险，用好用足精准扶贫专项贷款、妇女小额贷款、牛羊蔬菜贷款等政策性惠农贷款，实现贫困村农民资金互助社全覆盖。探索农村土地承包经营权、宅基地使用权、林权等抵押担保贷款办法，有效拓展贫困户抵押物担保范围。全面落实农业保险政策，防范农业生产风险。

5.形成推进脱贫攻坚的强大合力。强化脱贫攻坚领导责任制，着力构建县乡村三级书记合力抓脱贫的工作机制。加强乡镇领导班子和以村党支部为核心的村级组织建设，充分发挥基层党组织带领群众脱贫致富的战斗堡垒作用。强化群众主体意识，提高群众自我发展能力，激发贫困群众脱贫致富的内生动力。坚持精准扶贫与精准脱贫深度融合，加强驻村帮扶工作队的管理考核，实现结对帮扶常态化。严格精准扶贫工作督查考核问责，把扶贫开发工作实绩作为选拔使用干部的重要依据。加强财政监督检查和审计，建立扶贫资金违规使用责任追究制度。

专栏2：精准扶贫、精准脱贫“十三五”重点项目

1.农村公路精准扶贫工程，估算总投资0.6亿元，改建新建村社道路87.5公里，养护维修农村公路300公里，同步建设乡镇客运站、村停靠点。

2.新农村建设及旧村改造，估算总投资1亿元，实施木林乡野羊村、柏树镇东风村等10个新农村建设及旧村改造项目。

3.省列美丽乡村建设工程，估算总投资1.2亿元，实施新窑镇赤城村、锦屏镇东庄、黄寨乡黄寨村、黄花乡黄花塬村等10个省列美丽乡村建设项目。

4.以工代赈工程，估算总投资1.46亿元，硬化(砂化)贫困村组道路133.64公里，排水渠17.7公里。

5.省列扶贫开发整村推进工程，估算总投资5400万元，实施马新庄、姚洼等整村推进项目9个。

6. 农业综合开发高标准农田建设工程，估算总投资1.07亿元，建设高标准梯田5万亩。

7. 农村危房改造工程，估算总投资1.44亿元，实施农村危房改造1846户。

8.精准扶贫果产业培育工程，估算总投资1000万元，在锦屏、柏树、新窑、黄花、黄寨、木林、铜城等乡镇(园区)的15个贫困村培育以苹果、核桃为主的精准扶贫果树经济林1.53万亩。

9. 集约化苗木繁育基地建设工程，估算总投资5200万元，新建集约化育苗智能温室2座、日光温室20座、钢架大棚50座，在育苗设施内配套肥水供给系统、微喷设备、农用控温仪、移动电热育苗床和播种机械等其它设备，年育苗1.2亿株，为全县7万亩蔬菜种植基地提供蔬菜苗木。

10. 黑河川区特色农产品种植基地建设工程，估算总投资1.6亿元，新增特色农产品种植面积1万亩，形成铁皮石斛、灵芝、香菇、樱桃、香椿等主打特色农产品。新建日光温室200座、钢架大棚1000座，打造铁皮石斛、灵芝、香菇、樱桃、香椿五大特色产业种植区，年种植蔬菜等特色农产品面积达到2万亩以上。

11.新窑移民社区建设工程，估算总投资5400万元，修建功能设施齐全的康居住宅188户。

12.黄花乡水磨村、高年村土地开发整理工程，估算总投资1360万元，实施土地平整、田间道路建设、农田防护与生态环境保护工程。

13. 锦屏镇姚洼贫困村高洼社地质灾害搬迁工程，估算总投资1200万元，搬迁农户105户，治理规模1.2平方公里。

14. 柏树镇陶坡等4个村土地整治工程，估算总投资2475万元，实施土地平整、田间道路建设、农田防护与生态环境保护工程。

15. 黄寨乡马寨等8个村土地整治工程，估算总投资5066万元，实施土地平整、田间道路建设、农田防护与生态环境保护工程。

16.动力电保障工程，估算总投资4000万元，实现贫困村和自然村动力电全覆盖。

17.易地扶贫搬迁工程，估算总投资1.14亿元，对全县601户2447人实施搬迁。

18.高年、青泥沟供水工程，估算总投资1300万元，在黄花乡高年、新窑镇大兴、青泥沟2村8社实施农村供水工程，解决1077人农村饮水不安全问题。

（二）实施工业转型升级工程，构建新型工业化体系

坚持扩张总量和优化结构齐抓，开发利用与提质增效并重，进一步加大煤电产业技术创新和技术改造，积极培育发展一批战略性新兴产业和循环经济补链项目，促进工业转型升级，构建新型工业化体系。到“十三五”末，全县工业增加值达到12.5亿元，年均增长5%以上。形成以煤电产业开发为主，机械加工、建材化工和优势农产品深加工为辅的新型工业体系。加快石油、天然气等其它矿产资源的勘查开发，为建立生态能源基地和县域经济的可持续发展提供后续资源保障。“十三五”期间共计划投资567亿元，实施崇信电厂二期、五举煤矿及洗煤厂、赤城煤矿建设、崇信县330千伏变电工程等重点建设项目80项。

1.深度开发煤电产业。依托丰富的煤炭资源，按照“项目—产业链—产业集群—产业基地”的发展思路，大力发展煤电化产业，壮大发展产业集群，构建以煤电、煤化工为主导的现代能源工业体系。加快实施技术升级改造和改扩建工程，稳步提升煤炭生产能力，完成赤城90万吨、五举240万吨矿井建设，利源煤矿60万吨联合重组，新周、周寨、百贯沟各120万吨和新安150万吨等煤矿改扩建工程。建成赤城90万吨、五举240万吨、新安150万吨、世纪嘉禾90万吨洗煤厂。全面促进能源转化与化工生产相结合，大力发展煤矸石综合利用及煤制烯烃、甲醇脱水制二甲醚等具有规模优势的煤化工产业链。以发电项目和电网建设为重点，加快煤电转化步伐，实现由外向型输煤向煤电一体化转型，力争电厂一期2×660兆瓦达产达标，二期2×1000兆瓦建成发电，启动实施三期项目前期工作，努力成为陇东大型煤电外送基地重要支撑区。积极发展废弃物综合利用产业链，提高煤电一体化发展水平。

专栏3：煤电及化工工程“十三五”重点项目

1. 电厂二期项目，估算总投资76亿元，装机容量2×1000兆瓦，年发电量120亿千瓦时。

2.五举煤矿及洗煤厂建设项目，估算总投资32亿元，建成年产240万吨矿井，配套建设240万吨/年洗煤厂。

3.赤城煤矿及洗煤厂建设项目，估算总投资16亿元，建成年产90万吨矿井，配套建设90万吨/年洗煤厂。

4.新周煤矿改扩建项目，估算总投资1.2亿元，通过系统升级改造，产能由90万吨/年达到120万吨/年。

5. 新安煤矿改扩建及洗煤厂建设项目，估算总投资4亿元，通过技术改造，产能由90万吨/年达到150万吨/年，并配套新建洗煤厂。

6.周寨煤矿改扩建项目，估算总投资1.5亿元，通过新增资源、技术改造，实施项目改扩建工程，年生产能力达到120万吨/年。

7.百贯沟煤矿年改扩建及洗煤厂建设项目，估算总投资1.2亿元，通过技术改造，生产能力达到120万吨/年，并配套新建洗煤厂。

8.利源煤业集团联合重组及洗煤厂建设项目，估算总投资2.8亿元，其中投资1.2亿元实施嘉利21万吨/年改扩建项目；投资1.6亿元实施聚源煤矿45万吨/年改扩建项目；建成后两矿生产能力可达到66万吨/年以上。

9.30万吨甲醇脱水制二甲醚建设项目，估算总投资3.32亿元，建设年产30万吨二甲醚厂，配套建设商务中心、办公研发中心，总面积14970平方米。

10.中电建甘肃能源崇信公司一期(2×660兆瓦)工程电动给水泵节能改造项目，估算总投资6792万元，该项目计划分别将两台机组35%出力的工频给水泵组分别改造成两台50%出力的变频给水泵组，主要包括泵体、电机、变频机等设备的订货，本体及其辅助设备的功能设计、结构、性能、安装和试验等。

11.330千伏变电项目，估算总投资3.3亿元，新建主变2×24万千伏安线路2×40公里。

2.大力发展新能源产业。在有序开发煤炭资源和火电产业的基础上，以国家大力发展战略性新兴产业和推进光伏扶贫项目计划为契机，积极发展光伏、风电产业，争取实施100兆瓦光伏农业发电项目、1万户分布式屋顶光伏发电项目、南北两塬风力发电项目。加快发展资源潜力大、技术基本成熟的生物质发电、生物质成型燃料、太阳能利用等再生能源，建立完善可再生能源技术体系和政策体系，推进可再生能源产业化发展。

专栏4：新能源及新材料开发工程“十三五”重点建设项目

1.风能式发电项目，估算总投资9亿元，在崇信县黄寨、新窑等乡镇新建风能式发电厂各1处。

2.分布式光伏发电项目，估算总投资3亿元，在全县实施1万户农户分布式光伏发电，安装相关发电设施。

3.600兆瓦多晶硅片、太阳能电池和光伏组件生产项目，估算总投资1.6亿元。

4.LED户外灯具、太阳能组建生产项目，估算总投资1.5亿元，该项目建设年产2万只大功率LED户外灯具、100兆瓦太阳能组建生产线。

5.光伏农业示范园区项目，估算总投资3.8亿元，项目占地2000亩，地面光伏电站装机容量60兆瓦，示范光伏大棚40兆瓦。

6.100兆瓦光伏农业并网发电项目，估算总投资2.5亿元，新建100兆瓦光伏并网发电项目，占地1000亩。

3.加快发展装备制造业。以大中型企业服务和生产配套装备为切入点，实施废旧轮胎回收精细胶粉、高精度数控机床生产、年产500万条半钢子午线轮胎生产、机械制造厂、矿山机械修理厂等一批关联性强的重点项目，促进产业在接续中延伸、结构在延伸中调整，带动装备制造业加快发展。积极引进大企业、大集团招商建办一批铸造、零部件加工以及相关配套产品的加工企业，形成装备制造产业集群，提升装备制造产业发展水平。

专栏5：装备制造业“十三五”重点项目

1.半钢子午线轮胎生产项目，估算总投资7.5亿元，年产子午线轮胎500万条。

2.工业集中区机械铸造厂项目，估算总投资2.2亿元，建成车用电子产品、汽车电喷装置生产线。

3.电动汽车(摩托车)组装项目，估算总投资3.5亿元，建成年组装1万辆电动小货车、1万辆电动小轿车、1万辆电动摩托车生产线。

4.农用机械制造项目，估算总投资4亿元，项目一期建成年产2万台的马铃薯和大蒜点播机及收获机、手持翻转犁、四轮翻转犁生产线，二期建成年产4万台的薯类加工机械、农机配件生产线。

5.年产1万吨汽车高光膜项目，估算总投资1.5亿元，建成年产1万吨汽车高光膜生产线1条。

6.矿用机械设备生产项目，估算总投资1亿元，建成锚杆、金属网、矿车、刮板输送机、单体支柱等矿用机械设备生产线。

7.食品机械加工项目，估算总投资1亿元，制造5000台滚揉机、拌馅机、丸子机、液压灌肠机、蔬菜清洗机等食品机械生产线。

4.积极发展新型建材业。按照清洁生产和发展循环经济的要求，以崇信电厂为依托，充分利用粉煤灰、锅炉废渣等工业废弃物，实施蒸压粉煤灰砖、脱硫石膏生产建材、年产20万立方米粉煤灰新型墙体材料等项目，逐步淘汰实心粘土砖。以境内各大煤矿企业为依托，充分利用煤矸石，实施煤矸石制砖项目；以天赐水泥预制为依托，大力发展水泥预制、混泥土搅拌产品，加快发展新型墙体材料、建筑装饰装修材料等新型建材业，推动建材工业向节能、利废、环保方向发展。

专栏6：新型建材业工程“十三五”重点建设项目

1.煤矸石综合利用项目，估算总投资3000万元，建设4000万块/年煤矸石制砖厂，使新窑矿区的煤矸石得到有效利用。

2.10万立方米/年石墨聚苯板墙体保温材料生产基地建设项目，估算总投资2886万元，新建聚苯乙烯泡沫板全自动生产系统4套，新建生产车间厂房2000平方米、成品仓储库房800平方米、原料仓储库房500平方米、建成的年产产品约10万立方米。

3.450万平方米陶瓷西式瓦项目，估算总投资6000万元，建设年产450万平方米陶瓷西式瓦生产线及其它配套设施，一期主要生产300×400毫米陶瓷西式瓦；二期主要生产高档西式瓦、琉璃瓦等产品。

4.年产5万立方米挤塑式聚苯乙烯异形泡沫板(XPS包装板)，估算总投资1282万元，建设年产5万立方米挤塑式聚苯乙烯异形泡沫板生产线1条，生产设备12台(套)，建设生产车间、原料库、3000平方米成品库以及相配套的办公及公用设施。

5.加快推进“一区两园”建设。坚持园区循环化发展方向，统筹基础、产业、环境等各类要素，加快建设崇信工业集中区，全面构筑现代产业集群发展平台。理顺园区管理体制，加快建设铜城循环经济产业园，建成以铜城村为轴心的综合服务中心和村民安置区、机械制造产业区、建材产业区、中小企业创业孵化区、综合服务区、仓储物流服务区及煤电产业区“七片区”，进一步优化空间布局。到2020年，园内实施煤电化重大建设项目4项，电力装机容量达到332万千瓦，煤化工产品达到330万吨，成为具有较大影响力的煤电及煤化工产品循环经济示范园。加快建设新窑煤炭深加工产业园，建成华煤集团铁路运煤专线、赤城煤矿、五举煤矿、嘉利煤矿和聚源煤矿资源整合及升级改造等项目工程，新建矿井废水和生活污水处理站2座。大力发展煤矸石利用等非煤工业，延伸煤电化、煤电冶、煤电材产业链，积极引进一批大企业、大集团入园发展，建成集加工、销售于一体的煤炭工业园区。到2020年，园内新建矿井2对，改扩建矿井4对，资源整合矿井2对，原煤生产能力达到1440万吨/年，销售收入达到43亿元，成为陇东能源化工基地的重要支撑区。

专栏7：园区提升改造工程“十三五”重点项目

1. 铜城工业园区污水处理厂项目，估算总投资8000万元，建成日处理污水0.5万吨污水处理厂1座，并敷设污水收集管网。

2. 铜城工业园区垃圾填埋场项目，估算总投资2500万元，新建垃圾填埋场1座，设计有效库容42.00×104立方米，总库容49.40×104立方米，占地面积28804平方米，配套建设辅助工程。

3.铜城工业园区循环经济区基础路网建设项目，估算总投资3725万元，新建南新街道路1.1公里，配套修建排污管道2110米。新建西四路700米，配套修建排污管道1400米。

4.新窑工业园区农贸市场标准化建设改造项目，估算总投资1000万元，在原市场硬化场地3000平方米，新建钢架棚2座，整修排洪渠800米，货物摆放台120米。

5.铜城商贸中心建设项目，估算总投资2500万元，建成3000平方米的商贸中心，并向周边延伸，形成辐射周边县区的商贸功能区，提升铜城工业园区商业服务功能，满足居民消费需求。

6.新窑矿区供水扩建工程，估算总投资5148万元，征地20亩，新建水厂1座，设计日供水能力5000立方米，新建水源井8眼，1000立方米清水池1座，1000立方米高位水池1座，铺设输配水管网35.5公里。

7. 新窑工业园区基础设施提升工程，估算总投资8000万元，对园区内的道路、排水、排污、商铺门面进行提升改造，并实施绿化、亮化、美化等工程。

6. 全面推进工业化与信息化融合发展。以“用高新技术改造传统产业，以信息化带动工业化”为宗旨，围绕工业产品研发、生产过程控制、企业管理、市场营销、人力资源开发、企业技术改造等环节，全面推进工业化和信息化深度融合。加大信息技术在关键环节的融合渗透，提高产品质量和附加值，提升自动化、智能化和管理现代化水平，形成新型的工业生产模式。实施企业内部网络建设示范工程、企业生产过程信息化工程及“五大网络”工程，支持中小企业开展信息化改造，建立完善面向中小企业服务的公共信息服务平台，努力推进工业结构优化升级。大力推进煤炭安全生产技术应用，实施新安煤矿网络升级、调度大屏改造、安装视频解码器等重点建设项目。加快崇信电厂信息化标准建设，建成数字化、智能化的电力控制系统。加快推广应用数控机床、加工中心等数控设备，提高重点企业装备水平，实现设计、研发、加工、成型、装配和测量等制造过程信息化控制，提高生产过程自动化水平。实施企业内部网络建设示范工程、企业生产过程信息化工程、企业上网工程及五大网络工程，支持中小企业开展信息化改造，建立完善面向中小企业服务的公共信息服务平台，使信息技术应用渗透到工业生产经营的各个环节，全面改造提升传统行业，努力推进工业结构调整升级。

（三）实施现代农业增收工程，不断夯实“三农”发展基础

以建设全省现代农业示范区为目标，坚持用现代发展理念引领农业，用工业化思维谋划农业，走产出高效、产品安全、资源节约、环境友好的现代农业发展道路。到2020年，农业增加值达到8.43亿元，较2015年年均递增5%左右；农民人均纯收入达到1.1万元，较2015年年均递增12%。共计划实施114个项目，计划投资181亿元，重点实施泾汭河川区国家级蔬菜产业园崇信园区、崇信县10万亩油用牡丹产业化、海升公司矮化密植苹果园、

崇信县光伏农业示范园区、崇信县农耕文化生态苑、伊顺祥高档肉牛养殖等项目。

1.大力发展特色优势农业。围绕建设全省现代农业示范区,加快"一县一业"产业发展,完善以牛、果、菜、油用牡丹为主的现代农业产业体系,挖掘农业增收潜力,到"十三五"末,使农民人均从第一产业中获得的纯收入占家庭经营收入的90%左右。一是做强牛产业。按照"规模化扩张、标准化养殖、精细化饲喂、良种化繁育"的思路,加快标准化养牛小区(场、户)建设和秸秆饲料转化利用,健全良种繁育、疫病防控和市场交易体系,积极发展优质高档肉牛。同时,因地制宜推进生猪、禽类标准化、规模化饲养,每年创建省(部)级标准化肉牛示范场1个,培育千头母牛繁育示范村7个,冻配改良肉牛2.6万头,补贴基础母牛1万头,复垦撂荒地种植优质牧草2万亩。二是做优果产业。围绕平凉市建设全国优质苹果生产基地和出口创汇基地的总目标,按照果品适宜区全覆盖战略和百万亩果园提质工程要求,加快南北二塬优质果园建设,全面推行标准化生产,提升果品商品化处理能力,提高市场竞争力。大力发展西瓜、甜瓜等传统优势产业,积极发展林下经济和林产品,培育新的经济增长点。三是做大菜产业。按照"布局区域化、品种良种化、栽培设施化、管理标准化"的要求,围绕创建省级农业示范区,以汭河川区为重点,坚持日光温室抓提质、塑料大棚抓增效、露地栽培抓扩量和设施生产保供给、高原夏菜促外销,不断扩大蔬菜种植规模,大力发展绿色蔬菜生产示范区和专业乡、专业村,扶持壮大方盛果蔬保鲜库等产业化龙头企业,推进市场体系、冷链设施和加工能力建设,增强市场供应能力。到2020年,全县蔬菜种植面积达到8万亩,其中设施蔬菜面积达到2万亩,蔬菜总产达到15万吨。四是做好油用牡丹产业。紧紧围绕油用牡丹产业化发展目标,坚持经济、社会和生态效益相统一,油用牡丹产业发展与富民强县相结合,与牛果菜支柱产业和文化旅游产业相衔接,高起点高标准编制油用牡丹产业发展规划。引进有意愿、引导有实力的企业,参与发展油用牡丹产业,抓好苗木繁育基地建设、示范种植基地建设、技术研发应用。积极引导农户自主参与,建立完善"龙头+基地+农户""龙头+合作社+农户"利益共享、风险共担的合作机制,实现龙头带基地、基地连农户的良性互动,大力发展油用牡丹专业乡、专业村,不断扩大基地种植规模。力争到2020年全县至少培育市级以上龙头企业2家,种植面积达到10万亩,产籽达到3万吨。五是稳定粮食生产。按照调整结构、稳定面积、依靠科技、提高单产的思路,突出玉米、马铃薯等高产作物,加强粮食生产能力建设,大力推广以全膜双垄沟播为主的旱作农业集成配套技术,确保全县粮食产量稳定在6万吨以上。六是大力发展中药材。力争到"十三五"末,在南北二塬种植中药材面积达到1万亩以上。

专栏8:特色优势农业工程"十三五"重点项目

1.标准化果园建设项目,估算总投资3.64亿元,年/亩投入资金1200元,到2020

年累计建成丰产园3.5万亩。其中,建成出口备案基地2万亩;建成集矮化密植、支架栽培、新优品种引进、生态物化管理于一体的科技示范园7处0.5万亩;创建国家级苹果标准园1处1000亩,省级苹果标准园10处5000亩,市县级示范园20处3万亩。每年推广配方施肥、病虫防治、简化修剪等早果丰产技术不少于5万亩。

2.伊顺祥高档肉牛养殖项目,估算总投资3.5亿元,依托伊顺祥高档肉牛养殖基地,带动全县32个肉牛养殖小区发展高档肉牛养殖业,项目建成后,高档肉牛存栏量达到5万头,出栏量达到3万头。

3.干旱山塬区优质粮油高产示范区创建项目,估算总投资1.05亿元,建成10万亩小麦、5万亩玉米、3万亩马铃薯、8万亩小杂粮、2万亩高原夏菜、1万亩中药材、8万亩油料高产示范区,配套推广测土配方施肥、药剂拌种、病虫害综合防治等粮油增产实用技术。

4.现代农业发展肉牛产业建设项目,估算总投资2500万元,在崇信县新窑镇赤城村、锦屏镇野雀村、木林乡东阳寨村等5乡镇7村改(新)建标准化肉牛养殖小区,配套建设防疫室、粪污处理设施、消毒、青贮窖等设施。

5.黄花乡南川新稀(特)菜种植推广项目,估算总投资2400万元,在高年、水磨村新建钢架大棚300座,日光温室50座,种植设施蔬菜1200亩,露地蔬菜、高原夏菜3000亩,推广种植羽衣甘蓝、黄秋葵等新稀特菜20多种。

6.锦屏镇标准化果园建设项目,估算总投资1500万元,在锦屏镇文家咀村建设标准化果园1处1000亩。

7.新窑镇养殖小区建设项目,估算总投资1800万元,维修改建养殖小区4处、新建养殖小区3处,计划年内饲养肉牛3000头。

8.锦屏镇千头肉牛育肥中心建设及有机肥生产线建设项目,估算总投资6800万元,建成双面养牛温棚15座,养殖肉牛1000头以上,配套建设办公区、养殖区、生活区、防疫区、青贮池、畜疫室、隔离室及有机肥生产线。

9.铜城管委会肉牛养殖小区建设,估算总投资3500万元,新建双面养畜暖棚10座,开挖青贮窖10座,饲养肉牛2000头以上。

10.木林乡养殖小区建设项目,估算总投资1800万元,维修改建养殖小区5处、新建养殖小区1处,计划饲养肉牛2000头。

11.柏树万亩优质苹果示范园建设项目,估算总投资1.7亿元,在全镇范围内新植果园5600亩,建成优质苹果示范园1.2万亩,苹果矮化密植现代示范园500亩,实现果品出口创汇500万美元。

12.黄花乡双千亩油用牡丹推广核心示范园区建设项目,估算总投资1亿元,在黄花塬、水磨、高年、凉水泉四村流转土地5000亩,建成5000亩油用牡丹推广核心示范园区一处,配套实施田间引水、道路硬化等基础设施建设。

13.四川华信(崇信黄花)牡丹园建设项目,估算总投资2亿元,建成牡丹核心种植示范区5000亩,配套建成集种植、加工、观光旅游为一体的牡丹园和牡丹广场1处。

14.公刘牡丹园建设项目，估算总投资1.5亿元，建成集油用牡丹，观赏牡丹的培育、销售，油用牡丹种植、推广，油用牡丹深加工，牡丹文化的传承、推广，乡村旅游综合农业产业示范区。

15. 黄寨乡万亩优质红富士苹果园建设项目，估算总投资2亿元，新植标准化示范园2000亩，把7200亩幼园建成标准化示范园，开展果园管理技术培训20场次3000人。

16. 黄寨乡万头肉牛扩量提质增效项目，估算总投资0.81亿元，改扩建强盛肉牛养殖小区，新建标准化双面牛舍8座，修建容积150立方米以上青贮窖8座，配套基础设施建设，继续巩固10个养殖小区规模，新发展养殖大户350户。

2.逐步优化农业生产布局。以汭河黑河川高效农业示范区为重点，辐射带动四大基地建设，进一步优化农业生产布局。一是绿色蔬菜产业基地。在汭河、黑河川区大力发展现代设施农业、优质高效农业、绿色生态农业，加快推进泾汭河川区国家级蔬菜产业园崇信片区建设，不断引进推广新技术、新品种，走集约化、精细化、品牌化发展路子，持续开拓市场、做大做强菜产业。二是标准化果品生产基地。以柏树、黄寨、木林、黄花4乡镇为重点，发挥苹果最佳适生区优势，扩规模、抓管理、建龙头、拓市场，做大做强优质苹果产业，建设全国优质果品生产及出口创汇基地。抓好果园规模扩张和规范化管理，引导果农落实管理措施，精细管理果园，提高果品质量。加强与外地客商及经销企业的衔接合作，建成比较发达的果品营销网络，形成集生产、包装、运输、销售于一体的产业链。三是绿色畜牧业基地。以锦屏、黄寨、新窑、黄花、木林5个乡镇为重点，大力发展畜牧业。加快肉牛品种改良，扩张基地规模，推广标准化养殖，建设绿色高效畜牧基地。积极保护能繁母牛，抓好养殖小区建设和产业大户培育，带动千家万户从事肉牛养殖，扩大养殖规模。推进秸秆综合利用，加强疫病防控工作，不断转变养殖方式，提高养殖水平。四是油用牡丹基地。油用牡丹是一个朝阳产业，发展前景十分广阔。要大力宣传发展油用牡丹的优势潜力和综合效益，切实提高干部群众的认同感，增强主动性和积极性，积极争取国家和省市项目资金，扶持油用牡丹产业发展，认真实施好油用牡丹产业化建设项目，逐步将油用牡丹种植向千家万户推开，夯实产业发展基础。

专栏9：四大产业基地工程“十三五”重点项目

1.泾汭河川区国家级蔬菜产业园崇信园区建设项目，估算总投资6.8亿元，新增蔬菜面积1.5万亩，实现蔬菜全覆盖，形成崇信甜瓜、崇信香菇、崇信花椰菜三个主打品种。

2.平凉方盛绿色食品有限责任公司崇信光伏农业项目，估算总投资3.37亿元，计划在锦屏镇平头沟村建设太阳能电站和1000亩现代设施农业。光伏电站装机容量40兆瓦。

3.木林乡果园标准化示范基地建设项目，估算总投资2500万元，建成标准化果园示范基地5000亩。

4. 黄花乡南部山地果品生产基地项目，估算总投资 3200 万元，新植优质红富士苹果园 3000 亩，对全乡现有 9000 多亩果园实施标准化管理，培育建成高家坡、中西坡等示范园 5 处，实现挂果园面积 4200 亩。

5.黄花乡地产中药材种植推广基地建设项目，估算总投资 2000 万元，在油府庄建办药材种植示范基地 1 处，建设办公场所及药材晾晒场 1200 平方米，流转土地 3000 亩，种植藏柴胡、黄芩等十多种药材 3000 亩，购置机具 20 台(件)。

6.甘肃胜然装饰有限责任公司崇信县中药材种植基地及加工项目，估算总投资 6000 万元，在锦屏镇种植香菇 300 万棒，高原夏菜 1.2 万亩，中药材 1 万亩，建成生产厂房、晾晒场、仓库、停车场、给排水等公用及辅助工程，建成中药材加工生产线。

7.锦屏镇冉李千亩蔬菜种植基地建设项目，估算总投资 2700 万元，新建日光温室 20 座，钢架大棚 350 座，种植露地菜 5000亩。

8.绿色畜牧基地建设项目，估算总投资 4000 万元，新建规模肉牛养殖小区 10 个，发展肉牛规模养殖户 1000 户，扶持发展草畜农民专业合作社 10 个。

9.新窑镇核桃园标准化示范基地建设项目，估算总投资 2500 万元，建成标准化核桃园示范基地 5000 亩。

10.黑河川区蔬菜基地建设项目，估算总投资 9300 万元，在黑河川区种植蔬菜 1 万亩，修建钢架大棚 500 座，日光温室 360 座。

11.黄寨干果林基地建设项目，估算总投资 1000 万元，新植核桃、山桃等经济干果林5000 亩。

12. 铜城工业园区千亩优质苹果园示范基地建设项目，估算总投资 1900 万元，新植果园 1000 亩，对现有的果园全面落实果园株间覆膜、施肥、拉枝、病虫害防治和间作套种等标准化管护措施。

13.汭河川区食(药)用菌标准化种植基地建设项目，估算总投资 1.2 亿元，依托平凉方盛绿色食品有限责任公司香菇生产基地，带动汭河川区发展食(药)用菌 2000 亩以上，年生产食(药)用菌达到 1.5 万吨，产值达到 4500 万元。

14.10 万亩油用牡丹产业化建设项目，估算总投资 9 亿元，依托平凉华信生物科技有限公司，在全县建成油用牡丹种植基地 9 万亩。

15.香菇标准化种植基地建设项目，估算总投资 8200 万元，计划建成菌棒加工区和香菇种植区，规划占地面积 1000 亩，新建日光温室 100 座、钢架大棚 1000 座。

16.汭河川蔬菜基地建设项目，估算总投资2 亿元，在汭河川区建成日光温室 90 亩、蔬菜拱棚 1550 亩，发展优质高原夏菜 1 万亩，新建冉李千亩蔬菜示范基地 1 处，实施九功、于家湾 2 个千亩蔬菜示范基地提质增效工程。

17. 现代农业循环经济产业园建设项目，估算总投资 15.2 亿元，项目占地 5000 亩，在汭河川区建设集种、养、加工及资源循环利用为一体的农业循环经济产业园区，规划建成种植区 2000 亩，养殖区 2000 亩，加工及循环利用区 1000 亩。

18.大型农民专业合作社建设项目，估算总投资 8.2 亿元，在全县 7 乡镇(园区)

建成大型农机专业合作社、种植专业合作社、养殖专业合作社各3个,配套大型农机具等各类农业作业设备,实现全县农业机械化作业。

3.扶持壮大农业产业化龙头企业。坚持把龙头企业建设作为加快现代农业发展的关键,按照"一个产品带动一个产业,一个产业联结一片基地,一片基地致富一方群众"的思路,多渠道多形式扶持发展一批产业关联度大、产品附加值高、带动能力强的龙头企业。围绕肉牛、果品、蔬菜、油用牡丹和中药材等精深加工,加大招商引资力度,扶持发展一批产业关联度大、产品附加值高、带动能力强的龙头企业。支持龙头企业通过兼并、重组、收购、控股等方式,组建大型龙头企业集团。通过贴息、补助、奖励等形式,支持龙头企业扩大生产规模、推进技术改造、建设原料生产基地、建立研发机构等,推动农产品加工业精深化、品牌化、集群化发展。推动龙头企业与农户建立紧密型利益联结机制,采取保底收购、股份分红、利润返还等方式,让农户更多分享加工销售收益。到"十三五"末,全县农业产业化龙头企业总数达到10户,其中达到国家、省、市重点龙头企业标准的5户,农产品加工产值大幅提升,相应增加对农民工资性收入的贡献。

专栏10:龙头企业"十三五"重点项目

1.平凉黄土地农业科技有限公司建设项目,估算总投资2000万元,占地20亩,计划生产有机亚麻籽油,有机紫苏油,有机核桃油,野生山桃仁,野生杏仁及有机山桃油和有机杏仁油等系列产品。

2. 甘肃绿源牧草公司,估算总投资5100万元,建办牧草加工厂1处,修建加工厂房2栋500平方米,购置揉丝机3套6台、裹包机3台。

3.海越农业发展有限责任公司矮化密植苹果园建设项目,估算总投资8000万元,在柏树镇流转土地1668亩,采用优质无毒自根砧(M9-T337)苹果大苗定植,建成示范园1668亩,500立方米蓄水池1座、1000立方米蓄水池1座及立体网格支架、道路绿化网络和管护设施;新修供水管道1200米;配套建成水肥一体化灌溉设施。

4. 龙头企业带动产业发展试点项目,估算总投资800万元,扶持方盛绿色食品公司建设蔬菜基地6000亩。

5.龙泉寺天然矿泉水开发项目,估算总投资5000万元,引进高端矿泉水生产设备,建成年产1000吨的矿泉水生产线。

6.油用牡丹专用肥料厂项目,估算总投资8000万元,建成油用牡丹专用肥料厂。

4.大力发展农产品精深加工业。加快农业产业化步伐,大力发展农产品精深加工业。借助"平凉红牛"品牌优势,以东信牧业肉牛育肥及伊顺祥、生源屠宰等加工企业为依托,加快肉牛、生猪、禽类深加工,形成肉食深加工产业链;积极培育康王黄酒、仁用杏加工等企业,加快以粮食为原料的面粉、食品、酒类、小杂粮等加工业发展,形成食品深加工产业链;以汭河川区蔬菜为原料,引进兴建一批蔬菜深加工企业,加快蔬菜保鲜、脱水和深加工步伐，形成蔬菜深加工产业链；以正丰公司为依托，充分利用农村丰富秸秆资源、酿酒企业产生的酒糟等废弃资源，加快发展秸秆、草粉、草粒、草饼、草捆和精蛋白畜禽饲料，形成饲草料加工产业链。

专栏11：农产品深加工工程“十三五”重点建设项目

1.黄花乡果蔬保鲜库建设项目，估算总投资1600万元，在高年、水磨、黄花塬3个村建成果蔬保鲜库3处，用于全乡1万亩苹果、3000亩蔬菜的贮存。

2.黄寨乡果品气调库、果袋建设项目，估算总投资4100万元，建成1万吨果品气调库、1亿只果袋生产线、100万平方米纸箱装订生产线等。

3.油用牡丹精油提炼开发项目，估算总投资8亿元，新建牡丹花培植基地1万亩，建成牡丹花精油提炼生产线及工厂环保、基础设施等工程。

4.油用牡丹花蕊提炼开发项目，估算总投资4.5亿元，利用全县万亩油用牡丹基地，建成牡丹花蕊提炼生产线及工厂环保、基础建设配套设施。

5.汭星放心粮油食品加工配送中心工程，估算总投资3400万元，在锦屏镇枣林村征地20亩，建成汭星放心粮油食品加工配送中心，在县城建成销售网点12个，建成粮油主副食品加工、产品配送、信息和检验中心、销售网点、库房为一体的加工熟食系列生产线。

6. 农产品深加工项目，估算总投资2400万元，建成小麦转化精深加工典型项目3个，玉米转化精深加工项目2个，粮食副产品转化精深加工项目1个。

7. 种植养殖专业合作社建设项目，估算总投资2150万元，新建和丰核桃种植、“优果园”苹果种植专业合作社、永盛养殖专业合作社，黄花乡仁用杏深加工项目。

8. 年产30万吨精加工饲料生产线建设项目，估算总投资5200万元，新建年产30万吨精加工饲料生产线1条，修建饲料加工车间、成品库、原料库各1000平方米，购置楼层式配合饲料生产设备、预混料生产设备等。

9. 800吨牛血深加工生产线，估算总投资5000万元，建设牛血深加工生产线1条，设计规模为年加工800吨，占地面积5公顷。

10. 1万吨牛杂骨建设项目，估算总投资6000万元，建成年加工1000吨牛杂骨生产线1条。

11.3000吨黄酒厂生产项目，估算总投资2000万元，征地20亩，新建厂房等建筑1.5万平方米，年产黄酒3000吨。

12. 年产10万吨淀粉生产线项目，估算总投资1亿元，建设年产10万吨淀粉生产线。

13. 年产5万吨小麦深加工及其休闲食品项目，估算总投资3亿元，建成年产1000吨小麦面粉加工生产线1条、5.5万吨小麦休闲食品加工生产线3条。

14.西瓜深加工项目，估算总投资5000万元，建成西瓜酒生产线、瓜汁饮料生产线、西瓜皮方便菜生产线、五香西瓜籽生产线各1条，年加工优质西瓜1万吨。

15. 1000吨无公害蔬菜、果脯系列产品生产项目，估算总投资5000万元，建成无公害蔬菜、果脯系列产品生产线，年产杏脯600吨，苹果果脯400吨。

5.着力推进农业发展方式转变。坚持“因地制宜、多元创办、政府扶持、部门指导、市场运作”原则，依托龙头企业和经营实体，大力引导农户组建多种形式的农民专业合作社等经济组织，在全县范围内逐步建立纵向相通、横向相联、产销衔接、农工贸一体的现代产业组织化体系。积极指导农民专业合作经济组织完善民主管理制度，建立合理的内部积累、利益分配、有效联结机制，不断壮大经济实力，扩大经营规模，增强带动能力。鼓励大学生直接到农业生产领域或专业合作社创业就业。大力支持农民专业合作社参加农产品展示展销活动，鼓励合作社开展信用合作，扶持合作社建设农产品仓储、冷藏、初加工等设施。每年新注册农民专业合作经济组织4个以上。按照发展高产、优质、高效、生态、安全农业的要求，有效整合农业科技资源，建立协同创新机制，健全完善现代农业产业技术体系，大力开展农业基础性、前沿性和集成化的科学技术研究，重点在“平凉红牛”新类群培育、“平凉金果”标准化生产技术集成应用、旱作农业技术创新、农产品精深加工等关键领域实现新突破。继续推进粮食丰产科技工程、多功能农业装备、节水农业科技工程，建立健全信息化、社会化农村科技服务体系和农业科技成果转化体系。继续实施科技富民强县专项行动，促进农业园区、涉农科技型企业的健康发展。积极培育涉农科技型中小企业、科技合作组织，加强涉农产业科技服务平台建设。深入开展科技特派员农村科技创业行动，大力支持农业科技园区等基地建设。大力支持新型农民和农村实用人才创业和就业，鼓励科研人员和农技推广人员到农民专业合作社任职、兼职或担任技术顾问，允许按贡献大小从农民专业合作社取得相应报酬。加快培养种养大户、科技示范户、主导产业技术和农机作业能手等现代农业发展急需的实用人才，培养造就一大批有文化、懂技术、会经营的新型职业农民。着力健全农业技术推广、动植物疫病防控、农产品质量监管、农产品市场流通、农业信息服务、农业防灾减灾等“六大”体系，支撑现代农业发展。

（四）实施文化旅游拓展工程，带动现代服务业快速增长

抢抓丝绸之路经济带和华夏文明传承创新区建设机遇，认真落实国家实施扩大内需和支持革命老区发展的政策措施，加快文化旅游养生融合发展步伐，着力培育新的经济增长点。到“十三五”末，把文化旅游业培育成为全县现代服务业的龙头产业。加快培育现代物流市场体系，完善现代物流设施网络，加快打造“陇东旱码头”，促进服务业加快发展。计划实施建设项目55个，投资131亿元，重点实施龙泉寺文化旅游养生园、五龙山风景名胜区开发、龙泉寺景区提质扩容、华夏古槐王保护性建设、唐帽山生态休闲区、龙泉寺省级地质公园申报国家级地质公园、龙泽湖水利风景区湿地公园等建设项目。

1.做大做强旅游产业。加强与崆峒山、大云寺景区建设的协调联动，突出生态、人文两大核心元素，按照“山水龙泉、养生崇信”的主题定位，以“一园一区”（即：龙泉寺文化旅游养生园、五龙山—唐帽山人文生态旅游区)建设为重点,持续扩大景区景点规模。提高开发建设档次,打造精品旅游线路。将五龙山-唐帽山生态旅游区作为全县文化旅游融合发展的重要区块,努力打造成西部人文生态旅游的重要基地。加快建设龙泉寺(县城)—汭河川现代农业示范区—铜城电厂—五龙山—古槐王—唐帽山六个基点,县城和新窑镇两个集散地,形成“六点两地一环线”的旅游发展格局。不断完善大景区总体规划和修建性详细规划,提高景区景点开发建设档次,扩大县内景区容纳量。以“理念养生、氧吧养生、运动养生、中医养生、美食养生”为指引,开发休闲、养生、度假等旅游产品,连接全市乃至周边地区的黄金旅游线路,建设具有浓郁地方特色的区域性生态旅游休闲观光胜地。积极发展乡村旅游和自驾游。着力解决水、电、路、游客中心、停车场等公共服务设施建设不足的瓶颈制约,全面提升旅游产业核心竞争力。努力加大旅游品牌传播、营销和创意投入力度,建立智慧旅游平台,着力打造从旅游产品展示到支付的一体化旅游电子商务平台,推动与周边县区的旅游联动、合作、一体化发展。到“十三五”末,建成一批具有稳定客源和市场影响力的精品景区,使崇信成为平凉旅游的重要支撑点,使旅游业成为全县现代服务业的龙头产业和国民经济的战略性支柱产业。

专栏12:文化旅游拓展工程“十三五”重点项目

1.龙泉寺文化旅游养生园,估算总投资11.9亿元,规划占地1104亩,规划建设崇信山水龙泉养生园,产业园规划分为中心游览区、文化展演区、民俗体验区、住宿餐饮区、汭河风情区五大功能区,集旅游观光、休闲养生、文化展演、民俗体验为一体的养生文化旅游项目。

2.农耕文化生态苑建设项目,估算总投资10亿元,规划占地667亩,按照“一带五区”的空间功能布局,修建滨河景观带、形象展示区、民俗体验区、田园游乐区、庄园度假区和农创休闲区。项目分二期建成,其中一期项目投资3亿元,占地181亩,计划建成形象展示区和民俗体验区;二期投资7亿元,占地496亩,计划修建田园游乐区、庄园度假区、农创休闲区。

3.五龙山风景名胜区开发项目,估算总投资6.6亿元,在五龙山景区修建唐营主体公园、古边人家、龙吟峰、遇仙坪、森林娱乐健身区,配套基础服务设施建设。

4.“古槐王”香槐文化区建设项目,估算总投资3亿元,修建大槐树香槐文化区大槐树文化广场、槐园、李家老园、关山庄园,配套基础服务设施建设。

5.唐帽山生态休闲区建设项目,估算总投资3亿元,修建唐帽山生态休闲区唐帽山森林公园、唐王谷景区、水泉岭景区,配套基础服务设施建设。

6.武康王庙保护开发项目,估算总投资1.6亿元,总体规划东西宽68米,南北长160米,占地1.09万平方米,平面布局由南向北,分前、中、后三进院落,整个建筑群落用红墙青瓦围绕,相互烘托,浑然一体。

7.龙泉寺山前景区及汭河景观区建设

项目，估算总投资2200万元，修建廊桥1座，实施绿化、亮化、铺砖、雕塑等。

8.龙泉寺景前区停车场，估算总投资3750万元，新建龙泉寺景前区停车场1处，泊车500辆。

9. 龙泉寺申报国家级地质公园项目，估算总投资1.6亿元，按照国家级地质公园申报标准，对龙泉地质公园软件资料、硬件设施进行全方位收集整理和建设。

10. 龙泽湖水利风景区湿地公园建设项目，估算总投资2.6亿元，实施龙泽湖景区湿地保护工程，完成游客集散中心、旅游交通体系、旅游食宿、环卫、紧急救护、安全、购物、娱乐等配套基础设施建设。

11.龙泉寺游客中心建设项目，估算总投资4800万元，新建游客中心、服务中心、星级厕所及配套基础服务设施建设。

12.老爷山旅游景区开发项目，估算总投资3.4亿元，建成停车场、1000亩生态种植园，形成民俗体验区、休闲养生区、旅游观光区等一体的老爷山景区公园。

2.不断壮大文化产业。围绕做大做强文化旅游服务、文化休闲娱乐、特色文化产品三大支柱产业，着力发展文化演艺、节庆会展、文体培训三大基础产业，努力培育广电传媒、网络服务、创意设计、动漫游戏四大新兴产业。到"十三五"末，形成结构合理、特色鲜明、优势突出、市场看好的现代文化产业体系。加快实施龙泉寺文化旅游养生园、公刘园、彩灯制作生产线、数字影院、文化产品展销中心、游乐场等一批竞争性强、具有产业拉动作用和示范效应的重大文化项目。采取由政府出面邀请、部门或企业为主运作、政府补贴费用等方式，建立节庆会展策划推介机制，统筹配置传统节庆、民俗庙会、商业会展资源，分类别、分层级举办常态化、有届次的节庆赛事会展活动，促进地区经济文化发展的人流、商流、信息流和资金流。充分发挥节会带动效应，创新内容和形式，积极筹办"山水龙泉·养生崇信"生态旅游节，办好龙泉寺正月初一出游活动和龙泉寺四月初二古庙会。努力挖掘崇信地域文化，着力打造以公刘教稿为代表的公刘农耕文化品牌，以唐代名将李元谅筑城守边为代表的唐代军旅文化品牌，以革命烈士保至善的英勇事迹和人民军队在崇信的战斗历程为代表的红色革命文化品牌，以崇信民歌小调、民间工艺为代表的民俗文化品牌，促进文化与旅游、文化与养生、文化与农业的深度融合。加强文化人才队伍建设，支持鼓励骨干文化企业发展壮大，积极促进中小微文化企业发展。加强文化遗产传承保护，繁荣文艺精品创作，加强文艺阵地建设，提升文化原创力和对外影响力。

3.扶持发展养生养老产业。以建设陇东南中医药养生保健旅游创新区为契机，围绕"理念养生、旅游养生、运动养生、中医养生、美食养生"，加快发展健康食品、保健养生产业，开发文化体验、景区旅游、运动休闲等旅游产品，发展健康养老服务业，传承打造道家养生、中医治病、运动武术养生等"三大华夏源头养生文化"，谋划开发一批独具魅力的养生文化节目，进一步增强发展后劲。实施崇信县泾汭河川区国家级蔬菜产业园、崇信县绿色畜牧基地建设等一批生态有机农业、畜牧业项目，推动养生食品原料基地建设专业化、规模化、标准化,依托肉牛、果菜、中药村、绿色农产品等优势产业,加快发展健康食品精深加工产业,不断提升养生产品科技含量;创建一批代表地方特色的名优小吃店,打造1-2个崇信餐饮市场品牌菜品;开发文化体验、景区旅游、运动休闲等旅游产品,发展社区、农村健康养老服务业,认真实施崇信县养老服务体系建设项目,加快各类中医医疗机构建设,培养中医药实用技术人才200人。

4.加快发展电商物流产业。大力发展电子商务,建立县、乡、村三级电子商务服务体系。到2017年底,全县电子商务交易额和网络零售额年均增长35%,全县网络零售额占社会消费品零售总额的比重达到10%以上,规模以上企业应用电子商务比率达到90%以上。加快专业市场和物流配送中心建设,完善市场服务体系,以现有的第三方物流公司为基础,采取连锁经营、设置分销机构等方式,拓展农村物流市场,到2020年,实现第三方物流、便民店乡镇全覆盖。支持鲜活农产品物流、城市配送(含冷链)、医药物流、再生资源物流、特种货物运输、大宗物资物流、多式联运等重点物流领域发展,实施永康药业药品配送中心、县城综合商品配送中心等大型物流项目,力争建成乡镇(园区)便民市场项目5处。建立健全成品粮油供应体系,优化成品粮油物流管理,满足群众消费需求。建立健全农资、农产品、日用消费品等各类基层服务网点,着力提升农产品流通能力。

专栏13:商贸物流工程“十三五”重点项目

1.甘肃天虎集团平凉方盛公司农副产品物流中心建设项目,估算总投资8500万元,占地30亩,新建交易大棚、货运区、仓储区、农副产品区、综合加工区、百货区及其它配套设施。

2.综合物流中心建设项目,估算总投资1.5亿元,占地40亩,新建交易大棚、货运区、仓储区、农副产品区、综合加工区、百货区及其它配套设施。

3.新丰工贸有限公司果醋生产仓储物流中心建设项目,估算总投资7500万元,占地30亩,在崇信县锦屏镇曹庄村,新建交易加工区、仓储区、货运区,建成果醋、食用醋、保健醋生产线。

4.万吨果蔬批发市场项目,估算总投资1亿元,在锦屏镇枣林村和野雀农业园区建设以交易大棚、冷藏库房为主,面向周边乡镇及邻县提供果品蔬菜的运输、储存、装卸、包装、流通加工等服务的果品蔬菜配送基地。

5.新窑商贸中心建设项目,估算总投资3000万元,建成3000平方米商贸中心1处。

6.木林商贸功能区建设项目,估算总投资2000万元,建成2500平方米的商贸中心1处,并向周边延伸,形成辐射周边县区的蔬菜、果品、山货、牲畜等农产品交易集散地。

7.果品营销体系建设,估算总投资6490万元,建成集贮藏、加工、销售及果品包装材料生产为一体的果品龙头企业2处,新增果品贮藏保鲜容量4万吨。建成市县级果品营销企业5家,乡村营销网点

20个，新增果业专业合作社10个，建成1个县级果业信息化网站及6个乡级网站，配套相关设施设备。

8.新窑煤炭货运物流中心，估算总投资1亿元，在新窑建立煤炭货运物流基地。预计2017年货运量可达1500万吨、集装箱达20万TEU。

9.华通汽配物流中心项目，估算总投资1亿元，占地30亩，新建集整车销售、汽车配件批发零售、汽车维修装潢、汽车销售增值服务、物流配送、二手汽车交易为一体的大型上门基地，总建筑面积39000平方米。

10.仓储物流中心建设项目，估算总投资6000万元，建设占地10000平方米，总建筑面积1.7万平方米的物流中心1处。

11.永康药品物流配送中心项目，估算总投资1亿元，分两期实施，一期为药品配送中心，建设面积为1.3万平方米，其中：综合业务楼1.04万平方米，库房2600平方米，投资3014万元；二期为地产药材收购、加工公司。

12. 新窑工业园区便民市场建设改造项目，估算总投资1000万元，在原市场硬化场地3000平方米，新建钢架棚2座，整修排洪渠800米，货物摆放台120米。

5.加快发展金融服务业。健全完善金融服务体系，支持商业银行设立分支机构，鼓励发展便民金融网点、担保公司、村镇银行等新型金融机构。抢抓省上支持革命老区强化金融支撑的政策机遇，放宽社会资本的投资领域，通过贷款贴息、税收优惠等扶持措施，鼓励和引导社会资本以独资、合资、合作等多种方式参与投资，建立多元化的投资体制和规范高效的融资运营机制，实现社会投资与政府投资相辅相成、互利共盈。深化金融机构改革，引导金融机构下沉服务重心、创新金融产品，提高服务“三农”、服务基层、服务中小微企业的能力。

（五）实施城镇建设提质工程，统筹城乡协调发展

牢固树立以人为中心的城镇化发展理念，加快撤县设区和城市产业集群建设步伐。大力发展重点镇，提升城镇人口吸纳能力，坚持差异化定位和协同化发展，形成中心城区、重点镇、乡镇协调发展的城镇化格局。注重生态环境保护，提升村民居住环境水平，推进城乡公共服务设施和基础设施统筹建设，建立城乡统一制度，构筑平等和谐的城乡关系。建成陇东地区历史人文、旅游休闲度假、生态宜居城市。计划投资73.5亿元，重点实施棚户区(城中村)改造、龙泉寺景前区停车场、二级客运站、城区供热改造、综合管网建设、县城基础设施提升及各乡镇(园区)地下综合管网建设等43个城镇扩容提质项目。

1.充分发挥规划引领作用。坚持高起点规划、高标准建设、精细化管理，实现以规划引领城镇建设，以建设增强城镇功能，以管理提升城镇品位，建设规模适度、功能完善、环境优美、特色鲜明的生态宜居县城。按照新型城镇化的要求，全面总结城镇总体规划实施情况，对已不适应经济社会发展的城镇总体规划要及时修编。按照资源节约、绿色生态、功能完善的原则，加强城镇特色塑造，注重充实内涵，提高县城对县域经济产业发展和新增人口就业居住的承载能力,强化城乡统筹和县城对城乡的辐射带动作用。在县城总体规划的指导下,加大控制性详细规划、县城风貌特色、环卫设施等专项规划编制力度,提高控规覆盖率,使规划实施真正做到有法可依。强化城乡规划管理,完善机构设置,理顺规划管理体制,发挥各类规划在统筹公共服务设施、协调空间资源配置等方面的引领作用,科学构建城乡空间布局。充分利用各种舆论工具广泛宣传城乡规划,提高公众对城乡规划的参与力度。

2.全力促进城镇功能提质。围绕建设生态旅游县城的目标定位,全面完成棚户区改造任务,统筹推进地下管网、供水供热设施、污水垃圾处理、增绿扩绿、综合停车场等基础设施建设,提高城市建设管理水平。培育发展一批旅游特色乡镇、历史文化乡镇和美丽示范乡村,增强城镇集聚和承载功能。推进新型城镇化和调整产业结构、培育新兴产业、发展服务业、促进就业创业有机结合,引导农民向城镇和非农产业有序转移。加快县城和小城镇建设,完善公共服务设施,逐步扩大城镇规模,增强辐射带动能力,促进农村人口向城镇聚集,推进新型城镇化建设步伐。按照“土地集约、产业集聚、资源集合、人口集中”的原则,加快形成以“一带两园三片区”的中心城区为核心,两园区为重点,六乡镇为支撑,依托现有资源,突出地方特色,努力打造“两心、四区、四轴、六星”城镇空间组织结构,构建以农副产品加工集散、现代物流、旅游服务、居住养生、文化创意、中介咨询、信息传输为一体的新型城镇体系,不断壮大县域经济,实现新型城镇化与新农村建设协调推进,力争到“十三五”末,全县市政公用基础设施水平明显提升,综合承载能力明显增强,城镇化水平达到50%以上。

3.切实提高城镇管理水平。把绿化美化作为城镇管理的重点来抓,加快推进住宅小区和单位庭院绿化全覆盖,加强公共绿地和绿化苗木管护,进一步优化美化城镇面貌。强化城镇管理综合执法,加快推进环境卫生、市容市貌、交通秩序、市政设施网格化管理,坚决查处乱搭乱建、变更规划等违规建设行为,加大对破坏绿化、亮化和环卫设施等行为的监督管理。持之以恒抓好县城集贸市场管理,着力整治乱摆摊点、欺行霸市等突出问题,维护良好的经营秩序,巩固集中整治成果。切实加强住宅小区物业管理,采取市场化手段,探索成立物业管理公司,完善管理机制,着力解决权责不清、管理混乱、服务质量差等问题,为广大居民营造良好的人居环境。全面开展村庄环境卫生综合整治,以省道304线、崇大路、崇白路沿线村庄作为整治重点,集中整治脏、乱、差等问题,逐步引导群众改变生活陋习,不断绿化美化村容村貌,提高群众的生活质量,改善百姓的生活环境。

专栏14:城镇建设提质工程“十三五”重点项目

1.棚户区(城中村)改造项目,估算总投资9.1亿元,完成棚户区(城中村)拆迁改造1517户22.7万平方米。

2. 棚户区改造及拆迁后新建项目,估

算总投资 15.2 亿元，对锦屏镇给排水公司等 10 片区的 833 户棚户区住户进行征收、补偿、安置，并在拆迁后的原址新建学校、幼儿园、社区服务中心、社区医院等，区域配套建设供暖、给水、排水管网及道路硬化、绿化、亮化等设施。

3. 综合管网建设项目，估算总投资 2.57 亿元，(1) 城区范围内新建污水管道 15.01 公里，燃气管道 15.04 公里，热力管道 12.54 公里，给水管道 8.2 公里，电力电信管道4.68 公里，涉及团结路拓宽工程，南北车道各拓宽 5.5 米；(2)实施县城东片区供水、雨污水、热力、燃气、弱电等综合管网敷设，西起青年路，东至县一中，南至西南路，北至滨河路，配套实施青年路街道景观、照明及绿化工程。

4.城区供水管网改扩建工程，估算总投资2758 万元，新建 1000 立方米高位水池 2 座，铺设 DN100-400 供水管网 35.7 公里。

5.新窑汽车站建设项目，估算总投资 6000 万元，建成售票大厅、办公楼等主要设施，配套实施货运物流集散、住宿、餐饮、娱乐等。

6. 团结西路及西区广场改造提升工程，估算总投资 5859 万元，实施团结西路 1000×28 米道路、西区广场 340.8×16 米道路铺油硬化和西区广场 1.52 万平方米广场铺贴工程，并对团结西路、西区广场的绿化、亮化等附属工程进行提升改造。

7.县城南环路建设项目，估算总投资 0.9亿元，按照县城总规确定的南环路，线路总长 6029 米，包括征地、拆迁补偿等。

8. 滨河路西段延伸工程，估算总投资 1.2 亿元，东起县城新世纪供热公司，西至平头沟桥，全长 4000 米，宽 16 米，主要实施征地、道路、亮化、绿化等工程。

9.世纪花园商品房建设项目，估算总投资 2.5 亿元，新建商品房 9.1 万平方米。

10.新世纪商厦建设项目，估算总投资 1.8 亿元，主要实施土建、建安、电气、消防、人防、给排水、通风等工程，配套 2 万平方米装修工程。

11. 原政府旧址商品房开发建设项目，估算总投资 3.9 亿元，新建商品房 12 万平方米。

12.县城入口改造提升工程，估算总投资 1.2 亿元，对全县东、西、南、北四个入口进行改造提升，改造道路 20 公里，修建排洪渠 40 公里，配套实施绿化、亮化工程。

13.热电联产项目，估算总投资 17.76 亿元，利用崇信电厂的余热对全县进行集中供暖，敷设供热管道 38 公里，新建换热站 7 个，完成管道开挖、道路补修等附属工程。

14.县城天然气储配气站建设项目，估算总投资 5500 万元，在县城规划范围内建设天然气门站、储配站各 1 座，铺设输配管网 1.7 万米。

15.新窑镇污水处理厂建设项目，估算总投资 5000 万元，建成日处理污水 0.5 万吨污水处理厂 1 座，敷设污水收集管网。

16.农村生活垃圾处理项目，估算总投资8000 万元，在县内新窑矿区、铜城管委会、黄寨乡、柏树镇、木林乡、黄花乡 6 个重点区域和乡镇建设生活垃圾填理场 6 处，配置垃圾清运车、垃圾箱等设备。

17.智慧崇信建设项目，估算总投资 2

亿元，建设崇信县城市综合管理平台与应急处置中心、智慧交通管理平台、平安县城管理体系、智慧城管、智慧旅游等管理平台。

18.黄寨乡小城镇建设项目，估算总投资8500万元，建成上宅下店商贸门店4500平方米，新发展商户30户，硬化农贸市场、新建排洪渠、铺设马路砖、栽植绿化树。实施甘庄小城镇建设，新建商贸楼，改扩建农贸市场、铺设马路砖、维修舞台等工程。

19.木林乡小城镇建设项目，估算总投资5000万元，新建商贸住宅40户，实施街道铺油、修建排洪渠、安装路灯、建成综合文化活动中心等基础设施。

20.新窑镇小城镇建设项目，估算总投资7500万元，建设新窑镇三纵三横的城镇化格局，新建商贸住宅40户，实施街道铺油、修建排洪渠、绿化、安装路灯、建成综合文化活动中心等工程。建成以戚家川、新窑村为中心的小城镇雏形。

21.柏树小城镇建设项目，估算总投资1.2亿元，建设康居住宅28户，新增商业门店20户，实施街道道路硬化、整修排洪渠、铺设马路砖、修建垃圾仓、绿化美化亮化等基础设施。

22.农村公共服务平台项目，估算总投资2000万元，在全县43个行政村建设农村公共服务平台各1处。

23.锦屏镇马湾“城中村”改造项目，估算总资8020万元，完成拆迁33户，征地30.22亩，开发楼盘6栋35382.6平方米，安置农户28户。

24.崇信宾馆装饰装修工程，估算总投资4550万元，对崇信宾馆进行内、外部装修。

25.县城西南路道路工程，估算总投资3000万元，县城西南路道路工程全长914.57米，道路总面积19808.6平方米。该工程第一路段东起原交警队，西至县自来水公司；第二路段南起县自来水公司，北至新西街与环城西路交界处。包括拆迁、征地、路基、路面、绿化、亮化等工程。

26.中心城区停车场，估算总投资4600万元，在西南路延伸段青年路西侧地块规划新建停车场1处，规划修建停车位353个。

27.新窑矿区水源井建设项目，估算总投资5100万元，新建水厂1座，水源井8眼，1000立方米清水池1座，1000立方米高位水池1座，加压泵站1座，铺设输配水管网35.5公里，修建办公用房及职工宿舍1300平方米。

4.持续推动城乡协调发展。坚持工业反哺农业、城市支持农村，促进城乡公共资源均衡配置，健全农村基础设施投入长效机制。统筹城镇化和农业现代化，把社会事业发展重点放在农村和农业转移人口较多的城镇，推进城镇公共资源向农村延伸，建立城乡基础设施和公共服务设施互联互通、共建共享机制。围绕“突出川区、轴线开发，做强园区、聚集发展，统筹城乡、整体推进”的总体思路，集中实施生态文明旅游、行政商务、现代服务、基础设施等品质提升工程，把中心城区作为发展服务业的主要阵地，大力发展物流、餐饮、娱乐、金融、保险等行业，把农村作为发展农产品经济的重要场所，发展以方便生活、增加就业为主的生产性行业,支持发展来料加工、废旧物资回收、乡村旅游等项目。建立健全城乡发展的“五项基础设施”长效管理机制,不断提高城乡新能源利用水平;以完善体制机制为重点,加快推进城乡社会保障和就业一体化水平,从而实现城乡发展的相互促进,协同发展的新格局。

(六)实施基础设施完善工程,提高发展的支撑保障能力

抢抓国家深入实施西部大开发、支持西部地区改善基础设施条件的机遇,科学布局、统筹规划,加快交通、信息、水利、管网等基础设施建设,破解瓶颈制约,增强发展活力。计划总投资146亿元,实施G85彭大高速公路崇信连接线、崇信县华煤集团铁路运煤专线、千村美丽示范村道路等基础设施建设项目56项,形成健全完善的基础设施体系。

1.加快建设综合交通运输网络。以构建“便捷、安全、经济、高效”的综合交通运输网络为目标,坚持“适度超前、稳中求进、进中提升”的原则,集中实施“6873”交通突破行动,加强与周边市县区的交通连接,加快建设一批过境高等级公路,晋等升级县乡公路,改建扩建农村公路,建设资源路、旅游路、扶贫路、产业路、能源路,配套新建矿区等级公路,新建等级客运站、物流集散中心、汽配城等运输服务基础设施。力争到2020年全面实现“三通两覆盖”(即:县内通高速、乡乡通等级路、村社通沥青水泥路,县内城镇公交全覆盖,农村客运网络及物流节点全覆盖)。计划投资96亿元,实施交通建设项目19项,其中重点实施灵台-华亭高速公路(崇信段)、神峪河至邵寨、崇信县华煤集团铁路运煤专线等过亿元项目13个,概算总投资94亿元。突破对外交通瓶颈。积极配合省上建设纳入《国家公路网规划》的G85银川至昆明高速公路彭阳至大桥村段55.812公里崇信连接线,纳入省道网规划的S28线华亭至灵台40公里省级高速公路(崇信境内),争取实施《国家公路网规划》中列入的G312上海至霍尔果斯(泾川至崇信至白水段)50公里普通国道改线和建设,加快推进列入省道网规划的S203线马峪口至陕西千阳(安口至崇信至黄花至水磨至高年段)、S320线陕西彬县至华亭(五举至新窑至神峪段)2条105公里普通省道提等升级,加大危桥、涵洞、防护等构造物改造力度,不断提高公路的抗灾能力和安全水平(以上数据均未扣除共线里程)。提升县域道路等级,加快推进县乡公路提等升级和联网改造进程,全力争取实施县乡道路网改善工程243公里,进一步提升公路等级和通行条件。大力实施建制村通畅工程以及村社道路延伸工程建设,到2016年底,全面完成《甘肃省扶贫攻坚交通先行示范市县建制村通畅工程建设规划(2013年~2016年)》的建设任务;到2020年,完成村社道路延伸工程118公里,大中修农村公路300公里。加快干线公路瓶颈路段改造提升,打通断头路、过境路、资源路和出口路,完善区域干线公路网,开工建设华亭至崇信至灵台至泾川煤田矿区干线公路、赤城至五举二级公路、铜城至新窑二级公路、铜城至四十里铺公路。认真研究崇信火车站搬迁至304

沿线的问题。逐步完善农村公路安全生命防护工程,积极推动具备条件的自然村道路硬化工程。完善交通站点布局。按照《六盘山集中连片特殊困难地区平凉市交通扶贫开发规划》,新建崇信县二级客运站、崇信县物流集散中心、崇信县煤化工物流中心、崇信县城乡公交指挥调度中心、崇信县道路运输信息中心、崇信县汽配物流中心,提升运输服务能力和水平。大力发展农村客运,为群众出行提供安全便捷的公路运输服务,切实解决群众出行难、乘车难问题。

专栏15:道路交通畅通工程“十三五”重点项目

1.通畅工程,估算总投资0.67亿元,改建高葛路至金龙村、堡子湾至赵堡、黄寨至茜洼、马新庄至九功等19条100.1公里。

2.路网改善工程,估算总投资10.48亿元,按照三级标准新建、改建赤城至五举、崇信至大湾岭、高平至葛家崾岘、朝那至黄花塬、泾川至土谷堆、赤城至李家河、柏树至九功、铜城至新窑、周寨至大柳、关村至木林、木林至官村、九功至梁坡、杜家塬至铜城、平头沟至赵湾14条243公里。

3.千村美丽示范村道路工程,估算总投资0.4亿元,实施10个千村美丽示范村道路工程,共计60公里。

4.其他农村公路建设项目,估算总投资4.48亿元,改建新建村道联网路129条559公里、农林场道路3条19.6公里、新建桥梁5座320延米、安保工程48项、养护维修工程300公里。

5.华煤集团铁路运煤专线建设项目,估算总投资20亿元,建设神裕–大柳–新窑–赤城铁路运煤专线1条,全线长28公里,崇信境内20公里。

6.火车站货运中心建设项目,估算总投资4亿元,建成占地30亩、建筑面积1000平方米的货运物流中心。

7.二级客运站建设项目,估算总投资8000元,建成售票大厅、办公楼等主要设施。配套建成货运物流集散、住宿、餐饮、娱乐等设施,客运吞吐量达每天1万人次。

8.通用航空机场建设项目,估算总投资5亿元,新建航空机场1处。

2.加强农田水利设施建设。加快实施“6363”水利保障行动,努力构建区域协调的水资源配置体系、安全可靠的农村供水体系、增产增效的农田水利体系、防控有效的防洪减灾体系,基本实现供水安全、防洪安全、水生态安全。加快河流治理、中低产田改造、土地整理复垦和基本口粮田等农田水利工程建设,提高农业综合生产能力。加快重点防洪除涝工程建设,初步建立比较完善的防洪保安体系。加强水资源和水环境保护,大力实施节水灌溉、安全饮水、水土保持等水利工程,全面提升公共服务水平。按照统筹规划、连片推进的思路,实施土地复垦整理项目,大规模改造中低产田,每年新修梯田3万亩。加快灌区配套改造,大力发展小型农田水利建设,新增农田有效灌溉面积0.3万亩。积极做好白龙江引水工程前期工作。加强农田水利基础设施运行管护,提高设施利用率。

专栏16：水利基础设施建设工程“十三五”重点项目

1.现代农业节水灌溉工程，估算总投资1.5亿元，分别实施油用牡丹种植基地供水工程、矮化密植果园供水工程、汭河川区“五小水利”工程、黑河川区“五小水利”工程、南部塬区“五小水利”工程和北部塬区“五小水利”工程。

2.关河水库，估算总投资0.77亿元，新建221万立方米水库1座。

3.龙尾沟水库，估算总投资2.1亿元，新建水坝长215米，最大坝高43.5米，总库容500万立方米。

4.农村饮水安全巩固提升工程，估算总投资6580万元，新打深井7眼，维修改造水源井2处，新建高位蓄水池500立方米的4座、300立方米的4座、200立方米的5座、100立方米的1座、50立方米的3座，改造闸阀井214座，新建闸阀井184座，安装用户智能水表19120个。

5.五举、新窑矿区供水工程，估算总投资4300万元，设计规模为1500立方米/天，铺设输配水管道10公里，修建200立方米清水池1座，300立方米高位水池1座；在达溪河一带新建水源地1处，打井10眼，设计供水规模5000立方米/天的中型水厂1座，修建500立方米蓄水池2座，铺设输配水管道16.5公里。

6. 小型农田水利重点县建设项目，估算总投资6045万元，其中灌区末级渠系配套与节水改造工程，新建20条斗渠，全长26.525公里，新建农渠170条，全长61.573公里，各类渠系建筑物896座；提灌站工程主要规划建设庙台、杜家沟、平头沟、朱家店、关村、河畔、新庄、新集8处提灌站工程。

7. 国家农业综合开发水土保持项目，估算总投资2250万元，完成水土流失治理面积50平方公里。

8.汭河项目区坡耕地水土综合整治工程建设项目，估算总投资4272万元，完成坡改梯田2031.7公顷，营造水保林346公顷，种草80公顷，新建涝池50座。

9.关河沟生态环境治理项目，估算总投资0.5亿元，新建道路30公里，完成境内植被恢复，修建管护用房300平方米，发展休闲及生态农业。同时对沟内的荒山、荒坡进行绿化和生态恢复治理，对沟内的砂石厂、石料厂进行综合整治。

10.柴子沟水库，估算总投资2亿元，总库容500万立方米。

11.庙台水库，估算总投资6亿元，水库建成后形成宽70-200米回水长度约5000米的河谷形库区，为中型工程，属多年调节水库，总库容2000万立方米。

12.中央财政农田水利设施建设项目，估算总投资4523万元，2016年规划在崇信县黄花乡实施高效节水滴灌工程，在崇信县北部塬区黄寨、柏树2乡实施高效节水滴灌工程。2017年规划在崇信县汭河川区的杜家沟、位家沟、平头沟、薛家湾、关村、长新、野雀、新集8个片区实施低压管道输水灌溉工程。

13.抗旱应急引水配套工程，估算总投资0.75亿元，工程铺设应急输水管道12.24公里，新建各类管道附属建筑物94座，新建提水泵站11座，新建300立方米高位蓄水池1座，500立方米高位蓄水池1座。

14. 小型提水工程，估算总投资0.95亿元，在新窑镇、黄寨乡、柏树镇、黄花乡、木林乡等建设高原深井22眼，建设水塔3座，管理站8处，接通应急管网3.6公里修建管理房屋配备自动化机电设施等，接通应急管网6.2公里。

15.白龙江引水工程，估算总投资1亿元，建设引水枢纽1座，水泵站4座，渠道43公里，隧洞1座，引水流量4.1立方米/秒，年引水量1.3亿立方米。

16. 高效节水灌溉工程，估算总投资2.57亿元，发展高效节水灌溉面积8.6万亩。

17.水源地涵养与保护工程，估算总投资5000万元，完成水源地保护区划分、生活垃圾转运站工程、标志设置工程、隔离防护工程、饮用水源保护区综合整治工程、饮用水源地环境应急能力建设和预警监控体系建设。

18.县水资源管理与监测项目，估算总投资2000万元，新建水环境分中心1个、水文站2个、水位站3个、雨量站10个、墒情站3个、地下水监测站3个、水质站6个、水文信息服务体系1套、水质监测化验室1个。

19.高年、青泥沟、大兴供水工程，估算总投资1500万元，在黄花乡高年、新窑镇大兴、青泥沟2村8社实施农村供水工程，解决1077人农村饮水困难问题。

20.野雀水库，估算总投资6440万元，新建蓄水面积32万平方米，总库容460万立方米水库1座。

21.高寨(片)小流域坝系建设及淤地坝除险加固工程，估算总投资2050万元，新建骨干坝5座，中型坝5座，除险加固1座。

22.黑河生态修复治理项目，估算总投资2536万元，完成坡改梯1690.5公顷、营造水保林924.5公顷、经济林963.5公顷、种草1121.4公顷、生态修复面积1300公顷。

23. 河堤治理工程，估算总投资1560万元，新建汭河河堤6.8公里，黑河河堤3.6公里。

24. 地表水过度开发和地下水超采区治理项目，估算总投资1.2亿元，对全县范围内地表水过度开发区和地下超采区进行综合治理。

3.加快信息基础设施建设。按照实施宽带中国战略要求，以宽带普及提速和网络融合为重点，加快发展下一代移动通信，加快城市百兆光纤工程和宽带乡村工程建设步伐，有序推进“三网融合”和“两化融合”，继续实施移动基站建设、光缆接入工程、光网建设、联通手机网络信号塔等基础设施重点建设项目。加快城镇光纤到楼入户配套建设，推进宽带下乡和农村光纤改造，实现光纤宽带网络与县城区域、乡镇(园区)设施同步规划、同步建设。继续加大广电基础设施建设力度，全面推进有线电视网络数字化和双向化升级改造。争取将崇信县列为国家“宽带乡村”工程试点县，按照前三年集中攻坚，后三年巩固提高的阶段安排，2015年至2017年，积极实施“宽带中国”和“互联网+”行动计划，全县实现村村通宽带，全县城镇光纤入户率达到90%以上，3G、4G无线网络覆盖全县所有村社。加快建设公共信息服务平台，抓紧培育一批公益性与商业性的信息资源企业以及网络公司，建立一批面向中小企业的公共信息服务平台。加快建立社区信息服务体系和农业信息服务体系，提高电子政务建设应用水平改造县电子政务网络基础平台，全面完成设备升级改造，建立统一的政务数据交换中心，建成上联国家、省、市，下联全县各部门及乡镇的政务内网和政务外网网络平台，实现安全互联互通、资源共享和业务协同。加快"智慧景区、智慧城市"的建设步伐，以信息技术为依托，结合景区的具体情况，建立以智慧管理中心为核心的管理服务体系，通过建设"智慧城市"，及时传递、整合、交流、使用城市经济、文化、公共资源、管理服务、市民生活、生态环境等各类信息，提高物与物、物与人、人与人的互联互通、全面感知和利用信息能力，极大提升人民群众的物质和文化生活水平。

专栏 17：信息网络覆盖工程"十三五"重点项目

1. 电子商务信息平台，估算总投资 5000 万元，在全县 6 乡镇、管委会的 79 个行政村各建立电子商务信息平台 1 处，并配套相关设施。建成集信息资讯、电子商务、商品交易、物流服务、咨询服务为一体的供应链集成网络。

2.云计算项目，估算总投资 3 亿元，建立云计算产业发展与创新基地，通过资金支持大力培育云计算技术服务厂商，建立面向城市管理、产业发展、电子政务、中小企业服务等领域的云计算示范平台，推动 IT 厂商向云计算服务商转型，并引导云计算技术和服务厂商向产业基地集聚，组建云计算产业联盟。

3."智慧城市"基础网络建设，估算总投资 4 亿元，建设智慧城市公共平台、云计算中心和统一共享平台基础设施，建设智慧交通、智慧社区、智慧旅游、智慧管理等领域智慧应用体系。

4. 电商扶贫试点项目，估算总投资 2000 万元，积极开展电子商务进村综合示范县申报工作及电商扶贫试点工作，选择网络接入、物流储藏、金融服务条件较好的乡村开展试点，争取省级部门为试点村配备开展电子商务活动的设施设备，组织驻村帮扶工作队队员、返乡青年、未就业大学生、贫困家庭"两后生"、致富带头人参加电商扶贫培训。

5. 车载多媒体液晶电视生产项目，估算总投资 8000 万元，建成年产 5 万台平板电脑生产线 1 条。

6.安防监控产品生产项目，估算总投资6000 万元，建成年产 2 万台监控系统、2 万平方米 LED 显示器、5 万套可视对讲系统和万套防盗报警系统生产线 3 条。

7.新型电子元器件生产项目，估算总投资3.2 亿元，建成新型片式器件、传感器、频率元器件、光电子器件、高密印刷电路板等新型电子元器件生产线。

8.科技企业孵化器建设项目，估算总投资 6000 万元，建设 8200 平方米的四层企业孵化器办公楼，内设综合服务、信息咨询、物业管理、产业服务、项目招商等部门，用于为科技型中小企业提供人才培训、项目评估、政策咨询、成果鉴定等服务与技术支持。

9.新农村现代流通网络工程（简称"新

网工程”）建设项目，估算总投资2550万元，包括农副产品批发交易市场升级改造项目850万元，金马供销电子商务中心550万元，再生资源回收有限责任公司扩建项目500万元，金马供销农资有限责任公司扩建项目650万元。

10.电子商务服务中心建设项目，估算总投资1300万元，总建筑面积600平方米，其中展馆面积200平方米，运营中心面积150平方米，网货供应中心面积150平方米，培训教室（创业辅导、孵化中心）面积100平方米。

（七）实施生态环境改善工程，促进绿色富县、绿色富民

以创建国家园林城市、国家级生态文明示范县为统揽，持续加大投入力度，加强生态建设与保护，实施最严格的资源管理制度、最严格的节约用水制度、最严格的耕地保护制度、最严格的环境保护制度，不断提升区域资源环境承载能力，促进人口与资源、环境协调发展。深化工业污染防治，促进清洁生产，坚决杜绝环境污染事件发生。深入开展城乡环境综合整治，全面改善生活环境和生态环境。加快循环经济发展步伐，着力转变发展方式。“十三五”期间计划投资57.5亿元，共实施崇信电厂二期机组脱硫脱硝、鑫盛新型建材循环经济、东信牧业发展有限公司循环经济建设、重点流域河道水污染整治等重点建设项目70项。

1.科学规划主体功能区。编制完成主体功能区发展规划，促进各类重点项目按照主体功能定位布局建设。加快重点开发区工业化和城镇化建设，以铜城循环经济产业园和新窑煤炭深加工产业园为重点，着力构建能源化工产业战略布局。加强生态环境保护示范区建设，以泾汭河川区国家级蔬菜产业园建设为重点，辐射带动以黄寨、柏树为主的北塬区标准化果品基地和以新窑、黄花、木林为主的南塬区现代畜牧基地发展壮大。不断加大监管力度，严格控制人类活动强度，确保国家AAAA级景区龙泉寺、省级地质公园风景名胜区五龙山、省级森林公园唐帽山、华夏古槐王等自然景观和全国重点文物保护单位武康王庙、齐家文化遗址、仰韶文化遗址等历史文化遗存景观完整性，建设全县生态屏障。

2.加强生态环境建设。坚持保护优先、自然恢复为主，大力实施山水林田生态保护修复工程和大地增绿工程，加强撂荒地治理和水土流失治理，加大对植被恢复区的保护力度，提升生态安全屏障建设水平。以建设“生态崇信”为目标，全力实施退耕还林、天然林资源保护、“三北”防护林建设五期、中幼林抚育及低效林改造等一批林业生态项目，完成人工造林14.5万亩，封山育林5万亩，改造低产林10万亩，中幼林抚育5万亩，完成退耕还林14.5万亩，到2020年，全县林地面积达到48.85万亩，梯田面积达到32.3万亩，森林覆盖率达到38.36%。加强对龙泉寺风景名胜区、唐帽山生态系统恢复和古树名木保护，促进自然生态系统良性循环。大力实施小流域综合治理，新建和改造一批蓄水引水工程，因地制宜进行冲田改造和涧河治理。采取人工措施与生态修复相结合，进行封山禁垦、退耕还林、缓坡植草或其他经济林，提高抗御自然灾害的能力。积极开展煤矿塌陷区、煤矸石及粉煤灰等废弃资源堆场综合整治和生态恢复工作，严格执行耕地占补平衡原则，全面落实最严格的耕地保护责任制，确保国土资源总量平衡和生态安全。着力改变矿山开采“先破坏、后治理”或“只破坏、不治理”的现状，推进矿产开发与地质环境保护协调发展。按照地质灾害危险性评估报告要求，积极采取有效措施，防止因采矿造成的地面塌陷、滑坡、泥石流等地质灾害，实现资源开发与地质环境保护的和谐统一。

专栏 18：生态环境改善工程“十三五”重点项目

1. 新窑矿区环境污染综合整治项目，估算总投资 1500 万元，对新窑矿区街道、公共区域、废弃关停矿区及周边区域内的矸石、固废、生活建筑垃圾进行清理和规范处置。

2.新世纪集中供热公司锅炉烟气脱硫除尘改造项目，估算总投资 2000 万元，对两台 40 吨燃煤锅炉各安装湿式石灰—石膏法烟气脱硫除尘设施 1 套。

3. 城区供暖锅炉烟气脱硫除尘项目，估算总投资 3000 万元，对通达供热公司 1 台40 吨和万通供热公司 1 台 20 吨燃煤锅炉各安装湿式石灰—石膏法烟气脱硫除尘设施 1 套。

4.新窑矿区 9 户煤矿的工业燃煤锅炉脱硫除尘改造项目，估算总投资 3000 万元，对新窑矿区大柳、新窑、新柏、新安、新周、周寨、百贯沟、聚源、嘉利 9 户煤矿的工业燃煤锅炉安装高效脱硫除尘设备 22 台，确保工业烟（粉）尘达到国家新的排放标准。

5. 油气污染治理项目，估算总投资 1500 万元，对辖区内新窑、赤城、黄花、铜城、县城 5 家加油站及油罐车改造安装油气回收治理装置。

6. 机动车环保检测站和数据库项目，估算总投资 1000 万元，新建机动车环保检测中心 1 处，购置环保检测设备等，建立机动车环保数据管理系统。

7.县城空气质量改善及自动监测中心项目，估算总投资 3000 万元，购置雾泡抑尘设备 2 台、洒水车 4 台；购置空气质量自动监测设备 1 台（套）并配备相关设备，建成空气质量自动监测站 2 处，定期向社会发布环境空气质量状况。

8.造林绿化工程建设项目，估算总投资 2235 万元，共规划造林绿化面积 8.5 万亩，其中：“三北” 五期防护林工程 3.5 万亩，中央财政造林补贴 2.5 万亩，碳汇林 2.5 万亩。

9.天然林资源保护二期工程，估算总投资 2940 万元，管护天保林 11.91 万亩，人工造林 6 万亩，中幼林抚育 5 万亩。

10.公益林生态效益补偿与管护工程，估算总投资 3450 万元，保护管理国家级公益林 43.71 万亩。

11.污水处理设施建设项目，估算总投资 3.44 亿元，建成崇信县污水管网扩建工程和 6 乡镇 2 个管委会污水处理工程。

12.农村生活污水处理项目，估算总投资2000万元，在县内新窑矿区、黄寨乡、柏树镇、木林乡 4 个重点街道建设生活污水处理设施，主要采取建设生活污水净化沼气池，把污水厌氧硝化，沉淀过滤，污水经处理后可达标排放。

13. 新窑矿区水源地环境综合整治项目，估算总投资1000万元，拆建水源地附近的排污设施，清理整治水源地周围环境，建设水源地二级保护区内居民点垃圾中转及清理工程，建设水源地围栏隔离、警示标志等保护设施。

14.城区生活污水管网改造工程，估算总投资3000万元，建设污水管网总长31.9公里，并配置污水管网维护设备，购买清洗吸污两用车2台，加强管道清淤维护，实现崇信县城区生活污水全收集、全处理，污水处理率达到90%以上。

15.新窑镇污水处理厂建设项目，估算总投资5000万元，日处理污水0.5万吨，并敷设污水收集管网。

16.重点城镇垃圾处理工程，估算总投资1.07亿元，新建锦屏镇、柏树镇、黄寨乡、木林乡、铜城工业园区生活垃圾转运站工程。

17.华煤集团赤城煤矿90万吨矿井废水和生活污水处理项目，估算总投资2500万元，修建矿井废水处理站和生活污水处理站各1座，设计矿井废水和生活污水处理能力分别达到2400立方米/天和500立方米/天。

18.工业集中区工业废水处理项目，估算总投资3000万元，新建工业污水处理厂1座，建设近期(2018年)2000立方米/天，预留远期(2025年)4000立方米/天。

19.工业集中区生活污水处理项目，估算总投资3000万元，新建生活污水处理站1座，污水处理能力达到1000立方米/天。

20. 煤炭开采区土壤污染治理与生态修复，估算总投资1260万元，配套土壤监测仪器、信息处理设备2台(套)；采用物理、化学、生物处理方法，对煤炭开采区周围污染的1400亩农田实施治理与生态恢复；造林绿化2000亩；修建防渗排水渠5公里；清理、处置煤矸石15000吨。

21. 北部塬区果品生产基地土壤环境保护项目，估算总投资5000万元，对北部塬区黄寨、柏树2乡镇2万亩果品生产基地土壤进行环境质量监测和环境保护，推广平衡施肥、测土配方施肥和秸杆过腹还田技术，使用高效低毒低残留农药，进行农膜污染防治，对农村生活垃圾、生活污水、畜禽粪便污染进行综合治理。

22.南部山塬区粮油、干杂果生产基地土壤环境保护项目，估算总投资8000万元，对南部山塬区新窑镇、黄花乡、木林乡3乡镇的6万亩粮油、干杂果生产基地土壤进行环境质量监测和环境管理，推广平衡施肥、测土配方施肥和秸杆过腹还田技术，使用高效低毒低残留农药，进行农膜等污染防治，加强对涉及粮油、干杂果产业基地建设项目的环境管理，整治违法排污企业，保证该区域内的土壤不受污染。

23. 汭河川区无公害蔬菜生产基地土壤环境保护项目，估算总投资5000万元，对汭河川区2万亩无公害蔬菜生产基地的土壤进行改土、换土、测土配方施肥、生态防治、综合治理，推广使用高效低毒低残留农药，实施农膜污染防治等综合治理措施，预防土壤污染。

24.重点流域河道水污染治理项目，估算总投资2亿元，对县域内汭河、黑河流域河道实施管网截污、排污口整治、河道生态护坡湿地、河床污泥清空修复及河堤绿化、生态恢复治理等工程。

3.加大污染防治力度。以提高环境质量为核心，实行最严格的环境保护制度，构建政府、企业、公众共治的环境治理体系，倡导绿色、低碳的消费模式和生产方式。推进多污染物综合防治和环境治理，实行联防联控和流域共治，深入实施大气、水、土壤污染防治计划。坚持治河与治污相结合，确保黑河、汭河地表水达到国家规定的Ⅲ类功能水质标准，集中式饮用水源水质达标率达到100%，工业用水重复率达到90%以上。切实抓好饮用水源地建设、城市污水管网全覆盖、污水处理厂、中水回用等重点项目工程，实现城区污水管网全覆盖和污水全收集、全处理。加快推进崇信电厂等燃煤企业脱硫脱硝工程，确保脱硫脱硝率分别达到95%和70%以上。实施县城集中供热工程，采暖地区集中供热普及率达到65%以上。加强油烟污染治理，全面落实餐饮行业环评审批制度，积极开展机动车尾气治理，确保县城大气环境质量保持在二级以上标准，PM2.5达到功能区规划标准。严格执行《崇信县城区环境噪声功能区划分方案》规定，积极开展安静居住小区创建活动，认真抓好噪声污染治理工作，确保噪声环境质量达到标准要求。加强县城生活垃圾填埋场管理，建成新窑重点小城镇生活垃圾集中处理工程。进一步加强县城供水、供热、供气、污水及垃圾处理等各类公用设施建设和地下管网提升改造，力争到2020年县城污水处理率、生活垃圾无害化处理率分别达到92%和85%，工业固体废物处置利用率达到90%以上且无危险废物排放，高于全省平均水平。

专栏19：污染防治工程“十三五”重点项目

1.五举煤矿240万吨矿井废水和生活污水处理项目，估算总投资3000万元，修建矿井废水处理站和生活污水处理站各1座，设计矿井废水和生活污水处理能力分别达到3000立方米/天和500立方米/天。

2. 赤城煤矿90万吨矿井废水和生活污水处理项目，估算总投资2500万元，修建矿井废水处理站和生活污水处理站各1座，设计矿井废水和生活污水处理能力分别达到2000立方米/天和500立方米/天。

3.聚源、嘉利煤矿矿井废水处理及生活污水处理项目，估算总投资3000万元，分别修建矿井废水处理站和生活污水处理站各1座，设计矿井废水和生活污水处理能力分别达到2000立方米/天和500立方米/天。

4. 新窑矿区黑河河堤污染治理项目，估算总投资1500万元，主要对新窑矿区范围内的15公里黑河河床煤泥沉淀污染物进行清空修复和整治，彻底解决黑河河床污染问题。

5.供热中心脱硫除尘改造项目，估算总投资4500万元，分别购买安装新式钙钠双碱法脱硫除尘器1套，配套安装消声器3套。

6.县城西区集中供热工程脱硫除尘项目，估算总投资2000万元，对正在新建的县城西区集中供热工程2台40蒸吨锅炉(共计80蒸吨)进行钙钠双碱法脱硫。

7.新世纪集中供热公司锅炉烟气脱硫除尘改造项目，估算总投资3000万元，对2台40蒸吨燃煤锅炉各安装钙钠双碱法脱硫除尘设施1套。

8.加油站油气污染治理项目，估算总投资1500万元，对全县5个加油站的油气污染进行综合治理。

9.新窑矿区环境污染综合整治项目，估算总投资1500万元，对新窑矿区街道、公共区域、废弃关停矿区及周边区域内的矸石、固废、生活建筑垃圾进行清理和规范处置，对矿区内的黑河河床煤积沉淀进行清空修复清理，彻底治理脏、乱、差，绿化、美化新窑矿区环境。

10.煤炭开采区土壤污染治理与生态修复，估算总投资1260万元，配套土壤监测仪器、信息处理设备2台(套)；采用物理、化学、生物处理方法，对煤炭开采区周围污染的1400亩农田实施治理与生态恢复；造林绿化2000亩；修建防渗排水渠5公里；清理、处置煤矸石15000吨。

11.汭河桥段和县城区段污染综合整治项目，估算总投资3000万元，全面取缔和关停汭河上下游和沿岸违法排污企业，对沿岸固废、生活建筑垃圾进行清理和规范处置，对河床沉淀进行清空修复清理。

12.新安煤矿矿井废水深度处理循环利用项目，估算总投资1500万元，改扩建工业废水处理站，配套废水管网建设，设计处理煤矿工业废水总量3000立方米/天。

4.大力发展循环经济。按照减量化、再利用、资源化的原则，以基地、园区、产业链等为载体，加快技术进步和结构调整，推动建立循环型工业、农业、服务业体系。全面推行绿色制造，大力推广清洁能源和节水技术，加快煤电化材一体化综合循环利用，形成以煤电、煤化工为主导的生态型产业网络新体系。加快建设现代农业循环体系，推动生态农业加快发展。加强生活垃圾分类回收和再生资源回收，促进废弃物循环利用。大力推广清洁能源和节水技术，以绿色产品生产带动产业结构调整，以清洁生产推进企业的技术改造。以建设煤电、煤化工两大基地为核心，按照规模化、特色化、清洁化的发展原则，加快煤电化材一体化综合循环利用，通过产品链规划、资源循环利用设计，实现各企业间物质流、能量流和信息流的深度融合，形成以煤电、煤化工为主导的生态型产业网络新体系。积极推广旱作农业、高效农田节水、测土配方施肥、绿色防控等节约型技术，实施大中型沼气工程、标准化养殖小区和联户沼气等项目，加快建设现代农业循环体系。充分发挥龙头企业示范带动作用和“平凉金果”“平凉红牛”等品牌优势，形成肉类、蔬菜、果品、饲草料加工产业链，促进生态农业加快发展。大力推动热电联产，积极探索利用工业低品位余热应用于城市集中供暖。到“十三五”末，全县工业集中区生态化改造基本完成，逐步淘汰高消耗、高能耗、重污染企业，单位GDP的COD排放强度、单位GDP的SO_2排放强度、城市污水集中处理率、工业污水排放达标率、工业废气排放达标率、固体废物无害化处理率、矿区土地复垦率、环保投资占GDP的比重均达到规定要求，在生态产业链建设、节能减排降耗、土地集约化利用、资源综合利用、循环经济运行机制建设等方面取得明显成效。煤炭资源回收率、煤矸石利用率、矿井废水利用率、粉煤灰利用率、工业用水循环利用率、农业废弃物综合利用率、工业固体废气物综合利用率不断提高,单位工业增加值能耗、水耗、污染物排放强度控制在目标值以内,生态建设、农村沼气产业链、汭河生态修复治理工程和中心城镇污水及垃圾无害化处置等工程取得重大进展。

专栏 20:循环经济工程"十三五"重点项目

1.鑫盛新型建材循环建设项目,估算总投资 3.5 亿元,建成年生产粉煤灰加气块、加气砖 30 万立方米的生产线 1 条,引进国内先进的自动化粉煤灰加气块、加气砖生产设备和生产工艺,硬化道路 1.2 公里,建成预制混凝土涵管厂1 处和年生产 1 万千米的涵管和日生产 8 吨的漂珠生产线各 1 条。

2.东信牧业发展有限公司循环经济建设,估算总投资 12 亿元,新建沼气处理设施 1 处,年处理肉牛粪尿 2.43 万吨,年产沼气 36 万立方米,年产沼肥 1.8 万吨;新建年产 500 吨的酿酒生产线 1 条,配套建设年产 100 吨的小型饲料厂 1 处;新增肉牛屠宰生产线 1 条,新建年屠宰 1 万头的肉牛屠宰场 1 处。

3. 东信牧业 10 万吨全水溶腐殖酸及腐殖酸生物菌肥厂建设项目,估算总投资 8600 万元,建设生产车间 2 座,库房 2 座,6 层综合楼 1 座、配电室 1 座、锅炉房 1 座、门房2 座及辅助设施,购置安装大型粉碎机、转鼓造粒机、转筒烘干机、滚筒筛分机、转筒冷却机等设备、配套建设供电供水等工程。

4.医疗垃圾综合处理项目,估算总投资 2000 万元,建设处理量 1000 吨/年的医疗垃圾综合处理工程 1 处,实现 2016 年全县医疗废物乡镇卫生院全覆盖、2018 年个体医疗门诊部统一收集、集中处置全覆盖。

5.规模化畜禽养殖场畜禽粪便污染治理项目,估算总投资 1500 万元,对全县 30 个规模畜禽养殖场分别建成水泥硬化堆肥场 1 处 400 平方米,给堆肥场修建彩钢结构防雨棚 1 处 400 平方米,修建化粪池或污水收集池各 1 个 300 立方米,粪尿及冲洗废水收集管理等工程。

5.加强防灾减灾体系建设。加强自然灾害预防工作,建立灾害性天气防范快速反应机制,推进防灾减灾重大工程项目建设,提高气象、地质、地震灾害防御能力。完善救灾准备、应急救助、灾后救助、恢复重建等自然灾害救助制度,健全基层应急避难场所和救灾物资储备库,建成救灾直升机停机坪。积极规划建设县救灾物资储备库、乡(镇)救灾物资储备点,不断提高灾害应急救援能力。完善自然灾害保险体系,有效降低风险,减少损失,有效保障人民生命财产安全和可持续发展。完善县、乡(镇、街)、村三级自然灾害应急救助预案,逐步建立政府救灾、社会救灾和救灾保险三位一体的救灾体制。

专栏 21:防震减灾工程"十三五"重点项目

1. 地震灾害应急救援队装备项目,估算总投资 1200 万元,按照"一队多用、专兼结合、平战结合"的原则,为崇信县地震应急救援队配备抢险救灾必需的搜索侦检设备、营救设备、顶升设备、照明设备、通信设备、个人装备、医疗装备等。

2.综合减灾教育培训基地项目,估算总投资610万元,建设培训室1个,图书室1个,购置培训设施和培训教材。

3. 防震减灾信息管理系统建设项目,估算总投资720万元,依据地震危险性程度、经济发展规模、人口稠密程度和现有工作基础等因素,开展创新型震害预测与防御对策的综合研究。

4.防灾减灾体系建设项目,估算总投资1038万元,新建崇信县自然灾害应急指挥协调中心、崇信县新窑镇救灾物资储备点、崇信县救灾应急装备项目、崇信县新窑镇综合减灾示范社区等工程。

(八)实施公共服务提升工程,促进公共服务均等化

以教育、医疗、文化等社会事业为重点,加快健全和完善广覆盖、多层次、可持续的城乡基本公共服务体系,让群众共享发展成果。计划投资19.32亿元,实施建设项目37项,重点实施崇信县煜原职业培训学校、县一中迁建、义务教育薄弱学校改造、乡镇卫生院业务用房、标准化村卫生室、体育中心、乡村体育场等项目。

1.优先发展教育事业。深化教育教学改革,全面推进素质教育,加快教育现代化步伐。加快教育布局调整和标准化校舍建设,结合城镇化、新农村建设和学龄人口居住分布、地理环境、交通状况等实际情况,加快城乡义务教育公办学校标准化建设,不断提升办学水平。大力发展学前教育,加快发展职业教育,普及高中阶段教育,重视支持继续教育和特殊教育,着力构建终身教育体系。深化教育教学改革,把增强学生社会责任感、创新精神、实践能力作为重点任务贯彻到教育全过程,努力提升教育教学质量。加强教师队伍建设,推进教育信息化,促进优质教育资源共享和教育公平。完成县一中、职教中心、城区一小、二小迁建,县二中、三中整合;新建县城东街、西街社区、高庄、九功等17所幼儿园,在吴家湾、柏树、白新庄等19个小学附设幼儿班;实施黄寨九年制学校、黄寨乡、柏树乡中心幼儿园等教师生活用房项目14个,新建教师生活用房240套8400平方米。加快推进“三通两平台”,以信息化促进教育现代化。到2020年,全县学校总数调整为90所。其中普通高中1所、职教中心1所、初级中学9所(含九年一贯制学校6所)、小学50所 (教学点3个,包含在小学内,附设幼儿班19个)、幼儿园29所。确保到2017年有需求的贫困村实现幼儿园(班)全覆盖,到2020年底实现县域内幼儿园(班)全覆盖,学前教育办学能力达到全省平均水平。积极创建省级示范性普通高中和省级重点职业学校,到2020年,高考上线率达到90%以上,高中学业水平测试优良率达到70%以上。

专栏22:教育事业工程“十三五”重点项目

1.职业教育改扩建项目,估算总投资6040万元,新建实训楼4000平方米,体育场16000平方米,看台700平方米。装配汽车运用与维修专业一体化实训室,按照国家三级驾校标准配置驾驶实训场地及设备设施。

2.煜原职业培训学校建设项目，估算总投资1亿元，建设用地1.7万平方米，新建教学培训楼1栋3600平方米，实训厂房4720平方米，购置各种实训设备700台(件)。

3.就业创业培训中心建设项目，估算总投资5000万元，新建就业创业技能培训中心1处10000平方米，并购置培训设备。

4.第一中学迁建项目，估算总投资2.6亿元，新建校舍3万平方米，体育场2.8万平方米，完成室外管沟、校园绿化硬化等校园附属工程，购置必备教学设施。

5. 第一小学迁建项目，估算总投资9500万元，征地50亩，新建校舍1.2万平方米、体育场8000平方米，完成室外管沟、校园绿化硬化等校园附属工程，购置必备教学设施。

6.实施全面改善义务教育薄弱学校办学条件项目，估算总投资6937万元，新建校舍2.2万平方米，为全县所有义务教育阶段学校新建"班班通"教室446个，购置必备教学、生活、办公设施。

7.农村学校教师生活用房项目，估算总投资2420万元，为黄寨九年制学校、黄寨乡中心幼儿园等新建教师生活用房240套，建筑面积8400平方米，并购置必备生活设施。

8.乡镇(园区)幼儿园建设项目，估算总投资5586万元，新建九功、赤城移民社区、东街社区、西街社区等17所幼儿园和金龙、柏树、白新庄等19个行政村幼儿班，新建、改建校舍20550平方米，同时实施院落绿化、硬化等附属工程，配备必备教玩具。

9.木林中学改扩建项目，估算总投资3000万元，征地30亩，新建校舍8000平方米并配套实施其他附属工程。

2.提高健康服务水平。深化医药卫生体制改革，基本药品实行零差率销售，推行分级诊疗和医师多点执业，建立覆盖城乡的基本医疗卫生制度和现代医院管理制度。优化医疗资源布局，鼓励社会力量兴办健康服务业，加强乡镇卫生院业务用房和标准化村卫生室建设，健全上下联动、衔接互补的医疗服务体系。加强医疗质量监管，健全药品供应保障机制，构建和谐医患关系。开展全民健康素养促进行动，积极发展中医药和中医药养生产业，加强专业技术人才队伍建设。加大公共卫生服务保障力度，不断提升突发公共卫生事件应急处置能力和水平。全面实施一对夫妇可生育两个孩子政策，促进人口均衡发展，保障妇女和未成年人权益，支持残疾人事业发展。到2017年实现乡镇卫生院和村卫生室标准化建设全覆盖。建立健全以县级医疗卫生单位为龙头，乡镇卫生院为枢纽，村卫生室(社区卫生服务站)为基础的县、乡、村三级医疗卫生计生服务网络，为实现人人享有基本医疗卫生计生服务提供有力支撑。到"十三五"末，基本公共卫生服务全面普及，重大传染病和主要公共卫生问题基本得到有效控制，人民群众健康水平进一步提高。综合反映人民群众健康的主要指标有大幅提升，平均期望寿命在"十二五"基础上提高0.5岁，5岁以下婴幼儿死亡率控制在10‰以下，孕产妇死亡率保持在22/10万以下。每千人拥有床位6张，每千人拥有卫生技术人员

5 人，执业(助理)医师总量提高到每千人 2.5 人。

专栏 23：医疗卫生事业工程“十三五”重点项目

1.县医院改扩建项目，估算总投资 8000 万元，改扩建县医院住院综合楼 2 万平方米。

2.急救体系建设项目，估算总投资 5000 万元，新建五层框架结构急救中心业务楼 1幢，总建筑面积 4000 平方米；在县医院、中医院、妇计中心建成重症医学病区，总建筑面积 3000 平方米。

3.中医医院住院楼建设项目，估算总投资 4000 万元，总建筑面积 6000 平方米。

4.妇幼保健站业务楼建设项目，估算总投资1500 万元，新建崇信县妇幼保健站业务楼 1 栋，总建筑面积 3000 平方米。

5.重大疾病防治设施建设项目，估算总投资2400 万元，新建四层框架结构业务楼 1幢，面积 24000 平方米，配备相关设备。

6.农合局、健康教育所业务用房建设项目，估算总投资 1500 万元，新建崇信县农合局、健康教育所业务用房，总建筑面积 3000 平方米。

7. 乡镇卫生院业务用房建设项目，估算总投资 3800 万元，新建新窑、锦屏、柏树、黄花、九功、高庄等 6 个乡镇卫生院业务用房及周转宿舍，建筑面积 1.84 万平方米。

8.崇信县医生继续教育培养基地建设项目，估算总投资 5000 万元，新建县级医生继续教学培养基地 10000 平方米。

9. 社区卫生服务机构业务楼建设项目，估算总投资 3000 万元，新建社区卫生服务中心业务楼 3000 平方米；新建东街、西街、滨河路等社区卫生服务站业务用房 2600 平方米。

10. 突发公共卫生事件应急指挥体系建设项目，估算总投资 2000 万元，新建县突发公共卫生事件应急指挥中心，包括网络、通讯、监控、调度、数据、发布、办公等业务和设备用房的基础设施建设，配备指挥系统、车辆、服务器等设备。

3.丰富群众文化体育生活。深化文化体制改革，进一步健全完善公共文化服务体系，推动基本公共文化服务标准化、均等化发展，引导文化资源向城乡基层倾斜，保障人民群众基本文化权益。加强文明城市、文明村镇、文明单位创建，大力开展文化科技卫生“三下乡”等系列公益文化活动，积极推广具有本土特色的民间艺术表演。大力发展体育事业，推广全民健身，增强人民体质。实现全县乡村综合性文化体育服务中心全覆盖。借助传统节日，积极推广具有本土特色的民间艺术表演，丰富群众文化生活，打造群众文化活动品牌。扶持引导文化大院、自乐班等群众文化活动，拓展村镇文化、社区文化、校园文化、企业文化，促进基层公共文化服务常态化。加强对地方物质、非物质文化遗产和文物资源的保护、修缮和利用，实施历史再现工程，不断丰富地方文化内涵，彰显文化魅力。加快体育生活化社区、村镇建设，改善群众体育活动条件，为城乡居民提供更好的健身环境。落实《全民健身条例》，广泛开展群众性体育健身活动，积极开发和推广群众喜闻乐见、具有民俗特色的健身项目，定期举办全民运动会、职工运动会、广场舞大赛等活动，调动全民参与健身的积极性，不断提高全民身体素质和健康水平。

专栏 24：文化体育工程“十三五”重点项目

1.养生水疗健身项目，估算总投资 2 亿元，建成集养生、水疗、健身、娱乐为一体的旅游休闲中心 1 处。

2.龙泉剧院建设，估算总投资 3000 万元，新建大戏台(楼)1 座、购置音响、灯光、舞台流动车等设备及戏剧创作排演。

3.《丝绸古道武康王》剧目创作排演，估算总投资 1000 万元，完成《丝绸古道武康王》剧本的创作和大型实景演出。

4. 广播电视演播大厅，估算总投资 1500 万元，建成装修面积为 1200 平方米的多功能演播大厅 1 座，并配套相关设备。

5.乡村舞台建设项目，估算总投资 4590 万元，建成 6 个乡镇、2 个园区乡村大舞台和79 个村级舞台。

6.乡村体育场建设项目，估算总投资 5000 万元，修建 6 个乡镇、2 个园区体育场和 79个村级体育场。

7.乡镇文化集市建设，估算总投资 1500 万元，将农家书屋图书借阅与农产品销售、书画笔绘、舞蹈表演、健身运动、致富信息交流等有机结合，建成 6 个乡村文化集市。

8.非物质文化遗产项目，估算总投资 1500 万元，建成占地 200 亩的自乐班子、顶灯说唱等非物质文化遗产活动场所。

9.体育中心建设项目，估算总投资 1.4 亿元，占地面积 90 亩，总建筑面积 1.34 万平方米。

（九）实施民计民生保障工程，加快和谐社会建设

坚持把保障和改善民生作为一切工作的出发点和落脚点，不断健全完善统筹城乡的社会保障体系，实施更加积极的就业政策，切实解决好群众最关心、最直接、最现实的利益问题。计划实施建设项目 21 项，概算总投资 16.8 亿元。重点实施电子商务大学生创业园、中华崆峒养生地崇信养老服务中心建设等项目。

1.全面促进创业就业。加快推进“大众创业、万众创新”，建立健全政策咨询、项目推荐、创业培训、融资服务等创业就业体系，突出就业困难人员、下岗失业人员、残疾人、高校毕业生等重点群体，创造更多就业岗位。进一步开发公益性岗位，做好托底安置工作，保障零就业家庭实现就业。大力支持服务业、劳动密集型企业、小微型企业发展，加强对灵活就业、新就业形态的支持。加强劳动执法，建立和谐劳动关系，维护职工和企业合法权益。每年新增城镇就业 1800 人，城镇登记失业率控制在 3.5%以内。做大做强劳务产业，加强劳务对接和品牌建设，进一步拓展就地转移空间，引导扶持农民工返乡创业建办实体。围绕全县牛果菜等特色产业的市场需求，加强劳动力技能培训，大力开展订单式、定向式、“点菜式”职业技能培训，提升劳动者素质，培育新型职业农民，每年开展职业技能培训 3800 人以上，创业培训 220 人以上，职业技能鉴定 900 人以上。

专栏 25：就业工程“十三五”重点项目

1.电子商务大学生创业园项目，估算

总投资3亿元,占地50亩,为大学生、“两后生”等创业人员提供电子商务创业服务、网货供应,实现“网货下乡”和“农产品进城”双向发展。

2.就业创业培训中心建设项目,估算总投资5000万元,新建就业创业技能培训中心10000平方米,购置培训设备。

3.就业创业园建设项目,估算总投资2.5亿元,占地120亩,总建筑面积5万平方米,分别新建生产厂房,创客空间、商贸楼、多媒体会议室、餐厅等配套设施。

2.健全社会保障体系。实施全民参保计划,完善社保资金筹资机制,分清政府、企业、个人等责任,进一步健全社会保险体系。巩固发展新农合保障制度,继续扩大新农合受益面,参合率稳定在98%以上。全面推行住院按病种付费、门诊总额预算等支付方式改革,巩固完善大病保险运行机制,提高保障标准。加快推进养老服务设施建设,进一步健全以“居家为基础、社区为依托、机构为支撑”的养老服务体系,建设崇信县老年大学和活动中心。力争到2020年,养老服务设施覆盖所有城市社区、100%以上的乡镇和60%以上的农村社区,每千名老年人拥有养老床位数达到35张以上,“15分钟养老服务圈”覆盖所有社区居家老年人。完善城镇职工基本养老保险制度,将城镇各类就业人员全部纳入职工养老体系,养老保险基本实现城镇从业人员全覆盖,养老保险关系转移接续率达90%以上,私营、集体企业从业人员力争参保率达60%,城镇个体劳动者参保率达60%,参保范围不断扩大。加强和改进律师队伍建设,推动公职律师、公司律师、社会律师健康发展,力争到“十三五”末全县律师人数达到2.3人/万人。健全法律援助制度,加强乡镇、园区、街道法律援助工作站建设,形成“城镇半小时”、“农村1小时”法律服务圈,为困难弱势群体提供法律帮助。健全以最低生活保障为基础、专项救助相配套、临时救助和社会互助为补充的城乡社会救助制度。统筹推进城乡低保制度发展,实现最低生活保障标准与经济社会发展水平相适应,最低生活保障制度与其它社会保障制度相衔接。健全困境儿童分类保障制度,落实监护干预为核心的未成年人社会保护制度。健全残疾人服务体系,加强慈善组织培育和监管,促进慈善事业健康发展。切实加强农村基础政权建设,为全县48个条件薄弱的行政村新建村部。

专栏26:社会保障工程“十三五”重点项目

1.中华崆峒养生地崇信养老服务中心建设工程,估算总投资2亿元,在崇信山水龙泉养生园内新建养老服务中心1处,占地50亩,总建筑面积为5万平方米。

2.龙泉寺养生水疗度假山庄建设项目,估算总投资2亿元,对龙泉山庄进行装修,新建水疗中心、民俗街矿泉水厂及部分景观。

3.家政服务网络建设项目,估算总投资1000万元,建立健全崇信县家政服务体系,培育1-2个家政服务企业,建立家政服务网络中心,开展家政服务人员培训、供需对接、从业保障等工作,扶持城镇下岗失业人员、农民工从事家政服务,促进弱势群体就业,提升公共服务水平。

4.基本养老服务体系建设,估算总投资1934万元,新建崇信县老年综合服务中心1处,总建筑面积4000平方米;新建崇信县乡镇“幸福家园”6个,每个建筑面积300平方米;新建崇信县乡镇(街道)老年活动中心4个,每个建筑面积100平方米。

5. 社区服务体系建设,估算总投资4024万元,新建崇信县城市社区服务站、崇信县乡镇社区服务中心、崇信县农村社区服务站、崇信县社区管理服务信息网络平台建设等。

6.社会慈善和社会事务管理服务体系建设,估算总投资6695万元。新建崇信县公墓1处,占地150亩,修建墓穴25000个;新建崇信县殡仪服务中心,建筑面积1200平方米;新建崇信县未成年人救助保护中心,建筑面积5000平方米;新建新窑镇、锦屏镇、柏树镇慈善捐助站3个,新建新窑镇、锦屏镇慈善超市2个,新建乡镇民政工作站6个,完成崇信县第二次全国地名普查项目、崇信县社会组织执法检查装备配备。

7.乡镇社区老年人日间照料中心建设项目,估算总投资685万元,投资125万元,建成锦屏东街社区和新窑社区老年人日间照料中心,每个建筑面积200平方米,增设床位50张;投资560万元,建成贫困村社区老年人日间照料中心16个,每个建筑面积120平方米,增设床位150张,实现贫困村日间照料中心全覆盖。

8. 老年养护院建设项目,估算投资2500万元,新建框架结构楼房1栋,建筑面积8000平方米,附属设施包括餐厅、医疗室、围墙、大门、院内硬化及生活必需品、康复设施。共设床位200张。

9.乡镇敬老院改扩建项目,估算投资2500万元,建成锦屏镇、新窑镇、柏树镇、黄寨乡和木林黄花片区敬老院改扩建,每个敬老院建筑面积1600平方米。

10.农村基层政权建设项目,估算总投资5760万元,为全县48个条件薄弱的行政村新建村部48个,平均建筑面积300平方米,并配套室内装饰、办公设备购置、文化广场、绿化、亮化、硬化等附属设施。

3.加强公共安全管理。深入推进依法治县,健全落实社会稳定风险评估制度,加强社会治安防控体系建设,认真做好民族宗教工作,积极化解各类矛盾纠纷,切实维护社会大局稳定。实行安全生产“党政同责、一岗双责、齐抓共管、失职追责”,突出隐患排查治理,遏制重特大安全事故。严格落实行业安全责任,加强食品药品监管,切实保障人民生命财产安全。加强应急救援体系建设,提高突发事件应急能力。加强打击违法犯罪、禁毒、防范处理邪教等基础能力建设。夯实综治(平安建设)基础,加强矛盾纠纷排查化解、特殊人群和流动人口服务管理,全力维护社会和谐稳定。

(十)实施改革创新推进工程,增强发展动力与活力

坚持问题导向,针对制约发展的瓶颈问题、群众反映强烈的突出问题,坚定不移地推进重点领域改革,努力破除体制机制障碍,通过改革激发新活力,增添新动力。

1.推进重点领域改革。深化行政体制改革,转变政府职能,持续推进简政放权、放管结合、优化服务，稳妥推进事业单位改革，提高行政效能。深化农村综合改革，完成农村土地承包经营权确权颁证工作，完善农村集体产权和农业保险制度，稳步推进水权制度和农业综合水价改革。深化国资国企改革，建立完善现代企业制度，完善各类国有资产管理体制，积极发展混合所有制经济，提高企业经营效益。深化财税制度改革，实行全口径预算管理，全面推进“营改增”工作，规范政府举债融资体制，健全优先使用创新产品、绿色产品的政府采购政策。

2.健全现代市场体系。建立公平竞争保障机制，深化市场配置要素改革，促进人才、资金、科研成果等在城乡、企业、科研机构间有序流动。深化投融资体制改革，探索引进众筹融资平台，增加有效投资，发挥投资对增长的关键作用。鼓励民营企业依法进入更多领域，引入非国有资本参与国有企业改革，依法保护各种所有制经济权益。深化公共资源交易体制改革，加快公共资源交易诚信体系建设。

3.大力发展非公经济。充分发挥政策效应，着力打造权利公平、机会公平、规则公平的发展环境，引导非公企业积极参与产业开发和基础设施建设，努力使非公经济成为促进经济社会持续健康发展的重要引擎。研究制定非公经济发展政策目录，在项目建设、优惠政策落实上注重兼顾招商引资企业和本土成长企业，着力破解非公企业融资难、用工难等瓶颈制约，推动中小企业和个体工商户转型升级，培育壮大一批民营骨干企业。充分利用创业担保贷款、“双联”惠农贷款、精准扶贫专项贷款等政策，解决非公经济主体发展资金难题。加大水、电、路、通讯、排污等基础设施建设力度，优化非公企业发展环境。

4.持续加大招商引资力度。继续扩大对外交流合作，提高招商引资质量和规模，推进产业聚集和产业升级，形成新的经济增长点。围绕推进新型工业化开展招商。依托煤电化工产业开发，鼓励支持发展煤化工、煤矸石、粉煤灰综合利用等后续产业，积极引导向新能源及装备制造、新型建材、信息技术等领域发展，积极引进煤矸石制备保温材料项目、60 万吨醋酸生产项目、电动汽车(摩托车)组装项目等一批具有代表性招商引资项目，形成产业链和产业集群。围绕加快农业现代化开展招商。依托农村优势产业开发，着力引进光伏农业示范园区项目、农副产品深加工项目、1000 吨无害蔬菜果脯系列产品生产项目等一批草畜、果菜、肉牛等农产品精深加工龙头项目，做大做强项目规模，培育品牌优势，提升经济效益。围绕华夏文明传承创新区建设开展招商。支持进入政策许可的文化创意产业，开发文化产品、旅游产品及服务项目，着力引进农业生态养生观光建设项目、仓储物流中心建设项目、新型电子元器件生产项目等一批文化旅游、商贸服务、金融保险、现代物流、科技信息等现代服务性项目，提升服务档次，拓展服务领域。围绕支持县内现有企业加快发展进行招商。立足于县内现有龙头企业，开展产业配套、延伸产业链条以及产业协作方面的招商。到 2020 年，全县招商引资项目投资对固定资产贡献率达到 70%以上，向外推介各类招商引资项目

500项,签约实施项目300项,签约金额达到500亿元,累计完成投资300亿元,年均以10%速度增长。

五、保障措施

(一)切实加强党对经济工作的领导。充分发挥党委总揽全局、协调各方的领导核心作用,坚持发展第一要务,深化对经济社会发展规律的认识,主动适应经济发展新常态,提高领导发展的能力和水平。健全科学决策、民主决策、依法决策机制,完善党委研究经济社会发展重大事项、定期分析经济形势、研究重大方针政策措施的机制办法,强化经济运行宏观管理和调控。深化干部人事制度改革,强化干部队伍教育培训,完善政绩考核评价体系和奖惩机制,形成有利于科学发展的用人导向,调动各级干部工作积极性、主动性和创造性。加强服务型基层党组织建设,选好配强各级党组织带头人,扩大党的工作覆盖面,强化基层党组织整体功能,发挥战斗堡垒作用和党员先锋模范作用。

(二)充分调动各方面的积极性。加强基层民主政治建设,完善民主选举、民主决策、民主管理、民主监督程序,支持人大、政府、政协和司法机关依照法律独立负责、协调一致地开展工作。不断创新群众工作体制机制和方式方法,认真践行党的群众路线,提高宣传和组织群众能力,注重发挥干部群众的主体作用和工会、共青团、妇联等群团组织的桥梁纽带作用,最大限度凝聚推进改革、维护稳定的共识和力量。全面增强党对知识分子、民族宗教等政策的落实力度,充分发挥民主党派、工商联和无党派人士作用,加强经济社会发展重大问题和涉及群众切身利益问题的协商,调动各方力量共同参与经济建设。

(三)全面提升各级干部推动发展的能力。各级领导和广大党员干部肩负着“十三五”时期改革发展的重任,必须增强善于攻坚克难和应对复杂局面的能力,做好啃硬骨头打硬仗的思想准备。健全完善科学议事决策机制,教育引导各级干部自觉加强理论学习、调研思考和实践历练,努力掌握经济发展规律和现代科技知识,使各项决策更加符合发展实际。深入推进依法行政,教育引导各级干部充分发挥“关键少数”的示范引领作用,运用法治思维和法治方式深化改革、破解难题、促进发展。不断强化责任担当,教育引导各级干部认真践行“三严三实”要求,在其位、谋其政,主动作为、善谋善为,努力为早日脱贫和全面小康作出应有贡献。

(四)努力加强人才队伍建设。深入实施人才优先发展战略,围绕全县产业开发、融资管理、社会事业发展实际,采取扩大交往区域、引进外资外商、缔结经济友好合作关系等方式,大力引进各类高层次人才和紧缺急需人才。统筹抓好企业经营管理人才、农村实用人才和社会工作人才队伍建设,为全县经济社会发展提供智力支撑。以高层次、高技能人才队伍建设为重点,统筹抓好企业经营管理人才、农村实用人才和社会工作人才队伍建设,为全县经济社会发展提供人才支撑。建立和完善人才市场体系,采取招才引智方式,引进重点行业、支柱产业和高新技术领域的科技人才，努力做到人尽其才、才尽其用。进一步深化干部人事制度改革，健全以品德、能力和业绩为重点的人才评价、选拔任用和激励保障机制，建立完善人才基础信息库和人才资源公共服务体系，营造有利于人才成长成才的良好环境。

（五）深入推进党风廉政建设。坚持全面从严治党，严格贯彻执行《中国共产党廉洁自律准则》和《中国共产党纪律处分条例》等各项规定，始终把纪律和规矩挺在前面。持之以恒落实中央“八项规定”、省委“双十条”、市委“十二条”和县委“十条”规定，严防“四风”问题反弹。巩固和扩展党的群众路线教育实践活动成果，切实践行“三严三实”要求，健全改进作风的长效机制。严格执行惩防体系建设规划，认真落实党风廉政建设主体责任和监督责任，强化权力运行监督，始终保持正风肃纪的高压态势，深入推进反腐倡廉建设，实现干部清正、政府清廉、政治清明，为“十三五”发展营造良好的政治生态。

（六）切实加强规划组织实施。“十三五”规划纲要是指导未来五年经济社会发展的战略性、纲领性、综合性文件，各级各部门要切实增强规划管理效能意识，树立长远发展理念，以规划指导各项工作。将“十三五”规划和年度计划有机结合，科学制定年度计划，保持规划实施的连续性。认真推行规划目标责任制，健全规划实施监督评估机制，根据规划目标、主要任务建立相应的目标考核责任体系，及时分解落实规划确定的各项目标任务。规划实施中期，组织专门力量对规划目标任务完成情况、政策措施执行情况等进行评估检查，及时发现经济社会发展中出现的困难和问题，研究提出对策措施，适时对规划进行调整和修订。

“十三五”时期，是全县建成全面小康社会的决胜期，面对经济发展新常态，全县上下要在县委、县政府的坚强领导下，抢抓政策机遇，积极应对挑战，紧紧围绕转方式、调结构、稳增长、惠民生，进一步解放思想、开拓创新，凝心聚力、务实苦干，努力推动全县经济社会转型升级发展，为建成富裕文明和谐生态新崇信，与全国全省一道全面建成小康社会而努力奋斗！

县级领导干部简介

县　委

王　锦　男，汉族，生于1966年5月，甘肃崆峒区人，研究生学历。1991年9月加入中国共产党。1986年7月参加工作，在原平凉市政府办公室工作；1993年1月任平凉市委办公室副主任；1994年11月任平凉市委办公室副主任、调研室主任；1994年12月任平凉地委组织部组织科副科长（正科级）；1996年7月任平凉地委组织部组织科科长；1999年4月任平凉地委组织部副县级组织员（1998年1月—2000年12月参加兰州大学汉语言文学专业学习，大专毕业；1998年8月—2000年12月参加中央党校函授学院经济管理专业学习，大学毕业）；2001年1月任平凉地委秘书处副处长；2002年5月任平凉市委副秘书长、办公室副主任；2005年8月任平凉市委副秘书长、办公室主任；2005年9月任平凉市委副秘书长、办公室主任、市接待处处长；2007年8月任平凉市委副秘书长、办公室主任（2006年9月—2009年6月参加甘肃省委党校国民经济学专业学习，研究生毕业）；2011年7月任平凉市委副秘书长、办公室主任兼政研室主任；2011年12月任平凉市政府党组成员、秘书长、市政府办公室党组书记；2016年8月任中共崇信县委书记。

陈　磊　男，汉族，生于1970年6月，甘肃崆峒区人，研究生学历。1993年9月加入中国共产党。1991年8月参加工作，在原平凉市太统林场工作；1994年8月在原平凉市委宣传部工作；1997年8月任原平凉市委办公室副科级秘书；1999年3月任原平凉市委办公室副主任；2000年10月任原平凉市委办公室政研室主任；2002年1月任原平凉市委办公室主任；2002年8月任崆峒区委办公室主任；2003年12月任崆峒区四十里铺镇党委副书记、镇长；2006年3月任崆峒区四十里铺镇党委书记；2009年9月任庄浪县人民政府副县长；2010年12月任中共崇信县委常委、宣传部部长；2014年12月任中共崇信县委常委、组织部部长；2016年9月任中共崇信县委副书记。

冯建君　男，汉族，生于1974年9月，甘肃灵台县人。1996年8月加入中国共产党，大学文化程度。1994年7月参加工作，在平凉地区农牧处工作（期间1997年8月至1999年12月中央党校函授党政管理专业学习）；2000年8月任平凉地区农牧处人秘科副科长；2003年10月在平凉市人大常委会办公室工作；2004年3月任平凉市人大常委会办公室行管科副科长；2004年7月任平凉市人大常委会办公室行管科科长；2007年12月任平凉市人大常委会办公室副主任（期间2009年4月至2009年12月在省人大办公厅挂职秘书处副处长）；2010年8月任平凉市人大常委会副秘书长、办公室副主任；2014年12月任中共崇信县委常委、宣传部部长；2016年9月任中共崇信县委常委、纪委书记。

梁济洲 男，汉族，生于1968年3月，甘肃崇信县人，研究生学历，1993年7月加入中国共产党。1990年6月参加工作，在黄寨乡政府工作；1995年11月在中共崇信县委办公室工作；1998年8月任中共崇信县委组织部组织员；2001年4月任中共崇信县纪委副书记、监察局局长；2004年2月任崇信县锦屏镇党委书记；2010年5月任中共崇信县委常委、统战部部长；2011年9月任中共崇信县委常委、政法委书记。

张 荣 女，汉族，生于1970年9月，甘肃静宁县人，研究生学历，1992年4月加入中国共产党。1990年7月参加工作，在静宁县界石铺镇政府工作；1992年9月任静宁县祁川乡政府副乡长；2001年11月任静宁县城川乡乡长；2006年6月任静宁县灵芝乡党委书记；2006年12月任中共静宁县委常委、灵芝乡党委书记；2007年2月任中共静宁县委常委；2009年8月任崇信县人民政府副县长；2012年9月任中共崇信县委常委、统战部部长；2016年9月任中共崇信县委常委、宣传部部长。

王吉庆 男，汉族，生于1975年1月，甘肃静宁县人，大学文化程度。1997年3月加入中国共产党。1996年10月参加工作，在静宁县三合乡政府工作(1993年10月至1996年12月参加兰州大学新闻专业自考学习，大专毕业)；1999年1月在静宁县民政局工作；2000年12月在静宁县政府办公室工作（1999年9月至2001年9月参加中央党校函授学院行政管理专业学习，大学毕业)；2003年9月任静宁县信息办公室主任(副科级)；2006年4月任静宁县纪委办公室主任(正科级)；2008年4月任静宁县红寺乡党委书记；2010年5月任静宁县威戎镇党委书记；2011年9月任静宁县政府副县长；2015年9月任中共静宁县委常委、统战部部长；2016年9月任中共崇信县委常委、组织部部长。

完新义 男，汉族，生于1967年11月，甘肃泾川县人，1992年9月加入中国共产党，大学文化程度。1988年7月参加工作，先后在泾川县农业局、县政府办公室工作；1997年9月先后任泾川县政府督查室主任助理、副主任；2001年12月先后任泾川县王村乡乡长，王村镇镇长；2003年8月任泾川县党原乡党委书记；2006年2月任泾川县高平镇党委书记；2008年1月任泾川县建设局党组书记、局长；2011年3月任泾川县一中党委书记、县住建局党组书记、局长，兼县政府拆迁管理办公室主任；2011年6月任泾川县一中党委书记；2013年6月任泾川县人民政府副县长；2015年7月任崇信县人民政府副县长；2016年10月任中共崇信县委常委。

张喜武 男，汉族，生于1970年3月，甘肃崇信县人，大学文化程度。1999年6月加入中国共产党。1992年7月参加工作，先后在崇信县铜城职中、铜城中学、县第一中学、县计生局工作；2002年7月任崇信县计生局副局长；2005年1月任铜城乡政府乡长；2006年1月任崇信县委办公室副主任兼信访局局长；2007年8月任崇信县锦屏镇政府镇长;2009年5月任崇信县黄花乡党委书记;2012年9月任崇信县人民政府副县长;2016年9月任中共崇信县委常委、统战部部长;

县人大

章进录 男,汉族,生于1962年4月,甘肃崇信县人,大学文化程度。1985年6月加入中国共产党。1982年7月参加工作,在崇信县政府多种经营办公室工作;1984年1月在崇信县政府办公室工作;1984年9月任崇信县锦屏镇经委副主任;1984年11月任崇信县锦屏镇副镇长;1993年12月任崇信县黄花乡党委书记;1998年2月在平凉地委党校中青班学习;1998年4月任中共崇信县委组织部副部长;2000年11月任中共庄浪县委常委、纪委书记;2001年11月任中共庄浪县委副书记、纪委书记;2006年3月任中共庄浪县委副书记;2006年12月任中共庄浪县委常委、县政府常务副县长;2010年4月任平凉市委农村工作办公室副主任、新农村建设办公室主任(正县级);2011年9月任崇信县人大常委会党组书记;2011年10月任崇信县人大常委会党组书记、主任。

马改秀 女,汉族,生于1962年10月,甘肃崇信县人,无党派,大学文化程度。1978年7月参加工作,先后在崇信县五举农场、锦屏小学任教,中教高级职称。2001年2月任政协崇信县委员会副主席,2001年11月兼任崇信县城区二小校长;2011年10月任崇信县人大常委会副主任。

刘志刚 男,汉族,生于1965年11月,甘肃崇信县人,大学文化程度,中共党员。1985年6月参加工作,先后在崇信县铜城中学、铜城小学、锦屏中学任教;1988年2月在崇信县教育局工作;1990年2月先后任中共崇信县委组织部干部、电教工作站站长;1998年2月任崇信县柏树乡党委书记;2001年11月任崇信县学教办副主任;2002年1月任崇信县政府办公室主任;2003年11月任中共崇信县委统战部部长;2003年12月任政协崇信县委员会副主席、统战部部长;2010年1月任崇信县人大常委会副主任;2011年10月任崇信县人大常委会党组副书记、副主任。

闫玉平 男,汉族,生于1963年3月,甘肃崇信县人,大学文化程度,中共党员。1979年9月在中国人民解放军某部服兵役;1982年4月在崇信县木林供销社工作;1983年9月在崇信县林业局工作;1985年10月在湖南中南林学院学习;1988年9月在崇信县林业局工作;1990年2月在崇信县机关党委工作;1990年12月任中共崇信县委组织部干部、组织员;1996年12月任原铜城乡党委书记;1998年4月任崇信县人事劳动和社会保障局局长;2003年12月任政协崇信县委员会副主席;2004年4月任政协崇信县委员会副主席兼县林业局局长;2011年10月任崇信县人大常委会副主任。

王德明 男,汉族,生于1960年6月,甘肃崇信县人,大专文化程度,中共党员。1980年1月在崇信县锦屏镇工作;1984年

12月在崇信县林业局工作;1994年8月在崇信县人民政府办公室工作;1995年9月任崇信县人民政府办公室副主任;1996年11月任崇信县赤城乡党委书记兼人大主席(期间:1997年8月至2000年6月在中共中央党校经济管理专业大专班学习);1998年2月任崇信县新窑镇党委书记;1998年12月任崇信县新窑镇党委书记兼人大主席;2001年10月任崇信县经贸委主任;2002年1月任崇信县经贸局党委书记、局长;2009年4月任崇信县建设局局长;2010年6月任崇信县住建局局长;2013年12月任崇信县人大常委会副主任。

县 政 府

张拴会 男,汉族,生于1968年10月,甘肃静宁县人,大学文化程度,1987年7月参加工作,1990年12月加入中国共产党。1997年5月任静宁县供销集团副经理;1999年2月任中共静宁县委办公室副主任、县保密局局长;2002年7月任平凉市政府办公室正科级秘书;2005年11月任平凉市政府办公室副调研员;2007年4月任平凉市政府副秘书长、办公室副主任;2010年4月任平凉市政府副秘书长、办公室主任;2013年9月任平凉市崆峒区委副书记、区政府常务副区长;2015年8月任中共崇信县委副书记、县政府副县长、代县长;2015年12月任中共崇信县委副书记、县政府县长。

赵 锋 男,汉族,生于1973年11月,甘肃崆峒区人,1992年7月加入中国共产党,研究生学历。1990年3月参加工作,在宁夏守备师服役;1992年11月在原平凉市安国乡工作(1995年9月—1997年7月参加西安矿业学院工业会计专业脱产学习,大专毕业);1997年8月任原平凉市团委副书记(1998年8月—2000年12月参加中央党校函授学院党政管理专业学习,大学毕业);2002年1月任原平凉市团委书记;2002年8月任平凉市崆峒区团委书记;2003年12月任平凉市崆峒区上杨乡党委书记(2002年9月—2005年6月参加甘肃省委党校函授政治经济学专业学习,研究生毕业);2006年1月任崆峒区委办公室主任;2009年7月任华亭县政府副县长;2011年9月任泾川县委常委、组织部部长;2016年10月任崇信县委常委、副县长。

李宏峰 男,汉族,生于1970年12月,甘肃灵台县人,大学文化程度,1992年7月参加工作,在灵台县吊街乡政府工作;1994年11月在灵台县林业局果品开发服务公司工作;2005年8月任灵台县荆山森林公园管理所副所长;2008年1月任灵台县百里林场场长;2011年9月任崇信县人民政府副县长。

何鹏举 男,汉族,生于1972年8月,甘肃华亭县人,1997年6月加入中国共产党,大学本科学历。1995年8月参加工作,在华亭县民政局工作;2000年8月在华亭县委办公室工作;2002年9月任华亭县委办公室督查信息科科长;2004年1月任华亭县委办公室秘书科科长；2004年10月任华亭县委办公室副主任、秘书科科长；2005年1月任华亭县委办公室副主任；2005年6月任华亭县保密委员会办公室副主任、保密局副局长；2006年4月任华亭县委办公室副主任、调研室主任；2007年4月任华亭县上关乡党委副书记、乡长；2008年1月任华亭县委组织部副部长；2012年2月任华亭县山寨回族乡党委书记；2013年12月任安口镇党委副书记、镇长；2014年12月任华亭县安口镇党委书记；2016年10月任崇信县人民政府副县长。

信锦玲 女，汉族，生于1974年10月，甘肃崇信县人，1999年12月加入中国共产党，研究生学历。1997年12月参加工作，在崇信县农牧局工作;2004年4月任崇信县九功乡乡长助理;2005年1月任崇信县九功乡人民政府副乡长;2006年1月任崇信县锦屏镇人民政府副镇长;2008年5月任崇信县锦屏镇人大主席;2009年5月任崇信县黄花乡人民政府乡长。2011年5月任崇信县铜城工业园区党委书记。2016年6月任崇信县“两学一做”学习教育协调推进领导小组办公室副主任;2016年10月任崇信县人民政府副县长。

张振华 男，汉族，生于1984年6月，甘肃庄浪县人，2008年10月加入中国共产党，硕士研究生学历。2005年8月参加工作，在山东盛大科技集团北京办事处工作；2005年10月自助择业；2007年9月在西安交通大学计算机科学与技术系计算机应用技术专业学习，2010年8月硕士研究生毕业获工学硕士学位，分配在中国农业银行总行工作（期间：2010年8月在中国农业银行厦门分行湖滨支行营业部实习锻炼；2010年12在中国农业银行厦门分行湖滨支行机关实习锻炼；2011年4月至7月在中国农业银行厦门分行机关实习锻炼）；2016年12月挂职任崇信县人民政府副县长。

县政协

刘志仓 男，汉族，生于1961年10月，甘肃崇信县人。大学文化程度，中央党校函授学院法律专业。1983年9月加入中国共产党，1979年12月在陆军21军服役；1983年10月在崇信县新窑镇政府工作；1987年4月在崇信县黄花乡政府工作；1992年8月任崇信县黄寨乡党委副书记；1996年11月任崇信县黄寨乡党委书记；1998年3月任崇信县计划生育委员会主任；2002年1月任崇信县委办公室主任；2002年11月任政协崇信县委员会副主席；2003年6月任中共崇信县委政法委书记；2003年7月任中共崇信县委常委、政法委书记；2006年12月任中共灵台县委常委、政法委书记；2010年12月任政协崇信县委员会主席。

于炳林 男，汉族，生于1962年9月，甘肃崇信县人，中共党员，本科学历，中学高级教师。1982年8月参加工作，在崇信县赤城中学任教；1984年4月在崇信县中学任教；1985年4月在崇信县委办公室工作；1989年4月任崇信县职业技术学校校长；1995年4月任崇信县综合教育中心主任；1998年8月先后任崇信县一中副校长、校长；2003年11月任崇信县教育局局长；2004年5月至2015年9月兼任崇信县教育局党委书记；2015年7月任崇信县政协党组成员，县教育局局长；2015年12月任崇信县政协副主席。

吴黎昕 男，汉族，生于1963年5月，甘肃泾川县人，中共党员，大专文化程度。1983年7月参加工作，在崇信县中学任教；1986年3月在崇信县委办公室工作；1996年11月任崇信县黄寨乡党委副书记；1998年12月兼任崇信县黄寨乡纪委书记；1999年3月任崇信县黄寨乡乡长；2000年3月任崇信县黄寨乡党委书记；2001年6月任崇信县城建局副局长；2002年1月任崇信县城建局局长；2002年7月任崇信县建设局局长；2005年1月任崇信县铜城水库筹建处主任；2010年5月任崇信县交通局局长；2010年6月任崇信县交通运输局局长；2012年5月任崇信县交通运输局党组书记、局长；2015年12月任崇信县政协副主席、县交通运输局党组书记、局长；2016年1月任崇信县政协副主席。

梁正军 男，汉族，生于1962年2月，甘肃崇信县人，1986年9月加入中国共产党，大专文化程度。1984年1月在崇信县锦屏镇工作；1995年6月任崇信县铜城乡经委副主任；1996年11月任崇信县铜城乡党委副书记；1999年3月任中共崇信县黄寨乡党委副书记、纪委书记;2000年3月任崇信县黄寨乡乡长；2001年4月任崇信县黄寨乡党委书记；2004年2月任崇信县粮食局局长(2001年9月至2004年6月在中共甘肃省委党校经济管理专业大专班函授学习)；2007年8月任崇信县水保局局长；2011年7月至2017年4月任崇信县财政局局长；2016年10月任政协崇信县委员会副主席。

黄新人 男，汉族，生于1968年11月，甘肃崇信县人，大学文化程度，1994年9月加入中国共产党。1989年6月参加工作，在崇信县黄寨乡工作；1991年7月在崇信县农牧局工作；1993年7月在崇信县人民政府办公室工作；1997年9月任崇信县人民政府办公室副主任；1999年9月任崇信县人民政府办公室副主任兼县志办主任；2002年4月任崇信县委组织部副部长；2009年9月先后任崇信县人事劳动和社会保障局局长、人力资源和社会保障局局长；2011年4月任崇信县人社局局长兼县委组织部副部长；2012年6月任崇信县委组织部副部长、县人社局党组书记、局长兼社保中心主任；2013年4月任崇信县保至善烈士纪念馆党工委副书记、馆长；2017年12月任政协崇信县委员会副主席。

县人武部

车　银 男，汉族，生于1970年11月，甘肃武威人，1989年3月入伍，1990年3月加入中国共产党，大学文化程度，正团职,上校军衔。1990年3月在新疆军区步兵11师32团历任战士、班长;1994年7月先后任47集团军56师166团排长、政治部干事、政治指导员等职;2001年3月历任47军装备部正连职干事、副营职干事、修理营政治指导员、正营职干事、副团职干事等职;2010年4月任47军装备部直政处处长;2015年2月任崇信县人武部政委。

县法、检、公安等

张　永 男,汉族,生于1969年11月,甘肃灵台县人,1997年1月加入中国共产党,大学文化程度。1990年9月参加工作,在灵台县法院什字法庭工作;1994年4月在灵台县法院工作(2000年9月—2002年12月参加甘肃省委党校法律专业学习,大学毕业);2004年4月任灵台县法院执行庭庭长(副科级);2009年11月任灵台县法院执行庭庭长、执行局局长(正科级);2010年12月在平凉市中级法院工作;2011年6月任平凉市中级法院审判员;2016年10月任崇信县人民法院院长。

刘海宇 男,汉族,生于1967年9月,甘肃镇原县人,大学文化程度,中共党员。1991年8月参加工作,先后任原平凉市检察院办公室副主任、检察员、批捕科副科长、批捕科科长、检察委员会委员;2004年7月任平凉市崆峒区人民检察院副检察长、检察委员会委员;2013年4月任崇信县人民检察院党组书记、代理检察长;2013年12月任崇信县人民检察院检察长。

马光明 男,汉族,生于1962年10月,甘肃静宁县人,大学文化程度,1989年5月加入中国共产党,一级警督警衔。1982年8月任静宁县公安局民警;1991年1月任静宁县公安局刑警队队长;1995年10月任静宁县公安局法制股股长;1998年8月任静宁县公安局副局长;2000年5月任静宁县公安局副局长(正科级);2009年12月任庄浪县公安局党委副书记、政委(副县级);2012年9月任平凉市公安局副调研员、崇信县公安局党委书记、局长、督察长。

田　福 男,汉族,生于1968年1月,甘肃崆峒区人,大学文化程度,1989年7月参加工作,1996年7月加入中国共产党,一级警督警衔。1992年3月原平凉市公安分局大秦派出所民警;2002年8月任崆峒区公安分局办公室主任;2004年1月先后任崆峒区公安分局政工科、行管科副科长,信访室、办公室副主任;2006年3月任崆峒分局办公室、信访室副主任;2007年9月任崆峒区公安分局党委委员、办公室主任;2010年12月任崆峒区公安分局副局长、办公室主任;2015年12月任平凉市公安局副调研员、崇信县公安局党委副书记、政委。

陈社教 男,汉族,生于1965年5月,甘肃崇信县人,大学文化程度。1986年10月加入中国共产党。1982年10月参加工作,先后在崇信县柏树乡、黄寨乡、新窑镇、锦屏镇工作;1991年9月先后任黄花乡经委主任、政府乡长;1996年12月先后任锦屏镇镇长、党委书记;2002 年 8 月任崇信县粮食局局长;2004 年 4 月任崇信县农牧局局长;2009 年 10 月任崇信县发改局局长;2013 年 7 月任崇信县新窑工业园区管委会主任(副县级);2017 年 4 月任崇信县工业集中区党工委书记。

樊彦君 男,汉族,生于 1964 年 12 月,甘肃静宁县人,本科学历。1997 年 9 月加入中国共产党。1988 年 7 月参加工作,在崇信县审计局工作;1998 年 1 月任崇信县审计局副局长;2002 年 3 月任崇信县审计局局长;2012 年 1 月任中共崇信县委农办主任;2017 年 4 月任崇信县工业集中区党工委副书记、管委会主任。

王百平 男,汉族,生于 1966 年 12 月,甘肃崇信县人,大学文化程度,中共党员。1987 年 10 月参加工作;1996 年 9 月任崇信县黄花乡计生站长;1998 年 2 月任崇信县柏树乡党委副书记、纪委书记;2001 年 4 月任崇信县黄花乡党委副书记、乡长;2002 年 7 月任崇信县黄花乡党委书记;2005 年 1 月任崇信县农办主任;2010 年 6 月任崇信县委农村工作办公室主任;2011 年 10 月任崇信县人民政府办公室主任;2013 年 4 月任崇信县保至善烈士纪念馆党工委书记。

五举农场

陶发福 男,汉族,生于 1964 年 7 月,甘肃民勤县人,大专文化程度,1990 年 4 月加入中国共产党。1987 年 7 月参加工作,任甘肃省国营八一农场玉皇地分场农业技术员;1991 年 1 月任国营八一农场玉皇地分场副场长(1993 年 9 月—1995 年 12 月中央党校经济管理专业学习,大专毕业);1995 年 7 月任国营八一农场玉皇地分场场长;1998 年 11 月任国营八一农场小井子分场场长;2007 年 6 月任国营八一农场副场长;2013 年 11 月任国营勤锋农场场长、甘肃亚盛实业(集团)股份有限公司勤锋分公司经理;2014 年 11 月任甘肃亚盛实业(集团)股份有限公司勤锋分公司经理;2016 年 6 月任平凉农业总场党委书记、场长,兼任甘肃亚盛实业(集团)股份有限公司五举分公司党委书记、经理。

王志强 男,汉族,生于 1970 年 3 月,甘肃会宁县人,2000 年 12 月加入中国共产党。1992 年 7 月参加工作,任万宝川农场生产科技术员;1996 年 1 月先后任万宝川农场生产科副科长、科长、土地管理科科长;2001 年 5 月任万宝川农场副场长;2002 年 1 月任万宝川农场党委委员、副场长;2008 年 1 月任张老寺农场党委委员、副场长;2010 年 1 月任万宝川农场党委书记;2012 年 2 月任五举农场党委书记;2016 年 4 月任五举农场党委副书记;2016 年 7 月任五举农场场长。